전후
유럽

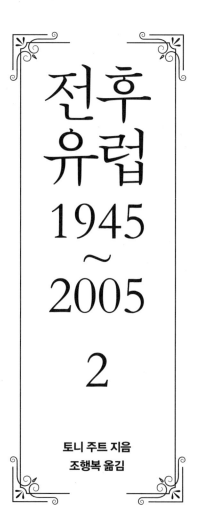

전후 유럽
1945
~
2005
2

토니 주트 지음
조행복 옮김

일러두기
1. 이 책은 2008년 열린책들 인문 브랜드에서 출간한 『포스트 워 1945~2005』의 개역판이다.
2. 주석의 경우, 토니 주트 자신이 붙인 원주는 별도 표시 없이 각주 처리했고, 옮긴이주는 각주 뒤에
   〈— 옮긴이주〉라고 표시했다.

이 책은 실로 꿰매어 제본하는 정통적인 사철 방식으로 만들어졌습니다.
사철 방식으로 제본된 책은 오랫동안 보관해도 손상되지 않습니다.

제니퍼에게

1947년의 유럽

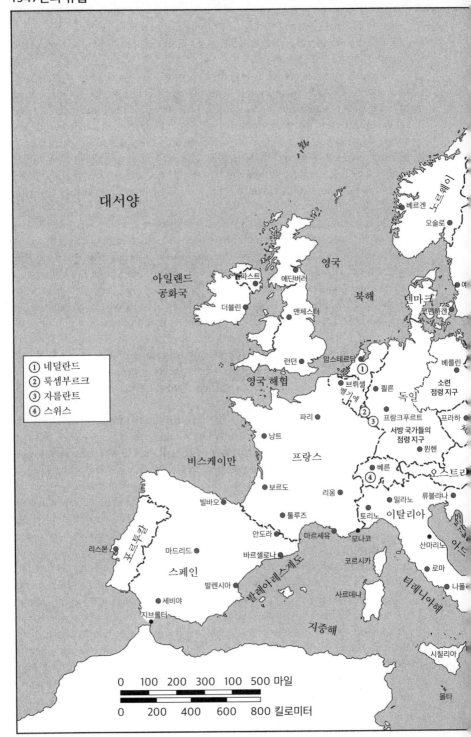

대서양

아일랜드
공화국

영국

북해

노르웨이

베르겐
오슬로

덴마크

코펜하겐

벨파스트
에딘버러
맨체스터

베를린

더블린

암스테르담 ①

소련
점령 지구

① 네덜란드
② 룩셈부르크
③ 자를란트
④ 스위스

런던

영국 해협

브뤼셀
벨기에

쾰른

독일

②
③ 프랑크푸르트

프라하

서방 국가들의
점령 지구

파리

뮌헨

낭트

④ 베른

오스트리아

비스케이만

프랑스

보르도

리옹

밀라노

류블랴나

빌바오

툴루즈

토리노

이탈리아

안도라

마르세유

모나코

산마리노

포르투갈

리스본

마드리드

바르셀로나

코르시카

로마

나폴

발렌시아

발레아레스제도

사르데냐

티레니아해

세비야

지브롤터

지중해

시칠리아

몰타

| 0 | 100 | 200 | 300 | 100 | 500 마일 |

| 0 | 200 | 400 | 600 | 800 킬로미터 |

국경선
독일의 소련 점령 지구

핀란드

헬싱키
탈린
레닌그라드

리가
모스크바

소비에트사회주의
공화국연방

닌그라드
빌뉴스

스크
민스크

바르샤바
폴란드

키예프
하리코프

크라쿠프

바키아
라티슬라바
부다페스트

헝가리
키시나우

루마니아

오그라드
슬라비아

부쿠레슈티

불가리아
소피아

라니
스코피지
이스탄불

흑해

앙카라

이란

그리스
에게해

터키

이즈미르

아해
아테네

시리아

이라크

키프러스
크레타
레바논

오늘날의 유럽

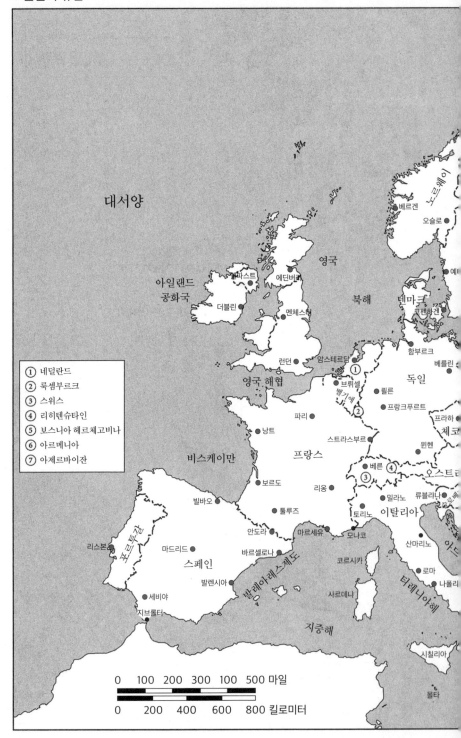

대서양

노르웨이
베르겐
오슬로
예티

영국
아일랜드
공화국
에딘버러
벨파스트
더블린
맨체스터
북해
덴마크
코펜하겐

런던
암스테르담
브뤼셀
벨기에
함부르크
베를린
독일
쾰른
프랑크푸르트
프라하
체코

영국 해협
파리
스트라스부르
뮌헨

① 네덜란드
② 룩셈부르크
③ 스위스
④ 리히텐슈타인
⑤ 보스니아 헤르체고비나
⑥ 아르메니아
⑦ 아제르바이잔

낭트
프랑스
베른 ④
③
오스트리
비스케이만
보르도
리옹
밀라노
류블라나
토리노
이탈리아

빌바오
안도라
툴루즈
마르세유
모나코
산마리노
아
로마
나폴리

포르투갈
리스본
마드리드
바르셀로나
코르시카
티레니아해
스페인
발렌시아
발레아레스제도
사르데냐

세비야
지브롤터
지중해

시칠리아
몰타

0   100   200   300   100   500 마일

0   200   400   600   800 킬로미터

국경선

핀란드

헬싱키

상트페테르부르크

러시아 연방

홀름

탈린

에스토니아

라트비아

리가

리투아니아

빌뉴스

모스크바

시아 연방

리니그라드

니스크

민스크

벨라루스

카자흐스탄

바르샤바

폴란드

키예프

하리코프

크라쿠프

슬로바키아

우크라이나

브라티슬라바

부다페스트

헝가리

몰도바

키시나우

루마니아

세바스토폴

트빌리시

바쿠

베오그라드

부쿠레슈티

흑해

그루지야

⑦

세르비아

몬테네그로

불가리아

⑥

예레반

소피아

티라니

스코피예

알바니아

마케도니아

이스탄불

이란

그리스

앙카라

에게해

터키

아해

아테네

이즈미르

이라크

시리아

크레타

키프러스

레바논

과거가 현재 앞에 가까이 다가올수록,
과거의 과거성은 더 깊고 더 전설적이지 않은가?
— 토마스 만, 『마의 산』

2권 차례

3부
퇴장 송가 1971~1989

4부

몰락 이후 1989~2005

1권 차례

3부

퇴장 송가
1971~1989

14장
줄어든 기대

달러는 우리의 통화이지만 당신의 문제이다.
— 존 코널리, 미국 재무장관(1971년)

사람을 죽이는 것은 옳을 수도 있고 옳지 않을 수도 있지만, 때때로 필요하다.
— 게리 애덤스[1]

한 노동자의 죽음은 산처럼 무겁다. 반면 한 부르주아의 죽음은 깃털처럼 가볍다.
— 마오쩌둥

지금은 총탄의 시대다 — 살아남는다면 기억될 것이다.
— 에밀리 디킨슨

펑크는 문화 이론가들을 위해 발명되었을지도 모른다. 그리고 부분적인 진실은 사실 그렇다는 것이다.
— 로버트 휴이슨[2]

---

1 1948~2018. 영국과 아일랜드 공화국에서 불법 단체인 신페인당과 임시 아일랜드 공화국군의 대변인 — 옮긴이주.
2 1943~. 영국의 저술가. 대중 매체 시대의 영국 문화에 관하여 많은 책을 썼다 — 옮긴이주.

1960년대를 가능하게 했던 독특한 환경은 그 흥분이 채 가라앉기도 전에 영원히 사라졌다. 유사 이래 가장 번영했던 10년이 끝나고 3년이 지나지 않아 전후 경제의 호황은 끝났다. 서유럽의 〈영광의 30년〉은 대량 실업과 사회적 불만이 동반된 인플레이션과 성장률 하락의 시기에 길을 내주었다. 60년대의 과격파는 대부분 그 추종자들처럼 〈혁명〉을 포기했고 대신 먹고살 일을 걱정했다. 소수는 격렬한 대결을 선택했고, 그들이 초래한 피해는, 그리고 당국이 그들의 행위에 보인 반응은 서구 사회의 〈통제 불능〉 상황에 대한 매우 신경질적인 논의를 낳았다. 그러한 염려는 과장되었던 것으로 판명되었다. 서유럽의 제도들은 압박을 받았지만 많은 관찰자들이 두려워했던 것보다는 훨씬 탄력적이었다. 그러나 종전 직후의 낙관론이나 환상으로 되돌아가는 일은 없었다.

경기 후퇴의 충격은 두 가지 외부의 사건이 서유럽 경제를 갑작스럽게 정지시켜 전율을 일으켰을 때 비로소 조금씩 감지되었다. 1971년 8월 15일 미국 대통령 리처드 닉슨은 고정 환율 제도를 포기한다고 일방적으로 선언했다. 브레턴우즈 협정 이래로 국제 금융 체제의 보루였던 미국 달러의 타 통화 대비 가격은 이때 이후로 변동했다. 이 결정의 배경에는 베트남 전쟁의 막대한 군비 부담과 미국 연방 예산 적자 폭의 확대가 있었다. 달러는 금본위제에 연결되어 있었으며, 미국 정부에서는 외국의 미국 달러 보유자들이(유럽의 중앙은행들을 포함한다) 달러를 금으로 바꿔 미국의 금 보유고를 유출하려 한다는 의구심이 증폭되었다.[3]

달러의 변동 환율 채택은 경제적으로 불합리한 결정이 아니었다. 미국은 지구의 다른 한편에서 비용이 많이 드는 소모전을 치르고 그 비용을 빌린 자금으로 충당하려 했기 때문이다. 달러를 점점 더 과대평가된 고정 환율로 무한정 유지할 수는 없었다. 그럼에도 미국의 조치는 충격적이었다. 달러가 변동 환율로 평가되면 유럽의 통화들도 따라갈 수밖에 없었고, 그럴 경우 정성 들여 구축한 전후 금융 체제와 무역 체제의 확고한 기반은 흔들릴 수밖에 없었다. 제2차 세계대전이 끝나기 전에 상호 연계된 국민 경제들의 통제를 예상하며 수립된 고정 환율 제도는 종말을 고했다. 그러나 무엇이 이를 대신할 것인가?

몇 달 동안 혼란이 이어진 뒤, 달러의 두 차례 연속적인 평가 절하와 1972년 영국 파운드화의 〈변동 환율〉 채택(늦었지만 파운드화가 국제적인 〈준비 통화〉로서 오랫동안 부담스럽게 떠맡던 역할을 불명예스럽게 끝내 버렸다), 1973년 3월 파리 회의는 브레턴우즈에서 그토록 힘들여 수립한 금융 합의를 공식적으로 매장했다. 환율 자유화는 이미 예견된 대로 인플레이션을 유발했다. 1971년 8월 미국이 조치를 취한 직후(그리고 그 결과 달러 가치가 하락한 직후) 유럽의 각국 정부는 예상되는 경기 후퇴를 피할 수 있기를 희망하면서 의도적으로 경기 부양 정책을 채택했다. 신용 대부를 쉽게 했고 국내 물가를 오르게 했으며 자국 통화 가치를 하락시켰다.

정상적인 상황이었다면 이처럼 통제된 〈케인스주의〉 인플레이션은 성공했을지도 모른다. 물가 상승이라는 개념 자체에 대한 뿌리 깊은 역사적 반감은 오직 서독에만 있었다. 그러나 미국이 달러 지

3 미국 연방 예산 적자는 1965년 16억 달러에서 1968년 252억 달러로 증가했다.

배 체제에서 후퇴하여 초래된 불확실성 때문에 통화 투기가 점차 확대되었고, 변동 환율 체제에 관한 국제 협약은 이를 제어할 힘이 없었다. 그래서 이자율을 조작하고 통화 가치를 유지하려는 개별 정부의 노력이 훼손되었다. 통화 가치는 하락했고, 그 결과로 수입 비용이 증가했다. 1971년에서 1973년 사이에 비연료 상품의 국제 가격은 70퍼센트 증가했고, 곡물 가격은 100퍼센트 증가했다. 그리고 이렇게 이미 불안정한 상황에서 1970년대에 일어난 두 차례 석유 파동 중 첫 번째가 국제 경제를 강타했다.

1973년 10월 6일, 유대 달력으로 욤키푸르(속죄일)에 이집트와 시리아가 이스라엘을 공격했다. 24시간이 지나지 않아 아랍의 석유 수출국들은 생산 감축 계획을 발표했다. 열흘 후에는 이스라엘을 지지한 데 대한 보복으로 대미국 석유 수출 금지를 선언했으며 석유 가격을 70퍼센트 인상했다. 욤키푸르 전쟁 자체는 10월 25일 이집트와 이스라엘 사이의 휴전으로 종결되었으나, 서방이 이스라엘을 지원한 데 따른 아랍의 좌절감은 줄어들지 않았다. 12월 23일 석유 생산국들은 가격을 더 인상한다는 데 합의했다. 이제 석유 가격은 1973년 초에 비해 두 배를 넘어섰다.

이러한 사태가 특히 서방 국가들에 어떤 의미를 지녔는지 평가하려면 석유 가격이 현대 공업 경제가 의존했던 다른 모든 주요 상품과는 달리 수십 년의 경제 성장을 거치는 동안 사실상 변동하지 않았다는 점을 기억하는 것이 중요하다. 기준이 되는 사우디아라비아 경질유 1배럴은 1955년에 1달러 93센트였는데, 1971년 1월에도 겨우 2달러 18센트였다. 이 기간의 소소한 물가 인상률을 감안하면 실질 가격은 사실상 더 저렴해졌다. 1960년에 설립된 석유 수출국 기구OPEC는 대체로 무기력했고 주요 생산국들에 자국의 석유 매장량을 정치적 무기로 사용하라고 강요할 의사도 없었다. 서방은 석유를 대단히 저렴하고 쉽게 획득하는 데 점차 익숙해졌다. 저렴한 석유의 손쉬운 공급은 장기간에 걸친 번영의 시기에 극히 중요한 요소였다.

석유가 얼마나 중요했는가는 그것이 유럽 경제에서 차지하는 비중이 꾸준히 증대되었다는 사실로부터 알 수 있다. 1950년 고체 연료는(석탄과 코크스가 압도적이었다) 서유럽 에너지 소비량의 83퍼센트를 떠맡았고 석유가 차지하는 비중은 겨우 8.5퍼센트에 지나지 않았다. 1970년이 되면 이 수치는 각각 29퍼센트와 60퍼센트가 된다. 1973년 이탈리아 에너지 소요량의 75퍼센트는 수입 석유가 충족했으며, 포르투갈의 경우는 80퍼센트에 이르렀다.[4] 영국은 새로 발견한 북해 유전 덕에 한동안 자급하게 되나 생산은 1971년에야 시작되었다. 1950년대 말과 1960년대의 소비 호황으로 유럽은 점점 더 값싼 석유에 크게 의존하게 되었다. 서유럽 도로에 쏟아져 나온 수천만 대의 새로운 자동차는 석탄으로 움직일 수 없었고 원자력으로 만든 전기로(특히 프랑스에서) 움직일 수도 없었다.

그때까지 수입 석유 가격은 고정된 달러 가치로 결정되었다. 따라서 변동 환율 제도와 석유 가격 인상은 전례 없는 불확실성의 요인이 되었다. 가격과 임금은 앞선 20년간 미미해도 꾸준히 인상되었던 반면(급속한 성장의 시기에는 사회적 화합을 위해 수용할 수 있는 가격이었다), 이제 통화 팽창은 급속히 빨라졌다. 경제 협력 개발 기구OECD에 따르면, 1961년에서 1969년 사이에 비공산권 유럽의 인플레이션 비율은 3.1퍼센트에서 유지되었는데, 1969년에서 1973까지는 6.4퍼센트였고, 1973년에서 1979년까지 평균 11.9퍼센트였다. 이 전체적인 범위 내에서도 나라마다 차이가 상당했다. 서독의 인플레이션 비율은 1973년에서 1979년까지 4.7퍼센트로 유지되어 관리 가능한 수준이었으나, 스웨덴은 그에 비해 두 배로 높은 수준의 인플레이션을 경험했다. 프랑스의 물가는 이 시기 연평균 10.7퍼센트

4 비교하자면 미국의 석유 수입량은 1973년의 위기가 절정에 달했을 때 미국 국내 소비량의 36퍼센트를 넘지 않았다.

로 인상되었다. 이탈리아에서 인플레이션 비율은 평균 16.1퍼센트였고 스페인에서는 18퍼센트가 넘었다. 영국의 평균 인플레이션 비율은 15.6퍼센트였으나, 최악이었던 1975년에는 연평균 24퍼센트를 넘었다.

이 같은 수준의 가격과 임금 인플레이션은 역사적으로 전례가 없지는 않았다. 그러나 물가 상승률이 안정되었던 1950년대와 1960년대를 보낸 후, 이는 대부분의 국민들과 정부들에게 새로운 경험이었다. 설상가상으로 1970년대 유럽에서 발생한 인플레이션은(이란의 샤가 몰락함으로써 석유 시장이 공황 상태에 빠지고 1979년 12월에서 1980년 5월 사이에 유가가 150퍼센트 인상되었던 1979년의 제2차 석유 파동으로 더욱 악화되었다) 앞선 경험과 성격이 달랐다. 과거에 인플레이션은 성장과, 흔히 고도성장과 짝을 이루었다. 19세기 말과 1930년대의 극심한 경제 불황에는 통화 수축이 동반되었다. 가격과 임금의 급격한 하락은 관찰자들이 보기에는 과도하게 경직된 통화 때문에, 그리고 정부와 시민 공히 저소비가 몸에 밴 탓에 초래되었다. 그러나 1970년대 유럽에는 전통적인 유형을 적용할 수 없을 것 같았다.

서유럽은 이제 〈스태그플레이션〉, 다시 말해 임금과 가격의 상승과 경제 침체가 동시에 존재하는 현상을 경험했다. 돌이켜 보면 이 같은 결과는 당대인들이 느꼈던 것처럼 놀라운 일은 아니었다. 1970년이면 유럽에서 농업의 잉여 노동력이 도시의 생산적 산업으로 옮겨 가는 대이동은 종결되었다. 타개해야 할 〈불황〉은 남아 있지 않았으며 생산 증가율 하락은 움직일 수 없는 사실이었다. 유럽의 주요 공업 경제와 서비스 경제에서 완전 고용은 여전히 규범이었다(1971년까지도 영국의 실업률은 3.6퍼센트였고 프랑스에서는 겨우 2.6퍼센트였다). 그러나 이는 강자의 입장에서 협상하는 데 익숙했던 조직 노동자들이 이제 이윤 폭의 감소에 직면한 고용주들과 대결해야 한다는 것을 의미했다.

노동자 대표들은 1971년 이래의 높은 인플레이션 비율을 근거로 들며 1973년의 위기가 닥치기도 전에 이미 피로의 징후를 보였던 경제에 더 많은 임금과 기타 보상을 강요했다. 실질 임금은 생산성 증가를 웃돌았다. 이윤은 하락했고 신규 투자는 감소했다. 과열된 전후 투자 전략으로 형성된 과잉 생산 능력은 인플레이션이나 실업으로만 해소될 수 있었다. 중동 위기 때문에 유럽은 둘 다 감수해야 했다.

1970년대의 불황은 앞선 시대의 성공 때문에 실제보다 더 나빠 보였다. 1970년대 서유럽의 평균 국내 총생산 증가율은 역사적인 기준에서 특별히 낮지 않았다. 영국의 1.5퍼센트에서 노르웨이의 4.9퍼센트 사이였으며, 따라서 사실상 1913년에서 1950년 사이에 프랑스와 독일, 영국이 달성한 평균 1.3퍼센트의 성장률보다 명백히 향상된 수치였다. 그러나 직전 과거와는 크게 대비되었다. 1950년에서 1973년 사이에 프랑스의 연평균 성장률은 5퍼센트였으며 서독은 거의 6퍼센트 가깝게 성장했고 영국조차 평균 3퍼센트 이상을 유지했다. 1970년대는 50년대와 60년대만큼 특별하지 못했던 것이다.[5]

그렇다고 해도 고통은 실제였으며, 아시아 신흥 공업국들 때문에 수출 경쟁이 심화되고 (석유뿐만 아니라) 상품 가격이 올라 수입가액이 한층 더 높아짐으로써 더욱 악화되었다. 실업률은 꾸준히 증가했고 막을 방도가 없었다. 1970년대 말이면 프랑스의 실업자는 전체 노동력의 7퍼센트를 넘었고, 이탈리아에서는 8퍼센트, 영국에서는 9퍼센트를 넘었다. 70년대와 80년대 초 벨기에와 덴마크 등의 실업률은 1930년대에 견줄 만했다. 프랑스와 이탈리아에서는 사실상 더

5 물론 평균은 평균일 뿐이다. 영국의 실업자가 종전 이후 처음으로 100만 명을 넘고 연평균 인플레이션이 25퍼센트에 육박하여 특별히 냉혹했던 1976년에 성장률은 어디서나 저점을 기록했다. 이탈리아의 국민 경제는 종전 이후 처음으로 위축되었다.

나빴다.

경기 하락이 초래한 즉각적인 결과 중 하나로 〈외국인〉 노동자를 향한 태도가 차가워졌다. 서독의 공식 실업률은(1970년에 0퍼센트에 가까웠다) 공산품 수요가 급감했는데도 전체 노동력의 8퍼센트를 넘지 않았다. 독일의 실업자들이 대부분 독일인이 아니었고 따라서 공식 통계에 잡히지 않았기 때문이다. 예를 들어 아우디와 BMW 사가 1974년과 1975년에 다수의 노동자를 해고했을 때, 우선 정리된 자들은 〈체류 노동자들〉이었다. BMW에서 일자리를 잃은 종업원 다섯 명 중 네 명이 독일 시민이 아니었다. 1975년 연방 공화국은 북아프리카와 포르투갈, 스페인, 유고슬라비아의 인력 송출 사무소를 영구히 폐쇄했다. 1977년 연방 위원회 보고서는 〈기본 원칙 1항〉으로 요점을 정리했다. 〈독일은 이민자 국가가 아니다. 독일은 결국에는 자발적으로 귀국할 외국인들의 거처이다.〉 6년 후 연방 의회는 〈외국인 노동자의 귀국 준비 장려〉 법안을 통과시킨다.

자발적이든 아니든, 많은 외국인 노동자들이 실제로 〈집으로〉 돌아갔다. 1975년 29만 명의 이민 노동자들과 그들의 가족이 서독을 떠나 터키와 유고슬라비아, 그리스, 이탈리아로 돌아갔다. 같은 해 20만 명의 스페인 사람들이 일자리를 찾아 스페인으로 귀국했으며, 이탈리아로 돌아간 사람들은 현대사에서 처음으로 국외 이민자보다 많았다. 그리스와 포르투갈에서도 곧 그러한 현상이 나타났다. 1970년대 중반이면 유고슬라비아 국외 이민자 중 거의 3분의 1이 발칸반도로 되돌아올 수밖에 없었다. 그곳에서 취직할 가능성은 독일이나 프랑스에서 일자리를 얻을 가능성보다 결코 높지 않았다. 북유럽의 직업 위기는 지중해 지역으로 역수출되었다. 그동안 프랑스는 알제리와 과거 식민지였던 아프리카 지역으로부터 이민자가 유입되는 것을 엄격하게 제한했으며, 영국은 남아시아 아대륙 출신의 이민자를 더 엄하게 규제했다.

구조적 실업과 석유 수입 가격의 등귀, 인플레이션, 수출 하락이 결합되어 서유럽 전역에서 재정 적자와 국제 수지 위기가 초래되었다. 대륙의 제조업 수도이자 수출 선도국인 서독도 예외가 아니었다. 서독은 1973년에 94억 8100만 달러의 국제 수지 흑자를 기록했으나, 1년 만에 6억 9200만 달러의 적자로 돌아섰다. 이때쯤 영국의 국가 재정은 만성 적자에 시달리고 있었다. 1976년 12월에 채무 불이행의 심각한 위험이 나타났고 국제 통화 기금이 영국을 구제하기 위해 회의를 소집할 정도였다. 그러나 다른 나라들도 별반 다르지 않았다. 프랑스의 국제 수지는 1974년 이후 10년간 계속 적자였다. 이탈리아는 영국처럼 1977년 4월 국제 통화 기금의 구제 금융에 의존해야 했다. 영국과 마찬가지로 이탈리아에서도 지도자들은 그 결과로 등장한 국내의 인기 없는 정책들의 책임을 〈국제 세력〉에 돌릴 수 있었다.

케인스주의 사고방식으로 보자면 적자 예산과 국제 수지 적자도 인플레이션과 마찬가지로 본질적으로 나쁜 것은 아니었다. 이는 1930년대에는 〈마음껏 소비하라〉는 처방으로써 불경기에서 벗어나는 그럴 듯한 방법을 대표했다. 그러나 70년대에 모든 서유럽 정부들은 이미 복지와 사회사업, 공공시설, 기반 시설 투자에 많은 돈을 쓰고 있었다. 영국 노동당의 총리 제임스 캘러헌은 동료들에게 이와 같이 음울하게 설명했다. 〈우리는 소비하면 불경기에서 벗어난다는 생각에 익숙해 있다. ……당신들에게 아주 솔직하게 말하건대 그러한 대안은 이제 존재하지 않는다.〉 그렇다고 제2차 세계 대전 종전 직후처럼 무역 자유화에 의존할 수도 없었다. 60년대 중반의 케네디 라운드 무역 협상은 이미 공산품 관세를 역사적인 수준으로 낮추어 놓았기 때문이다.[6] 오히려 경쟁에 대비하여 보호 조치를 다시 도입

6 1964년에서 1967년까지 진행된 관세 무역 일반 협정 GATT의 제6차 교섭에서 미국 대통령 케네디는 향후 5년간 관세를 절반으로 줄이자고 제안했다. 이에 따라 케네디 라운드라고 부른다 — 옮긴이주.

하라는 국내의 압력이 증가할 위험이 커지고 있었다.

1970년대 정책 입안자들 앞에 놓인 여러 대안들에는 더 복잡한 요인이 있었다. 당시 경제 위기는, 아무리 우연한 비상 국면에 원인이 있더라도, 각국 정부들이 막을 수 없는 폭넓은 변화와 동시에 발생했다. 한 세대가 지나는 동안 서유럽은 제3의 〈산업 혁명〉을 겪었다. 몇 년 전만 해도 일상생활에서 그토록 많은 부분을 차지했던 굴뚝 산업은 점차 쇠퇴했다. 철강 노동자와 광부, 자동차 산업 노동자, 방적공의 실직은 지역 경제의 경기가 하향 국면에 접어들었기 때문에 발생한 것이 아니었고 석유 파동의 부산물도 아니었다. 서유럽의 유서 깊은 제조업 경제가 소멸하고 있었다.

정책 입안자들은 수년 동안 그 의미를 무시하려 무던히 애썼지만, 증거는 논쟁의 여지없이 확실했다. 광부의 숫자는 1950년대에 서유럽 석탄 출하량이 정점에 이른 이후로 꾸준히 하락했다. 1955년에 2050만 톤의 석탄을 생산한 남부 벨기에의 상브르뫼즈 대탄전은 1968년에 겨우 600만 톤을 생산했으며 10년 후에는 무시해도 좋을 정도로 생산량이 적었다. 1955년에서 1985년 사이에 벨기에 광산에서 10만 개의 일자리가 사라졌다. 이에 따라 관련 산업도 큰 고통을 겪었다. 1947년 영국은 958개의 석탄 광산을 자랑했으나 45년 뒤에는 그중 겨우 50개만 남았다. 탄광 노동자는 71만 8천 명에서 4만 3천 명으로 줄어들었다. 실직은 대부분 1975년에서 1985년까지 10년 사이에 이루어졌다.

산업 사회 유럽의 다른 주요 산업인 철강 산업도 비슷한 운명에 처했다. 강철 수요가 급격히 하락했기 때문이 아니었다. 강철은 석탄과 달리 그렇게 쉽게 대체될 수 없었다. 그러나 점점 더 많은 비유럽 국가들이 공업국 대열에 합류하면서 경쟁이 심해졌고 가격은 하락했으며 생산 비용이 높았던 유럽 강철 시장이 붕괴했다. 1974년에서 1986년 사이에 영국의 철강 산업 노동자는 16만 6천 개의 일자리를 잃었다(1986년 영국의 주요 제조업체인 브리티시 스틸이 10년 만에 처음으로 이윤을 남기기는 했다). 조선업도 같은 이유로 쇠락했다. 자동차 제조업과 섬유 산업도 마찬가지였다. 영국의 주요 섬유 화학 기업 합동 회사인 커톨즈Courtaulds는 1977년에서 1983년 사이에 직원의 50퍼센트를 감축했다.

70년대의 불황기에는 사실상 모든 전통 산업에서 빠른 속도로 일자리가 사라졌다. 변화는 1973년 이전에 이미 석탄과 철, 강철, 엔지니어링에서 진행 중이었고, 그 이후 화학과 섬유, 제지, 소비재로 확산되었다. 전 지역이 타격을 입었다. 1973년에서 1981년 사이에 영국의 소규모 엔지니어링 회사와 자동차 공장의 본거지였던 웨스트 미들랜즈에서는 노동력의 4분의 1이 사라졌다. 북동부 프랑스 공업지대 로렌에서는 제조업 일자리의 28퍼센트가 소멸했다. 같은 기간 서독의 뤼네부르크에서 산업 노동자는 42퍼센트가 줄었다. 1970년대 말 토리노의 피아트가 공장 자동화를 시작했을 때, 단 3년 만에 총 16만 5천 개의 일자리 중에서 6만 5천 개가 없어졌다. 1950년대 암스테르담의 노동력은 40퍼센트가 공업에 고용되어 있었는데, 사반세기 만에 그 수치는 일곱 명 중 한 명으로 줄어들었다.

과거에 이런 규모의 경제적 변화가 이런 속도로 이루어졌다면 그 사회적 비용은 큰 상처를 남겼을 것이며 정치적 결과는 예상할 수 없었을 것이다. 복지 국가 제도 덕에, 그리고 짐작컨대 그 시대의 정치적 열정이 감소한 덕에 저항은 자제되었다. 그러나 저항이 전혀 없지는 않았다. 1969년에서 1975년까지 분노의 행진과 연좌, 파업, 청원 등이 (1973년에서 1975년까지 파업으로 손실된 노동 일수가 150만 일에 달한) 스페인에서 영국까지 서유럽 공업 지대 전역에서 발생했다. 영국에서는 1972년과 1974년 두 차례 큰 광부 파업이 발생했고, 그 결과로 소심한 보수당 정부는 국민 전체에 부담이 되더라도 보조금을 더 지급하여 주요 탄광의 폐쇄를 몇 년 더 연기하는 것이 용기 있는 행동이라고 믿게 되었다.

광부와 철강 노동자는 당대에 조직적으로 항의한 자들 중에서 가장 유명했고 아마도 가장 필사적이었겠지만, 가장 전투적인 사람들은 아니었다. 옛 산업 노동자가 감소하면서 노동조합 운동 내의 힘의 균형은 조합원 수가 급증하던 서비스 부문 노조에 유리하게 변했다. 이탈리아에서는 공산당이 지도하는 과거의 산업별 노조가 노조원을 잃었던 반면, 교사와 공무원 노조는 규모가 커졌고 전투성도 강화되었다. 과거의 노조는 실업자에 대한 동정이 분명히 부족했다. 대부분은 주로 일자리를(그리고 자신들의 영향력을) 보존하려고 마음을 졸였고 공공연한 대결을 피했다. 청년들과 실업자들의 주장을 열렬히 지지한 노조는 프랑스의 노동자의 힘Force Ouvrière과 영국의 전국 지방 공무원 협회NALGO와 전국 공공 부문 노동자 연합NUPE, 과학 기술 관리직 협회ASTMS처럼 전투적인 서비스 부문 노조였다.

유럽의 지도자들은 전례 없이 강한 직업 안정과 임금 보호의 요구에 직면하여 처음에는 효과가 입증된 과거의 관행에 의존했다. 영국과 프랑스에서는 강력한 노조와 임금 문제를 협의했다. 이탈리아에서는 임금을 물가에 연동시키는 정액 물가 지수 연동제인 스칼라 모빌레Scala Mobile가 1975년에 시작되었다. 허약한 산업들은, 특히 철강 산업은 마치 전후 국유화의 초기 국면에 그랬듯이 국가의 보호를 받았다. 이를테면 영국에서는 1977년의 〈철강 산업 계획Steel Plan〉으로 가격 카르텔을 도입하고 국내의 가격 경쟁을 효과적으로 억제함으로써 몰락하는 철강 산업을 구했다. 프랑스에서는 로렌과 산업 중심지의 파산한 철강 기업 합동 회사들을 정부가 인수하여 국가가 통제하는 복합 기업으로 재편했다. 서독에서는 연방 정부가 국가 통제 대신 민간 부문의 통폐합을 권장했다. 그렇지만 유사하게 카르텔을 만드는 결과를 낳았다. 70년대 중반이 되면 지주 회사인 루르콜

레 아게 Ruhrkohle AG가 루르 지역 채광 생산고의 95퍼센트를 차지했다.

영국과 프랑스의 잔존한 섬유 산업은, 그 산업으로써 불황에 허덕이는 지역이 얻는 일자리를 위해, 대폭적인 직업 보조금의 직접 지원과(고용주가 불필요한 노동자를 계속 고용하는 데 드는 비용을 지불했다) 제3세계 수입품에 대비한 보호 조치로써 유지되었다. 독일 연방 공화국 중앙 정부는 시간제 노동에 종사하는 산업 노동자의 임금 비용을 80퍼센트까지 부담했다. 스웨덴 정부는 이익을 내지 못하지만 정치적으로 민감한 조선소들에 자금을 쏟아부었다.

경제 침체를 막기 위한 대응은 나라마다 달랐다. 프랑스 당국은 미시 경제적 개입 관행을 따랐다. 부문별로 〈전국 챔피언〉을 선정하여 계약과 현금, 보증 혜택을 주었다. 반면 영국 재무부는 과세와 이자율, 포괄 보조금을 통한 거시 경제적 조작의 오랜 전통을 지속했다. 그러나 두드러진 현상은 정치 노선에 따른 차이는 거의 없었다는 점이다. 독일과 스웨덴의 사회 민주당, 이탈리아의 기독교 민주당, 프랑스의 드골주의자들, 영국의 온갖 종류의 정치인들은 처음에는 본능적으로 전후의 합의를 고수했다. 다시 말해 가능하면 완전 고용을 추구했고, 완전 고용을 달성하지 못하면 직업을 가진 자들에게는 임금 인상으로, 실업자들에게는 사회적 소득이전으로, 공공 부문이나 민간 부문에서 공히 허약한 고용주에게는 현금 보조금으로 보충하려 했다.

그러나 70년대가 지나면서 점점 더 많은 정치인들이 이제 높은 실업률보다 인플레이션이 더 위험하다고 확신하게 되었다. 특히 실업의 인적·정치적 비용이 제도를 통해 경감된 이후 그런 경향은 더욱 강해졌다. 인플레이션은 미국이 돌연 뒤집어엎은 브레턴우즈 체제를 대신하여 통화와 환율을 조절할 일종의 국제 협약이 있어야만 처리할 수 있었다. 유럽 경제 공동체의 창설 회원인 여섯 나라는

1972년 〈스네이크 체제snake in the tunnel〉를 수립하기로 합의하여 이에 대응했다. 스네이크 체제는 공인된 환율에서 상하 2.25퍼센트 까지만 변동을 허용함으로써 그들 통화 사이에 준고정 환율을 유지 하자는 협약이었다.[7] 초기에 영국과 아일랜드, 스칸디나비아 국가들 이 참여한 이 협약은 겨우 2년밖에 지속하지 못했다. 설정된 범위를 넘어 평가절하를 단행하라는 국내의 압력에 저항할 수 없었거나 그 럴 의사조차 없었던 영국과 아일랜드, 이탈리아의 정부들은 모두 협 약에서 이탈하여 자국 통화의 가치를 하락시킬 수밖에 없었다. 프랑 스조차 1974년과 1976년에 두 차례나 〈스네이크 체제〉에서 벗어날 수밖에 없었다. 분명 무엇인가 더 필요했다.

1978년 서독 총리 헬무트 슈미트는 스네이크 체제를 전체적으로 더욱 엄격하게 만들어 유럽 통화 제도EMS로 개편하자고 제안했다. 유럽 통화 제도는 양자 간 고정 환율의 망으로서, 순전히 관념상의 계량 단위인 유럽 통화 단위écu[8]에 연계되며 안정과 반(反)인플레이 션을 우선시하는 독일 경제와 연방 은행이 보증했다. 참여 국가들은 유럽 통화 제도 안에서 자국의 지위를 유지하기 위해 국내 경제를 엄격하게 관리하겠다고 약속해야 했다. 유럽 통화 제도는 그러한 성 격의 일로는 독일이 처음으로 주도한 것이었고, 이름에서는 아니었 지만 실제로는 적어도 유럽에서는 달러를 대신하여 도이치 마르크 를 기축 통화로 삼자는 권고나 다름없었다.

몇몇 나라는 참여하지 않았다. 특히 노동당 출신의 영국 총리 제 임스 캘러헌은 실업 문제를 해결하려면 인플레이션 정책을 채택해

---

7 스미스소니언 협정 Smithsonian Agreement. 미국 달러에 대해 상하 2.25퍼센트, 역내 국 가들 사이에서는 1퍼센트였다. 환율 변동 폭이 제한된다는 것을 〈굴속의 뱀〉에 비유했다 — 옮긴이주.

8 écu는 European Currency Unit의 머리글자다. 이는 뚜렷한 정치적 쓰임새를 지녔다. 18세기 프랑스 은화의 명칭을 부활시킴으로써 유럽 문제에서 서독이 우월한 지위로 부상하 는 현실을 인정해야만 하는 파리 사람들의 불편함을 진정시키는 데 도움이 되었다.

야 하는데 유럽 통화 제도가 이를 방해하리라고 이해했기 때문에 참여하지 않았다. 그러한 판단은 정확했다. 유럽 통화 제도는 〈엄격한 해결책〉으로서 국제 통화 기금(또는 훗날의 유럽 연합 집행 위원회 European Commission와 유로Euro) 같은 역할을 할 것이었다. 다시 말해 유럽 통화 제도는 각국 정부에 나라 밖에서 제정된 규칙과 조약에 책임을 떠넘길 수 없는 인기 없는 결정을 내리도록 강요할 것이었다. 이것이 새로운 협정의 진정한 장기적 의미였다. 새로운 협약이 때맞춰 인플레이션이라는 악마를 쫓아내는 데 성공했다고 할 수는 없다. 물론 실제로 인플레이션을 몰아내기는 했지만, 이는 각국 정부로부터 국내 정책의 주도권을 꾸준히 빼앗아 간 결과였다.

국내 경제 정책의 주도권 상실은 중대한 변화로, 당대에 때때로 평가되던 것보다 훨씬 더 중요했다. 과거에는 금본위제를 고수하거나 이자율 인하를 거부함으로써 〈경화〉 전략을 선택한 정부는 국내의 유권자들에게 어떤 식으로든 보상해야만 했다. 그러나 1970년대 후반의 상황에서 치유할 수 없는 실업이나 몰락해 가는 산업, 인플레이션을 유발하는 임금 인상 요구에 직면한 영국과 스웨덴, 이탈리아의 정부들은 다른 방도가 없었다. 이들은 어쩔 수 없다는 듯 국제 통화 기금이 제시한 조건이나 사전 협상으로 결정된 엄격한 유럽 간 환율을 가리키거나, 자신들에게 책임이 없다고 주장했다.

유럽의 국가는 완전 고용과 높은 실질 임금, 경제 성장이라는 불가능한 일에 더는 도전할 수 없다면 배신당했다고 느끼는 국민의 분노에 맞서야 했다. 앞서 지적했듯이, 어디서나 정치인들의 본능적인 반응은 남성 육체노동자의 근심을 덜어 주는 것이었다. 한편으로는 그들이 가장 큰 타격을 입었기 때문이었으나, 주된 이유는 선례가 말해 주듯이 이들이 가장 효과적으로 항의할 수 있는 사회 세력이었기 때문이었다. 그러나 진정한 반대파는 다른 곳에 있었던 것으로 밝혀졌다. 근심을 가장 효과적으로 정치적 반대로 전환시킨 자들은 무거운 세금을 부담한 중간 계급, 다시 말해 공공 부문과 민간 부문의 사무직 노동자, 소상인, 자영업자들이었다.

어쨌거나 현대 복지 국가의 가장 큰 수혜자는 중간 계급이었다. 1970년대에 전후 체제가 해체되기 시작했을 때, 바로 그 중간 계급은 위협적인 상황에 처했다기보다는 사기를 당했다는 생각이 더 강했다. 인플레이션, 정부가 세금으로 사양 산업에 보조금을 지급한 것, 예산과 재정의 압박을 해소하기 위한 공공사업의 축소와 폐지 등 그들이 그렇게 느낄 만한 이유는 많았다. 과거와 마찬가지로, 현대 서비스 국가 특유의 높은 과세로 악화된 인플레이션의 재분배 효과는 중간층이 가장 뼈저리게 느꼈다.

〈통제 불능〉 문제로 가장 큰 불편을 겪은 자들도 중간 계급이었다. 1970년대에는 유럽의 민주주의 체제들이 자신들의 운명을 통제할 수 없다는 공포감이 널리 퍼졌는데, 그 근거는 많았다. 우선 1960년대의 우상 파괴적 반란이 자극한 불안의 잔재를 들 수 있다. 그 시절의 확신에 찬 분위기에서는 진기해 보이고 나아가 흥분시키는 듯도 했던 것이 이제 점점 더 불확실성과 무정부 상태의 전조로 보였다. 그다음으로는 실직과 인플레이션으로 야기된 조금 더 즉각적인 근심이 있었고, 이 점에서 정부들은 속수무책으로 보였다.

실로 유럽의 지도자들이 통제력을 상실했다는 바로 그 사실이 대중이 가진 고뇌의 근원이었다. 앞서 보았듯이 정치인들이 스스로 역량이 부족하다는 점을 강조하는 것이 유리하다는 점을 알았기에 더욱 그랬다. 70년대 중반 불운했던 노동당 정부에서 재무장관을 지낸 데니스 힐리는 수십억 유로달러 Eurodollar[9]가 대륙 전역에서 세탁되고 있다고 한탄했다. 힐리의 말에 따르면 이는 〈각국 정부의 통제를 피하기 위해 유럽 시장에 축적되어 자유롭게 돌아다니는 자금의 버

---

9 서유럽 은행들에 예치되어 있는 미국 달러 — 옮긴이주.

섯구름 같은 확산을 관리하는 얼굴 없는 자들〉의 작품이었다.[10] 얄궂게도 힐리 자신의 당이 1974년 선거에서 승리를 거두었다. 보수당은 대중의 불만을 누그러뜨릴 능력이 분명 없었기 때문이었다. 그러나 결국 노동당은 무능력하다는 면에서 보수당과 다를 바 없다는 지탄을 받았고, 이후 몇 년 동안 그런 비난은 그칠 줄 몰랐다.

영국에서는 일시적이기는 했지만 민주주의의 제도가 현대의 위기를 타개하기에는 적합하지 않다는 말이 흘러나왔고, 언론에서는 이해관계가 없는 국외자들이나 〈비정치적〉 전문가들의 〈코퍼러티즘〉 연립 정부가 오히려 더 이롭지 않겠느냐는 의견도 제시되었다. 1968년 5월의 드골처럼 이 시기 영국의 일부 원로 정치인들은 공공 질서가 혼란해질 경우 지원을 확보하기 위해 경찰과 군부의 수뇌들을 만나 보는 것이 좋겠다고 생각했다. 심지어 대의 제도의 핵심적인 정통성이 결코 심각하게 의문시된 적이 없던 스칸디나비아와 저지대 국가들에서도 세계 금융 제도의 혼란과 전후 경제의 뚜렷한 해체, 전통적 유권자의 이반으로 전후 세대의 느긋한 자신감이 흔들렸다.

이와 같은 의심과 환멸의 검은 그림자 뒤에는 매우 현실적이고, 당시 그렇게 보였듯이, 직접적인 위협이 도사리고 있었다. 제2차 세계 대전이 끝난 후 서유럽에서는 대체로 내전이 일어나지 않았고, 노골적인 폭력은 훨씬 더 적었다. 동유럽 전역과 유럽의 식민지, 그리고 아시아와 아프리카, 남아메리카 도처에서는 군대가 배치되어 유혈극을 낳았다. 냉전 시대였지만, 잔학하고 격앙된 투쟁은 전후 시대의 특징이었으며 한국에서 콩고까지 수백만 명의 군인과 민간인이 살해되었다. 미국도 세 차례의 정치적 암살과 한 차례 이상의 유혈 폭동이 발생한 장소였다. 그러나 서유럽은 시민적 평화의 섬이

10 Harold James, *International Monetary Cooperation since Bretton Woods* (NY, Oxford, 1996), p. 180에서 인용.

었다.

유럽의 경찰이 민간인에게 폭력을 행사하거나 총격을 가한 경우, 그 대상은 피부색이 짙은 외국인이었다.[11] 서유럽의 진압 경찰은 공산주의자 시위대와 이따금 폭력적으로 조우하는 경우를 제외하면 정부의 명령에 따라 폭력적 반대파를 진압하기 위해 소집되는 경우가 거의 없었다. 두 대전 사이를 기준으로 보더라도 유럽의 도시 거리는 놀랄 만큼 안전했다. 평자들은 유럽의 잘 정비된 사회를 미국 도시의 광포하고 부주의한 개인주의와 비교하면서 이 점을 빈번히 강조했다. 60년대의 학생 〈폭동〉조차 이러한 진단을 확증하는 데 일조했다. 유럽의 청년들은 혁명을 한다고 했지만 주로 시늉 내기에 그쳤다. 〈거리의 투사들〉은 실제로 다칠 위험이 거의 없었다.

1970년대에 갑자기 전망이 어두워졌다. 동유럽이 프라하 침공에 이어 당 원로들의 우애의 포옹 속에 질식했던 바로 그때, 서유럽은 공공질서에 대한 장악력을 잃어버리는 것 같았다. 도전은 전통적인 좌파가 제기하지 않았다. 확실히 소련은 이 시기 국제적 우세의 균형에 매우 기뻐했다. 워터게이트 사건과 사이공의 함락은 미국의 입지를 결정적으로 약화시켰던 반면, 소련은 세계 최대의 석유 생산국으로서 중동 위기에서 잘 벗어났다. 그러나 알렉산드르 솔제니친의 『수용소 군도』가 영어로 출판되고 1974년 2월 솔제니친이 소련에서 추방된 후 몇 년 지나지 않아 캄보디아 대학살과 베트남 〈보트 피플〉의 탈출이 이어졌다. 이러한 사건들은 공산주의에 대한 환상도 결코 부활하지 않을 것임을 확실히 보여 주었다.

또한 극히 드문 경우를 제외하면 극우파의 확실한 부활도 없었다. 이탈리아의 네오파시스트 정당인 이탈리아 사회 운동MSI은 전국

---

11 1961년 10월 17일 프랑스 경찰이 약 200명의 알제리인을 살해한 사건이 가장 악명 높다. 그들 중 많은 사람이 파리를 관통하는 항의 시위 뒤에 센강에서 익사했다. 당시 경찰 청장은 모리스 파퐁으로 훗날 전시에 프랑스의 유대인을 체포하여 아우슈비츠로 이송하는 데 협력한 반인륜 범죄로 기소되어 유죄 판결을 받았다. 에필로그를 보라.

선거에서 6.8퍼센트 이상을 결코 넘어서지 못했고, 어쨌든 합법적인 정당처럼 보이려고 애썼다. 서독의 민족주의자들은 그렇게 외양을 섬세히 꾸미는 데는 별 관심이 없었지만 벨기에나 프랑스, 영국의 민족주의자 분파가 세운 정당들처럼 선거에서는 무시해도 될 정도로 의미가 없었다. 요컨대 서유럽에서 고전적인 형태의 공산주의와 파시즘에는 미래가 전혀 없었다. 시민적 평화에 대한 진정한 위협은 완전히 다른 방향에서 다가왔다.

1970년대에 서유럽 사회는 두 가지 거센 도전에 직면했다. 그중 첫 번째는 매우 현대적인 형태를 띠었으나 오랫동안 지속된 막연한 불안에서 비롯했다는 점에서 병리적이었다. 북부 스페인의 바스크 지역에서, 북아일랜드의 가톨릭 소수파에서, 코르시카와 그 외 지역에서, 오래된 불만이 격렬한 폭동으로 타올랐다. 유럽인들에게 이것이 새로운 경험은 아니었다. 벨기에의 플란데런의 민족주의자들과 이탈리아 알토아디제(이전의 남부 티롤)의 독일어를 말하는 〈오스트리아인들〉은 오랫동안 〈종속〉된 상황에 분개했으며, 낙서와 시위, 폭행, 폭탄, 심지어 투표함에 이르기까지 다양한 수단에 호소했다.

그러나 1970년 남부 티롤 문제는 2개 언어 병용 자치 지역을 창설함으로써 가장 극단적인 비판자들을 제외한 거의 모든 사람들의 분노를 누그러뜨렸다. 민족 연합Volksunie과 플람스 블록Vlaams Blok의 플란데런 민족주의자들은 불어권의 왈론과 나뉘어 독립한다는 궁극적인 목적을 결코 포기하지 않았지만, 플란데런의 새로운 번영과 벨기에를 연방 국가로 재편한다는 포괄적 입법은 분리 요구의 독침을 일시적으로 제거했다. 플란데런 민족주의는 분노에 찬 천민 운동에서 왈론의 실직한 철강 노동자들에게 보조금을 지급하기를 꺼리는 네덜란드어 권역 납세자들의 반란으로 전환되었다(22장을 보라). 그러나 바스크인과 얼스터의 가톨릭교도는 전혀 다른 문제였다.

북부 스페인의 바스크 지방은 언제나 프랑코의 분노의 표적이었다. 바스크인들이 스페인 내전 당시 공화파의 대의에 공감했다는 것이 한 가지 이유였고, 뿌리 깊이 중앙집권화 본능을 지녔고 국가 수호의 역할을 자임한 스페인 장교단에 맞서 집요하게 〈다른〉 존재로 인정받기를 요구한 것이 또 다른 이유였다. 〈바스크적인〉 모든 것, 즉 그들의 언어와 관습, 정치는 프랑코 시절에 적극적인 탄압을 받았다. 스페인의 독재자는 그 중앙집권적 본능과는 모순 되게 나바라에(자아 의식과 분리 의식이 바스크나 카탈루냐에 결코 못지않았던 지역이다) 권리와 특권, 자체의 법까지 허용하는 은혜를 베풀었는데, 단지 이웃의 바스크인들은 그러한 혜택을 기대할 수 없다는 사실을 일깨우기 위한 것이었다.

현대 바스크의 테러리즘은 그 대변인과 옹호자들이 언제나 지역의 독립이라는 꿈이 좌절된 데 더 깊은 원인이 있다고 주장했지만 실제로는 프랑코의 정책에 대한 직접적인 대응으로 등장했다고 할 수 있다. 에타ETA(바스크인의 조국과 자유)는 1958년 12월에 창설되어 바스크 독립을 위한 무장 투쟁을 이끌었다. 지하 조직인 에타는 초기부터 해외의 유사 단체들과 연대하여 활동하면서 나중에 그럴듯한 이데올로기적 구실을 내세워 이러한 연대 활동을 정당화했다. 독일의 바더-마인호프 그룹, 아일랜드 공화국군IRA, 팔레스타인 해방 기구PLO, 프랑스의 비밀 군사 조직OAS 등이 그런 단체들이었는데, 이들은 에타에 자금과 무기, 피난처 등을 제공하고 훈련과 선전 활동을 도왔다.

에타와 1978년에 창당된 바스크 분리주의 정당 민족 통일당 내부의 정치적 지지자들의 전략은 간단명료했다. 폭력을 도구로 사용해 바스크 지방을 스페인 영토로 유지하는 비용을 정치적으로 감내할 수 없는 수준까지 높이겠다는 것이었다. 그렇지만 에타도 아일랜드 공화국군이나 다른 유사 조직처럼 국가 내에서 별개 사회의 기능을 수행하겠다는 포부를 지녔다. 엄격하고 도덕주의적인 가톨릭교도였고, 그래서 얄궂게도 어느 정도 프랑코를 연상시켰던 에타 활동가들은 스페인 경찰과(1968년 6월에 첫 희생자가 살해되었다) 온건한 바스크 정치가와 명사 들뿐만 아니라 지역 내의 〈스페인적인〉 타락의 상징들, 즉 영화관, 술집, 디스코텍, 마약 밀매자 등도 표적으로 삼았다.

프랑코 시대가 저물어 갈 때, 에타 활동가들은 활동의 제한을 받았다. 독재가 끝날 무렵인 1970년대 초, 바스크주 한곳에만 스페인 무장 경찰의 4분의 1이 주둔했다. 그렇지만 무장 경찰은 에타가 1973년 12월 20일 마드리드에서 프랑코 정부의 총리 루이스 카레로 블랑코 장군을 암살하고 아홉 달 뒤 수도에서 폭탄 공격으로 열두 명의 시민을 살해하는 것을 막지 못했다. 또한 프랑코의 사망 직후인 1975년 9월 다섯 명의 에타 무장 세력이 처형되었지만 에타의 활동은 온건해지지 않았다. 반면 민주주의의 도래는 새로운 기회들을 제공했다.

에타와 그 지지자들은 완전한 독립을 원했다. 바스크 지역이 프랑코 사후의 스페인 헌법에서 얻은 것(16장을 보라)은 1979년 국민 투표에 의해 승인된 자치법뿐이었다. 격노한 에타는 특히 자치 정부와 언어적·문화적 자기표현의 권리에 만족한 온건한 동조자들의 지지를 잃을까 봐 폭탄 투척과 암살 활동을 한층 더 강화했다. 1979년에서 1980년 사이에 이 단체는 181명을 살해했다. 이후 10년간 살인은 연평균 34회에 달했다. 그러나 에타가 이렇게 활동하고 유아기의 스페인 민주주의가 허약했는데도, 에타와 그 정치적 동맹자들은 테러 활동을 정치적으로 유리하게 이용하는 데 실패했다. 에타의 유일한 성공은 소규모 우파 장교 집단을 도발하여 이들로 하여금 1981년 2월에 법과 질서, 국가의 통합을 내걸고 코르테스를 점거하게 한 것이었는데, 이 쿠데타 시도는 실패로 끝났다.

죽음의 향연은 규모가 대단했고 대중에 큰 영향을 미쳤다. 그런데도 에타가 가져온 충격이 제한적이었던 한 가지 이유는 대부분의 바스크인들이 그 수단이나 목적에 공감하지 못했기 때문이다. 사실, 많은 바스크인은 진짜 바스크인이 아니었다. 1960년대 스페인의 경제적 변동과 대규모 국내외 이주는 과거의 민족주의자들과 광적인 청년 추종자들이 전혀 납득할 수 없는 변화를 초래했다. 1980년대 중반에 이르면, 바스크인 부모를 지닌 자는 바스크 지역 주민의 절반도 안 되었고 바스크인 조부모를 지닌 자는 그보다 더 적었다. 그들은 에타와 민족 통일당이 자신들의 안녕을 (그리고 암묵적으로는 그 지역 내에 자신들이 존재하는 것 자체를) 위협한다고 보았다.

에타는 자신들의 정치적 사업이 사회 현실과 괴리를 보이자 점차 극단적으로 변해 갔다. 목적을 망각한 에타는, 조지 산타야나[12]의 광신주의에 대한 정의를 인용하자면, 노력을 배가했다. 범죄와 강탈로 얻은 자금으로 활동하는 공작원들은 점차 국경 너머 프랑스 남서부의 바스크 지역에서 움직일 수밖에 없었으나, 에타는 살아남았고 아직도 존재하여 이따금 정치인이나 촌락의 경찰을 살해한다. 그러나 에타는 바스크인들로 하여금 정치적 독립을 지지하게 하거나 스페인 정부로 하여금 그 주장을 인정하게 하는 데 실패했다. 에타의 가장 큰 〈성공〉은 1980년대 초에 있었다. 그때 에타의 활동은 사회노동당 출신의 총리 펠리페 곤살레스를 자극하여 반테러리스트들(반테러 해방단GAL)이 프랑스 영내에 불법적으로 기지를 마련하고 에타 공작원들을 사살하는 것을 허용하도록 했다. 1983년에서 1987년 사이에 26명의 에타 공작원이 살해되었다. 곤살레스의 결정은 몇 년 뒤에야 밝혀지지만(22장을 보라) 프랑코 사후 초기 스페인의 입헌

---

12 George Santayana, 1863~1952. 스페인 태생의 미국 철학자이자 시인, 소설가 — 옮긴이주.

민주주의 시대에 소급적으로 짙은 그림자를 드리웠다. 그러나 그러한 상황에서 반테러 해방단의 활동은 분명 매우 온건한 대응이었다.

아일랜드 공화국 임시 정부군[13]은 활동 방식과 대외적으로 천명한 몇 가지 목표에서 에타와 많이 닮았다. 에타가 바스크 지방을 통치가 불가능한 지역으로 만듦으로써 스페인으로부터 분리하려 했다면, 아일랜드 공화국 임시 정부군은 북아일랜드를 통치가 불가능한 지역으로 만듦으로써 영국인을 내쫓고 북부 6개 주를 아일랜드와 통합하려 했다. 독립국가 아일랜드가 이미 있었으므로, 적어도 원칙적으로는 반란군이 지지자들에게 약속할 수 있는 실제적인 민족적 목표가 존재했다. 반면 북아일랜드 사회는 하나가 아니었고, 그들 사이의 구별은 매우 먼 과거에 시작되었다.

북아일랜드(얼스터)는 프랑스령 알제리처럼 식민지 시대의 유물이자 본국에 통합된 일부였다. 1922년 런던이 마침내 아일랜드를 아일랜드인에게 양도했을 때, 영국은 북쪽 여섯 개 주를 계속 보유했고 여기에는 매우 합당한 근거가 있었다. 압도적 다수를 차지했던 신교도는 영국에 열렬히 충성했다. 그들에겐 아일랜드 정부의 통치를 받을 뜻이, 다시 말해 가톨릭 주교단이 관리하는 준(準)신정 정치적 공화국에 통합될 뜻이 전혀 없었다. 공개적으로는 어떻게 얘기했든 새로운 공화국의 정치 지도자들은 맹렬히 저항하는 크고 견고한 프로테스탄트 사회를 포기하는 것이 전혀 불편하지 않았다. 그러나 일부 아일랜드 민족주의자들에게 이러한 포기는 배신이었다. 이들은 필요하다면 폭력을 사용해서라도 섬 전체를 아일랜드 공화국군의 깃발 아래 통합하라고 계속 요구했다.

이러한 사정은 40년간 거의 변하지 않았다. 1960년대에 이르면

13 The Provisional IRA. 1969년에 IRA에서 분리된 아일랜드 공화국군 과격파. 북아일랜드를 포함하여 아일랜드 전체를 포괄하는 아일랜드 국가를 요구했다. Provos라고 부르기도 한다 ― 옮긴이주.

아일랜드 정부의 공식 입장은 서독 정부의 입장과 다소 유사했다. 민족 재통일이 바람직하다는 점을 인정했지만 그 문제가 무기한 연기되는 상황을 조용히 만족스럽게 지켜보고만 있었다. 그동안 영국 정부는 오랫동안 얼스터의 불편한 상황을 최대한 무시하기로 했다. 얼스터에서는 다수를 차지한 프로테스탄트가 게리맨더링을 통한 선거구 조작, 정치적 보호 후원 관계, 고용주에 대한 종파적 압력, 중요 업무(공무원과 재판관, 그리고 특히 경찰 전부)의 독점을 통해 지역의 가톨릭교도를 지배했기 때문이다.

영국 본토의 정치가들이 이러한 일들에 관해 알고 싶지 않았다면, 이는 보수당이 의회에서 중요한 연합 세력을 얻는 데 얼스터의 〈통합파Unionist〉에(아일랜드의 영국 본토 통합을 주장한 19세기 운동에 뿌리가 있다) 의존한 탓이었다. 따라서 보수당은 얼스터가 영국의 일부로 통합된 현 상태를 유지하는 데 전념했다. 노동당도 벨파스트의 조선업과 관련 산업의 강력한 노동조합과 긴밀하게 협력했고, 그곳의 프로테스탄트 노동자들은 오랫동안 우대를 받았다.

앞서의 논의가 보여 주듯이, 북아일랜드의 분열은 대단히 복잡했다. 프로테스탄트와 가톨릭 사이의 종교적 분열은 극심했고 태어나면서 죽을 때까지 교육과 주거, 결혼, 고용, 여가 등 삶의 모든 국면에 이러한 공동체 사이의 불화가 그대로 드러났다. 그리고 이 분열은 오랜 역사를 지녔다. 17세기와 18세기에 벌어진 전쟁의 결과들에 집착하는 것이 국외자들에게는 우스꽝스러워 보이겠지만, 그들에게 역사는 대단히 현실적인 문제였다. 그러나 가톨릭과 프로테스탄트 사이의 분열은 아일랜드 공화국군이 마르크스주의의 범주를 자신들의 수사법에 차용하려 노력했을지라도 전통적인 의미의 계급 간 분열은 전혀 아니었다. 노동자도 사제도, 정도는 덜하지만 지주와 사업가, 전문 직업인도 양측에 똑같이 존재했다.

게다가 얼스터의 많은 가톨릭교도는 아일랜드 정부의 통치를 받아야 할 필요성을 절실히 느끼지 못했다. 1960년대의 아일랜드는 여전히 가난한 후진국이었고, 북아일랜드의 생활 수준은 영국의 나머지 대부분 지역보다 낮았지만 아일랜드의 평균적인 생활 수준보다는 상당히 높았다. 가톨릭교도에게도 얼스터는 경제적으로 더 좋은 선택이었다. 반면 프로테스탄트는 영국과 매우 강한 유대감을 느꼈다. 이러한 정서를 나머지 영국인은 전혀 공유하지 않았다. 본토의 영국인들은 북아일랜드에 관해서는 거의 아무런 생각도 하지 않았다고 할 수 있다. 얼스터의 전통 산업들은 영국의 경우처럼 1960년대 말에 쇠퇴하고 있었고, 얼스터의 압도적인 프로테스탄트 육체노동자들의 미래가 불확실하다는 점을 런던의 계획가들은 이미 잘 알고 있었다. 그러나 이 점을 제외하면 영국 당국이 수십 년 동안 얼스터를 진지하게 생각하지 않았다고 해도 틀린 말이 아니다.

아일랜드 공화국군은 미미한 세력의 정치 분파로 쇠퇴했다. 그들은 아일랜드 공화국이 불완전하기 때문에 정통성이 없다고 비난하면서 기존의 아일랜드와 전혀 다른 급진적이며 통합된 아일랜드를 만들자는 〈혁명적〉 열망을 되풀이했다. 아일랜드 공화국군의 모호하고 시대착오적인 수사는 젊은 세대의 신병들에게는 거의 호소력을 행사하지 못했다(1965년에 아일랜드 공화국군에 참여한 벨파스트 출신의 게리 애덤스도 마찬가지로 느꼈다. 그는 당시 열일곱 살의 소년이었다). 그들은 교리보다는 행동에 더 많은 관심을 보였으며 자체의 비밀 조직 아일랜드 공화국 〈임시 정부군〉[14]을 구성했다. 주로 데리와 벨파스트 출신으로 구성된 〈임시 정부군〉은 북아일랜드 전역에서 시민권 시위가 고조될 때에 등장하여 이득을 보았다. 시위는 스토몬트 성의 얼스터 정부에 오랫동안 유예된 가톨릭교도의 참정권과 시민권을 요구했지만, 되돌아온 반응은 비타협적인 정

14 The Provisionals. 이 명칭은 1916년 4월 24일 반란자들이 임시 정부를 선포했던 더블린 선언에서 따왔다.

치적 태도와 경찰의 곤봉이었다.

이후 30년간 북아일랜드의 공적 생활 전부를(어느 정도는 영국의 공적 생활도) 점령했던 〈분쟁 Troubles〉은 1969년 7월 데리에서 281년 전 제임스 복위파와 가톨릭의 대의가 패배한 것을 호전적으로 기념했던 전통적인 견습공의 행진 Apprentice Boys' March에 이어 시가전이 벌어지면서 촉발되었다. 영국 정부는 공공연한 폭력이 증가하고 가톨릭 지도자들이 런던의 개입을 요청하자 군을 파견하여 여섯 개 주의 경찰 임무를 넘겨받았다. 대개 영국 본토에서 충원된 군대는 확실히 현지 경찰보다 더 열성적이지도 않았고 대체로 더 잔인하지도 않았다. 그러므로 영국군의 주둔이 새로이 형성된 아일랜드 공화국 임시 정부군에 그 핵심적인 요구를 제기할 핑계를 제공했다는 것은 뜻밖의 결과였다. 임시 정부군은 영국 당국과 그 군대에게 얼스터를 떠나라고 요구했다. 이는 섬 전체를 아일랜드의 통치를 받는 영역으로 재통합하는 과정의 첫 단계였다.

영국군은 떠나지 않았다. 1970년대 내내 두 공동체 사이에 신뢰를 쌓고 현지인에게 업무를 맡기려는 노력이 다양하게 이루어졌지만, 이러한 시도는 양측에서 똑같이 의심을 받고 비타협적 태도에 부딪쳤다. 가톨릭 공동체는 자신들의 극단적 무장 세력을 전혀 좋아하지 않았지만, 권력을 공유하고 시민적 평등을 보장하겠다는 얼스터 신교도 지도부의 약속도 믿지 못했다. 그럴 만할 선례가 충분했기 때문이다. 신교도 지도부는 소수파인 가톨릭교도에 실질적으로 양보하는 데 늘 주저했고, 이제 임시 정부군이라는 비타협적인 무장 세력을 진정으로 두려워했다. 영국군이 주둔하지 않았다면 그 지역은 전면적인 내란에 빠졌을 것이다.

영국 정부는 덫에 걸렸다. 영국 정부는 처음에는 가톨릭 측의 개혁 압력에 공감했다. 그러나 1971년 2월 영국군 병사 한 명이 살해된 뒤로 정부는 재판 없는 구금을 시작했고 상황은 급격히 나빠졌다.

1972년 1월, 〈피의 일요일Bloody Sunday〉에 영국 공수부대가 데리의 거리에서 열세 명의 민간인을 살해했다. 그해 얼스터에서 보안군 146명과 민간인 321명이 살해당했고, 거의 5천 명이 부상당했다. 아일랜드 공화국 임시 정부군은 새로운 세대의 순교자들과 완강한 적에서 기운을 얻어 30년간 지속될 군사 행동에 돌입했고, 그 과정에서 얼스터와 영국 전역에서 군인과 민간인에게 폭탄을 던지고 총격을 가해 그들을 불구로 만들었다. 적어도 한 차례는 영국 총리를 암살하려고도 했다. 영국은 얼스터에서 벗어나려 해도 (본토의 많은 유권자들도 원했을 것이다) 벗어날 수가 없었다. 1973년 3월의 국민투표가 보여 주고 훗날 투표가 확증했듯이, 얼스터 주민의 압도적 다수는 영국과 유대를 유지하고자 했다.[15]

아일랜드 공화국군의 군사 행동은 아일랜드를 통합하지 못했고 얼스터에서 영국인을 쫓아내지도 못했다. 정치인들과 유명 인사들 (특히 웨일스 공의 대부로 인도 총독을 역임했던 마운트배튼 경)의 암살은 아일랜드해 양쪽 여론에 큰 충격을 주었으나, 영국 정치의 안정을 해치지 못했다. 그러나 아일랜드 〈분쟁〉은 이미 음울했던 영국의 공적 생활을 더욱 어둡게 했으며 1960년대의 태평한 낙관론을 종식시켰을 뿐만 아니라 당시에 거론되던 〈통제 불능〉론에도 기여했다. 아일랜드 공화국 임시 정부군과 이어 등장한 프로테스탄트 준군사 집단들이 영국 정부가 처음부터 기꺼이 양보하려 했을 헌법 제도의 확보를 위해 마침내 협상에 응했을 때, 이미 1,800명이 살해된 뒤였고 얼스터 주민 다섯 명에 한 명꼴로 가족 중에 전투 중 사망하거나 부상당한 자가 있었다.

이러한 배경에서 볼 때 1970년대 유럽의 다른 〈병리적 현상들〉은 걱정스런 분위기를 퍼뜨리는 데 일조하기는 했어도 실로 소소했

15 당시 영국군의 북아일랜드 주둔 비용은 연간 30억 파운드로 추산되었다. 영국 정부가 예산 균형을 맞추는 데 애를 먹고 있던 때였다.

다. 대변자가 없는 실업자들을 위해 활동한다는 명분을 내세운 자칭 〈분노의 여단Angry Brigade〉은 1971년 런던 곳곳에 폭탄을 설치했다. 스위스 산악 지대 쥐라의 프랑스어권 분리주의자들은 아일랜드인의 전술을 모방하여 1974년 (독일어권) 베른주에 강제로 편입되는 데 반대하는 폭동을 일으켰다. 리버풀과 브리스틀, 그리고 런던의 브릭스턴 구에서 폭동을 일으킨 군중은 도심의 〈출입 금지〉 빈민가에 대한 통제권을 두고 경찰과 전투를 벌였다.

앞서 암시했듯이 그러한 항의와 행동은 모두 어느 정도 정치의 병리학이었다. 형태가 얼마나 극단적이었든 간에, 목적은 친숙했고 전략은 유효했다. 그들은 무엇인가 얻으려 애썼고, 요구가 충족되면 스스로 그만두었다. 에타와 아일랜드 공화국군, 그리고 그들의 모방자들은 테러 단체들이었다. 그러나 그들이 비합리적이지는 않았다. 이들은 목표를 일부라도 달성하려는 희망에서 대체로 곧 적과 협상했다. 그렇지만 당대의 두 번째 폭력의 주역들은 그러한 고려 사항에 전혀 무관심했다.

1960년대의 허황되고 과격한 원리는 서유럽 대부분에서 그런대로 큰 해를 끼치지 않고 사라졌으나, 특히 두 나라에서는 공격의 정당성을 주장하는 정신병으로 변형되었다. 과거 학생 과격파였던 소수는 자신들이 채택한 마르크스주의 변증법에 도취하여 서유럽 민주주의 체제가 보여 준 억압적 관용의 〈진면목을 폭로하는〉 일에 착수했다. 이들은 자본가들의 의회 체제는 거센 압박을 받으면 합법의 가면을 벗어던지고 진짜 얼굴을 보여 줄 것이라고 추론했다. 프롤레타리아는 이제까지 자신들의 이익에서 〈소외〉되고 자신들의 상황에 관한 〈허위 의식〉의 희생자였지만, 압제자의 진실을 대면하면 계급 전쟁의 바리케이드 앞에서 제자리를 찾을 것이었다.

이렇게 요약하면 1970년대의 지하 테러 단체를 과대평가하는 동시에 과소평가하는 것이다. 폭력을 정당화하는 언어에 얼마나 익숙했든 간에, 테러 단체에 휩쓸린 청춘 남녀는 대부분 단체의 조직에 별다른 역할을 하지 않았다. 그들은 테러리즘의 보병이었다. 한편 특히 서독에서 연방 공화국을 증오하는 감정의 에너지는 19세기 급진주의의 부적절한 수사법보다 더 깊고 어두운 원천에서 끌어올린 것이었다. 최근에 벌어진 일들에 비추어 볼 때 안전과 안정이라는 건조물을 부모 세대의 머리 위로 허물어 버리려는 충동은 다원주의적 민주주의의 신뢰성에 대한 폭넓은 회의가 극단적으로 표현된 것이었다. 그러므로 〈혁명적 테러〉가 독일과 이탈리아에서 가장 위협적인 형태를 띠었던 것은 우연이 아니다.

의회 밖의 정치가 노골적인 폭력과 연결되는 현상은 독일에서 일찍이 1968년 4월에 처음으로 나타났다. 안드레아스 바더와 구드룬 엔슬린을 포함한 네 명의 과격파 청년이 프랑크푸르트의 백화점 두 곳에 방화한 혐의로 체포되었다. 2년 후 바더는 울리케 마인호프가 계획하여 이끈 무장 습격의 와중에 감옥에서 탈출했다. 마인호프와 바더는 그 후 〈콘첸트 도시 게릴라Das Konzept Stadtguerilla〉 성명을 발표하여 무력으로 연방 공화국을 해체한다는 목표로 적군파의 창설을 선언했다. 머리글자 준말인 RAF(Rote Armee Fraktion)는 의도적으로 선택했다. 영국 공군Royal Air Force이 공중에서 나치 독일을 폭격했듯이, 통상적으로 바더-마인호프 집단이라 불린 이들도 지상에서 나치의 계승자들에게 폭탄을 던지고 총격을 가하여 항복을 받아내려 했다.

1970년에서 1978년 사이에 적군파와 그 보조 분파들은 의도적으로 무작위 테러 전략을 수행하여 군인과 경찰, 사업가를 암살했고 은행을 털었으며 주류 정치인들을 납치했다. 이 시기에 폭탄 투척과 총격으로 28명을 살해하고 93명에 부상을 입혔으며 그 밖에 162명을 인질로 잡아들였고 30개의 은행을 약탈했다. 은행을 턴 것은 조직의 재정을 충당하고 자신들의 존재를 알리기 위한 일이었다. 적군파는 또한 활동 초기인 1972년 늦봄 무렵 서독의 미군 기지를 표적으로 삼아 수많은 병사를 살해하고 그들에게 부상을 입혔다.

적군파는 절정기였던 1977년에 다임러 벤츠 회장이자 서독산업연맹 회장이었던 한스 마르틴 슐라이어를 납치하여 처형했으며, 서독 검찰 총장인 지크프리트 부바크와 드레스덴 은행장 위르겐 폰토를 암살했다. 그러나 이것이 적군파의 마지막 업적이었다. 1972년에 체포된 마인호프는 1976년 5월 슈투트가르트 교도소 독방에서 죽은 채로 발견되었다. 마인호프는 국가에 의해 처형되었다는 소문이 퍼졌지만 분명히 목을 매어 자살했다. 바더는 1972년 프랑크푸르트에서 총격전 중에 체포되어 살인 혐의로 종신형을 선고받고 복역 중이었는데, 1977년 10월 18일 구드룬 엔슬린과 수감 중이던 다른 테러리스트와 같은 날에 역시 독방에서 사망한 채 발견되었다. 적군파 지하 조직은 크게 축소되기는 했어도 1980년대까지 존속했다. 그들은 1981년 8월 서독의 람슈타인에 있는 미국 공군 사령부에 폭탄 공격을 가했으며, 다음 달 〈구드룬 엔슬린 특공대〉가 미군 유럽 총사령관의 암살을 시도하다 실패했다.

독일의 테러리스트 지하 조직은 명확한 목적이 없었기 때문에, 그 성과는 독일의 공적 생활을 혼란케 하고 공화국 제도를 훼손한 정도로만 측정할 수 있다. 이 점에서 그들은 명백히 실패했다. 당시 정부 조치 중 가장 억압적인 것은 빌리 브란트의 사민당 정부가 1972년에 통과시킨 취업 금지법Berufsverbot이었다. 이 법에 따라 헌법을 해친다고 여겨진 정치 활동에 관여한 자는 누구나 국가의 고용에서 배제되었는데, 그 구체적인 목적은 좌파든 우파든 정치적 극단주의의 지지자들을 중요한 직책에 앉히지 않으려는 것이었다. 이미 기이할 정도로 공공연히 복종의 성향을 보이고 있는 문화에서, 이 법은 확실히 검열에 대한 두려움을, 나아가 검열보다 더 나쁜 것에 대한 두려움을 불러일으켰다. 그렇지만 이 법이 비판자들은 두려워하고 외부의 극단주의자들은 기대한 독재의 서곡은 전혀 아니었다.

보수 정치권이 경솔하게 시민적 자유를 제한하고 〈질서〉를 강제할 필요성이 있다고 말하기는 했지만, 좌파 테러리스트나 부활의 조짐을 분명히 드러낸 신(新)나치 우파는(신나치는 1980년 뮌헨의 시월 축제 Oktoberfest에서 폭탄 공격으로 14명을 살해하고 220명을 부상시킨 책임이 있다) 공화국의 안정을 해치지 못했다. 오히려 걱정스러웠던 것은 특히 바더-마인호프 집단이 다른 경우였다면 법을 준수했을 지식인과 학자들 가운데서 전반적으로 공감을 얻어 자금을 끌어낼 수 있었다는 사실이었다.[16]

공감의 한 원천은 문학계와 예술계에서 증가하던 독일의 잃어버린 과거에 대한 향수였다. 이 사람들은 독일이 이중으로 〈상속권을 빼앗겼다〉고 생각했다. 나치가 독일 국민에게서 훌륭하고 〈유용한〉 과거를 박탈했다면, 연방 공화국에 들어와서는 미국이라는 감독이 거짓된 독일의 이미지를 강요했다. 영화감독 한스위르겐 지버베르크에 따르면, 독일 국민은 〈영적으로 상속권과 소유권을 빼앗겼다. ……우리는 조국과 고향이 없는 나라에 살고 있다〉. 타인의 조작과 이익에 희생된 자는 이제 독일인이라는 테러리스트들의 주장처럼, 미국 점령군과 다국적 기업들, 〈국제〉 자본주의 질서를 표적으로 삼은 독일 극좌파 테러리즘의 뚜렷한 민족주의적 색채는 사람들의 심금을 울렸다.

이 시기에 그 나라의 문제 많은 역사와 정체성에 관하여 많은 영화와 연설, 책, 텔레비전 방송물, 공적 논평이 쏟아져 나왔다. 적군파가 〈파시즘〉과 싸운다고 주장했듯이, 좌파와 우파의 서독 지식인들은 독일의 진정한 유산에 대한 통제권을 두고 싸웠다. 지버베르크의 동료 영화감독인 에드가 라이츠는 엄청나게 인기를 끌었던 16시간

16 더할 나위 없이 준법적인 프랑스 사회당은 연방 공화국에 〈인권 보호 위원회〉를 설립하여 테러 행위로 고발된 피고들을 전문 지식을 동원하여 실제적으로 지원했다.

짜리 텔레비전 미니시리즈 「고향: 독일 연대기Heimat: Eine deutsche Chronik」를 제작했다. 라인란트팔츠의 훈스뤼크 지방 출신의 어느 가족 이야기인 이 영화는 제1차 세계 대전 종전부터 현재까지 한 가정의 이야기를 통해 독일 현대사를 추적했다.

라이츠의 영화에서 특히 두 대전 사이의 시기는 즐거운 기억의 잔광으로 가득하다. 심지어 나치 시대조차 좋았던 시절의 즐거운 추억을 방해하지 못한다. 반면 미국식으로 변해 버린 전후 연방 공화국의 세계는 분노와 싸늘한 멸시로써 표현된다. 물질주의에 사로잡혀 민족적 가치를 무시하고 기억과 연속성을 파괴한 연방 공화국은 인간의 가치와 공동체를 심하게 훼손하는 것으로 그려진다. 파스빈더의 「마리아 브라운의 결혼」에서 그렇듯이 주인공은 희생된 독일의 역할을 맡았다. 그러나 「고향」은 외국의 가치를 경멸하고 〈깊은 독일〉의 잃어버린 영혼을 그리워했다는 점에서 과거를 동경하는 성격이 매우 뚜렷했으며 나아가 외국인 혐오증을 보이기도 했다.

라이츠는 지버베르크 등과 마찬가지로 1979년 처음으로 독일 텔레비전에 방송된 미국 텔레비전 연속물 「홀로코스트Holocaust」를 공개적으로 경멸했다. 얼마나 고통스러운 일이든 간에 독일의 과거를 묘사해야 한다면, 그것은 독일인이 해야 할 일이었다. 라이츠는 이렇게 썼다. 〈가장 철저한 박탈 과정은 누군가의 고유한 역사를 박탈하는 것이다. 미국인은 「홀로코스트」를 통해 우리의 역사를 도둑질했다.〉 독일의 과거에 〈상업 미학〉을 적용하는 것은 미국이 독일의 과거를 지배하는 방식이었다. 미국의 〈키치kitsch〉에 반대하는 독일 감독들과 예술가들의 투쟁은 미국 자본주의에 맞선 투쟁의 일부였다.

라이츠와 파스빈더는 1978년 「가을의 독일Deutschland im Herbst」을 감독한 사람들 중에 포함된다. 이 작품은 1977년 가을의 사건들, 특히 한스 마르틴 슐라이어의 납치와 살해, 그리고 이어 벌어진 엔슬린과 바더의 자살을 다큐멘터리와 영화 장면, 인터뷰 등을 엮은 콜라주 형식으로 다루었다. 이 영화는 테러리스트들에게 공감을 표했기 때문이 아니라 그 표현의 전달 방식 때문에 유명하다. 제3제국과 연방 공화국의 장면을 교차 삽입함으로써 양자는 가족처럼 닮은 것으로 표현된다. 〈자본주의〉와 〈이윤 제도〉, 국가 사회주의는 똑같이 비난받아야 하고 옹호될 수 없는 것으로 표현된다. 테러리스트들은 근년의 저항자들로, 말하자면 정치적 억압에 맞서 양심으로 투쟁하는 현대의 안티고네로 그려진다.

당대의 다른 독일 영화들처럼 「가을의 독일」에서도 서독은 (아직 드러나지 않은) 억압과 폭력의 능력에서 나치즘과 유사한 경찰 국가로 묘사되었는데, 이 점에서 상당한 영화적 솜씨가 발휘되었다. 아직 감옥에 있었지만 반쯤 참회한 테러리스트 호르스트 말러는 1967년의 원외 반대 투쟁은 1945년에는 없었던 〈반파시스트 혁명〉이었다고 카메라에 대고 설명한다. 따라서 나치라는 독일의 악마들에 맞선 진정한 싸움은 그 나라의 청년 과격파 지하 조직이 수행하고 있었다. 그렇지만 이들은 놀랄 만큼 나치와 흡사한 방법들을 사용했고, 말러는 이러한 모순을 언급하지 않았다.

「가을의 독일」에 드러난 나치즘의 암묵적인 상대화는 반자본주의적 테러에 대한 지식인들의 변호에서 이미 매우 분명하게 드러났다. 철학자 데틀레프 하르트만은 1985년에 〈우리는 나치 제국의 신질서에 명백히 드러난 돈과 기술, 절멸 사이의 연관성에서…… 브레턴우즈 신질서의 문명화한 절멸 기술을 가리는 장막을 (어떻게) 벗겨 낼 수 있을지 배울 수 있다〉고 설명했다. 나치즘과 자본주의적 민주주의 체제 사이의 유사성이 그 차이보다 더 중요하며 독일인은 양자 모두에 의해 희생되었다는 생각을 바탕에 깔고서 두 세계를 이렇게 쉽게 등치시킨 것은 독일 좌익 과격파가 유대인 문제에 그토록 무감각했던 이유를 보여 준다.

1972년 9월 5일, 팔레스타인 단체인 검은 구월단Black Septem-ber[17]이 뮌헨 올림픽에서 이스라엘 선수단을 공격하여 선수 열한 명과 독일 경찰 한 명을 살해했다. 살인자들이 현지 좌익 과격파로부터 지원을 받았다는 것이 거의 확실했다. 팔레스타인 단체들과 유럽 테러리스트 단체들은 이미 잘 연결되어 있었다. 엔슬린과 바더, 마인호프 모두 한때 팔레스타인 게릴라에서 바스크인과 이탈리아인, 아일랜드 공화국군 등과 함께 〈훈련 받았다〉. 그러나 오로지 독일인들만 한 걸음 더 나아갔다. 1976년 6월 4인조 무장 괴한이(독일인과 아랍인 각각 두 명) 에어프랑스의 항공기를 공중 납치하여 우간다의 엔테베로 끌고 갔을 때, 독일인들은 유대인 승객을 따로 확인하여 선별했다.

독일인이 다른 때, 다른 곳에서 행한 유대인의 선별과 제거를 명백하게 떠올리게 하는 이러한 행위도 바더-마인호프 집단의 동조자들이 그 집단에 갖는 신뢰를 결정적으로 해치지는 못했다. 폭넓은 동의를 얻었던 것은 그 방법이 아니라 주장이었기 때문이었다. 말하자면 이제 희생자는 유대인이 아니라 독일인이었다. 그리고 독일의 국가 사회주의가 아니라 미국 자본주의가 가해자였다. 예를 들어 이제 〈전쟁 범죄〉는 미국인이 베트남인에게 저질렀던 행위였다. 서독에는 〈새로운 애국심〉이 널리 퍼졌고, 처음에는 부모 세대의 독일 최우선이라는 자족감에 맞서 격렬하게 반항했던 바더와 마인호프 같은 자들은 무척이나 얄궂게도 바로 그 동일한 민족주의적 유산의 여운에 흡수되었다. 서독 좌파 테러리즘의 창설자로서 몇 남지 않은 생존자의 한 사람인 호르스트 말러가 30년 후 정치권의 극우파에서 생을 마감한 것은 충분히 납득할 만했다.

17 1970년 9월에서 1971년 7월까지 팔레스타인 게릴라 조직인 페다인과 요르단 국왕 후세인 사이에 있었던 갈등을 요르단의 검은 구월이라고 한다. 이 사건으로 다수의 팔레스타인 해방 기구 사람들이 사망하거나 레바논으로 추방되었다. 검은 구월단은 사건 이후 후세인 국왕에게 복수하기 위해 탄생한 팔레스타인 무장 조직이다 — 옮긴이주.

당대 이탈리아 테러리즘도 표면적으로 독일의 테러리즘과 크게 다르지 않았다. 이탈리아의 경우도 60년대의 의사(疑似) 마르크스 주의적 수사법에 의존했으며, 지도자들은 대부분 그 시대의 대학 항의 운동에서 정치적 교육을 받았다. 좌파 테러의 주요 지하 조직인 자칭 붉은 여단Brigate Rosse은 1970년 10월 적군파의 목적과 매우 유사한 목표를 담은 책자를 배포하여 처음으로 대중의 주목을 받았다. 붉은 여단의 지도자들은 바더, 마인호프 등과 마찬가지로 젊었으며(가장 유명한 레나토 쿠르초는 1970년에 겨우 스물아홉 살이었다), 대체로 이전에 학생이었고 조직을 위해 무장 지하 투쟁에 헌신했다.

그러나 몇 가지 중요한 차이점도 존재했다. 이탈리아 좌파 테러리스트들은 처음부터 〈노동자들〉과의 관계를 훨씬 더 강조했다. 그리고 북부의 몇몇 공업 도시, 특히 밀라노에서 일부 소수 극좌파는 실제로 대중의 지지를 받기도 했다. 이탈리아 극좌파는 소수 강경파 범죄자들을 중심으로 결집한 독일 테러리스트들과 달리 합법 정당부터 도시 게릴라의 조직망과 극소 무장 정치단까지 범위가 넓었고, 이들의 구성원과 목표는 상당히 중첩되었다.

이 집단들과 그 분파들은 유럽 좌파 주류의 분열 생식의 역사를 소규모로 되풀이했다. 1970년대에는 폭력 행위가 일어날 때마다 그때까지 존재조차 알려지지 않았던 단체들이 자신들의 소행임을 주장하고 나섰다. 테러리스트들의 주위에는 은밀하게 활동하는 운동 단체들과 잡지들이 위성처럼 따라다니며 테러 전술을 이데올로기적으로 엄호하는 〈이론적〉 선언들을 설교조로 제시했다. 이 다양한 단체와 세포 집단, 연락망, 잡지, 운동 등은 그 이름에서 자신들의 목적을 숨김없이 드러내고 있다. 붉은 여단 외에 다음과 같은 것들이 있었다. 〈지속적 투쟁Lotta Continua〉, 〈노동자의 힘Potere Operaio〉, 〈최전선Prima Linea〉, 〈노동자 자치Autonomia Operaia〉, 〈노동자 전위대Avanguardia Operaia〉, 〈프롤레타리아 무장대Nuclei Armati Proletari〉, 〈혁명 무장대Nuclei Armati Rivoluzionari〉, 〈공산주의 전투단Formazioni Comuniste Combattenti〉, 〈공산주의 전투 동맹Unione Comunisti Combattenti〉, 〈무장 프롤레타리아의 힘Potere Proletario Armato〉 기타 등등.

돌이켜 보건대 이 목록이 수천 명의 학생 출신 극좌파와 그 추종자들의 사회적·혁명적 중요성을 노동 운동 주변부의 불평분자들로 확대하려는 필사적인 욕구를 암시한다면, 대중의 주목을 끌려는 그들의 노력이 가져온 충격을 과소평가해서는 안 된다. 쿠르초와 그의 동료 마라 카골 일파는 낭만적으로 묘사된 혁명단의 동화를 공상 속에서 경험했을지도 모르지만(그 기원은 대체로 라틴 아메리카 혁명 게릴라의 대중화된 이미지에 있다), 그들이 초래한 손해는 매우 실제적이었다. 1970년에서 1981년 사이 이탈리아에서는 단 한 해도 살인과 수족 절단, 납치, 습격, 그 밖의 잡다한 공개적 폭력 행위 없이 지나가지 않았다. 10년 동안 정치인 세 명, 행정관 아홉 명, 경찰 예순다섯 명, 그리고 약 300명의 다른 사람들이 암살에 희생되었다.

붉은 여단 등은 초기에는 대체로 공장 관리자나 중요성이 떨어지는 사업가들, 즉 〈자본주의의 수하들〉, 〈우두머리의 노예들servi del padrone〉을 납치하고 이따금 총격을 가하는 데 그쳤다. 이는 좌파 테러리스트들이 처음에는 현장 노동자들의 직접 민주주의에 관심을 두었음을 반영한다. 그렇지만 70년대 중반이 되면, 이들은 부르주아적 합법성의 〈가면을 벗겨 내고〉 국가를 자극하여 폭력적 억압에 나서게 하며 그로써 여론을 양극단으로 몰아가는 전략에서 우파 정치인들, 이어 경찰과 기자, 검사 등을 대상으로 정치적 암살을 단행했다.

1977년 붉은 여단은 공격 강도를 한층 높였는데도 원하는 반응을 이끌어 내는 데 실패했다. 그래서 1978년 3월 16일 기독교 민주당의 지도자이자 총리와 외무장관을 지낸 알도 모로를 납치했다. 알도 모로는 그들에게 희생된 자들 중에서 가장 저명한 인사였다. 알도 모로는 두 달 동안 인질로 잡혀 있었고, 기독교 민주당 출신의 총리 줄리오 안드레오티는 공산당과 당내 대다수의 지지를 업고 모로의 생명과 〈정치범들〉의 석방을 맞바꾸자는 납치범들의 요구를 조금도 고려하지 않았다. 이탈리아 정치권 전체가 한목소리로 비난하고 교황과 국제 연합 사무총장이 석방을 호소했지만, 테러리스트들은 동정을 보이지 않았다. 5월 10일 알도 모로의 시신이 로마 도심의 거리에 주차된 차 안에서 발견되었다.

모로 사건은 확실히 이탈리아 국가의 무능력을 보여 주는 사례였다. 내무장관은 시신이 발견된 다음 날 사임했다. 8년 동안 필사적으로 반테러 입법을 추진하고 전국적으로 범인을 추적했지만, 경찰은 테러리스트 지하 조직을 파괴하는 데 분명히 실패했다.[18] 그리고 붉은 여단이 국가와 수도의 심장부에서 정치적 살인을 자행하는 데 성공했다는 사실은 의미심장한 여운을 남겼다. 이제 누구나 이탈리아의 정치 질서가 진정한 도전에 직면했다는 사실을 명확히 인식했다. 모로의 시신이 발견되고 두 주가 채 지나지 않아 붉은 여단은 제노바의 반테러단 수장을 살해했고, 1978년 10월에는 로마 법무부 검찰국장을 암살했다. 두 주 후, 〈공산주의 전투단〉은 선임 검사 한 명을 암살했다.

그러나 테러리스트들은 마침내 국가에 엄청난 도전을 제기한 대가를 치른다. 이탈리아 공산당은 공화국 제도를 확고하고 명백하게 지지함으로써 이미 거의 모든 이들이 의문의 여지없이 받아들이고 있던 사실을 공개적으로 인정했다. 다시 말해 1970년대의 테러리스

---

18 독일의 경우와 마찬가지로, 경찰은 실제로 한때 그 지도자들을 찾았지만 결국 다시 놓쳤다. 1974년에 체포된 레나토 쿠르초는 1975년 2월에 탈옥했고 열한 달 뒤에 다시 체포되었다.

트들은 1960년대의 대중 운동에 기원을 두고 있을지라도 이제는 급진 정치의 스펙트럼 밖에 놓이게 되었다. 테러리스트들은 그저 범죄자일 뿐이었고 범죄자로 다루어야 했다. 그리고 테러리스트들에게 이데올로기적 구실을 제공했던, 아마도 그 이상을 제공했을 자들도 마찬가지였다. 1979년 4월, 파도바 대학교의 강사 안토니오 네그리는 〈노동자 자치〉의 다른 지도자들과 함께 체포되어 반국가 무장 폭동 음모로 고발되었다.

네그리와 그의 지지자들은 비밀 조직도 아니고 무장 조직도 아닌 급진 〈자치주의자들〉을 불법 비밀 단체들과 혼동해서는 안 된다고, 자신들을 체포하는 정치적 결정은 바로 붉은 여단이 예언하고 원했던 〈부르주아 질서〉로부터의 후퇴를 나타낸다고 주장했다(지금도 계속 그렇게 주장하고 있다). 그러나 네그리 자신은 파도바 대학교에서 교수와 직원에 대한 폭력적인 공격을 테러리스트 전술에 아주 조금 못 미친다는 이유로 너그럽게 봐주었다. 〈집단적 불법 행위〉, 〈영구 내전〉, 부르주아 국가에 맞서 〈군사적으로〉 조직해야 할 필요성 같은 구호들이 네그리의 신문 『콰데르니 로시Quaderni Rossi』(붉은 공책)를 포함하여 수준 있는 학계에서 널리 변호되고 있었다. 모로가 납치되어 살해된 지 일 년 후, 네그리는 〈적의 전멸〉을 축하하는 글을 썼다. 〈나의 적의 고통은 내게 아무런 영향을 주지 않는다. 프롤레타리아의 정의는 자기 긍정의 생산력과 논리적 확신의 능력을 지녔다.〉[19]

정치 폭력이 〈자기 긍정의 생산력〉을 지닐 수 있다는 생각은 물론 현대 이탈리아의 역사에서 낯설지 않았다. 네그리가 확인하고 붉은 여단과 그 동조자들이 실천했던 것은 파시스트가 찬양한 〈폭력의 정화력〉과 조금도 다르지 않았다. 이탈리아도 독일과 마찬가지였다.

19 네그리는 석방되었다가 1983년에 다시 체포되었다. 1984년 6월 재판을 받고 30년 징역형을 선고받았다.

극좌파는 〈부르주아 국가〉에 대한 증오 때문에 반민주주의적 우파의 〈프롤레타리아적〉 폭력으로 후퇴했다. 1980년이면 좌파와 우파의 테러리스트들은 그 표적과 방법에서 서로 구분할 수 없을 정도였다. 붉은 여단과 그 후예가 이탈리아의 〈총탄의 시대〉[20]에 벌어진 모든 폭력에 책임을 져야 하는 것은 결코 아니다. 이 시기에는 음모적 반공화주의 우파가 재등장했다(이들은 1980년 8월 볼로냐 역사에 폭탄을 투척하여 85명을 살해하고 200명에 부상을 입혔는데, 그 사건은 그 시절에 일어난 단일 범죄로는 최악이었다). 그리고 메초조르노에서는 마피아도 행정관과 경찰, 지역 정치인들과 싸우면서 더 공격적인 테러 전략을 채택했다.

그러나 네오파시스트 테러의 재등장과 마피아 폭력의 부활이 민주주의 제도의 취약성을 드러내고 심화시키는 한, 좌파 테러리스트들은 이들의 활동을 자신들의 성공을 보여 주는 표지로 해석했다. 이러한 해석은 아마도 틀리지 않았을 것이다. 양측의 극단주의자들 모두 평범한 공적 생활을 견딜 수 없을 정도로 위험하게 만들어 국가의 안정을 해치려 했다. 차이가 있다면 극우파는 자신들이 전복하려 했던 질서 유지 세력으로부터 어느 정도 보호와 협력을 기대할 수 있었다는 점이다. 그림자처럼 흐릿한 우파의 음모적 연락망은 경찰과 은행계, 집권 기민당의 고위층까지 파고들어 판사와 검사, 기자의 살해를 허가했다.[21]

이탈리아의 민주주의와 법치가 이 시기를 견뎌 냈다는 사실은 결코 하찮은 일이 아니다. 특히 1977년에서 1982년까지 이 나라는 극

20 anni di piombo. 1960년대 말부터 1980년대 초까지 이탈리아의 사회적·정치적 혼란기를 말한다.

21 그런 연락망의 하나였던 악명 높은 〈비밀 결사 이중 선전 P2 Lodge〉은 1943년에서 1945년까지 무솔리니의 〈사회 공화국〉에서 일했던 활동가 리초 젤리가 우파 정치인과 은행가, 군인, 경찰로 조직한 프리메이슨 같은 이상한 조직망이었다. 962명의 회원 중에는 장군 서른 명, 해군 장성 여덟 명, 의회 의원 마흔세 명, 현직 각료 세 명이 포함되어 있었고 산업계와 민간 은행 부문의 고위직을 겸하고 있던 사람들 또한 많았다.

좌와 극우, 전문 범죄자들이 저지른 마구잡이 극단적 폭력에 사로잡혔다(마피아와 기타 범죄 집단들이 경찰서장과 정치인, 검사, 판사, 기자를 암살한 때도 이 시기였는데, 이들은 때로 거의 아무런 처벌도 받지 않았다). 한층 심각한 위협은 조직을 더 잘 갖추고 국가의 중심에 더 가까운 우파로부터 왔지만, 〈붉은〉 테러리스트들은 대중의 상상력에 더 큰 영향을 미쳤다. 독일의 급진파처럼, 그들이 급진 사상에 대한 현지의 폭넓은 공감을 악용한 면도 있었기 때문이다. 공식 공산당은 같은 혁명적 유산의 전용을 테러리스트들의 주요 자산으로 보았을 뿐만 아니라 주류 좌파의 신뢰성이 손상을 입었다는 징후로 판단했다. 그리고 이러한 판단은 옳았다.

지역 공산당들은 모르는 사실이었지만, 붉은 여단과 적군파는 기이하게도 소련 정보기관으로부터 일부 재정 지원을 받았다. 비슷한 동기를 지녔으나 별 효과를 보지 못했던 벨기에의 〈공산주의 전투단 Cellules Communistes Combattantes〉, 프랑스 등지의 〈직접행동 Action Directe〉, 그 밖에 다른 곳의 작은 활동 단체들도 마찬가지였다. 그 자금은 어떤 일관된 전략의 일부가 아니었다. 차라리 적의 적은 아무리 엉터리이고 하찮아도 여전히 우리의 친구라는 일반적인 원칙에 따라 지원되었다고 할 수 있다. 그렇지만 이 경우 사업은 역풍을 맞았다. 말하자면 이 시기 서유럽 좌파 테러리즘이 거둔 단 한 가지 부정할 수 없는 업적은 지역의 정치 단체들에 남아 있던 혁명적 환상을 철저하게 지워 버린 것이다.

좌파의 모든 주류 정치 조직들은, 특히 공산당은 어떤 성격의 것이든 폭력에서 거리를 유지해야 했다. 여기에는 자발적인 면도 있었다. 그들 또한 테러의 대상이었기 때문이다. 노동조합원들과 기타 전통적 노동 운동의 대표자들은 지하 조직의 주된 표적이었다. 그러나 또한 부분적으로는 1970년대의 〈총탄의 시대〉가 모든 사람이 자유 민주주의 체제가 실제로 얼마나 허약한지 깨닫는 데 도움이 되었기 때문이다(이는 1960년대의 무모한 분위기에서는 종종 무시되었던 교훈이다). 서유럽의 심장부에서 혁명적 전복으로 이어질 수도 있었던 시절의 순수한 효과는 테러리스트들이 계획하고 기대했듯이 사회를 양극화시키지 않았으며 오히려 온갖 정파의 정치인들을 중도의 안전지대에 결집하도록 몰아 댔다.

정신의 삶이라는 측면에서 보자면 1970년대는 20세기에서 가장 절망적인 시절이었다. 이는 어느 정도 이 장에서 설명한 상황의 탓으로 돌릴 수 있다. 경기가 급속하게 침체되어 오래 그 상태를 유지했고 정치적 폭력이 만연하였기에, 사람들은 유럽의 〈좋은 시절〉은 가버렸으며 한참 동안 다시 오지 않을 것이라고 생각했다. 대다수 젊은이들은 세상을 바꾸기보다 일자리를 얻는 데 더 관심이 많았다. 집단적 목표에 이끌렸던 시절은 떠나갔고 사욕을 채우겠다는 집착만이 존재했다. 험악한 사회에서는 자기 이익의 확보가 공통의 대의 추구에 우선했다.

이러한 분위기의 변화도 앞선 10년의 무모했던 탐닉에 대한 반응이라는 데는 의심의 여지가 없다. 아주 최근까지 음악과 패션, 영화, 미술 등의 분야에서 에너지와 창의성의 전례 없는 폭발을 누렸던 유럽인들은 실업자가 되고 나서야 얼마 전에 흥청망청 즐겼던 비용을 천천히 생각해 볼 수 있었다. 매우 빠르게 사라진 듯했던 것은 1960년대의 이상주의가 아니라 그 시절의 〈순진함〉, 즉 마음에 떠오르는 것은 무엇이든 할 수 있다는 생각, 만들 수 있는 것은 무엇이든 가질 수 있다는 생각, 그리고 도덕적, 정치적, 법률적, 심미적 계율의 위반은 원래 매력적이며 생산적이라는 생각이었다. 벌어지는 모든 일은 새로우며 모든 새로운 것은 의미가 있다고 믿는 고지식하면서도 자축적인 충동이 60년대의 특징이었다면, 70년대는 냉소의 시대이자 잃어버린 환상의 시대, 기대가 꺾인 시대였다.

알베르 카뮈는 『전락La Chute』에서 평범한 시절은 쓸데없는 예언자를 낳는다고 썼다. 1970년대에는 그런 사람들로 넘쳐났다. 1970년대는 직전 과거의 커다란 희망과 야심적인 사상의 뒤를 이었음을, 숨 막히고 받아들이기 어려웠지만 옛 사고의 반복과 연장 외에는 달리 제공할 것이 없음을 울적한 마음으로 인식한 시대였다. 1970년대는 당대의 사람들이 느끼기에 〈만사 이후의post-everything〉 시대여서 그 앞날에는 구름이 잔뜩 끼어 있는 듯했다. 미국 사회학자 대니얼 벨은 그때 이렇게 지적했다. 〈접두사 post를 하이픈으로 연결하여 사용하면 틈새 시대에 살고 있다는 느낌을 받는다.〉 〈전후의post-war〉, 〈탈구조주의의post-structuralist〉, 그리고 아주 최근에 등장한 〈탈산업 사회의post-industrial〉 같은 용어들은 수식하는 낱말이 정해지지 않은 상태에서도 실제 사회에 대한 기술로서 쓰임새를 가졌다. 그러나 〈마르크스주의 이후post-marxist〉, 〈탈제국주의의post-imperial〉, 특히 가장 정의하기 어려운 〈포스트모던post-modern〉처럼 사상의 범주에 적용될 때에는 이미 혼란스러운 시대의 난해함을 한층 더 혼란스럽게 만들 뿐이었다.

1960년대의 문화는 합리주의적이었다. 마약과 환락을 즐긴 시대였지만, 그 시대의 사회사상은 그 시대의 음악처럼 단지 〈확장〉되었을 뿐 익숙하고 일관된 영역에서 움직였다. 1960년대의 문화는 또한 공동체주의적 성격이 두드러졌다. 학생은 〈노동자〉와 〈농민〉, 〈흑인〉, 기타 집단처럼 자신들을 서로 간에 그리고 (비록 적대적일지라도) 사회의 다른 부분에 특별한 관계로 묶어 주는 이해관계와 유사성을 공유했다고 추정되었다. 1960년대의 계획은, 아무리 터무니없는 계획일지라도, 개인과 계급, 계급과 사회, 사회와 국가 사이에는 관계가 있다고, 내용에서는 아닐지언정 형식에서는 이전 세기에 활동했던 이론가나 활동가에게도 친숙했을 관계가 있다고 추정했다.

1970년대의 문화는 집단이 아니라 개인을 향했다. 1960년대에 인류학이 철학을 대신하여 근본 학문Ur-discipline의 자리를 차지했듯이, 이제는 심리학이 그 자리를 차지했다. 1960년대가 지나는 동안 젊은 마르크스주의자들은 노동자 등이 자본가의 이해관계에 귀속되지 않기 위해 벌였던 투쟁의 실패를 설명하기 위해 〈허위의식〉이라는 개념을 널리 채택했다. 앞서 보았듯이 변형된 허위의식은 좌파 테러리즘의 핵심 전제가 되었다. 그러나 허위의식은 정치적 색채가 덜한 집단에서는 기이한 내세를 갖기도 했다. 자칭 〈포스트프로이트주의자들post-freudians〉이 마르크스주의적 배경을 갖는 언어를 프로이트의 주제에 적용시켜 이제 사회 계급들이 아니라 개인 주체들의 총합을 해방시킬 필요가 있다고 강조했던 것이다.

이제 서유럽에서는 북아메리카에서 그랬듯이 해방 이론가들이 전면에 부상했다. 그들의 목적은 인간 주체를 사회적으로 강요된 속박이 아니라 스스로 원했던 환상들로부터 해방하는 것이었다. 이 주제에 관한 성적 변형은, 다시 말해 사회적 억압과 성적 억압은 완전하게 연결되어 있다는 생각은 1960년대 말의 몇몇 영역에서는 이미 자명한 사실이었다. 그러나 마르쿠제나 빌헬름 라이히는 개인의 해방을 통해 집단적 변화를 추구함으로써 명백하게 프로이트와 마르크스라는 두 계보에 똑같이 속했다. 반면 자크 라캉의 추종자들이나 케이트 밀렛과 아니 르클레르 같은 현대의 페미니즘 이론가들은 어떤 면에서는 야심이 작아 보이기도 했지만 또 어떤 면에서는 더 큰 야심을 드러냈다. 이들은 전통적인 사회 혁명 계획에는 그다지 관심이 없었다(사회 혁명이 주로 남성이 남성을 위해 주도한 정치 운동이었다는 페미니스트들의 지적은 옳다). 대신 한때 사회 혁명 계획의 토대였던 인간 주체라는 개념 자체를 파괴하려 했다.

당대의 지식인 사회 전체가 매우 폭넓게 공유했던 이러한 사고의 밑바탕에는 두 가지 가정이 폭넓게 자리 잡고 있었다. 첫 번째는 권력의 토대는 계몽사상 시대 이후 대부분의 사회 사상가들이 가정했듯이 천연자원과 인간 자원의 통제에 있는 것이 아니라 지식, 다시 말해 자연계에 관한 지식, 공적 영역에 관한 지식, 자신에 관한 지식, 그리고 무엇보다 지식 자체가 생산되고 정당성을 확보하는 방식에 관한 지식을 독점하는 데 있다는 가정이었다. 이러한 설명에 따르자면 권력은 지식을 통제하는 자들이 파괴적인 〈지식들〉을 억압함으로써 타자를 희생시켜 자신들의 통제력을 유지하는 능력에 달렸다.

당시에 인간 조건에 대한 이러한 설명은 여러 면에서 미셸 푸코의 저작과 연결되었는데, 이는 당연했다. 푸코는 이따금씩 드러냈던 반계몽주의만 아니라면 실상 합리주의자였다. 푸코의 초기 저작들은 노동자를 자본주의의 족쇄로부터 해방하려면 우선 부르주아 사회의 이기적인 담론을 버리고 역사와 경제를 다르게 설명해야 한다는 오래된 마르크스주의 주장을 매우 가깝게 따랐다. 요컨대, 거장들의 지식을 버리고 혁명적 지식을 이용해야 했다. 몇 년 더 일찍 크게 유행했던 안토니오 그람시의 말로 하자면, 지배 계급의 〈헤게모니hegemony〉에 맞서 싸워야 했다.

두 번째는 지적 유행을 한층 더 강하게 장악한 가정으로 한층 더 앞서 나갔다. 과거의 확실한 사실은 물론 확실함의 가능성 자체까지 파괴해야 한다고 주장하는 유혹적인 주장이 바로 그것이다. 모든 행위, 모든 견해, 모든 지식은 정확히 사회에서 비롯되었고 따라서 정치적 도구로 이용되는 것이기 때문에 의혹의 눈길로 바라보아야 했다. 판단이나 평가가 그 주체로부터 자유로울 수 있다는 바로 그 생각이 몇몇 영역에서는 당파적인 (그리고 은연중에 보수적인) 사회적 태도의 표현이자 표상으로 간주되었다.

반복되는 판단이나 믿음은 모두 원칙적으로 이렇게 환원될 수 있었다. 따라서 비판적 지식인들조차 〈특정한 입장〉에 놓일 수 있었다. 유럽에서 이 새로운 지식 사회학의 가장 유력한 대표자인 프랑스의 사회학 교수 피에르 부르디외의 말을 빌리자면, 〈교수의 담론〉

은 〈지배 계급 중에서 지배당하는 소수〉의 표현일 따름이다. 모든 지식과 견해의 자리를 이렇게 파괴적으로 정해 주는 방식은 어떤 〈담론〉이 더 진실한지 확인할 수 있는 방법을 드러내지 못했다. 이 딜레마는 〈진리〉를 사회적 입장을 지닌 범주로 다룸으로써 해결되었다(이러한 태도는 곧 많은 분야에 유행처럼 퍼져 나간다). 상황이 이렇게 전개된 결과, 자연스럽게 〈모든〉 합리적인 사회적 주장에 대한 회의가 점점 커졌다. 프랑스 철학자 장프랑수아 리오타르는 1979년 이 주제에 관한 글 『포스트모던의 조건 La condition postmoderne: Rapport sur le Savoir』에서 시대의 분위기를 훌륭하게 요약하면서 요점을 명확하게 짚었다. 〈나는 포스트모더니즘을 메타내러티브를 쉽게 믿지 않는 태도라고 정의한다.〉

이처럼 현저하게 프랑스적인 지적 영향력의 원천은, 보통 널리 인정되지는 않지만, 과거에도 매우 자주 그랬듯이 독일이었다. 이탈리아 작가 엘리오 비토리니는 프랑스는 나폴레옹 이후 늘 외국의 영향력이 침투하지 못한 곳이었으나 독일의 낭만주의 철학만이 예외였다고 말했다. 이는 비토리니가 1957년에 그렇게 썼을 때도 그랬거니와 20년 후에도 진실이었다. 앞선 세대의 인도주의적 감수성이 마르크스와 헤겔에 이끌린 결과였다면, 자기를 의심하는 70년대는 더 어두운 경향의 독일 사상에 빠진 결과였다. 미셸 푸코의 과격한 회의론은 대체로 니체를 개작한 것이다. 문학 평론가 자크 데리다 같은 여타 중요한 프랑스 저자들은 마르틴 하이데거에 의존하여 인간 행위자를 비판하고 인간이라는 인식 주체와 텍스트에 나타난 그 주체의 주제를 〈해체 deconstruction〉했다(〈해체〉로 알려지고 있었다).

하이데거나 동시대 독일인 카를 슈미트를(슈미트의 역사주의적 리얼리즘은 국제 문제를 연구하는 학생들의 주목을 받았다) 전공하는 자들에게, 이러한 관심은 상당히 이상했다. 하이데거와 슈미트 모두 결국에는 나치즘 편으로 확인되었다. 하이데거의 경우 나치의 후원을 받아 대학에 자리를 얻었기 때문에 그 점에서 의문의 여지가 없었다. 그러나 진보에 대한 낙관적인 가정을 비판하고 계몽된 합리주의와 그 정치적·인식론적 부산물의 토대에 문제를 제기하는 새로운 관심은 하이데거처럼 근대성과 기술적 진보를 비판했던 20세기 초의 비평가들과 〈포스트모던〉 시대의 몽매에서 깨어난 회의론자들 사이에 어느 정도 유사성이 있음을 보여 주었다. 그리고 하이데거와 그들의 과거 이력을 세탁하게 해주었다.

독일 철학이 파리의 사회사상을 거쳐 (당대의 대다수 독자들에게 친숙한 형식이었던) 영국의 문화 비평으로 건너갔을 즈음이면, 원래 난해했던 그 어휘들은 새로운 세대의 학생과 교사에게 거부할 수 없는 매력을 지닌 것으로 판명된 의미 있는 난해함의 수준을 획득했다. 팽창 일로에 있던 당대의 대학에 교직원으로 채용된 후배 교수들은 대부분 60년대에 졸업하고 그 시대의 방식과 논쟁으로 교육받은 자들이었다. 그러나 이전 10년간 유럽 대학들이 사회와 국가, 언어, 역사, 혁명 등 다양한 거대 이론에 열중해 있었다면, 다음 세대로 전해 내려온 것은 무엇보다 이론 그 자체에 대한 몰두였다. 〈문화 이론Cultural Theory〉이나 〈일반 이론General Theory〉 세미나가 불과 몇 년 전까지 과격한 학문적 토론을 지배했던 전통적인 분과 학문 영역을 대신했다. 〈난해함〉은 지적 진지함의 척도가 되었다. 프랑스의 저술가 뤼크 페리와 알랭 르노는 몽매에서 깨어나 〈68년 사상〉의 유산에 관해 논평하면서 신랄한 결론을 내렸다. 〈60년대 사상가들이 거둔 가장 큰 업적은 이해할 수 없음이 위대함의 징표라는 점을 청중에게 납득시킨 것이다.〉

라캉과 데리다처럼 새로이 대가가 된 이론가들은 대학의 기존 청중에게 언어의 변덕과 역설을 완전한 철학으로, 말하자면 텍스트적 해석과 정치적 해석에 무한정 유연하게 적용할 수 있는 틀로 승격시켰다. 버밍엄 대학의 현대문화연구소 같은 기관에서 새로운 이론주의theoreticism는 순조롭게 옛 이론주의와 뒤섞였다. 격세유전적으로 경제적 범주와 정치 제도들에 집착했던 마르크스주의도 그러한 집착으로부터 구제되어 문화 비평으로 거듭났다. 혁명적 프롤레타리아가 자본주의적 부르주아를 마지못해 극복해야 하는 불편함은 이제 더는 장애물이 아니었다. 이 시기 문화 연구에서 영국의 주요 대변자였던 스튜어트 홀은 1976년 이렇게 표현했다. 《계급 전체의 소멸》이라는 개념은 한 계급의 상이한 부분들과 층위들이 그들을 결정하는 사회 경제적 환경에 의해 어떻게 상이한 진로와 선택으로 내몰리는가라는 훨씬 더 복잡하고 세분된 그림으로 대체된다.〉

홀 자신은 훗날 자신의 연구소가 〈한때 이러한 난해한 이론적 문제들에 과도하게 몰두해〉 있었다고 시인한다. 그러나 사실 이 자아도취적 반계몽주의는 그 시대의 유행이었고, 이러한 유행과 일상 현실 사이의 괴리는 무의식 중에 지적 전통의 고갈을 증언했다. 더구나 반계몽주의가 그 시기의 문화적 결핍을 보여 주는 유일한 징후는 결코 아니었다. 1960년대 프랑스 영화의 번득였던 창의력도 자의식이 강한 예술로 퇴보했다. 「파리는 우리 것이다Paris nous appartient」(1960)와 「수녀 La Religieuse」(1966)를 만든 재치 있고 독창적이었던 감독 자크 리베트는 1974년에 「셀린과 줄리는 뱃놀이 간다Céline et Julie vont en bateau」를 감독했다. 프랑스 뉴웨이브 양식을 (무심결에) 모방한 줄거리도 없는 193분짜리 이 영화는 한 시대가 끝났다는 표시였다. 예술의 이론화가 예술을 대체하고 있었다.

1960년대 문화가 남긴 유산의 한 줄기는 고급문화의 겉치레였지만, 다른 한 줄기는 그것을 살짝 뒤집은 전도된 형태로서 점점 더 뻔뻔스러워지는 영악한 냉소주의였다. 비교적 순진무구했던 로큰롤은 점차 매스컴에서 눈에 잘 띄는 팝 밴드로 대체되었다. 팝 밴드의 상투적인 수단은 바로 직전 선배들이 만들어 낸 양식을 조롱하듯 이용하고 망가뜨리는 것이었다. 대중 소설과 타블로이드판 신문이 한때 상업적 이득을 위해 대중의 읽고 쓰는 능력을 이용했듯이, 1970년대에는 〈펑크punk〉록이 등장하여 대중음악 시장을 착취하려 했다. 펑크록은 〈대항 문화〉로 제시되었으나 대개 금전적인 목적을 위해 폭력적인 이미지와 과격한 언어를 불러냄으로써 실제로는 주류 문화에 기생했다.

공공연히 정치적 색채를 띤 펑크록 밴드의 언어는 당대의 불쾌한 분위기를 포착했다. 1976년에 크게 인기를 끌었던 섹스피스톨즈의 「영국의 무정부 상태Anarchy in the UK」가 좋은 사례이다. 그렇지만 펑크록 밴드의 정치는, 지나칠 정도로 삼화음과 단일한 장단에 국한되고 효과를 내기 위해 소리 크기에 과도하게 의존했던 그들의 음악처럼, 일차원적이었다. 섹스피스톨즈와 기타 펑크록 밴드들은 무엇보다 충격을 주기를 원했다. 파괴적인 외관과 태도조차 빈정거림과 어느 정도의 과장으로 포장되었다. 그들은 이렇게 말하는 듯했다. 〈1960년대를 기억하나? 싫든 좋든 어쨌거나 남은 것은 우리다.〉이제 음악적 전복은 〈헤게모니〉를 비방하는 분노의 노래들로 이루어졌다. 그렇지만 허울에 불과한 그 정치적 함의는 음악 형식의 지속적인 파멸을 감추고 있었다.[22]

펑크록 세대의 정치와 음악이 아무리 허위였다고 해도, 적어도 그 냉소만큼은 진짜였으며 앞선 시대의 선배들로부터 이어받은 것이었다. 그들의 정치와 음악은 점점 더 커졌던 경멸의 스펙트럼에서, 다시 말해 과거와 권위, 공인, 공무에 대한 경멸의 스펙트럼에서 졸렬하고 가장 무능한 끝 언저리를 차지했다. 이러한 거만함과 전통

---

22 서유럽의 펑크록은 저물어 가던 동유럽 공산 국가들에 유달리 씁쓸한 뒷맛을 남겼다. 동유럽에서는 정치적·음악적 비주류의 유산을 냉소적으로 고수했던 허무주의적 지하 악단들이 자신들의 목적을 위해 펑크록을 취했다. 포르노그래피와 정치적 오류를 뒤섞어 불쾌감을 주었던 1980년대의 헝가리 펑크록 밴드 스피온시는 「안나 프랑크Anna Frank」를 녹음했다. 가사는 이렇다. 〈그놈들이 너를 데려가기 전에 강제로라도 한 번 하고 싶은데. 안나 프랑크! 나랑 자자! 안나 프랑크! 애걸해 봐라. 이 암캐야! 안나 프랑크! 그렇지 않으면 난 너를 포기하겠다! 안나 프랑크! ─ 놈들이 널 기다리고 있다〉

의 멸시는, 상대적으로 더 재치 있는 형태로는, 거의 20년 전에 처음으로 등장한 영국의 젊은 정치 풍자가들에게서 실마리를 찾았다. 풍자극「가장자리 너머Beyond the Fringe」와 영국 방송 공사의 심야 쇼 프로그램「이것이 지난 한 주였다That Was the Week That Was」, 주간지『사설탐정 Private Eye』등에서 그들은 전통을 조롱했다.「몬티 파이손Monty Python」과 그 후속 프로그램, 모방 프로그램은 텔레비전 시청자들의 수가 급속히 늘고 국가 검열이 꾸준히 완화되는 점을 이용하여 익살극과 저속한 사회 비평, 빈정대는 정치 풍자를 폭넓게 혼합하여 보여 주었다. 이러한 혼합은 길레이와 크룩생크의 통렬한 정치 만화를 끝으로 더 볼 수 없던 것이었다.[23] 록 음악과 새로운 해학극 사이의 긴밀한 상호 작용은 파이손의 영화「몬티 파이손과 성배Monty Python and the Holy Grail」(1974)와「브라이언의 삶Life of Brian」(1979)에 대한 재정적 후원이 좋은 실례가 된다.

공인의 낮은 지위는「닮은꼴Spitting Image」이나 프랑스의「베베트 쇼Bébête Show」같은 텔레비전의 주말 쇼 프로그램에서 자주 공격을 받았다. 주요 정치인들은 일상적으로 조롱과 경멸의 대상으로 되었는데, 몇 년 전이었다면 생각도 못 할 일이었다(그리고 미국에서는 아직도 생각할 수 없는 일이다). 풍자가와 정치 코미디언은 작가와 예술가를 대신하여 시대의 지적 영웅으로 등장했다. 1980년대 초반 프랑스 학생들에게 어느 공인을 가장 존경하느냐고 물었을 때, 상스럽고 때로 방자했던 텔레비전 코미디언 콜뤼슈Coluche가 작고한 장폴 사르트르의 자리를 차지한 것을 알고는 나이 든 평론가들은 충격을 받았다. 콜뤼슈는 대통령 선거에 입후보함으로써 새로이 얻은 지위를 조소하듯 자인했다.

평범한 대중문화를 날카롭고도 부적절하게 모방하여 방송한 공

23 James Gillray(1756~1815), George Cruikshank(1792~1878). 둘 다 영국의 풍자화가이다 — 옮긴이주.

공 텔레비전 채널들은 또한 유머 작가들에게 많은 소재를 제공했다. 아마도 가장 널리 알려진 조롱의 대상은 1970년에 처음 방송된 연례 텔레비전 대회인 〈유로비전 송 콘테스트Eurovision Song Contest〉였을 것이다. 이 쇼는 여러 국가에 동시에 텔레비전을 송출하는 신기술을 축하하는 상업 행사로서 1970년대 중반 수억 명의 시청자를 동원했다고 주장했다. 대륙 전역에서 B급 가수들과 무명 가수들이 일반적이고 잊기 쉬운 곡을 연주한 뒤 거의 예외 없이 원래의 무명 가수 신분으로 되돌아갔던 유로비전 송 콘테스트는 개념에서나 실제에서나 너무나 평범하여 패러디가 불가능할 정도였다. 15년 더 일찍 시작했더라면 완전히 시대에 뒤처졌을 것이다. 그러나 바로 그 때문에 무엇인가 새로운 것을 전달했다.

유로비전 송 콘테스트가 절망적일 정도로 구식 구성과 서투른 연주자들을 장려하고 기리면서 보여 준 열정은 향수 문화의 성장을 반영했다. 이 문화는 무엇인가를 그리워하는 동시에 환상에서 벗어났다. 펑크록과 포스트모더니즘, 패러디가 미몽에서 벗어난 10년의 혼동에 대한 한 가지 반응이라면, 〈복고retro〉는 또 다른 반응이었다. 프랑스의 대중음악 악단 〈옛날에Il Était Une Fois〉는 1930년대의 의복을 자랑했는데, 이는 〈할머니 치마granny skirts〉에서 〈신낭만파New Romantics〉의 신에드워드식 머리 모양까지 부활했다가 금방 사라진 여러 가지 의상 스타일 중 하나였다(그 머리 모양은 30년간 두 번 되살아났다). 의복과 음악에서 (그리고 건물에서) 옛 양식을 되풀이하려는(자신감도 별로 없이 뒤섞어 맞추려는) 유혹이 혁신을 대신했다. 자아성찰의 혼란기였던 1970년대는 앞이 아니라 뒤를 바라보았다. 물병자리 시대[24]는 모방의 계절을 남겼던 것이다.

---

24 서양의 점성학에 따르면 현대는 물고기자리에서 물병자리로 옮겨가는 때이며 물병자리는 새로운 시대, 즉 뉴에이지New Age를 뜻한다 — 옮긴이주.

15장
새로운 정치

나는 낙태한 적이 있다.
— 시몬 드 보부아르(그리고 342명의 여성들, 1971년 4월 5일)

길어도 한 세대 안에 프랑스와 이탈리아의 공산당은 소련과 유대를 끊거나 하찮은 존재로 줄어들 것이다.
— 데니스 힐리(1957년)

오래전부터 도박으로 날려 버린 것 외에 이 조약으로 잃을 것은 없다.
— 총리 빌리 브란트(1970년 8월)

두 나라가 더 나은 관계를 수립하려다 보면 종종 서로 용납할 수 있는 가장 평범한 것만 찾게 된다.
— 티머시 가튼 애시

1970년대에 서유럽의 정치 지형은 파괴되고 분해되기 시작했다. 제1차 세계 대전이 끝난 뒤로 주류 정치는 두 개의 정치적 〈파벌〉, 즉 좌파와 우파로 나뉘었고, 각각은 내부적으로 〈온건파〉와 〈과격파〉로 분열했다. 1945년 이후 양측은 한층 더 가까워졌으나 그 유형이 근본적으로 변하지는 않았다. 1970년에 유럽의 유권자들에게 허용된 정치적 선택 범위는 그들의 조부모에게도 생소하지 않았을 것이다.

유럽 정당들의 장수는 유권자의 생태학에 나타난 놀라운 연속성에 기인했다. 영국의 노동당과 보수당 사이에서, 서독의 사회 민주당과 기독교 민주당 사이에서 선택하는 것은 이제 특정한 정책들을 둘러싼 뿌리 깊은 불화를 반영하지 않았으며, 향후 〈생활 양식〉이라고 알려진 것의 차이를 반영하는 것은 더욱 아니었다. 대부분의 장소에서 선택은 세대를 초월하여 지속된 투표 관행으로서 당의 정책보다는 유권자의 계급이나 종교, 지역이 결정했다. 사람들은 어디에 살고 어디에서 일하며 얼마를 버는가에 따라 부모들이 하던 대로 투표했다.

그러나 표면의 연속성 아래에서는 유럽 유권자의 정치 사회학에 구조적인 변이가 일어나고 있었다. 공산당과 사회당의 보편적인 지지 기반인 일하는 백인 남성 노동 계급의 집단 투표는 축소되고 분열되었다. 대동소이하게 노인과 여성, 교회 출석자 등 〈이념형〉적인 보수당 유권자들도 이제는 기독교 민주당이나 보수당의 핵심 유권자라고 믿을 수 없었다. 전통적 유권자들은 남아 있다 해도 다수가 아니었다. 왜?

첫째, 전후 몇십 년 동안 이루어진 사회 이동과 지리적 이동 탓에 고정된 사회적 범주들은 거의 인지할 수 없을 정도로 약해졌다. 서부 프랑스 농촌이나 베네토 지방의 작은 마을들, 남부 벨기에나 북부 잉글랜드의 산업 프롤레타리아의 본거지에서 기독교도의 투표는 이제 균열을 보이고 분해되었다. 사람들은 부모와 같은 곳에서 살지 않았고 부모와 다른 직업을 갖는 경우가 많았다. 자식들은 당연히 세상을 다르게 바라보았다. 그들의 정치적 선호도는, 비록 처음에는 느렸지만, 이러한 변화를 서서히 반영했다.

둘째, 1960년대와 1970년대 초의 번영과 사회 개혁으로 전통적 정당들의 정책과 미래상은 사실상 남김없이 소진되었다. 좌파와 우파의 온건파 정치인들이 성공했기 때문에, 특히 1960년대에 자유주의적 개혁이 홍수처럼 쏟아져 나온 뒤에 확실한 의제를 상실했다. 국가의 제도 자체는 논쟁점이 아니었고 경제 정책의 일반적인 목표도 마찬가지였다. 남은 것은 노사 관계의 미세 조정, 주거와 고용에서 차별을 금지하는 법률의 제정, 교육 시설의 확충 등이었는데, 이러한 일들은 중요한 공적 업무였으나 커다란 정치적 논쟁의 소재는 될 수 없었다.

셋째, 정치적 충성을 바칠 대안이 존재했다. 소수 민족들은 유럽의 백인 노동 계급 사회에서 환영받지 못하는 일이 예사였다. 그들은 지역의 정치 단체나 노동 단체에 언제나 초대받지는 못했으며, 따라서 소수 민족의 정치는 이러한 배제를 반영했다. 그리고 마지막으로, 1960년대의 세대 정치는 과거의 정치 문화에서는 전혀 익숙하지 않은 관심사들을 공적 토론의 장으로 끌어냈다. 〈신좌파〉는 강령은 부족했을지 모르나 화제는 모자라지 않았다. 특히 성욕과 성적 관심은 자연스럽게 성 정치sexual politics로 이어졌고, 이를 통해 신좌파는 새로운 지지자들을 끌어들였다. 전통적인 급진 정당에서 여성과 동성애자는 각각 종속적이었고 은폐되었지만 이제 권리와 자격을 갖춘 정당한 역사적 주체로 등장했다. 젊은이의 열정도 중앙 무대로 이동했다. 여러 곳에서 투표 연령이 열여덟 살로 낮아지면서 그러한 현상은 더욱 두드러졌다.

번영의 시대였기에 사람들의 관심은 생산에서 소비로, 생필품에서 삶의 질로 옮겨갔다. 1960년대에는 번영의 도덕적 딜레마에 관해 크게 걱정하는 이는 거의 없었다. 혜택을 입은 자들은 행운의 열매를 맛볼 시간조차 모자랐다. 그러나 몇 년 안에 많은 사람들은, 주로 북서 유럽의 교육받은 젊은 성인들은 1950년대와 1960년대의 상업주의와 물질적 행복을 저급한 상품과 거짓된 가치를 가져오는 부담스러운 유산으로 바라보았다. 주된 수혜자들에게 현대화의 대가는 점점 더 커 보였다. 부모와 조부모의 〈잃어버린 세계〉가 오히려 더 매력적이었다.

이러한 문화적 불만의 정치화는 일반적으로 한때 자신이나 가족이 소속되어 그 전술에 익숙했던 전통적인 정당의 활동가들이 만든 작품이었다. 따라서 정치 논리는 비교적 변하지 않았다. 여전히 핵심은 비슷한 생각을 지닌 사람들을 하나의 정책을 중심으로 동원하여 국가로 하여금 그 정책을 법으로 제정하게 하는 것이었다. 새로운 점은 조직화의 전제였다. 그때까지 유럽에서 정치적 지지자란 선거 때에 일시적으로 결합한 유권자 집단이었다. 이들은 계급이나 직업으로 결정되었으며, 앞선 세대로부터 물려받은 매우 추상적인 공동의 원칙과 목표로 결합했다. 정책보다 신의가 더 중요했다.

그러나 1970년대에는 정책이 전면에 부상했다. 〈단일 문제〉 정당들과 운동이 출현했는데, 흔히 지엽적이었고 자주 변했던 다양한 공동 관심사가 그 지지자들을 결정했다. 크게 성공했던 영국의 〈진짜 맥주를 위한 운동CAMRA〉이 대표적인 경우다. 거품이 많고 어디서나 균일한 〈저장lager〉 맥주로 (그리고 그 맥주를 판매하는, 마찬가지로 균일한 〈현대식〉 술집으로) 바뀌는 추세를 되돌리기 위해 1971년에 설립된 이 중간 계급 압력 단체는 신마르크스주의적 설명에서 논거를 찾았다. 그들은 대량 생산으로 시장을 독점했던 자들이 장인 방식의 맥주 제조업을 지배함으로써 기업의 이익을 위해 맥주 소비자들을 조종한다고 주장했다. 저급한 대체 맥주로 소비자 고유의 미각을 빼앗았다는 것이었다.

〈진짜 맥주를 위한 운동〉은 경제적 분석과 환경에 대한 관심, 심미적 차별성, 소박한 향수를 효과적으로 혼합하여, 값비싼 〈진품〉만 찾는 부유한 부르주아 계층의 풍조는 물론 이후에 나타날 단일 문제 활동가 네트워크들의 전조가 되었다.[1] 그러나 이 특수한 단일 문제 운동은 활동가들의 열정적인 참여와 대상자들의 시들했던 반응 사이의 불균형은 말할 것도 없고 다소 고풍적인 매력 때문에 기묘해 보일 수밖에 없었다.

그러나 다른 단일 문제 정치 조직들에서는 변덕스럽거나 이상한 것이 전혀 없었다. 그들 대부분은 〈진짜 맥주를 위한 운동〉처럼 중간 계급이 중간 계급을 위해 조직했다. 스칸디나비아에서는 70년대 초에 다양한 항의 정당들이 출현했다. 예를 들자면 핀란드의 농업당(훗날의 〈진짜 핀란드당〉), 모르겐스 글리스트루프의 덴마크 진보당, 안데르스 랑에의 노르웨이 진보당 등이 있다. 이 정당들은 모두

---

1 영국에서 이러한 추세의 기원은 오랫동안 열기를 띠었던 채식주의와 〈진품〉 건축 자재와 옷감 등에 관한 관심까지 거슬러 올라갈 수 있는데, 종종 사회주의 단체들과 걷기 모임과 관심사가 겹치곤 했다. 보수 사회의 여우 사냥과 총사냥, 낚시에 대한 좌파의 대응이었던 것이다. 대륙 유럽에서는 좌파 문화와 우파 문화 모두 매우 다른 역사를 보였다. 영국의 『좋은 음식 안내서Good Food Guide』는 페이비언 사회주의자들이 창간하고 편집하여 처음부터 음식 전선의 계급 투쟁에 기여하고자 기획된 반면, 프랑스의 『미슐랭 안내서Le Guide Michelin』는 거의 동일한 독자를 대상으로 삼았으면서도 언제나 상업적 기획이었을 뿐이다.

세금 감면이라는 목적에 정력적으로 헌신했으며 처음에는 오로지 그 목적의 달성에만 진력했다. 1973년에 노르웨이 진보당이 창설될 때의 당명은 〈세금과 요금, 정부 개입의 급격한 축소를 위한 안데르스 랑에 당〉이었고, 당명에 표현된 요구를 되풀이하는 종이 한 장이 강령의 전부였다.

스칸디나비아의 경험은 아마도 독특했을 것이며(조세 부담률이 그토록 높고 공공 부문이 그렇게 포괄적인 곳은 이 세상 어디에도 없다), 그 권역 밖에서 글리스트루프의 정당만큼 성과를 낸 단일 문제 정당은 분명 하나도 없었다. 글리스트루프의 정당은 1973년 덴마크 총선에서 15.9퍼센트를 얻었다. 그러나 세금 반대 정당이 등장한 것은 그때가 처음이 아니었다. 이들의 모델은 피에르 푸자드의 상인 수공업자 보호 연맹UDCA이었다. 1953년에 세금과 슈퍼마켓으로부터 소상점주를 보호하기 위해 설립된 이 정당은 1956년의 프랑스 선거에서 12퍼센트를 확보하여 짧은 기간이었지만 명성을 얻었다. 그렇지만 푸자드의 운동이 유일했다. 반면 1970년 이후에 출현한 많은 항의 정당들은 오래 존속했다. 노르웨이 진보당은 사반세기 후인 1997년에 가장 많은 득표(15.3퍼센트)를 얻었다.

세금 반대 정당들은 두 대전 사이 유럽의 농민 항의 정당들처럼 주로 무엇인가에 대응하고 무엇인가를 부정하는 정당이었다. 이 정당들은 달갑지 않은 변화에 반대했으며, 특히 정부에 그들이 보기에 불합리한 재정 부담을 제거하라고 요구했다. 다른 단일 문제 운동들은 정부나 법, 제도에 더 적극적으로 요구할 것이 있었다. 그들의 관심사는 교도소 개혁과 정신 병원에서 교육과 의료 보호의 권리를 거쳐 안전한 음식의 공급과 지역 사회의 공공사업, 도시 환경 개선, 문화 자원을 이용할 권리까지 다양했다. 이 정당들은 특정한 전통적·정치적 유권자 층을 지원할 생각이 없었다는 점에서, 자신들의 관심사를 널리 알리기 위한 대안적 방법들을 고려할 의지와 필요성이 있었다다는 점에서 모두 〈반합의적 anti-consensus〉이었다.

새로운 정치 집단들 중 여성 운동, 환경 운동, 평화 운동이 규모와 영향 면에서 특별히 중요했다. 여성 운동이 가장 다양하고 영향력이 컸는데, 이유는 명백했다. 여성에게는 남성과 공유한 이해관계 외에, 육아와 임금 평등, 이혼, 낙태, 피임, 가정 폭력처럼 그때서야 유럽의 입법 영역에 진입하기 시작한 여성 특유의 관심사가 있었다.

여기에 더 과격한 여성 단체들이 주목했던 동성애(레즈비언) 권리와 여성 해방 운동이 점차 더 많은 관심을 쏟았던 포르노그래피를 덧붙여야 한다. 포르노그래피에 대한 관심의 증대는 정치의 새로운 도덕적 지형을 잘 설명해 준다. 성적으로 노골적인 문학과 영화는 최근에야 부분적으로만 검열의 통제에서 벗어났다. 옛 자유주의자들과 신좌파의 협력 덕이었다. 그렇지만 10년이 채 지나기 전에 다시 비난의 포화를 받았다. 이번에는 여성 단체들이 공격에 나섰는데, 종종 과격한 여성 해방 운동 활동가들과 이 문제에서 그들과 연합한 전통적인 보수주의자들의 동맹이 공격을 이끌었다.

유럽의 여성 운동은 애초부터 서로 교차하는 목표들이 다양하게 혼합되어 있었다. 1950년 서독의 기혼 여성 가운데 4분의 1은 가정 밖에서 급여를 받으며 일했는데, 1970년이 되면 그 숫자는 두 명에 한 명꼴로 늘어난다. 1972년에서 1980년 사이에 이탈리아의 신규 노동 인력 150만 명 중 125만 명이 여자였다. 1990년대 중반 여성은 포르투갈과 이탈리아를 제외한 모든 유럽 국가에서 (공식적인) 총 노동력의 40퍼센트를 상회했다. 새로운 여성 노동자 중 상당수는 시간제로 일했거나 전액 급여를 받을 자격이 없는 초보적인 사무직에 고용되었다. 비정규 고용의 유연성은 일하는 엄마들에게는 적합했으나, 경제적으로 궁핍했던 1970년대의 상황에서 저임금과 고용 불안이라는 문제를 야기했다. 따라서 서구의 직장 여성들은 대부분 일찍부터 동등한 임금과 일터의 육아 시설을 요구했으며, 이는 그때 이후로 늘 중심이 된 요구였다.

일하는 여성은(일하지 않는 여성도) 자녀 양육 지원을 점점 더 많이 요구했다. 그러나 여성들이 더 많은 아이를 원하지는 않았다. 여성들은 더 부유해지고 집 밖에서 일하는 데 더 많은 시간을 쓰면서 아이를 더 적게 원했다. 아니면 최소한 그 문제에서 더 많은 발언권을 원했다. 여성들은 20세기 초부터 피임 정보를 얻고 피임약을 사용할 권리를 요구했지만, 베이비붐이 절정에 달했던 10년 동안 요구는 더욱 거세졌다. 프랑스의 모성 연합Association Maternité은 1956년에 피임 권리를 주장하기 위해 설립되었다. 4년 후에는 프랑스가족계획운동Movement Français pour le Planning Familial이 그 뒤를 이었는데, 명칭의 변화는 분위기가 바뀌었음을 확실하게 보여 주었다.

자유화가 진척된 1960년대가 지나면서 성적 자유를 내세운 온갖 주장이 증대했고, 피임 규제 법률은 어디서나 완화되었다(루마니아 같은 동유럽의 몇몇 나라는 예외였는데, 국가적인 〈재생산 전략〉이 완화를 가로막았다). 1970년대 초가 되면 외진 농촌 지역이나 가톨릭교회가 지역 주민을 도덕적으로 지배한 곳을 제외하고 서유럽 전역에서 피임법을 입수할 수 있었다. 그중에서 새로운 자유를 가장 크게 만끽한 자들은 도시의 중간 계급 여성이었다. 많은 노동 계급 기혼 여성들과 압도적 다수를 차지한 미혼 여성들에게 오랫동안 그래왔듯이 산아 제한의 주된 방식은 여전히 낙태였다. 그러므로 과격한 여성 해방 운동의 정치가 정치에 무관심한 보통 여성의 욕구와 드물게 조우했던 교차점인 낙태 법률 개혁에 대한 요구가 새로운 여성 정치의 중심이 된 것은 놀라운 일이 아니다. 앞서 보았듯이 영국에서 낙태는 1967년에 범죄의 틀에서 벗어났다. 그러나 다른 많은 곳에서 낙태는 여전히 범죄였다. 이탈리아에서 낙태는 5년 징역형을 선고받았다. 그렇지만 합법적이든 아니든 낙태는 수백만 명의 여성이 경험했던 삶의 일부였다. 라트비아처럼 작은 나라에서도 1973년 정상 출산은 3만 4천 건이었는데 비해 낙태는 6만 건이나 되었다. 그리고 낙태가 불법인 곳에서는 낙태에 수반되는 법률적·의학적 위험 때문에 여성들이 계급과 연령, 정치적 충성을 뛰어넘어 단합했다.

1971년 4월 5일 프랑스의 주간지『누벨 옵세르바퇴르Le Nouvel Observateur』는 343명의 여성이 서명을 통해 모두 낙태 경험이 있으며 따라서 법을 위반했다고 선언하고 형법 개정을 요구하는 청원서를 실었다. 서명자는 모두 저명 인사였으며 작가 시몬 드 보부아르와 프랑수아즈 사강, 배우 카트린 드뇌브와 잔 모로, 마리 프랑스 피지에, 변호사이자 정치 운동가인 이베트 루디와 지젤 알리미 등 몇몇은 정말로 유명한 사람들이었다. 그리고 1968년의 여파로 형성된 전투적인 무명 여성 해방 운동 활동가들이 여기에 합류했다. 그 전해에 300명 이상의 여성이 낙태로 유죄 판결을 받았지만 정부는 공개서한에 서명한 여성들의 기소를 신중하게 삼갔다.

청원은 한 해 전에 설립된 여성 해방 운동MLF이 준비했다. 청원으로 촉발된 정치적 소동으로 알리미와 드 보부아르는 낙태 금지의 종식에 헌신하게 될 정치 단체 슈아지르Choisir를 만들게 되었다. 1973년 1월, 프랑스 대통령 조르주 퐁피두는 기자 회견을 통해 프랑스 법이 여론의 변화에 뒤처졌다고 시인했다. 대통령은 달리 어찌할 방도가 없었다. 1972년에서 1973년 사이에 3만 5천 명의 프랑스 여성이 합법적인 낙태 시술을 받기 위해 영국으로 향했다. 퐁피두의 뒤를 이은 발레리 지스카르 데스탱은 보건부 장관 시몬 베유[2]에게 법 개정안을 의회에 제출하라고 지시했으며 1975년 1월 17일 의회

2 1974~1979년에 시라크 정부와 바르 정부에서 보건부 장관을 지내고 1993~1995년에 발라뒤르 정부에서 사회보건도시부 장관을 지낸 정치인. 철학자이자 사회 운동가로 유명한 시몬 베유와 동명이인이다 — 옮긴이주.

는 프랑스에서 낙태를 (임신 10주까지) 합법화했다.

　서유럽 전역의 여성들은 프랑스의 사례를 상세하게 연구했다. 이탈리아에서는 새로 설립된 이탈리아 여성 해방 운동Movimento della Liberazione delle Donne Italiane이 작은 급진당과 합세하여 낙태법 개정 청원에 80만 명의 서명자를 모았고, 1976년 4월 5만 명의 여성이 로마에서 낙태법 개정을 지지하는 행진을 했다. 1975년 새로운 〈가족법〉이 파시스트의 가족법을 대체하여 때늦게 도입된 지 3년이 지나, 이탈리아 의회는(알도 모로의 시체가 발견된 지 3주 후) 낙태의 합법화를 가결했다.

　그 결정은 1981년 5월에 실시된 국민 투표에서 간접적으로 확인되었다. 그때 이탈리아 유권자들은 합법적 낙태의 규제를 완화하는 안과 새로 출현한 낙태 반대 운동이 제안한 낙태 금지안을 둘 다 거부했다. 이탈리아의 개혁 속도가 영국이나 프랑스에 비해 다소 느린 것은 가톨릭교회가 반대했기 때문이 아니라 매우 많은 이탈리아 여성 해방 운동 활동가들이 원외의 〈자율적인〉 좌파 운동에서 처음으로 운동의 경험을 쌓았던 까닭이다(1971년에 발표된 로타 페미니스타Lotta Femminista의 첫 번째 성명서는 암시하는 바가 크다. 성명서는 가사 노동에 급여를 지급하라는 요구에 초점을 맞추었다. 이러한 요구는 근대 사회를 하나의 거대한 공장으로 보는 옛 〈노동자주의〉적 해석을 가정 영역에 확장한 것이다). 그래서 이 활동가들은 목적 달성에 기존의 정치 제도를 좀처럼 이용하지 못했다.

　스페인에서는 프랑스의 전략을 좀 더 가깝게 따랐다. 구체제의 붕괴로 해방된 에너지는 촉진제가 되었다. 스페인 최초의 여성 해방 운동 시위는 프랑코가 사망한 지 두 달이 채 지나지 않은 1976년 1월에 조직되었다. 2년 후 간통이 기소 대상에서 제외되었으며, 피임이 합법적 행위가 되었다. 1979년 저명한 공인들을 포함한 1천 명의 여성이 낙태를 경험함으로써 법을 위반했다고 선언하는 공개 성명서에 서명했다. 이는 프랑코 통치하의 스페인이 유럽에서 가장 높은 불법 낙태율을 기록했음을 떠올리게 한다. 똑같이 권위주의적인 체제로서 인구 증가를 옹호하는 입장에서 온갖 종류의 산아 제한을 불용했던 동유럽보다 더 높았다. 그러나 프랑코 사후의 스페인에서도 낙태법 개혁에 반대하는 문화적 압력은 여전히 거셌다. 1985년 5월 마침내 의회가 낙태를 허용하는 법률을 승인했을 때, 법은 강간이나 기형 태아, 산모의 생명이 위험한 경우로 낙태를 제한했다.

낙태의 권리를 둘러싼 성공적인 싸움은 이혼의 권리와 더불어 이 시기 여성 정치 집단이 거둔 주된 업적이었다. 그 결과, 수백만 명에 달하는 여성들의 개인적 환경이 크게 개선되었다. 낙태가 가능하다는 사실은 효율적이고 손쉬운 피임법과 함께 많은 사람들, 특히 가난한 사람들의 삶의 기회를 향상시켰을 뿐만 아니라 근로 여성에게 자녀의 출산과 양육을 역사적으로도 꽤 늦은 나이까지 연기할 수 있는 선택권을 제공했다.

결과적으로 신생아 수가 꾸준히 감소했다. 스페인의 여성 일인당 출산율은 1960년에서 1996년 사이에 거의 60퍼센트 가까이 하락했다. 이탈리아와 서독, 네덜란드도 바로 뒤를 이었다. 70년대에 개혁이 이루어지던 몇 년 동안 아일랜드를 제외하면 서유럽의 어떤 나라도 이전 세대를 대신하기에 충분한 출산율을 보이지 못했다. 영국에서 연간 출산율은 1960년 이후 30년 동안 여성 일인당 2.71명에서 1.84명으로 하락했고, 프랑스에서는 2.73명에서 1.73명으로 하락했다. 기혼 여성은 점차 한 아이만을 갖거나 전혀 갖지 않기로 결정했다. 혼외 출산이 아니라면 출산율은 훨씬 더 저하되었을 것이다. 1980년대 말, 혼외 출산이 연간 전체 출산율에서 차지하는 비율은 오스트리아 24퍼센트, 영국 28퍼센트, 프랑스 29퍼센트, 스웨덴 52퍼센트였다.

경기가 하강하고 여성 해방이 속도를 더하면서 유럽의 인구 통계는 변했다. 이러한 변화는 다가올 복지 국가에는 불길한 전조였다. 그렇지만 여성 운동이 초래한 사회적 변화는 정치 자체에는 반영되지 않았다. 표를 흡수하고 대표를 당선시킬 수 있는 〈여성 정당〉은 등장하지 않았다. 여성은 중앙 입법부와 행정부에서 여전히 소수였다.

좌파는 일반적으로 우파보다 여성을 선출하는 데 더 개방적이었으나(어디서나 그렇지는 않았다. 벨기에와 프랑스의 중도 우파 기독교 정당들은 수년 동안 반대파인 사회당보다 더 많은 여성을 안전한 선거구에 입후보시켰다), 공적 생활에서 여성의 전망이 어떨지 가장 잘 알려준 지표는 이데올로기가 아니라 지리적 위치였다. 1975년에서 1990년 사이에 핀란드 의회의 여성 의원은 23퍼센트에서 39퍼센트로 증가했다. 스웨덴은 21퍼센트에서 38퍼센트, 노르웨이는 16퍼센트에서 36퍼센트, 덴마크는 16퍼센트에서 33퍼센트로 늘었다. 훨씬 더 남쪽인 이탈리아와 포르투갈에서 여성은 1990년에 전체 의원의 12분의 1에 불과했다. 여성은 영국 하원에서 전체의 7퍼센트를 차지했고, 프랑스 의회에서는 겨우 6퍼센트였다.

환경 보호주의자들은 남자나 여자나 자신들의 생각을 선거 정치로 전환하는 데 더 큰 성공을 거두었다. 〈환경 보호주의environmentalism〉(1930년대에 생겨난 신조어)는 어느 차원에서는 진정으로 새로운 출발이었다. 핵발전소와 질주하는 도시화, 자동차 도로, 공해에 대한 중간 계급의 두려움이 집단적으로 표현된 것이었다. 그러나 유럽의 녹색 운동Green Movement은 단지 60년대의 각주로 머물렀다면, 다시 말해 스톤워싱stone washing 공정을 거친 천연섬유 옷을 입고 본능과 이익 사이에서 제자리를 찾는 부유한 주말 러다이트[3]에

---

3 Luddites. 19세기 초 영국에서 산업 혁명으로 일자리를 빼앗긴 데 대한 항의로 기계를 파괴했던 노동자들. 기술 혁신에 반대하는 자들의 은유적 표현이다 — 옮긴이주.

머물렀다면, 결코 그토록 효과적이지 못했을 것이다. 좀 더 〈자연적인〉 세계를 바라는 동경심과 개인적인 〈진정성〉 정치의 추구는 이데올로기적 경계선의 양측에서 똑같이 깊은 뿌리를 지녔으며, 그 기원은 낭만주의까지, 그리고 초기 산업주의의 강탈에 대한 낭만주의의 공포까지 거슬러 올라간다. 20세기 초, 좌우를 가릴 것 없이 자전거 동호회와 채식 전문 식당, 반더포겔 운동[4], 걷기 모임이 있었고, 이는 해방과 귀향이라는 사회주의적이거나 민족주의적인 꿈에 다양하게 결합되었다.

독일 특유의 풍경과 하르츠와 팔츠의 산과 강들, 고향Heimat에 대한 독일인의 향수. 도시와 세계주의에 훼손되지 않은 깊은 프랑스la France profonde 속의 농민의 조화라는 프랑스인의 민족주의적 꿈. 과거에 존재했고 미래에 다시 등장할 전원의 조화에 대한 영국인의 환상인 블레이크의 잃어버린 예루살렘.[5] 이런 것들은 추종자들이 편안한 마음으로 인정할 수 있는 것보다 더 많은 공통점을 지녔다. 그리고 좌파는 공산권이 서방의 〈생산〉을 능가하려 애쓸 때에 여러 해 동안 탄복하며 이를 주시했지만 70년대에 들어서면 우파와 좌파 가릴 것 없이 진보와 생산성, 〈현대성〉에 따라오는 비용에 다소 걱정스러운 목소리를 내기 시작했다.[6]

따라서 현대의 환경 보호주의 혁명은 몇 배의 이득을 보았다. 그것은 최근 과거의 무신경한 정책으로부터 단절되었다. 그리고 잊혔지만 세대를 건너뛰며 유전하듯 찾아와 위안을 주었던 더욱 먼 과거의 역사에 뿌리가 있었다. 환경 보호주의는 (평화 운동처럼) 종

4 Wandervogel. 1896년에 시작된 독일 청년 운동. 사회의 굴레를 벗어던지고 자연으로 돌아가 자유를 찾자는 취지의 운동. 명칭은 철새가 아니라 떠돌아다니는 새를 뜻한다 — 옮긴이주.

5 윌리엄 블레이크가 시와 삽화를 곁들여 만든 작품 『예루살렘: 위대한 앨비언의 방사 Jerusalem:The Emanation of the Giant Albion』를 말한다 — 옮긴이주.

6 1980년이면 소련은 미국만큼이나 많은 이산화탄소를 대기 중에 배출했다. 이 통계는 아주 최근까지도 그 찬미자들에게는 당혹스러움이 아니라 자부심의 원천이었을 것이다.

종 민족주의나 지역주의의 부활을 야기했지만 그렇더라도 인간의 얼굴을 하고 있었다. 서베를린의 〈알테르나티벤Alternativen〉이나 1978년에 국민 투표에서 승리하여 츠벤텐도르프의 핵발전소를 가동하지 못하도록 막았던 오스트리아의 반핵 항의자들은 자신들이 민족주의자나 애국자라고는 결코 생각하지 못했을 것이다. 그렇지만 그들이 무엇보다 자신이 사는 지역의 환경 오염에만 분노했다는 사실은(그리고 다른 곳의 유사한 파괴에 상대적으로 무관심했다는 사실은) 그 반대를 시사한다. 초기의 녹색 운동이 띠었던 〈님비NIMBY〉적 성격은 더 이른 시기의 모델을 상기시킨다.

그러므로 포르투갈의 늙어 가는 독재자 안토니우 살라자르가 빈이나 암스테르담의 68년 이후 과격파가 자신들의 민주 정부에 강요했던 것과 동일한 환경 통제를 열정적으로 실행에 옮겼던 일은 전혀 모순이 아니다. 〈물질주의〉를 혐오하고 20세기를 단호하게 저지하려 했던 살라자르는 그 나름대로 생태학적 목표를 달성하기 위해 진정으로 열성을 보였다. 살라자르는 국민을 미증유의 경제적 마비 상태에 머물게 하는 단순한 방법으로 목표를 달성했다. 살라자르라면 1971년에 중남부 프랑스의 고원 지대인 라르자크에 건설 예정이었던 군사 기지를 봉쇄한 프랑스 항의자들의 성과에 분명히 만족했을 것이다.

한 무리의 환경 보호 운동 활동가들이 프랑스 정부의 강력한 힘에 맞서 사람이 거주하지 않는 라르자크의 초지를 보호한 것은 프랑스뿐만 아니라 다른 곳에서도 대단히 큰 상징적 의미를 지녔다. 마시프 상트랄 고원의 토착민이 아니라 타 지역 양치기들의 감성적 승리였기 때문이다. 양치기들 대부분은 아주 최근에야 파리나 리옹을 떠나 〈깊은 프랑스〉의 황량한 기슭에서 농부로 거듭나려던 젊은 급진주의자들이었다. 전선은 적어도 서유럽에서는 확실하게 이동했다.

동유럽에서는 당연히 무제한의 일차 산품 생산 정책과 이 정책에 반대하는 공식적 견해의 부재로 환경은 온갖 오염원에 훼손되었다. 오스트리아가 내부의 반대에 부딪쳐 핵발전소를 포기했던 반면, 이웃의 공산 국가들은 체코슬로바키아에 원자로를 건설하거나 체코슬로바키아와 헝가리의 다뉴브강에 대규모 댐 건설을 계획하면서, 또는 수십 킬로미터 북쪽 폴란드 노바후타에 특별한 목적으로 건설한 철강 단지에서 생산량과 대기 오염을 꾸준히 증가시키면서도 오스트리아의 경우와 같은 양심의 가책을 전혀 보여 주지 못했다. 그렇지만 동유럽 진영도 산업적 오염과 환경 퇴화의 확산에 수반된 도덕적이고 인간적인 비용을 놓치지 않았다.

그리하여 68년 이후 체코슬로바키아의 후사크 정권이 보여 준 냉소적 무관심은 헝가리인들의 격한 반발을 초래했다. 후사크 정권은 국내에 필요한 전기를 생산하고자 다른 나라와 공유한 다뉴브강을 파괴하려 했다. 이런 일이 아니었다면 헝가리인들은 정치적으로 침묵했을 것이다. 더 이른 시절이었다면 불가능했을 가브치코보-나기마로스 댐 계획은 두 〈형제〉 국가의 관계에 심각한 골칫거리가 되었음은 물론 헝가리에서도 정권에 반대하는 국내 저항의 중요한 원인이 되었다.[7]

체코슬로바키아에서는 기술적 현대화를 혐오하는 오래된 경향이 철학자 얀 파토치카와 바츨라프 벨로흐라트스키 등의 저술을 통해 새로운 세대의 지식인에게 전달되었다. 1970년 이후 이탈리아로 망명하여 활동했던 벨로흐라트스키의 신(新)하이데거식 사고는 조국 체코슬로바키아에서 지하 출판물로 읽혔다. 냉전의 양쪽 진영에서 똑같이 독자들은 프랑크푸르트 학파의 저술을 통해 이미 계몽사상의 기획이, 즉 자연을 인간의 목적에 맞게 정복하고 지배하려는 노

7 환경 보호를 위한 항의는 한계가 분명했지만 표면상 비정치적이었다는 특성 덕분에 정치 활동과 민족적 자기표현에 안전한 공간을 제공했다. 다른 문제였다면 정권들은 규제에 나섰을 것이다. 1983년까지 소련 리투아니아 주민의 10퍼센트가 물 오염 문제 때문에 〈리투아니아 자연보호협회〉에 가입했다.

력이 매우 비싼 대가를 치를 수 있다는 것을 익히 알고 있었다. 특히 1944년 출간된 테오도어 아도르노와 막스 호르크하이머의 『계몽의 변증법 Dialektik der Aufklärung』이 중요했다. 하이데거식으로 뒤틀린 이러한 반성은, 즉 공산주의는 서구에서 밀수입한 것이며 끝없는 물질적 진보라는 오만한 환상에 젖어 있다는 반성은 70년대에 윤리적 반대파와 생태학적 비판자들의 결합으로 등장한 지식인 반대파의 토대가 되었다. 그들의 지도자는 파토치카와 벨로흐라트스키의 글을 가장 열심히 읽었던 사람들 중 한 명인 극작가 바츨라프 하벨이었다.[8]

조만간 공동의 환경 보호주의적 비판이 동유럽과 서유럽에 등장한 새로운 형태의 항의를 연결하는 가교 역할을 하게 된다. 그렇지만 70년대 초에는 아직 어느 진영도 철의 장막 너머 상대편의 견해나 문제를 알지 못했다(서유럽의 경우 관심도 없었다). 특히 서유럽의 환경 보호 운동 활동가들은 자신들의 지역에서 정치적 지지층을 구축하느라 바빴기 때문에 국제 정치에 주목할 수 없었다. 국제 정치가 자신들만의 독특한 관심 대상에 영향을 미치는 경우만 예외였다. 어쨌거나 이들은 국내에서 지지 세력을 확보하는 데 뛰어난 성공을 보였다.

1973년 프랑스와 영국의 선거에 처음으로 〈생태〉 후보들이 나섰다. 서독에서는 녹색당의 선구자인 농민 대회가 창설되던 해였다. 서독의 환경 운동은 제1차 석유 파동으로 추동력을 얻어 순식간에 주류 정치에 합류했다. 70년대 초의 농성과 항의 행진, 시민의 자

---

8 이러한 기조의 하이데거식 실존주의는 서방으로 연결되는 또 다른 통로를 열어 놓았다. 프랑스의 철학자 에마뉘엘 무니에는 여러 해 전에 (사르트르 같은) 당대인의 실존주의에서 그가 〈객관적 물질주의〉와 〈기술〉이라고 통렬히 비난했던 것을 막는 〈주관적 방벽〉을 보았다고 주장했다. 이후, 무니에의 지적 계승자들로 『에스프리 Esprit』에 기고했던 작가들은 서유럽에서 처음으로 하벨과 그를 추종하는 반체제 인사들의 작품을 출간하여 그들을 세상에 널리 알렸다.

발적인 행동에서 출발한 녹색당은 농민과 환경 보호 운동가, 평화 운동가, 도시의 불법 거주자 등 다양한 집단으로부터 지원을 받아 1979년 독일의 주 의회 두 곳에 대표를 내보낼 정도로 성장했다. 4년 후인 1983년에 실시된 연방선거에서 제2차 석유 파동의 여파로 녹색당이 얻은 지지는 56만 8천 표에서 216만 5천 표(총투표의 5.6퍼센트)로 증가했으며 처음으로 의회 의석(26석)을 얻었다. 1985년 녹색당은 주요 지방 정부에 참여했다. 헤센주에서는 사민당과 연립 정부를 구성하여 통치했다(그리고 녹색당의 젊은 정치인 요슈카 피셔는 헤센주의 환경에너지 장관이 되었다).

조만간 오스트리아와 특히 프랑스의 녹색당이 꽤 훌륭한 성과를 내게 되지만, 독일 녹색당의 성공이 다른 곳에서 즉각 되풀이되지는 않았다. 서독인들은 아마도 평범하지 않았을 것이다. 이 시기 서독인들은 전후 회복의 근원 자체를 점점 더 싫어하게 되었다. 1966년에서 1981년 사이에 과학 기술의 성과를 우호적으로 생각하는 자들이 전체 인구에서 차지하는 비율은 72퍼센트에서 30퍼센트로 급락했다. 서독 녹색당은 또한 독일의 비례대표제로부터도 이득을 보았다. 비례대표제에서는 매우 작은 정당도 지방 의회나 연방 의회에서 성공할 수 있었다. 그렇지만 이탈리아의 제도는 환경 보호 운동가들에게 별다른 도움이 되지 못했다. 1987년 이탈리아 〈녹색당〉은 100만 표를 채 못 얻었으며 630석 중 겨우 13석을 차지했다. 벨기에의 두 환경 정당도(하나는 프랑스어권, 하나는 플람스어권) 꾸준히 개선되었다. 1981년 처음으로 선거에 참여했을 때 4.8퍼센트를 얻는 데 그쳤지만 1987년에는 7.1퍼센트를 넘어섰다. 그러나 영국에서는 선거 제도가 군소 정당에 불리하게 만들어졌고 실제로 불리했다.

스칸디나비아에서 환경 보호 운동가들(또는 평화 운동가, 여성 해방 운동가) 같은 단일 문제 정당의 전망은 기존의 정치적 구도로 인해 제한되었다. 사민당이나 농민당이 유사한 관심사를 다루고 있다고 주장하는 데 무엇 때문에 녹색당에 표를 〈낭비〉하겠는가? 예를 들어 보자. 노르웨이의 환경 보호 운동은 적어도 독일만큼 널리 환영받았다. 일찍이 1970년에 노동당 정부가 북극권 내의 마르될라에서 북유럽 최대의 폭포를 이용하여 수력 발전소를 건설하려는 계획을 세웠을 때, 전국에 걸쳐 분노가 폭발했으며 이를 계기로 노르웨이에 환경 정책이 출현했다. 그러나 마르될라 사건이나 그에 뒤이어 핵 발전소의 설립 가능성 때문에 촉발된 항의도 독자적인 정치 운동으로 전화하지는 못했다. 항의는, 그리고 타협은 집권 다수파 내에서 적절히 처리되었다.

스웨덴의 녹색당은 조금 더 나은 성과를 보였다. 스웨덴 녹색당은 마침내 1988년 의회에 입성했다. 핀란드의 환경 보호 운동가들은 1987년에 처음으로 개인 자격으로 의원에 당선되었고 이듬해에 환경 정당인 녹색연맹이 창설되었다(핀란드 녹색당이 빈곤한 농촌 중심지인 북부보다 번창한 도시 지역인 남부에서 훨씬 더 좋은 성과를 보였다는 점이 놀랍지는 않을 것이다). 그러나 핀란드와 스웨덴은 평범하지 않았다. 그곳의 평화 운동가와 여성 해방 운동가, 환경 보호 운동가, 장애인, 기타 단일 문제 활동가들은 문화적 환경이 자신들의 관심사에 전반적으로 호의적임을 확신했기에 집권 다수파나 자신들의 의제를 위험에 빠뜨리지 않고도 과감하게 주류에서 이탈하여 지지자를 나눌 수 있었다.

앞서 보았듯이 단일 문제 정당들은 종종 위기나 추문, 인기 없는 제안의 결과로 출현했다. 오스트리아의 환경 보호 운동가들은 동부 오스트리아 하인부르크의 습지 산림에 수력 발전소를 건설한다는 1984년의 안을 두고 당국과 대결했다가 전국적인 세력이 되었다. 녹색당의 대의는 뒤이어 계속된 사회당 주도의 연립 정부와 환경 보호 운동가들 사이의 대치에서 강력한 동력을 얻었다. 그리고 정부가 그 뒤 물러나기는 했지만, 이 사건으로 환멸을 느낀 사회당 유권자들,

특히 지식인과 자유직 종사자들의 녹색당 지지가 크게 증가했다.

단일 문제 정당들과 그 정책이 활성화되고 꾸준히 주류 공적 생활 영역으로 흡수되면서 특히 좌파의 전통적 조직들이 희생되었다. 프롤레타리아 유권자의 지속적인 감소로 기반이 흔들리고 체코슬로바키아 침공으로 평판이 떨어진 서유럽의 공산당이 가장 취약했다. 프랑스 공산당은 1968년의 사건은 물론 1956년의 사건도 결코 진정으로 거부하지 못한, 낡은 사상을 아주 버리지 못한 스탈린주의자들이 지도했다. 본래 보수적이었고 무시하고 통제할 수 없는 문제나 인물은 모두 다 의심했던 프랑스 공산당의 득표율은 선거를 치를 때마다 끊임없이 하락했다. 1946년 28퍼센트로 전후 최고를 기록했던 득표율은 1977년에는 18.6퍼센트로 줄어들었고 그 후 어지러울 정도로 하락하여 1980년대의 선거에서는 10퍼센트 미만으로 떨어졌다.

이탈리아 공산당은 형편이 제법 좋았다. 프랑스 공산당의 간부진은 전체가 평범했다(다른 모든 점에서 그렇듯이 이 점에서도 프랑스 공산당이 소련의 사례를 노예처럼 모방했기 때문이다). 반면 이탈리아 공산당은 팔미로 톨리아티에서 엔리코 베를링구에르까지(1972년부터 1984년 예순두 살을 일기로 때 이르게 사망할 때까지 당서기를 지냈다) 지적이고 매력적인 지도자들을 갖는 축복을 받았다. 두 나라 공산당은 다른 모든 공산주의 조직처럼 소련의 자금에 크게 의존했다. 1971년에서 1990년 사이 소련의 기관들은 프랑스 공산당에 5천만 달러, 이탈리아 공산당에 4700만 달러를 보냈다.[9] 그렇지만 이탈리아 공산당은 소련의 엄청난 조치를, 특히 체코슬로바키아의 침공을 최소한 공개적으로 반대하기는 했다.

이탈리아 공산당의 (상대적인) 자율성은 베를링구에르가 1973년

9 같은 기간 동안 소련은 하잘것없는 미국 공산당에도 거금 4200만 달러를 제공했다. 이러한 지원은 차별을 두지 않는 아량을 보여 준다.

에 내린 결정으로 보완되었다. 베를링구에르는 기독교 민주당에 대한 철저한 반대를 포기하는 일이 있더라도 이탈리아 민주주의의 수호에 헌신하기로 결정했다. 이 결정이 이른바 〈역사적 타협compromesso storico〉이다. 이러한 전환은 한편으로는 1973년 칠레에서 발생한 쿠데타의 충격 때문에 이루어졌다. 칠레 쿠데타로 인해 베를링구에르와 다른 공산당 지식인들은 공산당이 의회의 다수를 차지하더라도 미국이든, 이탈리아 군부와 재계, 교회 내의 그 동맹자들이든 자신들이 단독으로 정부를 구성하도록 결코 내버려두지 않을 것이라고 확신하게 되었다. 그러나 그 전환은 앞 장에서 살펴보았듯이 이탈리아 국가만큼이나 공산당도 적으로 삼았던 우파와 좌파의 테러리스트들이 이탈리아 민주주의에 가한 실질적인 위험에 대한 반응이기도 했다.

이러한 변화는 선거에서 일시적으로 이득을 가져왔다. 공산당을 지지하는 이탈리아 유권자는 꾸준히 증가했다. 1958년 선거에서는 670만 표였는데 1972년에는 900만 표로 늘었으며, 4년 뒤인 1976년 선거에서는 1260만 표에 228석을 얻어 절정에 달했다. 이러한 성과는 집권 기독교 민주당에 득표율 4퍼센트와 의석 34석이 모자란 것으로 서유럽 공산당으로서는 전례 없는 성공이었다. 이탈리아 공산당은 〈체제〉 정당으로 등장할 준비를, 어쩌면 (헨리 키신저와 많은 외국인 관찰자들이 두려워했듯이) 대안적인 예비 정부로서 등장할 준비까지도 확실하게 하고 있었다.[10]

이탈리아 공산당의 새로운 방식, 그리고 이탈리아 공산당만큼 확신을 주지는 못했지만 사상까지는 아니더라도 그 성공만큼은 배우려 했던 프랑스 공산당의 노력은 〈유러코뮤니즘Eurocommunism〉으

---

10 1976년 4월 13일, 이탈리아 선거가 시행되기까지 꼭 9주가 남았을 때, 키신저는 미국이 이탈리아 정부에서 공산당이 역할을 수행하는 것을 〈환영하지 않는다〉고 공개적으로 선언했다. 그리하여 베를링구에르의 직감을 확인시켰다.

로 알려졌다. 이 용어는 1975년 11월 이탈리아와 프랑스, 스페인 공산당의 회합에서 처음 만들어졌으며, 스페인 공산당 총서기 산티아고 카리요가 1977년에 『유러코뮤니즘과 국가 *Eurocommunism and the State*』를 저술함으로써 공식적으로 통용되었다. 스페인 공산당은 수십 년간의 비밀 활동에서 갓 벗어났고, 그 지도자들은 민주주의의 신임장을 얻으려 열심히 노력했다. 이탈리아 공산당처럼 스페인 공산당도 당시의 소련으로부터, 더 중요하게는 그들에게 공통된 레닌주의의 과거로부터 멀어지는 것이 최선의 방법이라는 점을 이해했다.

〈유러코뮤니즘〉은, 비록 유권자보다는 사실상 신조를 철저히 재검토하겠다는 의사 표시였던 것을 마르크스주의의 정치적 부활로 오해한 지식인과 대학인이 그 대상이었지만, 짧은 기간 동안 매력적이었음을 입증했다. 서유럽 공산당이 과거를 극복하고 당을 일종의 (유일한) 좌파 민주주의 운동으로 재정립하려면 1970년대에 이데올로기적 장식품을 태워 버린 화톳불 속에 내던진 〈프롤레타리아 독재〉와 여타 수사법상의 신조 말고도 더 많은 것을 내버려야 했다. 또한 그들은 소련 공산주의와 결별하겠다고 매우 공개적으로 선언해야 했는데, 이는 베를링구에르와 카리요가 할 수 없는 일이었다.

따라서 유러코뮤니즘은, 그 대변인들이 보여 준 최선의 노력이 아깝게도, 용어에 모순이 있었다. 소련에 종속되는 것은, 레닌이 언제나 원했듯이, 모든 공산당의 제일 중요한 인식표였다. 서유럽 공산당은 소련이 소멸하는 순간까지 속박을 받았다. 자신들이 보기에는 아니었을지 몰라도 유권자가 볼 때는 분명히 그랬다. 이탈리아는 공산당이 몇몇 지역에서 (지방 정부의) 통치 정당으로 자연스럽게 자리 잡는 데 성공한 유일한 나라였다. 이탈리아 공산당은 1976년의 성공을 결코 다시 맛보지는 못했지만 상당한 득표율을 유지했다. 그렇지만 다른 곳의 유러코뮤니즘은 중단 없이 지속적으로 쇠락했다.

그 용어를 만들어 낸 스페인 공산당은 1982년에 겨우 4퍼센트의 득표율을 보였다.

기이하게도 소련의 레오니트 브레즈네프는 자신에게서 멀어짐으로써 국내의 기반을 확보하려는 유러코뮤니즘의 노력을 사실상 인정했다. 소련의 조치는 당시에 추구하던 국제적인 긴장 완화 전략의 부산물로서 장래의 개혁 공산주의자들에게는 별 도움이 되지 않았다. 그러나 그때 소련의 지도자들은 현금과 물자로 계속해서 서유럽 공산당들을 지원했으면서도 그들에 대한 흥미를 조금씩 잃었다. 서유럽 공산당들은 정치적 영향력이 작았으며 가까운 미래에 권력을 장악할 것 같지도 않았기 때문이다. 그렇지만 특히 중요한 위치에 있던 사민당은 다른 문제였다. 그리고 여전히 분할된 대륙의 도가니였던 독일의 사민당은 매우 특별한 관심의 대상이었다.

1969년, 빌리 브란트가 이끄는 서독 사민당은 연방 의회 선거에서 과반수를 획득하였으며 연방 공화국의 창설 이후 처음으로 보수적인 기독교 민주당을 야당으로 내몰고 자유민주당과 연립 정부를 수립했다. 브란트는 이미 키징거의 대연정 정부에서 3년 동안 외무장관으로 일한 경험이 있었으며, 그때 수석 정책 보좌관인 에곤 바르와 긴밀히 협력하여 독일 외교 정책의 새로운 방침을 공식화하기 시작했다. 독일과 소련 진영 사이의 관계를 새로운 시각으로 다루었던 동방 정책Ostpolitik이 바로 그것이었다.

그때까지 서독의 외교 정책은 서유럽 연합, 유럽 경제 공동체, 북대서양 조약 기구를 통해 서방과 확고하게 결합한 신생 공화국이라면 동요 없이 동쪽의 독일 민주 공화국을 승인하지 말아야 한다는 아데나워의 견해였다. 독일 연방 공화국만이 홀로 독일을 대표한다고 주장한 아데나워는 독일 민주 공화국과 외교 관계를 맺은 국가들도 승인하지 않았는데, 소련만이 예외였다. 아데나워를 계승한 루트비히 에르하르트는 부쿠레슈티와 소피아, 바르샤바, 부다페스트로 무역 사절단을 파견했으나, 진정한 원칙의 파괴는 1967년에 가서야 처음으로 이루어졌다. 그때 서독 정부는 브란트의 권고에 따라 루마니아와 외교 관계를 수립했고 이듬해에는 유고슬라비아와도 국교를 맺었다.

아데나워는 언제나 중부 유럽에서 긴장 완화나 군사적 후퇴가 이루어지기 전에 먼저 독일의 분할과 미결 상태인 동쪽 국경 분쟁을 다루어야 한다고 주장했다. 그러나 미국은 1961년에 베를린 장벽 건설에 이의를 제기하지 않음으로써 전쟁을 불사하면서까지 베를린 영역의 개방을 유지하려는 뜻은 없음을 보여 주었다. 그리고 1966년 10월에 린든 존슨 대통령이 확인했듯이 미국은 더는 자국의 외교 정책을 장래의 독일 재통일이라는 원칙에 볼모로 내맡길 생각이 없었다. 메시지는 분명했다. 신세대의 독일 외교관들은 목표 달성을 원한다면 〈독일 문제〉의 해결을 긴장 완화의 전제 조건으로 고집하는 대신 우선순위를 바꾸어야 했다.

만일 빌리 브란트가 위험을 무릅쓰고 서독 정치의 관습을 깨려 했다면, 이는 서베를린 시장으로 일했던 그의 경험 때문이었다. 여러 형태의 동방 정책을 가장 열렬히 옹호한 자들이 전직 베를린 시장이었다는 사실은(브란트 자신과 훗날 연방 공화국 대통령이 되는 리하르트 폰 바이츠제커, 브란트에 뒤이어 사민당 대표가 된 한스요헨 포겔) 우연의 일치가 아니었다. 이들에게 서방 연합국들이 유럽의 분할을 극복하기 위해 성가신 모험을 하지 않으리라는 점은 분명했다(이러한 해석은 서방이 바르샤바 조약 기구의 체코슬로바키아 침공을 수동적으로 받아들인 일로 거듭 확인되었다). 서독은 중부 유럽의 교착 상태를 깨뜨리려면 동독 당국과 직접 교섭하여 스스로 해결해야 했다.

이러한 사정을 늘 유념했던 브란트와 바르는 동독에 접근하는 방법을 고안했다. 바르가 〈상호 접근을 통한 변화Wandel durch An­näherung〉라 일컬었던 새로운 방법의 목적은 외교적·제도적·인간적 교류를 통해 얄타 협정을 극복함으로써 국내외의 동요를 자극하지 않고 두 독일 사이의 관계와 유럽 내부의 관계를 정상화하는 것이었다. 브란트는 그 자신의 특징인 수사법적 표현의 혁신을 통해 독일 민주 공화국의 불법성과 재통합 조건의 협상 불가라는 서독 정부의 원칙을 조용히 포기했다. 이후 서독 정부는 독일 민족의 근본적인 통합을 계속 확언한다. 그러나 동독의 부정할 수 없는 사실성을 인정해야만 했다. 〈독일 민족은 하나지만, 독일 국가는 둘이다.〉[11]

브란트와 외무장관인 자유민주당의 발터 셸은 1970년에서 1974년 사이에 일련의 중요한 외교 협약을 교섭하여 체결했다. 1970년에 소련과 폴란드와 체결한 조약들은 전후 독일 내부의 국경과 독일-폴란드 국경의 사실상의 존재와 불가침성을 인정하고(〈기존의 경계선이…… 폴란드 인민공화국의 서부 국경선을 이룬다〉) 〈유럽의 현재 정치 상황을 토대로〉 독일과 그 동부 인접국 사이의 새로운 관계를 제시했다. 1971년 베를린에 관한 사국 협정에서 소련은 그곳의 상황을 일방적으로 변경하지 않을 것이며 경계를 넘는 이동을 조장하지 않겠다고 동의했다. 뒤이어 독일 민주 공화국과 체결한 기본 조약에서(1973년에 연방 의회가 비준했다) 서독 정부는, 서독으로 탈출하는 데 성공한 독일 민주 공화국 주민에게 계속해서 시민권을 부여하면서도, 모든 독일인을 유일하게 합법적으로 대표한다는 오랜 주장을 단념했다. 1973년에는 체코슬로바키아와 조약을 체결했으며, 1974년 5월에는 독일 민주 공화국과 〈상주 대표부〉 교환에 합의했다.

11 1969년 브란트가 집무를 시작하며 처음 내린 결정들 중 하나는 〈전독일민족문제부〉를 〈독일민족관계부〉로 개칭한 것이었다. 연방 공화국이 모든 독일인을 대변한다는 법적 주장을 계속할 것이라는 동독인의 두려움을 덜어 주고 독일 민주 공화국을 명확하고 지속적인 실체로 인정할 준비가 되어 있음을 보여 주기 위한 것이었다.

빌리 브란트는 이러한 업적으로, 또 바르샤바 게토의 기념물에 무릎 꿇어 경의를 표했던 바르샤바 이동 순례의 결과로 노벨 평화상을 수상했다. 브란트는 국내에서도 승리했다. 1972년 선거에서 브란트의 사민당은 처음으로 연방 의회에서 제1당으로 올라섰다. 서독 정부는 국경이나 국민 문제는 아직 최종적으로 해결되지 않았으며 얄타에서 결정된 분할은 법률적 지위가 없는 것이고 1937년의 독일 국경이 지속된다는 법률상의 가정이 유지되어야 한다고 오랫동안 주장해 왔다. 빌리 브란트는 그러한 주장에서 한 발 비켜났는데도 독일 국내에서 매우 큰 인기를 끌었다.[12] 그리고 비단 서방에서만 인기가 있었던 것은 아니었다. 서독 지도자로서는 최초로 동독을 방문했던 브란트는 1970년 에르푸르트에서 군중의 광적인 환영을 받았다.

브란트가 1974년에 간첩 사건으로 어쩔 수 없이 사직했을 때, 총리직을 이어받은 자들은(사민당의 헬무트 슈미트와 기독교 민주당의 헬무트 콜) 동방 정책의 일반적인 노선에서 전혀 이탈하지 않았다. 두 사람 모두 공식 외교에서 동방 정책을 추진했을 뿐만 아니라 독일 민주 공화국과 연결된 다각적 경로를 통해 인적 교류와 유연한 관계를 촉진하고 서독의 영토 회복 정책에 대한 두려움을 완화하며 서독 정부와 그 동쪽 이웃 나라들 사이의 관계를 전반적으로 정상화하기 위한 계획을 수립했다(후임 총리들은 브란트가 독일의 전후 국경선을 인정한 모스크바 조약에 서명한 뒤에 했던 말을 받아들였다. 〈오래전부터 도박으로 날려 버린 것 외에 이 조약으로 잃을 것은 없다〉).

동방 정책의 틀을 짠 사람들은 자신들의 큰 목표를 성공시키기 위해서 세 지지층을 고려해야 했다. 서유럽은 독일이 동유럽으로 돌아

---

12 기독교 민주당은 처음에는 동독과의 관계를 정립하는 1973년의 기본 조약에 서명하기를 주저했으며 1990년까지도 동부 국경 문제를 열어 두고자 계속 고집했는데, 법률상의 가정과 그 가정을 둘러싼 감정적인 문제들을 생각하면 이러한 태도가 이해된다.

서지 않는다는 확신이 필요했다. 프랑스 대통령 조르주 퐁피두가 모스크바 조약에 보인 첫 번째 반응은 영국에 고무적인 제안을 내놓은 것이었다(영국의 유럽 공동체 가입은 이제 덜 고분고분한 독일에 맞설 균형추를 제공할 수 있다는 매력을 지녔다). 프랑스는 결국 과거 그 어느 때보다 더 확고하게 서유럽의 제도에 닻을 내리겠다는 독일의 약속에 양보했다(퐁피두의 후임자들이 20년 후 독일 통일에 이어 유럽 공동 통화를 사용하겠다는 독일의 약속에 안심한 것과 마찬가지였다). 그러나 미국처럼 프랑스도 1973년 〈동유럽과 서유럽이라는 전통적 범주가 의미를 잃어 가는 변화하는 세계〉를 말한 재무장관 헬무트 슈미트 같은 자들의 발언을 곧 잊어버리지는 못했다.

두 번째 지지층은 경계선 양측의 독일인들이었다. 상당수 독일인에게 브란트의 동방 정책은 실질적인 이득을 가져다주었다. 두 독일 사이의 접촉과 왕래는 급증했다. 1969년에 서독에서 동독으로 건 전화 통화는 겨우 50만 건이었지만, 20년 뒤에는 4천만 건이 되었다. 동베를린과 서베를린 사이의 전화 통화는 1970년에는 사실상 없는 것이나 마찬가지였으나 1988년이 되면 연간 1천만 건 수준에 도달했다. 80년대 중반 대다수 동독인은 실제로 서독 텔레비전을 무제한 시청했고, 심지어 동독 당국은 동독인들이 집 안에서 서독 텔레비전을 시청할 수 있다면 굳이 이주할 필요성을 느끼지 못하리라는 희망 섞인 믿음에서 드레스덴 근처의 〈무지한 자들의 계곡〉(현지의 지형이 서독 텔레비전 신호를 잡는 데 장애가 되었기 때문에 그러한 별칭을 얻었다)에 전력선을 가설했다. 이러한 조치와 가족의 재결합 그리고 정치범을 서독으로 석방하는 것을 포함한 다른 조치들은 동방 정책의 신뢰도를 높였으며 공산당이 〈안정〉과 〈놀라게 하지 않는다〉는 서독의 정책을 점점 더 신뢰하게 되었음을 반영했다.

동독의 통치자들이 특히 이러한 상황 전개에 기뻐할 만한 이유는 충분했다. 1973년 9월, 국제 연합은 동독과 서독을 주권 국가로 인정하고 회원국으로 받아들였다. 1년도 지나지 않아 미국을 포함하여 80개 국이 독일 민주 공화국을 외교적으로 승인했다. 서독 정부의 변화는 뜻밖의 영향을 미쳤고, 이제 독일 민주 공화국의 지도자들은 〈독일〉을 언급하기를 멈추고 대신 독일 민주 공화국이 자체의 미래를 지닌, 처음부터 명백하고 합법적인 독일인의 국가였다고 점점 더 큰 확신을 갖고 말하기 시작했다(독일 민주 공화국의 뿌리는 그들의 주장에 따르면 〈선량한〉 반파시스트 독일인이 아니라 프로이센의 땅과 유산이었다). 독일 민주 공화국의 1968년 헌법이 민주주의와 사회주의에 입각한 통일 의무를 언급했던 반면, 1974년에 개정된 헌법에는 그 구절이 사라지고 대신 〈영원하고 돌이킬 수 없는 소련의 동맹〉으로 남겠다는 서약이 들어섰다.

독일 민주 공화국이 공식적으로 동방 정책에 관심을 갖게 된 데에는 좀 더 직접적인 금전적 이유도 있었다. 1963년 이후 독일 민주 공화국은 돈을 받고 서독 정부에 정치범들을 〈팔아〉 넘겼고, 액수는 대상자의 〈가치〉와 자격으로 결정되었다. 1977년 서독 정부는 동독 교도소의 수감자를 석방시키기 위해 일인당 9만 6천 도이치마르크에 가까운 액수를 지불했다. 새로운 정책의 외교적 성과에는 국경을 넘는 가족 재결합의 제도화도 있었는데, 그 대가로 동독 당국은 일인당 4,500도이치마르크를 추가로 청구했다(특별 가격이었다. 1983년 루마니아 독재자 차우셰스쿠는 독일인 소수 민족이 루마니아를 떠날 수 있도록 허용하면서 서독 정부에 일인당 8천 독일마르크를 요구했다). 어떤 추산에 따르면, 독일 민주 공화국이 3만 4천 명의 수감자를 석방하고 2천 명의 아이들을 부모와 재결합시키고 25만 건의 가족 재결합을 관리하는 대가로 서독 정부로부터 뽑아 낸 총액이 1989년까지 30억 도이치마르크에 육박했다.[13]

13 동방 정책이 시작될 때부터 독일의 국경 너머 동쪽과 남쪽에 여전히 거주했던 독일인 재외동포Volksdeutsche에 특별한 관심과 특전이 부여되었다. 가족이나 민족적 혈통에 의거

독일의 정치 일정에서 〈통일〉이 사실상 소멸한 것은 이러한 사태 전개가 초래한 뜻하지 않은 결과 중 하나였다. 브란트가 말했듯이 분할된 국가의 재통합은 여전히 분명하게 연방 공화국의 〈평생의 거짓말Lebenslüge〉이었다. 그렇지만 예기치 않게 통일이 이루어지기 몇 년 전인 80년대 중반 재통합은 더는 여론을 동원하지 못했다. 50년대와 60년대의 여론 조사를 보면 서독 주민 중 통일이 그 시대의 〈가장 중요한〉 문제라고 느낀 사람은 최대 45퍼센트였다. 그러나 70년대 중반부터는 1퍼센트를 넘은 적이 없었다.

서독 정부가 취한 동방 정책의 세 번째 지지자는 당연히 소련이었다. 1970년 빌리 브란트와 브레즈네프의 첫 번째 협상부터 거의 20년 후 고르바초프가 본을 방문할 때까지 서독의 모든 〈정상화〉 계획은 모스크바를 거쳐 동쪽으로 전해졌고 누구나 그 사실을 알고 있었다. 헬무트 슈미트의 말을 빌리자면 〈독소 관계는 당연히 동방 정책의 핵심이었다.〉 서독과 러시아가 일단 폴란드의 새 국경선이 불변이라는 데 합의하고(유럽의 오랜 관행을 존중하여 누구도 폴란드의 의견은 묻지 않았다) 서독 정부가 인민 민주주의 체제들을 승인하는 데 동의하자 두 나라는 공통의 기반이 상당히 크다는 사실을 발견했다.

1973년 5월 레오니트 브레즈네프가 본을 방문했다. 그런 성격의 방문은 소련 공산당 지도자로는 처음이었는데 브레즈네프와 헬무트 슈미트는 서로 공유한 전쟁의 경험을 정감 있게 회상하기까지 했다. 슈미트는 자신이 〈낮에는 독일을 위해 싸웠으나 밤에는 은밀히 히틀러의 패망을 기원했다〉고 편리하게 회상했다. 처음부터 끝까지 줄곧 진정으로 제3제국에 반대했던 빌리 브란트는 회고록에서 〈전

하여 규정된 사람들은 연방 공화국에 도착하기만 하면 완전한 시민권을 얻었다. 우크라이나와 러시아, 루마니아, 헝가리 등지에 거주했던 수십만 명의 독일인 재외동포들은 지난 반세기 동안 엄청난 고통을 감수하며 부인해야 했던 배경을 갑자기 재발견했다.

쟁의 추억을 나눌 때, 진실과 거짓은 매우 가깝다〉고 냉정하게 진술했다. 그러나 추억은 환영이었을지 몰라도, 이해관계의 공유는 매우 현실적이었다.

소련은 여러 해 동안 자국이 전후에 얻은 이득과 유럽의 새 국경선에 대한 공식적인 승인을 강력히, 되도록이면 공식적인 평화회의에서 요구했다. 서방 연합국들, 특히 미국은 오랫동안 〈독일 문제〉를 미결 상태로 남겨둔 채 사실상 현상의 인정을 넘어서는 어떤 행위도 할 생각이 없었다. 그러나 이제 독일인 스스로 동쪽 이웃 나라들에 제안을 하고 있었기 때문에 서방의 태도는 변하지 않을 수 없었고, 소련 지도자들은 자신들의 희망을 실현하려 했다. 리처드 닉슨 대통령과 안보 보좌관 헨리 키신저는 중국, 소련과 미국 사이의 긴장 완화라는 거창한 전략의 일부로서 선임자들보다 더 개방적으로 소련과 협상했다. 그리고 소련 체제의 성격을 덜 걱정했을 것이다. 1974년 9월 19일에 키신저가 미국 상원 외교위원회에 설명했듯이 국제적 긴장 완화가 소련의 국내 개혁을 기다릴 필요는 없었다.

그리하여 1971년 12월에 북대서양 조약 기구 장관들이 브뤼셀에 모여 일종의 유럽 안보 회의에 참여한다는 원칙에 합의했다. 1년 안에 핀란드의 헬싱키에서 준비 회의가 진행되었고, 1973년 7월에 역시 헬싱키에서 유럽 안보 협력회의 공식 회의가 열렸다. 미국과 캐나다를 포함하여 서른다섯 개 국가가 참여했고 알바니아만 참석을 거절했다. 헬싱키 회의에 참석한 나라들은 이후 2년에 걸쳐 규약을 작성하고 협정의 초안을 마련했으며 동서 관계를 개선하기 위한 〈신뢰 구축〉 조치들과 그 외에 많은 것을 제안했다. 1975년 8월 헬싱키 협정이 만장일치로 승인되고 조인되었다.

겉으로 볼 때 협정의 주된 수혜자는 소련이었다. 최종 결의문은 〈원칙 1〉에서 〈참여국들은 상호 주권적 평등과 개별적 이익을 존중하며 아울러 주권에 내재되고 포괄된 모든 권리, 특히 모든 국가의 사법적 평등과 영토 보전의 권리를 존중한다〉는 데 합의했다. 또한 〈원칙 6〉에서 참여국들은 〈다른 참여국의 국내 사법권에 적용되는 내부 문제나 외부 문제에 상호 간의 관계에 상관없이 직접적으로든 간접적으로든, 개별적으로든 집단적으로든 개입하지 않는다〉고 약속했다.

브레즈네프와 그의 동료들은 그 이상 더 원할 수 없었을 것이다. 이제 전후 유럽의 정치적 분열은 공식적이고 공개적으로 인정되었을 뿐만 아니라 독일 민주 공화국과 기타 위성 국가들의 주권과 영토 보전도 공식적으로 용인되었다. 서방 국가들은 처음으로 〈다른 참여국에 대한 무장 개입이나 무장 개입의 위협〉을 전혀 하지 않겠다고 확실하게 맹세했다. 북대서양 조약 기구나 미국이 소련 진영을 실제로 침공할 기회는 분명 오래전부터 무시해도 될 정도로 적었고, 실제로 1948년 이후 그러한 무장 개입에 관여한 유일한 나라는 소련이었다.

그러나 헬싱키 협정의 이러한 조항들과 〈참여국들은 각 참여국의 영토 보전을 존중한다〉는 〈원칙 4〉에 그러한 의미가 부여된 것은 소련 특유의 불안을 드러냈다. 소련은 서독과 협약을 체결한 데 이어 포츠담 선언을 소급하여 확인함으로써 마침내 그 목적을 달성했으며 편하게 쉴 수 있었다. 그 대신 회의에 참가한 서방 국가들이 추구하고 확보한 것은 사회적·문화적·경제적 협력과 교류, 해결되지 않은 장래의 분쟁을 다루기 위한 성실한 협력 등 그저 반대하기 어려운 형식상의 조항들뿐이었다.

그러나 헬싱키 원칙의 소위 〈셋째 바구니〉에는 국가의 권리뿐만 아니라 인간과 국민의 권리 목록도 〈원칙 7〉(인간의 권리와 사상과 양심, 종교나 신념의 자유를 포함하는 근본적인 자유의 존중)과 〈원칙 8〉(국민들의 동등한 권리와 자결권)로 묶여 포함되었다. 협정에 서명한 대부분의 정치 지도자들은 이 조항들에 별다른 관심을 보이지 않았다. 철의 장막 양측에서 공히 이 조항들은 일반적으로 외교적 겉치레이자 국내 여론의 환심을 사기 위한 뇌물로 추정되었고, 어쨌거나 강제력이 없었다. 〈원칙 4〉와 〈6〉에 의하면, 외부자가 서명국의 내정에 간섭할 수 없었기 때문이다. 당시에 격분한 한 체코 지식인이 언급했듯이, 헬싱키 협정은 실제로는 〈지역을 통치하는 자가 종교를 결정한다〉는 원칙[14]을 반복한 것이었다. 국경 안에서는 통치자들이 또다시 자국 시민들을 원하는 대로 다룰 면허를 얻었다.

결국 그렇게 되지는 않았다. 1975년 헬싱키의 원칙과 규약은 대부분 단순히 기존의 국제적 합의를 보기 좋게 포장한 것에 불과했다. 그렇지만 〈원칙 7〉은 서명국에 〈인간의 여러 권리와 사상과 양심, 종교나 신념의 자유를 포함하는 근본적인 자유를 종족이나 성, 언어, 종교에 차별을 두지 않고 존중〉할 의무를 지웠을 뿐만 아니라, 〈시민적·정치적·경제적·문화적 권리와 자유, 기타 권리와 자유의 실질적인 행사를 촉진하고 장려할 것〉과 〈혼자서든 다른 사람과 함께 단체를 이루어서든 자신의 양심의 명령대로 종교나 신념의 행위를 고백하고 실천할 개인의 자유를 인정하고 존중할 것〉을 35개국 전부에 요구했다.

이 장황하고 헛된 권리와 의무의 점검표에서 헬싱키 권리Helsinki Rights 운동이 탄생했다. 소련의 지도자들은 오랫동안 기다렸던 국제회의의 협약을 얻어 낸 후 1년이 지나지 않아 근본적 통제가 불가능한 서클과 클럽, 연락망, 선언서, 개인의 증가에 직면했다. 이들은 모두 〈단순히〉 자국 정부가 바로 그 협약의 문구에 충실할 것을, 다시 말해 최종 결의문이 요구한 대로 〈이 분야의 국제 선언과 협약에 제시된 의무를 이행〉하라고 요구했다. 브레즈네프가 헨리 키신저와 그의 냉정한 후임자들을 믿고 헬싱키의 불간섭 조항들을 있는 그대

14 Cuius Regio, Eius Religio. 1555년 아우크스부르크 화의 때 루터파를 인정한 원칙
— 옮긴이주.

로 받아들인 것은 옳았다. 그러나 다른 사람들이 그 뒷부분의 더 이상적인 조항들을 불간섭 조항들 못지않게 진지하게 받아들이리라고는 (실로 키신저도) 생각하지 못했다.[15]

단기적으로 볼 때 확실히 소련 당국과 동유럽의 동료들은 개인이나 집단의 권리를 옹호하는 어떤 목소리도 매우 쉽게 억누를 수 있었다. 1977년 우크라이나의 〈헬싱키 권리〉 그룹 지도자들은 체포되어 3년에서 15년에 이르는 징역형을 선고받았다. 그러나 공산당 지도자들이 자국 정권의 국제적 정통성의 근거로서 〈헬싱키〉를 강조했던 바로 그 조치가 이제 그들을 따라다니며 괴롭혔다. 소련 안팎의 비판자들은 이제 소련이 최근에 한 약속을 거론함으로써 소련 정권을 공개적으로 압박할 수 있었다. 이러한 종류의 반대를 폭력으로 억압하는 것은 비효율적이었을 뿐만 아니라 널리 알려질 경우 자멸에 이르는 짓이었다. 레오니트 브레즈네프와 그의 동료들은 그 냉소주의 때문에 무심코 방어막을 훼손했다. 이 자승자박의 행위는 예상과 달리 치명적인 것으로 입증된다.

---

15 최초의 〈헬싱키 그룹〉은 1976년 5월 12일에 모스크바에서 설립되었다. 열한 명의 초기 회원 중에는 유리 오를로프, 옐레나 본네르, 아나톨리 샤란스키가 포함되었다. 헬싱키 협정 서명국들의 권리 남용을 널리 알린다는 특정한 목적을 위해 수립된 국제적 상부 단체인 〈헬싱키 파수꾼Helsinki Watch〉은 2년 후에 등장했다.

16장
이행기

돌이켜보면 우리가 저지른 가장 큰 실수는 선거가 계속되도록 허용한 것이었다. 우리의 몰락은 그로부터 시작되었다.
— 오텔루 사라이바 드 카르발류 준장

스페인이 문제라면, 유럽은 해답이다.
— 오르테가 이 가세트

유럽은 단지 물질적 성과가 아니라 정신에 관한 것이다. 유럽은 마음의 상태이다.
— 자크 들로르

북유럽의 국가들 내부 변화와 국제적인 변화는 시종일관 강대국들의 거래와 대륙의 동서 분할이라는 상수를 배경으로 진행되었다. 그렇지만 지중해 유럽에서는 현지의 문제가 두드러졌다. 70년대 초까지 스페인과 포르투갈, 그리스는 단지 지리적인 의미에서만 유럽의 주변부였던 것은 아니다. 세 나라 모두 냉전에서 〈서방〉에 충성했지만(포르투갈과 그리스는 북대서양 조약 기구의 회원국이었다) 다른 점에서는 상당히 고립되어 있었다. 경제는 유럽의 남쪽 변두리에 있는 다른 국가들, 즉 유고슬라비아나 터키의 경제와 닮았다(농촌 잉여 노동력이 외국에 나가 일하며 송금한 돈과 관광업에 크게 의존했다). 남부 스페인과 포르투갈과 그리스의 대부분 지역에서 생활 수준은 동유럽이나 개발도상국 지역과 엇비슷했다.

　1970년대 초 세 나라는 서유럽보다 라틴 아메리카에 더 흔한 권위주의적 통치자들이 다스렸다. 전후의 정치적 변화는 대체로 그 나라들을 비켜간 듯했다. 안토니우 살라자르가 1932년에서 1970년까지 통치했던 포르투갈과, 프랑코 장군이 1936년에 군사 쿠데타를 일으키고 1939년부터 1975년에 죽을 때까지 아무런 도전도 받지 않은 채 통치했던 스페인에서는 다른 시대에 속한 권력의 위계 제도가 고착되어 있었다. 그리스에서는 1967년에 군부 도당이 국왕과 의회를 내쫓았다. 이후 그리스는 대령들의 군사정권이 통치했다. 세 나라의 불투명한 미래 위에는 불안정했던 과거의 망령들이 떠돌았다.

그리스의 최근 역사에는 스페인의 역사처럼 내전의 어두운 그림자가 짙게 드리웠다. 제2차 세계 대전 이후 그리스 공산당은 자신들이 통제하던 촌락들을 탄압하여 두려움이라는 유산을 남겼으며 많은 그리스인의 기억 속에서 급진 좌파는 억압과 잔인함을 연상시켰다. 1949년 10월 공산당이 투쟁을 포기한 뒤에는 좌파가 일련의 억압으로 고초를 당했다. 전시의 빨치산은 (초기에 독일에 맞서 싸운 많은 사람들을 포함하여) 향후 몇십 년간 외국에 망명해야 했다. 남아 있던 자들은 자녀들과 심지어 손자들까지 70년대가 한참 지나고도 공공 부문에 고용되지 못했다. 공산당원들은 악명 높은 마크로니소스섬의 감옥에서 장기간 구금되었으며 무자비한 대우를 받은 것으로 유명했다.[1]

그렇지만 그리스의 정치적 분열은, 그리스가 냉전의 범주에 완벽하게 편입된 것처럼 보였어도, 언제나 현지 특유의 관심사가 지배했다. 1949년 3월 티토와 스탈린의 투쟁이 최고조에 달했을 때, 맹종적인 친소련 정당인 그리스 공산당은 (부쿠레슈티에서) 라디오 성명을 통해 마케도니아 독립 요구를 지지했다. 이는 유고슬라비아 영토의 분할을 조장하여 티토를 약화시키려는 의도였으나 그러한 결과를 낳지는 못했다. 오히려 한 세대 동안 그리스 공산당에 대한 국내의 신뢰를 깎아 내렸다. 공산당이 승리하면 마케도니아인들이 거주하는 북부 지역이 슬라브인과 알바니아인 소수 민족을 포괄하여 자치를 하게 되고 그 때문에 그리스 국가가 와해될지도 모른다는 우려를 낳았던 것이다.

이 문제가 그토록 중요했던 것은 그리스 민족주의가 현지의 기

---

1 공산당원에게 참회를 강요하고 이를 거부한 자들을 공격하게 하는 마크로니소스 교도관들의 관행은 사악함의 정도는 덜했지만 루마니아 공산당원들이 같은 시기에 피테슈티 감옥에서 사용하던 기술과 놀랄 만큼 유사했다. 6장을 보라.

준으로 보더라도 유달리 불안정했기 때문이었다. 그리스의 보수적인 전후 정치인들은 과거 제국의 주인이었던 터키와 싸우느라 늘 경계 태세에 있었고 1940년 이래로 알바니아와 교전 중에 있었으며 (1985년까지 이러한 상황은 개선되지 않았다) 유고슬라비아와 불가리아와 맞닿은 국경에 대규모 슬라브인 사회가 있다는 사실조차 인정하고 싶지 않았기에 민주주의나 전후의 화해보다는 질서와 안정을 단호히 선택했다. 그리스의 국왕과 군대, 내각은 그리스의 오래된 관심을 새로운 국제적 분열에 융합하는 방식으로 자신들이 불안정한 지역에서 가장 믿을 만한 동맹국임을 서방에 보여 주었다.

그리스는 충성의 대가를 충분히 보상받았다.[2] 1947년 2월, 파리 조약으로 이탈리아는 도데카니소스제도를 아테네에 양도해야 했다. 그리스는 〈트루먼 독트린〉 선언 이후 마셜 플랜으로 미국의 원조를 가장 많이 받은 수혜자였다. 1952년에는 그리스의 북대서양 조약 기구 가입이 허용되었으며, 그리스 군대는 운 좋게도 풍족하게 실질적인 지원을 받았다. 군대의 역할은 과연 결정적이었음이 입증된다. 영국은 원래 해방된 그리스에 철저하게 비정치적인 군대와 현대적 경찰을 남겨 주기를 원했다. 그러나 시기와 장소로 볼 때 이러한 희망은 불가능한 일로 드러났다. 실제로 그리스 군대는 8년간 전쟁을 거치며 비타협적인 반공주의, 군주주의, 반민주주의 성격을 띠었으며 자국의 정치 제도나 법보다 북대서양 조약 기구와 미국의 동료들에 훨씬 더 확고히 충성했다.

실로 그리스 장교들은 헌법에 규정된 것 이상으로 국민들을 보호하고 통합을 지지하는 수호자로 〈자처〉했다(이 점에서 스페인의 전통적인 장교단과 매우 흡사했다). 군대는 전후 그리스의 정치 생활

2 미국은 처음에는 유럽의 다른 곳에서 그랬듯이 그리스 정치권의 중도 좌파에서 지지자와 동맹자를 찾을 수 있기를 바랐다. 그러나 곧 잘못 생각했음을 깨달았고, 우파의 민족주의적인 군부와 긴밀하고 영속적인 우호 관계를 맺기로 뜻을 바꾸었다.

에 처음부터 적극적으로 참여했다. 50년대 초 전국 선거에서 승리한 〈그리스인의 대회Ellinikos Synagermos〉당은 내전에서 정부군 사령관을 맡았던 알렉산드로스 파파고스 원수가 이끌었다. 군부는 1963년까지 콘스탄티노스 카라만리스를 매우 즐거운 마음으로 지지했다. 카라만리스는 〈그리스인의 대회〉당을(지금의 급진민족연합) 지도하여 1956년과 1958년에 선거에서 승리했고, 1961년에는 나중에 대규모 선거 부정을 획책한 혐의를 받았지만 마지막으로 가장 큰 승리를 거두었다.

카라만리스는 이데올로기적으로 반공주의자가 아니었으며 군부에 특별히 가깝지도 않았다. 그러나 카라만리스가 그리스령 마케도니아 태생에다 뿌리 깊은 슬라브족 반대 인사였다는 사실은 의미가 없지 않다. 농민 출신이며 정교 신앙을 지닌 카라만리스는 본능적으로 지방적이고 민족주의에 경도된 보수주의자였다. 카라만리스는 민간인의 군부 감시를 시행하거나 고위직의 반의회주의 정치 조직이나 음모에 관해 늘어나는 소문을 자세히 조사할 뜻이 없음을 분명히 했기에 그리스에 딱 맞는 대표였으며 미국의 외교관들이나 그리스 장교들이 보기에 믿을 수 있는 인물이었다. 카라만리스가 통치하는 그리스는 경제적으로 침체했고 심히 부패했지만 안정을 유지했다.

그러나 1963년 5월 좌파 의원 그리고리스 람브라키스 박사가 테살로니키의 평화 집회에서 연설하던 중에 습격당했다. 닷새 뒤 람브라키스가 죽으면서 좌파와 이제 막 형성되던 그리스 평화 운동은 정치적 순교자를 얻었고, 당국은 람브라키스 암살의 어두운 배후를 적극적으로 조사하지 않음으로써 큰 의혹을 샀다.[3] 여섯 달 뒤 치러진 선거에서 카라만리스는 점증하는 도시 중간 계급의 지지 정당인 요

3 코스타 가브라스의 영향력 있는 1969년 작 영화 「제트Z」는 람브라키스 사건을 토대로 만들어졌다.

르요스 파판드레우의 중도연합에 근소하게 패했다. 이듬해 새로운 선거에서 파판드레우의 당과 그 동맹자들은 42퍼센트에서 52.7퍼센트로 득표를 늘려 총투표의 절대 과반수를 획득했다.

의회의 새로운 다수당은 1961년 선거에 이용된 장비의 조사를 요구했고, 의회와 젊은 국왕 콘스탄티노스 사이에 긴장이 고조되었다. 국왕의 보수적인 정치적 성향은 널리 알려진 사실이었으며, 국왕은 우파로부터 파판드레우를 경질하라는 강한 압력을 받았다. 결국 파판드레우는 계략에 빠져 사임했다. 여러 명의 임시 총리가 뒤를 이었는데, 그중 누구도 의회에서 안정적인 과반수를 확보할 수 없었다. 일단의 자유주의적 성향의 군 장교들이 요르요스 파판드레우의 아들 안드레아스 파판드레우와 음모를 꾸몄다고 고발되었을 때 의회와 궁정 사이의 긴장 관계는 훨씬 더 악화되었다. 1967년 3월, 그들 중 스물한 명이 군법회의에 회부되었다.

그리스의 의회 정부는 이제 이름만 남았을 뿐 전혀 작동하지 않았다. 보수파와 군 장교들은 나라 전체에 〈공산당〉의 영향력이 증대하고 있다고 막연하게 경고했다. 국왕은 다수당 중도연합이 극좌파의 표에 의존하고 있다고 비난했다. 국왕은 그들과 함께 일할 생각이 없었다. 반면 야당인 급진민족연합은 〈관리인〉 정권을 수립하려는 계속되는 노력을 지지하지 않았다. 마침내 1967년 4월, 급진민족연합은 독자적으로 소수 정부를 수립했고 국왕이 의회를 해산하고 새로운 선거의 실시를 선포할 때까지 집권했다.

대중이 교착 상태에 빠진 의회에 좌절하고 편향적인 국왕의 역할을 더는 받아들일 수 없다는 감정이 확산되자 차기 선거에서 좌파가 약진할 가능성이 커졌다. 군대 내부의 오래된 우파 네트워크에서 활동한 일군의 장교들은 이를 핑계로 내세우고(1949년 이후 그리스에서는 〈공산당의 위협〉이 꾸준히 거론되었다) 그리스 민주주의 제도의 명백한 역량 부족과 정치인들의 무능을 지적하며 4월 21일 권력을 장악했다.

요르요스 파파도풀로스 대령이 이끄는 장교단은 아테네와 몇몇 도시에 전차와 공수부대를 투입하여 정치인과 기자, 노동조합 운동가 등 유명 인사들을 체포하고 일상의 주요 거점을 모두 장악하며 자신들이 국민의 구세주라고 선언했다. 그들의 설명에 따르면 〈민주주의는 새총에 재었다〉. 국왕 콘스탄티노스는 열의가 없지는 않았지만 수동적으로 음모자들을 공직에 앉히겠다고 동의하고 서약했다. 여덟 달 뒤 성의 없는 반(反)쿠데타 시도가 있은 후, 콘스탄티노스는 가족과 함께 로마로 피신했다. 누구도 슬퍼하지 않았다. 군사 정부는 섭정을 지명했고 파파도풀로스는 총리에 임명되었다.

대령들의 쿠데타는 전형적인 프로눈시아멘토[4]였다. 처음에는 광포했고 이후 늘 억압적이었던 파파도풀로스와 그의 동료들은 거의 1천 명에 가까운 공무원을 해고하고 좌파와 중도파의 정치인을 투옥하거나 추방했으며 그리스를 숨 막힐 듯한 7년의 세월 속으로 고립시켰다. 우스꽝스러울 정도로 반현대적이었던 대령들은 신문을 검열하고 파업을 금지했으며 미니스커트와 현대 음악을 추방했다. 또한 소포클레스와 에우리피데스, 아리스토파네스에 관한 연구와 더불어 사회학과 러시아어, 불가리아어에 관한 연구도 금지했다. 형식상으로는 〈대중주의적〉이었으나 실제로는 온정주의적이었던 이들은 외모에 집착했다. 대령들의 정권에서 장발은 금기였다. 근위대와 기타 의례에 관련된 공무원의 제복은 점차 그리스 〈전통〉 의상으로 대체되었다. 특히 아테네는 말끔히 정돈된 군사적인 분위기를 띠었다.

그리스 쿠데타의 경제적 귀결은 복잡했다. 관광 사업은 타격을 입

---

4 pronunciamento. 일반적인 쿠데타는 일군의 군 집단이 은밀히 계획하여 실행에 옮긴 기습적인 권력 장악을 말하는 반면, 프로눈시아멘토는 일군의 군 장교들이 공개적으로 정부에 반대한다고 선언하고 실행에 옮긴 반란이나 쿠데타를 뜻한다 ─ 옮긴이주.

지 않았다. 정치적 의식을 가진 여행자들은 대령들이 지배하는 그리스를 배척했지만, 질식할 듯 규제가 심할지언정 저렴했던 휴양지에 매력을 느낀 관광객들이 그 자리를 대신했다. 그리스의 경우 쿠데타가 발생하기 전 고작 10여 년 남짓 지속된 외국인 투자와 1964년 이후 연평균 6퍼센트로 꾸준히 증가한 국민 총생산은 정치 상황의 전개에 영향을 받지 않았다. 스페인처럼 저임금과 (노동자의 모든 항의를 억압함으로써 가능했다) 〈법과 질서〉에 입각한 체제는 외국자본에 유리한 환경을 제공했다. 군사 정권은 대령들 대부분의 출신지인 농촌 지역에서 초기에 폭넓은 지지를 얻기도 했는데, 특히 1968년에 모든 농민의 채무를 말소한 이후 더욱 큰 지지를 받았다.[5]

그러나 본능적으로 자급자족 경제를 추구한 대령들은 수입 대체 정책이라는 케케묵은 구습으로 돌아가기를 원했다(현지의 비효율적인 제조업자들은 저급한 상품을 생산하면서도 보호를 받아 외국의 경쟁을 피할 수 있었다). 이는 결국 군사 정권과 도시 중간 계급 사이의 투쟁을 야기했고, 도시 중간 계급이 소비자인 동시에 생산자로서 갖는 이해관계는 몇 년 안에 그들과 다투던 정치인들이 해임됨으로써 승리하게 된다. 그리고 기준을 낮추더라도 지극히 평범했던 대령들은 미래를 위해 내놓을 것이 없었다. 그들에게는 그리스를 막 등장하여 팽창하던 유럽 공동체에 통합할 계획도 없었고 민정 복귀의 전략도 없었다.[6]

게다가 군사 정권은 국내에서는 충분히 안정적이었지만 해외에서는 점점 더 고립되었다. 1969년 12월 유럽 회의는 그리스를 축출

5 대체로 전쟁 이전의 요아니스 메탁사스 독재 때 사관학교에서 교육받은 장교들은 외국인 비평가들이 주장했던 것만큼 인기가 없지는 않았던 듯하다. 그러나 이들은 미국의 지지를 얻은 것으로 추정된다. 본질적으로 1940년대 그리스 내란의 연장으로 볼 수 있는 이 쿠데타는 100년의 역사를 갖는 유럽의 내란에서 최근의 가장 유명한 사건으로 여겨졌다. 〈그리스〉는 〈스페인〉을 대신하여 양극화된 정치적 정서를 드러내는 탐침이 되었다.
6 그리스는 1962년 이후로 유럽 경제 공동체 〈준회원국〉의 지위를 지녔다.

하기로 만장일치로 의결했고, 두 달 뒤 유럽 경제 공동체는 군사 정부와 진행 중이던 모든 협상을 중단했다. 대령들의 정권은 뻔뻔스러울 정도로 오로지 폭력에만 의존했다. 따라서 독재 정권이 키프로스 문제를 해결하려고 국경 너머에서 폭력을 쓰려 했던 무모한 시도의 와중에 몰락한 것은 아주 당연했다.

1571년 이래 오스만 제국의 일부였던 키프로스섬은 1878년 이후 영국의 지배를 받다가 제1차 세계 대전 이후 일방적으로 그리스에 병합되었다. 터키의 아나톨리아에 가깝고 그리스 본토나 여러 외진 섬들에서도 멀리 떨어진 지중해 동쪽 끝의 키프로스는 그럼에도 점차 그리스 국가에 통합되기를 원했다. 주민들 대다수가 그리스어를 말하고 동방정교를 믿고 있었기 때문이다. 터키계 소수는 섬 인구의 약 18퍼센트를 차지했는데 당연히 이에 반대했으며 앙카라 당국의 요란스러운 지원을 받았다. 키프로스의 운명은 (성가신 제국의 유산을 처리하려는 영국의 노력과 그리스와 터키 사이의 장기간에 걸친 적대 관계 사이에 끼여) 50년대 내내 미결로 남아 골칫거리가 되었다.

통합Enosis 계획을 관철하지 못한 그리스계 키프로스인 지도부 대다수는 마지못해 독립을 받아들였다. 영국은 몇 곳의 통행권과 전략적으로 중요한 공군 기지만 보유한 채 1960년에 독립을 승인했다. 신생 키프로스 공화국의 주권과 헌법은 영국과 터키, 그리스가 보장했으며, 통치는 대주교 마카리오스 3세가 대통령으로서 관할하는 그리스-터키 〈협력〉 협정에 따랐다. 마카리오스 대주교는 한때 영국에 의해 무장 폭력 테러리스트로 추방된 적도 있었으나 이제 합리적인 그리스계 키프로스인을 대변하는 존중받는 인사였다.

그동안 섬의 그리스인 사회와 터키인 사회는 서로를 의혹의 눈길로 바라보며 불편하게 지냈고 간헐적으로 두 민족 간에 폭력 사건이 터졌다. 그리스와 터키 두 나라 정부는 자국 동포의 보호자를 자처하며 때로 개입하겠다고 위협했다. 그렇지만 두 나라는 신중했고, 국제적 압력도 있었다. 그 결과, 1963년의 터키계 키프로스인들에 대한 공격으로 이듬해 국제 연합 평화유지군이 진주했을 때에도 개입 행위는 없었다. 그리스계 키프로스인들이 공직과 정부 요직을 거의 독점했는데도(얼스터에서 다수파인 신교도가 가톨릭교도를 특권과 권력에서 배제한 것과 대체로 유사했다), 아니면 아마도 그랬기 때문에, 키프로스의 상황은 안정적인 것 같았다. 그러나 키프로스가 위기는 아닐지라도 여전히 문제였다는 사실만은 분명했다.

그래서 1973년 아테네의 학생들이(먼저 법과대학 학생들이, 나중에는 공과대학 학생들이) 처음으로 대령들의 통치에 공개적으로 반대하여 그들을 당혹스럽게 만들었을 때, 군부는 키프로스에 대한 그리스의 권리 주장을 재차 단언함으로써 다른 곳으로 주의를 돌리고 대중의 지지를 얻으려 했다. 학생들의 시위에 이어 파파도풀로스 대신 군사 정부 지도자로 등장한 〈강경파〉 디미트리오스 요아니디스 장군은 요르요스 그리바스와 다른 그리스계 키프로스인 민족주의자들과 작당하여 마카리오스 정권을 무너뜨리고 키프로스섬을 그리스와 〈재통합〉하려 했다. 1974년 7월 15일 키프로스 국민방위대 부대가 엄선된 그리스 장교들과 함께 대통령궁을 습격하여 마카리오스를 쫓아내고(마카리오스는 외국으로 도피했다) 아테네의 직접 통치를 기대하며 괴뢰 정부를 수립했다.

그러나 이 시점에서 터키 정부는 터키계 키프로스인 사회의 이익을 지키기 위해 키프로스를 침공하겠다는 의사를 공표했으며, 7월 20일에 신속하게 행동에 들어갔다. 한 주가 지나기도 전에 섬의 3분의 2가 터키의 수중에 떨어졌다. 압도적으로 우월한 터키 군대를 막을 수도 그들에 대응할 수도 없었던 군사 정부는 무력해 보였다. 군사 정부는 총동원령을 내렸다가 다음 날 취소했다. 민족적 굴욕에 많은 대중이 분노했으며, 그리스 독재자들은 늙어 가는 카라만리스에 의존하고자 파리에서 망명 생활을 하는 그에게 귀국을 청했다. 7월 24일 전 총리는 아테네로 돌아왔고 민정 복귀에 착수했다.

이행은 매우 쉽게 완성되었다. 카라만리스의 신민주주의당은 1974년 11월 선거에서 압승했으며 3년 후에 거듭 성공했다. 1975년 6월, 야당들이 처음에는 공화국 대통령(1980년부터 카라만리스가 차지했던 직위이다)에게 부여된 권력의 강화에 이의를 제기하기는 했지만 새 헌법이 승인되었다. 그리스 국내 정치는 예상 밖으로 신속하게 익숙한 유럽적 면모를 띠었다. 정치는 중도 우파(신민주주의당)와 중도 좌파(사망한 요르요스 파판드레우의 아들로 미국에서 교육받은 안드레아스가 지도하는 범그리스 사회주의운동당)로 대체로 균등하게 나뉘었다.

그리스가 민주주의로 복귀하며 보여 준 유연함은 한편으로는 자신의 과거를 버리는 동시에 경험자의 유능함과 연속성이라는 이미지를 유지했던 카라만리스의 기술에 기인했다. 카라만리스는 신뢰를 상실한 자신의 중도연합을 재건하지 않고 새로운 정당을 만들었다. 그는 1974년 12월 명예가 실추된 군주제를 국민 투표에 부쳤으며, 투표자의 69.2퍼센트가 군주제의 폐지를 요구하자 공화국의 수립을 감독했다. 카라만리스는 군부와 불화를 피하기 위해 군을 숙청하라는 요구에 반대했으며, 대신 충성파에 상을 주고 진급시키면서 쿠데타에 굴복하여 명예를 더럽힌 선임 장교들을 조기에 전역시켰다.[7]

군주제가 물러나고 군대의 중립이 확보되면서 카라만리스는 미결 과제인 키프로스를 다루어야 했다. 카라만리스나 그의 후계자들

---

7 하지만 군사 정권 집단은 보복을 피하지 못했다. 1975년 8월 열한 명의 지도자가 재판에서 유죄 선고를 받았다. 세 명은 사형을 선고 받았는데, 나중에 종신형으로 감형되었다. 파파도풀로스는 구금 중이던 1999년에 사망했다. 그는 마지막까지 뉘우치지 않았다. 요아니디스 준장은 이후 진행된 재판에서 학생 폭동을 진압하는 데 수행한 역할로 유죄 선고를 받았다. 이 책을 쓸 동안에도 그는 감옥에 있었다.

은 통합 문제를 다시 꺼낼 의도는 전혀 없었지만, 1974년 12월에 마카리오스가 귀환한 뒤에도 그 섬에 계속 주둔하고 있는 터키 군대를 공공연히 무시할 수도 없었다. 카라만리스는 국내에서 좌파와 우파 공히 크게 찬성한 매우 상징적인 조치를 취했다. 북대서양 조약 기구의 동료 회원국들의 처사에 저항하는 뜻에서 이후 6년 동안 북대서양 조약 기구의 군사 조직에서 철수했던 것이다. 그리스와 터키의 관계는 빙하기에 진입했으며, 1975년 2월에 터키계 소수파의 일방적인 〈키프로스 터키연방국〉 선언과 동부 에게해의 영토 주장을 둘러싸고 발생한 외교 분쟁은 그 적대 관계를 잘 보여 준다.

그 결과, 키프로스는 국제적 관심의 대상이 되었다. 국제 연합 외교관들과 법률가들은 이 섬의 분열을 해결하고자 애썼으나 실패했고 수십 년을 성과 없이 허비했다. 이를 통해 그리스 정치인들은 그 섬의 문제에 대한 책임에서 벗어나(물론 그리스 정치인들은 국내 정치의 제약으로 키프로스의 운명에 지속적인 관심을 보이지 못했다) 가망성 있는 영역으로 시야를 돌릴 수 있었다. 대령들이 몰락한 지 일 년이 채 지나지 않은 1975년 6월 아테네 정부는 유럽 경제 공동체 가입을 공식적으로 신청했다. 1981년 1월 1일 그리스는 공동체의 정회원국이 되었으며, 브뤼셀에 모인 많은 사람들은 그리스의 가입을 희망이 지혜를 물리친 유감스러운 승리로 보았다.

포르투갈은 그리스와 달리 근래에 민주주의라고는 작은 흔적조차 경험하지 못했다. 살라자르의 권위주의적 통치는 그가 처음으로 권력을 잡았던 1932년에 통용된 기준으로도 유별나게 퇴행적이었고 스스로 그 점을 잘 인식했다. 실제로 포르투갈은 흠잡기 좋아하는 교권주의, 법인 제도들, 농촌 저개발이 혼합된 나라였다는 점에서 1934년 이후의 오스트리아와 매우 유사했다. 비시 정권에 향수를 느끼는 은퇴한 프랑스인들이 전후 포르투갈을 애호한 데에는 그럴 만한 이유가 있었다. 부역 혐의를 받은 악시옹 프랑세즈Action Française의 지도자 샤를 모라스는 살라자르로부터 큰 존경을 받았고 1952년 사망할 때까지 그와 서신을 주고받았다.[8]

살라자르 시대 포르투갈의 전반적인 생활 수준은 유럽이 아니라 당대 아프리카와 비슷할 정도여서 1960년 연평균 일인당 소득이 겨우 160달러에 불과했다(터키는 219달러, 미국은 1,453달러였다). 부자는 매우 부유했고, 유아 사망률은 유럽에서 제일 높았으며, 주민의 32퍼센트가 문맹이었다. 코임브라 대학교에서 몇 년간 강의했던 경제학자 살라자르는 포르투갈의 후진성에 마음이 불안했지만 동시에 그 점이 안정의 열쇠라고 생각했다(살라자르는 포르투갈 소유의 앙골라 지역에서 석유가 발견되었다는 소식을 듣자마자, 이는 〈애석한 일〉이라고 논평했다).

살라자르는 루마니아 독재자 차우셰스쿠처럼 빚지지 않아야 한다는 생각에 사로잡혔으며 매년 공들여 예산의 균형을 맞추었다. 광적인 중상주의자였던 살라자르는 유달리 많은 금 보유고를 유지했으며 이를 투자나 수입에 사용하지 않도록 유의했다. 그 결과, 포르투갈은 빈곤에 빠졌고, 주민 대다수는 북부의 작은 가족 농장이나 남쪽의 대농장에서 일했다. 포르투갈은 산업에 자금을 공급할 국내 자본이 부재했고 외국인 투자자를 환영하지 않았기에 대체로 일차 산품의 수출이나 재수출에 크게 의존했다. 수출품에는 자국 국민도 포함되었다.

포르투갈을 전쟁에 말려들지 않게 했고 탐욕스러운 시장자본주의와 폭력적인 국가 사회주의 사이에서 잘 이끌었다는 것이 1970년에 죽기까지 살라자르의 당당한 자랑거리였다. 그러나 사실을 말하

8 모라스는 1952년에 84세로 사망했다. 살라자르는 1889년 4월 28일 히틀러보다 한 주 늦게 포르투갈의 비메이루에서 별장 관리인의 아들로 태어났다. 그는 1960년대 말까지도 유럽의 한 국가를 다스리고 있던 사람으로는 특이할 정도로 앞선 세기의 습속에 깊이 젖어 있었다(살라자르의 어머니는 1846년생이다).

자면, 살라자르는 국민을 너무나 성공적으로 최악의 시장자본주의와 국가 사회주의에 노출시켰다. 물질적 불평등과 이윤의 착취는 유럽의 다른 어느 곳보다 포르투갈에서 더욱 두드러졌으며, 리스본의 권위주의적 정부는 모든 독립적인 의견과 창의적 제안을 억눌렀다. 1969년까지도 성인의 18퍼센트만이 피선거권을 지니고 있을 정도였다.

국내에 반대파가 없는 상황에서 살라자르에 저항한 유일한 세력은 나라에서 유일하게 독립적인 기관이었던 군부였다. 포르투갈 군대의 급여는 좋지 못했다. 살라자르는 가뜩이나 부족한 재원을 임금에 쓸 수 없었고, 대신 가난한 군 장교들에게 부유한 부르주아 집안 여성과 혼인하라고 적극 권장했다. 1947년과 1958년에 쉽게 진압된 군부 쿠데타 시도가 있었지만, 정권은 1961년까지 최소한 소극적인 충성에 의존할 수 있었다. 개혁 성향을 지닌 육군이나 해군의 젊은 초급 장교들은 자신들의 침체된 상황에 분노했지만 협력자나 대중적 기반이 없었다.

이 모든 상황은 1961년에 변했다. 인도 정부가 본토의 포르투갈 식민지 고아Goa를 강제로 병합했고 아프리카의 앙골라 식민지에서는 무장 폭동이 발발했다. 고아의 상실은 국민적 굴욕이었으나, 아프리카의 반란은 훨씬 더 심각했다. 크기가 상당했던 포르투갈의 아프리카 〈속주〉에는 앙골라, 서아프리카의 기네비사우와 카부베르드 제도, 남동부의 모잠비크 등이 포함되어 있었다. 이 중 앙골라가 가장 중요했다. 전체 인구가 600만 명에 못 미치는 앙골라에 50만 명에 가까운 유럽인이 거주했다. 철과 다이아몬드, 최근에 발견된 근해 유전 등 아직 개발되지 않은 자원이 풍부했기 때문에, 살라자르는 마지못해 외국인(주로 미국 회사 걸프오일)의 투자를 허용했고, 60년대에 앙골라는 포르투갈에 경제적으로 점점 더 중요한 의미를 지니게 되었다.

무장 폭동은 공공연히 일어났다. 포르투갈은 앙골라 민족주의 운동의 성장을 제압하기 위해 1967년 〈대응 폭동〉 전략을 개시했다. 전략의 토대는 통제 가능한 거대 촌락들로 주민을 이주시키는 것이었다. 1974년 100만 명이 넘는 농민이 이주했다. 이 계획은 앙골라 사회와 농촌 경제에 오래도록 치명적인 영향을 끼쳤지만 폭동을 진압하는 데에는 실패했다. 계획의 실행을 위해 소집된 병사들은 점차 소외되었다. 사회적 지위를 높이기 위한 방편으로 식민지 군대에 입대했던 가난한 장교들과 의무 복무자들이 반란군 진압을 위해 해외에 파견되었다. 의무 복무자들은 파견을 싫어했지만 어쩔 수 없었다.

앙골라의 반란군은 여러 파벌로 분열했고, 포르투갈 군대는 일시적으로 반란군을 저지할 수 있었다. 그러나 상황은 점차 버틸 수 없는 지경에 이르렀다. 모잠비크에서는 6만 명의 포르투갈 병사들이 겨우 10만 명에 불과한 유럽인 정착민을 보호하느라 여념이 없었고, 기네비사우와 카부베르드에서는 3만 명이 넘는 포르투갈 군인들이 카리스마 넘치는 아밀카르 카브랄이 지휘하는 1만 명의 반란군과 게릴라전을 벌였지만 아무런 성과 없이 발만 묶인 꼴이 되었다. 1970년대 초가 되면 유럽에서 가장 가난한 나라인 포르투갈은 아프리카 전쟁으로 연간 방위비의 절반을 허비했다. 군 복무 연령대의 포르투갈 남자 넷 중 하나는 징집되어 아프리카에서 근무했다. 그리고 1967년 이후에는 의무 복무 기간이 4년으로 늘었다. 1973년 그중 1만 1천 명이 아프리카에서 사망했다. 인구 대비 사망률은 베트남 전쟁이 한창일 때 미군이 감내해야 했던 것보다 훨씬 더 높았다.

포르투갈이 식민지를 보호하려면 많은 비용과 희생이 필요했고, 상황은 점점 더 절망적으로 변했다. 군대는 이 점을 누구보다 잘 알고 있었다. 게다가 좌절을 느낄 만한 다른 이유들도 있었다. 살라자르가 선정한 후계자인 마르셀루 카에타누는 자신의 권력을 확고히 하고 해외의 근심거리로부터 다른 곳으로 관심을 돌리기 위해 신용 대부 규제를 완화하고 해외 차입을 크게 늘렸으며 수입품의 유통을 장려했다. 1970년부터 1973년까지 포르투갈은 짧은 기간 동안 소비 호황을 경험했고, 재외 국민의 송금이 호황을 더욱 자극했다. 그러나 석유 파동으로 곧 악성 인플레이션이 발생했다. 공공 부문의 임금은 물가보다 더 크게 하락했다.

몇 년 만에 처음으로 포르투갈에서 파업이 일어났다. 수도 주변의 판자촌 주민들은 상당수가 빈곤한 알렌테주 지역에서 근자에 도착한 사람들이었는데, 그들은 빈곤으로 고통을 겪었을 뿐만 아니라 이제 인근 리스본의 화려한 부를 보며 마음의 상처를 입었다. 전문 관료들이 운영하는 인기 없는 정부를 위해 머나먼 이국땅에서 〈더러운 전쟁〉을 수행하는 군부의 불만이 점점 더 커졌고 국내에서 널리 공감을 얻었다. 그렇지 않아도 낮은 급여가 인플레이션으로 더욱 축소되어 생계를 꾸리기 힘들었던 초급 장교들과 그 가족들의 불만에 통치자의 무능에 실망한 신세대 사업가들의 불만이 덧붙여졌다. 사업가들은 조국의 미래가 아프리카가 아니라 유럽에 있음을 이해했다.[9]

1974년 4월 25일, 군대 운동MFA의 장교들과 참여자들은 카에타누와 그의 동료들을 내쫓고 임시 정부를 선포했다. 목적은 민주화와 식민지 해방, 경제 개혁이었다. 쿠데타는 (1926년에 살라자르를 처음으로 권좌에 앉힌 청년 장교들의 프로눈시아멘토처럼) 별다른 저항을 불러일으키지 않았으며, 구체제의 지도자들은 처음에는 마데이라로, 그다음에는 브라질로 피신하도록 허용되었다. 포르투갈 육군 참모차장을 역임하고 1968년부터 1972년까지 기네[10]의 총독이었던 안토니우 드 스피놀라 장군이 동료 장교들의 추대로 군사 정부를 이끌게 되었다. 비밀경찰이 폐지되고, 모든 정치범이 석방되었다.

9 1973년에 서유럽은 포르투갈의 수입과 수출에서 3분의 2를 차지했다.
10 기네비사우는 1974년 9월에 독립하기 전까지 포르투갈령 기네로 불렸다. 1958년에 프랑스로부터 독립한 남쪽의 기네(기니)와 다르다.

언론의 자유가 회복되었고, 포르투갈 사회당과 공산당의 지도자들이 망명 생활을 청산하고 귀국했으며, 공산당 조직은 거의 반백 년 만에 처음으로 합법화되었다.

혁명은 모든 곳에서 엄청난 인기를 끌었다.[11] 스피놀라는 중도파와 사회주의자들을 임시 정부에 불러들였고 7월에는 아프리카 식민지에 완전한 자결권을 부여하는 계획을 발표했다. 1년 안에 모든 식민지가 독립했다. 포르투갈령 동티모르는 인도네시아가 장악했다. 식민지 해방은 매우 혼란스러웠으나(기네와 모잠비크의 게릴라 단체는 먼저 무장을 해제하라는 스피놀라의 요구를 무시했으며, 앙골라는 내전에 돌입함으로써 상황이 악화되었다), 포르투갈 편에서 보면 신속하게 진행되었다는 장점이 있었다. 또한 식민지 해방은 앙골라의 수도 루안다에서 군대가 철수하고 폭력 충돌이 일어난 결과로 약 75만 명에 달하는 유럽인의 포르투갈 귀환을 재촉했다. 그중 많은 사람이 포르투갈에서도 보수적 색채가 짙은 북부에 정착해 훗날 정치적으로 중요한 역할을 수행하게 된다.

급속한 변화에 스피놀라는 불안했다. 스피놀라의 보수적 성향은 점점 더 과격해지는 젊은 동료들의 계획과 충돌했고, 결국 1974년 9월 스피놀라는 사임했다. 이후 14개월 동안 포르투갈은 완전한 사회 혁명으로 나아가는 듯했다. 군대 운동과 알바루 쿠냘의 비타협적인 레닌주의 공산당의 전폭적인 지지로 은행과 주요 산업이 국유화되었으며, 특히 소유권이 대체로 부재지주인 대지주의 손에 있었던 남부 포르투갈의 곡물 생산지 알렌테주에서 대규모 농업 개혁이 단행되었다.

---

11 그러나 청교도적인 청년 장교들과 그들의 좌파 동맹자들은 쿠데타에 뒤이어 50년간의 문화적 억압에 대한 보상이 이루어지면서 쏟아져 나온 문학과 영화가 불만스러웠다. 그들이 보기에 외설이었기 때문이다. 이 세력은 심지어 포르투갈의 전통 민요인 파두fados의 연주를 금지하려고도 했다. 파두는 〈슬픔과 운명론〉을 조장했으며 따라서 계몽과 사회 진보라는 자신들의 목적에 해로웠다.

국유화는 도회지에서 인기가 있었고, 본질적으로 토지 집산화에 바탕을 둔 남부의 농업 개혁은 지역 소작농과 노동자의 〈자발적〉 점거와 토지 압류로 추진되었다. 이들은 처음에는 공산당과 그 협력자들, 특히 구체제에 맞서 최고의 조직으로 가장 효율적으로 투쟁했다는 평판으로 득을 보았던 공산당원들이 동원한 자들이었다. 그러나 토지가 이미 가족이 경영하는 수천 개의 소규모 보유지로 분할되어 있던 중부와 북부에서는 농업 개혁이 전혀 환영받지 못했다. 북부 포르투갈의 농촌과 소도시는 또한 가톨릭교도의 활동이 활발한 지역이었다(현재도 그렇다). 1972년 그 지역에는 평균적으로 신도 500명당 한 명의 사제가 있었다. 중남부 포르투갈에서는 신도 4,500명에 사제 한 명이었으며 남쪽 끝에서는 그 비율이 훨씬 더 낮았다. 따라서 공산주의자 노동조합원들과 농민 지도자들의 반교권적이고 집산주의적 계획은 인구가 조밀한 북부 지역에서는 강한 반대에 부딪쳤다.

1974년의 포르투갈 혁명가들은 본질적으로 30년대에 스페인 공화국의 농촌 과격파가 저지른 실수를 되풀이했다. 남부의 사회적 조건에 근거한 집산주의적 토지 개혁을 강요받자, 사유 토지를 효율적으로 관리하던 북부의 소농들은 혁명가들에게서 등을 돌렸다. 1975년 4월 제헌의회 선거에서 공산당은 겨우 12.5퍼센트를 얻었다. 중도 우파 정당들의 성적은 나은 편이었으나, 최대 승자는 2년 전에 마리우 소아르스가 망명 정당으로 창설한 포르투갈 사회당이었다. 소아르스는 〈사회주의 찬성, 독재 반대!〉라는 구호를 통해 매우 효과적인 선거 운동을 펼치며 38퍼센트를 득표했다.

군대 운동과 공산당은 선거 결과에 불만이었고, 쿠냘은 의회를 통한 권력 장악이 봉쇄된다면 다른 길을 선택할 수 있다고 공공연히 인정했다. 1975년 6월 쿠냘은 한 이탈리아인 기자에게 이렇게 말했다. 〈당신들이 서유럽에 갖고 있는 것과 같은 민주주의의 가능성은 전혀 없다. ……포르투갈은 민주주의적 자유와 독점의 나라가 되지 않을 것이다. 그것을 허용하지 않을 것이다.〉 4월부터 11월까지 긴장이 고조되었다. 외국의 평자들은 공산당의 쿠데타가 임박했다고 경고했다. 북대서양 조약 기구의 포르투갈 동맹국들과 서유럽의 교역 상대국들은 마르크스주의 혁명을 포기한다면 원조와 가입을 약속하겠다고 제안했다.

그해 말에 사태는 막바지에 이르렀다. 11월 8일 건축 노동자들이 리스본의 제헌의회를 포위했고, 2주 동안 〈리스본 코뮌〉이 임박했다는 소문이 돌았다. 심지어 북부와 남부 사이에 내란이 벌어질 것이라는 말도 있었다. 11월 25일 과격한 군인들이 반란을 기도했다. 처음에는 공산당의 암묵적인 지지를 받았으나, 군의 대부분이 봉기에 반대하고 일부 좌파 장교들도 반대했다는 사실이 분명해지자 쿠날조차 손을 뗐다. 군대 운동의 몇몇 지도자들이 훗날 인정했듯이, 1975년 4월의 선거 결과는 이미 혁명 장교들의 목적에 치욕을 안겨 주었다. 좌파는 의회민주주의나 혁명적 〈이행〉을 이룰 수 있었지만 한꺼번에 둘 다 이룰 수는 없었기 때문이다.

1976년 2월, 포르투갈 군부는 쿠데타 이후 실질적으로 2년 동안 나라를 통제했지만 공식적으로는 민정에 권력을 이양했다. 포르투갈은 1976년 4월에 승인된 헌법에 따라 통치될 것이었다. 헌법은 포르투갈에 〈노동 계급이 민주적으로 권력을 행사할 수 있는 조건의 창출을 통해 사회주의를 이행〉할 의무를 지움으로써 1974년 이후의 정치적 분위기가 지녔던 수사법상의 표현과 야망을 여전히 되풀이했다. 같은 달 시행된 의회 선거에서 사회당은 득표가 미세하게 감소했지만 다시 제1당이 되었으며, 마리우 소아르스는 반백 년 만에 처음으로 민주적으로 선출된 포르투갈 정부를 구성했다.

포르투갈 민주주의의 전망은 어두웠다. 빌리 브란트를 포함한 당대의 많은 호의적 관찰자들은 소아르스가 케렌스키의 전철을 밟을 것이라고 우려했다. 배후에 숨은 비민주 세력이 기회가 생기면 곧바로 그를 제거하리라고 본 것이다. 그러나 소아르스는 살아남았다. 아니 그 이상이었다. 군대는 막사에 틀어박혔고 군 내부 정치 파벌의 역할은 점점 줄어들었다. 공산당의 득표는 실제로 증가했지만(1976년에 14.6퍼센트, 3년 후에는 19퍼센트까지 치솟았는데, 경제가 악화되었고 한때 사회주의 포르투갈에서 자본주의를 종식하겠다고 약속했던 소아르스의 온건 정책에 당내 좌파가 좌절했기 때문이다), 이는 반란을 포기한 대가였다.

1977년 의회는 농업개혁법을 통과시켜 얼마 전의 토지 집산화를 확인했다. 그렇지만 남부에 국한했고 기존 소유주에게서 수용할 수 있는 토지 규모에 한계를 두었다. 이 조치로 농촌의 갈등과 보수주의의 반격이 초래될 위험은 사라졌지만, 단기적으로 볼 때 포르투갈 민주주의 체제가 물려받은 경제적 혼란을 덜어 내는 데에는 별다른 효과가 없었다. 포르투갈은 이전에 식민지에서 얻었던 값싼 원료를(그리고 식민지가 아니었다면 경쟁력을 갖지 못했을 상품의 고정 시장을) 박탈당했고, 과거처럼 서유럽에 비숙련 노동력을 수출할 수도 없었으며, 생존에 필수적이었던 국제 통화 기금의 대출 조건에 따라 예산 균형을 맞추고 재정을 엄격하게 집행해야만 했기에 수년 동안 실업과 저소비로 고통 받았다.

군부는 무대에서 완전히 퇴장하지는 않았다. 1976년 헌법에 따라 군대의 임명직 대표자들로 구성된 〈혁명위원회〉가 거부권을 보유했으며, 1980년에는 혁명위원회가 그해에 선출된 중도 우파 정부의 국내 은행 민영화 방안을 포함하여 스물세 건의 법안을 거부했다. 그러나 이후 2년 동안 의회가 헌법을 수정하여 행정부의 권한을 축소하고(1982년에는 혁명위원회 자체를 폐지했다) 원래의 문서에서 강조되었던 반자본주의적 성격을 조용히 제거했다.

이후 20년 동안 사회당과 그 반대파인 아니발 카바수 실바가 이끄는 중도적인 사회 민주당이 교대로 집권한다. 마리우 소아르스는 반자본주의적 수사법을 오래전에 포기하여 1986년 대통령직에 올랐고, 그해 포르투갈은 유럽 공동체 가입을 허락 받았다. 포르투갈은 서유럽의 기준으로 볼 때 여전히 심히 가난했는데, 이는 살라자르가 남긴 유산이 지속적으로 영향을 미치고 있다는 증거였다. 그러나 포르투갈은 모든 예상을 뒤엎고 〈백색 테러〉와 〈적색 테러〉를 모두 피했다. 남부 농촌 지역과 리스본 근교의 공업 지대에서 여전히 높은 인기를 누렸던 공산당은 늙어 가는 쿠냘의 지도를 받으며 완고하게 강경 노선을 고수했다. 쿠냘은 1992년까지 책임을 맡았다. 그렇지만 공산당의 영향력은 지속적으로 감소했다. 본국으로 귀환한 식민지인들은 민족주의를 내세운 극우 정당을 형성하는 데 결코 성공하지 못했다. 그러한 상황에서 민주주의적 포르투갈의 출현은 실로 대단한 업적이었다.

프랑스에서, 이를테면 1970년에, 스페인으로 들어가는 방문객에게 피레네 산맥의 양쪽을 가르는 간극은 엄청나게 커 보였다. 스페인이 지난 200년 동안 괴롭게 감내해야 했던 사회적 후진성과 문화적 고립은 30년에 걸친 프랑코의 지배로 더욱 악화되었으며, 프랑코의 권위주의적 체제는 현대 유럽의 정치 문화와 처음보다 더 심하게 충돌하는 듯 보였다. 일견 스페인은 60년대를 완전히 건너뛴 듯했다. 엄격한 검열, 의복과 행위를 규제하는 법의 엄정한 집행, 어디에나 있는 경찰, 정치적 비판자에 적용된 가혹한 형법. 이 모든 것은 시간 속에 얼어붙은 나라를 연상시켰다. 스페인의 역사는 1939년에서 더 움직이지 않았다.[12]

그러나 좀 더 가까이 들여다보면 스페인은, 적어도 북부 지방과

---

12 비교적 최근이라 할 수 있는 1963년에 스페인의 지도자는 공산주의자 훌리안 그리마우Julián Grimau를 체포한 뒤 거센 국제적 비난을 무시하고 주저 없이 처형했다.

도시들은 매우 빠르게 변하고 있었다. 프랑코는 진정으로 반동적인 완고한 독재자였으나, 이웃 나라의 살라자르와는 달리 경제적으로는 현실주의자였다. 1959년 스페인은 지난 20년간의 자급 정책을 포기했고, 일단의 오푸스데이 회Opus Dei [13] 성직자들의 부추김을 받아 국가 안정화 계획을 채택했다. 그 의도는 악성 인플레이션을 잡고 스페인을 교역과 투자에 개방하는 것이었다. 안정화 계획이 처음 가져온 경제적 충격은 가혹했다. 통화 가치 하락과 예산 삭감, 신용 대부 동결, 임금 억제로(전부 확고하고 비타협적으로 실행되었다) 인플레이션은 잡혔지만 수만 명이 국외로 일자리를 찾아 떠나야 했다.

그렇지만 그때까지 코퍼러티즘적인 규제와 오랫동안 지속된 수입 대체 정책의 제약을 받던 민간 경제 부문은 더 자유롭게 팽창할 수 있었다. 관세도 인하되었다. 스페인은 세계은행과 국제 통화 기금, 관세 무역 일반 협정에 가입했고, 경제협력개발기구OECD에 준회원으로 가입했다(프랑코는 비록 성공하지 못했지만 1962년에 유럽 경제 공동체 가입을 신청했다). 프랑코의 새로운 경제 정책은 때를 아주 잘 맞췄다. 스페인 국내 경제는 전후 유럽의 호황 초기에 보호 무역으로 경쟁을 피했지만, 적기에 국제 교역에 개방되었다. 국민 총생산은 1961년부터 꾸준히 증가했다. 농업 종사자의 비율은 (1950년에 두 명 중 한 명) 남부와 서부의 농촌 노동자들이 북부로 이주하여 공장과 새롭게 성장하던 관광업에서 일하면서 급락했다. 1971년이면 스페인 국민 다섯 명 중 한 명만 농업에 종사했다. 스페인은 이미 60년대 중반에 국제 연합의 기준에 따른 〈개발도상국〉 자격을 상실했다.

프랑코의 〈경제 기적〉을 과장해서는 안 된다. 스페인은 제국의 잔

13 정식 명칭은 〈거룩한 십자가와 신의 사역의 고위 성직자단Prelatura de la Santa Cruz y Opus Dei〉이다. 1928년 스페인에서 로마 가톨릭 신부 호세마리아 에스크리바가 로마 가톨릭 신학의 전파를 목적으로 설립했다. 대부분의 회원은 가족과 세속의 직업을 가졌다. 프랑코 치하에서 번성했고, 에스크리바가 프랑코를 지지했다는 비판이 제기되었다 — 옮긴이주.

재라는 짐이 없었으며 경제적으로나 사회적으로나 식민지 해방에 따른 비용을 전혀 부담하지 않았다. 60년대에 스페인으로 유입된 외환은 대부분 스페인에서 제조된 상품의 수출 대금이 아니라 스페인 이민 노동자의 송금이거나 북유럽인들이 휴가차 내려와 쓴 돈이었다. 요컨대 스페인 경제의 근대화는 주로 다른 나라들의 번영에 따른 부산물이었다. 바르셀로나와 코스타 브라바, 일부 바스크 지방, 마드리드를 벗어나면 스페인의 교통과 교육, 의료, 서비스의 기반 시설은 여전히 한참 뒤떨어져 있었다. 1973년이 되어도 스페인의 일인당 국민 소득은 아일랜드보다 훨씬 낮았고 유럽 경제 공동체 평균의 절반에도 못 미쳤다.

스페인의 경제 근대화는 비록 제한적이었지만 중대한 사회적 귀결을 낳았다. 스페인은 텔레비전이 보급되기 전에는 다른 곳에 나타난 60년대의 문화적 충격으로부터 대체로 차단되었다. 그러나 안정화 계획이 야기한 경제적 불균형과 붕괴는 노동계의 광범위한 불만을 낳았다. 60년대 말부터 프랑코가 사망할 때까지 파업과 직장 폐쇄, 시위, 단결권과 단체교섭권에 대한 요구가 일상적으로 그리고 대대적으로 벌어졌다. 정권은 어떤 정치적 양보에도 완강하게 반대했다. 그러나 공개적으로 억압적인 면모를 보일 수는 없었다. 너무나 많은 외국인들이 스페인을 방문하던 시절이었기 때문이다. 스페인 방문객은 1966년에 1730만 명이었는데 프랑코의 사망 직전 해에는 3400만 명으로 늘었다.

또한 스페인 당국은 점증하는 도시 노동력의 협조와 기술 없이는 해나갈 수 없었다. 부득이 노동 운동의 사실상의 출현을 인정해야만 했다. 노동 운동의 기반은 거의 카탈루냐와 바스크 지방의 중공업에 있었다. 비밀 단체나 다름없던 노동자와 종업원 대표자들의 네트워크는 공공 부문 고용인과 은행 직원, 기타 팽창 중에 있던 화이트칼라들이 설립한 비공식 노조들과 더불어 프랑코가 사망할 즈음에는 거의 10년간의 조직과 활동 경험을 갖추고 있었다.

그러나 스페인에서 노동계의 항의는 오로지 생계 문제에만 국한되었다. 마지막 시절의 프랑코 정권은, 헝가리의 카다르 야노시 정권처럼, 공공연한 폭력적 억압이 아니라 일종의 수동적 수용의 강요에, 수십 년에 걸친 문화의 탈정치화에 의존했다. 1956년 이래 대학의 더 큰 자율권과 도덕률과 기타 규제의 완화를 요구해 온 학생들은 엄격하게 제한된 범위 내에서 조직을 결성하고 항의할 수 있는 권리를 얻었다. 그들은 개혁 성향의 가톨릭교도와 특히 실망한 〈사회적 팔랑헤당원들〉 같은 정권 내부의 비판자들로부터도 어느 정도 동조를 기대할 수 있었다. 그러나 광부의 파업에 대한 학생들의 동조처럼 부문을 넘나드는 공감이나 협력의 적극적 표현은 엄격히 금지되었다.[14] 이는 정권을 비판한 성인들에게도 동일하게 적용되었다.

실제로 모든 온당한 정치적 견해는 표현되지 못했고 독립적인 정당은 금지되었다. 1967년까지 스페인에는 헌법조차 없었고, 존재하는 권리와 절차는 대체로 서방의 협력자들을 위한 겉치레였다. 공식적으로는 일시 중단된 군주정의 〈섭정〉이었던 프랑코는 스페인의 마지막 국왕의 손자인 젊은 후안 카를로스를 조만간 자신의 뒤를 이을 후계자로 지명했다. 그러나 여러 관찰자들이 보기에 군주제 문제는 스페인의 경우에 별다른 역할을 하지 못했다. 스페인 사람들의 일상에서 여전히 중요한 존재였던 교회조차 공공 정책에서는 제한된 역할만을 수행했다.

물질주의와 무신론에 맞선 기독교 문명 수호의 보루라는 스페인의 전통적인 역할은 초등 교육 교과 과정의 기본 주제였다. 그러나 가톨릭 성직자단 자체는 (오푸스데이 회의 근대화하는 〈비밀 수도

---

14 1960년대의 스페인 학생들은 일반적으로 스페인의 민주주의를 위한 투쟁에서 자신들이 수행했던 역할을 과장하여 회고한다. 이는 프랑코가 말년에 조심스럽게 재보고 조금씩 허용한 자유가 초래한 기이한 결과였다.

승들〉과 달리) 권력에 가까이 다가가지 못했기에 정권 초기의 새로 운 십자군 역할을 한 〈국민가톨릭교회nacionalcatolicismo〉 정신과 크 게 대조되었다.[15] 1968년 6월, 현실에 굴복한 프랑코는 처음으로 종 교의 자유라는 원칙을 인정하여 스페인 국민들에게 공개적으로 자 신이 선택한 교회에서 예배할 수 있도록 허용했다. 그러나 그때쯤이 면 종교 자체가 긴 쇠락의 과정에 접어들고 있었다. 스페인은 60년 대 초에 8천 명이 넘는 신학생을 자랑했던 나라였지만 12년 후에 신 학생은 2천 명도 되지 않았다. 또한 1966년에서 1975년 사이에 스페 인 예수회 수사의 3분의 1이 교단을 떠났다.

프랑코는 군부로부터도 조심스럽게 거리를 유지했다. 프랑코는 군사 쿠데타로 집권했기에 군부와 불화할 경우에 일어날 위험을 잘 이해했다. 군부는 과도할 정도로 스페인 국가와 전통 가치의 보존에 책임이 있다고 느꼈기 때문이다. 전후 시기 내내 스페인 군대는 총 애를 받았고 치켜세워졌다. 내전의 승리는 매년 주요 도시의 거리에 서 축하되었으며, 그 희생자들은 1959년 9월 완공된 기념물 「전사 자들의 계곡Valle de los Caídos」에서 화려하게 기억되었다. 고위직과 훈장도 증가했다. 정권이 몰락할 때에 장군은 300명이었으며, 장교 와 일반 병사의 비율은 1 대 11로 유럽에서 제일 높았다. 1967년 「국 가제도법」으로 군대는 국민의 통합과 영토 보존을 보장하고 〈제도 적 체제〉를 수호할 책임을 정식으로 부여받았다.

그러나 실상을 보면 군대는 쓸데없어졌다. 프랑코는 수십 년간 외 국의 전쟁이나 식민지 전쟁에 군대를 보내지 않았다. 스페인 군대 는 프랑스나 포르투갈의 군대와는 달리 굴욕적인 패배나 강요된 철 수를 경험하지 않았다. 스페인은 군사적 위협에 직면하지 않았으며, 국내의 안정은 경찰과 시위 진압 경찰, 테러리스트에 맞서기 위해

15 7장을 보라. 과거의 프랑코 통치로 더럽혀지지 않은 가톨릭교회 지도자들은 급진파 와 보수파 사이에 다리를 놓음으로써 민주주의 이행기에 적극적인 역할을 할 수 있었다.

특별히 구성한 부대로 유지했다. 대체로 의례적인 역할만 맡았던 군대는 점차 모험을 기피하게 되었다. 군대의 전통적 보수주의는 점점 더 군주제 복귀에 대한 열의로 표현되었다. 이러한 귀속 의식은 기묘하게도 스페인의 민주주의 이행에 유리했음이 입증된다.

국무는 법률가와 가톨릭 교수들, 공무원으로 구성된 한정된 조직이 관장했다. 그중 많은 사람이 자신들의 정책으로 유리하게 된 사기업에 적극적으로 관심을 가졌다. 그러나 공식적인 정치적 반대는 금지되었기에, 개혁 사상과 변화에 대한 압력도 지도적인 인물들이 여전히 망명 중에 있던 지식인 계층이 아니라 지배 계층 내부에서 나왔다. 이를 유발한 것은 국내의 비효율성에 대한 실망과 외국의 비판, 제2차 바티칸 공의회의 교훈이었다.

프랑코는 마침내 1975년 11월 20일 82세로 사망했다. 끝까지 진정한 자유화나 권력 이전은 생각조차 하지 않았던 프랑코는 지지자들에게도 이미 쓸모가 없었다. 많은 지지자들은 이미 그해 초 언론과 정치적 결사에 대한 규제를 폐지하라고 요구하는 시위대에 동조했다. 따라서 민주주의 이행은 프랑코의 각료들과 그가 임명한 자들이 관리했다. 그래서 이행은 빠르게 성공할 수 있었다. 자유주의자와 사회당, 공산당, 노동조합 등 스페인에서 전통적으로 민주주의적 변화를 옹호한 세력들은 프랑코 체제로부터 탈출하는 초기 단계에서 부차적인 역할만 수행했다.

프랑코가 사망하고 이틀이 지나서 후안 카를로스가 국왕으로 즉위했다. 카를로스는 처음에는 프랑코의 마지막 총리인 카를로스 아리아스 나바로 내각을 그대로 두었다. 군부 등에 과거와 급격히 단절되는 일은 없으리라고 안심시킬 좋은 방법이었다. 그러나 1976년 4월 아리아스는 여전히 인가받지 못한 좌파 정당들의 연합체인 신생 민주통합당을 탄압하고 그 지도자들을 체포하여 국왕의 냉대를 초래했다. 두 달 안에 국왕은 아리아스를 장관 중 한 사람인 아돌포

수아레스 곤살레스로 교체했다.

마흔네 살의 수아레스는 프랑코 독재 말기의 전형적인 전문 관료였다. 실제로 수아레스는 1년 동안 통령Caudillo의 팔랑헤당 민족운동Movimiento Nacional의 수장으로 일했다. 수아레스는 놀랄 정도로 탁월한 선택이었다. 그는 새로운 정당인 중도민주연합을 창설하고 기존의 프랑코주의적 의회에 정치 개혁에 관한 국민 투표를 수용하라고 설득했다(특히 보통선거제와 양원제 의회의 도입을 요구했다). 프랑코주의의 오랜 지지자들은 자기편이라고 생각했던 수아레스에게 뒤통수를 얻어맞았고 결국 동의했다. 그리고 국민 투표는 1976년 12월 15일 94퍼센트가 넘는 찬성으로 통과되었다.

1977년 2월 수아레스는 스페인 사회주의노동자당(사회노동당)의 귀국을 허가했다. 이 정당은 스페인에서 가장 오래된 정치 조직으로 이십 대 초부터 지하 운동에서 활동한 세비야 출신의 젊은 펠리페 곤살레스 마르케스의 지도를 받고 있었다. 동시에 노동조합도 합법이 되었으며 파업권을 인정받았다. 4월 1일 수아레스는 한때 자신이 이끌던 민족운동을 금지하고 해체했다. 한 주 뒤에는 스페인 공산당을 합법화했다. 산티아고 카리요가 지도하는 공산당은 이미 의회 민주주의 이행이라는 틀 내에서 활동하겠다고 약속했다(포르투갈의 경우와 현저하게 대비된다).[16]

1977년 6월 새 헌법 제정의 임무를 맡을 제헌의회를 구성할 선거가 시행되었다. 이는 스페인에서 1936년 이후 첫 번째 선거였는데, 수아레스의 중도민주연합이 가장 많이 득표했고 165석을 차지했다. 제2당은 곤살레스의 사회노동당으로 121석을 얻었으며, 나머지 경쟁 정당들은 겨우 67석을 확보했다.[17] 이는 여러 점에서 최선의 결과

16 스페인 공산당은 합법 단체임이 선언되기 한 달 전에 마드리드에서 서유럽 유러코뮤니즘 정당들의 공개 집회를 주최했다.

17 1977년 투표 결과에 나타난 사회지리적 와해는 기분 나쁘게도 1936년 선거와 닮았다. 스페인의 정치 문화는 사실상 40년간 냉동 보관 상태에 있었던 것이다.

였다. 수아레스의 승리는 보수주의자들에게는(대부분 수아레스에게 표를 주었다) 급속히 좌파로 기우는 일은 없을 것이라고 안심시켰던 반면, 확실한 과반이 없어서 수아레스는 좌파 의원들과 협력해야 했다. 따라서 좌파 의원들은 제헌의회가 마련한 새 헌법에 대한 책임을 공유했다.

1978년 12월, 두 번째 국민 투표를 통해 정식으로 확정된 이 헌법은 대체로 매우 진부했다. 스페인은 입헌군주제가 되었고, 공인 종교는 없었다(물론 교회에 의도적으로 양보하여 가톨릭교회가 〈사회적 사실〉로 인정되었다). 투표 연령은 열여덟 살로 낮아졌고 사형이 폐지되었다. 그러나 의회가 스페인의 역사적인 지역들, 특히 카탈루냐와 바스크 지방의 자율권을 새 헌법에 써넣은 것은 직전 과거와 새로운 시대 사이에 중대한 단절이 있음을 의미했다.

헌법 제2조는 〈모든 스페인 사람의 공통된 불가분의 조국인 스페인 국가의 영속적인 통합〉을 확인했지만, 〈스페인을 구성하는 민족들과 지방들의 자율권과 그들 사이의 연대를 인정하고 보장한다〉는 데까지 나아갔다. 이에 따른 자치법은 그때까지 극단적으로 중앙집권적이었던 스페인 안에서 언어의 다양성과 지역 정서라는 오래된 사실을 인정했다. 특히 카탈루냐의 어울리지 않는 인구학적 의미를 인정했으며, 바스크 지방과 카탈루냐의 깊은 자치 정서를 인정했다. 그러나 누구에겐 주고 누구에겐 주지 않는다는 것은 매우 어려운 일이었다. 4년이 지나지 않아 스페인은 17개의 자치 지역으로 나뉘었고, 각각은 고유의 깃발과 수도를 지니게 되었다. 카탈루냐인과 바스크인만이 아니라 갈리시아인, 안달루시아인, 카나리아인, 발렌시아인, 나바라인과 그 외 많은 사람들이 별개의 집단으로 인정되었다.[18]

그러나 새 헌법에서 마드리드는 국방과 사법, 외교의 의무를 보유했는데, 이는 특히 바스크 민족주의자들로서는 수용하기 어려운 타

18 헌법 제151조에 따라 어느 지역이라도 요구하기만 하면 〈자치〉를 얻었다.

협이었다. 앞서 보았듯이 에타ETA는 새 헌법이 논의 중인 몇 달 동안 경찰과 군인을 표적으로 삼아 폭력과 암살 활동을 의도적으로 강화했다. 반발을 불러일으켜서 극단주의자의 주장을 점차 약화시키는 듯했던 민주적 절차를 무너뜨리려는 시도였다.

1981년 에타는 성공할 수도 있었다. 1월 29일 경제적 불만이 정점에 이르고 카탈루냐와 바스크 지방, 갈리시아, 안달루시아가 모두 자치 내에서 분리주의 실험에 착수한 상태에서, 수아레스는 당에 의해 사퇴를 강요당했다. 중도민주연합은 수아레스의 실패가 아니라(새 헌법에 따라 실시된 1979년 총선에서 중도민주연합은 또다시 승리를 거두었다) 수아레스의 업적과 독재적인 관리 방식에 분개했다. 중도민주연합의 정치인 칼보 소텔로가 수아레스에 이어 집무하기 전에, 바스크 지방에서 총파업이 발생했다. 우파의 비판자들이 보기에 스페인의 민주주의는 지도자가 없어 보였고 붕괴 직전이었다.

2월 23일 헌병경찰대Guardia Civil의 안토니오 테헤로 몰린 몰리나 중령이 총부리를 들이대며 의회를 장악했다. 발렌시아 군사 지구의 사령관 하이메 밀란스 델 보슈 장군은 주도면밀하게 비상사태를 선포하고 국왕에게 의회를 해산하고 군사 정부를 설치하라고 요구했다. 돌이켜 보면 테헤로와 밀란스 델 보슈의 행동은 연극 같고 실수투성이였지만 전통과 선례는 분명 그들 편이었다. 게다가 의회나 여러 정당들, 그리고 그 지지자들이 군사 쿠데타를 막기 위해 할 수 있는 일은 거의 없었다. 군대의 호의는 전혀 확실하지 않았다.[19]

결과를 결정하고 이후의 스페인 역사의 형세를 결정한 것은 음모자들의 요구를 철저하게 거부한 후안 카를로스 1세의 텔레비전 연설이었다. 카를로스 국왕은 연설을 통해 비타협적으로 헌법을 옹호

19 국왕과 의회에 대한 음모가 1982년과 1985년에 두 차례 더 있었지만 둘 다 쉽게 좌절되었다.

했으며 자신과 군주제는 민주주의에 찬성하는 대다수 스페인 국민과 한편이라는 점을 분명하게 밝혔다. 그때까지 사망한 독재자에 의해 지명된 탓에 그늘 속에 숨어 지냈던 젊은 국왕의 용기에 양측 모두 놀랐다. 이제 국왕의 운명은 의회 통치와 결합되었고, 이는 돌이킬 수 없었다. 대부분의 경찰과 군인, 그리고 구체제에 향수를 느끼던 사람들은 자신들의 힘을 결집할 제도나 상징이 없었기에 반란이나 원상회복의 꿈을 접었다. 대신 〈스페인의 가장 위험한 적〉인 공산주의와 분리주의에 맞서 법 테두리 안에서 싸울 것을 공언한 신생 정당인 마누엘 프라가의 대중동맹을 지지하는 데 그쳤다.

테헤로가 자신의 〈대의〉에 불명예를 입힌 덕에, 우선 의회에 군사 예산을 삭감하고 이혼을 합법화하는 등 오랫동안 처리하지 못한 법안을 통과시킬 기회를 얻었다. 그러나 중도민주연합은 과반수를 차지했어도 교권주의적이고 민족주의적인 우파와 새롭게 주장을 내세우는 사회주의 좌파 사이에서 그 운신의 폭이 점차 줄어들었다. 우파는 변화의 속도에 불만을 품었으며 지역의 자치에 불안감을 느꼈고 새로운 스페인의 느슨해진 공중도덕에 심기가 상했다. 반면 좌파는 헌법상의 문제에서 타협할 자세가 되어 있었지만 까다로운 스페인의 노동 운동과 점증하는 실업자 문제에서는 과격한 태도를 취했다.

포르투갈의 경우와 마찬가지로, 정치적 이행은 경제적으로 어려운 순간에 찾아왔다. 이는 대체로 프랑코 시대의 책임이었다. 1970년에서 1976년 사이 프랑코 시대의 정부들은 공공 지출과 공공 부문 고용을 늘리고 에너지 비용을 보조했으며 임금은 올리고 가격은 인하하여 인기를 얻으려 했다. 대신 장기적인 조건에는 아무런 관심도 보이지 않았다. 1977년부터 이러한 무관심이 초래한 결과가 감지되었다. 그해 6월, 총선거가 시행되던 때에 인플레이션은 연간 26퍼센트였고 (프랑코의 역진세 제도로 오랫동안 채워지지 못했던) 국가 재

정은 고갈되었으며 실업은 장기적인 증가 국면에 진입했다. 1973년
에서 1982년 사이에 스페인은 약 180만 개의 일자리를 잃었다.[20]

스페인은 1930년대의 단명한 공화국에서 그랬듯이 경제가 침체
된 상황에서 민주주의를 건설하고 있었고, 임금의 물가지수 연동과
정부의 가격 보조가 하이퍼인플레이션으로 악화되었던 아르헨티나
의 길을 가고 있다는 얘기가 많이 돌았다. 스페인이 그 길을 피했다
면, 1977년 10월의 이른바 몽클로아 협약에 서명한 자들에게 많은
공이 돌아가야 한다. 협상을 통한 해결책의 첫 번째 조치였던 이 협
약에서 정치인들과 노동계 지도자들, 고용주들은 통화의 평가절하,
소득 정책, 정부 지출 통제, 비경제적인 거대 공공 부문의 구조 개혁
등 대대적인 개혁에 착수하기로 의견을 모았다.

몽클로아 협약과 뒤이은 협약들이(마지막 협약은 1984년에 서명
되었다) 기적을 낳지는 않았다. 국제수지 위기는 더욱 악화되었는데
이는 부분적으로 제2차 석유 파동 때문이었다. 많은 소규모 회사들
이 문을 닫았고, 실업과 인플레이션은 서로 꼬리를 물고 치솟아 잇
따른 파업의 물결을 초래했을 뿐만 아니라 이제는 민주주의 이행의
사회적 비용에 대한 책임을 나누고 싶지 않았던 좌파 노조와 공산당
내부에 분열을 야기했다. 그러나 몽클로아 협약이 아니었다면 이러
한 분열과 그 사회적 결과는 분명 훨씬 더 혹독했을 것이다.

경제적 어려움이 극심했던 1982년 10월의 선거에서 사회노동당
은 의회에서 절대 과반수를 확보했으며, 펠리페 곤살레스가 총리직
을 넘겨받아 이후 14년간 집무한다. 프랑코 독재 체제에서 벗어나
는 이행기를 관리했던 수아레스의 중도민주연합은 겨우 두 석을 얻
는 데 그쳐 의회에서 배제된 것이나 다름없었다. 공산당은 네 석을

20 1980년대 중반의 공식적인 실업 통계에 따르면 노동 인구의 20퍼센트 이상이 실직했
다. 진짜 수치는 아마 25퍼센트에 가까웠을 것이다. 사회 안전망이 아직 완벽하게 작동하지
않고 개인이 사적으로 저축을 할 수 없는 나라에서, 이 수치는 고통이 얼마나 심각했을지 잘
보여 준다.

얻었다. 이 굴욕적인 패배로 산티아고 카리요가 사임했다. 이때부터 스페인 정치는 다른 서유럽 국가들의 유형을 따르게 된다. 중도 좌파와 중도 우파를 중심으로 재편되었는데, 중도 우파의 경우 놀랍게도 26.5퍼센트나 획득한 마누엘 프라가의 국민동맹(1989년 국민당PP으로 당명을 바꾼다)이 중심이 되었다.

사회노동당은 대중주의적이고 반자본주의적인 정책으로 선거 운동을 했는데, 특히 노동자의 일자리와 구매력을 보전하고 스페인을 북대서양 조약 기구에서 탈퇴시키겠다고 약속했다. 그러나 곤살레스는 일단 권력을 잡자 긴축 정책을 지속하면서 스페인 산업과 서비스의 현대화(그리고 나중에는 점진적인 민영화)를 시작했으며, 1986년 북대서양 조약 기구 소속 문제에 관한 국민 투표에서 지지자들을 실망시켰다. 이제 곤살레스는 북대서양 조약 기구의 회원 자격에 찬성했던 것이다.[21]

이러한 방향 전환 때문에 곤살레스는 옛 노선의 사회주의자들로부터 사랑받지 못했다. 곤살레스는 사회주의자의 당을 오래된 마르크스주의에서 빼내고 있었다.[22] 그러나 점차 내전을 기억하지 못하는 젊은 사람들로부터 핵심적 지지를 얻었으며 스페인의 후진성(황금기[23]가 끝난 이후 이베리아반도를 괴롭혔던 아트라소atraso 즉〈지체〉) 극복을 공언했던 정치인에게 오래된 이데올로기적 좌파는 문제의 일부였을 뿐 해결책은 아니었다. 곤살레스의 생각에 스페인의 미래는 사회주의가 아니라 유럽에 있었다. 1986년 1월 1일, 스페

21 1982년에 사회노동당은 〈북대서양 조약 기구 가입 반대!OTAN, de entrada no!〉라는 구호로 선거 운동을 했다. 4년 후 사회노동당의 벽보에는 〈북대서양 조약 기구 가입 찬성! OTAN, de entrada si!〉이라고 쓰여 있었다.

22 사회주의자들의 전통적인 강령인 국유화는 스페인에서 조금도 적용되지 않았다. 권위주의적인 국가가 이미 공식 경제의 많은 부분을 소유하고 있었기 때문이다.

23 Siglo de Oro. 스페인 제국 시절 문학과 예술이 번성한 시기로 16세기에서 17세기 전반이다. 대체로 합스부르크 제국이 몰락하는 시기로 펠리페 3세, 펠리페 4세, 카를로스 2세 시대와 일치한다 ― 옮긴이주.

인은 포르투갈과 함께 유럽 공동체의 정회원 자격을 획득했다.

지중해 유럽의 민주주의로 이행은 분명 그 시대의 가장 놀라운 일이었으며 예상치 못한 일이었다. 80년대 초에 스페인과 포르투갈, 그리스는 의회 민주주의로 평화롭게 전환하기만 한 것은 아니다. 몇 년 전만 해도 은밀하게 활동하며 반자본주의적 태도를 노골적으로 드러내던 세 나라의 사회당이 이제는 지배적인 정치 세력이 되어 사실상 중앙에서 통치했다. 새로운 세대의 정치인들이 〈현대적인〉 청년 유권자들의 충성을 두고 경쟁하면서, 살라자르 정권과 프랑코 정권은 권좌에서 물러났을 뿐만 아니라 기억에서도 지워졌다.

여기에는 몇 가지 이유가 있었다. 하나는 이미 언급했듯 정치 상황이었다. 특히 스페인의 정치는 매우 심하게 뒤쳐져 있었다. 프랑코 통치의 마지막 10년간 이루어졌던 경제 발전과 그로 인한 대규모 사회적·지리적 이동은 스페인의 상황이 외부 관찰자들의 가정보다 훨씬 더 많이 변했음을 뜻했다. 외부인들은 스페인을 여전히 1936년에서 1956년 사이의 예전 프리즘으로 보았다. 지중해 유럽의 젊은이들은 북쪽의 유럽에서는 오랫동안 익숙했던 사회적 일상에 적응하는 것이 어렵다고 생각하지 않았다. 실제로 지중해의 젊은이들은 정치 혁명 이전에 이미 적응하고 있었다. 그들은 시대의 억압에서 벗어나기를 간절히 원했기에 좌파나 우파의 과장된 정치적 표현을 믿지 않았으며, 과거의 충성심에 따라 움직이지도 않았다. 민주주의 이행 이후 리스본이나 마드리드를 찾은 방문객들은 정치에서든 문화에서든 최근에 겪은 과거에 대한 언급이 없다는 점에 당황했다.[24]

알랭 레네가 1966년에 제작한 슬픈 영화 「전쟁은 끝났다La guerre

---

24 1978년에 제정된 스페인의 새로운 헌법은 다른 무엇보다 스페인 역사의 적대적인 양 극단(좌파와 우파, 교회와 반교권주의자들, 중앙과 지방) 간의 화해를 목적으로 했기에 지난 정권에 관하여 확실하게 침묵했다.

est finie」는 1930년대가 이제는 현실과 아무런 관련이 없다는 점을 통찰력 있게 포착했다. 영화에서 이브 몽탕이 연기한 스페인의 망명 공산당원 디에고는 용감하게도 〈노동자 봉기〉를 위한 관련 문헌과 계획을 갖고 파리에서 마드리드로 잠입한다. 그러나 그는 봉기가 결코 일어나지 않으리라는 것을 알고 있다. 디에고는 1936년의 희망이 부활하기를 꿈꾸는 파리의 당 지도부에 이렇게 말하려 한다. 〈당신들은 이해하지 못하는가? 스페인은 좌파의 목가적인 결집 장소가 되었고 과거의 투쟁 용사들에게는 신화가 되었다. 동시에 매년 1400만 명의 관광객이 스페인에서 휴가를 보낸다. 이 세상의 현실이 우리를 거부한다.〉 영화 대본이 맹목적인 향수에 환멸을 느껴 당을 떠날 때까지 수십 년간 스페인 공산당의 비밀 활동가로 일했던 호르헤 셈프룬의 작품이라는 사실은 우연이 아니다.

80년대 초 스페인 사람들, 그중에서도 젊은이들은 최근 과거를 깊이 생각하지 않으려는 성향이 뚜렷했다. 특히 공중도덕을 당당하게 거부했다. 젊은이들은 이를테면 언어와 의복, 특히 성적 관습을 거부했다. 페드로 알모도바르의 인기 영화들은 50년간의 낡아빠진 권위주의 통치를 부끄러워하듯 뒤집어 놓으며 새로운 대항문화의 규칙을 간결하게 보여 준다. 주제를 교묘하게 실존주의적으로 가리키는 방식으로 제작된 알모도바르의 영화는 대체로 성적으로 비난받을 상황에 빠진 당황한 여인들을 묘사했다. 스페인의 첫 번째 자유 선거가 시행되고 꼭 3년이 지나 제작된 「페피, 루시, 봄 그리고 그저 그런 여자들Pepi, Luci, Bom y otras chicas del montón」에서, 등장인물들은 〈대대적인 발기〉와 〈우리를 삼켜 버린 에로티시즘의 전쟁〉을 의도적으로 조롱했다.

2년 뒤 「정욕의 미로Laberinto de pasiones」에서는 동성애자 테러리스트들과 여자 색광들이 외설적인 농담을 주고받는데, 한번은 자신들의 〈동성애 정사〉가 〈나라의 미래〉보다 우선하는지 나중인지 논쟁을 벌인다. 영화가 거듭되면서 배경은 점점 더 그럴듯해졌고, 도시의 촬영지는 한층 더 세련되게 바뀌었다. 알모도바르는 1988년 작 「신경쇠약 직전의 여자들Mujeres al borde de un ataque de nervios」로 필사적으로 잃어버린 시간을 보상받으려는 매우 바쁘고 자의식적인 현대 사회를 설득력 있게 보여 주었다.[25]

이러한 변화들이 문화나 정치의 과격파와 혁신자들이 아니라 구체제의 보수적 정치인들 덕에 가능했다는 사실은 훨씬 더 역설적이다. 콘스탄티노스 카라만리스, 안토니우 드 스피놀라, 아돌포 수아레스는 몇 년 뒤의 미하일 고르바초프처럼 모두 자신들이 해체시키는 데 기여한 구체제의 특징적 인물이었다. 카라만리스는 대령들이 통치하던 시절에 망명 중이었다. 사실이다. 그러나 카라만리스는 다른 어떤 사람보다 편협한 민족주의자였으며, 전후 체제의 평판을 떨어뜨리고 군부를 권좌에 앉히는 데 주된 역할을 수행한 1961년의 타락한 그리스 선거에 직접적인 책임이 있었다.

그러나 보수 정치인들이 한때 자신들이 충성을 바쳐 봉사했던 권위주의적 제도를 해체할 수 있었던 것은 지지자들을 안심시켰기 때문이다. 그런 다음에는 소아르스, 곤살레스, 파판드레우 등 사회주의자들이 바통을 이어받아 상황 때문에 불가피하게 때로 온건하고 인기 없는 경제 정책을 펼치면서도 지지자들에게는 급진파의 신임장이 온전함을 납득시켰다. 이행은 스페인의 어느 저명한 평자의 말을 빌리자면 〈프랑코주의자에게는 전혀 프랑코주의자였던 적이 없던 것처럼 처신하도록, 좌파의 타협자들에게는 여전히 좌파의 원칙에 헌신하는 것처럼 처신하도록 요구했다.〉[26]

---

25 알모도바르의 영화는 매우 신랄하게 반교권주의적이었다. 최신작인 「나쁜 교육La mala educación」도 마찬가지였다. 이 점에서 알모도바르는 스페인의 문화적 반체제 운동의 전통에 한결같이 충실했다.

26 Victor Perez-Diaz, *Spain at the Crossroads. Civil Society, Politics and the Rule of Law*(Cambridge, MA, 1999), p. 65.

그러므로 당대의 상황 때문에 많은 사람이 오랫동안 유지했던 원칙적 입장을 사실상 하룻밤 사이에 포기해야 했다. 현명하게 깨버린 약속과 편리하게 망각된 기억은 이 시기 지중해의 공적 생활을 무겁게 짓눌렀으며 세 나라의 새로운 세대의 회의적이고 비정치적인 분위기를 분명히 설명할 것이다. 그러나 공산당원에서 팔랑헤당원에 이르기까지 여전히 뉘우침 없이 과거의 공약을 충성스럽게 고수하던 자들은 시간의 흐름에 급속하게 뒤처졌다. 초지일관이 시의적절을 대신할 수는 없었기 때문이다.

마지막으로 스페인과 포르투갈, 그리스는 정치적 고립을 자초하면서도 〈서방〉에 그다지 어려움 없이 진입하거나 재진입할 수 있었다. 그들의 외교 정책이 언제나 북대서양 조약 기구나 유럽 경제 공동체 회원국들의 외교 정책과 양립할 수 있었기 때문이다(사실을 말하자면 양자는 결합되어 있었다). 공통의 반공주의는 말할 것도 없고, 냉전의 제도들은 다원주의적 민주주의 체제들과 군사독재나 교권독재 사이의 소통과 협력을 증진하는 촉매제 역할을 했다. 북아메리카와 서유럽 국가들은 스페인과 그리스, 포르투갈과 여러 해 동안 회의와 협상 그리고 단순 업무 교류를 가진 후에 그들의 내정에 간섭하는 일을 오랫동안 중지했다.

따라서 불쾌감을 일으키는 남유럽의 정권들은 국내의 많은 비판자들뿐 아니라 대다수 관찰자들이 보기에도 도덕적으로 파산했다기보다 제도적으로 시대에 뒤떨어진 것으로 보였다. 그리고 당연한 얘기지만 그 나라들의 경제는 다른 서방 국가들의 경제와 본질적으로 유사했으며 이미 화폐와 상품, 노동의 국제 시장에 잘 통합되어 있었다. 비록 잘못된 극단에 있기는 했지만, 살라자르의 포르투갈조차 국제 자본주의 체제의 일부로 볼 수 있을 정도였다. 특히 스페인의 신흥 중간 계급은 패션 스타일뿐만 아니라 야심에서도 프랑스와 이탈리아, 영국의 경영자와 사업가, 기술자, 정치인, 공무원을 표본으로 삼았다. 지중해 유럽 사회는 그토록 후진적이었지만 이제 동등한 조건으로 합류하기를 열망했던 세계에 이미 속해 있었으며, 권위주의적 통치에서 벗어나는 이행을 촉진시킨 요인은 무엇보다 이행의 기회였다. 한때 단호하게 뒤만 바라보았던 엘리트들은 이제 북쪽을 쳐다보았다. 지리가 역사와 싸워 승리한 듯했다.

1973년에서 1986년 사이 유럽 공동체는 간헐적으로 발생했던 행동주의와 팽창의 국면들 중 하나를 통과했다. 어느 역사가는 이를 〈불규칙한 빅뱅의 연속〉이라고 불렀다. 프랑스 대통령 조르주 퐁피두는 드골의 사망으로 후원자의 반대라는 굴레에서 벗어났기에(그리고 앞서 보았듯이 빌리 브란트의 새로운 동방 정책이 내포한 전략적 의미에 불안감을 느껴서) 영국의 유럽 공동체 가입을 환영한다는 점을 분명하게 밝혔다. 1972년 1월 브뤼셀에서 유럽 공동체는 영국과 아일랜드, 덴마크, 노르웨이의 가입을 공식적으로 승인했고, 이는 1년 뒤부터 발효되었다.

영국의 가입 성공은 보수당 총리 에드워드 히스의 작품이었다. 히스는 제2차 세계 대전 이래 영국 지도자로는 유일하게 자국의 운명과 대륙의 이웃 나라들의 운명을 결합하는 데 분명하고도 열정적으로 찬성했다. 1974년 노동당이 재집권에 성공하여 영국의 유럽 공동체 가입에 관한 국민 투표를 실시했을 때, 국민은 1730만 표 대 840만 표로 가입을 승인했다. 그러나 히스조차 영국 국민이, 특히 잉글랜드인들이 스스로 유럽인이라고 〈느끼게〉 할 수는 없었다. 우파든 좌파든 반대표를 던진 많은 사람들은 〈유럽 안에〉 들어가면 무슨 이득이 생기는지 여전히 의심했다. 반면 노르웨이인들은 유럽 공동체 밖에서 더 잘살 수 있다는 견해를 매우 분명하게 드러냈다. 1972년 9월의 국민 투표에서 54퍼센트가 유럽 공동체 가입을 거부하고 그 대신 제한적인 자유 무역협정의 체결을 선택했다. 이 결정

은 20년 뒤 거의 똑같은 표로 거듭 확인되었다.[27]

영국의 유럽 공동체 가입은 훗날 마거릿 대처 총리가 한층 더 긴밀한 연합이라는 계획에 반대하고 영국이 공동 예산에 납부한 〈과도한 분담금〉을 돌려 달라고 요구하면서 논란이 된다. 그러나 70년대의 영국은 자체의 문제들을 갖고 있었고 유럽 공동체 가맹으로 물가 상승의 충격이 있기는 했지만 영국 내 투자의 3분의 1을 차지한 교역 지대의 일부가 됨으로써 구원을 받았다. 새로운 유럽 의회의 첫번째 직접 선거는 1979년에 시행되었으나(그때까지 스트라스부르의 유럽 의회 의원들은 개별 회원국의 의회에서 간접적으로 선출되었다) 대중의 관심은 불러일으키지 못했다. 영국의 투표율은 예상대로 저조해서, 겨우 31.6퍼센트에 불과했다. 그러나 다른 곳의 투표율도 그다지 높지는 않았다. 프랑스에서는 겨우 유권자의 5분의 3 정도가 귀찮음을 무릅쓰고 투표장에 갔으며, 네덜란드에서 투표한 유권자들은 그보다 훨씬 더 적었다.

〈북쪽 윗줄northern tier〉 세 나라의 유럽 공동체 가입은 신입 회원국이나 기존 회원국에 별다른 문제가 되지 않았다. 아일랜드는 가난했지만 작은 나라였고, 덴마크와 영국은 부유했기에 공동 예산에 기여할 수 있었다. 1995년 오스트리아와 스웨덴, 핀란드가 이제는 유럽 연합이 된 그 공동체에 가입하여 부자 나라들이 다시 추가되었다. 새로운 참여국들은 비용을 크게 늘리거나 기존 회원국들과 민감한 영역에서 경쟁하는 일은 드물었고, 오히려 팽창하는 공동체에 재원과 영향력을 더했다. 그러나 남부의 신입 회원국들은 다른 문제

27 수도 오슬로는 두 차례 투표에서 모두 압도적인 찬성표를 던졌다. 그러나 과격파와 환경보호주의자, 〈언어 민족주의자〉, 해안 지방과 북부 지방의 농민 그리고 어업전관수역을 12마일로 제한한 유럽 경제 공동체에 맹렬히 반대한 어민들이 결합하여 반대 결정을 내렸다. 덴마크의 가입은 당시까지 여전히 덴마크의 통치를 받던 그린란드도 끌어들였다. 그러나 1979년에 그린란드가 자치를 시작한 후 실시된 국민 투표에서 덴마크 국민은 유럽 경제 공동체를 떠나기로 결정함으로써 유일한 탈퇴 국가가 되었다.

였다.

그리스는 아일랜드처럼 작고 가난했으며 그리스의 농업은 프랑스 농민들에게 아무런 위협도 되지 못했다. 따라서 제도상의 장애물이 몇 가지 있었지만(정교회는 공식적이고 영향력 있는 지위를 유지했다. 한 가지 예를 들자면 민법상의 결혼은 1992년에 가서야 허용되었다), 그리스의 가입을 강하게 반대하는 주장은 없었다. 특히 프랑스 대통령 지스카르 데스탱이 가입을 적극 옹호했다. 그러나 포르투갈과 (특히) 스페인에 대해서 프랑스는 강하게 반대했다. 포도주와 올리브유, 기타 농산물은 피레네 산맥 남쪽이 재배와 판매 면에서 훨씬 적은 비용이 들었기 때문이다. 만일 스페인과 포르투갈에 동등한 조건으로 유럽 공동 시장에 진입하도록 허용한다면, 이베리아반도의 농민과 프랑스 농민이 심한 경쟁을 벌이게 될 것이었다.

그래서 포르투갈과 스페인이 유럽 공동체에 가입하기까지는 9년이나 걸렸고(반면 그리스의 신청은 6개월 만에 처리되었다), 그동안 이베리아반도에서 전통적으로 긍정적으로 받아들여지던 프랑스의 대중적 이미지는 크게 악화되었다. 1983년 일련의 첨예한 협상이 3분의 2쯤 진행되었을 때, 스페인 국민의 39퍼센트만이 프랑스에 〈우호적인〉 입장을 표명했다. 양국 공동의 미래에 불길한 시작이었다. 지중해 국가들의 유럽 공동체 가입은 단순히 프랑스 농민에 더 많은 지원금을 지급하여 보상하는 것만을 뜻하지 않았다. 또 다른 문제가 있었다. 스페인과 포르투갈, 그리스는 추가로 5800만 명의 인구를 유럽 공동체에 들여왔으며, 그들 대부분은 가난했기에 브뤼셀의 자금으로 운영되는 다양한 정책과 보조금의 대상이 되었다.[28]

실제로 가난한 이 세 농업국의 가입으로 공동 농업 기금은 새로이 큰 부담을 떠안았다. 그리고 프랑스는 이제 기금의 주된 수혜자가 아

---

28 그러나 이는 사기업 부문에 나타난 새로운 투자 기회로 상쇄되었다. 스페인 기업에서 외국인이 소유한 몫은 1983년에서 1992년 사이에 374퍼센트의 증가를 보였다.

니었다. 따라서 프랑스의 〈손실〉을 보상하기 위해 조심스러운 협상을 통해 다양한 거래가 이루어져야 했다. 신입 회원국들은 고유의 불리한 사정에 대해, 그리고 프랑스의 요구에 따라 그들의 수출품이 동등한 조건으로 유럽에 들어오기 전까지 설정된 〈과도기〉에 대해 보상받았다. 1986년 스페인과 포르투갈이 가입할 때 받았던 〈통합 지중해 프로그램 IMPs〉은(아직까지 명칭에서는 아니지만 사실상 지역 보조금이다) 1981년 그리스에는 제공되지 않았다. 그러자 그리스 총리 안드레아스 파판드레우는 만일 거부되면 유럽 공동체에서 탈퇴하겠다는 위협도 서슴지 않으면서 이 조치를 얻어내는 데 성공했다.[29]

유럽 공동체가 일종의 제도화된 가축 시장이라는 노골적인 이미지를 얻게 된 때가 바로 이 시기였다. 회원국들은 정치적 동맹과 물질적 보상을 맞바꾸었다. 그리고 보상은 현실적이었다. 스페인과 포르투갈은(프랑스만큼은 아니어도) 〈유럽〉에서 꽤 큰 이익을 남겼다. 특히 스페인의 협상자들은 자국의 재정적 이익을 끌어올리고 확보하는 능력이 매우 뛰어났다. 그러나 진정으로 큰돈을 번 자들은 그리스였다. 그리스는 80년대 초에는 다른 회원국들에 비해 뒤처졌지만(그리고 1990년 포르투갈을 대신하여 유럽 공동체 최빈국이 되었지만) 유럽 공동체 가입으로 큰 이득을 얻었다.

사실 그리스는 가난했기 〈때문에〉(1990년 유럽 공동체에서 가장 가난한 지역의 절반이 그리스에 속했다) 좋은 성과를 거둘 수 있었다. 그리스의 유럽 공동체 가입은 또 다른 마셜 플랜이나 마찬가지였다. 1985년에서 1989년 사이에 그리스는 유럽 공동체 기금으로부터 79억 달러를 받았는데, 이는 비율로 따질 때 다른 어느 나라보다 많은 액수였다. 대기 중인 다른 가난한 나라들이 없는 한, 이런 수준의 후한 재분배는(그리스가 유럽 공동체의 결정에 묵묵히 따른 대가

---

29 브뤼셀에서 파판드레우의 허세를 까발리려 한다고 유럽 공동체 집행위원회에 호소했던 중요한 견해가 적지 않았다.

로) 유럽 공동체의 각국 회계 담당자들, 특히 서독이 부담할 수 있었다. 그러나 독일의 통일 비용이 만만치 않았고 동유럽의 가난한 나라들이 새롭게 가입을 신청할 가능성이 대두되면서, 지중해 국가들이 가입할 때 후하게 지원했던 선례는 논란을 일으키게 된다.

유럽 공동체는 커지면 커질수록 관리하기가 힘들어졌다. 정부 간 각료이사회Council of Ministers에 요구된 만장일치의 합의는 끝없는 논쟁을 예고했다. 결정에 합의하는 데 몇 년씩 걸릴 수도 있었다(광천수의 정의와 규제에 관한 지침이 이사회 회의실에서 나오는 데 무려 11년이 걸렸다). 무엇인가 해야 했다. 유럽의 〈기획〉을 위해서는 목적과 추진력의 융합이 필요하다는 오랜 합의가 존재했으며(1969년의 헤이그 회의는 〈유럽의 재도약〉을 목적으로 하는 일련의 부정기 회의 중 첫 번째였다), 1975~1981년에 프랑스 대통령 발레리 지스카르 데스탱과 독일 총리 슈미트의 사적인 친분은 그러한 의제에 유리했다.

그러나 적극적인 정치적 행위를 요구하는 중대한 기준에 합의하는 것보다 소극적인 경제적 통합으로써(관세와 무역 장벽을 제거하고 불리한 지역과 부문에 보조금을 지급하는 것) 전진하는 것이 더 쉬웠다. 이유는 매우 단순했다. 골고루 돌아갈 만큼 자금이 충분하다면, 경제 협력은 모든 당사국들에 순이익으로 돌아갈 수 있었다. 반면 유럽의 통합이나 협력이라는 방향에서 취해진 정치적 조치는 어느 것이든 국가의 자율성을 위협했고 국내의 정치적 주도권을 제한했다. 유력한 국가들의 강력한 지도자들이 공동의 목적을 위해 협력해야 할 자신만의 이유를 찾을 때만 변화는 일어날 수 있었다.

따라서 첫 번째 통화 협력 제도, 즉 〈스네이크 체제〉를 시작한 인물들은 빌리 브란트와 조르주 퐁피두였다. 헬무트 슈미트와 지스카르 데스탱은 이를 유럽 통화 제도EMS로 발전시켰고, 그들을 계승한 헬무트 콜과 프랑수아 미테랑은 1992년 마스트리흐트 조약을 지휘하여 유럽 연합을 탄생시킨다. 브뤼셀의 성가신 초국적 관료 기구의 방해를 피하는 방법으로 〈정상 외교〉를 고안해 낸 자들도 역시 지스카르와 슈미트였다. 이는 예전처럼 프랑스와 독일의 협력이 서유럽 통합의 필요조건이었음을 떠올리게 한다.

70년대에 프랑스와 독일을 움직였던 배후의 추동력은 경제 불안이었다. 유럽 경제는 분명 성장하고 있었지만 속도는 느렸다. 인플레이션은 고질적이었고, 브레턴우즈 체제의 붕괴로 나타난 불확실성은 환율이 변동하고 예측할 수 없게 되었음을 뜻했다. 스네이크 체제, 유럽 통화 제도, 에큐écu는 연이어서 유럽의 은행과 시장을 위한 기축통화로 달러 대신 도이치마르크를 이용했는데, 이는 문제에 대한 일종의 차선책이었다(국제적인 것이 아니라 지역적인 것이었기 때문이다). 몇 년 뒤 각국 통화를 유로euro로 대체한 것은 온갖 파괴적 상징을 띠었지만 논리적으로는 당연한 절차였다. 따라서 단일 유럽 통화의 최종적인 출현은 경제 문제에 실용적으로 대응한 결과였지 미리 결정된 유럽의 목적을 달성하기 위해 계산된 전략적 조치가 아니었다.

그럼에도 서유럽 국가들의 성공적인 화폐 협력은 많은 관찰자들에게, 특히 그때까지 회의적이었던 사회 민주당 사람들에게 이제 한 국가 차원에서는 경제 회복과 번영을 달성할 수 없다는 점을 납득시켰고, 그들이 다른 형태의 집단행동에 나서는 디딤돌로 작용했다. 이는 예상치 못한 일이었다. 유럽 공동체의 각국 수뇌들은 다수 유권자의 원칙적인 반대가 없는 상황에서 1983년 장래의 유럽 연합을 약속하는 정식 선언Solemn Declaration에 서명했다. 그러한 연합의 정확한 형태는 단일유럽법SEA을 낳은 이후 협상 과정에서 도출되었으며, 단일유럽법은 1985년 12월 유럽 공동체 이사회European Council[30]의 승인을 거쳐 1987년 7월에 발효되었다.

30 유럽 공동체의 이사회와 집행위원회, 각료이사회 등의 기구는 공동체가 유럽 연합으

단일유럽법은 원래의 로마 조약을 최초로 의미 있게 수정했다. 제 1조는 매우 분명하게 〈유럽 공동체와 유럽의 정치적 협력은 유럽 통합을 향한 구체적인 진전을 이루는 데 함께 기여하는 것을 목적으로 한다〉고 밝히고 있다. 그리고 열두 개 회원국의 지도자들은 단지 〈공동체〉를 〈연합〉으로 대체함으로써, 원칙적으로 결정적인 일보를 내딛었다. 그러나 서명국들은 논란의 여지가 있는 모든 사업을, 특히 유럽 연합의 농업 예산의 부담 증가 문제를 회피하거나 연기했다. 또한 방위와 외교에 관한 공동 정책의 부재에 당혹스러웠지만 이 문제도 조심스럽게 돌아갔다. 80년대의 〈신냉전〉이 최고조에 달했을 때, 그리고 동쪽으로 수십 킬로미터 떨어진 곳에서 중요한 사태가 벌어지려던 순간에도, 유럽 연합 회원국들은 공동 시장(3억 명 이상을 포괄하는 시장이기는 했지만)이라는 내부의 일에 단호하게 주시했다.

그러나 그들이 합의한 것은 진정으로 단일한 상품과 노동의 내부 시장을 만들기 위해 목적의식을 갖고 움직이며(1992년까지 이행하기로 했다), 유럽 연합의 의사결정 과정에서 〈조건부 다수결〉 제도를 채택한다는 것이었다(〈조건부〉라는 말은 강대국 회원국들, 특히 영국과 프랑스가 자국의 이익에 해가 된다고 판단되는 제안을 거부할 권한을 보유해야 한다는 뜻이다). 이는 실제적인 변화였으며, 이유는 매우 달랐지만 마거릿 대처에서 녹색당까지 모두가 원칙적으로 단일 시장에 찬성했기 때문에 합의될 수 있었다. 이러한 변화가 다음 10년간의 진정한 경제적 통합을 촉진했다.

이 국가들의 공동체는 꼭 13년 만에 규모가 두 배로 커졌고, 이미 스웨덴과 오스트리아 등의 가입 신청이 예상되어 점점 더 움직이기 거북해졌다. 어떤 결정을 내리고자 한다면 앞으로 유럽 연합 이사회

로 확대되면서그대로 승계되었다. 시기와 무관하게 유럽 이사회, 유럽 집행위원회로 쓰기도 하나 이 책에서는 시기에 따라 유럽 공동체와 유럽 연합을 구분하여 표기했다.

에서 국가별 거부권 제도를 없애는 것은 불가피한 일로 보였다. 유럽 연합이 커지면 커질수록, 그 안에 포함되지 않은 나라들에게 유럽 연합의 미래는 더욱 매력적으로 보였다. 그러나 회원국 시민들에게 이 시기의 유럽 연합이 지닌 가장 중요한 특징은 그 관리 방식도 (회원국 국민들 대다수는 이에 대해 완전히 무지했다) 그 지도자들이 품었던 통합 계획도 아니었다. 그것은 그 재원에서 흘러나오는 자금의 양과 자금이 지출되는 방식이었다.

원래 로마 조약에서 회원국 내에서 지원이 필요한 지역을 확인하고 공동체 자금을 그 지역에 분배하는 특별 송금 기관은 하나밖에 없었다. 이탈리아의 고집으로 시작된 유럽투자은행EIB이 그것이다. 그러나 한 세대 뒤에 현금 보조, 직접 지원, 시운전 자금, 기타 투자 장려금 형태로 지역에 지출된 자금은 유럽 연합 예산 팽창의 주원인이었고, 공동체가 재량껏 사용할 수 있는 가장 중요한 수단이 되었다.

일이 이렇게 된 이유는 개별 회원국들 내부의 지방주의적 정치가 회원국들 사이의 경제적 격차와 결합되었기 때문이다. 제2차 세계 대전 종전 직후, 유럽 국가들은 여전히 중앙집권적이었다. 중앙이 지역의 다양성이나 전통을 무시한 채 지배했다. 1948년의 새로운 이탈리아 헌법은 지방 정부를 인정했지만, 명문화된 제한적 지방 정부는 사반세기 동안 사문서로 남아 있었다. 그러나 지역의 자치 요구가 유럽 전역에서 국내 정치의 중대한 고려점이 되면서, 유럽 공동체는 나름의 이유로 지역 기금 제도를 개시했다. 1975년의 유럽 지역 개발 기금ERDF이 그 시작이었다.

브뤼셀의 관료들이 볼 때, 유럽 지역 개발 기금과 기타 이른바 〈구조 기금structural funds〉의 목적은 두 가지였다. 첫 번째는 단일유럽법이 분명히 했듯 여전히 〈성장〉이라는 전후 문화에 매우 크게 좌우되는 공동체 내에서 경제적 후진성과 불균등의 문제를 다루는 것이었다. 새로운 회원국들이 가입할 때마다 새로운 불평등이 나타났는데, 경제적 통합에 성공하려면 이러한 불평등에 주목하고 보상해야했다. 이탈리아의 메초조르노는 한때 유일한 빈곤 지역이었으나 이제는 그렇지 않았다. 아일랜드의 대부분, 영국의 일부(얼스터, 웨일스, 스코틀랜드, 잉글랜드 북서부), 그리스와 포르투갈의 대부분, 남부와 중부 그리고 북서부 스페인. 이 모든 지역은 가난하고 뒤처졌던 만큼, 다른 지역을 따라잡으려면 상당한 보조금과 중앙 지원의 재분배가 필요했다.

1982년 유럽 공동체의 평균 소득을 100으로 잡았을 때, 가장 부유한 회원국인 덴마크의 평균 소득은 126이었는데, 그리스의 경우는 겨우 44였다. 1989년 덴마크의 일인당 국내 총생산은 포르투갈의 두 배를 넘었다(미국에서는 부유한 주와 가난한 주 사이의 간극이 3분의 2 정도였다). 그리고 이러한 수치들은 국가 평균이었다. 지역적 불균형은 훨씬 더 심각했다. 부유한 나라들에도 보상을 받아야 할 지역이 있었다. 이를테면 1990년대 중반 스웨덴과 핀란드가 유럽 연합에 가입했을 때, 인구가 부족하고 스톡홀름과 헬싱키로부터 받는 생계 보조금과 기타 교부금에 전적으로 의존했던 북극권 지역은 이제 브뤼셀의 지원도 받을 자격을 갖추었다. 스페인의 갈리시아나 스웨덴의 베스테르보텐을 의존 상태에 머물게 했던 지리적 기형과 시장의 기형을 교정하기 위해, 브뤼셀의 기관들은 엄청난 자금을 쏟아부었다(이러한 교정 시도는 명백히 해당 지역에는 이익이 되었으나 그 과정에서 비용이 많이 들고 굼뜨고 때로 부패했던 지역 관료 기구가 설립되었다).[31]

엄청난 비용이 드는 유럽의 지역 지원 사업들의 배후에 놓인 두

---

31 물론 유럽 연합 예산에 큰 부담이 되었던 또 하나의 요인인 공동 농업 정책은 이제 결속기금Cohesion Funds 등으로 제거하기로 했던 바로 그 지역적 기형을 오랫동안 악화시키는 결과를 낳았다.

번째 동인은(세기말에 가면 다양한 〈구조〉 기금과 〈결속〉 기금이 유럽 연합 전체 지출의 35퍼센트를 소비한다) 브뤼셀의 유럽 연합 집행위원회로 하여금 비협조적인 중앙 정부들을 우회하여 회원국들의 지역 세력과 직접 협력할 수 있게 하는 것이었다. 이 전략은 매우 성공적이었다. 1960년대 말 이래로 지역주의적 정서는 어디에서나 강화되었다(몇몇 경우에는 부활했다). 정치적 신조를 버리고 지역적 친밀 관계를 택한 과거의 1968년 활동가들은 이제 남서부 프랑스의 옥시타니아어를 부활시켜 사용하려 했다. 이들은 브르타뉴의 동료 활동가들처럼 카탈루냐와 바스크의 분리주의자, 스코틀랜드와 플란데런의 민족주의자, 북부 이탈리아의 분리주의자 등과 공동의 대의를 지녔음을 깨달았으며, 모두 마드리드나 파리, 런던, 로마의 〈실정〉에 똑같이 분노를 표시했다.

새로운 지역주의적 정치는 서로 중첩되는 많은 하위 범주들로(역사적·언어적·종교적 범주로, 또 자치권이나 자치 정부, 나아가 완전한 민족적 독립까지 추구하는 범주로) 나뉘었으나, 일반적으로는 자국의 궁핍한 지역을 보조해야만 하는 상황에 분개한 부유한 지방과 역사적으로 불리했거나 근자에 산업 능력이 쇠퇴했지만 아무런 대응도 하지 않는 중앙 정치인들의 무시에 분노한 지방으로 나뉘었다. 첫 번째 범주에 드는 지역으로는 카탈루냐와 롬바르디아, 벨기에의 플란데런 지역, 서독의 바덴뷔르템부르크나 바이에른, 남동부 프랑스의 론알프 지역(그리고 1990년에 프랑스 국내 총생산의 40퍼센트 가까이 차지했던 일드프랑스) 등이 있었고, 두 번째 범주에는 안달루시아, 스코틀랜드 대부분, 불어권인 왈롱, 기타 여러 지역이 포함되었다.

두 부류 모두 유럽의 지역 정책으로부터 이득을 보았다. 카탈루냐나 바덴뷔르템부르크 같은 부유한 지역은 브뤼셀에 사무소를 세우고 자신들의 이익을 위해, 말하자면 전국적 제도보다는 지역 제도에 유리한 투자나 공동체 정책을 위해 어떻게 로비해야 할지 연구했다. 불리한 처지에 놓인 지역의 정치적 대표자들은 지역에서 인기를 높이기 위해 유럽 연합으로부터 능숙한 솜씨로 재빠르게 보조금과 지원을 얻어 냈다(그럼으로써 더블린이나 런던의 고분고분한 당국에 압박을 가하여 유럽 연합의 후원을 권장하고 나아가 보충하게 했다). 이러한 조치는 모두를 만족시켰다. 유럽 공동체의 자금은 엄청나게 흘러나와 인구가 감소한 서부 아일랜드에서 관광업을 보조하고, 로렌이나 글래스고 같이 만성적인 실업에 시달리는 지역에 투자자 유인을 위해 세금을 감면해 주는 데 쓰였다. 그리고 수혜자들은 비록 이기심의 발로이긴 했어도 충성스러운 〈유럽인〉이 되어 갔다. 아일랜드는 황폐해진 운송 기반 시설과 하수 시설을 이런 식으로 교체하고 개선했다. 아일랜드는 가난한 변두리 회원국에 속했지만 외롭지 않았다.[32]

단일유럽법은 유럽 공동체의 권한을 환경, 고용 관행, 지역이 주도하는 연구 개발 등 이전에는 유럽 공동체가 관여하지 않았던 여러 정책 분야로 확대했다. 이는 유럽 연합의 재원이 지역 기관에 직접 분배되는 과정을 수반했다. 이와 같은 유럽의 점진적 〈지역화〉에는 관료 기구와 많은 비용이 필요했다. 여러 경우를 대표할 수 있는 한 가지 작은 예를 들어 보자. 이탈리아의 알토아디제(남부 티롤)는 북쪽 오스트리아와 접한 국경 지대에 있었는데, 1975년 유럽 연합은 이 지역을 공식적으로 〈산악 지대〉로 분류했다(이론의 여지가 없는 주장이다). 그리고 13년 뒤에는 90퍼센트 이상의 〈농업〉 지역으로(어쩌다 찾아오는 여행객에게도 매우 자명한 사실이다), 브뤼셀

---

32 부유한 국가들은 대체로 유럽 연합의 신세를 덜 졌으며 자신들의 일을 더 면밀하게 통제했다. 프랑스에서는 1980년대에 통과된 법률들에 〈지방 분권〉이 명시되어 있었는데도 예산 편성의 권한은 중앙정부가 확고하게 붙들고 있었다. 그 결과, 프랑스의 부유한 지역은 국제적 추세를 따라 유럽 연합과의 유대에서 이득을 얻었지만, 빈곤한 지역은 주로 국가 지원에 의존했다.

의 표현을 빌리자면, 〈목표 5-b 지역〉으로 공식 선언되었다. 알토아디제는 이 이중의 자격을 바탕으로 환경 보호 기금과 농업 지원 보조금, 직업 훈련 개선 보조금, 전통 수공예 장려 보조금, 주민 유치를 위한 생활환경 개선 보조금의 수혜 대상으로 선정될 수 있었다.

그리하여 작은 알토아디제는 1993년에서 1999년 사이에 총합 9600만 에큐(2005년의 유로와 대체로 가치가 비슷하다)를 받았다. 2000년에서 2006년까지 집행하기로 계획된 유럽 구조 기금의 이른바 〈제3기〉에 그 지방은 추가로 5700만 유로를 마음대로 쓸 수 있게 된다. 이러한 자금은 〈목표 2〉에 의거하여 전체가 산지이거나 〈농업〉 지역인 곳에 거주하는 8만 3천 명의 이익만을 위해 지출하기로 결정되었다. 1990년 이후로 알토아디제(볼차노주) 주도인 볼차노의 한 부서는 지역 주민들에게 〈유럽〉과 유럽의 재원에서 이익을 얻어 내는 방법을 가르치는 데만 전념했다. 또한 1995년 이래로 볼차노주는 브뤼셀에 사무소를 유지했다(인접한 이탈리아의 트렌토주와 오스트리아의 티롤 지역과 같이 사용했다). 볼차노주의 공식 웹 사이트는(이탈리아어와 독일어, 영어, 프랑스어, 스위스의 로망스어 방언의 일종인 라디노Ladino어로 볼 수 있다) 유럽에 대한 애착을 열정적으로 드러낸다. 분명히 그러는 편이 좋았을 것이다.

그 결과, 다른 곳과 마찬가지로 남부 티롤에서도 〈아래로부터 위로〉 대륙을 통합하는 것은 그 옹호자들의 주장처럼 비용과 상관없이 실제로 효과가 있었다. 〈유럽 지방 회의Council of European Regions〉는(나중에 Council이 Assembly로 바뀐다) 1985년 출발했을 때 이미 107개 지방이 가입한 상태였고 가맹 지방은 향후 더 늘어나게 된다. 일종의 통합된 유럽이 실로 명확해지고 있었다. 한때 소수의 언어학자나 과거를 동경하는 민속학자의 관심사였던 지역주의는 이제 〈국가 하위의sub-national〉 대안적인 정체성을 얻었다. 지역주의는 국민 자체를 대신했으며, 유럽 연합으로부터 그리고 열의는 확실히 적었지만 각국 수도로부터도 공식적인 인정이라는 면허를 받았기에 더욱 정당했다.

점점 더 작은 단위로 분화하는 이 공동체의 주민들은, 선거에서 다양한 문화적 반향과 일상의 의미를 지닌 충성심을 드러냈는데, 지난 시절보다 〈이탈리아인〉, 〈영국인〉 〈스페인인〉이라고 느끼는 정도가 덜했을 것이다. 그러나 〈유럽European〉이라는 꼬리표와 〈유럽〉 선거, 〈유럽〉 제도가 꾸준히 확산되었어도, 그들이 〈유럽인〉이라는 정체성을 반드시 더 크게 느낀 것은 아니다. 우후죽순처럼 증가한 기관, 매스컴, 제도, 대표자 회의, 기금 등은 많은 사람들에게 이익을 주었지만 큰 애정을 받지는 못했다. 유럽의 아낌없는 후원을 분배하고 그 집행을 관리할 공식 창구가 많았다는 사실 자체가 아마도 한 가지 이유였을 것이다. 내각과 위원회, 고위 공직 등 이미 복잡한 현대 국가의 정부 조직은 이제 위(유럽 연합)와 아래(주나 지방)에서 두 배에서 세 배까지 커졌다.

그 결과, 관료 기구가 전례 없는 규모로 확대되었을 뿐만 아니라 부패도 증가했다. 부패는 사용 가능한 자금의 규모 자체가 유발하고 조장한 측면이 강하다. 자금을 조달하려면 대체로 지역의 필요성을 과장하거나 때로 날조해야 했고, 그 결과 온갖 매수와 지역적 폐해를 초래했다. 이러한 부패는 브뤼셀의 공동체 관리자들의 눈에 띄지 않았지만 수혜자들이 볼 때에도 그 사업의 신뢰를 실추시킬 위험이 있었다. 그래서 이 시기의 〈유럽〉은 업적이 적지 않았는데도 그다지 좋은 대접을 받지 못했다. 먼 곳에서 일하는 임명직 공무원들의 정책 입안 능력에 대한 세평이 좋지 못했으며, 정치적으로 서로 편의를 봐주고 이익을 챙기는 행위에 대한 소문이 많이 돌았기 때문이다.

적절히 운영된 국가라면 이미 극복했다고 생각된 클라이언텔리즘과 부패, 조작 따위의 지역 정치의 익숙한 결점들이 대륙 전체에서 다시 출현했다. 각국 정치인들은 이따금씩 나타난 〈유럽의 추문〉의 공적 책임을 보이지 않는 계급인 임명직 〈유럽 관료들Eurocrats〉의 어깨에 조심스럽게 떠넘겼다. 유럽 관료들의 오명은 정치적으로 어떤 희생도 초래하지 않았기 때문이다. 그동안 급속히 팽창한 유럽 공동체 예산은 수혜자와 장려자의 초국적 〈조화〉나 정의로운 보상이라는 명목으로 옹호되었다(그리고 일견 끝없이 무한해 보였던 공동체의 재원에서 자금을 공급받았다).

요컨대 〈유럽〉은 특히 영국에서 시시콜콜 흠을 잡는 비판자들이 즐거워하며 주장했던 대로 심각한 〈도덕적 해이〉를 대표하게 되었다. 순수하게 기술적인 조치를 통해 대륙의 불화를 극복하려 했던 수십 년에 걸친 노력은 확실히 정치적으로 보였다. 익숙한 선출직 정치인들이 추구했던 전통적인 정치 사업은 정통성이라도 있어 결점을 보완해 주었는데, 이 노력은 그러한 정통성도 결여했다. 〈유럽〉이 특별한 목적을 지녔다면, 그 경제적 전략의 뿌리는 여전히 50년대의 계산과 야심에 머물러 있었다. 또한 정치로 말하자면, 유럽 공동체 집행위원회 성명서들의 확신에 찬 개입주의적 어조는, 그리고 유럽의 전문가들이 먼 지역을 방문할 때 지니고 갔던 권위와 백지 수표는 60년대 초 사회 민주주의의 전성기에 깊게 뿌리 내린 통치 방식을 보여 주었다.

70년대와 80년대에 〈유럽〉을 건설하던 사람들은 기특하게도 국가 정치적 타산의 단점을 극복하려 애썼지만 기이하게도 지방적이었다. 당대에 그들이 이룬 가장 위대한 초국적 업적이 1985년에 서명된 솅겐 협정이라는 점은 암시하는 바가 크다. 이 협약의 조건에 따라 프랑스와 서독, 베네룩스 국가들은 공동의 국경을 제거하고 공동의 여권 관리 제도를 시행하기로 합의했다. 그때 이후로 독일에서 프랑스로 넘어가는 일은 이를테면 벨기에와 네덜란드 사이를 이동하는 것이 오랫동안 아무런 문제가 되지 않았듯이 쉬워졌다.

그러나 솅겐 협정 서명국들은 서명국과 참여하지 않은 나라 사이에는 엄격한 비자 제도와 관세 제도를 확실하게 유지하기로 약속해야 했다. 예를 들어 프랑스는 독일에서 넘어오는 누구에게라도 국경을 개방하려면 독일이 자국에 입국하는 사람들에게 고도로 엄격한 기준을 적용한다는 확신을 가져야 했다. 그러므로 이 협정은 일부 유럽 공동체 회원국들 사이의 내부 국경을 개방하면서 그 나라들과 외부 국가들 사이를 가르는 외부 국경을 엄격히 보강했다. 문명화된 유럽인들은 실로 국경을 초월할 수 있었지만, 〈야만인들〉은 확실하게 그 너머에 머물러야 했다.[33]

---

33 〈솅겐 지역〉은 이후 확대되어 다른 유럽 연합 회원국들을 포괄했으나 영국은 참여하지 않았고, 특히 프랑스는 안전을 이유로 국경을 다시 막을 권리를 보유했다.

17장
새로운 현실주의

사회 따위는 없다. 각각의 남자와 여자가 있고, 가족이 있을 뿐이다.
— 마거릿 대처

부를 창출하고 우리의 생활 수준을 결정하며 전 지구적 서열에서 우리의 지위
를 확정하는 것이 비즈니스라는 점을 프랑스 국민은 이해하기 시작했다.
— 프랑수아 미테랑

미테랑의 실험이 끝났을 때, 프랑스의 좌파는 프랑스 역사상 그 어느 때보다도
더 이념과 희망과 지지를 결여한 듯했다.
— 도널드 서순

정치적으로 중요한 모든 혁명은 지적 환경의 변화에 뒤이어 나타난다. 1980년대 유럽의 격변도 예외는 아니었다. 1970년대 초의 경제 위기는 전후 서유럽의 낙관론을 훼손했다. 전통적인 정당들을 파괴했으며 익숙하지 않은 문제들을 공적 논의의 한복판으로 밀어 넣었다. 냉전으로 분할된 두 진영의 정치적 주장은 수십 년간 유지된 단단한 정신적 습성과 단호하게 관계를 끊고 예상치 못한 빠른 속도로 새로운 습성을 형성하고 있었다. 좋든 싫든 새로운 현실주의가 탄생하고 있었다.

분위기 변화에 제일 먼저 희생된 것은 그때까지 전후 국가가 받아들였던 합의와 여기에 지적 방어막을 제공했던 신(新)케인스주의 경제학이었다. 1970년대 말부터 유럽의 복지 국가는 성공의 비용을 계산했다. 전후의 베이비붐 세대는 중년에 접어들었고, 정부의 통계 담당자들은 은퇴한 베이비붐 세대를 지원하는 비용을 진작부터 경고하고 나섰다. 도처에서 은퇴 연령이 낮아진 탓에 예산이 바닥을 드러낼지도 모른다는 우려가 커지고 있었다. 예를 들어 1960년에는 60살에서 64살 사이의 서독 남성 중 72퍼센트가 정규직으로 일했는데, 20년 뒤 이 연령대의 남성 중 정규직으로 일하는 자는 44퍼센트뿐이었다. 네덜란드에서 그 비율은 81퍼센트에서 58퍼센트로 하락했다.

수년 내에 유럽 역사상 최대였던 세대 집단이 더는 세금을 내지 않으면서 국가가 보장하는 연금의 형태로든 간접적으로(영향력은 결코 뒤지지 않는다) 국가가 유지하는 의료와 사회 복지 서비스를 더 많이 요구함으로써든 국고에서 엄청난 금액을 빼내게 된다. 게다가 이들은 가장 유복하게 자란 세대였기 때문에 더 오래 살 것이 틀림없었다. 그리고 실업 급여의 증가도 문제였다. 실업 급여는 1980년이면 모든 서유럽 국가에서 주된 예산 항목이었다.

이러한 근심의 확산에는 근거가 없지 않았다. 전후 복지 국가는 암묵적인 두 가지 가정에 의존했다. 하나는 경제 성장과 일자리 창출이 50년대와 60년대처럼 높은 수준으로 지속되리라는 것이었고 (결과적으로 정부 수입도 증가할 것이었다), 다른 하나는 출생률이 인구 보충 수준보다 높게 유지되어 새로운 납세자들이 은퇴한 부모나 조부모를 부양할 수 있을 만큼 충분히 공급되리라는 것이었다. 이제 두 가지 가정 모두에 의문 부호가 찍혔지만, 인구학상의 오산이 더 극적이었다. 1980년대 초 서유럽에서 여성 1인당 아이 2.1명이라는 인구 보충 수준은 그리스와 아일랜드에서만 충족되거나 초과되었다. 서독에서는 여성 1인당 1.4명이었다. 이탈리아에서는 곧 훨씬 더 낮게 하락한다. 1950년 이탈리아 전체 인구의 4분의 1이 넘는 26.1퍼센트가 열네 살 미만이었는데, 1980년에 그 수치는 20퍼센트, 즉 5분의 1로 줄어들었다. 1990년이면 15퍼센트로 하락하여 7분의 1에 가까웠다.[1]

따라서 번영하는 서유럽에서 20년 안에 비용을 부담할 사람들이 부족할 것으로 보였다. 그러자 피임법의 발달과 가사에서 벗어난 여성 노동 인구 증가와 함께, 번영 자체가 죄인 취급을 받았다.[2] 그 결

1 아시아와 아프리카, 카리브해 출신 이민자들 사회에서 출산율이 뚜렷한 〈상향〉 곡선을 그리지 않았다면, 그 수치는 훨씬 더 낮았을 것이다.
2 동유럽에서 같은 기간에 이에 견줄 만큼 낮은 출산율을 제일 먼저 보인 곳은 헝가리였다. 헝가리에서는 〈지하〉 경제(18장을 보라) 덕에 많은 사람들이 공산 진영의 다른 어느 곳보다 높은 생활수준을 누렸다.

과, 비용을 지불해야 할 위치에 있는 사람들의 부담이 계속 증대했다. 이미 몇몇 곳에서는 (특히 프랑스에서) 연금 비용과 국민보험 비용이 고용주들을 심하게 압박했다(실업률이 높게 지속된 때에 이러한 비용은 심각한 고려해야 할 사항이었다). 그러나 국고 부담 가중은 더욱 즉각적인 문제였다. 1980년대 중반 국내 총생산에서 정부 채무가 차지하는 비중은 역사적인 수준으로 높아졌다(이탈리아의 경우 85퍼센트에 달했다). 스웨덴에서는 1977년 국민 총생산의 3분의 1이 사회적 지출에 쓰였다. 이러한 예산상의 부담은 적자 재정 아니면 그때까지 사회 민주주의적 합의를 지탱하는 데 바탕이 된 지지자들, 즉 노동자, 공무원, 전문직의 세금 인상을 통해서만 해결할 수 있었다.

1930년대 이래 공공 정책은 많은 사람들이 신뢰한 〈케인스주의〉 정책에 의존했다. 이에 따르면 경제 계획과 적자 예산, 완전 고용은 원래 바람직하며 서로 지탱해 주는 관계에 있다. 비판자들은 두 가지 논거를 제시했다. 하나는 매우 단순했다. 서유럽인들에게 익숙한 사회 복지 사업을 더는 유지할 수 없다는 것이었다. 두 번째 논거는 특히 전후 수십 년 동안 국민 경제가 위기로 점철되었던 영국에서 집요하게 주장되었다. 사회 복지 사업을 지속할 수 있든 없든 국가의 개입은 근본적으로 경제 성장의 발목을 잡는다는 것이었다.

이들은 국가가 상품과 서비스의 시장에 가능한 개입하지 말 것을 주문했다. 국가는 생산 수단을 소유해서도 안 되고 자원을 할당해서도 안 되며 독점을 행사하거나 조장해서도 안 되고 가격이나 소득을 결정해서도 안 된다는 것이었다. 〈신자유주의자들〉이 보기에 국가가 일반적으로 제공하는 보험, 주택, 연금, 보건, 교육 등 서비스의 대부분은 민간 부문이 더 효과적으로 제공할 수 있었다. 시민은 이제 더는 공적 재원으로 (잘못) 빠져나가지 않는 자신들의 소득에서 그 비용을 지불하면 되었다. 자유-시장 자유주의 free-maket liberalism의 지도적 주창자인 오스트리아 경제학자 프리드리히 하이에크의 견해에 따르면, 국가는 최고로 훌륭하게 운영된 경우라도 효과적으로 정보를 처리하여 좋은 정책을 만들어 낼 수 없다. 경제적 정보를 이끌어내는 과정에서 정보를 왜곡하기 때문이다.

이러한 생각은 새롭지 않았다. 케인스 이전 시대의 자유주의자들은 신고전파 경제학의 자유 시장 학설을 교육받으며 성장했는데, 그들이 내놓은 주된 묘책이 바로 이와 같은 국가 개입의 제거였다. 최근에는 하이에크와 그의 미국인 제자 밀턴 프리드먼의 저작으로 배운 전문가들이 그러한 이론에 정통하다. 그렇지만 이러한 생각은 1930년대의 대공황 시기와 수요가 호황을 이끌었던 50년대와 60년대에는 정치적으로 근시안적이고 경제적으로는 시대착오적인 견해로서 (적어도 유럽에서는) 대체로 무시되었다. 그러나 1973년 이후 자유 시장 이론가들은 확신을 지니고 요란스럽게 재등장했으며, 고질적인 경제 침체와 여기에 수반된 재난의 책임을 〈큰 정부〉와 그 정부가 국민적 에너지와 창의성에 강요한 세금과 계획이라는 죽은 자의 망령에 돌렸다. 여러 곳에서 이러한 수사법의 전략은 젊은 유권자들에게 대단히 매력적으로 들렸다. 젊은이들은 이러한 견해가 반백 년 전 마지막으로 지적 우월성을 확보했을 때 보여 준 치명적인 귀결을 직접 경험하지 못했기 때문이다. 그러나 하이에크와 프리드먼의 정치적 제자들이 공공 정책을 통제하고 정치 문화에 근본적인 변화를 가져온 곳은 영국이 유일했다.

이런 일이 다른 모든 국가들을 제쳐두고 영국에서 일어났다는 사실은 역설적이다. 강도 높은 규제가 있기는 했지만 영국 경제는 유럽에서 〈계획〉 경제가 가장 덜 발달한 나라로 보였기 때문이다. 정부는 늘 가격 기구price mechanism와 재정 〈신호들〉을 조작했지만, 영국 경제생활에서 유일하게 이데올로기에 의해 추동된 양상은 1945년 이후 노동당 정권이 처음으로 도입한 국유화 조치들이었다.

그리고 〈생산, 분배, 교환 수단의 국가 소유〉를 (1918년의 노동당 당헌 제4조) 옹호하는 주장은 당의 정책으로 유지되었지만, 노동당 지도자들 중에서 이를 존중한 자는 거의 없었다. 뭔가 있었다면 단지 말뿐이었다.

복지 국가 영국의 핵심은 경제적 〈집산주의〉가 아니라 보편적인 사회 제도에 있었고, 이 제도들은 20세기 초 케인스의 동시대 자유주의자들의 개혁주의에 확고하게 닻을 내리고 있었다. 좌우를 막론하고 대부분의 영국 유권자들에게 중요했던 문제는 경제 계획이나 국가 소유가 아니라 무료 의약품과 무료 공교육, 대중교통 보조금이었다. 이러한 제도는 매우 좋지는 않았지만(영국의 복지 국가 운영 비용은 충분한 자금을 공급받지 못한 서비스와 불충분한 공적 연금, 부족한 주택 공급 때문에 실상 다른 곳보다 더 적었다) 당연한 권리라는 인식이 일반적이었다. 그러한 사회적 재화는 신자유주의 비판자들이 비효율적이고 성과가 적다고 아무리 심하게 비난했어도 여전히 정치적으로 손댈 수 없는 것이었다.

윈스턴 처칠에서 에드워드 히스에 이르는 현대의 보수당은 거의 노동당의 케인스주의적 〈사회주의자들〉만큼 영국의 〈사회 계약〉을 열렬하게 받아들였고, 여러 해 동안 중간 지대에 확고하게 발을 딛고 있었다(일찍이 1943년 3월에 〈어느 사회든 아기에게 우유를 먹이는 것보다 더 좋은 투자는 없다〉고 말한 자는 처칠이었다). 1970년 런던 인근의 셀스던 공원에서 에드워드 히스는 일단의 자유 시장주의자들과 향후 보수당 정권의 경제 전략을 논의했다. 그는 다소 온건한 그들의 정책을 비웃는 듯한 태도를 잠깐 드러냈다가 조소 섞인 비난을 감수해야 했다. 히스는 경제를 네안데르탈인 시대의 원시 밀림 상태로 되돌리려 한다는 비난을 받고는 서둘러 자신의 입장을 철회해야 했다.

그 후 10년 사이에 영국의 정치적 합의가 깨졌다면, 그것은 이데올로기적 대결 때문이 아니었다. 모든 정부들이 성격을 불문하고 성공적인 경제 전략을 수립하고 실천하는 데 계속 실패했기 때문이었다. 노동당 정권과 보수당 정권 모두 영국 경제의 재난은 만성적인 투자 부족과 경영의 비효율, 임금과 직업 구분³을 둘러싼 고질적인 노사 분규의 결과라고 진단했다. 그런 시각에서 출발하여 무질서한 영국의 노사 관계를 오스트리아-스칸디나비아 노선이나 독일의 노선에 따른 계획적 합의로 대체하려 했다(영국에서 이는 〈가격과 소득 정책Prices and Income Policy〉이라고 알려졌는데 경험적 최소주의empirical minimalism가 그 특징이다).

그렇지만 이런 시도는 실패했다. 노동당은 산업의 질서를 강요할 수 없었다. 당의 자금원인 산별노조의 지도자들은 이후 몇 년씩 자신들의 손발을 묶어 놓을 계약에 관해 정부와 협의하기보다는 19세기 방식의 현장 투쟁을 선호했기 때문이다. 그렇게 하는 것이 승리할 가능성이 더 높았다. 보수당, 그중에서도 1970년에서 1974년까지 집권한 에드워드 히스 정부는 노동당보다 성과가 더 나빴다. 광부를 필두로 한 영국 노동 계급의 몇몇 부문은 보수당 정권 장관들과의 타협이라면 무엇이든 의심하는 역사적으로 뿌리 깊은 습성이 확고하게 배어 있었다. 따라서 히스가 1973년 많은 비경제적 탄광의 폐쇄를 제안하고 노동조합의 쟁의 개시 권한을 법적으로 제한하려 하자(몇 년 전 노동당이 제안했다가 포기한 일이었다), 파업이 연이어 발생하여 정부의 시도를 좌절시켰다. 히스는, 그의 말을 빌리자면, 〈누가 나라를 움직일 것인가?〉라는 문제를 결정하기 위해 선거를 요청했다. 그는 해럴드 윌슨에게 근소하게 패했는데, 윌슨은 신중하게도 몽둥이를 집어 들기를 거부했다.

윌슨의 계승자로 1976년에서 1979년까지 재임한 제임스 캘러헌의 노동당 정부에 가서야 새로운 정책이 출현한다. 캘러헌과 재무장

3 job demarcation. 정규직과 비정규직 사이의 구분을 말한다 — 옮긴이주.

관 데니스 힐리는 국제 통화 기금의 차관 조건 때문에 전후 정부의 관행이었던 중앙의 묘책을 버렸다. 두 사람은 어느 정도의 실업은 불가피하다고 인정한 구조조정 계획에 착수했다. 숙련 노동자를 보호하는 동시에 보호받지 못하고 노조로 조직되지 못한 비정규직 노동자들의 출현을 허용함으로써 사회 비용과 노동 비용을 줄였고, 경제적 고초와 더딘 성장이라는 대가를 치르더라도 인플레이션을 축소하고 정부 지출을 통제하려 했다.

이러한 목표들은 결코 공공연히 인정되지 않았다. 노동당 정부는 앞선 정부들이 공개 입법에 실패했던 것과 동일한 성격의 개혁들을 몰래 완수하려는 주도면밀한 탈주 계획에 착수하면서도 당의 핵심 가치들을 고수하고 복지 국가 제도를 옹호한다고 끝까지 주장했다. 이 전략은 통하지 않았다. 노동당은 그 업적을 인정받지도 못한 채 지지자들만 소원하게 했을 뿐이다. 1977년 8월 영국의 실업자는 160만 명을 넘어서 계속 증가했는데, 이는 부분적으로 노동당이 공공 지출을 크게 줄인 탓이었다. 이듬해, 다시 말해 1978년에서 1979년 사이에 맞이한 〈불만의 겨울Winter of Discontent〉에 주요 노동조합들은 정부에 맞서 분노에 찬 일련의 동맹 파업을 결행했다. 쓰레기를 줍지 않았고, 사망자는 매장되지 않은 채 방치됐다.[4]

총리 제임스 캘러헌은 사태를 제대로 파악하지 못한 듯했다. 그는 산업계에 불안이 가중되는 상황에 관하여 질문하는 어느 기자에게 염려할 필요가 전혀 없다고 답변하면서 도리어 화를 냈다. 그래서 〈위기? 무슨 위기?〉라는 표제를 단 그 유명한 신문 기사가 등장했다. 이는 이듬해 봄 어쩔 수 없이 시행해야 했던 선거에서 캘러헌의

---

4 가장 큰 분노는 청소부에서 간호사까지 저임금의 정부 고용인들을 포괄했던 공익사업 노조에서 분출했다. 주요 산업노조들은 캘러헌의 공공 지출 삭감에 관하여 훨씬 더 낙관적인 태도를 보였다. 노동당이 전통적인 숙련 노동자를 보호하고 그 특권에 손대지 않겠다고 한 약속을 지키는 한, 노조 지도자들은 정부의 변절을 기꺼이 참아 낼 수 있었다. 이들은 오히려 대처 여사와는 그러한 거래를 할 수 없다는 사실을 깨닫고는 매우 당황했다.

패배에 일조했다. 1979년의 역사적 선거에서 노동당은 자신들이 경제적 관례로부터의 급격한 이탈로써 사회적 위기를 조장하지 않았다는(노동당이 한 것이 바로 그것이었다) 주장으로 싸울 수밖에 없었다. 반면 보수당은 영국병에는 바로 그러한 과격한 처방이 필요하다고 주장한 여인의 정력적인 지도력으로 당당하게 다시 권력을 잡았다. 이는 상당히 역설적이다.

마거릿 대처는 분명 자신이 수행하게 될 혁명적 역할에 적합한 인물이 아니었다. 대처는 링컨셔의 조용한 지방 도시인 그랜텀에서 식품점을 운영하는 열성적인 감리교도 부부의 딸로 태어났다. 대처는 늘 보수당원이었다. 대처의 아버지는 지역 시의회의 보수당 의원이었고, 젊은 마거릿 로버츠(당시 대처의 이름이다)는 장학금을 받고 옥스퍼드 대학교에 들어가 화학을 전공했으며 학교의 보수당 협회 의장이 되었다. 1950년 대처는 스물다섯 살의 나이로 총선에서 보수당 후보가 되었다. 당선되지는 못했지만 전국 최연소 여성 후보였다. 약제사에 이어 세금 전문 변호사로 일했던 대처는 1959년 처음으로 의회에 입성했다. 보수주의가 강한 핀츨리 선거구에서 당선된 그녀는 1992년 상원에 들어갈 때까지 계속 그 지역을 대표했다.

1975년 연배가 훨씬 더 위인 많은 보수당 인사들을 성공적으로 물리치고 당의 지도권을 획득하기까지, 대처는 영국에서 예산 절약 목표를 달성하기 위해 학교의 무료 우유 급식을 폐지한 히스 정권의 교육부 장관으로 가장 잘 알려져 있었다. 마지못해 한 이 결정은 대처에게 〈우유 도둑 매기 대처Maggie Thatcher Milk Snatcher〉라는 별명을 붙여 주었으며 장래에 대처가 그릴 행적을 처음으로 암시했다. 그러나 결정적으로 불리했던 이러한 대중적 이미지도 대처의 전진을 방해하지 못했다. 나쁜 평판에 연연하지 않고 정면으로 맞서려는 의지는 동료들 사이에서 전혀 해가 되지 않았다. 그것은 오히려 그 여인의 매력의 일부였을지도 모른다.

그리고 대처는 분명히 매력을 지닌 인물이었다. 비록 비공식적이기는 했지만 유럽과 미국의 놀랍도록 많은 완고한 정치가들이 대처 여사가 매우 관능적이었다고 고백했다. 그러한 분야에 일가견이 있는 프랑수아 미테랑은 언젠가 대처를 〈칼리굴라의 눈과 메릴린 먼로의 입술〉을 지녔다고 묘사했다. 대처는 처칠 이후 그 어떤 영국 정치가보다 더 가차 없이 상대방을 위협하고 을러댈 수 있었으나, 또한 상대를 유혹하기도 했다. 1979년부터 1990년까지 마거릿 대처는 영국의 유권자를 위협하고 유혹하여 정치 혁명을 이끌어냈다.

〈대처리즘Thatcherism〉은 세금 감면, 자유 시장, 자유 기업, 산업과 서비스의 민영화, 〈빅토리아 시대의 가치〉, 애국심, 〈개인〉 등 여러 가지를 뜻했다. 이 중 몇 가지 경제 정책은 이미 보수당이나 노동당에 똑같이 유포되었던 제안들의 연장선상에 있었다. 다른 것들, 특히 〈도덕적〉 주제들은 유권자 일반보다는 농촌 선거구의 충성스러운 보수당 당원들에게 더 인기가 있었다. 그러나 도덕적 주제들은 60년대의 자유론libertarianism에 대한 반격의 와중에 출현했으며 노동 계급과 하층 중간 계급 내의 많은 대처 찬미자들의 마음을 끌었다. 이들은 이 시기에 공적 업무를 지배했던 진보적 지식인 집단에게서 진정으로 편안함을 느껴 본 적이 없는 사람들이었다.

그러나 대처리즘은 무엇보다 〈강한 정부의 채찍질〉을 뜻했다. 70년대 말 영국에서는 이른바 〈통제 불능 상태〉에 관해 매우 근심스런 논쟁이 오가고 있었다. 정치 계급이 경제 정책만이 아니라 일터와 심지어 거리에서도 통제력을 상실했다는 인식이 널리 퍼졌다. 노동당은 전통적으로 경제 운영에 부적절한 당이라는 비난에 취약했는데 〈불만의 겨울〉 이후에는 국가 운영을 맡길 수도 없다는 비난을 면하기 어려웠다. 1979년의 선거 운동에서 보수당은 긴축 경제와 적절한 통화 관리의 필요성뿐만 아니라 나라에 강하고 자신감이 넘치는 지도자가 필요하다는 점도 강조했다.

마거릿 대처가 선거에서 거둔 첫 번째 승리는 역사에 비추어 볼 때 유난히 두드러진 승리는 아니었다. 사실, 대처가 지도하는 보수당은 전혀 많은 표를 얻지 못했다. 보수당은 선거에서 승리했다기보다 노동당의 패배를 지켜보았다고 할 수 있다. 많은 노동당 유권자들이 자유당 후보로 지지자를 바꾸거나 아니면 기권했기 때문이다. 이 점에서 마거릿 대처의 급진적 의제와 이를 끝까지 완수하겠다는 결의는 국민으로부터 위임받은 권한에 전혀 어울리지 않는 것 같았고, 최대한 정치적 중앙에 가까운 곳에서 통치하는 영국의 오랜 전통과의 예기치 않은, 심지어 위험스러운 단절이었다.

그러나 돌이켜 보면 바로 이 점이 마거릿 대처의 성공 요인이었다. 대처는 화폐 정책이 분명히 실패하고 있는데도 동요하지 않았고 (1980년 10월 대처는 방침을 되돌리고 정책을 180도 전환하라고 요청하는 보수당 사람들에게 이렇게 반응했다. 〈그렇게 원한다면 당신이 돌아가라. 나는 전환에 찬성하지 않는다.〉), 소련이 자신을 〈철의 여인〉이라 묘사한 것을 즐겁게 받아들였으며, 포클랜드 전쟁의 아르헨티나 군부 지도자들부터 광부 노조 지도자 아서 스카길까지 일련의 적대자들과 싸워 그들을 물리치는 데 확연히 기쁨을 느꼈고, 한자리에 모인 유럽 공동체 지도자들에게 〈우리 돈을 돌려 달라〉고 요구하며 공격적으로 손가방을 흔들어 댔다. 이 모든 것은 대처의 고집이, 다시 말해 비판자들을 그토록 격분시킨 완고한 타협의 거부가 그녀의 주된 정치적 자산이라는 점을 명백히 보여 주었다. 모든 여론 조사가 보여 주듯이, 대처의 정책을 좋아하지 않는 자들도 대처라는 인물 자체에 대해서는 썩 내켜 하지는 않았지만 종종 찬탄을 보냈다. 영국인들은 또다시 통치를 받고 있었다.

실로 마거릿 대처는 개인과 시장에 대해 그토록 많은 얘기를 했음에도 영국 국가의 놀라운, 어떤 면에서는 당황스러운 부활을 주재했다. 행정 분야에서 대처는 본능적인 중앙집권주의자였다. 대처는 자신의 명령이 나라 전역에서 확실하게 이행되도록 지방 정부의 권한과 예산을 축소했다(유럽의 나머지 지역은 대대적인 권력 분산에 몰두했던 1986년, 영국의 주요 도시들은 지방 정부법에 따라 중앙 정부에 권력을 빼앗기고 약해졌다). 교육 정책과 지역의 경제 계획은 감독 책임이 중앙 부처로 되돌려져 직접적인 정치적 통제를 받았으며, 반면 중앙 부처의 전통적인 행동의 자유는 전통적인 고위 공직자 집단보다는 소수의 친구와 조언자 집단에 더 크게 의존한 총리로부터 점점 더 심한 제약을 받았다.

마거릿 대처는 고위 공직자 집단이 교육 기구와 사법 기구의 동료들처럼 국가가 보조금을 지급하는 구래의 온정주의를 더 좋아하는 것은 아닌지 본능적으로 의심했다(이 의심은 옳았다). 계급 의식적인 영국 정치의 복잡한 관습 속에서, 벼락부자 사업가를 좋아하는 하층 중간 계급 출신의 출세한 자였던 마거릿 대처는 그 나라의 존경받는 지배 엘리트들의 마음에는 그다지 맞지 않았으며, 대처는 그러한 정서에 이자를 붙여 되갚았다. 옛 보수당원들은 대처가 전통이나 과거의 관행을 아무렇지도 않게 경멸하는 데 충격을 받았다. 민영화의 광풍이 절정에 달했을 때, 전직 총리 해럴드 맥밀런은 대처가 〈집 안의 은그릇〉을 팔아 치우고 있다고 비난했다. 대처의 전임자 에드워드 히스는, 언젠가 부패한 영국 사업가의 회사들이 훌륭하게 선전되는 것을 〈용납할 수 없는 자본주의의 실상〉이라고 분노하며 묘사한 적이 있는데, 대처와 그 정책 둘 다 증오했다. 그러나 대처는 조금도 개의치 않았다.

대처 혁명은 국가를 강하게 했고 시장을 발전시켰다(그리고 한때 양자를 결합했던 유대를 해체하기 시작했다). 대처는 노조 지도자들의 파업 조직력을 제한하는 법을 통과시키고 이어 그들을 법정에 세움으로써 영국 노조가 행사하는 공적 영향력을 영구히 파괴했다. 1984년에서 1985년 사이 무장한 국가와 운이 다한 산업 프롤레타리아 집단이 맞붙은 매우 상징적인 대결에서, 대처는 정권의 정책을 (비효율적 탄광을 폐쇄하고 석탄 산업 보조금을 중단하는 정책) 무산시키기 위해 폭력과 감정에 호소한 전국 광부 노조를 무참히 짓밟았다.

광부들은 지도력이 부족했고, 그 대의는 절망적이었으며, 파업은 신중한 계획이 아니라 자포자기의 심정으로 연장되었다. 에드워드 히스가 패했던 (그리고 노동당 정권의 지도자들이 계속 회피했던) 싸움에서 마거릿 대처가 승리했다는 사실은 그녀의 영향력을 엄청나게 강화했다. 최고의 혁명가들이 모두 그랬듯이 대처는 운이 좋았다. 대처는 적들 덕분에 자신만이 좌절하고 과도하게 규제를 받는 힘없는 사람들을 대변했다고 주장할 수 있었다. 대처는 수십 년에 걸친 기득권자의 지배에서, 납세자의 선물로 보조금을 받는 기생적인 수혜자들의 지배에서 그 힘없는 자들을 해방하는 중이었다.

대처 시절에 영국의 경제 성과가 집권 초기인 1979년에서 1981년까지 일시적으로 경기 후퇴를 겪은 후에 실제로 개선되었다는 데에는 의문의 여지가 없다. 비효율적인 기업의 정리와 경쟁의 심화, 노조의 침묵 덕에 사업 생산성과 이윤이 가파르게 증가했다. 국고는 국유 자산 매각 수입금으로 (과거 수준으로) 다시 채워졌다. 국고의 확충은 1979년에 대처가 처음으로 설정한 과제에 속하지 않았으며, 민영화 자체도 이데올로기가 담긴 생각은 아니었다(어쨌거나 1976년 [국제 통화 기금의 명령에 따라] 브리티시 페트롤륨 British Petroleum의 국가 지분을 매각한 것은 노동당이었다). 그러나 1983년이면 영국의 국유 자산이나 국영 자산의 청산은 재정상의 이득은 물론 정치적인 이득도 가져왔다. 총리는 10여 년간 지속될 공매를 개시했고 생산자와 소비자를 똑같이 해방했다.

거의 모든 것이 민영화 영역에 포함되었다. 우선 국가가 이권의 일부나 전체를 보유했던 비교적 작은 기업들과 단위들이 포함되었다. 이어 1984년 브리티시 텔레콤을 필두로 통신망, 에너지 설비, 항공 운송 등 그때까지 자연스럽게 형성되었던 독점 기업들이 매각되었다. 정부는 전후에 건설한 공공 주택도 팔아 치웠다. 처음에는 현 거주자에게만 판매했으나 결국 원하는 사람 누구에게나 판매했다. 1984년에서 1991년 사이에 민영화된 전 세계 자산 가치의 3분의 1이 영국 한 나라의 매각분이었다.

이처럼 공공 부문이 명백히 제거되었는데도 1988년 영국 국내 총생산에서 공공 지출이 차지한 몫(41.7퍼센트)은 〈국가를 국민의 등에서 내려놓겠다〉던 대처의 약속과는 달리 10년 전(42.5퍼센트)과 사실상 동일했다. 보수당 정권이 실업 급여로 전례 없이 많은 액수를 지불해야 했기 때문이다. 1977년 캘러헌 정권에 그토록 심각한 타격을 입혔던 160만 명이라는 수치스러울 정도로 높은 실업자 수는 1985년 325만 명에 달하여 대처의 남은 임기 동안 유럽에서 가장 높았다.

철강, 석탄, 섬유, 조선 등 비효율적인(그리고 국가의 보조를 받던) 산업에서 일하다 실직한 많은 사람들은 결코 다시는 일자리를 구하지 못한다. 그래서 일생 동안 이름만 빼고 모든 것을 국가에 의존하게 된다. 그들이 일했던 산업의 고용주들이 몇몇 경우에(특히 철강) 이윤을 내는 사기업을 만들기도 했지만, 이는 사적 소유로 인한 기적을 통해 이루어진 것이 아니라 마거릿 대처 정권이 높은 수준에서 고착된 노동 비용을 덜어 주었기 때문에 가능했다. 필요 없는 노동자들의 비용을 국가가 보조하는 실업으로 〈사회화〉했던 것이다.

몇몇 공공산업과 공익사업의 민영화에 관해서는 이야기해야 할 것이 있다. 여러 해 동안 필수적인 경제 자산은 공공 부문이 보유했으나 투자나 현대화는 거의 고려되지 않았다. 이러한 부문은 현금 부족으로 고사했으며 운영은 경쟁과 소비자의 압력에 반응하지 않앉고 관리자들은 관료적 타성과 정치적 간섭으로 무력해졌다.[5] 대처 덕에 영국의 상품 시장과 서비스 시장, 그리고 결국 노동 시장이 크게 팽창했다. 선택의 여지가 더 넓어졌고 (비록 시간이 더 많이 걸리고 늘 불완전했지만) 가격 경쟁도 심화되었다. 대처의 후임자인 존 메이저가 유럽 연합 조약의 〈사회 부문〉에서 영국을 빼냈을 때, 자크 들로르는 메이저가 영국을 〈외국인 투자의 천국〉으로 만들었다고 비난했다. 대처주의자들이었다면 당당하고 즐겁게 유죄를 인정했을 비난이었다.

경제적 측면에서 보면 대처주의에 따라 변화된 영국은 더 효율적인 장소였다. 그러나 사회적인 측면에서 보면 영국은 이미 무너져 장기적으로 대재앙이 초래되었다. 마거릿 대처는 집단이 보유한 모든 재원을 제거하고 양으로 표시할 수 없는 모든 자산을 무시하는 개인주의적 윤리만을 큰 목소리로 주장함으로써 공적 생활의 구조에 막대한 손상을 가져왔다. 시민은 주식 보유자나 〈이해관계자〉로 변질되었으며, 개개인과 개인과 집단 간의 관계는 서비스나 의무가 아니라 자산으로 측정되었다. 버스 회사에서 전력 공급까지 모든 것이 사기업의 경쟁에 맡겨진 상황에서 공적 공간은 시장터가 되었다.

만일 대처가 주장했듯이 〈사회 따위는 없다〉면, 조만간 사람들은 틀림없이 사회적으로 규정된 재화를 존중하지 않을 것이다. 대처 시대 후기의 영국에서는 철의 여인이 그토록 칭송했던 미국 모델의 몇 가지 매력 없는 특성이 나타나면서 실제로 그런 상황이 벌어졌다. 공적 소유로 남아 있던 사업들은 재원 부족으로 어려움을 겪은 반면, 〈해방된〉 경제 부문에는 상당한 부가 축적되었다(특히 런던의 투자은행 은행가들과 증권 중개인들은 금융 시장에 대한 규제를 풀

5 영국의 국영 철도는 1996년에(그 존속의 마지막 해) 유럽의 철도 중에서 공적 보조를 가장 적게 받았다고 〈자랑했다〉. 그해에 프랑스는 국민 1인당 21파운드를, 이탈리아는 33파운드를 철도에 투자하기로 계획했다. 반면 영국의 경우 9파운드였다.

고 국제적인 경쟁에 문호를 개방했던 1986년의 〈빅뱅〉에서 엄청난 이익을 얻었다). 공적 공간은 무시되었다. 절대 빈곤에 빠진 주민이 늘어나면서 경범죄와 비행이 나란히 증가했다. 흔히 그렇듯이 사적 풍요는 공적 비참함을 동반했다.[6]

그러나 마거릿 대처의 효력이 미치는 범위에는 한계가 있었다. 런던의 동부 교외에 거주하며 교육 수준은 낮으나 좋은 보수를 받고 부모들은 꿈도 못 꾸었을 자산(주택, 자동차, 해외여행, 뮤추얼펀드 주식, 개인연금)을 보유한 서른 남짓 되는 부동산업자로 묘사되곤 하는 전형적인 〈대처주의〉 지지자는 대처주의가 목표했던 개인주의 세계에 진입했을 수도 있다. 그러나 그들 역시 필수 서비스의 공급, 즉 무료 공교육과 사실상 무료인 의약품, 보조금을 지급받는 교통 시설에서 여전히 전적으로 국가에 의존했다. 따라서 대처 여사와 그의 후임자인 존 메이저가 국가 의료 제도NHS를 민영화하거나 공교육에 비용을 부과할 수 있다고 암시했을 때, 대중의 지지는 사라졌다. 특히 대처리즘에 가장 먼저 매력을 느끼고 부자가 되었으나 자신들의 이해관계에 매우 민감한 사람들은 곧바로 지지를 철회했다.

대처 여사가 떠난 뒤 5년이 지나서 존 메이저는 철도 운송의 민영화를 밀어붙이는 데 성공했다. 보수당은 공적 자산의 매각으로 추가로 이익을 얻을 가능성에 고무되었지만, 매각의 주된 동기는 메이저 역시 자신도 무엇인가를 민영화했다는 평가를 받고자 한 데 있었다 (그때까지 다른 것은 거의 전부 대처 여사가 팔아 치웠고, 민영화는 보수당만의 유일한 정책이었다). 그러나 부적절한 절차와 위법, 그리고 비극적인 열차 충돌 사고 등은 2년 후 보수당 정권에 패배를 안겼을 뿐만 아니라 민영화를 종식시켰으며 대처리즘을 더욱 극단적

6 그리고 사적 빈곤도 동반되었다. 대처는 연금과 임금의 연계를 끊어 버려 동료 시민 대부분의 퇴직 소득을 크게 줄였다. 1997년에 영국의 공적 연금은 평균 소득의 15퍼센트로 유럽 연합에서 가장 낮은 비율을 기록했다.

으로 구현한 것들까지 소급하여 의심을 받았다.

마거릿 대처의 주요 희생자들 가운데는 보수당도 있었다. 철의 여인이 보수당과 관계를 끊었을 때, 거의 백 년 동안 영국을 통치했던 이 당은 정책도 없고 지도자도 없고 또 많은 사람들에게 그렇게 비쳤듯 영혼도 없었다. 이러한 평가는 연속해서 세 번이나 당에 선거의 승리를 안겨 주었고 거의 12년 동안 사실상 홀로 통치한 여인에 대한 평가로는 가혹해 보인다. 그러나 당연히 이 점이 핵심이었다. 마거릿 대처는 홀로 통치했던 것이다. 프리드리히 대왕의 말을 빌리자면, 그녀의 통치 방식은 〈백성은 자신들이 원하는 것을 말하고 나는 내가 원하는 것을 한다〉였다. 중요한 문제에서 대처와 다른 의견을 지녔고 따라서 〈우리 편〉이 아니었던 동료들은 어둠 속으로 내쫓겼다.

대처가 대담하게 밀어낸 당의 선배 정치인들은 물론 대처와 같은 연배의 보수당원들 대부분이 진정한 보수주의자였다. 이들은 많은 경우에 두 대전 사이의 쓰라린 정치적 분열을 기억할 만큼 나이가 많았고, 계급 전쟁이라는 악마를 깨우지는 않을까 늘 경계했다. 대처는 파괴와 혁신에 열중한 과격파였다. 대처는 타협을 경멸했다. 대처에게 계급 전쟁은 적절히 쇄신한다면 정치의 진정한 요소였다. 대처의 정책은 매우 급하게 떠오른 것이어서 목적에 종속되었고, 이는 대체적으로 대처의 스타일과 상관관계를 가졌다. 대처리즘은 무엇을 할 것인가가 아니라 어떻게 통치할 것인가에 관한 문제였다. 대처를 계승한 불운한 보수당 인사들은 대처리즘 이후라는 희망 없는 상황에 내던져졌을 때 정책도 목적도, 그리고 스타일도 없었다.[7]

대처가 보수당을 파괴했을지도 모르지만, 노동당을 구원하고 부

---

7 마거릿 대처가 은퇴한 뒤 10년 동안 보수당의 키를 잡은 후계자들은 지루하다고 느껴질 정도로 평범한 인물(존 메이저)에서 거만하고 부적절한 인사(윌리엄 헤이그)를 거쳐 구제불능의 무능한 인물(이언 덩컨 스미스)로 이어졌다. 태양 여왕 Sun Queen(마거릿 대처를 엘리자베스 1세에 빗대고 있다 ─ 옮긴이주)의 오랜 재위 뒤에 범인이 쇄도했다.

활시킨 공은 반드시 대처에게 돌아가야 한다. 물론 대처는 단기적으로는 자신의 적인 노동당을 격파했다(사실 대처는 노동당이 기절초풍할 정도로 무능력하지 않았다면 아무런 변화를 이루어내지 못했을 것이다). 1979년 몇몇 노동당 지도자들은 목전의 문제를 이해했지만 확신도 지지자도 얻을 수 없었다. 대처가 권력을 잡은 후 영국의 노동 운동은 10년간 혼란에 빠졌다. 당의 전투적 노동조합주의의 핵심은 대처가 본 것과 동일한 세계를 보았지만 거울의 반대편에서 보았다. 영국은 보호 무역주의와 집산주의, 평등주의의 규제하는 국가와 시장 개방과 무제한의 경쟁, 재원의 사유화, 재화와 서비스의 공유 최소화 사이에서 선택해야 했다. 선택의 대상은 철의 여인 덕분에 다시 명확해졌다. 사회주의인가 자본주의인가?

　노동당의 전통적인 온건파는 보수당의 온건파처럼 절망에 빠졌다. 유럽 공동체 집행위원회의 의장이었던 로이 젱킨스를 비롯한 일부 노동당 온건파는 노동당을 포기하고 사회 민주당을 창당했으나 단명하였고, 이는 곧 영국의 영원한 제3당인 자유당과 통합하게 된다. 그러나 대부분은 걱정하면서도 당에 머물러 있었다. 이들의 비관론에는 충분한 이유가 있었다. 지적으로는 호소력이 있었지만 정치적으로는 무력했던 마이클 푸트가 이끄는 노동당은 1983년 총선거에서 수치스러울 정도로 시대착오적인 정책을 들고 싸웠다. 그는 대처리즘뿐만 아니라 노동당의 과거 정권들이 이룬 여러 타협까지도 취소하겠다고 공약했다. 영국은 국제 경제 영역에서 (그리고 미국 동맹에 대한 확고한 충성에서) 물러나야 했다. 민영화, 시장 개방, 〈유럽〉이나 여타 외국의 사업과 전혀 관계하지 말아야 했다. 폐쇄된 경제의 보호 무역 장벽 뒤에서 안전했던 영국 좌파의 〈리틀 잉글랜더Little Englander〉[8]들은 마침내 동료들이 그토록 자주 우롱했던 새

---

8 제2차 보어전쟁(1899~1901) 시기에 영국 제국을 연합왕국United Kingdom 내부로만 한정하기를 원했던 사람들을 가리키면서 사용된 용어. 이후로는 넓은 세계를 알지 못하고

로운 예루살렘을 도전적으로 건설하려 했다.

1983년의 당 선거 공약에 극도로 낙담한 노동당의 한 의원은 이를 〈역사상 가장 긴 유서〉라고 간명하게 묘사했다. 대처는 포클랜드 전쟁에서 당의 〈애국심〉 독점을 확고히 하고 대결을 좋아하는 비범한 취향을 재차 드러냈는데,[9] 전쟁의 승리로 용기백배했던 대처는 1983년 선거에서 기록적인 표차로 승리했다. 노동당은 300만 표 이상과 160석을 잃었다. 27.6퍼센트의 득표율은 제2차 세계 대전 이래 최악의 성적이었다. 영국 국민이 대처가 제시한 정책들을 원했는지는 여전히 불확실하지만(보수당의 표는 증가하지 않았다), 다른 대안도 단연코 원하지 않았다.

노동당이 1983년의 대실패에서 힘을 되찾기까지는 14년의 시간과 세 명의 지도자가 더 필요했다. 정치적으로 보자면 당은 트로츠키주의자와 기타 〈강경한〉 좌파 활동가들을 몇몇 지역 근거지(주로 리버풀)에 고립시켜 파괴해야 했다. 사회학적으로 보자면 당은 새로운 중간 계급의 관심사와 열망을 따라잡지 못했다는 사실을 받아들여야 했다. 그들은 당의 집권에 필수적이었고, 노동당의(모든 사회 민주당의) 전통적 지지 기반이었으나 이제는 소멸해 가는 산업 프롤레타리아와 공공 부문 노동자보다 수적으로 더 많았다. 지적 측면에서 노동당 지도자들은 새로운 정책 목표와 이를 표현할 새로운 언어를 찾아내야 했다.

이러한 목적은 비록 피상적이었지만 90년대 중반에 달성되었다. 신임 지도자인 토니 블레어는 동료들을 설득하여 논쟁의 대상이었던 제4조, 즉 당에 국유화 의무를 안기는 조항을 마침내 버리고 이듬

오로지 〈리틀 잉글랜드〉만 보는 자들을 지칭했는데, 정치적 의미가 변화하여 과격파나 반제 국주의자를 뜻하게 되었다 — 옮긴이주.

9 마거릿 대처는 1982년 5월 14일에 스코틀랜드 보수당 협의회에서 이렇게 설명했다. 〈정치 일생의 절반을 환경 따위의 지루한 문제들을 다루며 보내다가 진정한 위기를 다루어야 하는 상황에 처하는 것은 흥분되는 일이다.〉

해인 1996년에 노동당의 당명을 〈신노동당New Labour〉으로 바꾸었다. 1997년 노동당이 지친 보수당을 크게 물리치고 드디어 권좌에 복귀했을 때, 대처리즘 혁명의 얽힌 실타래를 풀겠다는 말은 없었다. 대신 새 노동당의 선거 운동은 보수당의 〈유연한〉 부차적 유권자들을 집중 공략하여 높은 세금과 부패, 비효율을 거세게 비판했다. 한 세대 전에 대처가 공격했던 바로 그 표적이었다.

토니 블레어와 동료들이 대처 시대를 조심스럽게 감춘 것은 우연이 아니었다. 블레어의 성공은 대처로부터 받은 세 가지 유산에 확실하게 의존했다. 첫째, 대처는 산업과 서비스의 공공 부문을 근본적으로 해체하여 〈민영화된〉 기업가적 영국으로 대체하는 〈정상화〉를 수행했다. 블레어는 그러한 영국을 매우 기쁘게 찬미했다. 두 번째는 여전히 진행 중인데, 대처는 구노동당을 파괴함으로써 노동당을 개혁하려 애썼던 자들의 과제를 쉽게 해주었다. 블레어는 단지 그들의 노고에 대한 보상을 거두기만 하면 되었다. 그리고 마지막으로 앞서 보았듯이 대처는 반대자와 견해가 다른 자에게 관용을 베풀지 않았기 때문에, 대처의 당은 파괴되었으며 선택되지 못했다.

대처의 치맛자락을 붙잡고 성공한 토니 블레어는 조금 덜 거슬리기는 했지만, 대처의 많은 편견을 공유했다. 대처처럼 블레어도 과거의 정치 언어를 몹시 싫어했다. 블레어의 경우에 이는 〈계급〉 논의의 회피를 뜻했다. 시대에 뒤진 이 사회학적 범주는 새 노동당의 틀에 박힌 수사법적 문구에서 〈인종race〉이나 〈젠더gender〉로 대체되었다. 대처 역사처럼 블레어도 분권적인 의사결정이나 내부의 이견을 전혀 용납하지 않았다. 또한 대처와 마찬가지로 민간 부문의 기업가들로 둘러싸여 있기를 좋아했다.[10] 그리고 신노동당이 모호하게 〈사회〉를 언급했지만, 블레어 정권의 지도부는 대처리즘 신봉자

---

10 차이가 있다면, 마거릿 대처가 민영화를 도덕적 선과 유사한 것으로 믿은 반면 토니 블레어는 단지 부자를 좋아했다는 정도일 것이다.

들 중에서도 가장 교조적인 자만큼이나 본능적으로 〈국가〉를 의심했다.

그렇다면 이것이 마거릿 대처의 업적을 평가하는 척도이다. 대처는 전후의 합의를 파괴했을 뿐만 아니라 새로운 합의를 만들어 냈다. 대처가 권력에 오르기 전, 영국 공공 정책의 초기 입장은 국가가 정통성과 주도권의 자연적인 원천이라는 점이었다. 대처가 무대에서 떠날 때쯤이면, 이러한 견해는 뼛속 깊이 국가에 얽매인 영국 노동당에서도 소수파의 견해로 전락하고 있었다. 국가의 역할은 두 세대 만에 처음으로 토론에 부쳐졌고, 적어도 주류 정치권 내부에서는 국가를 방어하는 목소리를 듣기가 점점 더 어려워졌다. 대처 혁명이 영국을 엉망으로 만들었으며 국가가 (생산을 공적으로 소유하는 것은 아니라고 해도) 이전처럼 공익사업을 직접 관리하는 것이 여전히 바람직하다고 믿는 사람들이 확실히 존재했다. 그러나 대처가 왔다 간 뒤에는 그들의 주장도 입증되어야 했다(그리고 그러한 믿음도 교육과 의료 같은 사회적 핵심 재화에 관한 몇몇 예외를 제외하고 더는 공감을 얻지 못했다).

때로 이러한 변화에서 대처가 수행한 역할이 과장되었으며 영국은 상황 때문에 어쩔 수 없이 〈대처리즘〉의 방향으로 나아갔다는 주장이 있다. 전후의 사회 협약은 이미 활력을 잃었다는 말이다. 아마 그랬을지도 모른다. 그러나 지금 돌이켜 봐도 대처가 아니었다면 도대체 누가 기꺼이 손을 더럽히는 일을 떠맡았을지 생각하기 어렵다. 좋든 싫든 대처가 가져온 변화의 큰 규모만큼은 인정해야 한다. 누군가 1978년에 영국에서 잠들었다가 20년 후에 다시 깨어난다면, 그 조국은 진실로 낯설 것이다. 과거의 영국과는 매우 다르며 유럽의 나머지 지역과도 현저히 달랐을 것이다.

프랑스도 이 시기에 극적으로 변했고 몇 가지 결과는 영국과 유사했다. 그러나 영국에서 전후 합의의 핵심 가정들이 우파 혁명으로 박살났다면, 프랑스에서 정치적 틀을 깨뜨린 것은 비공산주의 좌파의 부활과 변화였다. 수년 동안 프랑스 정치는 좌파 공산당과 우파 드골주의자들의 서로 유사하기도 하고 대립되기도 하는 매력들에 사로잡혀 있었다. 공산당과 드골주의자들은 좌파와 우파에 공히 존재하는 군소 협력 정당들과 함께 지역과 직업, 종교가 결정하는 프랑스 특유의 정치적 동맹의 전통을 충실하게 구현하고 확대했다.

19세기 중반부터 지속된 프랑스 정치사회학의 이러한 고착은 앞서 보았듯이 60년대의 사회적·문화적 변동으로 이미 공격을 받았다. 좌파는 더는 프롤레타리아 진영의 표에 의존할 수 없었다. 우파도 이제 드골의 후광만으로는 결집할 수 없었다. 드골이 1970년에 죽었기 때문이다. 그리고 프랑스의 정치적 보수주의의 근본적인 척도는(보수적인 유권자가 실천적 가톨릭교도인 경향) 촌락과 소도시의 교회들이 교구민을, 특히 교구민의 아이들을 대도시에 빼앗기면서 대중의 종교적 계율 준수가 쇠퇴함에 따라 훼손되고 있었다.

그러나 더 큰 변화가 진행 중이었다. 1970년대와 1980년대 초 전통적인 프랑스 사회와 예전의 생활 방식은 프랑스인들의 눈앞에서 사라지고 있었다. 1950년대와 1960년대에 농업이 현대화되고 농민의 아들딸이 도시로 이주하면서 프랑스 농촌은 끊임없이 사람을 빼앗겨 인구가 감소했다. 다시 활력을 찾은 국민 경제는 도시 거주자라는 새로운 계층의 직업과 여행의 유형, 여가 시간을 바꾸어 버렸다. 수십 년 동안 잡초와 먼지로 뒤덮였던 도로와 철도가 재건되었고 조경 공사도 다시 했으며 사실상 새로운 전국 교통망으로 대체되었다. 오랫동안 촌스러움과 부패, 투자 부족으로 초라하기 그지없었던 도시들은 사람이 몰려들어 활력을 되찾았다.

프랑스인들이 변화의 속도에 언제나 편안함을 느낀 것은 아니다. 사회생활의 가속화와 도시화, 도시의 성장, 농촌 인구의 감소에 항의하는 정치 운동이 등장했다. 지역의 언어와 문화에 대한 관심의 부활이라는 1960년대가 남긴 유산은 프랑스의 영토적 통합과 보전까지도 위협하는 듯했다. 두려워하는 당대인들에게 조국은 현대화하는 동시에 분열하는 것처럼 보였다. 그러나 국가는 이런 소동에서 벗어나 있었다. 영국에서는 포괄적인 국가와 비효율적인 경제 사이에 관계가 있다는 것이 많은 사람들에게 자명해 보였다. 마거릿 대처는 이 점을 매우 경멸적으로 강조했다. 그러나 프랑스에서는 국가 자체가 경제 부활의 열쇠를 쥐고 있는 듯했다. 국가의 관리자들은 지식인 엘리트였고, 국가의 계획가들은 국민의 일시적인 이데올로기적 열정이나 사회적 폭발에 영향을 받지 않는 청렴한 공무원 계층으로 자처했다. 프랑스의 정치는 누가 어떤 사회적 목적으로 권력을 잡을 것인가라는 문제를 두고 국민을 분열시켰다. 그러나 어떻게 권력을 행사할 것인가라는 문제에 관해서는 실제로 놀랄 만한 합의가 존재했다.

1958년부터 1969년까지 프랑스는 샤를 드골이 통치했다. 대통령이 스스로 인식한 전통적 스타일과 대통령이 스스로 인정한 경제 계획의 세세한 내용에 대한 무관심은 변화의 장애물이 아닌 것으로 밝혀졌다. 오히려 그 반대였다. 프랑스는 카리스마를 지닌 군사 독재자의 요구에 맞춰 절반쯤 권위주의적인 헌법으로 위장한 채 1968년의 항의를 촉발하는 데 일조했던 파괴적 현대화를 시작했다. 실제로 그러한 항의를 불러일으킨 것은 구식의 온정주의적 권위와 사회의 안정을 해치는 변화의 불안정한 혼합이었다.

드골의 적대자와 비판자는 이 장군이 권력을 장악하고 행사할 때 보여 준 〈비민주적〉 방식을 특별히 강조했다. 이를테면 프랑수아 미테랑은 1965년에 출간된 소책자에서 드골의 방식을 〈영원한 쿠데타〉라고 지칭했다. 그러나 사실상 무제한적이었던 대통령의 권한은 드골의 후임자들에게는 정파를 불문하고 확실히 매력적이었음이 입증되었다. 그리고 대통령을 직접 선거로 선출하는 제도는 개별 후보의 정치적 기술과 인성에 의지함으로써 5년마다 실시되는 의회 선거에 어두운 그림자를 드리웠다. 정당들은 어쩔 수 없이 후보를 중심으로 재편되어야 했다. 바로 이러한 상황에서 미테랑은 단연 출중했다.

프랑수아 미테랑은 마거릿 대처처럼 향후 자신이 프랑스에서 수행하게 될 역할에는 어울리지 않는 후보였다. 보수적인 남서부 프랑스의 실천적 가톨릭 신자 집안에서 태어난 미테랑은 1930년대에는 우파 법학도였으며 당대에 가장 극단적으로 반민주적이었던 운동의 활동가였다. 그는 제2차 세계 대전의 대부분을 비시 협력 정부에서 젊은 공무원으로 지내다 재빨리 충성의 대상을 바꾸어 전후에는 저항 운동가의 자격을 가질 수 있었다. 제4공화국 시기에는 주류 마르크스주의에 충성을 보이지 않은 중도 좌파의 여러 군소 정당에서 의원과 장관 경력을 쌓았다.

미테랑은 1965년 공식 좌파 정당들의 지지로 대통령에 입후보했다가 실패했을 때에도 전혀 그 정당들의 후보가 아니었으며 그 정당들과 거리를 유지하기 위해 조심했다. 옛 사회당이 1968년 굴욕적인 선거 패배에 이어 1969년 내분을 겪고 분열된 이후에야 미테랑은 사회당의 부활에서 자신이 떠맡을 역할을 도모했다. 미테랑은 1971년 자신이 지도하는 새로운 사회당이 등장하고 자신을 위해 일하는 새로운 세대의 야심적인 젊은이들이 충원되자 권력 장악을 시도했다.[11]

미테랑과 프랑스 사회주의의 자랑스러운 유산의 잔존물을 연결하는 관계는 상호 간에 유용했다. 당으로서는 미테랑이 필요했다.

---

11 1969년 알포르빌 대회에서 통합사회당(Section française de l'Internationale ouvrière, SFIO)은 사회당 Parti socialiste으로 대체되었고, 2년 후 에피네 대회에서 미테랑 파가 합류하여 알렝 사바리와 기 몰레 세력을 물리치고 제1서기가 되었다 — 옮긴이주.

미테랑은 1965년 대통령 선거에서 등록된 유권자의 27퍼센트의 지지를 확보하는 좋은 성적을 거두어(보수당의 아성인 동부와 서부에서도 선전했다) 드골을 결선 투표로 내몰았고 득표력이 있는 인물임을 증명했다(일찍이 1967년 의회 선거에서 미테랑의 배지와 사진은 잘 팔렸다). 프랑스는 텔레비전을 활용하는 개인화된 정치의 새로운 시대에 진입하고 있었다. 생테티엔 시장인 미셸 뒤라푸르는 1971년에 음울한 어조로 〈프랑스는 다음 대통령 선거만 기다리며 산다〉고 말했다. 미테랑은 좌파의 으뜸패가 될 터였다.

미테랑 또한 사회당이 필요했다. 이 완전무결한 기회주의자는 자신의 조직을 갖추지 못했고 또 자신이 봉사했던 제4공화국 정부의 타협과 추문으로 상당히 더럽혀졌기에, 헌신적인 좌파 정치인으로 부활하는 데 사회당을 이용했다. 동시에 옛 좌파가 지고 다녔던 성가신 신조를 멀리했다. 미테랑은 언젠가 자신의 종교적 충성을 이렇게 묘사했다. 〈나는 기독교도로 태어났고, 틀림없이 그렇게 죽을 것이다Je suis né chrétien, et je mourrai sans doute en cet état. Dans l'intervalle…….〉 미테랑은 거의 동일하게 냉소적인 의미에서 자신이 보수주의자로 태어나 그렇게 죽을 것이지만 그동안에 어쩌다가 사회주의자가 되었다고 덧붙였을 수도 있을 것이다.

이 정략결혼은 당사자들의 생각보다 더 효과적이었다. 1970년대 영국 노동당이 최후의 몰락에 빠져들었을 때, 프랑스 사회당은 가장 큰 성공을 거둘 찰나에 있었다. 프랑스에서 좌파 과반수의 재등장을 방해하던 쌍둥이는 드골의 개인적인 매력과 공산당이 좌파 정부를 지배하리라는 많은 유권자의 두려움이었다. 1970년 드골은 사망했다. 10년이 채 지나지 않아 공산당의 전망도 소멸했다. 드골의 사망을 미테랑의 직접적인 공으로 돌릴 수는 없지만 공산당의 전망이 소멸한 것은 확실히 미테랑의 업적이었다.

미테랑은 불가피함의 논리를 인정하고 진정한 사회주의자 선배들의 이데올로기적 정교함을 결여한 채로 처음에는 공산당과 제휴했다. 1972년에 미테랑은 모호한 글로 표현된 반자본주의적 공동 정책Programme Commun de gouvernement을 내걸고 공산당과 선거 연합을 결성했다. 1945년 이래로 좌파의 주요 정당이었던 공산당은 1977년 선거에서 미테랑의 사회당에 10퍼센트 뒤처졌다. 그때 가서야 프랑스 공산당의 흐리멍덩한 총서기 조르주 마르셰는 미테랑의 젊고 정력적인 정당과 운명을 같이한 것이 실수였음을 깨달았지만 (이 실수는 부분적으로 〈유러코뮤니즘〉의 낙관적이고 보편적인 영향력 때문에 내려진 결정이었다) 후회하기에는 때가 너무 늦었다.

미테랑은 1974년 선거에서 좌파의 단일 후보로 나서 지스카르 데스탱에 근소한 차이로 패배했지만 1965년의 성적을 뛰어넘었고, 그 후 사회당을 그때까지 당에 적대적이었던 가톨릭교도와 여성, 농민, 소상점주를 포함하여 프랑스 사회 전체에 호소하는 다양한 스펙트럼을 가진 운동으로 바꿈으로써 훌륭한 선거 기구를 만들어 냈다.[12] 미테랑 고유의 이미지는 나이가 들면서 부드러워졌다. 1981년 봄에 프랑스 전역에 게시되었던 거대한 선거 광고판은 미테랑의 온화한 초상을 보여 주었다. 배경은 한때 페탱주의자들이 같은 광고판에서 애용했던 시간을 초월한 목가적인 전원 풍경이었고, 〈조용한 힘 La Force Tranquille〉이라는 약속이 적혀 있었다.

반면 공산당은 허약했다(1979년 소련의 아프가니스탄 침공은 자신들의 득표율 하락만큼이나 심히 당혹스러운 일이었다). 1970년대를 거치며 공산당은 이제 이데올로기의 하늘에 떠 있는 별이 아니었다. 공산당의 위신은 1920년대 중반 이래 공산당이 지배했던 파리의 공업 지역 〈적색 지대〉에서도 득표수 감소와 함께 추락했다. 그런데도 마르셰는 차기 대통령 선거에 입후보하기로 결심했다. 관성

---

12 1979년의 투표 결과를 보면 미테랑의 사회당은 신비로울 정도로 전국적으로 고른 득표율을 보였다. 이는 다른 어떤 정당도 거둘 수 없었던 성과였다.

과 오만도 한 가지 이유였겠지만 사회당 동료들의 구속에서 프랑스 공산당을 해방해야 할 필요성을 강하게 인식했다는 것이 더 큰 이유였다.

1981년 대통령 선거 1차 투표에서 두 명의 보수당 후보인 지스카르 데스탱과 젊은 자크 시라크의 표가 미테랑과 마르셰의 표보다 많았다(미테랑과 마르셰는 겨우 12.2퍼센트를 득표했다). 그러나 두 주 후 상위 두 후보 간의 결선 투표에서는 미테랑이 사회당과 공산당, 환경 보호주의자들뿐만 아니라 보통은 비협조적이었던 트로츠키주의자들의 지지까지 확보했다. 그는 1차 투표의 두 배 이상을 득표함으로써 지스카르를 물리치고 유럽에서 사회당 출신으로는 처음으로 직선제 대통령이 되었다. 미테랑은 즉시 의회를 해산하고 선거를 요청했으며, 사회당은 의회에서 절대 과반수를 획득함으로써 공산당과 우파에 참패를 안겼다. 사회당은 프랑스를 완벽하게 통제했다.

사회당의 승리를 환영하는 자발적인 축하는 전례 없던 일이었다. 거리로 뛰쳐나와 춤추었던 수만 명의 미테랑 지지자들에게 이 승리는 〈위대한 저녁grand soir〉이자 혁명 전야였으며 과거와 현재 사이를 가르는 근본적인 단절의 경계였다. 선거 자료를 토대로 보면 이는 기이한 일이었다. 1981년 프랑스 선거의 표는 과거 선거의 대변동에서(미테랑의 성공과 곧 비교되었던 1936년 4월의 프랑스 인민전선의 승리나 1979년의 마거릿 대처의 선거) 나타났던 것처럼 근본적인 분포의 변화를 보이지 않았다. 실제로 미테랑은 1차 투표에서는 1965년과 1974년의 대통령 선거 때보다 잘 싸우지 못했다.

다른 점은 이 시기의 좌파 유권자들이 2차 투표에서 분파적 완고함에 사로잡혀 기권하는 대신 미테랑 뒤에 단합했다는 것과 우파 여론이 분열했다는 것이었다. 1981년 대통령 선거의 1차 투표에서 시라크에 표를 던진 사람들 중 16퍼센트는 두 주 후에 퇴임하는 대통령 지스카르 데스탱을 다시 선택하지 않고 미테랑에 투표했다. 시라크의 드골주의적 지지자들이 데스탱을 진정으로 싫어했기 때문이다. 따라서 우파가 분열하지 않았다면 대통령 미테랑은 존재하지 않았을 것이고, 이어 실시된 의회 선거에서 사회당이 휩쓰는 일도, 과격파의 〈위대한 저녁〉에 대한 기대도 없었을 것이다.

1981년 선거 결과에 따라 매우 많은 일이 결정될 것처럼 보였기에 이 점은 강조할 만하다. 돌이켜 보면 미테랑 자신이 이해했듯이, 1981년에 미테랑이 거둔 성공은 프랑스 공화국에서 정권 교체 과정을 〈정상화〉하고 사회당이 정상적인 집권 정당으로 대접받도록 할 수 있었다는 것은 분명하다. 그러나 1981년에 미테랑을 지지한 자들은 상황을 매우 다르게 보았다. 미테랑 지지자들의 목적은 향후 권력 교체를 정상화하는 것이 아니라 즉각 권력을 장악하여 행사하는 것이었다. 지지자들은 근본적인 변혁이라는 지도자의 서약을 데스탱 시절의 부패와 따분함뿐만 아니라 자본주의 체제 자체까지도 쓸어 버리겠다는 약속으로 받아들였다. 너무나 오랫동안 정권에서 배제되었던 프랑스 사회당의 투사들은 자유롭게 혁명의 꿈을 꾸었다.

프랑스에서는 수십 년 동안 좌파가 권력을 행사하지 못했다. 실제로 좌파가 연정 상대와 비협조적인 은행가들, 외환 위기, 국제적인 비상사태, 그 밖의 지루하게 늘어놓을 수 있는 사회주의 이행 실패의 변명거리에 구속받지 않고 권력을 행사한 적은 단 한 번도 없었다. 1981년에는 이러한 핑계의 어느 것도 적용되지 않았고 퇴보에 둘러댈 변명도 전혀 없는 것처럼 보였다. 게다가 국가에 대한 통제권과 혁명적 변화의 이행은 프랑스의 과격한 정치 문화 속에서 아주 긴밀하게 결합되어 있었기 때문에 선거의 승리라는 단순한 사실은 다가오는 사회적 대결을 의미하는 것으로 받아들여졌다.

마르크스처럼 프랑스 좌파도 현실의 모든 변화를 일반적인 정치 혁명과 동일시했고, 그중에서도 특히 위대한 프랑스 대혁명과 동일시했다. 그리하여 선거에서 거둔 승리는 1871년과, 심지어 1791년과도 광적으로 비교되었다. 미테랑이 선거 운동에서 말한 바가 있었기 때문에, 추종자들 중에서도 한층 더 헌신적이었던 자들은 달리 생각할 수 없었다. 미테랑은 공산당과 당내 좌파를 〈골탕 먹이려고〉 그들의 혁명적 의상을 훔쳤다. 미테랑은 선거 운동을 통해 희망을 불러일으켰고 이제 그것을 충족시켜야 한다는 기대를 받았다.

따라서 미테랑 시대는 야심적이고 과격한 의제로 시작되었다. 진작 이행되었어야 할, 도덕적 향상을 가져오는 사회 개혁들과(그중에서 사형제의 폐지가 가장 중요했다) 주마등처럼 스치는 〈반자본주의적〉 입법 계획을 뒤섞은 것이었다. 임금은 인상되었고, 퇴직 연령이 낮춰졌으며, 노동 시간이 감소했다. 그러나 계획의 핵심 요소는 전례 없는 국유화 일정이었다. 피에르 모루아가 총리를 맡은 새로운 사회당 정부는 집무 첫해에 특히 서른여섯 개 은행과 두 개의 금융 회사, 프랑스에서 가장 큰 축에 드는 다섯 개 기업(프랑스의 주요 전기전자 제품 회사인 톰슨 브란트를 포함하여), 그리고 프랑스의 거대 철강 그룹인 위지노 사실로Usinor Sacilor의 관리를 국가에 넘겼다.

이러한 조치의 배후에 미리 결정된 경제 전략이 존재하지는 않았다. 정부 자본을 투입하여 쇠약해지는 경제의 활력을 되살려야 한다는 말은 있었다. 그러나 이는 전혀 새로운 생각이 아니었고 특별히 사회당만의 생각도 아니었다. 70년대 중반으로 돌아가면 당시 총리 시라크는 잠깐 동안이기는 했지만 수요가 견인하는 성장이라는 유사한 계획을 품은 적이 있었다. 1981년에서 1982년 사이에 시행된 국유화의 가장 중요한 기능은, 그것에 동반된 환율 통제처럼, 새로운 정권의 반자본주의적 의지를 상징적으로 표현하는 것, 다시 말해 1981년 선거가 단지 정부 직원을 바꾸는 데 그치지 않았다는 점을 확인하는 것이었다.

실제로 관계 당사자들에게, 예를 들어 국영 은행은 〈결정과 실행의 완전한 자율성〉이 허용될 때에만, 그래서 애초에 은행 국유화의 정당성을 입증하기 위해 인용되었던 규제의 목적과 사회적 재분배의 목적을 제거해야만 제대로 기능할 수 있다는 점이 처음부터 분명했다. 이 실용적인 양보는 미테랑 〈혁명〉이 직면했던 폭넓은 장애를 설명해 준다. 1년 동안 새 정권은 대담하게 프랑스와 세계에 과격한 면모를 보여 주려 애썼다. 이러한 노력은 처음에는 설득력이 있었다(미테랑의 측근인 자크 아탈리의 기록에 따르면 [그러한 퇴보를 늘 경계했던] 미국의 관리들은 프랑스 경제 정책과 소련의 경제 정책 사이에서 아무런 차이도 발견하지 못했다고 주장했다).

그러나 프랑스가 1982년에 〈사회주의적〉 경로를 취했다면 환율 통제만이 아니라 교역 상대와 관계를 끊고 경제를 사실상 자립의 기반 위에 세우는 온갖 규제를 시행해야 했을 것이다. 프랑스의 국제 금융 시장 이탈은 아마도 훗날 실제로 그랬듯이 상상할 수 없는 약속은 아니었다. 이를테면 1977년 아이비엠 한 회사의 시가 총액은 프랑스 주식 시장 전체 시가 총액의 두 배였다. 더 중요한 것은 그러한 조치로 프랑스가 유럽 공동체로부터 이탈하게 되리라는 점이었다. 관세와 시장, 통화 제휴에 관한 유럽 공동체의 협약은(임박한 단일 시장 계획은 말할 것도 없다) 회원국들의 선택 폭을 이미 심하게 제한했기 때문이다.

이러한 고려 사항들 때문에 미테랑은 한 가지밖에 생각할 수 없었던 같다(기업계에 공포감이 고조되고 있다는 증거와 화폐와 귀중품, 인력이 점점 더 급속하게 국외로 유출되어 경제 위기를 재촉하고 있다는 징후들도 확실히 여기에 일조했다). 1982년 6월 12일 미테랑은 〈원위치로〉 돌아가기로 결심했다. 대통령은 과격한 조언자들의 충고를 물리치고 넉 달 동안 물가와 임금을 동결하고, 전년도에 크게 증가했던 공공 지출을 삭감하며 세금을 인상하고 (앞서 강력히 권고받았던 대로 화폐를 찍어 내는 대신) 인플레이션을 억제하라고 정부에 명령했다. 이는 사실상 보수적 경제학자 레몽 바르의 경제 전략을 채택한 것이나 다름없었다. 바르의 1977년 〈계획Plan〉이 이행되었다면 프랑스에 영국보다 앞서 대처리즘을 듬뿍 가져다주었을 것이며 그 즉시 〈사회주의에 이르는 프랑스의 길〉에 대한 모든 언급은 즉각 포기되었을 것이다.

대통령의 공산당 동맹자들과 일부 사회당 동료들은 큰 충격을 받았다. 그러나 그들은 놀랄 필요가 없었다. 최고의 실용주의자인 미테랑에게 프랑스가 서방의 경제적 세력권 안에 (그리고 정치적 세력권 안에) 계속 남아 있는 것과 자본주의와 사회주의 사이의 미덥지 못한 중간에 몸을 맡기는 것 중에서 어느 방안을 선택할지의 문제는 생각해 볼 필요조차 없는 것이었다. 미테랑은 일시적으로 불가피했던 일을 영원한 당위로 만듦으로써 선도적인 〈유럽주의자〉로 탈바꿈했다. 프랑스는 유럽 통합에 반대하는 대신 그것을 통해서 더 좋은 사회를 건설하려 했으며, 자본주의에 맞서 투쟁하기보다는 더 우수한 자본주의를 발명하려 했다.

1984년 미테랑은 공산당 출신 장관 네 명을 해임하고 〈혼합〉경제의 장점을 공개적으로 찬양했다. 젊은 기술 관료 로랑 파비우스를 총리로 임명했고 경제 문제와 재정, 예산에 대한 관리를 자크 들로르에게 맡기며 프랑스 경제를 안정시키라고 명령했다.[13] 그리고 그해 4월에 행한 명연설에서는 더 나아가 프랑스의 〈미국식〉 현대화를 요구했다.

미테랑은 프랑스를 자기편으로 만들었다. 1983년에 사회당 유권자 중에서 미테랑이 〈사회주의를 실천〉하지 못했다고 유감스럽게 생각한 사람은 23퍼센트에 불과했다. 이들이 미테랑의 열정적인 현

---

13 전직 은행가이자 한때 드골주의자 총리 자크 샤방델마스의 조언자였던 들로르는 1985년에서 1995년까지 유럽 공동체 집행위원회 의장이 된다.

대화를 원했는지는 분명하지 않지만, 미테랑은 진정 현대화를 이루어 냈다. 미테랑은 재임 초기의 개혁들 중에서 비교적 논쟁이 적었던 것들을(행정의 분산, 사회 보장 제도의 전면적 재검토, 여성의 작업장 내 권리 확보, 오랫동안 대기했던 사법 개혁) 확실하게 포기하지는 않은 채, 나머지 긴 재임 기간 동안(7년 임기의 대통령직을 두 차례 역임한 후 1995년에 은퇴했으며 이듬해 80세를 일기로 사망했다) 미학과 효용의 측면에서 의심스러운 고비용의 공공사업과 프랑스의 국제적 주도권 재확립,[14]…… 그리고 최근에 와서야 공적 통제를 받은 여러 서비스와 산업의 민영화에 전념했다.

프랑스의 거대한 공공 부문 민영화는 1986년 선거에서 승리하여 의회의 과반수를 차지한 보수주의자들이 먼저 추진했다. 그러나 정부들은 정치적 색채와 상관없이 잇달아 같은 목적을 추구했다(실제로 그때까지 가장 정력적으로 민영화를 추진했던 정부는 미테랑 재위 마지막 시기의 사회당 정부였다). 영국식 공개 매각을 따라 개인들의 손에 매각한 첫 번째 자산은 주요 은행들과 프랑스의 국영 텔레비전 방송사 중 하나인 프랑스 제1텔레비전TF1이었다. 이후 공공 지주회사, 보험 콘체른, 화학 회사와 제약 회사, 거대 석유 복합기업인 토탈Total과 엘프Elf가 뒤를 이었다.[15]

그러나 프랑스는 대처와 그 후임자들과는 대조적으로 공익사업이나 르노 자동차 같은 〈전략적〉 회사들을 매각하는 데 신중했다(르노 자동차는 1985년에 국가로부터 막대한 자본금을 지원받아 파산을 면했다). 프랑스인들은 정원을 가꿀 때나 시장에서나 계획에 없

---

14 경제가 침체되어 정부 정책에 대한 대중의 불만이 최고조에 달했던 1980년대 중반에도 유권자의 57퍼센트가 미테랑의 외교 정책에 만족한다는 뜻을 밝혔다.

15 프랑스 정부는 1996년에 일부 주식만 남긴 채 엘프 아키텐Elf Aquitaine을 매각했다. 토탈의 회사 이름은 몇 차례 바뀐다. 최근의 경우로 몇 가지만 언급하자면 1999년 벨기에의 페트로피나Petrofina를 인수한 뒤에는 토탈피나Total Fina로, 2000년에 엘프 아키텐을 합병한 후에는 토탈피나엘프TotalFinaElf로, 2003년에 다시 토탈로 바뀌었다 — 옮긴이주.

는 성장을 의심했다. 일반적으로 프랑스인들은 국가가 민영화한 기업의 주식을 어느 정도 소유하는 방식으로 약간의 개입 권한을 보유하기를 좋아했다. 따라서 프랑스에서 민영화 자체는 독특하게 규제된 형태였다. 정부는 국가가 의존할 수 있는 기업과 사업을 통제하기 위해 신중하게 선별하여 주식을 보유했다. 그래서 외국 투자자들은 여러 해 동안 의심을 거두지 않았는데, 이는 충분히 이해할 만한 일이었다. 그럼에도 프랑스의 기준으로 본다면 변화는 중대했다. 나라를 급격하게 되돌려 유럽의 발전과 국제적 발전에 발맞추었기 때문이다.

1980년대에 서유럽의 여러 나라에 밀어닥쳐 이후 10년 동안 대륙 전역을 휩쓴 민영화 물결에 관해 말할 적절한 때가 온 듯하다. 민영화 물결은 아주 느닷없이 다가오지 않았다. 브리티시 피트롤리엄BP은 앞서 보았듯이 1977년부터 점진적으로 매각되었다. 서독 정부는 일찍이 1959년에 화학 카르텔 프로이사크Preussag의 공공 지분을 처분했으며, 몇 년 뒤에는 폭스바겐 주식을 매각했다. 오스트리아까지도 1950년대에 국영 은행 두 곳의 주식 40퍼센트를 팔아 치웠고, 1972년에는 상당한 양의 지멘스 주식 보유분을 양도했다.

그러나 이러한 매각은 굳이 말하자면 간헐적으로 시행된 실용적인 민영화 조치였다. 반면 1980년대에 이루어진 민영화는 성격이 매우 달랐다. 정부는 두 가지 전혀 다른 방향에서 민영화의 압력에 직면했다. 우선 빠르게 발전하는 기술이, 특히 전기통신과 금융 시장의 발전이 구래의 〈자연적〉 독점의 토대를 훼손했다. 정부가 더는 전파나 자금의 이동을 통제할 수 없다면, 〈소유〉는 별다른 의미가 없었다. 국가가 특정 부문, 이를테면 공영 텔레비전 방송이나 우체국의 일부를 보유해야 한다고 강력히 주장하는 정치적·사회적 논거가 여전히 존재했으나, 이제 경쟁은 불가피해졌다.

둘째, 정부는 단기적인 경제적 필요성 때문에 공적 자산을 매각할 수밖에 없었다. 인플레이션과 1979년에서 1980년 사이에 벌어진 석유 파동, 엄청난 규모의 연간 적자, 정부의 채무 증대로 압박 받던 재무장관들은 공공 자산의 매각이 이중으로 이익이 된다고 판단했다. 국가는 손실을 내는 산업과 서비스를 처분할 수 있었고 그렇게 벌어들인 돈은 비록 일시적이기는 해도 수지 균형을 맞추는 데 도움이 되었다. 어느 산업이나 서비스가 부분적으로 여전히 공적 소유로 남아 있다고 해도(국가는 일반적으로 민간 부문의 구매자들이 원하지 않는 무익한 부분을 보유했다) 주식 매각으로 수혈된 자금은 앞으로 투자에 투입할 수 있었다. 이런 이유로 한층 더 많은 공공 부문 관리자들이 부분 매각을 열렬히 지지했다. 국가가 경상 적자를 메우기 위해 자신들의 이익을 전용하는 데 오랫동안 불쾌했던 것이다.

유럽의 공적 소유와 공적 통제는 형태와 범위에서 매우 다양했다. 산업의 공공 부문은 네덜란드와 덴마크, 스웨덴에서 가장 작았고, 이탈리아와 프랑스, 스페인, 오스트리아에서 가장 규모가 컸다. 공공의료와 사회 복지 사업을 제외하고 80년대 초 국가가 직접 고용한 노동력이 전체 노동력에서 차지하는 비율은 서독의 15퍼센트에서 이탈리아의 28퍼센트, 거의 3분의 1에 달하는 오스트리아까지 편차가 컸다. 오스트리아, 스페인, 이탈리아 같은 몇몇 나라에서는 공공 부문이 거대한 산업 지주회사들로 조직되었고, 그중 이탈리아의 산업재건공사IRI가 가장 컸다.[16]

다른 곳에서 국가의 영향력은 네덜란드의 경우처럼 국영 투자은행과 산업보증기금을 통해서, 벨기에에서는 그에 상응하는 국영 투자회사를 거쳐 나왔다. 철강 산업은 매우 다양한 방법으로 지원을 받았다. 영국에서는 재무부가 관행적으로 국영 기업의 채무를 탕감

---

16 1982년 산업재건공사Istituto per la Ricostruzione Industriale는 이탈리아의 선철 제조 전부, 특수강 생산의 3분의 2, 아이스크림 생산의 4분의 1, 껍질 벗긴 토마토의 18퍼센트를 통제했다.

해 주었다. 프랑스에서는 정부가 저리로 자금을 빌려주었으며 정치적으로 개입하여 자국 생산자들을 외국의 경쟁으로부터 보호했다. 서독에서는 민간 부문의 강철 제조업자들이 직접 현금을 지원받았다.

이 같은 국가 간 편차 때문에 유럽의 민영화 형태는 당연히 서로 크게 달랐다. 그러나 어떤 경우든 민영화에는 규제 완화 조치와 시장 자유화, 민영화한 회사들의 지분 매각이나 재매각을 촉진하기 위한 새로운 금융 수단의 도입이 동반되었다. 주요 수출 부문(자동차, 기계 공업, 화학, 전자 회사들)을 이미 민간이 운영하고 있던 서독에서, 효율과 경쟁을 방해하는 장애물은 국가 통제가 아니라 높은 고정 비용과 노동 시장 규제였다. 독일에서 민영화는 과거 동독이 소유했던 기업들을 처분하기 위해 1990년에 설립된 공기업인 신탁자산관리공사가 주로 떠맡았다.[17]

이탈리아에서 민영화를 막는 주된 장애물은 국가가 아니라 정당들의 기득권이었다. 특히 기독교 민주당과 사회당은 국영 부문과 공공 지주회사들을 동료나 뇌물 제공자에 대한 보상에 이용했는데, 종종 그들과 관급 계약을 맺기도 했고 그들을 소토고베르노sottogoverno에, 다시 말해 자신들의 지배를 뒷받침했던 은폐된 권력 구조에 흡수하기도 했다. 그러나 이 시기에 이탈리아 민간 부문은 이러한 강력한 장애물을 극복하고 꾸준히 성장했다. 특히 영국이나 프랑스, 독일보다 이탈리아에 훨씬 더 많았던, 직원이 100명 미만인 제조업 회사들의 성장이 두드러졌다.

이미 1976년 헌법재판소는 국영 라디오 텔레비전 방송망인 이탈

---

17 신탁자산관리공사Treuhandgesellschaft의 원래 목적은 9천 개에 달하는 동독 회사들을(700만 명의 남녀를 고용하고 있었다) 가능하면 실질적인 사업으로 전환시키고 나머지는 청산하는 것이었다. 그러나 신탁자산관리공사는 이윤을 내지 못하는 많은 회사들을 정치적인 압력 때문에 재건하거나 합병했으며 그럼으로써 아이러니하게도 공공 기금의 보조를 받는 새로운 준공공 부문을 만들어 냈다. 21장을 보라.

리아방송공사의 독점을 끝냈다. 몇 년 뒤 여전히 공공 지주회사의 보호를 받아 운영되고 있던 알파 로메오는 피아트로 〈양도〉되었다. 산업재건공사IRI, 국립보험공사INA, 국립탄화수소공사ENI, 국립 전력공사ENEL 같은 주요 지주 회사들은[18] 6년 내에 모두 공공 합 자회사로 전환되었다. 이 회사들은 아무런 가치도 보유하지 못했다. 오히려 정반대였다. 1984년 산업재건공사는 50만 명의 종업원이 일 인당 연간 450만 리라를 손해 보고 있었다. 그러나 이 회사들은 민영 화가 계획되었는데도 아직 자신들의 통제 아래 전환사채를 발행할 수 있었다.

권위주의 통치에서 벗어난 신생국들의 상황은 상당히 달랐다. 예 를 들어 프랑코 이후의 스페인에서 공공 부문은 실제로 확장되었다. 1976년에서 1982년까지 정부 내 중도파가 파산한 민간 기업들을 국 가로 이전하여 사회적 대결을 회피했던 과거 정권의 전략을 추구하 면서 공공 지출이 국민 총생산에서 차지하는 몫은 꾸준히 늘어났다. 정부로서는 달리 어쩔 도리가 없었다. 이러한 형태의 국유화는, 이 유는 다양했지만, 노동자와 소유주, 중앙 정치인, 지역 정부 당국 모 두 똑같이 선호했던 방식이었다. 공공 부문 축소의 주된 논거 중 하 나는 공공 부문의 체현이었던 복지 국가가 비용이 너무 많이 들어 유지할 수 없다는 것이었다. 어쨌거나 이러한 논거는 스페인이나 포 르투갈, 그리스에는 적용되지 않았다. 해체될 복지 국가가 전혀 존 재하지 않았기 때문이다.

그러나 스페인에는 유럽적 수준의 사회 복지 사업과 보호 장치가 부재했는데도, 그 공공 부문은 과도한 짐에 신음했다. 특혜를 통해 빠르게 성장한 스페인 자본주의의 사춘기가 내버린 무익한 폐물을 넘겨받았기 때문이다. 이미 1976년 국립 산업 공사Instituto Nacional

---

18 Istituto per la Ricostruzione Industriale, Instituto Nazionale delle Assicurazioni, Ente Nazionale Idrocarburi, Ente Nazionale per l'Energia Elettrica.

de Industria 단독으로 (대부분 이익을 내지 못하는) 747개 산업 회사들과 379개의 다른 회사들의 경영권에 이해관계를 갖고 있었다. 스페인이 지불 능력을 확보하려면 일부 민영화와 규제 완화 조치가 불가피했다. 프랑스의 경우와 마찬가지로, 1978년 개인연금 제도를 도입하고 2년 뒤 국영 텔레비전의 독점을 폐지함으로써 이 절차를 개시한 것은 사회당 정권이었다.

혁명 이후 포르투갈에서는 헌법 제 85조와 뒤이은 1977년 법으로 사기업의 은행업, 보험, 운송, 우편, 전기통신, 발전과 송전, 정유, 무기 산업 참여가 명백히 금지되었다. 마리우 소아르스의 사회당 행정부는 1983년 은행업과 보험에서 민간 부문이 국가와 경쟁할 수 있도록 허용하고 철강과 석유, 화학, 무기 산업에서 합자회사의 설립을 허가함으로써 탄력적 운용을 시도했다. 그러나 나머지 부문들이 제한된 경쟁에라도 개방되기까지는 어느 정도 시간이 더 필요했다.

유럽 공동체(유럽 연합)의 충격이 없었다면 지중해 유럽이 국가 통제를 포기하는 일은 훨씬 더 느리게 진행되었을 가능성이 크다(몇 년 뒤 공산주의 체제가 몰락한 이후의 중부 유럽도 마찬가지였다). 민영화를 처음 압박한 것은 1979년 이후 유럽 통화 제도의 고정 환율이었다(미테랑 정부가 공공 자산의 매각에 나선 이유 중 하나는 화폐 시장을 다시 안정되게 하고 그럼으로써 프랑화를 유럽 통화 제도 내에서 협정된 수준으로 유지하는 것이었다). 그러나 브뤼셀의 주된 통치 수단은 유럽 단일 시장의 시행을 위해 만든 규칙들이었다. 단일 시장은 공공 부문이든 민간 부문이든 모든 사업에 여러 나라들 사이의 자유로운 경쟁이라는 규범에 따르라고 강요했다. 나라별 〈대표 선수〉에 대한 장려도 없고, 공적으로 소유되거나 통제되는 기업들이 계약이나 관세에서 은밀히 보조금이나 기타 이득을 얻는 일도 없어야 했다.

각국이 실제로는 이러한 규제를 상당히 회피했을지도 모르지만,

규제가 존재한다는 사실만으로도 국영 기업은 시장에서 사기업과 똑같이 움직여야 했다(이 점에서 국가가 국영 기업의 경영에 간섭할 이유는 거의 없었다). 이탈리아의 경우가 유럽 공동체의 여러 회원국들이 보인 대응을 대표한다. 1990년 이탈리아는 모든 국영 기업의 모든 거래에서 자유롭고 동등한 경쟁 원칙을 적용하라고 요구함으로써 단일유럽법의 관련 조항을 반영하는 새로운 규칙들을 채택했다. 국가의 독점이 〈업무에 필수적인〉 회사나 사업은 예외였는데, 이 조항이 탄력적이면서도 모호했기에 각국 정부는 국내의 압력을 민감하게 주시하면서도 유럽의 규범에 적응할 수 있었다.

브뤼셀(그리고 런던)에서 개방과 〈경쟁〉 강화에 관해 활발하게 논의가 진행되었지만, 민영화의 지지자들이 약속하거나 기대했던 것만큼 변화가 나타나지는 않았다. 비판자들은 결과적으로 더 강한 경쟁이 나타나는 것이 아니라 단지 집중된 경제력이 공공 부문에서 민간 부문으로 이전될 뿐이라고 경고했고, 실제 상황도 그러했다. 예를 들면 프랑스에서는 많은 거대 민간 기업들이 정교한 상호 출자 제도에 힘입어 과거 공기업의 행태를 모방했다. 이 기업들은 부문 전체를 독점했고, 공적 관리를 받을 때 납세자나 소비자에 대해 무감했듯이 소액 〈투자자〉에 민감하게 반응하지 않았다.

역설적이게도 민영화와 경쟁의 증대는 국영 부문의 크기 자체에 별다른 직접적 영향을 미치지도 않았다. 이미 살펴보았듯이 대처 시대의 영국에서 국가의 영역은 실제로 팽창했다. 1974년에서 1990년 사이에(어느 정도는 민간 부문의 고질적인 실업 때문에) 공공사업 종사자의 비율이 실제로 증가했다. 독일에서는 13퍼센트에서 15.1퍼센트, 이탈리아에서는 13.4퍼센트에서 15.5퍼센트, 덴마크에서는 22.2퍼센트에서 30.5퍼센트로 늘었다. 그러나 정부 고용인들은 대부분 제조업이 아니라 3차 산업에 종사했다. 물건을 만드는 것이 아니라 서비스(금융, 교육, 의료, 운송)를 제공하고 관리했던 것이다.

경제 자유화는 이론가들의 바람과는 달리 복지 국가의 붕괴나 쇠퇴의 신호는 아니었지만 자원과 주도권의 배분이 공공 부문에서 민간 부문으로 이전되는 큰 변화를 설명해 준다. 이러한 변화는 누가 어느 공장을 소유하는가 또는 어느 산업에 얼마만큼의 규제가 필요한가라는 기술적인 질문을 크게 뛰어넘었다. 유럽인들은 거의 반백년 동안 국가와 공공 당국이 점점 더 중요한 역할을 수행하는 것을 지켜보았다. 이 과정은 매우 일반적이어서 그 뒤에 숨은 전제, 즉 국가의 적극적인 역할이 경제 성장과 사회적 개선의 필요조건이라는 전제는 대체로 당연하게 여겨졌다. 20세기가 저물어 가던 때에 이 가설에 대한 누적된 해명이 없었다면 대처리즘도 미테랑의 방향 전환도 불가능했을 것이다.

18장
무력한 자들의 권력

마르크스주의는 역사 철학의 하나가 아니라 유일한 역사 철학이다. 그것을 부정하는 것은 역사 속에 작동하는 이성의 무덤을 파는 짓이다.
— 모리스 메를로퐁티

나는 권리에 관해 이야기한다. 권리만이 우리로 하여금 이 환등기 쇼를 그만두게 할 것이기 때문이다.
— 카지미에시 브란디스

전체주의 사회는 근대 문명 전체의 왜곡된 거울이다.
— 바츨라프 하벨

국가 기구의 압력은 설득력 있는 논의의 압력과 비교할 때 아무것도 아니다.
— 체스와프 미워시

서유럽의 오랜 〈사회 민주주의 시대〉의 배후에는 공공 부문에 대한 실용주의적 믿음이나 케인스주의 경제 원리에 대한 믿음뿐만 아니라 그 비판자를 자처하는 자들에게도 영향을 미치고 수십 년간 그들의 목소리를 억눌렀던 시대 인식도 있었다. 이와 같이 널리 공유된 유럽의 최근 과거에 대한 이해에는 대공황의 기억, 민주주의와 파시즘의 투쟁, 복지 국가의 도덕적 정통성, 그리고 (철의 장막 양쪽의 많은 사람들이 지닌) 사회적 진보에 대한 기대가 뒤섞여 있었다. 이는 20세기의 지배적 담론이었다. 그리고 그 핵심 가정들이 훼손되고 무너지기 시작했을 때, 소수의 공공 부문 회사들만이 아니라 정치 문화 전체와 그 밖의 많은 것들이 함께 사라졌다.

이러한 변화가 완성된 상징적 순간, 즉 전후 유럽의 자기 인식이 바뀌는 전환점은 1973년 12월 28일 파리에서 알렉산드르 솔제니친의 『수용소 군도』가 서유럽 최초로 출간되면서 찾아왔다. W. L. 웹은 『가디언』지에 실은 영어 번역본의 서평에서 이렇게 썼다. 〈지금에 살면서 이 책을 알지 못하는 사람은 일종의 역사적 바보이다. 시대 의식의 결정적인 부분을 놓치고 있기 때문이다.〉 기이한 것은 솔제니친 자신도 인정했듯이 책이 전하는 메시지, 즉 〈현실 사회주의〉는 야만스러운 사기극이며 노예 노동과 대량 학살의 토대 위에 세워진 전체주의 독재라는 메시지가 전혀 새롭지 않았다는 사실이다.

솔제니친도 다른 수많은 희생자와 생존자, 관찰자, 학자들처럼 이전에 그 주제에 관해 쓴 적이 있었다. 『수용소 군도』는 앞선 증거들에 수백 쪽의 상세한 내용과 자료를 덧붙였지만, 도덕적 열정과 정서적 충격에서 분명코 다른 증언보다 더 위대한 작품은 아니었다. 이를테면 예브게니아 긴즈부르크의 『회오리바람 속으로 들어가는 여행』은 1967년에 출간되었고, 마르가레테 부버노이만이 소련 수용소와 나치 수용소에서 겪은 경험을 쓴 회고록은 1957년에 독일어로 처음으로 출간되었다. 볼프강 레온하르트[1]가 믿음의 대상을 잘못 찾았음을 깨닫고 써낸 이야기는 1955년에 세상에 나왔고, 빅토르 세르주[2]와 보리스 수바린[3]은 그보다 더 일찍 소련의 신화를 파괴했다.[4]

그러나 시기가 중요했다. 지식인의 공산주의 비판은 결코 부족하지 않았다. 그렇지만 비판의 영향력은 서유럽에서 수십 년 동안(그리고 앞서 보았듯이 동유럽에서 1960년대 내내) 무뎌졌다. 1917년에 러시아에서 최초로 갑작스럽게 등장한 이래로 대륙의 거의 전역에서 우르릉거렸던 국가 사회주의state socialism의 폭풍 속에서도 비록 흐릿할지언정 희망을 찾으려는 욕구가 널리 퍼져 있었기 때문이다. 〈반공주의〉는 그 진정한 동기가 무엇이든, 남들이 무엇을 그 동

---

1 1921~. 독일인 정치 저술가, 역사학자. 1936년에 나치를 피해 소련으로 들어갔다가 1945년에 귀국했으나 동독 공산주의 체제의 권위주의적 통치에 실망하여 1949년에 다시 서독으로 돌아갔다 ─ 옮긴이주.

2 1890~1947. 러시아의 혁명가. 1919년 러시아 공산당에 입당했으며 코민테른에서 기자이자 편집자로 일했다. 볼셰비키에 충성했으나 소련 체제를 공개적으로 비판했다 ─ 옮긴이주.

3 1895~1984. 제정 러시아 태생의 프랑스 사회주의자, 기자, 문필가. 스탈린을 반대하는 여러 좌파 조직과 잡지에서 활동했다 ─ 옮긴이주.

4 Evgenia Ginzburg, *Journey into the Whirlwind*(Harcourt, 1967); Margarete Buber-Neumann, *Von Potsdam nach Moskau: Stationen eines Irrweges*(Stuttgart: Deutsche Verlags-Anstalt, 1957); Wolfgang Leonhard, *Child of the Revolution*(Pathfinder Press, 1979), first published in Cologne in 1955 as *Die Revolution entlässt ihre Kinder*; Victor Serge, *Mémoires d'un révolutionnaire*(Paris, 1951); Boris Souvarine, *Stalin. A Critical Survey of Bolshevism*(first published in English in 1939).

기로 보았든, 역사와 진보에 도전하는 듯했고 〈큰 그림〉을 놓치는 듯했다. 또 (비록 충분하지 않았어도) 민주주의적 복지 국가와 (아무리 부패했어도) 공산주의의 집산주의적 기획을 묶어 주는 본질적인 근접성을 부정하는 것처럼 비쳐졌다.

전후의 합의에 반대한 자들이 그토록 무시된 이유도 바로 여기에 있다. 하이에크 같은 사람들은 공동선을 위해 시장을 억제하는 계획은 비록 선한 의도에서 출발했다고 해도 경제적으로 비효율적일 뿐만 아니라 무엇보다 예속에 이르는 첫걸음이라고 주장했는데, 이는 20세기의 도로 지도를 찢어 버리는 것이었다. 공산당 독재에 반대했던 아서 케스틀러나 레몽 아롱, 알베르 카뮈, 이사야 벌린은 공동선을 위한 사회 민주주의적 개혁과 집산주의 신화의 이름으로 수립된 당 독재를 구분해야 한다고 주장했는데, 이들조차도 그들을 비판한 많은 〈진보적〉 인사들이 보기에는 냉전 시대에 선택한 당파적 정치적 충성을 되풀이하고 그것에 봉사할 뿐이었다.

그러므로 이들은 급진적 교리문답을 포기하지 않으려는 자들과, 특히 60년대 세대와 충돌했다. 이미 죽은 지 오래되었고 그 후계자들에게도 비난받은 스탈린을 조소하는 것과 사람이 아닌 체제가 잘못되었다고 인정하는 것은 전혀 다른 문제였다. 그리고 더 나아가 레닌주의의 범죄와 비행의 책임이 급진적 이상주의의 기획 자체에 있다고 주장하는 것은 근대 정치의 지주를 뒤흔드는 일이었다. 〈공산주의 체제 이후post-communist〉 청년 마르크스주의자들에게 숭배의 대상이었던 영국의 역사가 에드워드 톰프슨은 레셰크 코와코프스키에게(코와코프스키가 1968년을 경험한 뒤 소련 공산주의 체제를 고발하는 글을 발표한 뒤에) 이렇게 비난조로 써 보냈다. 《당신의》 깨달음은 《우리의》 사회주의를 위협한다.〉

그러나 1973년 이러한 믿음은 비판자뿐만 아니라 사건으로부터도 중대한 공격을 받았다. 『수용소 군도』가 프랑스어로 출간되었을 때, 공산당 일간지 『뤼마니테』는 〈모든 사람〉이 이미 스탈린에 관한 모든 일을 알고 있는 마당에 누군가 그 모든 것을 되새긴다면 그 동기는 〈반공주의〉일 수밖에 없다는 점을 상기시키고 더는 언급하지 않았다. 그러나 〈반공주의〉에 대한 비난은 점차 힘을 잃었다. 소련의 프라하 침공과 뒤이은 탄압의 여파, 그리고 중국 문화 혁명의 소문이 새어 나오면서 공산주의 기획 전체에 대한 솔제니친의 철저한 비난은 진실하게 들렸다.

공산주의 체제가 그 급진적 유산을 더럽히고 약탈했다는 사실은 점점 더 명확해졌다. 그리고 캄보디아의 학살과 베트남 〈보트 피플〉의 충격이 널리 알려지면서 곧 드러나게 되듯이 그런 상황은 계속되었다.[5] 베트남과 캄보디아에서 발생한 재앙의 책임은 주로 미국에 있다고 믿고 『수용소 군도』가 출간되기 3개월 전 미국의 공작으로 칠레의 살바도르 아옌데가 살해된 사건으로 미국에 한층 더 강력히 반대했던 서유럽인조차도(그런 사람이 많았다) 사회주의 진영이 도덕적으로 우월하다는 결론을 내리기가 점점 더 힘들어졌다. 미국의 제국주의는 정말로 나빴지만, 반대편의 다른 진영은 훨씬 더 나빴다.

이 시점에서 공산주의에 대한 공격이 〈모든〉 사회적 개선 목적을 은연중에 위협한다는 전통적인 〈진보적〉 주장은(즉 공산주의와 사회주의, 사회 민주주의, 국유화, 중앙 계획, 진보적 사회 공학은 모두 공통의 정치적 기획의 일부라는 주장) 역효과를 내기 시작했다. 논거는 이렇다. 레닌과 그 후계자들이 사회 정의의 우물에 독을 탔고, 우리 〈모두〉 피해를 입었다. 20세기 역사에 비춰볼 때, 국가는 해결책이라기보다는 문제로 간주되고 있었다. 비단 경제적 이유에서만 그렇지도 않았고, 경제적 이유가 주된 이유도 아니었다. 중앙 계획으로 시작한 것은 중앙 권력에 의한 살인으로 끝난다.

물론 이는 매우 〈지적인〉 결론이지만, 당시 국가로부터 벗어나는

---

5 1975년에서 1981년 사이에 프랑스 홀로 인도차이나 난민 8만 명을 수용했다.

현상이 가져온 충격은 지식인이 가장 직접적으로 느꼈다. 무엇보다 위로부터의 사회적 진보 촉진에 가장 열성적이었던 사람들이 바로 지식인이었기 때문이다. 체코 작가 이르지 그루샤는 1984년에 이렇게 말한다. 〈근대 국가를 찬양한 것은 우리(작가들)였다.〉 이냐치오 실로네가 지적했듯이, 현대의 독재자는 천성적으로 지식인의 협력을 요구한다. 따라서 진보라는 거대 담론에 대한 유럽 지식인의 애정이 식어 버리자 뒤이어 눈사태처럼 상황이 전개된 것은 당연했다. 200년 전 그 담론이 처음으로 지적으로 또 정치적으로 구체화되었던 파리에서 이러한 애정의 상실이 가장 현저했다는 사실도 어쨌든 적절했다.

70년대와 80년대의 프랑스는 이제 아서 케스틀러가 말한 〈서구 문명의 볼록렌즈〉가 아니었으나, 프랑스 사상가들은 여전히 보편적인 질문에 몰두하는 성향이 매우 강했다. 이 시기에 스페인이나 서독, 이탈리아의 작가들과 평론가들은 국내 문제에 사로잡혀 있었다(그들의 마음을 빼앗았던 테러리즘의 위협이 급진적 이상주의의 신뢰 하락에 나름대로 영향을 미치기는 했다). 영국의 지식인들은 공산주의의 호소에 깊이 공감한 적이 없었기에 공산주의의 쇠퇴에 대체로 무관심했고 따라서 대륙의 새로운 분위기에서 어느 정도 거리를 두었다. 이와는 대조적으로 프랑스에서는 공산주의 기획에 찬동하는 분위기가 오랫동안 폭넓게 지속되었다. 프랑스의 공적 논의에서 반공주의가 기세를 더하고 공산당의 득표율 하락과 영향력 쇠퇴가 이를 부추겼을 때, 옛일의 기억과 새로운 사례들이 이러한 추세에 기름을 퍼부었다. 신세대 프랑스 지식인들은 놀랍도록 기민하게 마르크스주의에서 빠져나왔다. 때로는 과거의 맹세를 너무 성급하게 저버려 보기 흉할 정도였다.

앙드레 글뤽스만이나 베르나르앙리 레비 같은 70년대 중반 파리의 젊은 〈새로운 철학자들〉은 급진적 이상주의의 견강부회를 비난했지만 대체로 독창적인 면모를 보여 주지 못했다. 1977년 3월에 출간되어 널리 호평을 받은 글뤽스만의 『대사상가들 Les Maîtres penseurs』에 나온 내용은 20년 전 레몽 아롱이 『지식인의 아편 L'Opium des intellectuels』에서 이미 다 비판한 것들이다. 프랑스 독자들은 글뤽스만의 글보다 두 달 늦게 선보인 레비의 『인간의 얼굴을 한 야만 Barbarie à visage humain』도 알베르 카뮈의 『반항하는 인간 L'Homme révolté』을 되풀이하고 있음을 발견했다. 그러나 카뮈의 글이 1951년에 발표되었을 때 장폴 사르트르의 신랄한 비판을 받았던 반면, 레비와 글뤽스만은 영향력 있는 인기 작가였다. 세월이 변했다. 프랑스 국내의 이러한 지적 대변동이 존속 살인의 성격을 띠었음은 분명하다. 겉으로 드러난 표적은 재난을 초래했던 서구 사상 속의 마르크스주의적 우회로였다. 그러나 집중 포화는 주로 프랑스 등에서 전후 지적 생활을 지배했던 인사들을 겨냥했다. 이들은 역사의 경계선 너머에서 반대편을 바라보면서 승자를 찬양하면서도 그들에게 당한 희생자들은 애써 외면했다. 이 공산주의 동조자들 중에서 가장 유명했던 사르트르는 이 시기에 인기를 잃었고, 그의 독창적인 유산은 1980년 사망하기 전부터 이미 소련 공산주의를, 그다음에 마오쩌둥주의를 옹호했다는 이유로 훼손되었다.[6]

파리의 분위기 변화는 한 세대의 참여 지식인들 사이에서 해묵은 원한을 해소하는 데 그치지 않았다. 1978년에 카를 포퍼의 『과학적 발견의 논리 The Logic of Scientific Discovery』 프랑스어판이 처음 출간되었다. 프랑스 국내의 지적 문화는 수십 년 동안 영미 학문을 거의 무시했다. 그러나 이 책의 출간은 영미 철학과 사회과학 전체가 프랑스의 주류로 끊임없이 흡수되는 과정에서 선구자가 되었다. 같은

---

6 『더러운 손 Les mains sales』의 작가는 이미 프랑스 공산주의자들에 대한 관심을 잃어버린 지 한참이 지난 1963년에도 프라하에서 망연자실한 체코 작가들과 지식인들에게 사회주의 리얼리즘에 관해 열변을 토하고 있었다.

해 역사가 프랑수아 퓌레는 혁신적인 내용을 담은 『프랑스 혁명을 생각한다 *Penser la Révolution Française*』를 출간했다. 이 책에서 퓌레는 프랑스인들이 수십 년 동안 자신들의 조국과 과거를 이해하고 배우는 방식이었던 〈혁명의 교리문답〉을 체계적으로 파괴했다.

퓌레가 해부한 이 〈교리문답〉에서 프랑스 혁명은 근대의 시원이었다. 그것은 프랑스를 좌파와 우파가 서로 대립하는 정치 문화로 분열시켰고, 어느 편에 속할지는 적대자들의 계급 정체성이 결정했다. 퓌레의 설명에 따르면 19세기의 자유주의적 낙관론과 마르크스주의의 급진적 사회 변혁의 전망이라는 쌍둥이 지주에 의존했던 이 이야기는 이제 제 몫을 다했다. 특히 목적의식적 급진적 변혁이라는 이 도덕 이야기에서 혁명의 추정 상속인이었던 소련 공산주의가 소급하여 유산 전체를 오염시켰기 때문이다. 퓌레의 말에 따르면, 프랑스 혁명은 〈죽었다〉.

퓌레의 논지에 담긴 정치적 함의는 저자도 잘 이해했듯이 중대했다. 마르크스주의가 정치로서 실패한 것은 별개의 문제였다. 늘 불운이나 환경을 탓할 수 있었기 때문이다. 그러나 거대 담론으로서 마르크스주의가 의심을 받는 것은 상황이 다르다. 다시 말해 역사 속에 이성도 필연성도 작용하지 않았다면, 스탈린의 모든 범죄, 국가의 지도로 사회를 변혁하는 중에 희생된 모든 생명과 자원, 절대적 명령으로써 이상 사회를 건설하려던 20세기의 과격한 실험이 남긴 그 모든 오류와 실패는 길은 옳았지만 잘못 움직였다는 식으로 〈변증법적으로〉 설명될 수 없었다.

퓌레와 그보다 젊은 동시대인들은 1930년대 이래로 유럽의 지적 참여를 그토록 화려하게 채색했던, 역사에 호소하기를 거부했다. 이들은 인간 행위의 진로를 결정하는 〈지배적 담론〉은 존재하지 않으며 따라서 확실하지도 않은 미래의 이익을 들어 현재의 실질적인 고통을 초래하는 공공 정책이나 조치들의 정당성을 입증할 방법도 없다고 주장했다. 달걀을 깨뜨려야 좋은 오믈렛을 만들 수 있다. 그러나 낙담한 인간들 위에 더 좋은 사회를 건설할 수는 없다. 돌이켜 보건대, 이러한 결론은 격렬한 이론적·정치적 논쟁의 결론으로는 매우 불충분하게 비칠 수도 있다. 그러나 바로 그 때문에 변화의 크기를 더 잘 설명해 준다.

에리크 로메르의 「도덕적 이야기들」 연작의 한 편으로 1969년에 제작된 영화 「모드의 집에서 하룻밤」에서, 어느 공산주의 철학자와 가톨릭교도인 그의 동료는 신에 관한 파스칼의 내기Pascal's Wager와 역사에 대한 마르크스주의자의 내기라는 서로 경합하는 주장을 두고 장시간 논쟁한다. 지금에 와서 볼 때 인상적이었던 것은 유럽의 60년대를 기억할 만큼 오래 산 사람이라면 누구에게나 익숙했을 그 대화가 아니라 대화를 받아들이는 사람들의 진지함이었다. 영화 속의 주인공들뿐만 아니라 수백만 명의 당대 관객들이 이를 진지하게 받아들였다. 10년 후, 영화는 잘 모르겠지만 그 주제는 이미 지난 시대의 것이었다. 마음에 들지 않는 정치적 선택을 방어하려고 역사에 호소하는 것은 도덕적으로 순진할 뿐만 아니라 심지어 무감각한 짓으로 보이기 시작했다. 오래전에 카뮈가 지적했듯이, 〈역사에 대한 책임은 사람에게서 인간에 대한 책임을 면하게 해준다〉.[7]

〈역사History〉에 관한(그리고 역사history에 관한) 새로운 불확실성 탓에 서유럽 지식인들에게는 불쾌한 10년이 시작되었다. 서유럽 지식인들은 거대한 역사적 기획들과 지배적 담론들의 해체가 그런 기획과 담론을 조달하는 데 가장 큰 책임이 있으며 이제는 스스로가 굴욕적인 무관심의 대상이 된 말 많은 계급들에(말하자면 자신들에게) 나쁜 조짐이었음을 깨닫고는 걱정하기 시작했다. 1986년 9월 프랑스 사회학자 피에르 부르디외는 어느 프랑스 기자에게 현실 참여

7 "La responsabilité envers l'Histoire dispense de la responsabilité envers les êtres humains."

적인 대중적 사상가의 위상 추락을 한탄하면서 은연중에 자기연민을 드러냈다. 〈내 생각을 말하자면, 오늘날에도 위대한 대의가 남아 있다면 그것은 지식인의 보호라고 생각한다.〉[8]

언젠가 이사야 벌린은 역사 앞에서의 지식인의 자기부정을 〈도덕적 선택의 부담을 벗어던지는 끔찍한 독일적 방식〉이라고 묘사했다. 이러한 평가는 독일인에게는 다소 혹독하다. 그러한 사상의 뿌리가 독일의 낭만주의 철학에 있는 것은 사실이지만 역사적 필연성의 제단에서 자신을 낮춘 유럽인이 비단 독일인만은 아니었기 때문이다. 그렇지만 이러한 평가는 유럽 정치 사상에 막 나타나던 공백을 지적하고 있다. 〈위대한 대의〉가 전혀 남아 있지 않다면, 진보적 유산의 역할이 끝났다면, 어떠한 행위나 정책, 계획을 옹호하는 데 더는 역사나 필연성에 확실하게 의지할 수 없다면, 인간은 어떻게 그 시대의 거대한 딜레마를 해결해야 하는가?

이러한 질문은 대처리즘 과격파에는 전혀 문제가 되지 않았다. 대처주의자들은 공공 정책을 사적인 이해관계의 연장선상에 있는 것으로 취급했으며 시장이 가치와 결과의 심판관으로서 필요충분조건이라고 보았기 때문이다. 또한 그 시대가 유럽의 전통적인 보수주의자들에게는 특별히 성가시지 않았다. 보수주의자들에게 인간사의 선악의 척도는 여전히 종교적 규범과 사회적 관습에 뿌리박고 있었기 때문이다. 종교적 규범과 사회적 관습은 60년대의 문화적 충격파에 손상되기는 했지만 완전히 대체되지는 않은 상황이었다. 다른 각본이 급박하게 필요했던 자들은 유럽의 정치적·문화적 교류에서 여전히 지배적인 존재였던 진보적 좌파였다.

좌파가 찾아낸 것은 놀랍게도 새로운 정치 용어였다. 아니 매우

---

8 "Pour ma part, je pense que s'il y a une grande cause aujourd'hui, c'est la défense des intellectuals," *Le Nouvel Observateur*, #1140, septembre 1986, 'Les Grandes Causes ça existe encore?'

오래되었으나 새롭게 재발견한 용어라고 말하는 것이 나을지도 모르겠다. 권리나 자유라는 용어는 유럽의 모든 헌법에, 특히 인민 민주주의 체제의 헌법에 확고하게 새겨져 있었다. 그러나 〈권리 담론〉은 정치에 관한 사고방식으로서는 유럽에서 여러 해 동안 전혀 유행하지 못했다. 제1차 세계 대전 이후로 권리, 특히 자결권은 전후의 문제 해결에 관한 국제적 토론에서 중추적인 역할을 수행했으며, 베르사유 강화회의에 참석한 이해 당사국들은 대부분 강대국들에 자국의 입장을 강조하면서 권리를 매우 강하게 언급했다. 그러나 이러한 권리는 집단적 권리, 다시 말해 국민과 민족, 소수 민족의 권리였다.

게다가 집단적으로 주장된 권리의 이력은 불행했다. 하나 이상의 민족 사회나 종교 사회의 권리가 충돌했을 때(대개 상반되는 영토 주장을 둘러싸고 일어난다), 우위를 점할 수 있는 유일하게 효과적인 방법이 법이 아니라 폭력이라는 사실은 안타깝게도 늘 명백한 사실이었다. 소수파의 권리는 국가 내에서 보호받을 수 없었으며, 약한 나라의 권리도 이웃의 더 강한 나라의 주장과 맞서면 안전하지 못했다. 1945년의 승전국들은 베르사유 조약의 터무니없는 희망을 되돌아보면서 집단의 이익은 고통스럽지만 효과적인 해결책이었던 영토 재편(훗날 민족 정화로 알려지는 방법)을 통해 더 잘 해결할 수 있다고 결론지었다. 나라를 갖지 못한 민족은 이제 국가와 국민의 세계 속에서 사법상의 예외가 아니라 박해와 불의에 희생된 개인으로 취급되었다.

따라서 1945년 이후 권리 담론은 개인에 집중되었다. 이 또한 전쟁의 교훈이었다. 박해를 받은 자들은 공통의 정체성으로(유대인, 집시, 폴란드인 등) 박해를 받았을지라도 개인으로서 고초를 겪었으며, 새로이 등장한 국제 연합이 보호하려 노력했던 것도 개별적인 권리를 보유한 개인이었다. 국제법과 조약에 구체화된 인권이나 종족 학살, 사회경제적 권리에 관한 다양한 협약은 대중의 감각에 누적적으로 영향을 미쳤다. 이러한 협약들은 개인의 자유에 관한 18세기 영-미의 관심과, 국가가 크고 작은 여러 권리들을(인간의 생존에 관한 권리부터 광고의 사실성에 관한 권리까지) 충족시킬 의무가 있음을 강조하는 20세기 중반의 관념을 결합시켰다.

이와 같은 개인 권리에 관한 법적 표현을 현실 정치의 영역에 밀어 넣은 동력은 동시에 나타난 마르크스주의의 후퇴와 유럽 안보 협력 회의OSCE였다. 유럽 안보 협력 회의는 파리에서 『수용소 군도』가 출판되던 해에 헬싱키에서 개최되었다. 그때까지 좌파 성향의 유럽 지식인들은 오랫동안 〈권리〉에 관한 논의를 소홀히 했다. 이러한 무시는 소위 〈인간의 권리〉는 이기적이며 〈부르주아적〉이라고 치부했던 마르크스의 유명한 언급을 반영했다. 진보적 인사들의 진영에서 〈해방Freedom〉이나 〈자유Liberty〉, 〈권리Rights〉 같은 용어나 기타 〈인간 일반〉에 연관된 추상적 개념들은 〈부르주아의〉, 〈프롤레타리아의〉, 〈사회주의의〉 같은 수식어가 선행할 때에만 진지하게 받아들여졌다.

그리하여 1969년 프랑스 통합사회당 내 일단의 좌파 지식인들은 당이(당시 미셸 로카르와 피에르 망데스프랑스가 이끌고 있었다) 프라하의 개혁가들을 지원했다고 비판했다. 이 좌파 지식인들의 견해에 따르면 프라하의 개혁가들은 〈스스로 원하여 프티 부르주아 이데올로기(인도주의, 자유, 정의, 진보, 보통 비밀 선거 등)에 희생된 자들〉이었다. 이러한 사례는 많았다. 1960년대에 다른 점에서는 다소 온건한 정치를 보여 주었던 서방의 많은 좌파 논객들은 순진해 보일지도 모른다는 두려움에 〈권리〉나 〈자유〉에 대한 언급을 삼갔다. 동유럽에서 개혁 공산주의자들과 그 지지자들도 그러한 낱말을 피했다. 그 용어들이 공식적인 수사법을 모독하고 그 가치를 떨어뜨렸기 때문이었다.

그러나 70년대 중반부터 서유럽 정치권 전체의 모든 연설과 저술에서 아무런 제한 없이 〈인권〉과 〈개인의 자유〉가 언급되었다. 1977년 어느 이탈리아 평자가 말했듯이, 〈완전한〉 자유라는 개념과 이상이 좌파에서 전쟁 이후 처음으로 〈신비화나 선동 없이〉 공개적으로 논의되었다.[9] 이러한 현상이 즉시 정치로 전환되지는 않았다. 80년대에도 서유럽의 노동당과 사회당은 오랫동안 무기력하게 허둥댔기 때문이다. 이들은 많은 경우에 무능력을 감추기 위해 상대방의 정책을 불법적으로 도용하고 있었다. 그러나 서유럽의 학자들과 지식인들은 권리와 자유에 관한 용어들을 새롭게 이용하면서 동유럽의 정치적 반대파의 변화하는 언어를 이해할 수 있었고 장벽 너머로 소통하는 방법을 배울 수 있었다. 시기가 매우 적절했다. 진실로 독창적이고 중대한 변화가 진행 중인 곳은 철의 장막 동쪽이었기 때문이다.

1975년 체코 공산당의 개혁가 즈데네크 믈리나르시는 〈유럽의 공산당원과 사회당원에 보내는 공개서한〉을 썼다. 서한은 특히 유러코뮤니즘의 추종자들에게 체코슬로바키아의 반체제 인사 탄압에 저항하는 운동에 지지를 보내 달라고 호소했다. 개혁 공산주의의 환상은 좀처럼 사라지지 않았다. 그러나 믈리나르시는 이미 소수파였다. 소련 진영의 공산주의 비판자들은 대부분 사회주의와 서방 동지들에 대한 믈리나르시의 믿음을 곤혹스럽게 생각했다.

아직까지는 〈반체제 인사〉(지칭의 대상이 된 사람들이 일반적으로 좋아하지 않았던 용어)라고 불리지 않았던 이러한 비판자들은 정권과 정권이 신봉했던 〈사회주의적〉 언어를 대체로 외면했다. 1968년 직후 〈평화〉와 〈평등〉, 〈형제애〉 등의 용어를 어색하게 채택했던 사회주의 언어는 특히 그 언어를 진지하게 받아들였던 60년대

9 Antonino Bruno, *Marxismo e Idealismo Italiano* (1977), pp. 99-100.

활동가들에게 각별히 가식적으로 들렸다. 학생, 학자, 기자, 극작가, 문필가 등을 주류로 한 60년대의 활동가들은 특히 체코슬로바키아에서 억압의 주된 희생자였다. 〈망각의 대통령〉으로 불린 구스타프 후사크가 이끄는 체코슬로바키아 공산당 지도부는 〈질서〉를 재확립할 최선의 방법은 모든 이견과 과거에 대한 모든 언급을 잠재우면서 물질적 개선으로 대중의 불만을 누그러뜨리는 것이라고 생각했다. 그리고 이러한 판단은 옳았다.

정권의 반대자들은 어쩔 수 없이 지하로 숨어들었고(수많은 실직 교수들과 작가들이 화부와 보일러 관리인으로 일한 체코의 경우 말 그대로였다) 따라서 박해자들과 어떠한 정치적 토론도 할 수 없었다. 대신 반대자들은 앞선 시절의 마르크스주의식 표현과 수정주의 논쟁을 포기하고 자신들의 처지를 묵묵히 받아들였으며 〈비정치적〉 주제들에 경도되었다. 헬싱키 협정 덕에 이 중에서 〈권리〉가 단연 최고로 이용하기 쉬운 주제였다.

소련 진영의 모든 헌법은 공식적으로 시민의 권리와 의무에 주목했다. 따라서 헬싱키에서 합의된 매우 구체적인 부가 권리들은 공산주의 체제의 국내 비판자들에게 전략적 기회를 제공했다. 체코 역사가 페트르 피트하르트가 간파했듯이, 요점은 아직까지 보유하지 못한 몇몇 권리를 요구하는 것이 아니었다. 그런 요구는 틀림없이 다음 단계의 억압을 부르는 초대장이었다. 대신 정권이 이미 인정한 법에 명시된 권리를 주장해야 했다. 그렇게 되면 〈반대파〉는 온건하고 거의 보수적인 분위기를 띠면서도 당을 수세에 몰아넣을 수 있었다.

〈사회주의〉 법률의 문구를 진지하게 받아들이는 것은 단순히 공산주의 통치자들을 당혹하게 만드는 책략에 그치지 않았다. 모든 것이 정치적인(따라서 정치 자체가 불가능한) 폐쇄된 사회에서 〈권리〉는 전진할 수 있는 기회를 제공했다. 〈권리〉는 〈침묵의 70년대〉에 동유럽을 뒤덮었던 비관론의 장막을 처음으로 찢어 버렸고, 정권의 권력 언어 독점을 해체했다. 게다가 헌법이 보장하는 개인의 권리는 본질적으로 개인이 공동체에 요구할 수 있는 권리를 지니고 있음을 공식적으로 증언한다. 헌법상의 권리는 무력한 개인과 전능한 국가 사이의 공간을 보여 주고 있다.

헝가리의 젊은 이론가 허러스티 미클로시가 인정했듯이, 공산주의 체제가 지닌 결점의 보완책으로서 권리(인권) 운동이 지향해야 할 목표는 더 나은 공산주의 체제가 아니라 시민 사회(즉 부르주아 사회)의 복원이었다. 프라하나 부다페스트의 지식인들이 마르크스주의의 실천 과제를 뒤집어 사회주의 국가를 부르주아 사회로 대체한다는 것의 역설을 모를 리 없었다. 그러나 허러스티의 헝가리인 동료 버이더 미하이가 설명했듯이, 조국이 겪은 〈시민의 폭정이라는 참을 수 없는 역사적 경험〉보다 부르주아의 패권이 단연코 더 바람직하게 보였다.

시민 사회(목표를 명확하게 기술하고 있지는 않지만 70년대 중반 이래 동유럽의 지식인 반대파가 널리 채택했던 모호한 어구)를 재건하려는 노력에 담긴 의미는 이들이 1968년 이후에 당-국가의 개혁이 불가능하다는 점을 인식했다는 것이다. 프라하의 후사크나 베를린의 호네커가(소련은 말할 것도 없다) 〈권리-담론〉의 논리를 인정하고 자국의 헌법을 있는 그대로 받아들이리라고는 누구도 진정으로 기대하지 않았다. 이론상의 권리를 말하는 것은 바로 실제로는 권리가 존재하지 않는다는 점을 증명하는 것이며 국내외의 관찰자들에게 이 사회들이 사실상 얼마나 자유롭지 못한지 깨닫게 하는 것이었다. 새로운 반대파는 공산당 당국과 싸우는 대신 의도적으로 그들을 지나쳐 이야기했다.

이러한 과정은 허러스티나 1976년 『새로운 진화론*A New Evolutionism*』을 써서 이후 폴란드 반대파의 전략 대부분을 기획했던 아담 미흐니크 같은 반체제 인사들에게는 마르크스주의와 그 사회경제적 측면이 우선한다는 주장에 헌신했던 젊은 시절에서 근본적으로 이탈하는 것이었다. 바츨라프 하벨처럼 마르크스주의 논쟁에 조금도 관여한 적이 없는 사람들에게는 이행이 훨씬 더 쉬웠다. 하벨은 1948년 이후 공산당 정권에 집안의 재산을 빼앗긴 부유한 프라하 사업가의 아들이었다. 그는 동시대에 활동했던 사람들이 지녔던 청년기의 혁명적 열정을 전혀 보여 주지 못했으며 1968년 이전에 그들의 개혁적인 노력에 적극적으로 참여하지도 않았다. 하벨과 공산당 당국 사이의 관계는 하벨이 부르주아 출신이었기 때문에 언제나 적대적이었지만 전혀 정치적이지 않았다.

하벨은 70년대와 80년대를 거치면서 자신의 활동 때문에 공격받고 체포되고 결국 투옥되었고 정치적으로 지극히 중요한 인물이 된다. 그러나 하벨의 〈메시지〉는 계속해서 단호하게 비정치적이었다. 그의 주장에 따르면 권력의 자리에 앉아 있는 자들과 논쟁하지 않는 것이 핵심이었다. 거짓말 위에 수립된 정권에서는 진리를 말하는 것이 중요하기는 했지만, 진리를 말하는 것조차 원래는 핵심이 아니었다. 당대의 상황에서 유일하게 의미 있는 일은 〈진리 안에서 사는 것〉이었다. 나머지는 전부 타협이었다. 〈누군가 정치적 세력화를 시도한다면 그는 진리를 우선시하는 대신 이미 권력 게임을 시작한 것이다.〉

하벨이 1984년 체코슬로바키아의 허약한 지식인 반대파의 목적과 전술에 관해 쓴 글에서 설명했듯이, 목표는 정권이 무엇을 강요하든 간에 자율적으로 행동하는 것, 다시 말해 마치 진정으로 자유로운 듯이 살아가는 것이었다. 이것이 대부분의 사람들에게 효력이 있는 처방은 전혀 아니었다. 하벨도 그 점을 잘 이해했다. 〈오늘날의 세계에서 이러한 처방은 아마도 비현실적인 방법이며 일상생활에 적용하기가 매우 어려울 것이다. 그렇지만 더 나은 대안을 나는 알

지 못한다.〉

하벨의 견해에 선례가 없지는 않았다. 바로 얼마 전인 1967년 6월에 루드비크 바출리크가 제4차 체코슬로바키아 작가동맹 대회에서 연설하면서 당시의 동료들에게 유사한 〈마치…… 하듯이〉 전략을 권고했다. 바출리크는 이렇게 말했다. 우리는 〈시민이 되는 놀이를 해야 하며…… 마치 우리가 성인이고 법률상 독립적인 인간인 듯이 말해야 한다〉. 그렇지만 낙관적인 분위기가 더 강했던 60년대에는 여전히 권력자의 융통성과 적응력을 어느 정도 기대할 수 있었다. 미흐니크나 하벨이 비슷한 주장을 채택했을 때에는 상황이 많이 변했다. 이제 요점은 정부에 어떻게 통치하라고 조언하는 것이 아니라 국민에게 어떻게 살아야 할지 권고하는 것이었다.

70년대의 상황에서 동유럽 지식인들이 〈국민에게〉 어떻게 처신해야 할지 〈권고〉할 수 있다는 생각은 꽤나 거창해 보일 수 있다. 대다수 지식인은 서로 무엇인가 권고할 처지가 전혀 아니었고, 동료와 일반 시민에게는 더욱 그럴 처지가 아니었기 때문이다. 특히 헝가리와 폴란드의 지식인들은 산업 중심지의 실상과 여론에 대체로 무지했으며 농민의 세계와는 한층 더 심하게 단절되어 있었다. 실제로 헝가리의 반체제 인사 셸레니 이반과 콘라드 죄르지(조지 콘래드)의 말을 빌리자면 〈지식인을 계급 권력에 이르는 길 위에〉 올려놓은 정치 체제인 공산주의 덕분에, 과거 중부 유럽에서 볼 수 있었던 〈지식인〉과 〈인민〉 사이의 구별이 재등장했다고 말할 수 있다(이 구별은 체코슬로바키아 같은 평민 사회보다는 헝가리와 폴란드 같은 귀족 사회에 더 잘 들어맞지만 1948년 이후에는 체코슬로바키아에서도 인위적으로 등장했다).

이 간극을 제일 먼저 메운 사람들은 폴란드인들이었다. 1976년 식품 가격 급등에 항의하는 일련의 파업이 발생했고, 정권은 우르수스와 라돔 같은 산업 도시들에서 노동자를 구타하고 체포하는 등 강력히 반격했다. 야체크 쿠론과 몇몇 동료들은 1976년 9월 〈노동자 보호 위원회KOR〉 결성을 선포했다. 이러한 대응은 몇 해 전 노동자와 지식인의 항의에서 나타난 상호 무관심을 의도적으로 깨뜨린 것이었다. 노동자 보호 위원회의 목적은, 그리고 몇 달 뒤에 설립된 〈인권과 시민권 보호 위원회ROPGiO〉의 목적은 노동자의 시민권에 대한 공격을 널리 알리고 법률적으로 그들을 지원하며 공동 전선을 수립하는 것이었다. 3년 뒤인 1979년 12월 유대인, 가톨릭교도, 전직 공산당원 등으로 구성된 노동자 보호 위원회의 지식인 지도자들은 「노동자 권리 헌장」을 작성하여 공개한다.

따라서 폴란드에서 자율적인 시민 영역의 창출은, 아니 이에 대한 주장은 사회적 대결에서 비롯했다. 정치적 환경이 훨씬 더 열악했던 국경 너머 체코슬로바키아에서는 자율적인 시민 영역이 법률적인 기회로부터 만들어졌다. 1977년 1월, 일단의 체코슬로바키아 시민이 정부가 체코슬로바키아 헌법의 인권 조항들과 1975년의 헬싱키 협정 최종 결의문, 정치적·시민적·경제적·문화적 권리에 관한 국제 연합의 규약들을 이행하지 않았다고 비판하는 문서에(처음에는 서독의 한 신문에 성명서 형태로 실렸다) 서명했다. 전부 체코슬로바키아 정부가 서명한 것이며, 헬싱키 협정 법령 120조의 경우 체코슬로바키아 법전에 공식적으로 포함되었다.[10]

훗날 「77헌장」으로 알려지는 이 문서의 서명자들은 자신들을 〈우리나라와 전 세계에서 인권과 시민권의 존중을 위해 개인적으로나 집단적으로 투쟁할 의지로 결합한…… 사람들의 느슨하고 비공식적이며 개방적인 결사〉라고 설명했다. 서명자들은 77헌장이 조직이 아니며 규약이나 상설 기구를 갖추지 않았고 〈어떠한 정치적 반대파의 토대도 되지 않을 것〉이라는 점을 조심스레 강조했다. 마지막 강

10 기묘하게도, 이러한 규약들이 국제법의 구속력을 갖게 한 것은 1976년 국제 연합 인권 규약을 서른다섯 번째로 비준하기로 한 체코슬로바키아 정부의 결정이었다.

조는 체코슬로바키아 법 테두리 내에서 활동하겠다는 뜻이었다.

77헌장은 자신 외에는 누구도 대표하지 않았던 용감한 개인들로 구성된 작은 연락망의 활동이었다. 최초의 문서에 서명한 사람은 234명이었고, 다음 10년 동안 (전체 인구 1500만 명 중에서) 겨우 641명이 합류했다. 헌장의 초대 대변인은 둡체크 정부에서 외무장관 직을 역임한 이르지 하예크와 체코슬로바키아의 선도적 철학자인 초로의 얀 파토치카였는데, 두 사람 모두 공적 지위나 영향력을 갖지 못한 고립된 지식인이었다. 그렇다고 해서 당국이 〈반국가적·반사회적·선동적 종이 쪼가리〉인 그 성명서에 격하게 반응하는 것을 막지는 못했다. 서명자들은 1950년대 시범 재판에나 사용되었던 〈반역자와 배반자〉, 〈제국주의의 충성스러운 하인이자 대리인〉, 〈파산한 정치인〉, 〈국제적인 협잡꾼〉 등 다양한 용어로 기술되었다. 서명자들은 보복을 당했고 협박을 받았다. 직장에서 해고되었으며, 자녀들은 학교 교육을 받지 못했고, 운전면허가 정지되었으며, 강제로 추방되고 시민권을 빼앗겼으며, 구금되고, 재판받고, 투옥되었다.

체코슬로바키아 정부가 77헌장 서명자들을 가혹하게 처리하고 새로운 세대의 젊은 음악가들(특히 록 그룹 플라스틱 피플 오브 더 유니버스Plastic People of the Universe)을 탄압하자, 1978년 4월 〈부당하게 박해받은 자들을 위한 보호 위원회 VONS〉라는 지지 단체가 설립되었다. 목적은 노동자 보호 위원회와 비슷했다. 프라하 정권은 이러한 상황에 대응하여 하벨을 포함하여 위원회의 주요 인물 여섯 명을 체포하고 이듬해에 이들을 국가 전복 음모로 재판에 회부했다. 1979년 10월 이들은 최고 5년까지 징역형을 선고받았다.

1968년의 여파로 공산당 정권들은 모두 (차우셰스쿠의 루마니아를 제외하고) 사실상 헝가리의 카다르가 썼던 방법을 채택했다. 이제 국민의 진정한 충성을 구하는 시늉조차 하지 않았고, 국민에게는 복종하고 있다는 표시만 내보이라고 요구했다. 77헌장의 한 가지 목적은 〈부당하게 박해받은 자들을 위한 보호 위원회〉처럼, 아니면 노동자 보호 위원회처럼 동료 시민들이 공공의 사건에 냉소적으로 무관심해지지 않도록 하는 것이었다. 특히 하벨은 시민들이 주목받지 않으려고 무분별하게 스스로를 낮추는 일이 없어야 한다는 점을 강조했다. 정부가 그런 상황을 보며 희희낙락하도록 해서는 안 된다는 말이었다. 그렇지 않으면 정권은 〈모든 시민을 전초(前哨)〉로 쓸 수 있게 된다고 하벨은 주장했다. 이는 하벨이 그의 고전적인 글 『무력한 자들의 권력*The Power of the Powerless*』에서 자신의 가게 창문에 〈만국의 노동자여, 단결하라!〉라고 쓰인 표지를 의례적으로 걸어 놓은 잡화상을 사례로 들어 설명한 주제이다.

반체제 지식인들의 관심사 중에서 몇 가지는 다른 것보다 대중의 냉담과 공포를 극복하는 데 더 적합했다. 15장에서 이미 언급했던 환경 재앙의 등장이 그중 하나였다. 슬로바키아 정부의 자체 조사에 따르면 1982년 총 3,500마일(약 5,600킬로미터)에 달하는 강의 45퍼센트가 오염되었다. 공화국의 동부에서 우물물의 5분의 4는 음용수로 부적합했다. 이는 대체로 그 지역 집단농장에서 비료를 과도하게 사용한 결과로 소련의 흑토 지대에서 겪었듯이 토양 오염과 작황 실패로 이어졌다.

80년대 초가 되면 북부 보헤미아는 공업 생산과 에너지 생산에 값싼 갈탄을 사용한 탓에 유럽에서 최악의 공기 오염 지역이 되었다. 그 지역에서 생산되는 735억 킬로와트의 전기 중에서 640억 킬로와트가 유황 함유량이 높은 이 연료를 사용하는 발전소에서 만들어졌다. 그 결과로 1983년 체코 숲의 약 35퍼센트가 죽었거나 죽어 가고 있었으며, 체코 강의 3분의 1은 지나치게 오염되어 산업 용수로도 쓸 수 없게 되었다. 체코슬로바키아 정부는 어린이의 호흡기 질환을 다룰 특별 의료 서비스를 마련해야만 했다. 이반 클리마는 「크리스마스 음모」라는 글에서 체코의 수도 거리로 걸어 들어가는 장면을

이렇게 묘사했다. 〈검고 차가운 안개에서 연기와 유황, 자극적 물질의 냄새가 났다.〉

사회주의 체제에서 오염의 주범은 국가였다. 그러나 고통은 사회가 당했고, 따라서 공해는 모두가 걱정한 문제였다. 그것은 또한 은연중에 정치적인 면도 지녔다. 환경을 보호하기가 그토록 어려웠던 이유는 아무도 예방 조치에 관심이 없었기 때문이다. 효과적인 공적 제재를 일관되게 시행해야 개선을 이룰 수 있었는데, 낭비를 제일로 권장하는 당국이 어쨌거나 규제의 주체일 수밖에 없었다. 당국의 입장에서는 오염 규제 조치를 자발적으로 적용하여 〈할당량〉을 위태롭게 할 만큼 경솔한 공장 관리자나 농장 관리자가 있다면 심각한 곤란을 겪었을 것이다. 점점 더 많은 사람들이 인식하게 되었듯이, 공산주의 경제 체제는 본래 환경에 해로웠다.[11]

당연한 일이지만 작가들과 학자들은 검열이 두려웠다. 출판이나 공연을 가로막는 장애물은 공산주의 국가마다 상당히 달랐다. 1969년 이래로 체코슬로바키아 당국은 뻔뻔스러울 정도로 억압적이었다. 수천 명의 사람들이 출판과 공공 행사를 금지당했을 뿐만 아니라, 광범위한 주제와 인물, 사건 등이 언급조차 될 수 없었다. 폴란드에서는 이와 대조적으로 가톨릭교회와 그 기관들과 신문들이 보호 공간을 확보해 주어서 비록 조심스럽기는 했지만 어느 정도의 문학적 자유와 지적 자유를 누릴 수 있었다.

헝가리와 마찬가지로 여기서도 문제는 흔히 〈자기〉 검열이었다. 지식인이나 예술가, 학자는 관객에게 다가가기 위해 언제나 있을 수 있는 정부의 반대를 예상하여 작품을 고치고 주장을 다듬거나 숨기

---

11 환경 보호 운동에도 내부 이견이 존재했다. 슬로바키아 작가인 밀란 시메치카는 동료들에게(그중에는 하벨도 있었다) 근대화의 혜택을 과소평가하지 말라고 경고했다. 〈내 생각을 말하자면 산업의 번창에 동반되는 공해조차 기본적인 욕구를 충족시킬 수 없는 사회에 만연한 무질서와 무자비함보다는 낫다.〉 Milan Šimečka, 'A World With Utopias or Without Them', *Cross-Currents*, 3 (1984), p. 26.

려 했다. 문화와 예술이 중대하게 받아들여지는 사회에서, 이런 순응을 통해 얻는 직업적·물질적 이익은 결코 무시할 수 없었다. 그러나 자존심의 상실이라는 도덕적 대가도 만만치 않았다. 150년 전 하이네가 한 이야기는 많은 동유럽 지식인들이 동감할 수 있었을 것이다. 〈사상의 사형 집행인들은 우리를 범죄자로 만든다. 왜냐하면 작가는…… 종종 유아 살해의 죄를 범하기 때문이다. 작가는 어리석게도 검열관의 견해가 심히 두려워 사고의 싹을 잘라 버린다.〉

이러한 행위는 일종의 부분적 공모였다. 침묵(체스와프 미워시의 『포로의 마음 Captive Mind』에 나오는 〈케트만〉의 내면으로의 침잠)[12]은 또 다른 공모였다. 그러나 자신의 작품을 불법 복사본으로 유포시켜 발표했던 자들은 불가시성이라는 우울한 전망에 마주해야 했다. 자신들의 사상과 예술을 폐쇄된 소수의 독자에게 국한해서 전달해야 했기 때문이다. 기껏해야 어느 체코 지식인이 침울한 기분으로 일컬었던 것처럼 지하 출판 samizdat의 자위행위와도 같은 만족을 경험했을 뿐이다. 독자는 전부 필자이기도 했던 2천 명의 지식인이었다.

게다가 용기 자체가 작품의 질을 보장하지는 않았다. 지하 출판물은 비순응적이고 반체제적이며 흔히 위험스러운 측면을 지녔기 때문에 낭만적인 분위기와 때로는 과장된 의미를(특히 서방의 찬미자들 사이에서) 띠었다. 실로 독창적이고 급진적인 사상이 소비에트 진영의 부패해 가는 퇴비 더미 속에서 꽃을 피우고 무성하게 자랄 수 있었다. 공산주의 체제의 악의 꽃이었던 하벨과 미흐니크의 작품은 그러한 사례로 최고였지만 유일하지는 않았다.[13] 그러나 다른 많

---

12 케트만은 책의 3장에 나오는 인물로 내심 자유 사상가를 자처하지만 지배자의 요구에 순응하는 사람들을 비유한다.

13 유고슬라비아는 예외이다. 〈유고슬라비아에서는 공식적인 문화가 형성된 적이 없기 때문에(그렇다고 문화 생활에 관한 공식적인 숫자를 없앴다는 말은 아니다), 다른 사회주의 국가들이 키워낸 것 같은 지하의 대안 문화나 대응 문화가 충분히 자라날 수 없었다.〉

은 경우에 작품이 공식적으로 출판되지 못했다는 사실이 작품의 질을 보장하는 것은 아니었다. 〈검열의 여신〉(조지 스타이너)은 없다. 정권이 당신을 좋아하지 않는다는 것이 당신이 유능하다는 뜻은 아니기 때문이다.

따라서 일부 유명한 반체제 지식인의 평판도 사상의 자유 시장에 노출되자 곧 시들어 버렸다. 헝가리의 콘라드 죄르지는 〈반정치 Antipolitics〉에 관해 제멋대로 쓴 글로 80년대에 널리 칭찬받았는데, 1989년 이후 다른 많은 사람들과 더불어 시야에서 사라진다. 동독 소설가 크리스타 볼프 같은 이들은 공산주의 체제에서 작가로 살아가기 어렵다는 사실 자체가 자신들에게 주제와 어느 정도의 힘을(그리고 공적 지위를) 제공했음을 잘 이해했다. 공산주의 사회의 많은 지식인들이 이민과 망명의 기회를 포기한 이유도 여기에 있다. 자유로우나 아무 의미 없는 존재가 되기보다는 탄압을 받더라도 중요한 존재가 되는 것이 더 나았기 때문이다.

이 시기의 다른 고려할 사정, 즉 유럽으로 시급히 〈되돌아〉가야 한다는 널리 퍼진 주장의 배후에도 의미 없는 존재가 된다는 두려움이 도사리고 있었다. 이 또한 검열처럼 지식인에, 실제로는 대체로 과거 합스부르크 제국이었던 서부 지역 출신 작가들에 국한된 관심사였다. 소련이 강요한 후진성과 저개발이 그곳에서 특히 더 고통스러웠기 때문이다. 이러한 정서의 대변자로 가장 유명했던 인물은 체코의 소설가이자 극작가인 밀란 쿤데라였다. 파리에 망명하여 글을 썼던 쿤데라에게 〈중부〉 유럽(명백히 쿤데라의 주장을 관철시키기 위해 부활된 지리적 용어)의 비극은 아시아의 외국 독재 정권의 지배를 받은 것이었다.

쿤데라는 조국에서 그다지 큰 평가를 받지 못했다. 나름의 이유로 망명이나 성공을 버리기로 결정했던 동료들은 쿤데라의 망명과 성

Dubravka Ugrešić, *The Culture of Lies* (1998), p. 37.

공에 분개했다. 그러나 동쪽의 〈다른 하나의〉 서구를 도외시하고 무시했다고 고발하는 쿤데라의 일반적인 논지는 특히 서유럽 독자들에게는 널리 공유되었다. 이런 주제는 이미 미워시가 1950년대에 흐릿하게나마 제시한 적이 있었다. 미워시는 이렇게 말했다. 〈전후 폴란드의 시에 관한 책을 한 권 쓴다면 서유럽, 특히 프랑스 지식인들을 풍자하고 조롱하는 시에 관한 장이 있어야 한다.〉

77헌장 같이 시민이 주도한 움직임에 회의적이었던 쿤데라가 보기에 공산주의 체제 체코의 상황은 유럽 중심부의 국민적 정체성과 운명이라는 옛 문제의 연장선상에 있었다. 그곳의 작은 국가들과 국민들은 늘 사라질 위험에 처해 있었다. 쿤데라가 느끼기에 체코 안팎의 지식인 반대파는 모스크바의 〈비잔티움〉 제국을 변화시키려 애쓰느라 시간을 허비할 것이 아니라 이러한 관심사에 국제 사회의 이목을 끌어야 했다. 게다가 중부 유럽은 〈집약된 형태로 드러난 서방의 운명〉이었다. 하벨은 동의했다. 공산주의 체제는 역사가 서방을 향해 붙들고 있는 어두운 거울이었다.

폴란드인들은 미흐니크처럼 〈중부 유럽〉이라는 용어를 쓰지 않았으며 〈유럽으로 되돌아가기〉에 관해서도 그다지 많은 말을 하지 않았다. 한편으로 폴란드인들은 체코인들과 달리 달성 가능성이 높은 더 가까운 목표들을 추구할 수 있었기 때문이다. 그렇다고 폴란드인들이 언젠가 새로운 유럽 공동체의 이익을 공유하는 꿈을(사회주의라는 실패한 신화를 〈유럽〉이라는 성공적인 우화로 바꾸는 꿈) 포기했다는 뜻은 아니다. 그러나 곧 살펴보겠지만 그들에겐 먼저 추구해야 할 더 직접적인 목표가 있었다.

동독인들에게도 그들만의 관심사가 있었다. 브란트와 그의 후계자들이 시행한 동방 정책의 역설 중 하나는 서독의 관료들이 동독에 다량의 경화를 넘겨주고 독일 민주 공화국을 인정하고 배려하고 지원함으로써 의도하지 않게 내적 변화의 기회를 없애 버렸다는 사실

이다. 그중에는 오염되고 노후한 산업 경제의 개혁도 포함된다. 도
시 간에 자매결연을 하고 존중을 표하여 〈가교를 건설함으로써〉 서
독의 정치인들은 동유럽 정권들에 대한 서방의 비판과 거리를 두어
독일 민주 공화국 지도부에 모든 일이 잘되고 있다고 믿게 했다.

　나아가 서독은 동독의 정치적 반대파와 수감자들을 〈사들여〉 동
독의 가장 유명한 반체제 인사들 몇 명을 빼앗아 왔다. 어떤 공산주
의 사회도 같은 언어로 이야기하는, 서방의 도펠겡어를 갖지는 못했
다. 그래서 떠나고자 하는 유혹은 늘 존재했으며, 독일 민주 공화국
의 작가와 예술가의 마음을 사로잡은 권리의 목록에서 〈이주의 권
리〉는 보통 첫 줄을 차지했다. 그렇지만 동독 정권을 비판하는 많은
〈내부〉 비판자들은 조국을 버릴 수도, 오랫동안 간직했던 사상을 버
릴 수도 없었다. 실제로 70년대 말 동독은 유럽에서 마르크스주의를
비공식적으로, 심지어 당내에서도 비판할 수 있는 유일한 나라였다.
가장 유명한 반체제 인사들은 모두 좌파의 시각으로 공산당 당국을
공격했다. 체코 작가 이르지 펠리칸이 신랄하게 지적했듯이, 바로
이러한 태도 때문에 동유럽의 다른 곳에서는 동독 반체제 인사들의
말을 귀담아듣지 않았다. 자신들에게는 아무런 의미도 없는 말이었
기 때문이다.

　수년 동안 박해당한 끝에 1979년 서방으로 추방된 루돌프 바로는
〈현실 사회주의〉를 뚜렷한 마르크스주의적 시각으로 비판한 『대안:
현존 사회주의에 대한 비판*Die Alternative. Zur Kritik des real existieren-
den Sozialismus*』으로 가장 유명했다. 이 시기에 대중가수 볼프 비어
만을(1976년에 서방으로 추방되었다) 위해 일한 죄목으로 기소되어
벌금형을 선고받은 늙은 공산주의자 로베르트 하베만은 집권당이
권리를 남용했을 뿐만 아니라 이상을 배반했으며 또 대량 소비와 소
비재의 사적 소유를 조장했다고 비난했다. 독일 민주 공화국 철학계
의 주요 인물이자 정권의 〈관료적〉 일탈을 오랫동안 비판했던 볼프

강 하리히도 〈소비주의의 환상〉에 똑같이 거세게 반대했다. 하리히는 집권당이 소비주의의 환상에 맞서 주민을 재교육해야 할 의무가 있다고 보았다.

독일 민주 공화국 내부의 공산주의 반대 세력은 폴란드에서 그랬듯이 교회를 중심으로 연합했다. 독일에서는 신교의 복음교회연맹이 중심이 되었다. 여기에서 권리와 자유라는 새로운 언어는 기독교 신앙의 언어와 만났고 (또다시 폴란드의 경우와 마찬가지로) 유일하게 남아 있던 사회주의 이전 제도와 결합하여 강화되었다. 교회의 영향력은 또한 동독의 반체제 서클에서 〈평화〉 문제가 두드러진 점을 잘 설명해 준다.

동유럽 지역에서는 서방의 〈평화 운동가들〉과 핵무기 폐기 활동가들이 상당한 의심을 받았다. 이들은 기껏해야 순진한 바보들이었고, 아무 생각 없이 소련의 조종에 놀아나는 도구일 가능성이 컸다.[14] 이를테면 바츨라프 하벨은 80년대 초에 확대되던 서유럽의 반전 운동을 서유럽 지식인들의 주의를 다른 곳으로 돌리고 무력화하기 위한 수단이라고 생각했다. 하벨은 〈평화〉란 국가가 사회와 영구적인 전쟁 상태에 있는 나라에서는 선택할 수 없는 대안이라고 주장했다. 현 상황에서 평화와 군비 축소는 서유럽을 자유롭고 독립적으로 만들겠지만, 소련의 동유럽 지배는 유지할 것이었다. 그렇지만 〈평화〉 문제를 권리와 자유에 대한 요구와 분리하는 것은 실수였다. 아담 미흐니크가 말했듯이 〈전쟁의 위험을 줄이는 조건은 인권의 완벽한 존중〉이기 때문이다.

그러나 동독에서는 평화 운동이 큰 반향을 불러일으켰다. 분명 부분적으로는 서독과 연결되었다는 사실로부터 덕을 보았다. 그렇지만 다른 이유도 있었다. 역사도 정체성도 없이 우연히 생겨난 국가

14 충분한 이유가 있다. 오래전부터 알려진 사실이지만, 당시 소련과 동독의 정보부는 영국과 서독의 평화 운동들 속으로 완벽하게 침투했다.

에 불과한 독일 민주 공화국은 그럴듯하지는 않지만 평화 혹은 최소한 〈평화로운 공존〉이 그 진정한 존재 이유라고 설명할 수 있었다. 그러나 동시에 동독은 사회주의 국가들 중에서도 단연 가장 큰 군사 대국이었고 군국주의적이었다. 1977년부터 학교에 〈국방학〉 과목이 도입되었고, 국가의 청년 운동은 소련의 기준으로 보더라도 현저하게 준군사적 성격을 띠었다. 이처럼 빤히 보이는 모순으로 야기된 긴장은 평화와 군비 축소 문제에 집중한 것으로 지지의 대부분을 얻었던 반대파 운동에서 출구를 찾았다.

1962년 동독 정권은 18세에서 50세에 이르는 남성의 18개월 징병제를 시작했다. 그러나 2년 뒤 면제 조항이 추가되었다. 도덕적 이유로 병역을 면제받기 원하는 자들은 대안 노동 조직인 건설 부대 Bausoldaten에 입대할 수 있었다. 건설 부대 근무는 훗날 약점으로 작용할 수 있었지만, 그 존재 자체만으로도 독일 민주 공화국이 양심적 병역 거부를 현실로 받아들이고 그 정당성을 인정한다는 의미를 지녔다. 1980년이면 수천 명의 동독 남자들이 건설 부대에서 복무했고 평화 운동가들에게는 중요한 잠재적 네트워크가 되었다.

그래서 1980년부터 루터 교회 목사들이 초기의 평화 운동가들을 지원하고 보호했을 때, 국가는 심하게 반대하지 않았다. 그때 막 탄생한 평화 운동은 교회에서 대학으로 확산되었으며 필연적으로 군비 축소를 요구했을 뿐만 아니라 아무런 방해도 받지 않고 이러한 요구를 분명히 표현할 수 있는 권리까지 요구했다. 동독의 반체제 인사들은 뒤늦게나마 이런 간접적인 방식으로 동유럽 진영 다른 곳의 반대파와 소통할(그리고 그들을 따라잡을) 방법을 발견했다.

루마니아인들에게는 그러한 행운이 없었다. 77헌장이 등장하자 작가 파울 고마와 일곱 명의 루마니아 지식인이 용감하게 지지 편지를 보냈으나, 이들은 모두 즉시 탄압받았다. 그러나 이 사건을 제외하면 루마니아는 지난 30년 동안 그랬듯이 계속 침묵했다. 고마는 추방당했고 누구도 그 자리를 대신하지 않았다. 일이 이렇게 된 데에는 서방에도 어느 정도 책임이 있었다. 루마니아판 77헌장이나 폴란드의 솔리다르노시치 같은 단체가 등장하더라도, 서방의 많은 지지를 받을 가능성은 없었다(19장을 보라). 어떤 미국 대통령도 독재자 니콜라이 차우셰스쿠에게 〈루마니아를 루마니아가 되도록 내버려 두라〉고 요구하지 않았다.

소련조차 몇몇 지식인에게는, 대체로 저명한 과학자로 언제나 특권 계층이었지만, 매우 제한적이나마 행동의 자유를 허용했다. 생물학자 조레스 메드베데프는 1960년대에 지하 출판물로 뤼센코의 정체를 폭로한 자로서 끊임없이 괴롭힘을 당하다가 나중에는 시민권을 박탈당했다. 그는 1973년 영국에 정착했다. 그러나 소련의 저명한 핵물리학자이자 오랫동안 체제를 비판해 온 인물인 안드레이 사하로프는 1979년 아프가니스탄 침공에 반대하여 당국이 그의 존재를 참을 수 없게 될 때까지는 자유롭게 활동했다. 사하로프는 무시하기에는 너무나 당혹스러운 인사였고(1975년 노벨 평화상을 수상했다) 국외로 추방하기에는 너무나 중요한 인물이었다. 사하로프와 그의 처 옐레나 본네르는 폐쇄된 도시 고르키로 내부에 유배되었다.

그러나 사하로프는 언제나 소련 당국에 그 결함과 비판자들에 대한 박해를 설명하라고 요구했을 뿐 체제 전복을 꾀하지는 않았다고 주장했다. 사하로프의 입장은 구세대 개혁 공산주의자들과 중부 유럽의 새로운 반체제 인사들 사이의 중간에 있었다. 지명도가 낮고 공공연히 소련에 반대한 자들은 훨씬 더 가혹한 대접을 받았다. 시인 나탈랴 고르바넵스카야[15]는 다른 수백 명의 사람들과 함께 〈나태

---

15 1936~2013. 러시아의 시인이자 민권 운동가. 1968년 8월 5일에 소련의 체코슬로바키아 침공에 항의하며 붉은 광장에서 시위를 벌인 일곱 명 중 한 사람이다. 〈나태 분열증〉은 소련 시절 정신과 의사들이 진단한 정신분열증의 한 종류로 당시 서방에서는 없었던 범주였다. 진단 기준이 매우 모호하여 정신 기능에 결함이 없는 자들에게도 적용될 수 있었다. 때때로 정신적으로 건강한 반체제 인사들을 이 진단으로 정신병원에 가두고 항우울제를 먹

분열증sluggish schizophrenia〉으로 진단받고 정신병자 감옥에서 3년을 보냈다. 청년 과격파 중에서 가장 잘 알려진 블라디미르 부콥스키는 소련의 감옥과 노동수용소, 정신 병동에서 12년을 갇혀 있다가 1976년 국제적인 비난이 일자 칠레 공산주의자 루이스 코르발란[16]과 교환되었다.

서방은 개인을 위해 이따금 항의하거나 소련에 거주하는 유대인의 이주를 위해 단합하여 행동한 경우를 제외하면 소련의 내정에 놀랍도록 관심을 보이지 않았다. 예를 들면 1980년대 초의 폴란드의 반대파나 심지어 체코슬로바키아의 반대파에 보였던 관심보다도 훨씬 더 적었다. 1983년이 되어서야 세계 정신 의학회는 소련의 악습을 비판했고, 소련은 협회에서 탈퇴했다.

그러나 소련의 지식인 대다수는 외부의 격려가 있든 없든 동유럽 지역에서 진행된 사례를 시험적으로라도 따를 생각이 전혀 없었다. 스탈린의 억압이 자아낸 공포는 아무도 입에 올리지 않았지만 그가 죽은 지 30년이 지난 후에도 도덕의 전망에 어두운 장막을 드리웠으며, 가장 솔직하고 대담한 비판자들을 제외하면 대다수 지식인은 소련의 합법적인 주제와 언어의 테두리를 벗어나지 않으려고 조심했다. 그들은 소련이 계속 존속하리라고 추정했고, 이는 매우 타당한 추론이었다. 안드레이 아말리크[17]의 『소련은 1984년까지 존속할 것인가? *Will the Soviet Union Survive until 1984?*』는 1970년에 서방에 처

이거나 전기 충격 요법을 가했다. 정신병자 감옥은 소련 당국이 정치범을 사회로부터 격리시키고 신체적으로나 정신적으로 파괴하기 위해 이용한 징벌의 의미를 갖는 정신병원을 말한다 — 옮긴이주.

16 1916~2010. 1958년부터 칠레 공산당 총서기로 일하다가 1973년 피노체트의 쿠데타 이후 감옥에 수감되었다. 수감 중에 레닌 평화상을 수상했다. 1976년 부콥스키와 교환되어 소련에 피신했다가 피노체트 독재 정권이 무너진 뒤 귀국했다 — 옮긴이주.

17 1938~1980. 소련의 반체제 작가. 1965년에 몇 편의 미공개 희곡으로 체포되어 짧은 기간 동안 시베리아에서 유형 생활을 했으며, 1966년에는 시냐스키-다니엘 재판이 진행될 때 항의의 뜻으로 법정 밖에 서 있었다. 위의 책은 소련이 사회적 대립과 민족적 대립, 중국과의 파괴적인 전쟁으로 몰락하리라고 예언했다 — 옮긴이주.

음 공개되었고 10년 뒤 확장판으로 재간되었는데, 이와 같은 작가들은 앞날을 예언했으나 전형적인 사례는 아니었다. 1983년 소련은 주변의 꼭두각시 정권들과는 달리 대다수 시민들이 기억할 수 있는 것보다 훨씬 더 오랫동안 그 자리를 지켰으며 근본적으로 안정되어 보였다.

중부 유럽의 지식인 반대파는 거의 아무런 영향력을 행사하지 못했다. 그렇다고 놀란 사람은 아무도 없었다. 70년대 반체제 인사들의 새로운 현실주의는 사회주의의 실패를 명백히 이해했을 뿐만 아니라 권력의 실상을 뚜렷하게 인식했다. 게다가 국민에게 요청할 수 있는 것에도 한계가 있었다. 체코슬로바키아의 작가 루드비크 바출리크는 자신의 글 「용기론Essay on Bravery」에서 보통 사람들은 그저 하루하루의 삶을 잘 꾸려 나가기만을 바랄 수밖에 없다고 설득력 있게 주장했다. 대부분의 사람들은 도덕의 〈회색 지대〉에 살았다. 그곳은 순응이 열정을 대체한 숨 막히는 공간이었지만 안전했다. 위험을 감수하면서 적극적으로 권위에 저항하는 것이 옳다고 증명하기는 어려웠다. 왜냐하면 역시 대부분의 보통 사람들에게 그것은 불필요해 보였기 때문이다. 〈영웅적이지 않은 현실적인 행위〉가 기대할 수 있는 최선의 선택이었다.

지식인들은 대체로 사회 전체에 말하기보다는 자기들끼리 이야기했다. 몇몇 경우에는 은연중에 자신들이 초기에 보였던 열정에 보상이 있어야 한다는 말도 했다. 게다가 지식인들은 지배 계층인 사회주의 권력 1세대의 상속인들이었다(어떤 경우에는 말 그대로 그들의 자식이었다). 교육과 특권이 실질적으로 세습되었는데 특히 폴란드와 헝가리에서 심했다. 그 때문에 지식인들은 인민 대중의 사랑을 늘 받지는 못했다. 지식인들은 정권에 찬성하는 발언을 했던 과거나 반대하는 지금이나 전체 주민 중 극소수에 지나지 않았으며 오로지 자신들만 대표했다.

　따라서 콘라드 죄르지가 〈생각이 있는 사람이라면 자신이 권력을 잡기 위해 다른 사람을 그 자리에서 쫓아내려 하지 않는다〉고 다소 설교조로 했던 말에는 분명 일말의 진실이 담겨 있었다. 〈생각이 있는 사람〉은 그때 그곳에서 권력을 잡기 위해 어떤 일을 할 처지에 있지 않았던 것이다. 삶의 냉혹한 현실에 대한 이 같은 평가는 반대파가 비폭력을 고집한 배경이기도 했다. 권력에 순응해 온 오랜 역사를 지닌 체코슬로바키아와 루터 교회가 반대파 진영에서 점차 영향력을 확대했던 동독뿐만 아니라 미흐니크 등이 위험하고 무의미한 〈모험〉을 방지하는 실용적이고 윤리적인 빗장 역할을 했던 폴란드에서도 반대파는 폭력은 불가하다는 태도를 견지했다.

　새로운 반대파의 성취는 다른 곳에 있었다. 서유럽과 마찬가지로 동유럽에서도 70년대와 80년대는 냉소의 시대였다. 60년대의 활력은 소진되었고, 정치적 이상은 도덕적 신뢰를 상실했으며, 공익을 위한 현실 참여는 계산적인 사적 이익에 자리를 양보했다. 하벨 등은 권리에 관한 대화를 이끌고 선뜻 그 의미가 잡히지 않는 〈시민 사회〉라는 개념에 주의를 기울이며 중부 유럽의 현재와 과거의 침묵에 관해 집요하게 이야기함으로써 공산주의 체제가 파괴한 공적 영역을 대체할 만한 일종의 〈가상〉 공간을 건설하려 했다.

　반체제 지식인들이 그다지 많이 이야기하지 않은 한 가지 주제는 경제였다. 경제 성장, 더 정확히 말하자면 공업의 성장은 스탈린 이래로 늘 사회주의의 목적이자 그 성공의 주된 척도였다. 13장에서 보았듯이 경제는 앞선 세대의 개혁주의 지식인들에게 최우선의 관심사였다. 이는 과거 공산당 정권 때의 강박 관념을 반영하며, 모든 정치는 궁극적으로 경제에 관한 것이라는 가정을 반영한다(마르크스주의자든 아니든 많은 사람이 공유한 가정이다). 경제 개혁의 권고라는 형태로 띄워진 비판적 논의는 1956년에서 1968년 사이 10년간의 수정주의 시대에 허용된 반대와 매우 흡사했다.

그러나 1970년대 중반, 소련 진영의 정보에 밝은 관찰자라면 내부로부터 경제 개혁이 일어날 가능성을 진지하게 받아들이기는 어려웠다. 이는 비단 마르크스주의 경제학의 언어가 수십 년간 부적절하게 남용되어 붕괴했기 때문만은 아니었다. 1973년부터 동유럽 경제는 서유럽에 크게 뒤처졌다. 서유럽의 성장률이 둔화된 시기였는데도 그랬다. 석유가 풍부한 소련에서 에너지 가격의 상승으로 짧은 기간 동안 재정 상태가 좋았던 것을 예외로 하면, 70년대의 인플레이션과 80년대의 무역과 서비스의 〈세계화〉 때문에 소련 진영 경제는 극복할 수 없을 만큼 불리한 사정에 처하게 되었다. 1963년 코메콘 국가들의 국제 무역은 전 세계 무역의 12퍼센트를 차지했는데 1979년에는 9퍼센트로 내려앉았고 그마저 빠르게 축소되고 있었다.[18]

소련 진영 국가들은 질적인 측면에서 서방의 공업 경제와 경쟁할 수 없었다. 그리고 소련을 제외하고는 어느 나라도 서방에 판매할 원료를 충분히 보유하지 못했다. 그래서 개발도상국들과도 경쟁할 수 없었다. 폐쇄적인 코메콘 체제의 전제는 서유럽과 관세 무역 일반 협정의 새로운 교역망에 참여하지 않는 것이었으며, 공산주의 국가들은 어쨌든 국내 소비자들의 분노를 사지 않고는(1976년 폴란드에서 그런 일이 발생했다) 경제를 세계적인 가격 수준에 맞출 수 없었다.

이 시기 공산주의 경제에 가장 큰 손해를 입힌 결함은 이데올로기로 초래된 고질적 비효율성이었다. 사회주의 진영은 〈사회주의 건설〉을 위해 초보적인 산업 산출에만 단호히 집중한 탓에 포괄적 생산에서 60년대와 70년대 서방 경제를 일변시킨 집약적인 고부가가치 생산으로 전환할 기회를 놓쳤다. 사회주의 진영은 대신 1920년대

---

18 1980년대에 폴란드와 체코슬로바키아는 마이너스 성장에 들어갔다. 사실상 경제가 축소되고 있었던 것이다. 소련 경제도 1979년 이후로 축소되고 있었을 것이다.

의 디트로이트나 루르 지방, 아니면 19세기 말의 맨체스터를 연상시키는, 재래식 경제 활동 모델에 여전히 의존했다.

그리하여 체코슬로바키아는 철광 자원이 매우 부족한 나라였는데도 1981년에 (1인당으로 계산했을 때) 세계 3위의 강철 수출국이었다. 독일 민주 공화국은 끝까지 시대에 뒤진 중공업 제품의 생산 확대를 계획했다. 누구든 선택의 여지만 있다면, 상당한 가격 보조가 이루어진 경우를 제외하고, 체코슬로바키아산 강철이나 동독의 기계를 구입하려 하지 않았다. 따라서 이런 제품들은 손해를 보고 생산하고 판매했다. 사실상, 소련식 경제는 이제 가치를 〈축소〉시킬 지경에 이르렀다. 그들이 수입하거나 채굴한 원료가 그 원료로 만든 완제품보다 더 큰 가치를 지녔던 것이다.

소련 경제는 심지어 비교 우위를 지닌 영역도 희생시켰다. 헝가리가 코메콘이 선택한 트럭과 버스 제조 담당이었듯이, 동독은 1980년대에 컴퓨터 생산이라는 과제를 부여받았다. 그러나 동독에서 생산된 기계는 믿을 수 없었고 구식이었으며, 게다가 중앙화한 시스템으로는 제품을 충분히 만들어 낼 수도 없었다. 1989년에 인구 1600만 명의 동독은, 인구 750만 명에 컴퓨터 생산국으로서는 국제 시장에서는 변변치 않은 경쟁자였던 오스트리아에서 생산된 컴퓨터의 50분의 1밖에 만들어 내지 못했다. 따라서 이 경우 〈비교 우위〉는 순전히 상대적이었다. 독일 민주 공화국은 세계 시장에서 더 좋은 제품을 더 낮은 가격에 구매할 수 있었는데도 구태여 국내에서, 더군다나 자국의 의사에 반하여 생산하느라 수백만 마르크를 허비했다.

사태가 이 지경에 이르게 된 책임은 상당 부분 중앙화 계획의 내재적 결함에 있었다. 1970년대 말 소련의 중앙 경제 계획 기관인 국가 계획 위원회Gosplan는 상이한 경제 분야를 담당하는 40개 분과와 27개의 독립된 경제 부처로 이루어져 있었다. 수치상의 목표에 대한 집착은 자기 풍자에 이를 정도로 악명 높았다. 티머시 가튼 애시는 동베를린의 〈프렌츠라우어 베르크 자치구를 위한 인민 경제 계획〉이라는 사례를 인용하는데, 이 계획은 이렇게 밝히고 있다. 〈도서관 장서가 35만 권에서 45만 권으로 증가할 것이다. 대출 건수는 108.2퍼센트 증가할 것이다.〉[19]

고정 가격 제도 때문에 실질 비용을 확인하거나 욕구에 부응하거나 재원의 압박에 적응하기가 불가능했다. 모든 관리자들은 단기적으로 총생산량이 감소해서는 안 되었기에 위험을 감수한 혁신을 두려워했다. 관리자들에게는 동기가 없었다. 잘 알려진 대로 브레즈네프는 1971년 이후부터 슬로건으로 내세운 〈간부진의 안정〉을 선호했다. 따라서 관리자들은 아무리 무능해도 안전하게 자리를 보전했다. 그동안 공장의 감독과 경영자는 상부에서 설정한 목표치를 달성하기 위해 예비 물자와 예비 인력을 당국이 보지 못하도록 은폐하느라 크게 고생했다. 그러므로 낭비와 부족은 동전의 양면이었다.

이런 체제가 침체와 비효율은 물론 영구적인 부패의 사슬도 조장하리라는 점은 충분히 예측할 수 있었다. 소유의 부재로 부패가 줄기는커녕 오히려 늘어난다는 사실은 사회주의 계획이 지닌 역설 중 하나이다. 권력과 지위, 특권 등은 직접 구매할 수는 없지만 대신 상호의존적인 후원과 지지 관계에 의존한다. 법률상의 권리는 아부로 대체된다. 아부에는 직업의 안정이나 승진이라는 보상이 뒤따르기 때문이다. 사람들은 의료, 생필품, 교육 기회 등 소박하고 적법한 목적을 충족시키는 데에도 여러 가지 소소한 뇌물이 오가는 부정한 방식으로 법을 위반해야만 한다.

이 시기에 냉소주의가 현저하게 심해진 배경에는 이런 사정이 있었다. 한 가지 사례만으로도 실상을 드러내기에 충분할 것이다. 트랙터 공장이나 트럭 제조회사는 예비 부품을 충분하게 유지하려 애쓰지 않았다. 큰 기계를 만들면 〈기준 생산량norma〉을 한층 더 쉽게

19 Timothy Garton Ash, *The Uses of Adversity* (NY, 1989), p. 9.

달성할 수 있었기 때문이다. 그래서 이 기계들이 고장 나면 교체 부품이 없었다. 공식 통계는 종류에 상관없이 일정한 부문에서 생산된 기계의 전체 숫자만 기록했다. 계속해서 정상적으로 작동하는 기계가 얼마나 되는지는 통계에 나오지 않았다. 물론 노동자들이 더 잘 알고 있었다.

사회 계약의 실상은 어느 농담에 집약적으로 담겨 있었다. 〈당신은 일하는 척하고, 우리는 임금을 지급하는 척한다.〉 많은 노동자, 특히 숙련도가 떨어지는 노동자가 이런 제도에 이해관계가 있었다. 정치적 침묵을 대가로 한 이러한 제도들 덕에 사회적 안정이 제공되었고 작업 강도는 낮은 수준으로 유지되었다. 동독의 공식 『정치 소사전』은 의도하지 않은 역설을 드러낸다. 〈자본주의의 특징인 일과 여가 사이의 모순은 사회주의에서 제거되었다.〉

1980년에 전형적인 공산주의 경제에서 상대적으로 효율적이게 작동했던 유일한 부분은 첨단 기술의 방위 산업과 흔히 〈2차 경제〉라고 일컫는 상품과 서비스의 암시장이었다. 공식적으로 존재하지 않았던 이 2차 경제의 중요성은 공식 경제의 비참한 상태를 증언했다. 80년대 초 헝가리에서는 겨우 8만 4,000명의 기능공들이(오로지 민간 부문에서만 활동했다) 배관에서 매춘까지 현지 서비스 수요의 약 60퍼센트를 담당한 것으로 추산된다.

여기에 농민의 개인적 생산과 노동자들이 사기업에서 사용하기 위해 〈유용했던〉 공적 자원(벽돌, 구리 선, 활자)을 더해 보자. 그러면 소련식 공산주의는 이탈리아 자본주의와 매우 흡사하게 병행 경제parallel economy에 의존했다고 볼 수 있다.[20] 양자는 공생 관계를 맺고 있었다. 공산주의 국가는 부정할 수도 충족시킬 수도 없는 모

---

20 농업에서도 소련과 헝가리, 루마니아의 대부분은 19세기의 대토지를 닮았다. 낮은 임금을 받고 장비도 적절히 갖추지 못한 채 일하는 농업 노동자는 가족 소유의 땅에서 진짜로 일하기 위해 힘을 비축하느라 부재지주를 위해서는 최소한의 노력만 기울였다.

든 활동과 욕구를 사적 부문으로 흘려보내지 않으면 공적 독점을 유지할 수 없었고, 2차 경제는 공식 경제에 의존하여 재원을 얻었으며, 특히 공공 부문이 비효율적이었다는 사실 때문에 시장을 확보할 수 있었고, 그 가치와 이윤은 인위적으로 상승되었다.

경제 침체는 그 자체로 공산주의가 본질적으로 자본주의보다 우월하다는 주장에 대한 불변하는 반증이었다. 그것이 반대파를 자극하는 요인은 아닐지라도 민심 이반의 원인이라는 점은 확실했다. 60년대 말부터 80년대 초까지 브레즈네프 시절의 공산주의 체제에서 살던 대다수 사람들에게 테러나 억압은 없었다. 그럼에도 삶은 암울했고 생기도 없었다. 사람들은 갈수록 아이를 가지려 하지 않았고 술을 더 많이 마셨다. 공산주의 사회에서 일인당 주류 소비량은 이 시기에 네 배가 늘었다. 그리고 일찍 죽었다. 공산주의 사회의 공공 건물은 미학적으로 매력이 없었을 뿐만 아니라 체제의 초라한 권위주의를 충실히 반영했다. 그 건물들은 겉만 그럴듯하게 보였을 뿐 속은 허름하고 불편했다. 언젠가 부다페스트의 어느 택시 운전사는 나에게 물이 새고 더러운 아파트가 빽빽이 들어서 도시 외곽의 풍경을 망치고 있음을 지적하며 이렇게 말했다. 「우린 저곳에서 삽니다. 전형적인 공산주의 건물이지요. 여름엔 덥고, 겨울에는 아주 추워요.」

아파트도 소련 진영의 다른 많은 것들과 마찬가지로 매우 저렴했다(소련에서 집세는 보통 가계 예산에서 평균 4퍼센트를 차지했다). 가격이 아니라 희소성이 경제를 조절했기 때문이다. 그런 상황이 당국에 이점을 주었으나(부족한 물품을 임의로 배급하면 충성을 붙잡아 두는 데 도움이 되었다) 심각한 위험을 초래하기도 했는데, 대부분의 공산당 지도자들은 그 점을 매우 잘 이해했다. 60년대 말 〈사회주의〉의 미래라는 전망만으로는 시민을 체제에 결속시키기 어렵다는 사실이 명백해지자, 공산당 지도자들은 국민을 소비자로 대우하고 미래의 (사회주의적) 이상향을 현재의 물질적 풍요로 대체하기로 했다.

이러한 선택은 매우 의식적으로 이루어졌다. 1968년 소련의 자국 침공에 힘을 보탠 체코의 강경파 바실 빌라크는 1970년 10월 당의 이데올로기위원회에 이렇게 말했다. 〈1948년에 가게 유리창에는 사회주의가 어떻게 비칠 것인가에 관한 포스터가 나붙었고, 사람들은 이를 잘 받아들였다. 그 일은 다른 종류의 자극이었고 다른 역사적 시대의 산물이었다. 지금은 사회주의가 어떻게 비칠 것인가에 관한 포스터를 내걸 수 없다. 오늘날 상점의 유리창 안은 물건들로 가득 차 있어야 한다. 그래야 우리는 사회주의로 가고 있다고, 지금 이곳이 사회주의라고 기록할 수 있다.〉[21]

그다음부터 소비주의는 사회주의 성공의 척도로 장려되었다. 그렇지만 이런 현상이 1959년 흐루쇼프와 닉슨 사이에 있었던 유명한 〈부엌 논쟁kitchen debate〉과 같지는 않았다. 그때 흐루쇼프는 미국의 부통령에게 공산주의가 가까운 장래에 자본주의를 능가하리라고 장담했다. 헝가리의 카다르처럼, 빌라크는 그러한 환상을 품지 않았다. 그는 매물로 나온 상품이 소비자를 만족시키기만 한다면 공산주의가 자본주의의 서투른 모방이라 해도 만족할 수 있었다. 1971년 에리히 호네커가 발터 울브리히트를 대신하여 동독 공산당 지도자가 되었을 때, 그는 독일 민주 공화국 시민들에게 서독의 1950년대 〈기적〉을 조심스럽게 채택해 보자고 제의했다.

이 전략은 한동안 그럭저럭 성공적이었다. 체코슬로바키아와 헝가리, 폴란드의 생활 수준은 1970년대에 적어도 소매 소비로 평가할 때 개선을 보였다. 그 시기에 내구재의 아이콘이었던 자동차와 텔레비전의 수는 급격하게 증가했다. 폴란드에서 개인이 소유한 자동차의 수는 1975년에서 1989년 사이에 주민 일인당 네 배로 늘었다. 80년대 말에 헝가리인 열 명 중 네 명이 텔레비전을 보유했다. 이 수

21 인용을 허락해 준 파울리나 브렌 박사에게 감사드린다.

치는 체코슬로바키아에서도 비슷했다. 구매자는 품질이 조악하고 외관이 평범하며 선택 폭이 좁다는 점을 감수하기만 하면 보통 공공 상점이나 〈민간〉 부문에서 원하는 물건을 찾을 수 있었다. 그러나 소련에서는 그렇게 〈선택할 수 있는〉 상품을 발견하기가 더 어려웠다. 그리고 그 상품들은 상대적으로 더 비쌌다.

기본 생필품의 경우에도 사정은 마찬가지였다. 1979년 3월 워싱턴 디시였다면 구매자는 기본 식품 한 〈바구니〉(소시지, 우유, 감자, 야채, 차, 맥주 등)를 채우는 데 12.5시간을 일하면 되었다. 이와 비슷한 바구니를 채우는 데 런던은 21.4시간의 노동이 필요했던 반면, 모스크바에서는 많은 보조금이 지급되었는데도 42.3시간을 일해야 했다.[22] 게다가 소련이나 동유럽의 소비자는 식품이나 물건을 찾고 구매하는 데 훨씬 더 많은 시간을 쏟아야 했다. 루블이나 크라운, 포린트로 따지지 않더라도 시간과 노력으로 평가할 때, 공산주의 체제의 삶은 너무나 비싸고 소모적이었다.

소비자 개인을 만족시키는 데 거둔 성공으로 규정할 때, 공산주의 체제의 문제는 모든 경제가 산업 기계와 원료의 대량 제조에 맞추어져 있다는 사실에 있었다. 식량을 제외하면, 공산주의 경제는 소비자들이 원하는 것을 만들어 내지 못했다(식량 생산도 그다지 효율적이지 못했다. 소련은 오래전부터 곡물 순수입국이었고 1970년부터 1982년 사이에만 식량 수입이 세 배로 증가했다). 이러한 장애물을 우회하려면 외국에서 소비재를 수입하는 길밖에 없었지만 수입 대금은 경화로 지불해야만 했다. 이는 수출을 해야만 얻을 수 있었는데, 소련의 석유를 빼면 세계 시장에서 사회주의 생산품은 전혀 팔리지 않았다. 대폭 할인된 가격이라면 팔릴 수도 있었지만 그때는

---

22 브레즈네프 시절에 쇠고기 1파운드의 생산 비용은 3.5루블이었지만 상점에서는 2루블에 판매되었다. 유럽 공동체도 농민에게 거의 동일한 비율로 보조금을 지급했다. 물론 서유럽에는 공동 농업 정책이 있었고 소련에는 없었다는 차이가 있다.

그렇지도 못했다. 사실상 동유럽의 상점을 채우는 유일한 방법은 서방에서 돈을 빌리는 길뿐이었다.

서방은 확실히 돈을 빌려줄 의향이 있었다. 국제 통화 기금과 세계은행, 민간 은행들 모두 소련 진영 국가에 자금을 빌려주게 된 것을 기뻐했다. 소련군은 안정을 보장하는 든든한 보증인이었고, 공산당 관료들은 확신을 심어 주기 위해 자국의 생산량과 자원을 거짓으로 제시했다.[23] 1970년대에만 체코슬로바키아의 경화 채무는 열두 배가 늘었다. 폴란드의 경화 채무는 약 3천 퍼센트 증가했다. 제1서기 기에레크와 그 동료들이 보조금이 지급된 서방의 물자를 집어삼키고 농민을 위해 고비용의 새로운 사회 보험 제도를 도입하고 식품 가격을 1965년 수준으로 고정시킨 탓이었다.

채무는 일단 이런 수준으로 증가한 뒤로는 억제하기 어려웠다. 1976년 기에레크가 식품 가격을 인상하자 폭동이 발생했고 인상은 곧 취소되었다. 대신 정권은 계속 자금을 빌리기로 결정했다. 1977년에서 1980년 사이에 폴란드의 외부 신용 거래의 3분의 1이 국내 소비를 보조하는 데 쓰였다. 프라하의 공산당 경제학자들은 보조금의 단계적 폐지와 〈실질〉 가격의 도입을 권고했지만, 학자들의 주인인 정치인들은 그러한 후퇴가 불러올 사회적 결과를 두려워하여 대신 채무를 늘리기로 결정했다. 동유럽의 허약한 작은 국가들은 두 대전 사이에 그랬듯이 자신들의 자급자족적 경제에 자금을 공급하고 어려운 선택을 피하기 위해 또다시 서방으로부터 자본을 빌려오고 있었다.

공산당 출신으로 헝가리의 마지막 총리였던 네메트 미클로시는 몇 년 뒤 이러한 사실을 인정하게 된다. 1987년 10월 서독 정부가 승

23 헝가리는 1982년 3월 국제 통화 기금에 가입했는데, 양자 모두 이를 자축했다. 1989년에 가서야 헝가리 정부가 앞선 10년간의 대내외 채무를 크게 줄여 말했다는 사실이 밝혀졌다.

인한 10억 도이치 마르크의 차관에 대해 서독 정치인들은 헝가리 경제 〈개혁〉에 크게 기여할 거라고 말했다. 그러나 실상은 전혀 달랐다. 〈우리는 차관의 3분의 2를 이자를 갚는 데 썼으며, 나머지는 경제 위기의 영향을 덜기 위한 소비재 수입에 썼다.〉 1986년 헝가리의 공식적인 경상수지 적자는 연간 14억 달러였다. 1971년에서 1980년 사이에 폴란드의 경화 채무는 10억 달러에서 205억 달러로 증가했고 이후 더 악화된다. 독일 민주 공화국은 그 마지막 시절에 자체 계산으로도 연간 수출로 벌어들인 돈의 60퍼센트 이상을 서방 채무의 (매우 관대하게 할인된) 이자를 갚는 데 쓰고 있었다. 언제나 특혜를 받은 고객이었던 유고슬라비아는(1950년에서 1964년까지 미국은 유고슬라비아의 연간 적자를 5분의 3까지 떠맡았다) 현실과는 아무런 관련도 없는 공식 통계를 기초로 넉넉한 차관과 긴급 조정을 제공받았다.

동유럽 전체의 경화 채무는 1971년 61억 달러에서 1980년 661억 달러로 늘었다. 이는 1988년 956억 달러에 이르게 된다. 이러한 수치에는 루마니아가 포함되지 않았다. 루마니아의 차우셰스쿠는 외국의 채무를 갚았고 그동안 국민은 등골이 휘었다. 이 수치는 70년대에 헝가리에 도입된 가격 결정의 허용 폭이 아니었다면 훨씬 더 컸을지도 모른다. 그렇지만 그 의미는 분명했다. 공산주의 체제는 차관만이 아니라 시간도 빌려와 생존했다. 조만간 공산주의 체제는 사회를 붕괴시킬 고통스러운 경제 조정을 거칠 필요가 있었다.

동독 정보국의 우두머리인 마르쿠스 볼프는 훗날 자신은 1970년대 말에 이미 독일 민주 공화국이 〈작동하지 않을 것〉이라는 결론에 도달했으며 그런 생각을 가진 사람이 분명 자기 혼자만은 아니었다고 주장했다. 헝가리의 버우에르 터마시와 동시대 폴란드인 레셰크 발체로비치 같은 경제학자는 공산당의 사상누각이 얼마나 무너지기 쉬운 것인지 완벽하게 이해했다. 그러나 공산주의 체제는 자본가들이 지급 보증을 서는 한 생존할 수 있었다. 레오니트 브레즈네프의 〈침체의 시절〉(미하일 고르바초프의 표현)은 많은 환상을 불러일으켰는데 비단 국내에서만 그런 것이 아니었다. 1978년 세계은행의 한 보고서가 독일 민주 공화국의 생활 수준이 사실상 영국보다 높다고 단정했을 때, 포템킨 대공은 멀리 떨어진 무덤에서 틀림없이 미소 지었을 것이다.

그러나 공산당원들은 서방의 은행가들이 놓친 점을 이해했다. 소련 진영의 경제 개혁은 단순히 뒤로 미뤄진 것이 아니었다. 그것은 선후의 문제가 아니었다. 아말리크가 『소련은 1984년까지 존속할 것인가?』에서 예견했듯이, 공산당 엘리트들은 〈체제를 변화시키는 고통스러운 과정에 비할 때 체제 자체는 차악이라고 보았다〉. 가장 지역적이고 가장 미세한 효과의 경제 개혁도 즉각적인 정치적 결과를 초래하게 될 터였다. 사회주의의 경제 제도는 자율적인 공간이 아니었으며 정치 체제에 철저하게 통합되어 있었기 때문이다.

동유럽의 위성 국가들을 모두 시류에 편승하는 늙은 보수주의자들이 운영했다는 사실은 우연이 아니었다. 새로운 현실주의의 시대에 알바니아의 엔베르 호자(1908년생)와 유고슬라비아의 요시프 브로즈 티토(1892년생)는 말할 것도 없고 폴란드의 에드바르트 기에레크(1913년생)와 체코슬로바키아의 구스타프 후사크(1913년생), 동독의 에리히 호네커(1912년생), 헝가리의 카다르 야노시(1912년생), 불가리아의 토도르 지프코프(1911년생)는 최고로 현실주의적이었다. 1906년생으로 레닌의 7인에 속했으며 네 번이나 소련의 영웅 칭호를 받았고 레닌 평화상 수상자이며 총서기이자 1977년부터는 국가 원수였던 브레주네프처럼 이들도 옛 방식대로 늙어 갔다. 자신들의 발밑에 깔린 양탄자를 치워야 할 어떤 이유도 없었으며, 자신의 침대에서 평온히 죽음을 맞길 원했다.[24]

24 게다가 이들은 브레즈네프처럼 그 시대 최고의 소비자였다. 그때부터 전해지는 소련

〈현실 사회주의〉의 기능이 마비되고 평판이 실추되었다는 사실만으로 그 운명이 결정되지는 않았다. 알렉산드르 솔제니친은 1971년에 다른 사람이 대독한 노벨상 수상 연설에서 이와 같이 격정적으로 주장했다. 〈거짓말이 사라지면, 벌거벗은 폭력은 그대로 노출되어 온갖 혐오감을 드러낼 것이며, 그다음 폭력은 쇠약해지고 무너질 것이다.〉 그러나 솔제니친의 주장이 완전한 사실은 아니었다. 소련의 폭력이 지닌 노골적인 성격은 오래전부터 드러났으며(1979년의 재앙과도 같은 아프가니스탄 침공에서 또다시 노출된다) 공산주의 체제의 거짓말은 1968년 이후에 점차 사라졌다.

그러나 현실 사회주의 체제는 아직 붕괴하지 않았다. 레닌이 유럽사에 기여한 독특한 점은 유럽 급진주의의 분권적 정치 유산을 빼앗아 지배력의 독점이라는 혁신적인 시스템으로 권력의 성격을 바꾼 것이었다. 레닌은 권력을 주저 없이 한 곳에 집중했으며 강제로 그곳에 존속시켰다. 공산주의 체제는 주변부에서부터 끝없이 부식될 수도 있었지만, 최후의 붕괴를 주도할 자는 중앙에서 나올 수밖에 없었다. 공산주의의 붕괴에 관한 이야기에서, 프라하나 바르샤바에서 놀랍도록 번창한 새로운 종류의 반대는 시작의 끝일 뿐이었다. 그러나 모스크바에서 출현한 새로운 성격의 지도부는 끝의 시작이 될 터였다.

의 농담은 이렇다. 소련 지도자가 자신의 어머니에게 별장과 자동차, 사냥용 오두막 등을 보여 주자 그녀는 이렇게 얘기한다. 〈멋지구나, 레오니트. 그런데 공산당이 다시 권력을 잡으면 어떻게 될까?〉

19장
구질서의 종말

우리는 계속해서 이와 같이 살 수는 없소.
— 미하일 고르바초프 (1985년 3월, 아내에게)

나쁜 정부에 가장 위험한 순간은 스스로 개혁에 착수할 때다.
— 알렉시스 드 토크빌

우리는 독일 민주 공화국에 해를 끼치거나 그 안정을 해칠 의도가 없다.
— 하인리히 빈델렌, 서독의 독일관계부 장관

역사적 경험에 비추어 보면, 공산당은 때로 상황에 떠밀려 합리적으로 행동하고 타협에 동의하기도 했다.
— 아담 미흐니크

인민이여, 그대들의 정부가 돌아왔습니다.
— 바츨라프 하벨(1990년 1월 1일, 대통령 연설)

공산주의 최후의 몰락에 관한 진부한 이야기는 폴란드에서 시작한다. 1978년 10월 16일 크라쿠프의 추기경 카롤 보이티와는 폴란드인으로는 최초로 교황에 선출되어 요한네스 파울루스 2세가 되었다. 보이티와의 선출은 전례 없는 기대를 불러일으켰다. 일부 가톨릭교도는 보이티와가 급진주의자일 가능성이 있다고 보았다. 보이티와는 젊었지만 (1978년 교황에 선출되었을 때 겨우 쉰다섯 살이었고 크라쿠프 대주교에 임명되었을 때는 30대였다) 제2차 바티칸 공의회의 베테랑이기도 했다. 정력적인데다 카리스마를 지닌 이 인물은 요한네스 23세와 파울루스 6세의 업적을 완성하게 되고 교황청의 관료라기보다는 사제로서 가톨릭교회를 새로운 시대로 이끌게 된다.

한편 보수적인 가톨릭교도들은 불굴의 신학적 확신과 도덕적·정치적 절대론을 지녔다는 보이티와의 평판에서 위안을 찾았다. 이러한 평판은 그가 공산주의 체제에서 사제와 고위 성직자의 지위에 오른 데 따른 것이었다. 보이티와는 지적 교류와 학문적 논쟁에 개방적인 〈사상의 교황〉이라는 명성을 얻었지만 교회의 적들과 타협할 생각은 없는 사람이었다. 보이티와는 신앙 교리성[1]의 강력한 수장인 (그리고 그에 이어 교황에 오른) 추기경 요제프 라칭어처럼 요한네

1 로마 교황청의 아홉 개 성(省) 중 가장 오래된 것으로서 교리를 감독한다 — 옮긴이주.

스 23세의 개혁이 가져온 혁명적인 여파에 깜짝 놀라 초기에 지녔던 개혁주의적인 열정을 벗어던졌다. 교황에 선출될 즈음이면 보이티와는 이미 교리적으로는 물론 행정적으로도 보수적이었다.

폴란드 출신이며 어린 시절을 비극적으로 보냈다는 사실은 카롤 보이티와의 유달리 강한 확신과 그가 맡았던 교황직의 독특한 성격을 설명하는 데 도움이 된다. 보이티와는 여덟 살 때 어머니를 잃었다(3년 후에 유일한 형제인 형 에드문트를 잃었고, 마지막까지 살아남았던 아버지는 보이티와가 열아홉 살 때 전쟁 중에 사망했다). 어머니가 죽자 아버지는 보이티와를 칼바리아 젭시돕스카에 있는 마리아 성당으로 데려갔고, 이후 몇 년 동안 그곳으로 자주 순례를 갔다. 젭시돕스카는 쳉스토호바처럼 근대 폴란드에서 동정녀 마리아 숭배의 중요한 중심지다. 보이티와는 열다섯 살에 이미 고향인 바도비체에서 마리아 신도회 회장이었는데, 이는 보이티와의 성모 마리아 숭배 경향을 암시한다(성모 마리아 숭배는 보이티와가 결혼과 낙태에 집착하게 된 원인이 되었다).

새 교황의 기독교적 비전은 폴란드 가톨릭의 독특한 메시아적 스타일에 뿌리내리고 있었다. 교황은 근대 폴란드에서 진정한 신앙이 진지를 구축한 동부 전선뿐만 아니라 동쪽의 무신론과 서쪽의 물질주의 모두에 맞서 싸우는 투쟁에서 교회가 보여 줄 모범을 보았다.[2] 이러한 모습은 크라쿠프에서 오랫동안 서방의 신학적·정치적 흐름과 단절되어 봉직했던 경험과 함께, 편협하며 때로는 성가셨던 폴란드 기독교의 비전을 받아들인 보이티와의 성향을 설명해 준다.[3]

2 물질적 우상과 자만심의 죄악을 강력히 비난하는 일도 당연히 가톨릭교회의 일이었다. 그러나 카롤 보이티와는 훨씬 더 앞서 나갔다. 그는 교황이 되기 3년 전인 1975년에 바티칸에서 사순절 예배를 드리면서 교회에 대한 두 가지 위험인 소비주의와 박해 중 소비주의가 훨씬 더 심각한 위험이며 따라서 더 큰 적이라고 분명하게 선언했다.

3 보이티와가 초기에 아우슈비츠의 카르멜 수도회 계획을 지지한 일을 보라. 이 계획은 나중에 국제적 저항에 직면하여 철회되었다. 계엄령으로 통치되는 폴란드를 〈거대한 강제수용소〉라고 묘사한 것은 사려 깊지 못한 행동이었는데 이는 유사한 한계를 보여 준다.

그러나 이는 또한 고국이 보이티와에게 보여 준 미증유의 열정을 설명해 준다. 처음부터 교황은 로마를 근대성과 세속주의, 타협에 묵종하게 했던 선임자들과 관계를 끊었다. 국제적인 면모를 보이려 한 교황의 캠페인은(거대한 무대에서 대형 십자가와 조명과 음향 장치 그리고 극적인 타이밍으로 신중하게 연출된 퍼포먼스) 철저한 계획에 따라 수행되었다. 보이티와는 자신의 신앙을 세계에, 다시 말해 브라질과 멕시코, 미국, 필리핀, 이탈리아, 프랑스, 스페인에, 특히 폴란드에 전하는 대(大)교황이 되고자 했다.

선임자들의 조심스러운 〈동방 정책〉을 포기한 요한네스 파울루스 2세는 1979년 6월 2일 바르샤바에 도착했다. 공산 국가 폴란드를 향한 세 차례의 극적인 〈순례〉 중 첫 번째 방문이었다. 교황은 엄청난 군중의 경배를 받았다. 교황의 존재는 폴란드에서 가톨릭교회의 영향력을 확인하고 강화했다. 그러나 교황의 관심은 단순히 공산주의 체제에서 기독교가 수동적으로 부활하는 과정을 확인하는 데 그치지 않았다. 주교들이 때로 불편하게 생각했지만 교황은 폴란드와 동유럽 전역의 가톨릭교도들에게 마르크스주의와 타협하지 말라고 노골적으로 설득했으며, 교회를 침묵의 성소일 뿐만 아니라 도덕적이고 사회적인 권위의 대안으로 제시했다.

폴란드의 공산주의자들이 잘 이해했듯이, 가톨릭교회는 그처럼 타협에서 저항으로 태도를 바꿈으로써 지역의 안정을 해쳤으며 당의 권력 독점에 공개적으로 도전했다. 이 같은 변화는 부분적으로 폴란드인의 압도적 다수가 열광적인 가톨릭교도였던 데 기인했지만, 대체로 교황 자신 때문이었다. 그러나 공산주의자들이 할 수 있는 일은 거의 없었다. 교황이 폴란드를 방문하거나 그곳에서 말하지 못하도록 금지하는 일은 교황의 호소력을 강화하고 수백만 명의 찬미자를 더욱 소외시킬 뿐이었다. 1983년 6월 교황이 폴란드로 되돌아와 바르샤바의 성 요한 성당에서 〈동포들〉에게 그들의 〈실망과 굴욕, 고통과 자유의 상실)을 이야기했을 때, 공산당 지도자들은 계엄령이 선포된 상황이었는데도 가만히 서서 듣고 있을 수밖에 없었다. 교황은 텔레비전으로 방송된 연설에서 언짢은 기분의 야루젤스키 장군에게 이렇게 말했다. 〈폴란드는 유럽 국가들 속에서, 즉 동유럽과 서유럽 사이에서 적절한 자리를 차지해야 한다.〉

언젠가 스탈린이 말했듯이, 교황에겐 군대가 없다. 그러나 신은 언제나 군대 편만 들지는 않는다. 요한네스 파울루스 2세는 병력의 부족을 극적인 장소와 시기를 선택함으로써 보충했다. 1978년 폴란드는 이미 사회적 격동의 위기에 있었다. 1970년과 1976년에 식품 가격 급등으로 노동자들이 폭동을 일으킨 이래, 제1서기 에드바르트 기에레크는 국내의 불만을 다른 곳으로 돌리려 애썼다. 앞서 보았듯이, 그 방법은 대체로 외국으로부터 많은 자금을 차입하거나 차관을 이용하여 식품과 다른 소비재에 보조금을 지급하는 것이었다. 그러나 그 전략은 실패하고 있었다.

이제 지식인 반대파와 노동자 지도자들은 야체크 쿠론의 노동자 보호 위원회 덕에 과거보다 훨씬 더 긴밀하게 협력하고 있었다. 노동자 보호 위원회의 지도자들은 카토비체와 그단스크를 시작으로 수많은 공업 도시와 해안 도시에서 조심스럽게 등장했던 〈자유〉(즉 불법) 노조에 답하여 1979년 12월에 〈노동자권리헌장〉의 초안을 마련했다. 헌장의 요구 사항에는 자율적인 비정당 노조 결성권과 파업권이 포함되었다. 당국이 지식인 활동가들을 체포하고 성가신 노동자들을 해고했던 것은 예상할 수 있는 반응이었다. 노동자들 중에는 그단스크의 엘렉트로몬타스에서 일하던, 당시에는 잘 알려지지 않은 전기공 레흐 바웬사와 열네 명의 직원도 있었다.

비밀 단체와 비슷했던 노동자권리운동이 계속해서 성장할 수 있었는지는 분명하지 않다. 노동자권리운동의 대변인들은 교황의 방문에 힘을 얻었고, 또 국제적인 비난을 두려워하는 정권이 폭력적으로 반격하지는 못하리라는 판단으로 확실히 용기를 얻었다. 그렇지만 운동은 여전히 활동가들이 되는 대로 모여 이룬 작은 연락망에 불과했다. 그러나 공산당이 1981년 7월 1일 최근 10년 사이에 세 번째로 육류 가격의 즉시 인상을 발표함으로써 경제적 난제의 해결을 시도하자 대중은 운동을 지지하기 시작했다.

발표 다음 날, 노동자 보호 위원회는 〈파업 정보 기구〉임을 선언했다. 이후 3주 동안 (1976년 저항의 무대였던) 우르수스 트랙터 공장에서부터 모든 주요 공업 도시까지 항의 파업이 확산되어 8월 2일에는 그단스크의 레닌 조선소에 이르렀다. 그단스크의 조선공들은 작업장을 점거하고 비공식 노동조합인 솔리다르노시치를 조직했다. 이 노동조합을 이끈 바웬사는 1980년 8월 14일 조선소의 벽을 넘어 전국적인 파업 운동의 지도자가 되었다.

〈주모자들〉을 체포하고 파업 참가자들을 고립시키는 본능적인 대응이 실패로 돌아가자, 당국은 대신 시간을 벌고 적을 분열시키기로 했다. 정치국의 대의원들이 〈합리적인〉 노동자 지도자들과 협상하기 위해 그단스크로 파견되었던 일은 전례 없는 행보였다. 그러나 쿠론과 아담 미흐니크, 그 외 노동자 보호 위원회의 지도자들은 일시적으로 억류되어 심문을 받고 있었다. 그러나 역사가 브로니스와프 게레메크, 가톨릭 변호사 타데우시 마조비에츠키 등의 지식인들이 그단스크에 도착하여 파업 참여자들의 협상을 도왔다. 파업 참여자들은 스스로 선택한 대변인들, 특히 점점 더 유명세를 타고 있던 바웬사가 자신들의 대표가 되어야 한다고 주장했다.

정권은 분노를 가라앉힐 수밖에 없었다. 9월 1일 경찰은 여전히 억류되어 있던 자들을 모두 석방했으며, 두 주 뒤에 폴란드 국가평의회는 파업자들의 주된 요구 사항인 자유 노조의 결성과 등록 권리를 공식적으로 인정했다. 파업과 파업을 위한 임시 노조의 비공식적 연락망은 8주 만에 폴란드 전역을 종횡으로 관통하여 당국이 더는 부정할 수 없는 단일 조직으로 연합했다. 1980년 11월 10일 솔리다르노시치는 공산주의 국가에서 공식적으로 등록된 최초의 독립 노동조합이 되었다. 조합원은 추정치로 약 1천 만 명이었다. 이듬해 9월 전국 창립 대회에서 바웬사가 의장으로 선출되었다.

1980년 11월부터 1981년 12월까지 폴란드는 흥분되고 불안한 상황 속에 있었다. 바웬사의 조언자들은 과거의 실수를 잊지 않았고 자존심 상한 공산당 지도부의 반발을 유발하지 않을까 염려했기에 신중해야 한다고 강조했다. 혁명은 〈자제하는 혁명〉이 되어야 했다. 1956년과 1968년을 확실하게 기억하고 있던 야체크 쿠론은 〈사회주의 체제〉에 계속 헌신해야 한다고 주장했으며, 솔리다르노시치는 〈당의 지도적 역할〉을 수용한다는 점을 거듭 언급했다. 어느 누구도 폴란드 당국이나 소련 당국에 전차를 파견할 핑계를 주고 싶지 않았다.

스스로 부과한 제약은 어느 정도까지는 성과가 있었다. 군비 축소나 외교 정책 같은 명백히 정치적인 문제들은 솔리다르노시치의 공적 의제에서 배제되었다. 솔리다르노시치의 의제는 대신 〈실천하는 사회〉라는 노동자 보호 위원회의 기존 전략에 힘을 집중했다. 이 전략은 가톨릭교회와 연계를 구축하는 것(가톨릭교회는 특히 아담 미흐니크의 관심사였다. 그는 폴란드 좌파의 전통적인 반교권주의를 극복하고 새로이 활력을 얻은 가톨릭 지도부와 동맹을 맺기로 결심했다), 지역에서 노조와 공장 위원회를 설립하는 것, 작업장의 자주적 관리와 사회적 권리의 확보를 위해 압력을 행사하는 것이었다(사회적 권리라는 용어는 제네바에 본부가 있는 국제 노동 기구 규약에서 글자 그대로 빌려 왔다).

그러나 공산주의 체제에서는 그렇게 조심스러운 〈비정치적〉 전술조차 당과 충돌하기 쉬웠다. 당은 실질적 권위나 자율권은 전혀 양보하지 않으려 했다. 게다가 경제는 계속해서 안에서부터 파괴되고 있었다. 폴란드의 새로운 노동자 조직들이 회의와 항의, 파업을 통해 자신들의 요구를 밀어붙이던 1981년에 산업 생산성은 급락했다. 폴란드는 표류했고 정권은 통제력을 상실했다. 소련은 폴란드 당국보다 더 근심스럽게 사태 전개를 주시했다. 사태는 인접 국가들에 나쁜 선례가 되고 있었다. 신중한 지도자들이 최선을 다했지만 솔리다르노시치는 부다페스트와 프라하의 유령을 잠에서 깨울 운명에 처했다.

보이치에흐 야루젤스키 장군은 실각한 기에레크를 대신하여 1981년 2월 국방장관에서 총리로 승진했다. 10월 야루젤스키는 스타니스와프 카니아를 계승하여 당 서기가 되었다. 야루젤스키는 군의 지지를 확보한데다 소련 지도부가 강력한 조치를 통해 폴란드를 통제할 수 없는 표류 상태에서 끌어내라고 권고했기에 신속히 상황을 종식시켰다. 양측 다 상황이 무한정 지속될 수 없다는 점을 알고 있었다. 1981년 12월 13일, 제네바에서 미소 핵무기 감축 회담이 열리고 있던 때, 야루젤스키는 폴란드에 계엄령을 선포했다. 표면상으로는 소련의 개입을 미리 막기 위해 취한 조치였다. 솔리다르노시치의 지도자들과 조언자들은 모조리 투옥되었다(노조는 이듬해에 가서야 공식적으로 금지되어 그때부터 〈지하〉에서 활동하게 된다).[4]

1989년 이후에 뒤를 돌아보면, 솔리다르노시치의 등장은 공산주의에 맞선 최후의 투쟁에서 단초 역할을 한 것처럼 보인다. 그러나 1980년에서 1981년 사이에 일어난 폴란드 〈혁명〉은 1970년대에 당의 억압적이고 무능한 경제 관리를 겨냥하여 시작된 노동자 항의가 점점 강해져 최종 국면에 도달한 것으로 이해하는 편이 더 낫다. 냉소를 자아내는 무능력과 출세 제일주의와 헛된 삶, 가격 상승과 항의 파업과 탄압, 지역 노조의 자발적인 출현과 반체제 지식인들의

---

4 미국은 바티칸의 권고에 따라 지하 활동 시기의 솔리다르노시치에 재정 지원을 아끼지 않았다. 그 금액은 5천만 달러에 이르는 것으로 추산되기도 한다.

적극적인 현실 참여, 가톨릭교회의 공감과 지지. 이는 안제이 바이다가 공산주의 폴란드의 배신당한 환상과 희망의 부활을 교훈적으로 설명한 영화 「대리석 인간Człowiek z marmuru」(1977)과 「철의 인간Człowiek z żelaza」(1981)에서 감동적으로 묘사한 시민 사회의 부활에 익숙하게 등장하는 주제들이다.

그러나 그뿐이었다. 이런 현상들이 공산주의 권력 붕괴의 전조는 아니었다. 미흐니크와 쿠론 등이 계엄령 선포 전후로 일관되게 주장했듯이, 공산주의 체제는 내부로부터 또 아래로부터 조금씩 무너지고 있었지만, 뒤집어엎을 수는 없었다. 공공연한 대결은 역사가 설득력 있게 증명했듯이 파국으로 치달을 것이었다. 계엄령과(1983년 7월까지 계속 유효했다) 뒤이은 〈전쟁 상태〉는 당국 편에서 보자면 확실히 실패의 자인을 뜻했다. 어떤 공산주의 국가도 그러한 조치에 의존하기까지 내몰리지 않았다. 미흐니크는 이를 〈전체주의 국가의 재앙〉이라고 불렀다(동시에 〈독립적인 사회의 심각한 퇴보〉라는 점을 시인했다). 그렇지만 공산주의는 권력의 문제이며, 권력은 바르샤바가 아니라 모스크바에 있었다. 폴란드 사태는 공산주의 체제의 붕괴라는 이야기의 소란스러운 서막이었으나, 여전히 지엽적인 사건이었다. 진짜 이야기는 다른 곳에 있었다.

폴란드에서 벌어진 탄압은 1970년대 말에 시작되어 꾸준히 지속된 동서 관계의 냉각을 더욱 심화시켰다. 이 상황은 훗날 〈제2차 냉전〉이라는 이름을 얻었지만 이를 지나치게 과장해서는 안 된다. 한때 레오니트 브레즈네프와 로널드 레이건 두 사람 모두 상대방이 핵전쟁을 고려하고 계획하기까지 했다고 비난했지만, 소련도 미국도 그러한 의도는 갖지 않았다.[5] 헬싱키 협정의 체결로 워싱턴과 모스

5 레이건은 임기 초인 1981년 11월 유럽에서 핵전쟁이 발발해도 반드시 전략 핵무기를 주고받게 되지는 않으리라는 생각을 내비친 적이 있다. 미국의 서방 동맹국들은 최소한 소

크바는 냉전이 자국에 유리하게 종결되고 있다고 생각했다. 실제로 유럽의 상황은 두 강대국을 만족시켰다. 미국은 1815년 나폴레옹이 패배한 이후의 차르 러시아처럼 처신했다. 다시 말해 자국이 존재한 다는 사실만으로도 통제 불능의 혁명에 의해 현상 유지가 파괴되는 일은 없으리라고 보장하는 유럽 대륙의 경찰처럼 처신했다.

그럼에도 동서 관계는 악화 일로에 있었다. 1979년 12월 소련은 아프가니스탄을 대대적으로 침공했다. 소련 남쪽의 민감한 국경 에 안정되고 고분고분한 정권을 재건해야 한다는 외무장관 안드레 이 그로미코의 주장에 따른 것이었다. 미국은 다가오는 1980년 모 스크바 올림픽 게임을 보이콧함으로써 이에 대응했고(소련 진영은 1984년 로스앤젤레스 올림픽 게임을 거부함으로써 앙갚음했다), 지 미 카터 대통령은 〈소련의 최종 목적에 대한 나의 견해〉를 공개리에 수정했다(『뉴욕 타임스』, 1980년 1월 1일 자). 아프가니스탄 침공은 또한 서방 지도자들에게 두 주 전 북대서양 조약 기구 정상 회담에 서 서유럽에 108기의 퍼싱II 미사일과 464기의 크루즈 미사일을 배 치하기로 한 결정이 잘한 일이었음을 확인했다. 이 결정은 소련이 우크라이나에 신세대 SS20 중거리 미사일을 배치한 데 대한 대응이 었다. 새로운 군비 경쟁이 속도를 더하는 듯했다.

누구도, 특히 핵무기를 주고받게 되면 가장 먼저 타격을 입게 될 서유럽 각국의 지도자들은 핵미사일의 효용에 관하여 어떠한 환상 도 지니지 않았다. 그러한 무기는 창과는 달리 가만히 있을 때에는 확실히 쓸모가 있었지만 전쟁 수단으로서는 전혀 쓸모없었다. 그럼 에도 핵무기는 전쟁을 억제하는 장치로서 유용했다. 적에게 최종적 으로 핵무기가 사용될 수도 있다는 점을 납득시킨다면 말이다. 어쨌 든 바르샤바 조약 기구에 맞서 서유럽을 방어할 다른 방법은 없었 다. 바르샤바 조약 기구는 1980년대 초 50개의 보병 사단과 기갑 사

런만큼이나 놀랐으며, 양쪽 다 거세게 항의했다.

단, 1만 6천 대의 전차, 2만 6천 대의 장갑차, 4천 대의 전투기를 자랑했다.

영국의 총리들(마거릿 대처와 그 이전의 제임스 캘러헌), 독일의 총리들, 벨기에와 이탈리아, 네덜란드의 지도자들이 모두 새로운 전술 핵미사일을 환영하고 자국 땅에 배치되도록 허용했던 데에는 바로 이러한 사정이 있었다. 프랑스 대통령 프랑수아 미테랑은 서방 동맹에 각별히 새로운 열정을 발견했다. 미테랑은 1983년 1월 극적인 연설을 통해 다소 멍한 상태의 연방 의회Bundestag에서 서독인들에게 미국의 최신 미사일을 받아들이고 끝까지 고수해야 할 절박한 필요성을 각인시켰다.[6]

〈새로운〉 냉전은 당면한 문제들이나 참여국 대부분의 의도와는 전혀 어울리지 않는 공포의 전망을 다시 열어놓았다. 서유럽에서는 반핵 평화 운동이 부활했다. 여기에는 새로운 세대의 〈녹색 운동〉 활동가들이 합류하여 더욱 강화되었다. 영국에서는 페미니스트와 환경 보호주의자, 무정부주의자에 그들의 친구와 친척까지 더해진 열광적이면서도 단연 영국적 색채를 띤 시위대가 그리넘커먼Greenham Common의 크루즈 미사일 기지를 장기간 포위했다. 참을성 많은 미국 주둔군도 당혹스러움을 감추지 못할 정도였다.

반대는 서독에서 가장 심했다. 사회 민주당 출신의 총리 헬무트 슈미트는 당내 좌파가 새로운 미사일에 반대표를 던진 후 물러나야 했다. 새 미사일은 슈미트의 후계자인 기독교 민주당의 헬무트 콜이 승인하고 설치했다.[7] 중부 유럽의 비핵 중립 지대라는 신기루는 많은 독일인들에게 여전히 익숙했으며, 독일 녹색당과 사민당의 저명 인사들은 동독의 공식적인 핵무기 반대 항의에 힘을 더했다. 1983년

---

6 프랑스 내에 퍼싱 미사일이나 크루즈 미사일을 배치하는 것도 의문의 여지가 없었다.

7 1990년 이후 이 시기의 독일 하원 의회 의원 중 최소한 스물다섯 명이 독일 민주 공화국의 자금을 받은 간첩이었다는 사실이 밝혀졌다.

10월 본에서 열린 시위에서 전직 총리 빌리 브란트는 30만 명의 군중 앞에서 자국 정부에 새로운 미사일의 일방적 포기를 요구하라고 촉구했다. 연방 공화국에 크루즈 미사일과 퍼싱 미사일을 배치하는 데 반대한 이 〈크레펠트 청원Krefeld Appeal〉에는 270만 명이 서명했다.

아프가니스탄 침공이나 폴란드의 〈전쟁 상태〉도 서유럽에서는 정치권에서조차 이에 필적할 만한 관심을 불러일으키지 못했다(헬무트 슈미트 총리가 야루젤스키의 계엄령 선포에 처음으로 보인 반응은 1982년 2월 폴란드의 〈고립〉을 극복하는 데 도움을 주기 위해 고위급 개인 사절을 바르샤바에 파견한 일이었다)[8]. 〈평화 운동가들〉로서는 폴란드 정부의 탄압보다 미국의 호전적인 수사법이 더 걱정스러웠다. 북대서양 조약 기구는 새로운 미사일 배치를 결정하면서 동시에 그러한 무기의 감축을 위한 협상을 제시했지만(이른바 〈양면적〉 접근), 미국의 신임 대통령이 새로운 공격적 전략을 채택했다는 사실은 점차 분명해 보였다.

미국의 호전성은 대체로 말뿐이었다. 로널드 레이건이 〈폴란드는 폴란드여야 한다〉고 요구하거나 소련에 〈악의 제국〉이라는 이름을 붙여 준 것은 국내용이었다. 결국 같은 대통령이 핵무기 감축 회담을 시작했고 소련이 중거리 미사일을 해체한다면 자신들도 중거리 미사일을 철수시키겠다고 제안했다. 그러나 미국은 실제로는 중요한 재무장 계획에 착수했다. 1981년 8월, 레이건은 중성자 폭탄을 비축하겠다고 선언했다. 1982년 11월에는 전략무기제한협정SALT을 위반하고 MX미사일 체제를 발표했으며, 다섯 달 뒤에는 전략방위계획SDI(〈우주 전쟁 Star Wars〉)을 선언했다. 소련은 전략방위계획이

8 1981년 12월 13일, 폴란드에서 계엄령이 선포된 날에 독일 민주 공화국에서 맞상대인 에리히 호네커와 〈정상회담〉을 하고 있던 슈미트는 다소 당황스러워했다. 수백 명의 폴란드 반체제 인사들이 투옥되었기 때문이 아니라 폴란드 사태가 장래에 목하 개선 중인 두 독일 간 관계의 〈안정을 해칠〉 수도 있었기 때문이었다.

탄도탄요격미사일협정ABMT을 위반했다고 항의했는데, 이 주장은 근거가 확실했다. 아프가니스탄과 중앙아메리카에 대한 공식적인 군사 원조와 은밀한 지원도 꾸준히 증가했다. 1985년 미국의 방위비 지출 증가분은 6퍼센트로 평화 시기 치고는 전례 없이 높았다.[9]

1981년 9월로 되돌아가 보면, 레이건은 검증 가능한 핵무기 협정이 없다면 군비 경쟁이 가속화할 것이며 군비 경쟁이 계속되는 한 미국이 승리할 것이라고 경고했다. 그리고 실제로 그렇게 입증되었다. 돌이켜 보건대 미국의 군비 증강은 소련 체제를 파산시키고 궁극적으로 붕괴시킨 간교한 수단으로 여겨지게 되었다. 그렇지만 이러한 판단은 그다지 정확하지 않다. 소련은 일찍이 1974년에 군비 경쟁에 착수했지만 그럴 여유가 많지 않았다. 그러나 공산주의 체제가 굴복한 것은 단지 파산했기 때문만은 아니었다.

제2차 냉전과 미국의 공공연한 호전성이 기능 장애를 겪으며 삐걱거리던 공산주의 체제의 부담을 가중시켰다는 데에는 의심의 여지가 없다. 소련의 군사력은 히틀러를 물리쳤고 40년 동안 유럽의 절반을 점령했으며 무기에서 서방에 필적했으나 끔찍한 대가를 치렀다. 최고치를 기록했을 때는 소련 재원의 30퍼센트 내지 40퍼센트가 군비 지출에 전용되었다. 이는 미국의 군사비 지출 비율의 네다섯 배에 해당했다. 소련의 많은 전문가들은 그러한 부담을 무한정 버텨 낼 수는 없다는 사실을 이미 분명하게 알고 있었다. 결국 수세대에 걸친 군비 증강의 경제적 계산서를 지불할 때가 틀림없이 도래하게 될 것이었다.

그러나 적어도 단기적으로는 대외적 긴장이 체제를 떠받치는 데

---

9 그 어느 때보다도 컸던 국내 총생산 덕에 미국의 공공 지출에서 방위비가 차지하는 몫은 50년대 중반부터 1979년까지, 심지어 베트남 전쟁 시기에도 상대적으로는 지속적으로 하락했다. 그다음부터 급속히 증가하는데, 연방 지출에서 차지하는 비율로 보자면 1987년의 방위비 지출은 1980년 대비 24퍼센트 증가했다.

도움이 되었을 수 있다. 소련은 대륙 규모의 포템킨 마을[10]이거나 헬무트 슈미트의 간결한 묘사에 따르면 〈미사일을 가진 오트볼타〉였는지도 모른다. 그렇지만 어쨌든 소련은 미사일을 가졌고, 미사일 덕에 일정한 지위를 얻고 존중받을 수 있었다. 게다가 늙어 가던 소련 지도자들, 특히 국가 보안 위원회KGB 의장 유리 안드로포프는 미국의 위협을 매우 진지하게 받아들였다. 소련 지도자들은 미국 지도자들과 마찬가지로 상대국이 선제 핵공격을 계획하고 있다고 진심으로 믿었다. 레이건의 강경 노선과 특히 전략방위계획 때문에 옛 소련 지도부의 타협 의지는 더욱 줄어들었다.

소련 지도자들이 진정한 군사적 딜레마에 직면한 곳은 유럽도 미국도 아닌 아프가니스탄이었다. 뒤늦게 소련의 전략적 야심을 민감하게 느낀 지미 카터에게는 미안한 말이지만, 1979년의 아프가니스탄 침공은 자유세계에 맞선 전략적 투쟁에서 공산주의 체제에 새로운 전선을 열어 주지 못했다. 새로운 전선은 오히려 국내의 걱정거리에서 생겼다. 1979년 소련의 인구 조사를 보면 대개 무슬림인 소련 내 중앙아시아 주민이 전례 없이 크게 증가했음을 알 수 있다. 카자흐스탄과 아프가니스탄에 인접한 공화국들인 투르크메니스탄과 우즈베키스탄, 타지키스탄의 인구는 1970년 이래로 25퍼센트가 증가했다. 이후 10년 동안 우크라이나 인구는 겨우 4퍼센트 늘어난 데 비해, 타지키스탄 인구는 거의 절반가량 증가했다. 유럽에 속한 러시아는(그 지도자들은 그렇게 보았다) 내부의 소수 민족들로부터 인구학적 위협을 받고 있었다. 늙어 가던 레오니트 브레즈네프는 1981년 2월에 열린 제26차 당 대회에서 아직도 처리해야 할 〈민족 문제〉가 남아 있다고 인정했다.

10 포템킨 마을Potemkin village은 크림 전쟁을 이끌었던 러시아의 그레고리 알렉산드로비치 포템킨이 1787년 크리미아를 방문하는 예카테리나 2세를 속이기 위해 만든 거짓 주거지를 말한다. 새로운 정복지의 가치를 과장하여 자신의 지위를 높이려는 속셈이었다 — 옮긴이주.

소련 지도자들은 아프가니스탄 점령으로 카불에 안전하고 우호적인 정권을 수립했다면 이중의 성공을 거둘 수 있었을 것이다. 그들은 흔들리던 소련의 영향력을 다시 회복하는 동시에 독립을 갈망하는 소련 내 신세대 무슬림에게 〈분명한 메시지〉를 전달할 수 있었을 것이다. 그러나 소련은 아프가니스탄에서 실패했다. 실패는 당연한 결과였다. 브레즈네프와 그로미코 그리고 군사 전략가들은 베트남의 교훈을 무시하여 미국이 저지른 많은 실수를 되풀이했을 뿐만 아니라 80년 전 같은 지역에서 제정 러시아가 보인 실패도 망각했다. 생소하고 적대적인 지역에 꼭두각시 정권을 수립하려 했던 소련의 시도는 외국으로부터 자금과 무기를 지원받은 게릴라와 무자히딘mujahidin의 비타협적 저항을 초래했다. 그리고 제국의 민족 문제를 〈처리〉하기는커녕 오히려 그 문제에 불을 붙였다. 소련이 지지하는 카불의 〈마르크스주의〉 정권은 국내에서든 국외에서든 이슬람 세계 속에서 소련의 입지를 세우는 데 거의 아무 일도 하지 못했다.

요컨대 아프가니스탄은 소련에 대재앙이었다. 징집된 병사들이 입은 엄청난 충격은 나중에야 드러난다. 1990년대 초 아프가니스탄 전쟁에 참전했던 군인 다섯 명 중 한 명이 만성 알코올중독자였다. 그리고 많은 사람들이 소련 해체 이후의 러시아에서 정규 직업을 얻지 못했으며 극우 민족주의 단체로 빨려 들어갔다. 그러나 오래지 않아 소련의 지도자들도 잘못된 선택이 얼마나 큰 후유증을 남겼는지 알 수 있었다. 아프가니스탄의 산악 지대에서 10년에 걸쳐 소모전을 벌이느라 인력과 물자의 손실을 입었을 뿐만 아니라 국제적으로 오랫동안 창피를 당했다. 또한 소련군이 가까운 장래에 국경 밖으로 배치될 가능성도 사라졌다. 정치국원 예고르 리가초프가 훗날 미국인 기자 데이비드 렘닉에게 인정했듯이, 아프가니스탄 전쟁 이후에 동유럽에서 무력을 행사하는 것은 더는 가능하지 않았다.

크게 실패하기는 했지만 단 한 차례의 신식민주의적 모험의 충격에 그토록 상처를 입었다는 사실은 소련이 근본적으로 얼마나 취약한 상태에 있었는지 잘 보여 준다. 그러나 아프가니스탄에서 겪은 재앙은 80년대 초의 가속화된 군비 경쟁 비용과 마찬가지로 그 자체로 체제의 붕괴를 유발하지는 않았다. 브레즈네프의 〈침체의 시절〉은 두려움과 무기력, 체제를 관리했던 옛 인사들의 이기심 때문에 무한정 지속되었을 수도 있었다. 체제를 붕괴시킬 만한 대항적 권위나 반체제 운동은 소련에도 그 종속 국가들에도 없었다. 오로지 공산당 정권만이 체제를 몰락시킬 수 있었고, 실제로 체제를 무너뜨린 것도 공산당 정권이었다.

공산주의 기획의 기본적인 전제는 역사 법칙과 집단의 이익에 대한 믿음이었다. 이 두 가지가 언제나 개인의 동기와 행위를 설명했다. 따라서 그 기획의 운명이 결국 인간의 운명에 의해 결정될 수밖에 없다는 사실은 역설적이지만 적절했다. 1982년 11월 10일 오랫동안 혼령에 불과했던 레오니트 브레즈네프는 마침내 일흔여섯 살의 나이로 사망했다. 브레즈네프의 후계자인 안드로포프는 이미 예순여덟 살이었고 건강이 좋지 않았다. 안드로포프는 겨우 1년 만에 자신이 계획한 개혁을 전혀 이행하지 못한 채 사망했다. 콘스탄틴 체르넨코가 대신 총서기가 되었으나, 체르넨코 또한 일흔두 살이었고 건강 상태가 너무 나빴다. 1984년 2월에 있었던 안드로포프의 장례식에서 연설도 채 끝내지 못했던 체르넨코 역시 열세 달 뒤에 사망했다.

모두 제1차 세계 대전 이전에 태어난 세 명의 늙은 공산주의자들이 빠른 속도로 연이어 사망한 일은 다소 불길한 징조였다. 소련 볼셰비키의 탄생을 직접 체험했고 스탈린에 의해 삶과 경력이 황폐화된 세대의 당 지도자들은 이제 사라지고 있었다. 그들은 권위주의적인 노인 지배의 관료주의를 상속받아 관리했다. 이 관료주의의 제일 중요한 목표는 생존이었다. 브레즈네프와 안드로포프, 체르넨코가 성장한 세계에서 제명대로 살다 죽는 것은 결코 무의미한 성과가 아니었다. 그러나 차후로는 더 젊은 사람들이 세상을 움직이게 된다. 더 젊은 세대는 선배들과 마찬가지로 본능적인 권위주의자였지만 머리끝에서 발끝까지 소련 체제를 뒤덮었던 부패와 침체, 비효율의 문제를 처리하는 수밖에 다른 대안이 없었다.

체르넨코의 후계자는 1985년 3월 11일 소련 공산당 총서기로 승진한 미하일 세르게예비치 고르바초프였다. 1931년에 남부 스타브로폴 지역의 마을에서 태어난 고르바초프는 마흔한 살의 나이에 중앙 위원회에 선출되었고, 겨우 13년 후에 당의 지도자가 되었다. 고르바초프는 전임자들보다 스무 살이나 젊었을 뿐만 아니라 빌 클린턴 이전의 모든 미국 대통령보다도 어렸다. 안드로포프의 지원으로 빠르게 성장한 고르바초프는 유망한 개혁가로 널리 인식되었다.

미하일 고르바초프는 개혁가이기는 했지만 급진주의자는 전혀 아니었다. 그는 철저한 당원이었다. 1956년 스타브로폴 지구 공산주의청년동맹 제1서기를 시작으로 1970년 지역의 국영농장위원회 서기를 거쳐 최고 소비에트 의원에 이르기까지 당을 통해 성장했다. 새로운 지도자는 그 세대 공산주의자들의 많은 정서를 대표했다. 고르바초프는 당이나 당의 정책을 절대로 공개리에 비판하지 않으면서도 1956년 흐루쇼프의 스탈린 비판에 깊은 영향을 받았다. 그러나 곧 흐루쇼프 시대의 오류에 환멸을 느꼈고 이후 브레즈네프 시절의 억압과 무기력에 실망했다.

미하일 고르바초프는 이런 의미에서 고전적인 개혁 공산주의자였다. 고르바초프가 50년대 초 모스크바 대학 법학부에 다닐 때 1968년 프라하의 봄에서 중심적인 역할을 수행하게 되는 즈데네크 믈리나르시의 가까운 친구였다는 사실은 전혀 우연이 아니다. 고르바초프도 같은 세대의 모든 개혁 공산주의자들처럼 우선은 공산당원이었고 그다음이 개혁가였다. 레닌의 공산주의는 1986년 2월에 프랑스 공산당 일간지 『뤼마니테』에 직접 설명했듯이 고르바초프에게 오점 없는 훌륭한 이상이었다. 그렇다면 스탈린주의는? 〈공산주의의 적들이 소련과 사회주의를 통째로 해치우기 위해 대규모로 유포시킨 개념이다.〉[11]

1986년이었다고는 해도, 확실히 소련 공산당의 총서기다운 발언이었다. 그러나 고르바초프는 분명 그렇게 믿었으며, 매우 의식적으로 레닌주의적인, 또는 〈사회주의적인〉 목적에서 개혁에 착수했다. 실제로 고르바초프는 몇몇 선임자들보다 이데올로기적으로 더욱 진지했을지도 모른다. 니키타 흐루쇼프가 언젠가 자신이 영국인이었다면 보수당에 표를 던졌으리라고 말했던 반면, 고르바초프가 매우 좋아한 외국 정치인이 스페인의 펠리페 곤살레스였다는 사실은 우연이 아니다. 이 소련의 지도자는 조만간 곤살레스식의 사회 민주주의를 자신의 방식과 가장 가까운 것으로 생각하게 된다.

고르바초프가 얼마나 큰 기대를 받았는지는 소련 국내에 반대파가 전혀 없었다는 사실에서 분명하게 드러났다. 오직 당만이 스스로 자초한 난국을 타개할 수 있었으며, 다행스럽게 당은 그러한 노력을 할 수 있는 에너지와 행정 경험을 모두 지닌 사람을 지도자로 선출했다. 고르바초프는 좋은 교육을 받았고 선배 관료로서도 잘 알려져 있었을 뿐만 아니라 독특한 레닌주의적 품성을 지니고 있었다. 고르바초프는 목적을 달성하기 위해서라면 기꺼이 이상과도 타협할 뜻이 있었다.

고르바초프가 소련 공산당 총서기로서 물려받은 난제들에 수수께끼는 없었다. 새 지도자는 70년대에 서유럽을 여행하며 목격한 것에 깊은 인상을 받았기에 처음부터 빈사 상태의 소련 경제 전반과

---

11 사실 고르바초프의 가족은 스탈린 시대에 큰 고초를 겪었다. 조부와 외조부 둘 다 독재자의 숙청이 진행되는 동안 투옥되고 추방되었다. 그러나 소련의 새로운 지도자는 1990년 11월에 가서야 그 사실을 인정했다.

머리만 과도하게 큰 조직들의 상호 연관된 비효율과 부패를 정비하는 데에 노력을 집중하려 했다. 소련의 주요 수출품인 석유의 국제 가격은 70년대 말에 정점에 달한 뒤 하락하면서 외채가 급증했다. 1986년에 307억 달러였던 채무는 1989년에 540억 달러가 되었다. 1970년대에 거의 성장하지 못한 경제는 이제 사실상 축소되고 있었다. 질적으로 언제나 뒤떨어졌던 소련의 생산품은 이제 양적으로도 불충분했다. 중앙의 계획에 의거하여 임의로 결정된 목표량, 고질적인 부족, 공급 병목 현상, 가격 지표나 시장 지표의 부재는 모든 창의력을 효과적으로 마비시켰다.

헝가리와 다른 공산당의 경제학자들이 오랫동안 제대로 인식하고 있었듯이, 그러한 체제에서 〈개혁〉의 출발점은 가격 결정과 의사 결정의 과정을 분산시키는 것이었다. 그러나 이는 거의 극복할 수 없는 장애에 부딪혔다. 발트해 연안 공화국들을 제외하면 소련 내의 그 누구도 독립적인 영농이나 시장 경제를, 이를테면 무엇인가를 만들어서 가격을 매기고 구매자를 찾는 일을 직접 경험하지 못했다. 1986년에 개인노동활동법으로 제한적이나마 소규모 사기업이 허용된 이후에도 소비자는 거의 없었다. 3년 뒤에 사업가는 소련 전체에서 2억 9천만 명의 인구 중 겨우 30만 명뿐이었다.

게다가 경제 개혁가가 되려는 사람이라면 누구나 닭이 먼저인가 달걀이 먼저인가라는 딜레마에 직면했다. 경제 개혁이 의사 결정의 분산이나 지역 사업의 자율성 부여, 외부 지시의 포기로부터 시작된다고 해도, 시장도 없는 상황에서 생산자나 관리자, 기업가는 어떻게 활동할 수 있는가? 단기적으로는 모든 사람들이 지역적 자급으로, 나아가 지역적 교환 경제로 후퇴함으로써 공급 부족과 병목 현상은 줄어들기는커녕 더욱 심해질 것이다. 다른 한편, 〈시장〉은 바로 선언될 수 없었다. 공식적으로 〈자본주의〉가 수십 년 동안 격한 비난과 증오의 대상이었던 사회에서 시장이라는 낱말 자체는 심각한 정치적 위험을 내포했기 때문이다(고르바초프도 1987년 말까지 시장 경제를 전혀 언급하지 않았고, 이후에도 〈사회주의적 시장〉에 대해서만 이야기했다).

개혁의 본능은 절충에 있었다. 다시 말해 관료적 병폐에서 해방되고 원료와 숙련 노동력의 확실한 공급을 보장받은 소수의 인기 있는 사업을 실험적으로(위로부터) 만들어 내야 했다. 그러면 이러한 사업이 다른 유사한 사업에 성공적인 모델의 기능을, 나아가 이윤을 내는 모델의 기능을 수행할 것이다. 목적은 통제된 현대화, 가격 결정 과정에 대한 점진적 적응, 그리고 수요에 부응하는 생산이었다. 그러나 이러한 접근법은 그 작동의 전제 때문에, 다시 말해 당국이 행정상의 허가를 통해 효율적인 사업을 설립해야 했기 때문에 실패가 예견되었다.

당은 부족한 재원을 소수의 모범 농장이나 제작소, 공장, 서비스업에 퍼부어서 일시적으로 성장 가능한, 그리고 관념상으로는 이윤까지 내는 단위 기업을 실제로 만들어 낼 수 있었다. 그렇지만 많은 보조금을 지급해야 했고 인기 없는 다른 사업을 고사시켜야 했다. 결과는 한층 더 심한 왜곡과 좌절이었다. 그동안 바람이 어디로 불지 확신할 수 없었던 농장 관리자와 지역 책임자는 계획된 할당량에 대비하여 위험을 분산시켰고 중앙 통제가 강화될까 두려웠기에 손댈 수 있는 것은 모조리 비축했다.

이런 현상은 고르바초프를 비판했던 보수주의자들에게는 오래된 이야기였다. 1921년 이후 소련의 모든 개혁 정책은 레닌의 신경제정책NEP을 필두로 똑같이 시작되어 똑같은 이유로 활력을 잃었다. 중대한 경제 개혁은 통제의 완화나 포기를 의미했다. 개혁은 해결하려는 문제를 악화시켰을 뿐만 아니라 방금 말했듯이 통제력의 상실을 뜻했다. 그런데 공산주의 체제는 통제에 의존했다. 공산주의는 실로 통제 그 자체였다. 경제의 통제였으며 지식의 통제였고 운동과 여론과 인간의 통제였다. 그 외 모든 것은 변증법이었다. 변증법은 어느 경험 많은 공산주의자가 부헨발트에서 젊은 호르헤 셈프룬에게 말했듯이 〈언제나 두 발로 바로 설 수 있는 방법이자 기술이다〉.[12]

고르바초프는 소련 경제와 씨름하면서 두 발로 바로 서기 위해서는 소련의 경제적 난제만 따로 다룰 수 없다는 사실을 분명하게 깨달았다. 경제적 난제는 더 큰 문제의 증상에 불과했다. 소련은 중앙통제경제의 정치적·제도적 기득권을 지닌 자들이 운영했다. 소련 특유의 작은 모순들과 일상의 부패는 권위와 권력의 원천이었다. 당이 경제를 개혁하려면 우선 당 자체를 개혁해야 했다.

이 또한 전혀 새로운 생각은 아니었다. 레닌과 그 후계자들이 통치할 때 간헐적으로 이루어졌던 숙청도 일반적으로 유사한 목적을 선언했다. 그러나 시대가 변했다. 소련이 얼마나 억압적이고 후진적이었든 간에 이제 더는 살인적이고 전체주의적인 폭정 국가는 아니었다. 흐루쇼프의 기념비적인 주택 사업 덕에 대부분의 소련 가구는 자신들의 아파트에 거주했다. 이 저급한 공동주택은 흉하고 비효율적이었어도 보통 사람들에게 이전 세대에는 허용되지 않았던 사생활과 안전을 어느 정도 제공했다. 정보원에게 노출될 일도 없었고 이웃이나 인척이 당국에 밀고할 가능성도 없었다. 대부분의 사람들에게 테러의 시대는 끝났고, 적어도 고르바초프 세대에게는 대량 검거와 당 숙청의 시대로의 회귀는 상상할 수도 없었다.

그래서 총서기는 당 기구의 장악력을 깨부수고 경제재건 계획을 추진하기 위해 〈글라스노스트glasnost(공개)〉에 의존했다. 다시 말해 조심스럽게 제한한 주제들에 관한 공적 논의를 공식적으로 장려했다. 고르바초프는 사람들에게 임박한 변화를 알리고 대중의 기대를 높임으로써 자신의 계획에 대한 반대를 극복할 수단을 얻으려 했

---

12 "Mais c'est quoi, la dialectique?" "C'est l'art et la manière de toujours retomber sur ses pattes, mon vieux!" Jorge Semprún, *Quel Beau Dimanche* (Paris: Grasset, 1980), p. 100.

다. 이 또한 오래된 책략으로, 특히 개혁적 차르들에게 친숙한 것이었다. 그러나 고르바초프가 공식적인 글라스노스트가 긴급히 필요하다고 절실하게 깨달았던 계기는 1986년 4월 26일의 파국적 사건이었다.

그날 오전 1시 23분 우크라이나 체르노빌에 있는 핵 발전소의 거대한 흑연형 원자로 네 개 중 하나가 폭발하여 1억 2천만 퀴리curie의 방사능 물질이 대기에 쏟아져 나왔다. 이는 히로시마와 나가사키에 퍼진 방사능을 합한 것의 100배가 넘는 양이었다. 방사능 낙진은 북서쪽의 서유럽과 스칸디나비아로 퍼져 멀리 웨일스와 스웨덴까지 도달했으며 약 5백만 명이 그 영향에 노출되었다. 서른 명의 긴급 작업 요원이 즉사했을 뿐만 아니라 그때 이후로 약 3만 명이 체르노빌 방사능에 노출되어 생긴 합병증으로 사망했다. 이중 2천 건 이상이 바로 인접 지역에 거주하던 주민의 갑상선 암이었다.

체르노빌 폭발 사건이 소련에서 발생한 첫 번째 환경 재앙은 아니었다. 1957년 우랄산맥 지역의 예카테린부르크 근처에 있는 비밀 연구 단지인 첼랴빈스크-40에서 핵폐기물 저장고가 폭발하여 너비 8킬로미터, 길이 100킬로미터의 면적을 심하게 오염시켰다. 7600만 세제곱미터의 방사능 폐기물이 우랄강 줄기에 쏟아져 수십 년 동안 물을 오염시켰다. 결국 1만 명이 대피했고 스물세 개 마을이 불도저에 밀려 없어졌다. 첼랴빈스크의 원자로는 소련의 1세대 핵 시설로 1948년에서 1951년 사이에 노예 노동으로 건설되었다.[13]

이와 비견될 만한 인재로는 바이칼호의 오염과 아랄해의 파괴, 북극해와 바렌츠해에 수십만 톤의 폐기된 핵 전함과 그 방사능 물질을 투기한 일, 시베리아 노릴스크 주변으로 이탈리아 크기 정도의 지역이 니켈 생산 과정에서 나온 이산화황으로 오염된 일을 들 수 있다.

---

13 조레스 메드베데프가 1979년에 망명 중에 출간한 책 『우랄 지방의 핵 재난Nuclear Disaster in the Urals』이 다루고 있는 주제가 첼랴빈스크의 사고였다.

이러한 환경 재앙은 전부 무관심과 관리 부실, 천연자원에 대한 소련의 〈화전식火田式〉 접근 방법의 직접적인 결과였다. 이는 비밀 문화에서 비롯되었다. 첼랴빈스크-40의 폭발은 대도시에서 몇 킬로미터 안에서 발생했는데도 수십 년 동안 공식적으로 인정되지 않았다. 바로 그 도시에서 1979년 도심의 생물학 무기 공장에서 새어 나온 탄저균으로 수백 명이 사망했다.

소련 핵 원자로에 문제가 있다는 사실은 내부자들도 잘 알고 있었다. 각각 1982년과 1984년에 작성된 국가보안위원회의 두 보고서는 유고슬라비아가 공급한 체르노빌 원자로 3호기와 4호기의 〈조잡한〉 설비와 심각한 결함을 경고했다(1986년에 폭발한 원자로는 4호기였다). 그러나 이 정보는 기밀이었고 따라서 아무런 조치도 취해지지 않았다. 그래서 4월 26일의 폭발 사고에 당 지도부가 본능적으로 보인 첫 번째 반응은 보안을 유지하라는 것이었다. 어쨌든 당시에 체르노빌 원자로와 같은 형태의 설비가 전국적으로 열네 군데에서 가동 중이었기 때문이다. 소련 정부는 사고 발생 후 꼬박 나흘이 지난 뒤에야 두 문장짜리 공식 성명으로 그저 약간 성가신 일이 발생했다고 인정했다.

그러나 체르노빌 사건은 비밀이 될 수 없었다. 국제적인 여론이 일었고 자국의 힘으로는 피해를 최소화시킬 수 없었기에, 고르바초프는 두 주가 지난 뒤 공식 성명을 통해 사태의 일부를 밝혔고 외국의 지원과 전문가를 요청했다. 따라서 시민들은 당국이 얼마나 무능하고 생명과 건강에 얼마나 무관심했는지 처음으로 널리 인식하게 되었다. 고르바초프도 자국의 문제가 매우 심각하다는 점을 인정할 수밖에 없었다. 사고와 사고 수습에 책임이 있는 자들의 서투른 일처리와 거짓말, 냉소적 태도는 소련적 가치의 유감스러운 전도쯤으로 치부할 수가 없었다. 소련의 지도자가 차츰 감지했듯이, 그것이 바로 소련적 가치였던 것이다.

고르바초프는 1986년 가을부터 방법을 바꾸었다. 그해 12월 세계에서 가장 유명한 반체제 인사인 안드레이 사하로프가 고르키(니즈니 노브고로트)의 가택 연금에서 풀려났다. 사하로프의 연금 해제는 이듬해 시작된 소련 정치범의 대규모 석방을 예고하는 전조였다. 검열이 완화되었다. 1987년 오랫동안 미뤄졌던 바실리 그로스만의 『삶과 운명 Life and Fate』이 출간되었다(당 이데올로기 인민위원 M. A. 수슬로프가 〈200년이나 300년〉 동안 해제되지 않으리라고 예언한 지 26년이 지난 시점이었다). 경찰은 외국 라디오 방송의 전파 방해를 중단하라는 명령을 받았다. 그리고 소련 공산당 총서기는 1987년 1월 텔레비전으로 중계되는 당 중앙 위원회 연설을 기회로 삼아 당 내 보수파 지도자들과 국민에게 직접적으로 더 포괄적인 민주주의를 주장했다.

　1987년이면 소련의 열 가구 중 아홉 가구가 텔레비전을 보유했으며, 고르바초프의 전술은 처음에는 눈부시게 성공했다. 나라의 재난에 관한 절반쯤 공개적인 논의를 위해 사실상 공적 영역을 열어 놓고 지배 계층의 정보 독점을 깨뜨림으로써 당으로 하여금 선례를 따르도록 했다. 그리고 그때까지 침묵했던 체제 내부의 개혁가들이 발언하고 자신을 지지하더라도 안전에 이상이 없도록 했다. 1987년에서 1988년 사이에 총서기는 자신도 모르게 전국적인 지지 세력을 만들고 있었다.

　비공식적 단체들이 등장했다. 그중 유명한 것으로는 1987년 모스크바 수학 연구소에서 설립된 〈클럽 페레스트로이카Club Perestroika〉와 이에 자극을 받아 탄생한 〈메모리알Memorial〉이 있다. 〈메모리알〉의 구성원들은 과거 스탈린주의 시대에 〈희생된 자들을 계속 기억하도록〉 하는 데 헌신했다. 클럽 페레스트로이카는 처음에는 자신들이 존재한다는 사실 자체만으로도 크게 놀랐지만(어쨌거나 소련은 여전히 일당 독재 국가였기 때문이다) 곧 번창하고 증식했다.

1988년 고르바초프는 당 외곽에서 점차 지지 세력을 넓혀 갔고 새로
등장하기 시작한 여론으로부터도 지지를 확보해 나갔다.

고르바초프의 개혁주의적 목적의 논리와 당내 보수파의 비판에
맞서 국민에 호소하려 했던 그의 결심이 페레스트로이카Perestroika
의 동력을 일변시켰다. 이것이 실제로 벌어진 일이었다. 총서기는
집권당 내부의 개혁가로 출발했지만 이제 점점 더 당에 맞서게 되
었으며 적어도 당 내 반대파의 변화에 대한 저항을 넘어서려 했다.
1987년 10월 고르바초프는 스탈린주의의 범죄를 처음으로 공개리
에 이야기했고, 당은 개혁을 옹호하지 않으면 사회에서 지도적인 역
할을 상실할 것이라고 경고했다.

고르바초프는 1988년 6월 당 대회에서 개혁과 검열 완화의 약속
을 재천명했고 이듬해에 열릴 인민대표회의 선거를 공개 선거로(다
시 말해 경쟁 선거로) 치러야 한다고 요구했다. 1988년 10월 고르바
초프는 몇몇 주요 반대자들, 특히 오랫동안 자신을 비판해 왔던 예
고르 리가초프의 지위를 강등시켰고, 마지막 거물이었던 안드레이
그로미코를 대신하여 스스로 국가수반인 최고 소비에트 의장직에
올랐다. 고르바초프는 당 내에서 여전히 강력한 반대에 직면했지만,
나라 전체로 볼 때는 인기가 절정에 달했으며, 그 덕에 밀고 나갈 수
있었다. 사실 그밖에 다른 방도도 없었다.[14]

1989년 5월과 6월에 치러진 선거는 1918년 이래 소련에서 처음으
로 실시된 자유선거였다. 다당제 선거는 아니었으며(다당제 선거는
소련이 사라지고 나서 한참이 지난 후인 1993년에야 나타난다) 많
은 의석을 당 후보에 한정하고 당 내 경쟁을 금지했기 때문에 결과
는 대체로 미리 결정되어 있었다. 그러나 선거로 구성된 인민대표회
의에는 독립적이고 비판적인 인사가 다수 포함되었다. 투표 과정은

14 몇 달 뒤인 1990년 1월에 실시된 여론 조사에서, 고르바초프는 대중적 인기에서 표트
르 대제 다음이었다. 그러나 카를 마르크스와 레닌 등에는 크게 뒤처졌다.

방송으로 약 1억 명의 시청자에게 전달되었고, 사하로프 등이 제기한 더 많은 변화의 요구, 특히 점점 더 신뢰를 상실하고 있는 당의 특권적 지위를 박탈하라는 요구는 처음에는 달갑지 않았던 고르바초프조차 일축할 수 없게 되었다. 공산당의 권력 독점은 시나브로 사라졌고, 인민대표회의는 고르바초프의 권고에 힘을 얻어 돌아오는 2월에 지체 없이 소련 헌법에서 공산당에 〈지도 역할〉을 부여하는 핵심 조항인 제6조를 제거하기로 결정하게 된다.[15]

1985년부터 1989년까지 소련 국내에서 진행된 격변의 진로는 고르바초프와 신임 외무장관 예두아르트 셰바르드나제 때 크게 변화한 소련의 외교 정책이 촉매제 역할을 했다. 고르바초프는 처음부터 성가신 군사적 부담을 조금이라도 덜어 내겠다는 결심을 분명히 했다. 고르바초프는 권좌에 오른 지 채 한 달도 못 되어 소련의 미사일 배치를 중단했고 무조건적인 핵무기 협상을 제의했다. 그는 먼저 두 강대국의 전략 무기 절반 감축을 제안했다. 1986년 5월 고르바초프는 제네바에서 레이건과의 〈정상〉 회담을 성공리에 마친 후에(다섯 차례 중 첫 번째 회담이었다. 다섯 번의 정상 회담은 유례가 없었다), 핵무기 감축 협상에 도움이 된다는 전제 아래 미국의 〈전진 배치 무기〉를 회담에서 제외한다는 데 동의했다.

1986년 10월 레이캬비크에서 속개된 두 번째 정상 회담에서 레이건과 고르바초프는 핵무기에 관한 합의에 도달하지 못했지만 차후 성공의 토대를 놓았다. 1987년 말, 셰바르드나제와 미국의 국무장관 조지 슐츠는 중거리 핵무기 조약의 초안을 작성했다. 이 조약은 이듬해 서명되고 비준되었다. 로널드 레이건이 앞서 제안한 〈제로 옵션zero option〉[16]을 승인한 이 조약에서 소련은 유럽의 핵전쟁에서

15 제6조의 폐지와 1918년에 당이 〈도둑질한〉 인민대표회의의 권한 회복을 요구함으로써 이 문제를 공개적으로 제기한 사람은 사하로프였다. 이는 전국에 생중계되었다.
16 1981년 11월 소련의 핵무기 철수를 조건으로 유럽에서 모든 중거리 핵미사일을 철수하겠다는 미국 대통령 로널드 레이건의 제안에 붙은 별칭 — 옮긴이주.

승리할 수 없음을 인정했다. 그리고 이 조약은 1990년에 유럽 대륙에서 재래식 군사력의 배치와 작전을 엄격하게 제한하는 한층 더 중요한 조약의 전주곡 역할을 했다.

미국의 시각에서는 군사력에 관한 고르바초프의 양보가 레이건의 승리로, 따라서 냉전 전략의 제로섬 계산에서 소련의 패배로 보이는 것이 당연했다. 그러나 국내 문제가 우선이었던 고르바초프에게 더 안정적인 국제적 환경의 확보는 그 자체로 승리였다. 그 덕에 국내에서 개혁을 위한 시간과 지지를 얻을 수 있었기 때문이다. 이 일련의 회합과 협약의 진정한 의미는 소련이 해외의 군사적 대결은 비용이 많이 들 뿐만 아니라 역기능만 초래한다는 점을 인식한 데에 있었다. 고르바초프가 1986년 10월 프랑스를 방문하던 중에 표현했듯이 〈이데올로기〉는 외교 정책에 적합한 원리가 아니었다.

이러한 견해에는 고르바초프가 새로운 세대의 소련 외교 전문가들, 특히 동료인 알렉산드르 야코블레프에게서 얻은 조언이 반영되어 있다. 야코블레프의 생각에 소련은 확실히 성과 없는 대결보다는 신중하게 계산된 양보를 통해 외교 관계를 더 잘 통제할 수 있었다. 고르바초프에게 외교 정책은 처리하기 어려운 국내 정치와는 대조적으로 직접적인 통제가 가능한, 따라서 즉각적인 개선을 기대할 수 있는 영역이었다. 게다가 소련 외교의 순전히 강대국적인 측면을 과장하지 말아야 한다. 이를테면 고르바초프는 미국과의 거래만큼이나 서유럽과의 관계도 중시했다. 고르바초프는 서유럽을 자주 방문했으며 곤살레스와 콜, 대처 등과 좋은 관계를 유지했다(대처가 고르바초프를 〈거래할 수 있는〉 사람으로 본 일은 유명하다).[17]

실제로 고르바초프는 몇 가지 중요한 점에서 스스로 유럽을 우선

---

17 고르바초프는 또한 1985년 3월 체르넨코의 장례식에 참석한 이탈리아 공산당 지도자인 알레산드로 나타를 환영했다. 나타는 그때까지 오랫동안 소련의 미움을 받은 인물이었다.

시하는 유럽의 정치인이라고 생각했다. 군비 경쟁과 핵무기 비축의 종식에 집중한 것은 명백히 유럽 국가로서 소련이 지닐 역할에 대한 새로운 태도와 긴밀한 연관이 있었다. 고르바초프는 1987년 이렇게 선언했다. 〈군사력은 엄격히 방어 목적에 필요한 수준으로 감축되어야 한다. 두 군사 동맹 체제는 방어 목적에 맞도록 전략 개념을 수정할 때가 되었다. 《유럽의 집》 안에 있는 모든 방은 강도로부터 보호받을 권리를 지닌다. 그러나 보호를 위해 《이웃》의 재산을 파괴하지는 말아야 한다.〉

소련의 지도자는 같은 정신에서, 그리고 같은 이유에서 처음부터 소련이 아프가니스탄에서 시급히 철수해야 한다고 이해했다. 1986년 2월 고르바초프는 당 대회에서 아프가니스탄을 〈피 흐르는 상처〉라고 묘사했다. 다섯 달 뒤 고르바초프는 소련군 약 6천명의 철수를 선언했으며, 재배치는 같은 해 11월에 완료되었다. 1988년 5월 소련은 제네바에서 아프가니스탄과 파키스탄과 협정을 체결했으며(두 강대국이 보장했다), 뒤이어 소련군은 아프가니스탄을 떠나기 시작했다. 마지막까지 남아 있던 소련군 병사들은 1989년 2월 15일에 출발했다.[18]

아프가니스탄의 모험은, 이제 와서는 너무나 분명하지만, 소련의 민족 문제를 처리하기는커녕 오히려 더 악화시켰다. 소련이 극복할 수 없는 소수 민족 문제에 직면했다면, 이는 부분적으로 스스로 자초한 문제였다. 다양한 피지배 〈민족들〉을 발명하여 그들에게 정식으로 지역과 공화국을 할당해 준 이는 결국 레닌과 그 후계자들이었기 때문이다. 소련은 다른 곳의 제국적 관행을 모방하여, 50년 전에는 민족성이나 독립국의 지위가 없던 곳들에서, 민족적 도시 중심

18 이제는 외국의 군사 지원을 빼앗긴 카불의 꼭두각시 정권은 1992년까지 무기력한 모습을 보이다가 마침내(국제 사회의 보증인들이 있었음에도) 탈레반 세력에 굴복했다. 이는 얄궂게도 미국이 베트남에서 저지른 실수를 때맞춰 되풀이했다.

지. 즉 〈수도〉를 중심으로 제도와 지식인의 출현을 조장했다. 캅카스나 중앙아시아 공화국들의 공산당 제1서기들은 일반적으로 그 지역의 지배적 종족 집단에서 선출되었다. 이들은 자신들의 봉토를 확보하기 위해, 특히 중앙 기구에서 균열이 발생한 이후에, 〈자신들의〉 민족과 일체감을 갖느라 애쓸 수밖에 없었는데, 이는 충분히 이해할 만했다. 당은 자신들의 이익을 보호하느라 여념이 없는 지역 행정관들의 권력 분산 노력 때문에 파손되기 시작했다.

고르바초프는 이러한 과정을 완벽하게 이해하지는 못한 듯하다. 그는 1987년 당에 이렇게 알렸다. 〈동지들, 우리는 진정 민족 문제를 해결했다고 말할 수 있소.〉 고르바초프는 이러한 자신의 주장을 완전히 믿지는 않았겠지만, 확실히 중앙통제를 다소 완화하고 장기간 존재했던 불만의 처리에 착수한 것으로 충분하다고 생각했다(예를 들면, 1989년에 크림타타르족은 수십 년에 걸친 아시아 추방 생활을 마치고 마침내 고향으로 돌아와도 좋다는 허가를 받았다). 발트해에서 오호츠크해까지 대륙의 제국을 구성한 수백 개 민족 집단들이 이제 글라스노스트 덕에 오랫동안 간직했던 불만을 터뜨리고 있는 상황에서, 이는 중대한 착오로 드러난다.

소련 변방의 자율권 요구에 대한 고르바초프의 부적절한 대응이 놀랄 일은 아니다. 고르바초프는 앞서 보았듯이 매우 특이하기는 했지만 처음부터 〈개혁 공산주의자〉였다. 변화와 쇄신의 필요성에 공감했지만 자신이 성장했던 체제의 핵심 교리를 공격하는 데는 주저했다. 고르바초프는 소련 등지의 많은 동세대 사람들처럼 유일하게 가능한 개선 방법은 레닌주의의 〈원칙〉으로 되돌아가는 데 있다고 진심으로 믿었다. 레닌주의 기획 자체가 잘못되었다는 생각은 아주 최근까지도 이 소련의 지도자에겐 생소했다. 알렉산드르 솔제니친 같은 공공연한 반레닌주의 작가들의 국내 출간은 1990년에 이르러서야 허락할 정도였다.

공산당 개혁가들이 언제나 체제의 특정 측면은 손대지 않은 채 일부만 개혁하려는 비현실적인 목표를 설정했다는 사실은 그들의 기묘한 특성이었다. 이를테면 중앙계획에 의한 통제를 유지하면서 시장 지향적인 유인을 도입하거나 당의 진리 독점을 유지하면서 더 큰 표현의 자유를 허용하는 것 등을 들 수 있다. 그러나 다른 영역과 분리하여 한 부문만 개혁한다는 부분적인 개혁은 내재적으로 모순이었다. 〈통제받는 다원주의〉나 〈사회주의적 시장〉은 처음부터 실패할 수밖에 없었다. 공산당이 70년간의 절대 권력이라는 병적 생성물을 벗어던지고도 〈지도 역할〉을 유지할 수 있다는 생각은 고르바초프의 정치적 순진함을 보여 준다. 권위주의 체제에서 권력은 분할할 수 없다. 일부라도 단념하면 결국 전부 잃어버리게 된다. 거의 400년 전에 스튜어트 왕가의 제임스 1세는 이 점을 훨씬 더 잘 이해했다. 제임스 1세는 왕의 주교에게 부여된 권력에 항의하는 스코틀랜드 장로교도들을 〈주교가 없으면 국왕도 없다〉는 한 마디 말로 무력화시켰다.

고르바초프는, 그리고 고르바초프가 통제한 혁명은 결국 스스로 초래한 모순의 크기 때문에 실패했다. 나중에 고르바초프는 지난날을 돌아보며 이렇게 후회했다. 〈당연한 얘기지만, 나는 페레스트로이카의 전 과정을 내가 의도한 틀 내에서 관리하지 못했다는 사실에 당혹스러웠다.〉 그러나 의도와 틀은 양립할 수 없었다. 검열과 통제와 억압이라는 버팀목이 일단 제거되자, 소련 체제의 모든 결과물은, 즉 계획 경제와 공적 수사법, 당의 독점은 그대로 붕괴되었다.

고르바초프는 기능 부전을 제거하여 효율적으로 바뀐 개혁된 공산주의라는 자신의 목표를 달성하지 못했다. 사실상 완전히 실패했다. 그럼에도 고르바초프의 성과는 인상적이었다. 소련에서 비판자들과 개혁가들이 동원할 수 있는 독립적인 제도는 없었으며 심지어 준자율적인 제도도 없었다. 소련 체제는 언제나 내부로부터 그리고 위에서 주도하여 조금씩 변화했을 뿐이다. 고르바초프는 한 가지 변화의 요소에 다른 요소를, 이어 또 다른 요소를 차례로 도입함으로써 점진적으로 자신이 성장해 온 체제 자체를 침식시켰다. 고르바초프는 당 총서기의 막대한 권력을 이용하여 내부로부터 당 독재를 파괴했다.

이는 실로 놀랍고도 전례 없는 위업이었다. 1984년에 체르넨코가 사망했을 때 어느 누구도 이러한 사태를 예견할 수 없었고 누구도 예견하지 못했다. 고르바초프는 가까운 조언자의 견해에 의하면 〈체제의 유전적 오류〉였다.[19] 돌이켜 보건대 고르바초프는 신기할 정도로 때맞춰 등장했다고 결론 내리고 싶다. 소련 체제가 비틀거릴 때에, 무슨 일이 일어나고 있는지 이해하면서 제국에서 탈출할 전략을 성공적으로 모색해 낸 지도자가 출현했다. 시대가 인물을 만들었나? 아마 그럴지도 모른다. 그리고 미하일 고르바초프는 확실히 또 한 사람의 공산당 기관원에 머물지 않았다.

그러나 고르바초프는 분명 자신이 무슨 일을 벌이는지 이해하지 못했다. 만일 알았다면 두려움에 몸을 떨었을 것이다. 고르바초프를 비판했던 자들의 통찰력은 더욱 예리했다. 한편으로 당의 강경론자들이 고르바초프를 증오했던 것은 이해할 만했다. 이 중 많은 사람이 1988년 3월 13일 『소베트스카야 로시야Sovetskaya Rossiya』지에 실린 니나 안드레예바의 유명한 편지에 진심으로 찬동했다. 이 레닌그라드의 교사는 새로운 개혁 조치들이 필시 조국을 자본주의로 되돌리게 되리라고 분노하며 경고했다(이는 훗날 밝혀졌듯이 충분히 타당했다). 다른 한편, 고르바초프는 급진 개혁가들로부터 조건 없는 지지를 받지도 못했다. 개혁가들은 뚜렷하게 드러난 고르바초프의 우유부단함에 점차 실망했다. 사건들을 통제하기 위해 가능하면

19 안드레이 그라초프의 말. Archie Brown, *The Gorbachev Factor* (Oxford, 1997), p. 88에서 인용.

언제라도 새로운 사상을 장려하되 그다음에는 곧 당내 보수주의자들 속으로 슬그머니 들어감으로써 부득이 중심을 차지해야만 했다는 사실은 고르바초프의 약점 중 하나였다. 야코블레프나 옐친 같은 과격한 개혁가들이 조금 더 나가라고 압박했을 때 고르바초프가 보인 행태가 바로 그러했다. 이러한 동요, 자신이 주도한 일의 논리를 계속 끌고 나갈 생각이 없는 듯한 태도, 너무 멀리도 너무 빠르게도 가지 않으려는 고집 때문에 초기의 많은 조언자들이 낙담했다.

문제는 고르바초프가 당의 권력 독점과 주도권 독점을 폐지하면서 자신의 영향력도 그에 비례하여 감소시켰다는 점이다. 그리하여 고르바초프는 전술적 동맹을 맺거나 다른 극단적 견해들 사이에서 기회주의적으로 중간적 태도를 취해야만 했다. 이는 민주주의 체제의 정치인들에게는 불가피한 일로 불편하긴 해도 익숙했지만, 70년 동안 독재에 길들여진 국민의 눈에 그러한 책략은 고르바초프를 허약한 존재로 보이게 할 따름이었다. 1989년 초부터 소련의 대통령은 여론 조사에서 꾸준히 몰락했다. 1990년 가을이면 고르바초프의 지지율은 겨우 21퍼센트에 불과했다.

그래서 고르바초프는 권좌에서 쫓겨나기 훨씬 전에 이미 결정적으로 신임을 잃었다. 그렇지만 국내에서만 그랬다. 다른 곳에서는 〈고르비 마니아〉들이 폭증했다. 고르바초프는 점점 더 자주 외국을 방문했는데 그럴 때마다 서유럽 정치인들의 환대를 받았고 군중은 열광적인 갈채를 보냈다. 1988년 말, 고르바초프의 가장 열렬한 팬 중 한 명이었던 마거릿 대처는 냉전은 〈끝났다〉고 선언했다. 동유럽의 관점에서 보자면 이는 다소 때 이른 생각일 수도 있었지만, 그곳에서도 미하일 고르바초프는 널리 인기를 끌었다.

〈인민 민주주의 체제〉들에서 소련 지도자가 국내에서 보인 노력은 즉각 주목을 받기는 했어도 외국에서 발표한 선언보다 중요하게 간주되지는 않았다. 특히 중요하게 여겨진 것은 1988년 12월 7일 국제 연합에서 한 연설이었다. 고르바초프는 소련이 유럽에서 재래식 전력을 일방적으로 감축한다고 선언한 뒤에 청중에게 이렇게 조언하기에 이른다. 〈선택의 자유는 보편적인 원리이다. 예외는 있을 수 없다.〉 이는 단지 〈브레즈네프 독트린〉을 폐기한 데 그치지 않았다. 소련이 자체의 〈사회주의〉 해석을 형제 국가들에 강요하느라고 무력을 사용하지는 않겠다는 고백에 머물지 않았다는 말이다. 고르바초프가 인정했던 것은, 아니 인정했다고 곧 이해되었던 것은 위성 국가들의 시민이 이제 사회주의든 아니든 자유롭게 자신들의 길을 갈 수 있다는 사실이었다. 동유럽은 역사에 재진입할 찰나에 있었다.

소련은 미하일 고르바초프의 지도를 받으면서 1985년부터 차츰 종속국들에 대한 직접적인 감독을 그만두었다. 그러나 이 점진적인 간섭 중단의 의미는 여전히 불분명했다. 인민 민주주의 체제들은 계속 권위주의적인 당내 파벌이 운영했고 광범위한 억압 기구에 의존해 권력을 행사했다. 경찰과 정보부는 소련의 보안 기구와 긴밀히 결합되어 도움을 받았으며, 지역 정부의 간섭을 거의 받지 않고 활동했다. 그리고 프라하나 바르샤바, 동베를린의 통치자들은 이제 소련으로부터 무조건적으로 지원받을 수 없다는 사실을 인식하기 시작했지만, 통치자들이나 국민들 모두 그 의미가 무엇인지 분명하게 알지 못했다.

폴란드의 상황은 이러한 불확실성을 집약적으로 보여 준다. 한편으로는 계엄령의 선포로 공산당의 권위주의적 통치가 재차 언명되었다. 다른 한편으로 솔리다르노시치를 탄압하고 그 지도자들의 입을 막았다고 해서 폴란드의 기본적인 문제가 제거되지는 않았다. 오히려 그 반대였다. 폴란드는 여전히 채무에 시달렸고, 이제 통치자들은 탄압에 대한 국제적인 비난 때문에 더는 외국에서 자금을 차입하는 방법으로 난국을 벗어날 수 없게 되었다. 통치자들은 사실상

1970년대에 처리해야 했던 것과 똑같은 딜레마에 직면했으나, 이번에는 선택의 폭이 훨씬 좁았다.

그동안 반대파는 법으로 금지되었을망정 완전히 증발하지는 않았다. 비밀 출판이 계속되었고, 강연과 토론, 연극 상연 등도 마찬가지였다. 솔리다르노시치는 비록 금지되었지만 명맥을 유지했으며 특히 1982년 11월에 가장 유명한 대변자인 레흐 바웬사가 석방된 뒤로는(그리고 이듬해 대리자를 통해 노벨 평화상을 수상한 뒤로는) 실질적으로 존속했다고 할 수 있다. 정권은 1983년 6월 교황의 귀국 방문을 금하는 모험을 할 수 없었으며, 그때 이후 교회는 준공식적인 지하 활동에 훨씬 더 긴밀히 관여했다.

정치 경찰은 탄압에 찬성했다. 한 가지 유명한 경우를 들자면 1984년에 정치경찰은 사람들의 기를 꺾기 위해 대중적으로 인기 있던 과격파 사제 예지 포피에유슈코의 납치와 살해를 조종했다. 그러나 야루젤스키와 그의 동료 대부분은 그러한 도발과 대결이 이제는 효과가 없다는 것을 진작부터 깨닫고 있었다. 포피에유슈코의 장례식에는 35만 명이 운집했다. 이 사건은 반대파를 놀래기는커녕 합법적이든 아니든 교회와 솔리다르노시치에 대한 대중의 지지가 어느 정도인지 널리 알렸을 뿐이었다. 80년대 중반이면 폴란드는 반항하는 사회와 갈수록 절망적인 상태에 빠져들고 있던 국가 사이의 교착 상태에 빠르게 접근하고 있었다.

소련과 마찬가지로 폴란드에서도 당 지도부는 본능적으로 〈개혁 조치〉를 제안했다. 1986년, 국가평의회 의장이 된 야루젤스키는 수감 중이던 아담 미흐니크와 다른 솔리다르노시치 지도자들을 석방하고 신설된 〈경제 개혁부〉를 통해 적당한 경제 개혁안을 제시했다. 그 목적은 무엇보다 이제 거의 400억 달러에 달한 폴란드 국가 채무에 외국의 자금을 다시 끌어오는 것이었다.[20] 정부는 1987년 기

20 1986년 미국은 나머지 모든 정치범의 석방과 일반사면의 대가로 폴란드의 국제통화

괴한 방식으로 민주주의를 인정하면서 사실상 폴란드 국민에게 어떤 종류의 경제 〈개혁〉을 원하는지 물었다. 폴란드 국민은 이러한 질문을 받았다. 〈빵 값의 50퍼센트 인상이 더 좋은가 아니면 휘발유의 100퍼센트 인상이 더 좋은가 아니면 휘발유 가격 50퍼센트 인상과 빵 값의 100퍼센트 인상이 좋은가?〉 놀랄 일도 아니지만 대중의 답은 본질적으로 이랬다. 〈그중 어느 것도 원하지 않는다.〉

그 질문은, 그 질문을 제시하고자 한 결정은 폴란드 공산당 통치자들의 경제적 파산은 물론 정치적 파산도 훌륭하게 예증하고 있다. 실제로 폴란드의 국제 통화 기금 가입이 부분적으로는 솔리다르노시치의 동의로 가능했다는 사실은 당국의 신뢰가 무너지고 있음을 말해 주었다. 자유 노조는 법으로 금지되었지만 해외에서 조직을 유지하는 데 성공했고, 1985년 9월에 국제 통화 기금 총재에게(야루젤스키의 부분적인 개선은 실패할 운명이며 철저한 일괄적 개혁만이 폴란드의 근심을 해결할 수 있다고 주장하며) 폴란드의 가입 수락을 권고한 것도 솔리다르노시치의 브뤼셀 사무소였다.[21]

1987년이면 폴란드 상황에서 가장 눈에 띄는 측면은 당과 그 기관들의 철저한 무기력이었다. 폴란드 통합노동자당은 외부에서 권력 독점에 가시적인 위협을 가하지 않았는데도 사실상 의미를 잃고 말았다. 10여 년 전 미흐니크 등이 이론으로 정립한 〈대항 사회counter society〉가 권위와 주도권의 실질적인 원천으로 등장하고 있었다. 1986년 이후 폴란드 반대파 내부에서는 사회를 자유에 익숙하도록 훈련시키는 것에 관해서가 아니라 정권과 어떤 목적에서 얼마만큼 관계하기로 합의해야 하는지에 관해 논쟁했다.

바르샤바 계획통계학학교의 일단의 젊은 경제학자들은 이미 레

기금 가입에 대한 거부권을 철회했다.

21 Harold James, *International Monetary Cooperation since Bretton Woods* (IMF+Oxford University Press, 1996), p. 567을 보라.

셰크 발체로비치의 지도에 따라 중앙계획에서 해방된 자율적인 사기업 부문을 위한 계획을, 즉 시장 계획을 수립하고 있었다. 이러한 제안들은 〈공인받지 못한〉 폴란드인들 사이에서 격렬한 토론의 대상이었으며 외국에서도 널리 논의되었다. 그러나 1980-1981년의 정치적 〈현실주의〉의 지도적 원리와 〈자기 제한적〉 목표들은 여전히 유효했다. 대결과 폭력에 의존하는 것은 당의 강경론자들의 손에 놀아나는 꼴이므로 신중하게 회피해야 했다. 대화와 〈모험〉은 다른 것이었다.

충분히 예견할 수 있었던 일이지만, 당의 최후의 몰락을 초래한 계기는 또 다른 경제 〈개혁〉의 시도였다. 더 조심스럽게 말하자면 지탱할 수 없을 정도로 늘어난 국가 채무를 줄여 보려던 시도였다. 1987년에 소비자 물가는 약 25퍼센트 인상되었다. 1988년에는 60퍼센트가 더 올랐다. 1970년과 1976년, 그리고 1980년에 다시 그랬듯이, 또 한 번 급격한 물가 상승이 일련의 파업을 촉발시켰고, 결국 1988년 봄에 대규모 동맹 파업과 공장 점거로 이어졌다. 과거에 공산당 당국은 노동자를 통제할 수단을 결여했기에 물가 인상 노력을 포기하거나 무력에 의존했으며 경우에 따라서는 두 가지 방법을 다 동원했다. 이번에는 당국에 제3의 대안이 있었는데, 바로 노동계 지도자들에게 도움을 호소하는 것이었다. 1988년 8월, 내무장관 체스와프 키슈차크는 명목상으로는 사사로운 시민이요 승인받지 못한 조직의 인정받지 못한 지도자였던 레흐 바웬사에게 자신과 만나서 노동자들의 시위 중단을 협상하자고 설득했다. 바웬사는 처음에는 주저했지만 마침내 동의했다.

바웬사가 파업 노동자들에게 호소하는 데에는 아무런 어려움이 없었다. 1981년 이래로 솔리다르노시치의 도덕적 권위가 성장했기 때문이다. 그렇지만 근본적인 문제는 그대로였다. 인플레이션은 이제 연간 1천 퍼센트에 육박했다. 솔리다르노시치와 정부 사이에 넉 달 동안 단속적으로 비공식적 접촉이 계속되었고, 이는 대중의 〈개혁〉 요구를 더욱 자극했다. 무기력하게 헤매던 당국은 형식적인 의사 표현과 위협 사이에서 오락가락했다. 장관을 교체했으며, 협상 계획은 없다고 부인했고, 경제 변화를 약속했으며, 그단스크 조선소를 폐쇄하겠다고 위협했다. 국가에 대한 대중의 신뢰는 보잘것없었지만 그마저도 무너졌다.

1988년 12월 18일, 바르샤바에서 정부와 전면적인 협상에 들어가기 위해 솔리다르노시치 〈시민위원회〉가 수립되었다. 씨뿌리기와 같았던 고르바초프의 국제 연합 연설이 있은 지 꼭 한 주 뒤에 이 같은 일이 일어났다는 사실은 암시하는 바가 크다. 버티다 힘이 빠진 야루젤스키는 마침내 엄정한 현실을 인정했고 주저하는 중앙 위원회에 회담에 응하라고 강권했다. 1989년 2월 6일, 공산당은 솔리다르노시치를 협상 상대자로 공식 인정했으며 그 대표자들과 〈원탁〉 협상을 개시했다. 회담은 4월 5일까지 지속되었다. 그날(또다시 소련에서 중요한 상황이 전개된 지 한 주 뒤였는데, 이번에는 인민대표회의의 공개 선거였다), 독립 노조의 합법화와 폭넓은 경제 법률 제정, 그리고 특히 새로운 의회 선거에 모두가 동의했다.

나중에야 확인된 사실이지만, 원탁 회담의 결과는 폴란드 공산주의의 협상을 통한 종식이었으며, 적어도 참여자의 몇몇 사람에게 이 정도는 일찍부터 명백했다. 그러나 어느 누구도 대단원의 접근 속도를 예측하지 못했다. 6월 4일에 시행하기로 했던 선거는 선택의 실질적 보장이라는 전례 없는 요소를 허용했지만 공산당의 과반수 확보를 보장하기 위해 조작되었다. 상원 선거는 진정한 공개 선거였으나, 세임Sejm(하원) 선거에서는 의석의 절반이 공무원(즉 공산당원) 후보의 몫으로 정해져 있었다. 그리고 정부는 선거 일정을 매우 급박하게 정함으로써 적들의 분열과 무경험을 이용할 수 있기를 바랐다.

결과는 만인에게 충격으로 다가왔다. 솔리다르노시치는 아담 미흐니크가 임시변통으로 급조한 일간지 『가제타 비보르차Gazeta Wy-borcza』(선거 신문)의 지원을 받아 상원 100석 중 99석과 세임의 경쟁 의석 전부를 차지했다. 반면 〈예약된〉 의석에 입후보한 공산당 후보 중 그 자리를 얻는 데 필요한 50퍼센트 득표를 확보한 자는 두 명뿐이었다. 완전한 패배와 전례 없는 공개적 굴욕을 당한 폴란드 공산당 지도자들에겐 투표 결과를 무시하고 또다시 계엄령을 선포하거나 아니면 패배를 인정하고 권력을 양도하는 두 가지 방안이 있었다.

선택의 여지가 없었다. 고르바초프가 사적인 전화 통화에서 야루젤스키에게 매우 명백하게 밝혔듯이 선거는 존중되어야 했다. 야루젤스키가 처음 한 생각은 솔리다르노시치에 자신을 연립 정부에 합류시키도록 부탁하여 타협하고 체면을 살리는 것이었는데, 이는 거부되었다. 대신 몇 주 협상이 더 진행되고 자신들의 총리를 지명하려는 공산당의 노력이 수포로 돌아간 뒤, 당 지도부는 피할 수 없는 현실에 굴복했다. 1989년 9월 12일 타데우시 마조비에츠키가 공산당 출신이 아닌 자로는 전후 폴란드에서 처음으로 총리에 임명되었다(그렇지만 공산당은 몇몇 핵심 부서를 계속 통제했다).

한편, 솔리다르노시치의 의원단은 동시에 현명한 정치적 조처로서 야루젤스키를 국가수반에 앉히기로 의결했다. 이 결정은 공산당 〈온건파〉를 이후의 이행에 흡수하고 그들의 당혹감을 덜어 주는 효과적인 수단이었다. 다음 달, 마조비에츠키 정부는 〈시장 경제〉 실시 계획을 선포했다. 〈발체로비치 계획 Plan Balcerowicza〉이라는 안정화 일정으로 제시된 이 계획은 12월 28일에 세임이 승인했다. 하루 뒤, 폴란드 공산당의 〈지도 역할〉은 헌법에서 공식적으로 삭제되었다. 4주 뒤인 1990년 1월 27일에 공산당은 해산했다.

폴란드 공산당이 마지막 시절에 허둥지둥했다는 사실에 눈이 가려 그에 앞서 오랫동안 매우 완만하게 축적된 발전을 간과해서는 안 된다. 1989년 드라마의 주역들 대부분은, 이를테면 야루젤스키와 키슈차크, 바웬사, 미흐니크, 마조비에츠키는 이미 여러 해 동안 무대에 있었다. 폴란드는 1981년에 짧은 기간 동안 상대적 자유를 만끽했다가 계엄령 시대로 접어들었다. 이어 다소 관용적이기도 했던 길고 불확실한 억압의 연옥 생활이 계속되다가 결국엔 앞선 10년의 경제 위기가 재발했다. 공산당 지도자들은 가톨릭교회의 힘과 솔리다르노시치의 전국적인 인기, 폴란드 국민의 변치 않는 공산당 혐오를 무릅쓰고 아주 오랫동안 권력을 붙들고 있었기 때문에 그 최후의 몰락은 마치 불의의 사건처럼 다가왔다. 기나긴 작별이었다.

폴란드에서 계엄령과 그 여파는 공산당의 한계와 무능을 폭로했다. 그러나 억압은 반대파를 결속시켰을 뿐만 아니라 신중하게 만들어 놓기도 했다. 헝가리에서 이와 견줄 만한 조심성은 매우 다른 경험에서 비롯했다. 20년간의 모호한 관용 탓에 공식적으로 반론이 어느 선까지 허용되는지 그 엄밀한 한계가 분명하지 않았다. 헝가리는 어쨌든 힐튼이 1976년 12월에 철의 장막 건너편에서 처음으로 호텔을 개장한 곳이었다. 빌리 그레이엄[22]은 1980년대에 한 번도 아니고 세 번이나 헝가리를 공적으로 여행했으며, 같은 시기에 미국의 국무장관 두 사람과 부통령 조지 부시가 헝가리를 방문했다(이들은 겉으로 드러내지는 않았지만 헝가리를 좋아했다). 1988년에 공산 국가 헝가리의 이미지는 단연 〈좋았다〉.

공산당 지배에 대한 반대가 공개적으로 출현하기까지 오랜 시간이 걸린 데는 이러한 이유도 부분적으로 작용했다. 모르는 체하기와 회피는 특히 1956년을 기억하는 사람들에게는 용기의 핵심적인 부

22 미국 남부침례교회 소속의 유명한 전도자. 전 세계를 여행하며 전도 사업을 벌였고, 여러 미국 대통령에게 정신적 조언자 역할을 했다 ─ 옮긴이주.

분으로 보였다. 카다르 야노시가 통치하던 헝가리에서 삶은 단조롭
기는 했어도 참을 만했다. 사실, 공식 경제는 앞 장에서 살펴보았듯
이 다양한 개혁 조치들과 〈신경제 기구〉가 있었음에도 폴란드에 비
해 전혀 좋지 않았다. 〈검은〉 경제 즉 병행 경제 덕에 많은 사람들이
이웃 나라 사람들보다 다소 높은 생활 수준을 확보할 수 있었다는
점만은 분명하다. 그러나 헝가리 사회통계학자들의 연구가 이미 보
여 주었듯이, 헝가리는 소득과 보건, 주택에서 심각한 불평등을 겪
었으며 사회이동과 복지는 사실상 서구에 뒤처졌다. 그리고 오랜 노
동 시간과(많은 사람들이 두세 개의 직업을 갖고 있었다) 높은 수준
의 알코올 중독과 정신 질환, 동유럽 최고의 자살률로 주민들이 희
생되었다.

   그래서 불만의 이유는 충분했다. 그러나 조직적인 정치적 반대
는 없었다. 1980년대에 일부 독립적인 단체들이 등장했지만, 이들
의 활동은 대체로 환경 문제나 루마니아의 헝가리인 소수 민족 학
대에 반대하는 항의에 제한되었다. 헝가리인 소수 민족 학대 문제에
서는 공산당의 암묵적인 찬성을 기대할 수 있었다(1987년 9월에 설
립되어 단연 민족주의적인 성격을 보였던 헝가리 민주 포럼 Magyar
Demokrata Fórum이 공식적으로 용인되었던 것은 이로써 설명된다).
1972년의 수정 헌법에 공식적으로 기술된 대로 헝가리는 여전히
〈사회주의 공화국〉이었다. 1985년 6월의 선거에서 처음으로 다수
후보가 인정되고 소수의 공식적으로 승인된 독자 후보들이 선출되
기도 했지만, 이견과 비판은 대체로 집권당 내부에 국한되었다. 그
러나 중대한 변화는 1988년에 가서야 시작되었다.

   헝가리에서 변화의 촉매제가 되었던 것은 고르바초프가 소련 공
산당에 가져온 변화에 드러내 놓고 열광했던 젊은 〈개혁〉 공산주의
자들이 늙어 가는 당 지도부의 경직된 태도에 느낀 실망감이었다.
1988년 5월, 이들은 그러한 목적에서 소집된 특별 공산당협의회에

서 마침내 일흔여섯 살의 카다르를 지도부에서 끌어내리고 그로스 카로이를 총리에 앉혔다. 이 당내 쿠데타의 실제적인 귀결은 〈시장의 힘〉을 강화하려는 목적의 긴축 경제 계획에 국한되었다. 그러나 그 상징적 영향력은 막강했다.

카다르 야노시는 1956년 혁명 이래로 헝가리를 통치했다. 그는 혁명을 진압하는 데 주된 역할을 수행했다. 카다르는 국외에서 상당히 호의적인 이미지를 갖고 있었지만 헝가리인들에게는 굴라시 공산주의의 핵심인 공식적 거짓말, 다시 말해 헝가리 개혁 운동은 〈반혁명〉에 불과했다는 거짓말의 화신이었다. 또한 30년 전에 너지 임레가 납치되어 비밀 재판을 받고 한층 더 비밀리에 처형되고 매장된 이래 너지를 둘러싼 침묵의 음모를 체현한 생존 인물이었다.[23] 따라서 카다르의 제거는 헝가리의 공적 생활에서 무엇인가 근본적인 변화가 일고 있다는 암시를 주는 듯했다. 이러한 인상은 카다르의 후임자들이 반체제 청년 공산주의자들 의 청년 민주 동맹Fidesz 설립을 허용하고, 1988년 11월 독립적인 정당들의 출현을 공식적으로 용인했을 때 확증되었다.

1989년 초, 공산당 입법부는 일련의 조치들을 통과시켜 자유로운 집회의 권리를 인정했고, 다당제로의 〈이행〉을 공식적으로 재가했으며, 4월에는 당내 〈민주 집중제〉를 공식적으로 폐기했다. 무엇보다 중요한 것은 헝가리 공산당 지도자들이, 당이 과거를 청산하지 않으면 나라의 통제를 기대할 수 없다는 사실을 암묵적으로 인정하면서, 너지 임레의 골치 아픈 유해를 발굴하여 개장할 의사가 있다고 선언한 일이었다. 동시에 헝가리 공산당 정치국의 임레 포주거이와 몇몇 개혁가들은 동료들에게 1956년 사건을 조사할 위원회를 구성하고 그 사건을 공식적으로 재규정해야 한다는 점을 납득시켰다.

23 너지의 묘지는 30년 동안 공식적으로 알려지지 않았다. 사실 그 위치는 부다페스트 시립 공동묘지의 외진 구석으로, 표지도 없었지만 누구나 알고 있었다.

1956년의 사건은 이제 〈반혁명〉이 아니었고 공식적으로 〈국민의 품격을 저하시킨 과두 지배에 맞선 민중 봉기〉였다.

이는 사실이었다. 헝가리의 공산주의 이탈을 공산당이 수행했다는 사실은 신기했다. 6월에 가서야 폴란드의 선례를 의식적으로 모방하여 야당들과 원탁 회담이 이루어졌다. 이 때문에 헝가리 반공주의자들 사이에서는 어느 정도 회의론이 일기도 했다. 그들이 보기에 너지의 부활은 과거에 처형된 것과 마찬가지로 공산주의에 희생된 많은 사람들과는 아무 관계도 없는 당내 문제일 따름이었다. 그러나 너지의 개장이 갖는 상징적인 힘을 과소평가하는 것은 잘못이다. 너지의 개장은 패배를 인정한 것이었고, 공산당과 그 지도부가 거짓되게 생활했으며 거짓말을 가르치고 강요했음을 인정하는 것이었다.

겨우 3주 뒤에 헝가리 최고 법원이 너지의 완전한 복권을 선언한 바로 그날 카다르 야노시가 사망했고, 더불어 헝가리 공산주의도 죽었다. 남은 일은 결정의 공식 절차에 관한 합의뿐이었다. 공산당의 〈지도 역할〉도 폐기되었다. 이듬해 3월로 다당제 선거 일정이 잡혔고, 10월 7일에는 공산당(헝가리 사회주의노동자당)이 헝가리 사회당으로 재세례를 받았다. 10월 23일, 의회는 여전히 옛 공산당 정권에서 선출된 공산당 출신 의원들이 압도적으로 많았지만 국명 자체도 단순하게 헝가리 공화국으로 개명하기로 의결했다.

1989년의 헝가리 〈혁명〉에는 두 가지 뚜렷한 특징이 있다. 첫 번째는 앞서 보았듯이 공산주의 정권으로부터 진정한 다당제로 이행하는 과정이 전적으로 내부에서 실행되었다는 점이다. 두 번째 주목해야 할 사항은 나중에 체코슬로바키아 등의 경우도 마찬가지였듯이 폴란드에서는 1989년의 사건들이 대체로 자국에만 관련되었던 반면, 헝가리의 이행은 또 다른 공산당 정권, 즉 동독 정권의 해체에 핵심적인 역할을 했다는 점이다.

외부 관찰자들에게 독일 민주 공화국은 공산당 정권 중에서도 가장 무너지지 않을 듯이 보였다. 소련 지도자라면 누구도 동독의 몰락을 용인하지 않으리라는 일반적인 가정이 있기도 했지만, 그것이 전부는 아니었다. 독일 민주 공화국의 물리적 환경, 특히 그 도시들은 낡아 빠지고 초라하게 보였을 수도 있다. 비밀경찰 슈타지는 어디에나 존재하기로 유명했고, 베를린 장벽은 도덕과 미학을 유린한 만행이었다. 그러나 동독 경제는 이웃 사회주의 국가들에 비해 형편이 좋다는 것이 널리 퍼진 믿음이었다. 제1서기 에리히 호네커가 1989년 10월에 치러진 건국 40주년 기념식에서 독일 민주 공화국이 경제적 성취에서 세계 10대 국가에 든다고 자랑했을 때, 하객으로 온 미하일 고르바초프는 남들이 들을 정도로 크게 콧방귀를 끼었다. 그러나 동독 정권은 다른 것은 몰라도 거짓 자료의 제조와 수출에는 뛰어났다. 많은 서방 관찰자들은 호네커의 말을 곧이곧대로 믿었던 것이다.

독일 민주 공화국을 가장 열렬히 찬양했던 자들은 독일 연방 공화국에서 발견된다. 동방 정책은 분명 두 독일 사이의 긴장을 완화하고 인적, 경제적 교류를 촉진하는 데 성공했으며, 그 덕에 정치권 전체가 사실상 동방 정책의 무기한 연장에 희망을 걸게 되었다. 서독의 공인들은 독일 민주 공화국 노멘클라투라의 환상을 조장했을 뿐만 아니라, 스스로도 착각에 빠졌다. 단순히 동방 정책이 동쪽의 긴장을 완화하는 효력을 지녔다고 되풀이하여 말했을 뿐이나 그럼으로써 그것이 진실이라고 믿게 되었다.

그리하여 〈평화〉와 〈안정〉, 〈질서〉 등의 구호에 마음을 빼앗긴 많은 서독인은 거래 상대편인 동유럽 정치인들의 관점을 공유하기에 이르렀다. 저명한 사회 민주당원인 에곤 바르는 1982년 1월(폴란드에서 계엄령이 선포된 직후) 독일은 평화를 위해 민족 통일의 요구를 포기했으며 폴란드는 똑같은 〈최우선 목표〉라는 이름으로 자신들의 자유에 대한 권리를 포기해야만 할 것이라고 설명했다. 5년 뒤, 영향력 있는 작가 페터 벤더는 〈중부 유럽Mitteleuropa〉에 관한 사회 민주당 토론회에서 이와 같이 자랑스럽게 주장했다. 〈우리는 긴장 완화를 바란다는 점에서 파리와 런던보다 베오그라드와 스톡홀름 과, 또한 바르샤바와 동베를린과 더 많은 것을 공유한다.〉

이후 몇 년 사이 전국적인 지명도를 가진 사회 민주당 지도자들이 서독을 방문한 동독의 고위 인사들에게 내밀하고도 분명 의심을 살 만한 발언들을 했던 것이 한두 번이 아니었다. 1987년, 비에른 엥흘름[24]은 독일 민주 공화국의 국내 정치를 〈역사적〉이라고 찬양했으며, 이듬해 그의 동료인 오스카 라퐁텐[25]은 동독 반체제 인사들에 대한 서독의 지원을 막기 위해 자기 힘으로 할 수 있는 일은 무엇이든 하겠다고 약속했다. 라퐁텐은 〈사회 민주당은 반체제 인사 세력의 강화에 도움이 되는 모든 것을 피해야만 한다〉고 말함으로써 상대편을 안심시켰다. 1984년 10월 소련이 독일 민주 공화국 정치국에 보낸 한 보고서의 표현은 이 같은 실상을 그대로 보여 준다. 〈사회 민주당 대표들은 과거에 우리가 그들에게 제시했던 많은 주장들을 이제 수용하고 있다.〉[26]

서독 사회 민주당 사람들의 환상은 이해할 만도 했다. 그러나 이러한 환상을 많은 기독교 민주당 사람들도 거의 똑같은 호의를 보이며 공유했다. 1982년부터 서독 총리를 지낸 헬무트 콜은 정적들 못지않게 독일 민주 공화국과 좋은 관계를 수립하는 데 열성적이었다. 그는 1984년 2월 모스크바에서 진행된 유리 안드로포프의 장례식에서 에리히 호네커와 만나 이야기를 나누었고, 이듬해 체르넨코의 장례식에서 그를 다시 만났다. 그 결과로 양측 간에 문화 교류와 국경

---

24 1939~. 1991년에서 1993년까지 사민당 대표를 지냈다 — 옮긴이주.
25 1943~. 1995년에서 1999년까지 사민당 대표를 지냈다 — 옮긴이주.
26 인용을 허락해 준 티머시 가튼 애시 교수에게 감사드린다.

지대의 지뢰 제거에 관해 합의가 이루어졌다. 1987년 호네커는 동독 지도자로는 처음으로 연방 공화국을 방문했다. 그동안 서독의 동독 원조는 속도를 더했다(그러나 동독 내부의 반대파에 대한 지원은 전혀 없었다).

동독 정권은 서독의 후원을 잔뜩 받았고 소련의 지지를 확신했으며 매우 성가신 반체제 인사들을 서방으로 자유롭게 내보낼 수 있었기에 무한정 생존했을 수도 있었을 것이다. 동독은 확실히 변화할 염려가 없어 보였다. 1987년 6월, 장벽에 반대하고 고르바초프를 칭송하는 동베를린의 시위대는 즉각 해산되었다. 1988년 1월, 정부는 1919년에 로자 룩셈부르크와 카를 리프크네히트가 살해된 사건을 기념하는 100명이 넘는 시위대를 주저 없이 투옥하고 추방했다. 시위대는 룩셈부르크의 말을 적은 팻말을 들고 있었다. 〈자유는 다르게 생각하는 사람들의 자유이기도 하다.〉 1988년 9월, 호네커는 모스크바 방문 길에 고르바초프의 페레스트로이카를 공개리에 칭찬했다. 그렇지만 결국 귀국길에는 그 실행을 피하고 싶다는 마음을 드러냈다.[27]

동독의 공산당원들은 당시 모스크바와 바르샤바, 부다페스트에서 미증유의 사태가 전개되고 있었는데도 여전히 1950년대부터 익숙했던 방식으로 선거를 조작하고 있었다. 1989년 5월, 독일 민주 공화국 지방선거의 공식 결과는 너무나 터무니없이 조작되어서(98.85퍼센트가 정부 후보를 선택했다) 사제와 환경 단체, 집권당 내부의 비판자들까지 참여하는 전국적인 항의를 불러일으켰다. 정치국은 이들을 짐짓 무시했다. 그러나 동독인들은 이제 처음으로 선택 기회를 갖게 되었다. 더는 현상 유지를 받아들일 필요가 없었고 체포를 각오하거나 서방으로 위험스러운 탈출을 감행할 필요도 없

27 이해할 만한 일이지만, 호네커는 고르바초프가 오래 가지 못하리라고, 또 틀림없이 무시되리라고 예상한 듯하다.

었다. 1989년 5월 2일, 헝가리 당국은 나라 안의 이동과 표현에 대한 통제를 완화하던 중에 서부 국경선을 따라 설치된 전기 울타리를 제거했다. 물론 국경은 공식적으로는 여전히 폐쇄된 상태였다.

동독인들은 벌 떼처럼 헝가리로 몰려들었다. 1989년 7월 1일까지 약 2만 5천명의 동독인들이 〈휴가〉를 즐기기 위해 헝가리로 갔다. 이어 수천 명이 더 이러한 행렬에 동참했는데, 그중 많은 사람이 프라하와 부다페스트의 서독 대사관에 임시로 피신했다. 일부는 아직 폐쇄되어 있던 오스트리아와 헝가리 사이의 국경을 국경 수비대의 제지를 받지 않고 넘었으나, 대부분은 헝가리에 머물렀다. 9월 초, 헝가리에 대기 중인 독일 민주 공화국 시민은 6만 명이었다. 9월 10일, 헝가리 텔레비전 뉴스 프로그램에서 헝가리 외무장관 호른 줄러는 이들 중 일부가 서쪽으로 넘어갈 경우 정부는 어떻게 대응할 것인지 묻자 이렇게 답변했다. 〈우리는 이제 소동을 벌이지 않고 그들이 가도록 내버려 둘 것이다. 짐작컨대 오스트리아는 그들을 받아 줄 것이다.〉 서방으로 가는 문은 공식적으로 개방되었다. 72시간 만에 약 2만 2천 명의 동독인이 헝가리를 가로질러 오스트리아로 향했다.

동독 당국은 거세게 항의했다. 헝가리의 조치는 각국이 형제 국가 주민들의 탈출로로 이용되도록 허용하지 않겠다는 공산 국가 정부들 사이의 오랜 협정을 위반하는 것이었다. 그러나 헝가리 당국은 헬싱키 최종 결의문에 서명했기 때문에 어쩔 수 없다고 주장했다. 사람들은 헝가리 정부의 말을 믿었다. 이후 3주가 지나는 동안 독일 민주 공화국은 수만 명의 동독 시민이 새로운 출구를 통해 탈출을 시도하게 되는 재앙에 직면했다.

독일 민주 공화국 통치자들은 사건을 통제하고자 프라하와 바르샤바의 서독 대사관에 피신한 동독 난민들에게 밀봉 열차에 태워 고국을 거쳐 서독으로 안전하게 갈 수 있도록 보장하겠다고 제안했다. 그러나 이는 이미 심한 굴욕을 당하고 있던 정권의 상황을 한층 더 악화시켰을 따름이다. 열차가 독일 민주 공화국을 통과할 때 수만 명의 인파가 부러운 듯 환호했다. 난민 열차가 드레스덴에 잠시 멈추었을 때에는 수천 명으로 추산되는 시민이 열차에 기어오르려 했다. 경찰이 이들을 때려 제지하자 폭동이 일어났다. 이 모든 일이 전 세계 대중 매체가 지켜보는 가운데 발생했다.

체제의 고통은 비판자들을 대담하게 만들었다. 헝가리가 국경을 개방한 다음 날, 동베를린에서 일단의 반체제 인사들이 〈노이에스 포룸Neues Forum〉을 설립했고, 며칠 후에는 또 다른 시민운동인 〈데모크라티 예츠트Demokratie Jetzt〉가 뒤를 이었다. 두 단체 모두 독일 민주 공화국의 민주주의적 〈개조〉를 강력히 요구했다. 10월 2일 월요일, 라이프치히에서 1만 명의 군중이 호네커 정권의 개혁 거부에 실망하여 시위를 벌였다. 운이 좋지 않았던 1953년의 베를린 봉기 이래로 동독 최대의 대중 집회였다. 일흔일곱 살의 늙은 호네커는 꿈쩍도 하지 않았다. 9월에 호네커는 이주를 원하는 동독인들은 〈부추김과 미끼와 위협에 의해 사회주의의 기본 원리와 근본 가치를 부정하라고 협박당했다〉고 단언했다. 지도부는 무력해 보였다. 마치 제자리에 얼어붙은 듯했다. 이에 젊은 동지들의 근심은 더욱 커져만 갔다. 이들은 면전에 닥친 엄청난 도전을 더는 무시할 수 없었다. 10월 7일, 독일 민주 공화국 창건 40주년을 축하하기 위해 온 미하일 고르바초프는 철면피한 주인에게 기억에 남을 만한 말로 이렇게 충고했다. 〈삶은 우물쭈물하는 자들을 벌한다.〉 그러나 보람이 없었다. 호네커는 현재 상황에 만족한다고 선언했다.

소련 지도자의 방문에(외국의 사태 전개는 말할 것도 없다) 고무된 라이프치히 등 여러 도시의 시위대들은 변화를 외치면서 시위와 〈철야 집회〉를 정기적으로 열었다. 이제는 정기 집회가 된 라이프치히의 월요일 모임은 고르바초프가 연설하고 난 다음 주에 9만 명이 모이는 큰 규모로 성장했다. 집회에 모인 군중은 모두 〈우리가 국민이다Wir sind das Volk!〉라고 선포했으며 〈고르비Gorby〉에게 지원을 요청했다. 그다음 주에 집회 참가자 수는 더 늘어났다. 점점 더 심하게 동요했던 호네커는 시위 확산을 막기 위해 무력 진압을 계획하고 있었다.

전면 대결의 가능성이 엿보이자 마침내 호네커의 당내 비판자들이 마음을 한데 모은 듯했다. 10월 18일, 에곤 크렌체가 이끄는 몇몇 동료들이 쿠데타를 실행에 옮겨 18년간 자리를 지킨 노인장을 권좌에서 내쫓았다.[28] 크렌체의 첫 번째 조치는 모스크바로 날아가 미하일 고르바초프의 (승인을 청하여) 보증을 받고 베를린으로 되돌아와 동독의 페레스트로이카를 준비하는 것이었다. 그러나 때가 너무 늦었다. 최근의 라이프치히 시위에 약 30만 명이 모여 변화를 강력히 촉구했다. 11월 4일, 50만 명의 동독인이 베를린에 모여 즉각적인 개혁을 요구했다. 한편 같은 날, 체코슬로바키아도 국경을 개방했고, 이후 48시간 만에 3만 명이 그 국경을 통해 떠났다.

이제 당국은 정말로 허둥댔다. 11월 5일, 독일 민주 공화국 정부는 마지못해 다소 자유화된 여행법을 제안했으나 비판자들은 이를 불충분하다고 거부했다. 그래서 동독 내각은 극적으로 사퇴했고, 이어 정치국도 사퇴했다. 다음 날 저녁, 황제 퇴위와 수정의 밤Kristallnacht 공동 기념일인 11월 9일에, 크렌체와 그의 동료들은 대탈주를 막기 위해 다른 여행법을 제안했다. 귄터 샤보브스키[29]는 독일 텔레비전과 라디오로 생중계된 기자 회견에서 즉각 발효된 새로운 법 조항에 따르면 사전 신고 없이 외국 여행이 가능하며 국경을 넘어 서

28 호네커는 고르바초프가 방문한 뒤 사흘이 지나서 도착한 중국의 한 고위 인사를 영접하며 독일 민주 공화국의 사회 불안을 중국의 최근 〈반혁명〉과 비교했다. 호네커가 최소한 독일 판 천안문 광장 학살을 생각했을 가능성은 있었다. 동료들이 호네커를 쫓아내기로 결심한 데는 이 같은 이유도 작용했다.

29 1929~. 사회주의통일당 관료. 1981년에 중앙 위원회 위원이 되었으며, 1985년에 정치국원이 되었다 — 옮긴이주.

독으로 통행하는 것이 허용된다고 설명했다. 달리 말하자면, 이제 장벽이 개방되었다.

방송이 끝나기도 전에 사람들은 동베를린의 거리에 모여 국경으로 향했다. 몇 시간 만에 5만 명이 서베를린으로 쏟아져 들어갔다. 일부는 영원히, 나머지는 단지 둘러보기 위해 갔다. 이튿날 아침에 세상은 변해 있었다. 누구나 알 수 있었듯이, 장벽은 영원히 파괴되었고 다시 과거로 되돌아가는 일은 있을 수 없었다. 4주 후, 동서의 경계에 버티고 서 있던 브란덴부르크 문이 다시 열렸다. 1989년 성탄절 휴가에 240만 명의 동독인이(전체 인구의 6분의 1) 서독을 방문했다. 이는 독일 민주 공화국 통치자들이 의도한 바가 전혀 아니었다. 샤보브스키 자신이 훗날 설명했듯이, 당국은 장벽 개방이 독일 민주 공화국의 몰락을 초래하리라고는 〈전혀 생각하지 못했다〉. 오히려 그 반대로 〈안정화〉의 시작이라고 보았다.

독일 민주 공화국의 지도자들은 마지못해 장벽을 개방하기로 결정하면서 단지 안전판을 구하고 가능하면 약간의 인기를 확보하고 무엇보다 〈개혁〉 프로그램을 제시할 충분한 시간을 벌기를 원했다. 결국 장벽은 한 세대 전에 건설되어 닫힐 때와 거의 같은 이유로, 다시 말해 인구의 유출을 막기 위해 개방되었다. 1961년에 이 필사적인 계책은 성공했다. 1989년에도 그런대로 효과가 있었다. 놀랍게도 동독인들은 되돌아가도 다시 투옥되는 일은 없으리라는 점을 일단 확신하자 대개 서베를린에 영구히 남아 있거나 서독으로 이주하기로 결정하지 않았다. 그러나 그러한 확신의 대가는 단지 정권의 몰락으로 그치지 않았다.

사회주의통일당은 장벽 붕괴의 여파로 죽어 가는 공산당의 마지막 의식을 거쳤다(공산당의 마지막 의식은 이제 익숙했다). 12월 1일, 독일 민주 공화국 의회 Volkskammer는 독일 민주 공화국 헌법에서 국가는 〈노동 계급과 그들의 마르크스레닌주의 정당이 지도한다)고 선언한 조항을 삭제하기로 420 대 0으로(기권 5) 결정했다. 나흘 뒤 정치국은 또다시 사퇴했고, 새로운 지도자로 그레고어 기지가 선출되었으며, 당명도 곧 민주사회당으로 변경되었다. 호네커와 크렌체를 포함한 옛 공산당 지도부는 당에서 축출되었다. 노이에스 포럼의 대표자들(반대파 집단들 중 가장 두드러졌다는 데 이의가 없었다)과의 원탁 회담이 (또다시) 진행되었으며, 자유선거의 일정이 잡혔다.

그렇지만 최근의 (마지막) 독일 민주 공화국 정부가 드레스덴의 당 지도자였던 한스 모드로프의 지도로 〈당 행동 강령〉의 초안을 작성하기 전에도, 당의 조처와 의도는 그저 부적절했을 따름이었다. 결국, 동독인들은 다른 종속 국민들에게는 없었던 대안을 가졌고(〈서 체코슬로바키아〉나 〈서 폴란드〉는 없었다) 이를 버릴 생각이 없었다. 골대는 움직였다. 1989년 10월, 라이프치히 시위대는 〈우리는 국민이다〉라고 노래했다. 1990년 1월, 같은 군중은 미묘한 차이가 있는 요구를 분명히 밝혔다. 〈우리는 하나의 국민이다Wir sind ein Volk.〉

그러므로 독일 공산주의의 사망은 다음 장에서 보게 되듯이 하나의 독일 국가의 사망을 초래했다. 1990년 1월, 동독은 사회주의에서 벗어나는 데 그치지 않고 서독으로 통합되기에 이른다. 돌이켜 보면 1989년 가을에 독일 민주 공화국을 무너뜨린 군중의 희망을 어떻게 해석해야 할지 분명하지 않다. 그러나 명백한 사실은 공산당도 반대파도 사태의 전개에 공이 있다고 주장할 수 없다는 점이다. 당이 주도적인 역할을 했던 헝가리나 반대파가 사태를 이끌었던 폴란드와는 사정이 전혀 달랐다. 우리는 공산당이 자신들이 곤경에 처했음을 이해하는 데 얼마나 더뎠는지 살펴보았다. 그러나 지식인 비판자들도 더 빨리 이해하지는 못했다.

11월 28일, 슈테판 하임[30]과 크리스타 볼프, 그 외 동독 지식인들

30 1913~2001. 독일인 작가. 본명은 헬무트 플리크로 슈테판 하임은 필명이다. 1935년

은 사회주의와 독일 민주 공화국을 구하고, 서방의 〈화려한 쓰레기〉(하임의 표현이다)에 맞서 꿋꿋하게 버티기 위해 〈조국을 위하여〉라는 호소문을 발표했다. 노이에스 포룸의 주요 인물인 베르벨 볼라이는 심지어 베를린 장벽의 개방을 〈불행한〉 일이라고 말했다. 장벽의 개방이 〈개혁〉을 방해하고 정당들이나 유권자들이 〈준비〉되기 전에 선거를 재촉했다는 것이었다. 볼라이와 그의 동료들은 동독의 많은 〈반체제〉 지식인처럼 여전히 개혁된 사회주의를 마음에 두고 있었다. 비밀경찰과 집권당은 없어져야 했지만 서쪽의 약탈적인 자본주의 도펠갱어 국가로부터 안전거리를 유지해야 했다. 사태의 전개가 보여 주었듯이, 이러한 바람은 최소한 신스탈린주의적 복종으로 회귀하는 것에 대한 에리히 호네커의 몽상만큼이나 비현실적이었다. 따라서 노이에스 포룸은 자신들이 정치적 능력을 갖추지 못했다고 스스로 비판했으며, 그 지도자들은 분개하여 대중의 경솔함을 비난하기에 이르렀다.[31]

1989년의 독일 봉기는 그해의 진정으로 대중적인 혁명, 다시 말해 민중 혁명이었다(그리고 독일 역사에서 실로 유일하게 성공했던 대중 폭동이었다).[32] 이웃한 체코슬로바키아의 공산주의 붕괴는 동독의 변화와 같은 시기에 발생했지만 상당히 다른 길을 걸었다. 두 나라의 공산당 지도부는 똑같이 완고하고 억압적이었으며, 체코슬로바키아 정권도 동독 정권만큼이나 고르바초프의 등장을 달가워하

에서 1952년까지 미국에서 살다가 독일 민주 공화국으로 귀국했다. 오랫동안 독일 민주 공화국을 비판했지만 끝까지 사회주의자로 남았다 — 옮긴이주.

31 공정하게 말하자면, 동독 반체제 인사들은 실로 1989년 11월에 드러났던 군중의 용기를 일신된 사회주의 공화국의 토대로 오해했다. 오해의 근원은 〈사회주의〉가 이제 무엇을 의미하게 되었는지 그들이 이해하지 못하고 있었다는 데 있었다. 또한 그들 자신이 사회주의의 생존을 위해 쏟아 부었던 노력도 현실을 파악하지 못하게 하는 데 일조했다.

32 몇 가지 점에서 이에 상응하는 사건이 1980년에서 1981년 사이에 폴란드에서 발생했다. 10년 뒤에 폴란드의 정치적 이행은 확실히 더 많은 계획과 협상을 거쳤다.

지 않았다. 그러나 유사성은 이것으로 끝이다.

헝가리처럼 체코슬로바키아에서도 공산당 통치는 도둑맞은 과거에 대한 침묵의 기억에 불편하게 의존했다. 그러나 헝가리의 경우 카다르가 스탈린주의의 유산으로부터 거리를 두는 데 절반쯤 성공했던 반면, 체코슬로바키아의 지도자들은 그러한 이행을 해내지 못했으며, 사실 시도하지도 않았다. 바르샤바 조약 기구의 1968년 침공과 뒤이은 〈정상화〉는 1969년부터 권력을 장악했던 구스타프 후사크에게 의존했다. 1987년 이제 일흔다섯 살이 된 후사크가 당 총서기직을 사임했을 때(대통령직은 유지했다), 후사크를 대신한 밀로시 야케시는 확실히 더 젊었지만 70년대 초 대량 숙청에서 두드러진 역할을 수행한 것으로 가장 잘 알려진 자였다.

체코슬로바키아 공산당원들은 사실상 끝까지 전면적인 통제권을 유지하는 데 상당히 성공했다. 가톨릭교회도(슬로바키아 문제만 아니라면 체코에서는 언제나 부차적인 역할만 맡았다) 지식인 반대파도 사회 전반에서 의미 있는 지지를 얻지 못했다. 숙청이 잔혹할 정도로 효율적으로 이루어진 덕분에 극작가에서 역사가와 60년대의 개혁 공산주의자들에 이르기까지 체코슬로바키아의 지식인 대부분은 직업을 빼앗겼을 뿐만 아니라 사람들의 시야에서도 사라졌다. 1989년까지도 바츨라브 하벨을 비롯하여 체코 국내에서 가장 대담한 몇몇 비판자들은 고국보다 외국에서 더 유명했다. 마지막 장에서 살펴보겠지만, 하벨 자신의 시민 단체인 77헌장이 모은 서명자는 1,500만 명의 인구 중 2천 명도 채 못 되었다.

물론 정권을 드러내 놓고 비판하기가 두렵기도 했지만, 대다수 체코인과 슬로바키아인은 자신들의 운명이 크게 불만족스럽지 않았다. 체코슬로바키아 경제는 70년대 초 이후의 다른 동유럽 경제와 마찬가지로 의도적으로 기본 소비재 공급에 맞추어져 있었다. 실제로, 공산 국가 체코슬로바키아는 비록 기조는 평범했어도 의식적으로 서방 소비 사회의 여러 측면을, 주로 텔레비전 프로그램과 대중적 여가의 추구를 모방했다. 체코슬로바키아에서 삶은 무료했고 환경은 열악했으며 특히 젊은이들은 어디서나 감시하는 당국에 분노했다. 그러나 국민은 정권과의 대결을 피했으며 비록 말뿐이었지만 과장된 표현으로 호의를 표했고, 당국은 이에 대한 보답으로 국민들이 제멋대로 하도록 내버려 두었다.

정권은 이견의 징후는 무엇이든 엄격하고 잔인하게 단속했다. 1988년 8월 프라하 등에서 침공 20주년이 되었음을 떠올리게 했던 시위자들이 체포되었으며, 프라하에서 〈동서〉 문제 세미나를 개최하려던 비공식적 노력은 억압당했다. 1989년 1월, 바츨라프 광장에서 얀 팔라흐가 분신한 지 20주년이 되는 날에 하벨과 열세 명의 77헌장 활동가들이 체포되어 또다시 투옥되었다(하벨은 과거에는 가혹하게 다루어졌지만, 이제 국제적인 인물이 되어 학대했다가는 당혹스러운 상황이 발생할 수 있었기 때문인지 5월에 석방되었다).

1989년 봄과 여름 동안, 비공식적 연락망과 단체들이 이웃 나라들의 발전을 되풀이할 수 있기를 바라면서 전국에서 형성되었다. 1988년 12월에 〈존 레넌 평화 클럽John Lennon Peace Club〉이 설립된 데 이어 1989년 5월에는 〈프라하의 어머니들Prague Mothers〉의 항의 시위가 있었고, 다음 달에는 브라티슬라바에서 환경 보호주의자들의 시위가 있었다. 이처럼 시민 주도로 이루어진 작은 사업들은 쉽게 저지되어 경찰이나 정권에 아무런 위협도 제기하지 못했다. 그러나 바르샤바에서 마조비에츠키의 정부를 위한 계획이 완성 단계에 이르고 헝가리 국경이 활짝 열리기 직전인 8월에, 시위대는 또다시 체코슬로바키아 수도의 거리를 가득 메우고 프라하의 봄을 기념했다.

이번에는 체코 경찰이 단연 더 자제했다. 야케시 정권은 약간의 변화를 주기로 결정하여 통치의 본질은 유지하면서 최소한 소련의 분위기 변화를 인정하는 모양새만 차렸다. 당국이 다음번의 주요 대중 시위에 무간섭으로 대응했던 데에도 동일한 계산이 적용되었음은 분명했다. 시위가 발생한 10월 28일은 1918년에 체코슬로바키아가 건국된 것을 기념하는 날이었다(공식적으로는 1948년까지 무시되었다). 그러나 공산당 지도부에 대한 공개적인 대규모 압력은 여전히 보이지 않았다. 이제 서방으로 여행할 때 출국 비자가 필요 없다는 11월 5일의 공고도 요구에 대한 양보라기보다는 다른 곳의 변화를 전략적으로 모방한 조치였다.

이처럼 정당 수뇌부는 진정한 개혁 의지가 없었고 정당 밖의 효과적인 반대파도 없었다(여름의 시위들은 공동의 목표가 없고 불만을 구체적인 일정으로 전환시킬 수 있는 지도자도 아직 등장하지 않았다). 그래서 이후에 전개된 상황은 어느 정도 연출된 〈각본〉이라는 의심이 널리 퍼졌고 또 사실로 믿어졌다. 다시 말해서 행정부와 경찰 내부에 존재하는 장래의 개혁가들이 빈사 상태의 공산당에 체코슬로바키아 판 페레스트로이카를 향해 출발할 수 있도록 동력을 전달해 주려는 시도였다는 것이다.

이런 이야기는 훗날 되돌아볼 때는 이상하게 들리겠지만 실제로 그렇지 않다. 11월 17일, 프라하 경찰은 나치가 체코 학생 얀 오플레탈을 살해한 지 50주년이 되는 또 다른 우울한 기념일에 이 죽음을 추모하려는 학생들의 도시 행진을 공식적으로 승인했다. 그러나 행진하던 학생들이 반공 구호를 외치자 경찰이 공격하여 군중을 해산시키고 고립된 희생자들을 폭행했다. 경찰 스스로 오플레탈의 살해가 재연되어 학생 한 명이 죽임을 당했다는 소문을 부추겼다. 소문은 나중에 그릇된 보고로 판명되었다. 그렇지만 예상할 수 있었듯이 그동안 소문은 학생들의 분노를 자극했다. 이후 48시간이 지나는 동안, 수만 명의 학생이 동원되었고, 대학들이 점거되었으며, 엄청난 군중이 항의의 표시로 거리에 운집했다. 그렇지만 이제 경찰은 그저

서 있기만 했다.

각본은, 만일 있었다면, 실패했다. 11월 17일의 사건들과 그 여파로 공산당의 신스탈린주의 지도부는 확실하게 내쫓겼다. 한 주일 내에 야케시가 이끄는 최고회의 간부회 전원이 사퇴했다. 그러나 후계자들은 대중의 신임을 조금도 얻지 못했으며, 어쨌거나 급박하게 전개되는 사태에 휩쓸렸다. 11월 19일, 북부 보헤미아의 농촌에서 사실상 가택 연금에 처해 있던 바츨라프 하벨이 소란에 휩싸인 수도로 돌아왔다. 수도에서는 공산당이 빠르게 권력을 잃고 있었지만, 그들의 손에서 권력을 빼앗아 올 인물은 아직 없었다.

하벨과 77헌장의 동료들은 프라하의 한 극장에 자리를 잡고(매우 적절한 조치였다) 시민 포럼Občanské Fórum을 결성했다. 이 비공식적이고 유동적인 연락망은 며칠 안에 토론 모임에서 시민 활동으로, 그다음에는 예비 정부로 변신했다. 시민 포럼의 토론은 부분적으로는 가장 유명한 참여자들의 장기적인 목적도 역할을 했지만 대체로 놀라우리만치 빠른 속도로 전개된 거리의 사건들이 움직였다. 시민 포럼은 맨 먼저 1968년의 침공과 그 결과에 책임이 있는 자들의 사임을 요구했다.

당 지도자들이 일괄 사직한 다음 날인 11월 25일, 50만 명의 군중이 프라하의 레트나 경기장에 모였다. 특별한 개혁을 요구하기보다는 침묵을 강요당했던 20년을 뒤로 하고 자신에게 또 서로에게 자신들의 존재를 알리기 위해서였다. 그날 밤, 하벨의 체코 텔레비전 인터뷰가 허용되었는데, 이는 전례 없는 일이었다. 이튿날 하벨은 바츨라프 광장에서 총리인 공산당의 라디슬라프 아다메츠, 그리고 알렉산드르 둡체크와 함께 연단에 올라 25만 명의 군중 앞에서 연설했다.

이제 시민 포럼의 신흥 지도부는 자신들이 본의 아니게 혁명을 이끌고 있음을 분명하게 인식했다. 역사가 페트르 피타르트가 이끄는 집단은 방향을 제시하고 운집한 군중에게 할 말을 찾기 위해 〈시민 포럼의 실천 원리〉를 작성했다. 포럼의 일반적인 목적을 개략한 이 강령은 1989년의 사람들이 지닌 분위기와 그들의 중요시한 것을 알려 주는 유용한 길잡이다. 강령은 묻는다. 〈우리는 무엇을 원하는가?〉 1) 법치 국가. 2) 자유선거. 3) 사회정의. 4) 깨끗한 환경. 5) 인민의 교육. 6) 번영. 7) 유럽으로 복귀하기.

정치적·문화적·환경적 이상들을 상투적으로 혼합하기와 〈유럽〉에 호소하기는 체코슬로바키아의 특징이며, 앞선 10년 동안 77헌장이 발표한 선언들에 많은 것을 빚졌다. 그러나 이 강령은 11월의 격렬한 시기에 나타난 군중의 분위기를 절묘하게 포착했다. 실용적이고 이상적이며 난폭할 정도로 야심적인 성격을 한꺼번에 지녔던 것이다. 프라하와 나라의 나머지 지역에 나타난 분위기는 그 어느 공산 국가의 〈이행〉보다 명백히 더 낙관적이었다. 가속 효과 때문이었다.[33]

공산당 지도부는 한 주일 동안 학생 시위를 잔인하게 진압한 뒤에 사퇴했다. 한 주 뒤, 시민 포럼과 〈폭력에 반대하는 민중VPN〉(슬로바키아 판 시민 포럼)은 합법화되어 정부와 협상하고 있었다. 11월 29일, 연방 의회는 시민 포럼의 요구에 굴복하여 체코슬로바키아 헌법에서 공산당에 〈지도 역할〉을 보장하는 중대한 조항을 삭제했다. 이 시점에서 아다메츠 정부는 타협안으로 새로운 연립 정부 구성을 제안했지만, 이제 거리를 완전히 점령한 대규모의 결연한 군중에 사기가 충천한 시민 포럼 대표자들은 그 제안을 즉각 거부했다.

이때쯤이면 공산당이 외국에서 일어난 사태를 모를 수가 없었다. 12월 3일에 이전의 동독 지도부에 있던 동지들이 축출되었을 뿐만 아니라, 미하일 고르바초프는 몰타에서 미국의 부시 대통령과 마주 앉아 오찬을 나누었으며, 바르샤바 조약 기구 국가들은 1968년의 체

33 나는 당시 프라하에 있었기 때문에 매시간 역사가 만들어진다는 느낌에 도취해 있었음을 단언할 수 있다.

코슬로바키아 침공을 공개리에 비판할 준비를 하고 있었다. 체코 공산당과 슬로바키아 공산당의 후사크 그룹에 속한 나머지도 총리 아다메츠를 포함하여 사퇴했다.

이틀간의 〈원탁〉 회담 뒤에(그해 있었던 원탁 회담 중 가장 짧았다) 시민 포럼의 지도자들은 내각에 합류하기로 동의했다. 슬로바키아인 총리 마리안 찰파는 아직도 당원이었지만, 1948년 이후 처음으로 내각 대다수가 공산당원이 아니었다. 77헌장의 이르지 디엔스트비에르는(5주 전만 해도 기관차의 화부였다) 외무부 장관이 되었고, 〈폭력에 반대하는 민중〉 가톨릭 변호사 얀 차르노구르스키는 부총리가 되었다. 시민 포럼의 블라디미르 쿠시는 정보부 장관이 되었고, 그때까지 잘 알려지지 않은 자유 시장주의 경제학자였던 바츨라프 클라우스는 재무부를 지도하게 되었다. 새로운 정부는 12월 10일에 대통령 후사크 앞에서 선서했고, 그 직후 후사크는 사퇴했다.

20년간의 은둔 생활에서 벗어난 알렉산드르 둡체크가 후사크를 대신하여 대통령으로 선택될 가능성이 열렸다. 그는 한편으로 1968년에 좌절된 희망이 연속되고 있음을 보여 줄 수 있는 상징적인 인물이었고, 다른 한편으로 공산당의 상처받은 감정을 달래고 경찰과 여타 기관의 강경론자들을 진정시킬 수도 있었다. 그러나 불쌍한 둡체크는 대중 연설을 시작하자마자 당황스럽게도 시대에 뒤진 사람이라는 사실이 곧 명확해졌다. 둡체크의 말과 스타일, 몸짓은 60년대의 개혁 공산주의자들이 지녔던 것이었다. 둡체크는 쓰라린 경험으로부터 전혀 배우지 못한 듯했다. 그는 여전히 더 신중하고 더 온건한 사회주의에 이르는 체코슬로바키아 방식의 부활을 이야기했다. 프라하나 브르노, 브라티슬라바의 거리에 모인 수만 명의 젊은이들에게 둡체크는 한눈에 보기에도 역사적 골동품이었다. 그리고 곧 짜증스럽고 부적절한 인물이 되어 버렸다.[34]

34 1989년 12월 잠시 등장했다 사라진 프라하의 어느 학생 신문에 실린 만화는 이러한

둡체크는 타협의 일환으로 연방 의회 의장으로 선출되었다. 대통령직은 바츨라프 하벨에게 떨어졌다. 5주 전만 해도 하벨이 대통령이 된다는 것은 기괴할 정도로 불가능한 일이었기 때문에, 프라하 거리의 환호하는 군중이 〈하벨을 대통령궁으로Havel na Hrad!〉라고 외치며 이 문제를 거론했을 때 하벨은 처음에는 정중히 거절했다. 그러나 12월 7일, 이 극작가는 대통령직을 수용하는 것이 나라가 공산주의 체제에서 벗어나는 과정을 용이하게 하는 최선의 길이라는 견해에 도달했다. 1989년 12월 28일, 그때까지 하벨과 그 무리들을 수년 동안 감금했던 법률에 충성스럽게 고무인을 찍었던 바로 그 공산 국가 의회가 이제 하벨을 체코슬로바키아 사회주의 공화국 대통령으로 선출했다. 1990년 신년 첫날, 새 대통령은 1만 6천명의 정치범을 사면했고, 이튿날 정치경찰이 해체되었다.

〈벨벳 혁명velvet revolution〉으로 부르기도 하는 체코슬로바키아의 놀랍도록 신속하고 평화로운 공산주의 탈출은 여러 가지 사정이 결합하여 가능했다. 폴란드에서 그랬듯이, 지식인 반대파는 다른 무엇보다 과거에 패배했던 기억과 전면적인 대결을 피하려는 결의로 단합했다. 슬로바키아의 주요 시민 단체는 아무런 이유 없이 〈폭력에 반대하는 민중〉이라는 명칭을 붙인 것이 아니었다. 독일 민주 공화국의 경우처럼, 집권당의 철저한 파산은 너무나 빠른 시간 내에 분명해져서 조직적인 방어 조치라는 대안은 거의 처음부터 배제되었다.

그러나 하벨도 결정적인 역할을 했다. 하벨과 견줄 만한 대중적 명성을 지닌 사람은 다른 공산 국가에서는 전혀 출현하지 않았다. 시민 포럼의 실천적인 사고와 정치적 전술도 대부분 하벨의 부재중

세대 차이를 완벽하게 표현했다. 속옷 차림의 배불뚝이 중년 남자가 면도 거울에 비친 품위 없는 여인을 불쾌하게 응시하고 있다. 문간에 서 있는 그 여인은 어깨 위로 지저분한 잠옷을 걸쳤고 머리는 굴림대로 말았으며 입에는 담배를 물고 있었다. 여인은 남자를 조롱한다. 「날 못 알아보시겠어요? 〈나〉는 당신이 1968년에 꾸었던 꿈이에요.」

에 준비되었겠지만, 군중의 기대를 일정한 한계 내로 통제하는 동시에 동료들을 앞으로 더 나아가게 함으로써 대중의 분위기를 사로잡아 이끈 사람은 하벨이었다. 하벨의 대중적 호소력은 대단했다. 점차 하벨의 비교 대상이 된 토마시 마사리크처럼, 많은 사람들은 경이로운 카리스마를 지닌 하벨을 국민의 구세주로 간주했다. 1989년 12월의 어느 프라하 학생 포스터는 의도하지 않았겠지만 매우 적절한 종교적 암시로서 새로운 대통령을 묘사했다. 〈그는 우리에게 자신을 바쳤다.〉[35]

하벨을 이렇게 높은 자리에 올린 것은 수차례에 걸친 투옥과 공산당에 도덕적으로 반대했던 불굴의 기록만이 아니었다. 하벨만의 독특한 비정치적 성향도 한몫했다. 동료 시민들은 하벨이 연극에 몰두한 사람이었음에도 그에게 의지한 것이 아니라 바로 그 때문에 그에게 의존했다. 어느 이탈리아 평자가 체코슬로바키아 정치 무대에서 하벨의 두드러진 역할에 관해 말했듯이, 그는 그 독특한 목소리 덕에 침묵을 강요당한 국민의 정서를 분명하게 표현할 수 있었다. 〈만일 어느 국민이 전혀 말하지 못했다면, 그들이 내뱉는 첫 번째 낱말들은 시가 될 것이다.〉[36] 이러한 이유에서 사멸한 공산주의의 거짓되나 유혹적인 평등주의와 자유 시장의 거북한 현실 사이의 다루기 힘든 간극을 메울 수 있는 사람은 오직 하벨뿐이었다(하벨은 재무 장관 클라우스와는 대조적으로 자본주의의 매력에 특히 회의적이었다).

체코슬로바키아에서 그러한 가교는 중요했다. 체코슬로바키아는 여러 면에서 유럽의 공산주의 국가들 중 가장 서구적이었으면서도 평등주의적이고 좌파적인 특성이 현저한 정치 문화를 지닌 유일한

35 예수가 인간을 위해 자신을 제물로 바쳤다는 의미로 신약성서에 나오는 표현이다 — 옮긴이주.

36 "Se un popolo non ha mai parlato, la prima parole che dice è poesia." Ferdinando Camon in *La Stampa*, 'Tutto Libri', December 16th 1989.

나라이기도 했다. 체코슬로바키아는 어쨌든 1946년에 자유선거에서 투표자의 거의 5분의 2가 공산당을 선택한 세계 유일의 국가였다. 40년간의 〈현실 사회주의〉와 기운을 빼앗는 20년간의 〈정상화〉에도 이러한 정치 문화는 지속되었다. 1990년 6월에 실시된 공산주의 이후의 첫 번째 선거에서 유권자의 14퍼센트가 공산당을 선택했다. 루드비크 바출리크 같은 반체제 작가들이 가까운 장래에 큰 변화가 일어날 가능성에 의구심을 품었던 이유는 이처럼 상당히 많은 공산주의 지지자들이 있었기 때문이다. 자신들이 처한 조건에 관해 항의할 정도로 불만이 크지 않았던 비정치적 시민들은 훨씬 더 많았는데, 이것도 한 가지 이유였다. 역사는 체코인과 슬로바키아인의 적인 듯했다. 1938년 이래로 체코슬로바키아는 운명에 대한 통제권을 회복하지 못했다.

그리하여 1989년 11월 마침내 시민이 주도권을 쥐었을 때, 뒤이은 벨벳 혁명은 결과가 너무나 좋았기에 진실이라고 믿기 힘들 정도였다. 그래서 마치 체코슬로바키아 사회가 너무 자신감이 없어서 공산주의 파괴의 주도권조차 틀림없이 공산당원들 손에서 나왔으리라는 듯이, 경찰의 각본과 조작된 위기에 관한 말이 나왔던 것이다. 그러한 회의론은 거의 확실히 오해였다. 그 이후의 모든 증거는 단지 11월 17일에 체코의 비밀경찰이 지나치게 행동했음을 암시한다. 지배 집단의 손을 강제로 움직이는 〈각본〉은 존재하지 않았다. 1989년에 체코슬로바키아 국민은 진정으로 자신들의 운명을 떠맡았다.

루마니아의 경우는 또 다른 문제였다. 1989년 12월, 집권 루마니아 노동당 내부의 한 파벌은 최선의 생존 기회는 니콜라에 차우셰스쿠를 둘러싼 지배 패거리를 강제로 제거하는 데 있다고 판단했다. 물론 루마니아는 전형적인 공산 국가가 아니었다. 체코슬로바키아가 공산주의 위성 국가들 중 가장 서구적이었다면, 루마니아는 가장

〈동양적〉이었다. 차우셰스쿠의 치세에서 공산주의는 민족적 레닌
주의에서 일종의 신스탈린주의 총독 통치로 변질되었다. 비잔틴 제
국 수준의 친족 통치와 비효율을 촉수 같은 비밀경찰이 떠받치고 있
었다.

차우셰스쿠 정권은 50년대 데지의 악독한 독재와 비교할 때 겉으
로 드러난 잔인함은 상대적으로 덜했다. 그러나 1977년 8월 지우 광
산 계곡이나 10년 뒤에 브라쇼브 붉은별트랙터제작소에서 발생한
파업 사태에서 알 수 있듯이, 저항의 기미가 드러나기만 해도 정권
은 이를 난폭하고 효과적으로 진압했다. 게다가 주민들은 겁먹었고
차우셰스쿠의 국내 행동에 대한 외국의 비판은 놀라우리만치 없었
다. 루마니아의 독재자는 지우 계곡의 파업 지도자들을 감옥에 가두
고 살해한 지 여덟 달만에 지미 카터 대통령의 손님으로 미국을 방
문했다. 앞서 보았듯이 루마니아는 1968년의 체코슬로바키아 침공
에 가담하지 않았는데, 차우셰스쿠는 이처럼 소련과 거리를 둠으로
써 행동의 자유를 확보했고 특히 1980년대 〈신〉 냉전의 초기 국면에
서는 외국의 갈채를 받기도 했다. 루마니아의 지도자가 러시아를 기
꺼이 비판했기 때문에(그리고 자국의 체조 선수들을 로스앤젤레스
올림픽에 보냈기 때문에) 미국 등은 차우셰스쿠의 국내 범죄에 관해
침묵으로 일관했다.[37]

그러나 루마니아는 차우셰스쿠의 특권적 지위에 끔찍한 대가를
지불했다. 1966년, 차우셰스쿠는 인구를 늘리기 위해 마흔 살 미만
의 여성으로 아이가 넷이 안 되면 낙태를 금지했다(1986년에는 마
흔다섯 살로 나이의 한계를 높였다). 인구 증가는 거의 전통적인 〈루
마니아주의적〉 강박이었다. 1984년, 여성의 최저 결혼 연령이 열다
섯 살로 낮춰졌다. 낙태를 막기 위해 가임기의 모든 여성은 매달 의

37 적어도 미하일 고르바초프가 등장하기까지는 그랬다. 그 이후 반소련 독불장군은 더
는 서방에 필요하지 않았다.

무적으로 의학 검사를 받아야 했다. 낙태가 허용되더라도 당의 대표가 입회한 상태에서나 가능했다. 출산율이 하락한 지역의 의사는 임금이 삭감되었다.

인구는 증가하지 않았지만, 낙태로 인한 사망률은 다른 유럽 국가들의 사망률을 크게 앞질렀다. 유일하게 가능한 형태의 산아 제한이었던 불법 낙태가 종종 최악의 위험한 조건에서 널리 실행되었다. 1966년의 법으로 이후 23년 동안 최소한 1천 명의 여성이 사망했다. 실질 유아 사망률은 너무 높아서 1985년 이후에는 신생아가 4주까지 생존한 이후에야 공식적으로 기록되었다. 공산당의 정보 통제의 극치였다. 차우셰스쿠 정권이 전복될 무렵, 신생아 사망률은 1천 명당 스물다섯 명이었으며, 공공시설에 수용된 아이들은 약 10만 명에 달했다.

이러한 국가적 비극의 배경은 경제를 생계에서 결핍으로 의도적으로 퇴보시킨 것이었다. 80년대 초, 차우셰스쿠는 루마니아의 엄청난 외채를 상환함으로써 자국의 국제적 지위를 더욱 격상시키려 했다. 국제 통화 기금을 필두로 국제 자본주의의 대리 기관들은 기뻐했고 루마니아의 독재자를 입이 마르도록 칭찬했다. 루마니아는 채무 이행의 완전한 연장을 허용받았다. 차우셰스쿠는 서방 채권자들에게 진 빚을 갚기 위해 국내 소비를 전례 없이 무자비하게 억눌렀다.

다른 곳의 공산당 통치자들이 외국에서 무제한 자금을 빌려 선반에 물건을 빼곡히 재어 놓음으로써 국민의 입을 막으려 했던 반면, 루마니아의 지도자는 대조적으로 국내에서 생산된 상품을 가능하다면 전부 수출하려 했다. 루마니아인들은 (전기를 이용할 수 있었는데도) 이탈리아와 독일로 에너지를 수출하기 위해 집 안에서는 40와트 전구를 사용할 수밖에 없었다. 육류와 설탕, 밀가루, 버터, 달걀, 그 밖의 많은 것들은 엄격하게 배급되었다. 생산성을 서서히 증가시키기 위해 일요일과 휴일에 의무적인 공공 노동 할당제가 도입되었다(프랑스 구체제 때나 있었던 부역corvée과 비슷했다).

석유의 사용은 최소한으로 줄였다. 1986년에 자동차 대용으로 말을 사육하는 정책이 도입되었다. 마차는 주된 운송 수단이 되었고, 수확은 낫으로 거두었다. 이는 진정 새로운 방식이었다. 모든 사회주의 체제는 체제로 인해 초래된 부족을 중앙에서 통제했지만, 루마니아에서는 쓸데없는 공업용 설비에 대한 과잉 투자에 입각한 경제가 전산업 사회의 농업적 부양에 입각한 경제로 성공리에 전환되었다.

차우셰스쿠의 정책에는 엽기적인 논리가 내재했다. 루마니아는 비록 국민을 가난에 처하게 했지만 실제로 외국 채권자들의 빚을 갚았다. 그러나 차우셰스쿠 말년에 그의 통치에는 미치광이 경제를 넘어서는 무엇이 있었다. 정권은 농촌 주민을 더 잘 통제하기 위해, 그리고 농민에게 수출용 식량을 생산하라고 한층 더 많은 압박을 가하기 위해 루마니아 농촌의 〈체계화〉를 계획하여 도입했다. 전국의 1만 3천개 촌락의 절반이(소수 민족 사회에서 불균형적으로 많이 선정되었다) 강제로 파괴될 것이었고, 거주민들은 558개의 〈농업 촌락〉으로 옮겨지게 될 예정이었다. 차우셰스쿠에게 이 사업을 완수할 시간이 주어졌다면, 그 나라에 남아 있던 얼마 되지 않는 사회 조직이 완전히 괴멸되었을 것이다.

농촌 〈체계화〉 사업은 루마니아 독재자의 점점 심해지는 과대망상에서 비롯했다. 차우셰스쿠 치하에서 일상생활의 모든 세세한 부분을 통제하고 중앙에서 관리하며 계획하려는 레닌주의적 욕구는 점차 균일성과 장대함에 대한 집착으로 변해 갔다. 이는 스탈린의 야망을 뛰어넘는 것이었다. 그 나라의 수도는 이 편집광적 충동의 영원한 물리적 화신이 될 수 있었다. 수도는 네로 황제 이후로 전례 없던 규모의 제국적 변신을 위해 마련되었다. 이 부쿠레슈티 〈개조〉

사업은 1989년 12월의 쿠데타로 무산되었지만, 현대 도시의 구조에 지울 수 없는 흔적을 남기려는 차우셰스쿠의 야심을 만족시키기에 충분했다. 부쿠레슈티 중앙에서 베네치아 크기의 유적 지구가 완전히 쓸려나갔다. 새로운 〈인민의 집〉과 길이 5킬로미터에 너비 150미터의 〈사회주의의 승리 거리〉를 조성하기 위해 4만 채의 건물과 수십 개의 교회당, 기타 기념물이 남김없이 파괴되었다.

이 모든 사업은 단지 허울뿐이었다. 번쩍거리는 거리의 흰색 전면 뒤로 먼저 만들어진 더럽고 불쾌한 콘크리트 건물들이 익숙하게 줄지어 서 있었다. 그러나 허울 자체도 공격적이고 굴욕적이며 무자비하게 균일하여 마치 전체주의 통치를 시각적으로 요약한 듯했다. 스물다섯 살의 건축가 안카 페트레스쿠가 차우셰스쿠의 개인 궁전으로 설계한 인민의 집은 그러한 양식의 기준으로 보더라도 말할 수 없이 추하고 독특했다. 기괴하고 비참하고 멋이 없다는 점에서 모든 거대 건축물을 능가했다(크기가 베르사유 궁전의 세 배였다). 거대한 반원 형태 공간으로 50만 명을 수용할 수 있는 환영회 장소는 크기가 축구장만 했으며, 그 뒤에 서 있는 차우셰스쿠 궁전은 어떠한 구속도 받지 않는 전제 정치의 상징으로 괴물 같은 돌덩이였다(지금도 여전히 그렇다). 이것이 바로 루마니아가 전체주의의 도시 계획에 기여한 부분이었다.

말년의 루마니아 공산주의는 만행과 모방의 교차점에 비스듬히 앉아 불안에 떨고 있었다. 당 지도자와 그 처의 초상화가 사방에 걸려 있었고, 지도자를 찬양하는 노래는 스탈린조차 무안하게 만들 정도로 열광적이었다(그러나 이 루마니아 지도자도 가끔 비교 대상이 되었던 북한의 김일성에는 미치지 못했다). 차우셰스쿠가 자신의 업적을 설명하는 데 사용해도 좋다고 공식적으로 승인한 형용 어구의 짧은 목록에는 이러한 말들이 포함된다. 창조자, 강령의 수립자, 현명한 키잡이, 위대한 돛대, 승리의 후광, 꿈꾸는 자, 타이탄, 태양의 아들, 생각의 다뉴브 강, 카르파티아의 천재.

차우셰스쿠에 아첨했던 동료들은 이 모든 것을 진정 무엇이라고 생각했는지 말하지 않았다. 그러나 1989년 11월, 차우셰스쿠가 예순일곱 번의 기립 박수 끝에 공산당 총서기로 재선되고 개혁은 절대 없으리라고 자랑스럽게 선언했을 때부터, 그들 중 상당수가 차우셰스쿠를 부담스러운 인물로 보았다. 차우셰스쿠는 시대의 분위기뿐만 아니라 국민들 사이에서 높아 가는 절망의 수준을 인식하지 못했기 때문이다. 그러나 비밀경찰의 지지를 받고 있는 한, 차우셰스쿠는 건드릴 수 없는 인물로 보였다.

그래서 바로 그 비밀경찰이 1989년 12월 서부 도시 티미쇼아라에서 인기 있는 헝가리인 개신교 목사였던 퇴케시 라슬로를 제거하려 함으로써 정권의 몰락을 재촉했다는 점은 충분히 수긍할 만한 일이었다. 차우셰스쿠 치하에서 특별한 편견과 억압의 대상이었던 헝가리인 소수 민족은 국경 바로 너머 헝가리의 상황에서 용기를 얻었으며 그 때문에 국내에서 자신들을 옭아맨 지속적인 학대에 한층 더 분개했다. 퇴케시는 헝가리인 소수 민족이 겪은 좌절의 상징이자 진원이었으며, 12월 15일 정권이 퇴케시를 표적으로 삼았을 때, 그가 피신했던 교회의 교구민은 퇴케시를 지지하여 교회를 둘러싸고 밤새 경계했다.

이튿날, 철야로 망을 보던 자들은 예기치 않게 정권 반대 시위대로 변했고, 경찰과 군이 출동하여 군중에 총격을 가했다. 〈학살〉 소식은 다소 과장되어 「보이스 오브 아메리카」와 「라디오 자유 유럽」을 타고 전국에 퍼졌다. 이란을 공식 방문하고 있던 차우셰스쿠는 이제 티미쇼아라에서 부쿠레슈티까지 확산된 전대미문의 항의 시위를 진압하기 위해 귀국했다. 12월 21일, 차우셰스쿠는 〈분란을 일삼는 소수 민족〉을 비난하는 연설을 할 요량으로 당사의 발코니에 나타났다. 그리고 야유하는 군중에 충격을 받고 놀라 할 말을 잃었다. 다음 날 운집한 군중 앞에서 연설하려는 두 번째 시도가 실패로 돌아간 뒤, 차우셰스쿠와 그의 처는 당사 지붕에서 헬리콥터를 타고 도망쳤다.

이 시점에서 권력의 균형추는 급격하게 정권 반대편으로 기울었다. 군대는 처음에는 독재자를 지지하는 듯했다. 수도의 거리를 점령하고 국영 텔레비전 방송실을 장악하려는 시위대에 발포했던 것이다. 그러나 12월 22일부터 병사들은 텔레비전 건물을 접수한 구국전선의 지도를 받아 진영을 바꾸었고 중무장한 비밀경찰 부대에 맞섰다. 그동안 차우셰스쿠 일당은 붙잡혀 억류되었고 즉결 재판을 받았다. 〈반국가 범죄〉로 유죄를 선고받은 이들은 1989년 성탄절에 성급히 처형되었다.[38]

구국전선은 임시통치위원회로 전환되었고, 국호를 단순하게 〈루마니아〉로 변경한 후 자신들의 지도자 이온 일리에스쿠를 대통령에 지명했다. 일리에스쿠는 구국전선의 동지들처럼 몇 년 전에 차우셰스쿠와 관계를 끊고 공산당을 탈당한 자였는데, 단지 학생 시절에 미하일 고르바초프와 알고 지냈다는 사실 덕이었지만 신뢰할 수 있는 〈개혁가〉임을 조금은 주장할 수 있었다. 그러나 차우셰스쿠 시대 이후의 루마니아 인도자로서 일리에스쿠가 지닌 진정한 자격은 군대, 특히 비밀경찰을 통제할 수 있는 능력에 있었다. 마지막까지 저항했던 비밀경찰은 12월 27일에 싸움을 포기했다. 실제로, 신임 대통령은 1990년 1월 3일 정당들의 재건을 허용한 것을 제외하면 구체제의 제도를 파괴하기 위해 한 일이 전혀 없었다.

훗날의 사건들이 보여 주듯이, 차우셰스쿠 시대의 통치 기구는 차우셰스쿠 가족과 특별히 극악한 죄를 저지른 그 패거리들이 제거된 것을 제외하면 놀랄 정도로 변함없이 그대로 존속했다. 12월의 항의

---

38 재판과 총살집행반에 의한 처형은 텔레비전 방송용으로 촬영되었으나 이틀이 지난 후에야 방송되었다.

시위와 싸움에서 수천 명이 살해되었다는 소문은 과장으로 판명되었다. 사망자 수는 100명에 가까웠다. 그리고 티미쇼아라와 부쿠레슈티, 그 밖의 도시들에 모인 엄청난 군중이 용기와 열정을 보여 주었지만, 실제의 투쟁은 일리에스쿠를 중심으로 한 〈현실주의자〉와 차우셰스쿠의 측근인 친위대 사이에서 벌어졌다는 사실도 명백해졌다. 현실주의자들의 승리로 루마니아는 공산주의 체제에서 순조롭게, 사실상 의심스러울 정도로 순조롭게 벗어날 수 있었다.

차우셰스쿠가 말년에 보여 준 어리석은 짓들은 일소되었지만, 경찰과 관료 기구, 공산당의 상당 부분은 여전히 온존했다. 명칭은 바뀌었으나(비밀경찰은 공식적으로 폐지되었다), 뿌리 깊은 가정과 관행은 바뀌지 않았다. 일리에스쿠는 3월 19일 헝가리인 소수 민족에 대한 조직적인 공격이 발생해 여덟 명이 사망하고 약 300명이 부상당한 터르구무레슈의 폭동을 막기 위해 아무런 조치도 취하지 않았다. 게다가, 일리에스쿠는 구국 전선이 1990년 5월 선거에서 압승하고(앞서 선거에 나서지 않겠다고 약속했다) 자신이 정식으로 대통령에 재선된 뒤로, 6월에는 광부들을 버스에 태워 부쿠레슈티로 데려와 주저 없이 학생 시위대를 습격했다. 스물한 명의 학생이 살해되었으며 약 650명이 부상당했다. 루마니아는 여전히 갈 길이 매우 멀었다.

루마니아 혁명의 〈궁정 쿠데타〉적 성격은 남쪽에서 훨씬 더 뚜렷하게 드러났다. 불가리아 공산당 중앙 위원회는 돌연 일흔여덟 살의 고령에 이른 토도르 지프코프를 권좌에서 내몰았다. 1954년에 당 지도자가 되어 공산 국가 진영에서 가장 오랫동안 집무했던 지프코프는 전형적인 불가리아의 방식으로 러시아 모델을 가깝게 따르기 위해 최선을 다했다. 80년대 초에는 생산 증대를 위해 〈신경제 기구〉를 설립했으며, 1987년 3월에는 소련을 본받아 경제의 〈관료적〉 통제를 종식하겠다고 약속하여 전 세계에 불가리아가 이제 자신들의 페레스트로이카를 겨냥하고 있다고 믿게 했다.

그러나 불가리아 경제가 계속 실패하고, 소련의 새로운 국면이 명확해지면서 공산당 지도부가 점차 불안해지자, 지프코프는 국내의 정통성을 확보하기 위한 다른 원천을 모색했다. 그것은 민족주의였다. 불가리아에 상당한 규모로 존재했던 터키계 소수 민족이(900만 명이 채 못 되는 인구에서 약 90만 명을 차지했다) 구미가 당기는 표적이었다. 터키계 소수 민족은 별개의 민족이었고 다른 종교를 가졌을 뿐만 아니라, 오스만 제국이 지배하던 시절의 불길한 상속인이자 상징이기도 했다. 그 시절은 이제야 겨우 생생한 기억에서 사라지고 있었다. 이웃 나라 유고슬라비아처럼 불가리아에서도 흔들리던 공산당 독재 국가는 최고조에 달한 민족적 편견에 따른 분노를 국내의 의지할 데 없는 희생자들에게 쏠리게 했다.

1984년, 불가리아의 터키인들은 〈터키인〉이 아니라 강제로 개종한 불가리아인들로 그 진정한 정체성을 회복할 것이라고 공식적으로 선언되었다. (할례 같은) 이슬람 의식은 금지되고 불법화되었으며, 방송과 출판, 교육에서 터키어가 추방되었다. 그리고 특별히 공격적인 (그리고 격한 분노의 대상이 된) 조치로 터키 식 이름을 지닌 모든 불가리아 시민은 차후 완전한 〈불가리아식〉 이름으로 개명하라는 명령을 받았다. 결과는 재앙이었다. 터키인들의 저항은 상당했고 불가리아 지식인들 사이에서도 반대가 있었다. 국제 사회는 거세게 항의했고, 불가리아는 국제 연합과 유럽사법재판소에서 비난을 받았다.

한편 해외에 있던 지프코프의 동료 공산당 과두주의자들은 그로부터 거리를 두었다. 1989년이면 불가리아 공산당은 그 어느 때보다 더 고립되었고, 공산당이 통제력을 상실하는 듯했던 인접 유고슬라비아의 사태에 크게 동요했다. 사태가 위기로 치달은 것은 1989년 여름에 약 30만 명으로 추산되는 터키인이 터키로 이주했기 때문이다. 터키인의 이주는 정권의 입장에서 볼 때 또 다른 재난이었으며 육체노동자가 부족해졌다는 점에서 경제적 재앙이기도 했다.[39] 10월 26일 경찰이 소피아의 어느 공원에 모인 소수의 환경 보호주의자들에게 과도하게 반응했을 때(에코글라스노스트Ecoglasnost 단체 활동가들을 체포하고 폭행했다), 외무장관 페터르 믈라데노프가 이끄는 당 개혁가들은 행동에 나서기로 결심했다. 11월 10일(베를린 장벽이 붕괴된 바로 다음 날), 개혁가들은 불운했던 지프코프를 축출했다.

이어 이제는 익숙해진 일련의 사건이 벌어졌다. 정치범의 석방, 정당의 인가, 헌법에서 공산당의 〈지도 역할〉 제거, 자유선거의 일정을 정하기 위한 〈원탁〉 회담, 이제는 〈불가리아 사회당〉이 된 옛 정당의 명칭 변경, 그리고 곧 치러진 선거. 루마니아의 경우처럼 선거에서는 과거의 공산당이 쉽사리 승리했다(부정 선거에 관한 주장은 많았다).

불가리아에서 정치적 〈반대파〉는 대체로 사후에 등장했으며, 루마니아의 경우와 마찬가지로 의견을 달리하는 공산당 내 파벌이 자신들의 목적을 위해 어느 정도 조작하여 만들어 냈다는 암시가 있다. 그렇지만 변화는 현실이었다. 불가리아는 최소한 유고슬라비아를 기다리던 파국을 피하는 데에는 성공했다. 12월 29일, 성난 민족주의자들의 항의가 있었지만 무슬림과 터키인의 완전하고 평등한 권리가 인정되었다. 1991년, 주로 터키인의 정당이라고 할 수 있는 〈권리와 자유를 위한 운동〉은 의회에서 의석의 균형을 잡기에 충분한 지지를 확보했다.

---

39 물론 공식적으로는 터키인이 존재하지 않았다. 〈불가리아에는 터키인이 없다.〉(내무장관 디미터르 스토야노프)

공산주의는 1989년에 왜 그렇게 급격하게 붕괴했을까? 우리는 아무리 매혹적이라고 해도 회고적 결정론에 빠져서는 안 된다. 비록 공산주의 체제가 그 내재적 모순 탓에 몰락하게 되어 있었다고 해도, 누구도 몰락의 시기와 방식을 예견하지 못했다. 공산당 권력에 대한 환상이 그토록 쉽게 깨졌다는 사실은 분명 그 체제들이 예상보다 훨씬 허약했음을 드러냈고, 그럼으로써 그 체제들의 초기 역사를 새로운 시각으로 볼 수 있게 되었다. 그러나 환상이든 아니든 공산주의 체제는 오랫동안 존속했다. 왜 더 오래 존속하지 못했는가?

　한 가지 답변은 일종의 〈도미노 이론〉이다. 한곳에서 공산당 지도자들이 몰락하자, 다른 곳의 정통성도 치명적인 손상을 입었다. 공산주의 체제의 신뢰는 부분적으로는 그것이 필연성의 구현이라는 주장에, 다시 말해 역사 발전의 논리적 귀결로서 정치 생활의 엄정한 사실이자 근대의 풍경에 필연적인 존재라는 주장에 있었다. 이러한 주장이 예를 들면 솔리다르노시치가 확실하게 역사를 역전시킨 폴란드에서 명백히 진실이 아닌 것으로 판명되었는데, 헝가리나 체코슬로바키아 사람들이 무엇 때문에 계속해서 그 주장을 믿겠는가? 우리는 타자의 사례가 상황의 결정에 매우 중요했음을 이미 살펴보았다.

　그렇지만, 유럽 공산주의 체제의 몰락에서 두드러진 측면은 전염 그 자체가 아니었다. 모든 혁명은 그런 식으로 확산된다. 누적된 사례가 기존 권위의 정통성을 침식한 것이다. 1848년과 1919년의 혁명, 그리고 정도는 약하지만 1968년의 혁명도 바로 그러했다. 1989년의 새로움은 몰락 과정의 속도였다. 1989년 10월까지도 헝가리의 포주거이 임레나 동독의 에곤 크렌체는 어리석게도 자기들의 방식으로 페레스트로이카를 통제하고 관리할 수 있다고 추정했다. 이들의 반대파도 대체로 잠정적인 타협을 모색하는 데 동의했고 이를 기대했다. 1980년으로 돌아가 보자. 아담 미흐니크는 이렇게 썼다. 〈전체주의적 국가 조직이 사회의 민주적 제도와 공존하는 잡종 사회를 상상해 볼 수 있다.〉 미흐니크는 1989년 여름까지도 다른 것을 기대할 이유를 찾지 못했다.

한 가지 새로운 요인은 통신 수단의 역할이었다. 특히 헝가리인, 체코슬로바키아인, 독일인은 매일 저녁 텔레비전 뉴스를 통해 자신들의 혁명을 볼 수 있었다. 프라하의 주민들에게 11월 17일에 일어난 사건들을 거듭해서 보여 준 텔레비전 재방송은 일종의 즉석 정치 교육으로서 이중의 메시지를 주입했다. 〈그들은 무력하다.〉〈우리는 해냈다.〉 그 결과, 공산주의 체제의 중대한 자산이었던 정보의 통제권과 독점권이 소실되었다. 혼자라는 두려움은, 즉 자신의 감정을 다른 사람들도 공유하고 있는지 알 길이 없어 갖게 되는 두려움은 영원히 사라졌다. 심지어 루마니아에서도 국영 텔레비전 방송실의 장악이 봉기의 결정적 순간이었다. 차우셰스쿠 일당의 소름끼치는 운명을 전국의 시청자들에게 방송할 목적으로 촬영한 것은 부질없는 짓이 아니었다. 물론 이는 새로운 유형은 아니었다. 20세기 내내 라디오 방송국과 우체국은 더블린에서 바르셀로나까지 혁명적 군중의 첫 번째 목표물이었다. 그러나 텔레비전은 빠르다.

1989년 혁명들의 두 번째 현저한 특징은 그 평화로운 성격이었다. 루마니아는 당연히 예외였지만, 차우셰스쿠 정권의 본질을 생각할 때 이는 예견된 일이었다. 진정 놀라운 일은 티미쇼아라와 부쿠레슈티에서도 유혈 사태의 규모는 모두의 걱정보다 훨씬 작았다는 사실이다. 이 또한 부분적으로는 텔레비전의 함수였다. 전 세계의 많은 시청자들은 말할 것도 없이, 전 국민이 자신들의 일거수일투족을 지켜보고 있는 상황에서 공산당 정권들은 이러지도 저러지도 못하는 곤경에 빠졌다. 이런 식으로 감시당하는 것은 그 자체로 권위의 상실을 뜻했고 선택의 폭을 심하게 제약했다.[40]

40 그러한 고려 사항들이 멀리 떨어진 농촌 사회나 작은 지방 도시에 언제나 적용되지는

1972년의 바더-마인호프 그룹 〈수배〉 전단. (울리케 마인호프와 안드레아스 바더, 맨 위 왼쪽) 독일의 〈원외〉 과격파는 폭력에 의존하여 연방공화국의 〈가면을 벗기〉고 〈브레턴우즈 신질서의 문명화된 절멸 기술〉을 폭로하려 했다.

1982년 4월, 이탈리아의 전직 총리 알도 모로를 살해한 혐의로 고발된 예순세 명의 적군파 회원들의 재판 개시일. 이탈리아의 좌파 테러리스트들은 자신들이 프롤레타리아와 연계되어 있다고 (착각하고) 강조했지만, 더 큰 위험을 제기한 (그리고 더 많은 사람을 살해한) 자들은 우파 테러리스트들이었다.

바스크인 조국과 자유(에타) 회원들, 1982. 에타 무장대는 〈바스크인의 독립국가〉라는 신기루에 움직이지 않았던 부유한 지역 주민들로부터(많은 지역 주민이 스페인의 다른 곳 출신이었다) 점차 고립된 데 실망하여 1980년대 내내 연평균 서른네 명을 살해했다.

〈……나는 군인에게 던질 커다란 돌을 하나 발견했다. ……나는 조금 더 나이가 들면 총을 얻을 것이다……〉 (벨파스트 아이들의 노래, 1976년 무렵). 아일랜드공화국군 무장대와 프로테스탄트 무장대, 영국군 사이의 30년에 걸친 삼각 대결은 2천 명에 가까운 사람을 죽음으로 내몰았다.

1970년 프랑스에 도착하는
포르투갈 노동자들. 1973년
이면 외국인이 프랑스 전체
노동력의 11퍼센트를 차지
한다. 서독에는 거의 300만
명의 〈체류노동자〉가 있었
는데, 대부분이 지중해 국가
출신이었다. 유럽의 〈경제
기적〉은 이 이민자들의 공헌
에, 그리고 이들이 고향에 송
금한 돈에 크게 의존했다.

1974년, 이혼법 개혁을 요구하며 시위하는 이탈리아 여성들. 전후 서유럽 복지 입법으로 혜택을 입은
자들은 주로 일자리를 지닌 노동자와 그 가족이었다. 낙태와 피임, 이혼 등 여성 특유의 관심사가 쟁점
이 되기까지는 북유럽에서는 1960년대, 다른 곳에서는 1970년대를 기다려야 했다.

프란시스코 프랑코와 그가 지명한 계승자 후안 카를로스 왕자, 1971년 10월. 대원수는(1975년에 사망했다) 자신의 피보호자에 크게 실망했을 것이다. 후안 카를로스는 국왕으로서 1981년의 군부 쿠데타를 좌절시켰고 스페인 민주주의의 충실하고 인기 있는 수호자임을 입증했기 때문이다.

포르투갈의 첫 번째 의회 선거, 1975년 4월. 돌이켜 보면 지중해 유럽에서 의회민주주의 이행은 순조로워 보였고 또 불가피해 보였다. 그러나 당시 좌파와 우파의 많은 사람은 다른 것을 예상했으며 결과에 놀랐다(그리고 실망했다).

1970년 3월에 두 독일 간의 첫 번째 회담이 열렸을 때 에르푸르트에 도착한 총리 빌리 브란트와 독일 민주 공화국 총리 빌리 슈토프. 브란트의 동방정책은 중부유럽에서 만남과 긴장 완화를 가져왔다. 그러나 일부는 서독이 이웃의 공산 국가를 인정하고 나아가 후원한다고 생각했다.

〈칼리굴라의 눈과 메릴린 먼로의 입〉. 마거릿 대처는 막대한 유럽 공동체 예산을 영국으로 빼오는 데 성공했는데, 이는 대처가 영국 유권자뿐만 아니라 프랑수아 미테랑 같은 노련한 냉소주의자까지도 부추기고 을러대는 기술을 갖춘 덕분이다.

1979년 6월, 폴란드를 방문한 첫 번째 교황 요한네스 파울루스(요한 바오로) 2세. 카롤 보이티와는 혼자 힘으로 공산주의를 무너뜨리지 않았지만(많은 사람이 단순하게도 그렇게 믿었다) 폴란드 정권의 신뢰 추락에 크게 기여했다.

1984년, 그단스크의 아담 미흐니크. 미흐니크는 동유럽 공산주의를 가장 독창적으로, 가장 용감하게 비판한 사람이다. 미흐니크는 비폭력을 강조했고 공산당 정권과 대결하거나 정권을 전복하려 하기보다는 내부로부터 조금씩 허물 것을 강조했는데, 이것이 특히 큰 영향을 미쳤다.

대중의 찬사에 행복한 미하일 고르바초프, 1987년 4월 프라하. 소련의 마지막 지도자는 서쪽 먼 곳에서 큰 인기를 끌었지만 국내에서는 결코 그런 인기를 얻지 못했다. 그러나 고르바초프는 아마도 의도하지는 않았겠지만 외국에서 거둔 성공에 고무되어 국내 개혁에 착수했다.

1989년 11월, 밀폐된 열차를 타고 프라하를 경유하여 서방으로 향하는 동독 피난민들. 볼셰비키 혁명은 레닌이 밀폐된 열차로 독일을 가로지르면서 시작되었다. 따라서 공산 국가의 시민들을 이런 방식으로 자유롭게 하는 것은 대체로 적절했다.

1989년 11월, 프라하. 〈벨벳 혁명〉에도 잔인한 서막이 있었다. 그러나 루마니아를 벗어나면 1989년의 이행은 심한 폭력을 겪지 않았다. 아마도 많은 공산당 간부들이 정권의 운명이 결정되었다는 점을 비판자들보다도 더 잘 이해했기 때문이리라.

알렉산드르 둡체크와 바츨라프 하벨, 프라하, 1989년 11월 24일. 둡체크를 공산주의 이후 체코슬로바키아의 대통령으로 지명하려는 계획은 곧 좌절되었다. 1989년의 혁명가들에게(이들은 대신 하벨을 선택했다) 〈개혁 공산주의〉의 영웅은 스탈린주의만큼이나 부적절하고 구식이었다.

V. I. LENIN

이러한 고려 사항들이 확실히 중국의 공산당 당국을 막지는 못했다. 중국 공산당은 그해 6월 4일 천안문 광장에 모인 수백 명의 평화 시위자들을 사살했다. 니콜라에 차우셰스쿠는 할 수만 있었다면 베이징을 주저 없이 모방했을 것이다. 그리고 우리는 에리히 호네커가 적어도 그와 유사한 조치를 계획했다는 사실을 알고 있다. 그러나 이들의 동지들 대부분에게 그것은 이제 선택할 수 있는 방안이 아니었다. 사멸하는 권위주의 체제들은 전부 결정적인 순간에 억압과 타협 사이에서 동요한다. 공산당의 경우 자신들의 통치 능력에 대한 확신은 너무나 급속하게 증발했기에 무력에만 의존하여 권력을 붙잡을 수 있는 기회는 적어 보였다. 그리고 그렇게 얻을 수 있는 이득도 전혀 분명하지 않았다. 무엇이 이익이 되는지 고려할 때, 대다수 공산당원 관료와 당직자에게 저울은 반대편으로 내려갔다. 해일 같은 변화에 휩쓸리기보다는 대세에 편승하는 편이 더 나았다.

군중이 분노했거나 그 지도자들이 호전적으로 구질서에 복수하기로 결심했다면, 계산은 달라질 수도 있었다. 그러나 1989년의 남녀들은 여러 가지 이유에서(폴란드에서 선거가 있던 바로 그날 텔레비전을 통해 중계된 천안문 사태를 포함하여) 의식적으로 폭력을 삼갔다. 〈자제한〉 것은 폴란드 혁명만이 아니었다. 공산당 정권들은 수십 년간의 폭력으로 불신을 떠안았고 모든 총과 탄환을 장악하고 있었기에 국민에게 폭력에 호소하는 것이 얼마나 온당치 못하고 경솔한 짓인지 매우 효과적으로 가르쳤다. 베를린과 프라하에서 경찰이 체제가 몰락하는 바로 그 순간까지 계속 사람들의 머리를 내려치는 상황에서, 슬로바키아인들만 〈폭력에 반대하는 민중〉은 아니었다.

1989년의 많은 혁명가들은 폭력에 대한 혐오를 공유했다. 혁명가들은 과거의 여러 혁명을 기준으로 보아도 이례적으로 잡다한 집단

_____

않았다. 그런 곳에서는 경찰이 텔레비전 카메라나 대중의 반대에 아무런 방해도 받지 않고 마지막 순간까지 계속 활동했다.

이었다. 중심은 지역마다 달랐지만, 〈국민〉은 일반적으로 개혁 공산주의자, 사회 민주주의자, 자유주의 지식인, 자유 시장 경제학자, 가톨릭 활동가, 노동조합 운동가, 평화 운동가, 소수의 트로츠키주의자 등을 포함했다. 이러한 다양성은 그 자체로 혁명가들이 지닌 힘의 일부였다. 다양성은 곧 시민 조직과 정치 조직의 비공식적 복합 집단을 이루었으며, 이는 일당 국가에 심히 해로웠다.

최소한 한 가지 중대한 단층선, 즉 자유 민주주의자와 인민주의적 민족주의자들을, 예를 들면 마조비에츠키와 바웬사를, 헝가리에서 (키시 야노시 등의 반체제 지식인들이 이끌었던) 좌익 성향의 자유 민주 동맹과 민주포럼의 보수적인 민족주의자들을 구분하는 단층선이 이미 확인되었다. 또한 (앞서 확인했듯이) 1989년의 군중은 뚜렷하게 세대적 측면을 지녔다. 지식인 반대파의 여러 노련한 지도자들은 공산당 내부의 정권 비판자들과 같은 역사를 공유했다. 그러므로 학생과 다른 젊은이들이 볼 때 이들은 같은 거푸집에서 만들어진 동일한 존재였다. 부활할 수 없고 부활해서도 안 되는 과거의 일부분이었던 것이다. 헝가리의 청년민주동맹은 스물여섯 살의 지도자 오르반 빅토르의 이미지로 볼 때 원래 서른 살이 안 된 사람들만을 위한 정당을 의미했다.[41]

〈둡체크 세대〉의 기억과 환상을 그 자녀들은 공유하지 않았다. 그들은 1968년을 기억하거나 독일 민주 공화국의 〈좋은〉 면을 소중히 간직하는 데에는 관심을 보이지 않았던 것이다. 새로운 세대는 통치자들과 논쟁을 벌이거나 과격한 대안을 제시할 생각이 없었다. 그저 통치를 피하고 싶었을 뿐이다. 이러한 사정은 폴란드와 체코슬로바키아의 일부 관찰자들이 언급했듯이, 1989년의 사육제 같은 성격에

41 유일하게 오래 지속된 60년대의 유물, 즉 젊음은 본래 우수한 상태라는 관념을 빈정대듯 긍정한 것이다. 제리 루빈Jerry Rubin은 이렇게 말했다. 〈서른 살을 넘긴 사람은 누구도 믿지 말라.〉

이바지했다. 또한 폭력적 보복에 대한 무관심에도 기여했다. 공산주의는 이제 부적절한 것도 아니고 장애물도 아니었다.

이러한 점은 1989년의 목표들을 표현하는 데 공통으로 쓰였던 용어에 가장 잘 나타나 있다. 〈유럽으로 돌아가기〉는 새로운 주제가 아니었다. 대륙의 동쪽 절반은 공산주의 체제가 수립되기 한참 전부터 승인과 인정을 희구한 유럽이었으며, 서유럽은 자신을 〈알았던〉 유럽이자 다른 유럽이 그토록 간절하게 승인을 받고 싶었던 유럽이었다.[42] 소련 진영의 출현으로, 자신들의 유럽이 그 뿌리에서 잘려나갔다는 인식은 그 지역 전체에서 지식인 반체제 인사들과 반대파의 주된 주제가 되었다.

그러나 잃어버린 유럽 정체성을 위한 애가는 최근에 서유럽에서 새로운 것, 즉 개인의 권리와 시민의 의무, 표현과 이동의 자유 등 동유럽인도 아주 쉽게 공감할 수 있는 자의식적인 〈유럽적〉 가치들을 중심으로 〈유럽 공동체〉, 〈유럽 연합〉이 등장하면서 동유럽인들 사이에서 특별한 의미를 획득했다. 〈유럽〉을 말하는 것은 젊은 사람들에게는 덜 추상적이었고 그래서 특히 더 흥미로웠다. 이제 유럽은 단지 과거의 프라하나 부다페스트의 잃어버린 문화를 위한 만가가 아니라 구체적이고 달성할 수 있는 일군의 정치적 목적을 의미했다. 공산주의의 반대는 〈자본주의〉가 아니라 〈유럽〉이었다.

이는 단지 수사법상의 표현 문제에 그치지 않았다. 옛 공산당의 간부들은 〈자본주의〉라는 추상적 개념의 약탈 행위를 설득력 있게 (나아가 확신을 갖고) 지적할 수 있었던 반면, 〈유럽〉 대신에 제공할 수 있는 것은 전혀 갖지 못했다. 유럽은 이데올로기적 대안뿐만 아니라 정치적 규범도 대표했기 때문이다. 그 관념은 때로는 〈시장 경제〉로 때로는 〈시민 사회〉로 변형되기도 했다. 그러나 어떤 경우에

---

42 이러한 추론은 특히 볼테르가 개진했으며, 래리 울프Larry Wolff가 『동유럽의 발명 *Inventing Eastern Europe*』(Stanford, 1994)에서 훌륭하게 해명했다.

서든 〈유럽〉은 간명하게 정상 상태와 현대적인 생활 방식을 뜻했다. 이제 공산주의는 미래가 아니라 과거였다(미래는 60년 동안 공산주의의 비결이었다).

당연한 얘기지만 편차도 있었다. 민족주의자들과 일부 정치적, 종교적 보수주의자들은(이들 중 많은 수가 1989년에 활동했고 영향력을 행사했다) 유럽을 〈폴란드〉나 〈헝가리〉 만큼 많이 생각할 마음이 없었다. 그리고 민족주의자들과 보수주의자들 중 일부는 다른 사람들만큼 자유나 개인의 권리에 관심을 두지 않았을 것이다. 군중이 당장에 우선시했던 일도 차이가 있었다. 명백한 사례를 들자면, 어떻게든 유럽으로 돌아간다는 생각은 루마니아보다는 체코슬로바키아에서 대중의 정서를 움직이는 데 더 중요했다. 루마니아에서는 독재자를 제거하고 식탁 위에 음식을 차리는 일이 더 급했기 때문이다. 그리고 1989년의 일부 지도자들이 처음부터 시장 경제를 수립하는 데 착수했던 반면(타데우시 마조비에츠키가 1989년 9월에 자신의 첫 번째 정부를 구성하면서 〈루트비히 에르하르트를 기대한다!〉라고 선언한 일은 기억할 만하다), 다른 이들, 특히 하벨은 민주주의의 시민적 토대에 집중하기로 했다.

이러한 미묘한 차이의 의미는 나중에야 뚜렷해진다. 그렇지만 이 시점에서 미국이 이 이야기에서 차지하는 위치에 관해 한 마디 하는 것이 적절할 수 있다. 동유럽 사람들은, 특히 동베를린 시민은 소련을 견제하는 미국의 역할을 완벽하게 이해했다. 이들은 또한 서유럽 정치인들과 미국 정치인들 사이의 차이도 이해했다. 서유럽 정치인들은 대부분 자신들의 문제에 간섭하지만 않는다면 공산주의와 공존하는 데 만족했지만, 로널드 레이건 같은 미국 정치인들은 공산주의를 공공연히 〈악의 제국〉이라고 묘사했다. 솔리다르노시치는 대체로 미국으로부터 재정을 지원받았고, 베를린 등지의 항의자들이 승리할 가망성이 확실해지자 그들에게 공식적으로 가장 지속적인 격려를 보낸 나라도 미국이었다.

이러한 사실로부터 동유럽의 포로와도 같은 국민들이…… 미국인이 되기를 갈망했다는 결론이 흔히 나오지만, 그렇게 결론 내려서는 안 된다. 그러므로 미국의 격려나 지원이 동유럽 국민들의 해방을 촉진하거나 용이하게 했다는 결론은 거론할 필요도 없다.[43] 미국은 1989년의 드라마에서 적어도 일이 터지기 전에는 놀라우리만큼 한 일이 없다. 그리고 미국의 사회 모델, 즉 〈자유 시장〉도 이따금씩만 군중이나 그 대변인들의 찬미나 모방의 대상으로 제시되었다. 공산주의 체제에 살았던 대다수 사람들에게 해방은 무제한의 경제적 경쟁에 대한 갈망이 결코 아니었으며, 무료 사회 복지와 고용 보장, 저렴한 임대료, 그 밖에 공산주의 체제에 부수되는 혜택의 상실은 더욱 아니었다. 결국, 동유럽이 상상한 〈유럽〉의 한 가지 매력은 유럽이 풍요와 안전이 함께하고 자유와 보호가 함께하는 전망을 제공했다는 데에 있었다. 유럽에서는 사회주의의 케이크를 자유롭게 가질 수 있고 먹을 수 있었다.

그러한 유럽의 꿈은 향후 닥칠 실망의 전조였다. 그러나 당시에 이 점을 간파한 사람은 거의 없었다. 대안적 모델이 진열된 시장에서 미국의 생활방식은 여전히 소수의 취향이었고, 미국은 전 지구적으로 영향력을 행사했지만 너무 멀리 떨어져 있었다. 그러나 나머지 하나의 초강대국은 바로 문 앞에 서 있었다. 동유럽의 위성 국가들은 모두 소련에 본부를 둔 공산주의 제국의 식민지였다. 따라서 1989년의 변화를 토착 사회 세력이나 정치 세력의 공으로 돌리는 데에도 한계가 있다. 그들이 슬로바키아의 지하 가톨릭 단체들이었든, 폴란드의 록 그룹이었든, 어디에나 존재한 자유사상 반체제 지식인

---

43 폴란드의 계엄령 선포에 레이건이 처음으로 내보인 반응조차 명백히 미온적이었다. 미국은 공식적으로 강경 노선을 채택했다고 알려져 있지만, 그러한 조치는 대중적 비난(특히 헨리 키신저의 비판)이 거세진 이후의 일이었다.

들이었든, 결국에 중요했던 것은 늘 소련이었다.

많은 동유럽인은 해방의 격한 여운에 휩싸여 소련의 의미를 과소 평가했다. 자신들의 업적을 강조하기 위해 더욱 경시했다. 1992년 1월, 이제는 헝가리의 총리인 민주포럼의 안텔 요제프는 헝가리인 청중 앞에서 서방이 공산주의의 붕괴에서 중부 유럽이 수행한 영웅적인 역할을 제대로 평가하지 못한다고 탄식했다. 〈이 보답 없는 사랑을 끝내야 한다. 우리는 자리를 굳게 지켰고 총 한 방 쏘지 않고 싸웠으며 그들을 위해 제3차 세계 대전에서 승리했기 때문이다.〉 격분한 안텔의 설명은 듣는 사람의 비위는 맞추었겠지만, 1989년에 관한 중대한 진실을 놓치고 있다. 동유럽의 군중과 지식인, 노동조합 지도자들이 〈제3차 세계 대전에서 승리했다〉면, 이는 단지 미하일 고르바초프가 그렇게 할 수 있게 했기 때문이다.

1989년 7월 6일, 고르바초프는 스트라스부르의 유럽 회의에서 연설하면서 청중에게 소련이 동유럽의 개혁을 가로막는 일은 없으리라고 밝혔다. 개혁은 〈전적으로 인민들의 문제〉였다. 소련의 지도자는 1989년 7월 7일 부쿠레슈티에서 열린 동유럽 진영 지도자들의 협의회에서 각각의 사회주의 국가는 외부의 간섭을 받지 않고 자국의 발전 경로를 걸을 권리를 지닌다고 단언했다. 다섯 달 뒤 고르바초프는 몰타 외해상의 순양함 막심고리키함의 전용실에서 동유럽 공산주의 정권들을 유지하기 위해 무력을 사용하는 일은 없을 것이라고 부시 대통령을 안심시켰다. 고르바초프의 태도에는 전혀 모호함이 없었다. 고르바초프는, 1988년에 미흐니크가 말했듯이, 〈외교 정책의 성공에 사로잡힌 포로〉였다. 제국의 중심이 주변부 식민지를 붙들지 않겠다고, 그럴 수 없다고 너무나 공공연히 인정했기에 또 그러한 이야기에 도처에서 갈채를 보냈기에, 제국은 식민지를 잃었으며 더불어 제국의 지역 내 협력자들도 잃었다. 나머지 결정해야 할 일은 자신들의 몰락 방식과 방향이 전부였다.

협력자들은 무슨 일이 일어나고 있는지 분명하게 이해했다. 1988년 7월에서 1989년 7월 사이에 헝가리 공산당의 주요 개혁가인 그로스 카로이와 네메트 미클로시는 각각 네 차례 모스크바를 방문하여 미하일 고르바초프를 만났다. 이들의 동지인 니에르시 레죄도 카다르가 사망한 다음 날인 1989년 7월 7일에 고르바초프와 대화를 나누었다. 그때쯤이면 이미 그들의 대의가 패배했음이 명백해졌다. 고르바초프는 1989년의 혁명들을 재촉하거나 조장하기 위해 아무런 적극적 조치도 취하지 않았다. 단지 비켜 서 있었을 뿐이었다. 1849년에 러시아의 개입은 그해 발생한 헝가리 혁명과 다른 혁명들의 운명을 결정했지만,[44] 1989년에는 러시아의 자제가 혁명들의 성공에 일조했다.

고르바초프는 식민지들을 해방하기만 한 것이 아니었다. 개입하지 않겠다는 표시를 함으로써 위성 국가 지도자들이 획득할 수 있었던 정치적 정통성의 유일한 원천을, 다시 말하자면 소련의 군사 개입이라는 약속(또는 위협)을 결정적으로 파괴했다. 지역의 정권들은 그러한 위협이 없으면 정치적으로 벌거숭이였다. 경제적으로는 몇 년 더 버틸 수 있었겠지만, 이 점에서도 소련의 후퇴라는 논리는 무자비했다. 소련이 코메콘 국가들로 나가는 수출품에 세계 시장의 가격을 매기면(1990년에 그런 일이 발생했다), 제국의 원조에 과도하게 의존했던 코메콘 국가들은 여하튼 붕괴할 수밖에 없었다.

이 마지막 사례가 암시하듯이, 고르바초프는 러시아의 공산주의를 구하기 위해 동유럽 공산주의가 몰락하도록 내버려 두었다. 마치 스탈린이 위성 국가들을 그들을 위해서가 아니라 자국의 서쪽 국경의 안전장치로서 건설했던 것과 같았다. 전술적으로 보면 고르바초프는 크게 오판했다. 동유럽의 교훈은 두 해가 채 지나기 전에 그 지

44 차르 니콜라이 1세가 오스트리아의 프란츠 요제프를 도와 헝가리 혁명을 분쇄한 일을 말한다 — 옮긴이주.

역을 해방한 자의 영토에서 그 해방자에게 불리하게 작용한다. 그러나 전략적으로 볼 때 고르바초프는 전례 없이 막대한 업적을 이루었다. 역사상 그 어느 지역 제국도 그토록 급속하게, 자진하여, 그토록 적은 피를 흘리고 영토를 포기하지는 않았다. 고르바초프가 1989년에 발생한 일들에 직접적인 공이 있다고 할 수는 없다. 고르바초프는 그 일을 계획하지 않았으며 다만 그 장기적인 의미를 흐릿하게 이해했을 뿐이었다. 그러나 고르바초프는 허용하는 원인이자 촉진하는 원인이었다. 1989년의 혁명은 고르바초프의 혁명이었다.

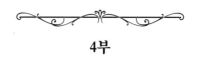

4부

몰락 이후
1989~2005

20장
분열하기 쉬운 대륙

내가 그것을 막기 위해 할 일은 전혀 없다. 소련이 나를 위해 그 일을 할 것이다. 소련은 결코 이 거대한 독일이 자신들에 대적하도록 내버려 두지 않을 것이다.
— 프랑수아 미테랑(1989년 11월 28일)

우리는 처음 시작했을 때 당면한 문제의 심각성을 이해하지 못했다.
— 미하일 고르바초프(1990년)

우리나라는 운이 없었다. 이 마르크스주의 실험이 우리에게 맡겨졌기 때문이다. 결국 우리는 이 사상을 위한 장소는 없다는 사실을 증명했다. 마르크스주의는 그저 이 세계의 문명국들이 나아간 길 밖으로 우리를 밀어냈을 뿐이다.
— 보리스 옐친(1991년)

체코 국민의 존재는 결코 확실한 사실이 아니었으며, 바로 이 불확실성이 체코의 가장 두드러진 측면이다.
— 밀란 쿤데라

공산주의에서 해방된 동유럽은 한층 더 현저한 두 번째 변화를 겪었다. 1990년대가 지나면서 네 개의 기존 국가가 유럽 대륙의 지도에서 사라졌으며, 열네 개 나라가 탄생하거나 부활했다. 소련의 서쪽 끝에 있던 여섯 개 공화국, 즉 에스토니아와 라트비아, 리투아니아, 벨라루스, 우크라이나, 몰도바는 러시아와 더불어 독립국이 되었다. 체코슬로바키아는 슬로바키아 공화국과 체코 공화국으로 분할되었다. 그리고 유고슬라비아는 구성 단위로 쪼개져 슬로베니아, 크로아티아, 보스니아헤르체고비나, 세르비아몬테네그로, 마케도니아가 되었다.

이와 같은 국민의 형성과 분열은 그 규모에서 제1차 세계 대전 이후 베르사유 조약이 가져온 충격에 비할 만했다. 그리고 어떤 점에서는 더 극적이었다. 베르사유에서 출현한 국민 국가들은 그 뿌리가 19세기 중반이나 그 이전에 놓여 있는 긴 과정의 결과물이었다. 따라서 전혀 놀랍지 않았다. 그러나 거의 누구도 20세기 말에 그와 유사한 사태가 발생할 수도 있다고 예상하지 못했다. 실제로 1990년대에 소멸한 체코슬로바키아와 유고슬라비아, 그리고 소련은 1918년 이후에 설립된 나라였다.

그러나 이 나라들이 전부 그 지역에 마지막까지 존속했던 다민족 연방국가라는 사실은 우연이 아니다. 90년대의 영토 분열에는 유럽 대륙의 네 개 제국 중 마지막까지 남아 있던 러시아 제국의 소멸이 동반되었다. 러시아 제국의 몰락은 사실상 다른 세 제국, 즉 오스만 튀르크, 합스부르크 오스트리아, 빌헬름 시대 독일이 몰락한 이후의 국가 형성 과정에 덧붙여진 지연된 에필로그였다. 그러나 제국 붕괴의 논리만으로 동유럽의 제도적 재편이 촉발되지는 않았을 것이다. 과거에 흔히 그랬듯이, 그 지역의 운명은 독일에서 벌어진 사건이 결정했다.

독일의 재통합은 분열의 시기에 특이한 융합의 사례였는데, 그 공은 우선 헬무트 콜에게 돌아가야 한다. 서독 총리는 처음에는 다른 모든 사람들처럼 주저했다. 1989년 11월 28일 콜은 연방 의회에서 독일 통일을 위한 신중한 일정을 담은 5개년 계획을 제시했다. 그러나 콜은 동독 군중의 이야기를 들은 뒤에 (그리고 워싱턴의 지원을 확신한 후에) 독일의 통일은 가능할 뿐만 아니라 긴요할지도 모른다는 판단을 내렸다. 한때 하루에 2천명에 달했던 서독으로의 주민 유입을 멈추게 할 유일한 방법은 서독을 동쪽에 가져다주는 것이었다. 서독의 지도자는 동독 주민들의 이탈을 막기 위해 동독의 파괴에 착수했다.

19세기에 그랬듯이, 독일의 통일은 우선 통화 연합을 통해 달성될 수 있었다. 그러나 정치적 연합이 불가피하게 뒤따랐다. 서독인들이 먼저 권고했고 한스 모드로프가 이끄는 독일 민주 공화국 내각이 열렬히 추구했던 〈연방〉 얘기는 갑자기 사라졌고, 1990년 3월에 급조되어 시행된 동독 선거에서 기독교 민주당 후보들이 통일을 공약으로 내걸었다. 기독교 민주당의 〈독일을 위한 동맹 Allianz für Deutschland〉이 48퍼센트를 얻었고, 이 문제에 관한 양면적 태도가 널리 알려져 불이익을 받은 사회 민주당은 겨우 22퍼센트를 얻었다.[1]

1 1989년 1월, 사회민주당 부총재는 콜 정부가 새로이 개방된 헝가리 국경을 통해 서쪽

지금은 민주사회당PDS인 과거의 공산당은 16퍼센트를 확보하여 상당히 훌륭한 성과를 냈다. 그러나 베르벨 볼라이의 노이에스 포럼을 포함하는 과거 반체제 인사들의 동맹인 90동맹은 2.8퍼센트를 얻는 데 그쳤다.[2]

독일 민주 공화국 의회의 새로운 과반수는 로타어 드메지에르가 이끄는 기독교민주연합과 사회 민주당, 자유민주연합의 동맹으로 대표되었는데, 이들이 제일 처음 한 일은 자국을 독일의 통일에 내맡긴 것이었다.[3] 1990년 5월 18일, 두 독일 사이에 〈화폐, 경제, 사회의 연합〉이 체결되었고, 7월 1일에는 그 핵심 조항인 도이치마르크의 동독 확대 사용이 발효되었다. 동독인은 이제 사실상 무용지물인 동독 마르크를 4만 도이치마르크까지 1 대 1이라는 엄청나게 유리한 환율로 교환할 수 있었다. 이때 이후로 독일 민주 공화국의 임금과 급여는 등가의 도이치마르크로 지불된다. 이는 동독인들을 살던 곳에 계속 머물게 하는 데는 극적으로 효과적인 장치였지만, 장기적으로는 동독의 일자리와 서독의 예산에 잔인한 결과를 초래했다.

8월 23일, 동독 의회는 서독 정부와 사전에 체결한 협약에 따라 연방 공화국에 가입하기로 가결했다. 한 주 뒤, 통일 조약이 체결되었고, 이 조약에 따라 독일 민주 공화국은 독일 연방 공화국에 흡수되었다. 3월 선거에서 유권자들이 승인하고 1949년의 기본법 23조에 의해 허용된 대로였다. 10월 3일 통일 조약이 발효되었고, 독일 민주 공화국은 연방 공화국에 〈가입〉하여 더는 존재하지 않았다.

독일의 분할은 제2차 세계 대전 승전국들의 작품이었고, 1990년

으로 넘어오려는 동독 난민을 환영함으로써 위기를 〈악화〉시켰다고 비판했다. 그러나 (사회민주당의 전통적인 근거지인) 베를린에서는 사회민주당이 1990년 선거에서 35퍼센트를 득표함으로써 훨씬 더 좋은 성과를 보였다.

2 볼라이는 이와 같이 다소 불쾌하게 반응했다. 〈우리는 정의를 원했고, 법치국가Rechtstaat를 얻었다.〉

3 드메지에르의 두 번째 조치는 마침내 동독도 홀로코스트에 책임이 있다고 인정하고 배상금으로 620억 도이치 마르크를 배정해 둔 것이었다.

의 재통일은 그 나라들의 격려나 동의가 없었다면 결단코 불가능했을 것이다. 동독은 소련의 위성 국가로 1989년에도 36만 명의 소련군이 여전히 그곳에 주둔하고 있었다. 서독은 독립국이었지만 이 문제에 관해서는 자율적으로 행동할 수가 없었다. 베를린으로 말하자면, 마지막 평화 협정이 체결되기까지 공식적으로는 원래의 점령국, 즉 프랑스와 영국, 미국, 소련에 운명이 좌우되었던 도시로 남아 있었다.

영국도 프랑스도 독일의 재통일을 보기 위해 서두를 생각은 전혀 없었다. 충분히 이해할 만한 일이지만, 독일의 통일에 관해 조금이라도 생각해 본 서유럽인은 통일은 동유럽의 긴 변화 과정의 처음이 아니라 〈마지막〉에 이루어지리라고 추정했다. 그리고 그러한 추정은 충분히 합리적이었다. 1989년 12월 영국의 외무장관 더글러스 허드가 임박한 냉전의 종식에 대해 숙고한 후에 말했듯이, 냉전은 〈우리가 40년 동안 매우 행복하게 살았던…… 체제〉였다.

영국 총리 마거릿 대처는 두려움을 감추지 않았다. 대처는 급조된 회담에서 프랑스 대통령 미테랑과 만난 대목을 회고록에서 이렇게 회상한다. 〈나는 손가방에서 과거 독일의 다양한 지형을 보여 주는 지도를 꺼내 보였다. 그 지도는 미래에 관해서는 전혀 안심시키지 못했다. ……[미테랑은] 프랑스는 과거 매우 위험했던 시기에 언제나 영국과 특별한 관계를 맺었으며 그러한 때가 다시 도래했음을 느낀다고 말했다. ……내 생각에 비록 우리가 수단을 발견하지는 못했지만 최소한 우리 둘 다 독일이라는 거대한 괴물을 저지할 의지는 갖고 있었다. 그것이 출발점이었다.〉

대처는 또한 미하일 고르바초프가 독일의 통일로 약화되어 (쿠바의 굴욕 이후 망신을 당한 니키타 흐루쇼프와 유사하게) 몰락할 수도 있으리라고 걱정했다. 그리고 대처만 그런 생각을 한 것도 아니었다. 그러나 영국은 그렇게 많은 걱정이 있었어도 당시 독일에서 전개되던 사건들의 대안으로 제시할 것이 전혀 없었으므로 곧 묵묵히 따랐다. 미테랑은 쉽사리 달랠 수 없었다. 프랑스는 다른 어느 나라보다도 독일과 공산 국가 진영 전체에서 안정되고 친숙한 제도가 몰락하는 것을 보고 진실로 불안했다.[4]

프랑스의 첫 번째 반응은 독일 통일의 진전을 방해하려 애쓰는 것이었다. 심지어 미테랑은 1989년 12월 동독을 방문하여 동독의 주권을 지지한다고 말했다. 미테랑은 브란덴부르크 문의 재개방을 기념하는 의식에 참석해 달라는 헬무트 콜의 초청을 거절했으며, 소련의 지도자들에게 프랑스와 러시아가 전통적인 동맹국으로서 독일의 야심을 저지하는 데 공동의 이해관계를 지닌다는 점을 납득시키려 했다. 실제로 프랑스는 고르바초프가 독일의 통일을 거부하리라고 믿었다. 미테랑은 1989년 11월 28일에 조언자들에게 이렇게 설명했다. 〈내가 그것을 막기 위해 할 일은 전혀 없다. 소련이 나를 위해 그 일을 할 것이다. 소련은 결코 이 거대한 독일이 자신들에 대적하도록 내버려 두지 않을 것이다.〉

그러나 사정이 그렇지 않다는 점이 일단 명백해지고 콜이 동독 선거에서 압승하자 프랑스 대통령은 방침을 바꾸었다. 독일은 통일되어도 좋지만 대가를 치러야 했다. 힘이 한층 강화된 독일이 독립적인 행보를 보여서는 안 되었고, 더욱이 중부 유럽을 우선시했던 과거로 돌아가는 일은 없어야 했다. 콜은 프랑스와 독일의 공동 관리를 통해 유럽의 사업을 추구하겠다고 약속해야 했고, 독일은 〈한층 더 긴밀한〉 연합에 구속되어야 했다. 그 연합의 조건은, 특히 유럽 공동 화폐는 (이듬해 네덜란드의 마스트리흐트에서 협상될) 새로운 조약에 확실하게 포함되어야 했다.[5]

4 미테랑은 서방의 주요 정치인으로는 유일하게 이듬해 모스크바의 유산된 쿠데타로 고르바초프가 확실하게 몰락한 상황에 조금도 주저 없이 순응했는데, 이는 우연이 아니었다.
5 지금 미테랑의 후임자들이 바로 마스트리흐트 조약이 야기한 예산상의 제약과 사회적 결과들과 씨름하고 있다는 사실은 매우 역설적이다.

독일은 프랑스가 내건 모든 조건에 (비록 프랑스 외교술의 졸렬한 특성 탓에 한동안 양국 관계가 소원했지만) 매우 쉽게 동의했다. 이는 앞선 시절의 반향이었다. 1955년 이후 서독 정부는 독일의 완전한 주권 회복에 대한 프랑스의 근심을 덜어 주기 위해 〈유럽〉을 원래의 여섯 나라에 국한한다는 데 동의했다. 콜은 이후 파리의 인내에 대한 보상으로 일련의 작은 양보를 하기로 동의했다.[6] 통일은 독일 주변의 불안한 유럽 국가들을 달래서라도 얻을 만한 가치가 있었다. 어쨌든 루트비히스하펜에서 태어났으며 같은 라인란트 사람인 아데나워처럼 본능적으로 서쪽을 쳐다본 콜은 독일을 유럽 공동체에 한층 더 긴밀하게 결합한다는 생각이 크게 불편하지 않았다.

그러나 가장 중요한 것은 당시 찍힌 콜의 사진이 확인해 주듯이, 그가 순풍을 받았다는 사실이다. 독일의 통일은 미국의 완전한 지지를 받았다. 다른 모든 사람들처럼 조지 부시 행정부도 처음에는 다른 동맹국들과 같은 생각이었다. 독일의 통일은 소련과 동유럽에서 전개되는 일련의 예측 불가능한 변화들의 맨 마지막 순간에 가서야, 그리고 소련의 동의가 있어야만 이루어질 수 있었다. 그러나 미국은 전반적인 분위기를 더 빨리 포착했다. 특히 1990년 2월에 실시된 한 여론 조사는 서독인의 58퍼센트가 독일의 통일과 중립에 찬성한다는 점을 보여 주었다. 이는 미국이 (그리고 서독의 정치인들이) 가장 크게 두려워했던 결과였다. 확대된 독일이 유럽의 한가운데에서 어디에도 소속되지 않고 중립 국가로 존재하면 양측의 이웃 나라들을 불안하게 만들고 동요하게 할지도 모를 일이었다.

따라서 미국은 독일이 통일과 서방 동맹 사이에서 선택을 강요받

---

6 그중에서도 미테랑의 친구인 자크 아탈리가 동유럽의 재건에 투자 자금을 공급하기 위해 유럽재건개발은행(European Bank for Reconstruction and Development, EBRD)이라는 새로운 기구의 수장으로 임명된 일이 특별했다. 아탈리는 은행의 추정 수익자들을 위해서는 몇 푼 쓰지도 않은 채 자기 자신을 위해 고급 건물을 개장하는 데 수백만 달러를 허비한 뒤 불명예스럽게 물러났다. 이러한 경험은 그의 상당한 자존심에 별다른 상처를 주지 못했다.

지 않도록 콜의 목적을 전폭적으로 지원하기로 약속했다. 그래서 프랑스와 영국은 미국의 압력을 받아 소련과 두 독일의 대표자들과 마주 앉아 새로운 독일의 출현 조건을 토론으로 도출하자는 데 합의했다. 이른바 〈4+2〉 회담은 1990년 2월부터 9월까지 외무장관들이 진행했는데, 그 결론인 독일에 관한 최종 해결 조약Treaty on the Final Settlement with Respect to Germany은 9월 12일에 모스크바에서 조인되었다.

현재 두 독일의 국경선을 향후 탄생할 독일의 국경선으로 공식적으로 인정한 이 조약으로 베를린이 4대 강국의 점령지로서 지녔던 지위는 1990년 10월 2일 자정을 기해 시효가 만료됨으로써 종말을 고했다. 소련은 통일된 독일이 북대서양 조약 기구에 남는 데 동의했으며, 소련군과 모든 외국 군대의 베를린 철수 조건에 관하여 합의가 이루어졌다(철군은 그 이후 4년 동안 완료될 예정이었고, 이후에는 북대서양 조약 기구의 작은 부대만 독일 땅에 남기로 했다).

미하일 고르바초프는 왜 그토록 쉽게 독일의 통일을 허용했는가? 수십 년 동안 소련의 주된 전략 목표는 중부 유럽에서 영토상의 현상태를 유지하는 것이었다. 소련은 영국과 프랑스, 미국처럼 독일의 분할에 만족했으며 서독 정부를 서방 동맹으로부터 이탈시키려는 스탈린의 전후 목적을 오래전에 포기했다. 그리고 소련 지도부는 프랑스와 영국과는 달리 여전히 적어도 원칙적으로는 통일 과정을 방해해야 할 입장에 있었다.

고르바초프도 1990년의 다른 모든 사람들처럼 맹목적으로 움직였다. 동유럽에서든 서유럽에서든 누구도 독일 민주 공화국이 붕괴할 경우 무엇을 해야 할지 알지 못했으며, 독일 통일의 청사진도 없었다. 그리고 소련의 지도자는 서방의 지도자들과는 달리 좋은 대안이 없었다. 고르바초프가 독일의 통일을 막으려면 근자에 상냥한 얼굴로 공개리에 했던 선언을 번복하여 자신의 신뢰성을 크게 해치는 길밖에 없었다. 고르바초프는 처음에는 통일된 독일의 북대서 양 조약 기구 가입에 반대했다. 그리고 그 점에서 원칙적으로 양보한 이후에도[7] 북대서양 조약 기구 군대가 동쪽의 폴란드 국경 쪽으로 300킬로미터 이상 이동해서는 안 된다고 계속해서 강력히 주장했다. 이는 미국 국무장관 제임스 베이커가 1990년 2월 소련의 외무 장관에게 실제로 약속한 부분이었다. 그러나 훗날 그 약속이 깨졌을 때 고르바초프는 속수무책이었다.

고르바초프가 할 수 있었던 일은 말 그대로 양보에 대한 보상을 받아내는 것이었다. 서독 총리가 예견했듯이, 소련은 재정 문제로 설득할 수 있었다. 고르바초프는 우선 통일 협상을 200억 달러의 배상금을 위한 담보로 삼으려 했고, 결국 배상금은 80억 달러로 결정되었고 추가로 약 20억 달러의 무이자 차관을 받기로 했다. 전체적으로 1990년부터 1994년까지 서독 정부는 소련에, 그리고 나중에는 러시아에 71억 달러에 상당하는 액수를 전달했다(이에 더하여 360억 달러가 공산 국가였던 동유럽에 추가로 전해졌다). 헬무트 콜은 또한 앞서 보았듯이 자국의 동부 국경선을 영구적인 국경선으로 인정한다고 맹세함으로써 독일의 실지 회복 정책에 대한 소련의(그리고 폴란드의) 두려움을 없앴다. 이 약속은 이듬해 폴란드와 체결한 조약에도 명시되었다.

소련은 최상의 조건을 확보했기에 독일 민주 공화국을 포기하기로 했다. 소련은 불리한 상황을 최대한 이용했으며, 분개한 작은 친구 동독을 꼭 필요한 만큼의 이의만 제기한 채 아무런 미련도 없이 포기했다. 우호적이고 감사하는 새로운 독일을 적으로 만들기보다는 그들과 전략적 관계를 수립하는 것이 더 이치에 맞았다. 그리고

---

7 고르바초프가 1990년 5월에 독일의 자결권에는 〈동맹을 선택할〉 자유도 포함되어야 한다는 부시 대통령의 제언에 동의하면서 이 결정적인 사안에 관하여 경솔하게 양보했다는 증거가 있다.

소련의 시각으로 볼 때 통일된 독일을 서방이 확실하게 움켜쥐고 견제하는 것이 그렇게 나쁜 결말은 아니었다.

독일 민주 공화국은 많은 사랑을 받지 못했다. 그러나 동독의 소멸을 누구도 슬퍼하지 않은 것은 아니었다. 귄터 그라스와 위르겐 하버마스처럼 통합된 〈대〉독일의 영혼을 염려했던 서독 지식인들이 있었는가 하면,[8] 다른 조국을 알지 못했던 많은 동독인들은 〈자신들의〉 독일이 발밑에서 사라지자 마음이 착잡했다. 두 세대가 독일 민주 공화국에서 성장했다. 이들은 동독의 선전 중 지독하게 불합리한 부분은 믿지 않았을 수도 있지만, 공식 선전에 완전히 무관심할 수는 없었다. 1989년 이후 한참 시간이 흐른 뒤에도 동독 중등학교의 아이들은 여전히 동독 군대가 히틀러로부터 조국을 해방하기 위해 소련군과 나란히 싸웠다고 믿었다. 우리는 그런 사실에 지나치게 민감하게 반응해서는 안 된다.

이렇게 주입된 잘못된 인식은 독일 민주 공화국 정체성의 핵심이었으며, 방향을 잃은 과거의 시민들이 독일로 〈되돌아가는〉 과정을 조금도 편하게 해주지 못했다. 특히 〈자신들의〉 독일이 공식 기록에서 체계적으로 삭제되었기 때문이다. 도시와 거리, 건물, 주 등의 명칭이 바뀌었는데, 종종 1933년 이전에 사용되던 이름이 회복되었다. 풍습과 기념물이 복원되었다. 그러나 이는 역사의 되찾기가 아니라 역사의 말소였다. 마치 독일 민주 공화국이 전혀 존재하지 않았던 것 같았다. 에리히 미엘케[9]는 슈타지의 수장으로서 허가했던 범죄가 아니라 1930년대에 자행한 정치적 암살을 이유로 살인 혐의로 기소되어 유죄 판결을 받았다. 증거는 나치의 심문 기록이었다.

8 그라스의 견해로 보자면 독일 현대사는 장기간 계속된 독일의 팽창 성향과 이를 저지하려는 대륙의 나머지 국가들의 필사적인 시도로 이루어진다. 그라스의 말을 빌리자면, 〈우리는 몇 년마다 범독일의 변비 때문에 유럽이라는 관장약을 받는다〉.

9 1907~2000. 미엘케는 1931년에 에리히 치머와 둘이서 공산당의 불법 시위를 단속하던 베를린의 경찰 파울 안라우프와 프란츠 렝크를 공격하여 살해했다 — 옮긴이주.

달리 말하자면 이전의 독일 민주 공화국 국민은 그 괴로운 역사에 관여하기보다는 잊으라는 권고를 받았다. 1950년대 서독의 망각의 시절이 얄궂게 되풀이되었다. 그리고 연방 공화국 초기에 그랬듯이, 1989년 이후에도 해답은 번영이었다. 독일은 역사로부터 벗어나는 탈출로를 구매하게 된다. 독일 민주 공화국은 확실히 치료에 적합한 사례였다. 산산이 부서진 것은 제도만이 아니었다. 물질적 기반 시설도 대부분 노후했다. 가옥 다섯 채 중 두 채는 1914년 이전에 건축되었고(1989년 서독에서 그 수치는 5분의 1에 못 미쳤다), 전 주택의 4분의 1은 욕조가 없었고, 3분의 1은 화장실이 집 밖에 있었으며, 60퍼센트 이상의 가옥에 중앙난방 장치가 없었다.

서독 정부는 소련과 거래할 때처럼 이러한 문제들의 해결에 엄청난 자금을 쏟아 부었다. 통일 이후 3년 동안 서독에서 동독으로 이전된 자금의 총액은 약 1조 2천억 유로에 이르렀다. 2003년 말, 과거의 독일 민주 공화국을 흡수한 데 들어간 비용은 3조 2천억 유로에 달했다. 동독인들은 돈으로 매수되어 연방 공화국에 흡수되었다. 동독인들의 일자리와 연금, 교통, 교육, 주거를 위한 정부 지출은 엄청나게 증가했다. 이러한 엄청난 자금의 투입은 단기적으로는 효과가 있었다. 그리고 자유 시장 못지않게 서독 국고의 바닥 모를 재원에 대해서도 동독인들의 믿음을 강화했다. 그러나 재결합의 흥분이 가시고 난 뒤, 많은 〈동쪽 사람들〉은 서독 형제들의 선심 쓰는 듯한 승리주의를 혐오했다. 이전의 공산주의자들은 훗날 선거에서 이러한 정서를 상당히 성공적으로 이용한다.

한편, 콜은 서독 유권자들의 분노를 피하기 위해(서독 유권자들 모두가 열광하며 통일을 받아들인 것은 결코 아니었다) 세금 인상으로 문제를 해결하려 하지 않았다. 이 거대한 새로운 과제를 이행하기 위해 연방 공화국은 그때까지 상당한 흑자를 보았던 재정을 적자로 돌리는 것 외에 달리 선택의 여지가 없었다. 연방은행은 그러한 정책이 인플레이션에 미치는 영향에 깜짝 놀라 1991년부터 이자율을 꾸준히 올렸다. 1991년은 도이치마르크가 일정에 따라 유럽 통화에 영원히 연동된 바로 그 순간이었다. 이자율 인상이 가져온 연쇄 효과인 실업 증가와 경제 성장의 둔화가 독일뿐만 아니라 유럽 통화 제도 가입국 전역에서 감지되었다. 요컨대, 헬무트 콜은 자국의 통일 비용을 밖으로 전가했으며, 독일의 유럽 내 협력자들이 짐을 나누었다.

독일 문제에 관한 미하일 고르바초프의 양보는 확실히 국내에서 그의 입지를 좁히는 데 일조했다. 실제로 고르바초프는 통일된 독일이 북대서양 조약 기구에 들어가면 〈페레스트로이카의 종말〉이 불가피하다고 제임스 베이커에게 경고했다. 다른 동유럽 위성 국가들의 상실은 불운 탓으로 돌릴 수 있었지만, 독일마저 포기하는 것은 경솔한 짓처럼 보였다. 소련 국방장관인 세르게이 아흐로메예프 원수는 고르바초프가 적기에 그 문제에 주목했다면 서방으로부터 더 좋은 조건을 얻어 낼 수 있었을 것이라고 확신했다. 이런 생각을 가진 사람이 아크로메예프만은 아니었다. 그렇지만 이는 당연히 고르바초프의 문제였다. 1980년대 말, 고르바초프는 앞서 보았듯이 국내의 도전에 너무나 몰두해 있던 나머지 소련의 〈가까운 서쪽〉을 급습했던 문제들을 그곳 사람들 마음대로 하게 내버려 두었다.

그러나 소련 국경 내부에서 발생한 유사한 문제들을 다룰 때에 은근한 무시는 선택할 수 있는 방법이 아니었다. 러시아 제국은 수백 년에 걸친 정복과 복속을 통해 성장했고, 한때 외국의 영토였던 많은 땅이 지금은 본토에 직접 결합되어 있었다. 그곳을 폴란드나 헝가리를 〈놓아주었다〉는 것과 같은 의미에서 〈놓아줄〉 가능성은 없어 보였다. 그렇지만 소련이 최근에 중앙아시아와 캅카스, 특히 발트 해를 따라 제국의 서쪽 끝에서 획득한 정복지는 절반 정도만 동화되었고, 앞서 보았듯이 외국의 영향과 사례에 취약했다.

연방의 발트 공화국들인 에스토니아와 라트비아, 리투아니아는 세 가지 점에서 아주 독특했다. 우선 이 공화국들은 소련의 다른 어느 지역보다 더 많이 서방에 노출되었다. 특히 에스토니아는 스칸디나비아 국가들과 가까워서 1970년대 이래로 핀란드 텔레비전을 시청했으며 자신들의 처지와 부유한 이웃 나라들이 누리는 조건 사이의 간극을 늘 의식했다. 리투아니아는 역사와 지리의 측면에서 인접한 폴란드와 유사했기 때문에 폴란드가 공산주의 체제 때에도 자신들보다 단연 더 자유롭고 부유했다는 사실을 모를 리 없었다.

둘째, 발트 삼국의 생활 수준은 인접한 이웃 나라들과 비교하면 형편없었지만 소련의 기준으로 보면 부유했다. 발트삼국은 소련에서 생선과 낙농품, 면의 주된 공급처였을 뿐만 아니라 철도 차량, 라디오, 종이 제품 등 수많은 공산품의 주요 생산지였다. 에스토니아인과 라트비아인, 리투아니아인은 자신들이 생산한 상품과 부두로 유입되는 상품을 통해서 소련의 나머지 대부분 지역에서는 꿈에서나 볼 수 있는 삶의 방식과 생활 수준을 아주 잠깐씩이라도 대면할 수 있었다.

그러나 발트 공화국들의 가장 중요한 특징은 이들만이 가까운 과거에 진정으로 독립을 누렸다는 사실이었다. 이 공화국들은 1919년 차르 제국이 몰락한 뒤 처음에는 자유를 쟁취했으나 그로부터 20년 뒤 1939년 8월 몰로토프-리벤트로프 조약의 비밀 조항들로 로마노프 왕조의 후계자인 소련에 강제로 재차 병합되었다. 그런데 1940년의 침공은 여전히 생생한 기억의 일부였다. 소련의 다른 곳에서는 더 많은 시민적, 경제적 권리의 요구를 조장했던 고르바초프의 글라스노스트는 발트 지역에서는 필연적으로 독립 문제를 다시 제기했다. 이 지역의 지하 출판물들은 언제나 부득이하게 민족주의적 논조를 띠었다.

민족주의적 경향의 다른 이유는 〈러시아인〉 문제였다. 1945년, 발트삼국의 주민은 대다수가 지배적 민족 집단에 속하고 현지 언어를 말하는 매우 동질적인 집단이었다. 그러나 1980년대 초가 되면, 전시와 전후에 진행된 강제 추방과 러시아인 군인과 관리, 노동자의 꾸준한 유입으로 주민 구성은 특히 북쪽의 공화국들에서 한층 더 복잡해졌다. 리투아니아 공화국 거주자의 약 80퍼센트가 여전히 리투아니아인이었지만, 에스토니아에서는 약 64퍼센트만 에스토니아어를 쓰는 에스토니아 민족에 속했다. 반면 라트비아 원주민은 1980년 인구 조사에서 전체 약 250만 명 중 135만 명으로 겨우 54퍼센트밖에 되지 않았다. 시골에는 여전히 발트 사람들이 거주했지만, 도시에서는 러시아인과 러시아어를 말하는 사람들이 점점 더 많아졌다. 이러한 변화에 원주민은 크게 분노했다.

그러므로 이 지역에서 처음으로 발생한 소요 사태는 언어와 민족, 그리고 소련이 수많은 현지인 〈반역자들〉을 시베리아로 강제 추방한 것의 기억과 관련되어 있었다. 1987년 8월 23일, 몰로토프-리벤트로프 조약이 체결된 날을 알리는 시위가 빌뉴스와 리가, 탈린에서 동시에 발생했으며, 석 달 뒤에는 리가에서만 1918년에 라트비아 독립이 선포된 날을 기념하기 위한 대중 집회가 열렸다. 이들의 성공에 용기를 얻어, 아니 더 정확히 말하자면 그와 같은 암묵적인 이견의 공개적 표현에 당국이 전례 없이 관대하게 대응한 까닭에, 독립적인 단체와 집회가 지역 도처에 출현했다.

그래서 1988년 3월 25일에 리가에서 수백 명이 모여 1949년의 라트비아인 강제 추방을 기념했고, 6월에는 1940년의 추방에 항의하는 시위가 벌어졌다. 그 결과, 그때까지 침묵을 지키던 라트비아 작가동맹이 〈라트비아 인민 전선〉을 화두로 삼아 전에 없이 활발한 회합을 가졌다. 몇 주 뒤, 겉으로는 비정치적이었던 〈환경 보호 클럽〉의 후원을 받아 라트비아 민족 독립 운동LNNK이 탄생했다. 에스토니아에서 전개된 상황도 거의 똑같았다. 1987년의 기념행사와 환경 보호주의자들이 벌인 일련의 항의 시위 뒤에 〈에스토니아 유산협회〉가 처음으로 설립되었다. 이 단체는 지역의 문화 유적을 보존하고 복원하는 데 헌신했다. 그리고 1988년 4월, 〈에스토니아 인민 전선Rahvarinne〉이 등장했으며, 마지막으로 8월에 라트비아 민족 독립 운동보다 한 달 늦게 에스토니아 민족 독립 운동이 창설되었다.

에스토니아와 라트비아에서 이러한 초기 정치 운동의 가장 극적인 측면은 존재 그 자체, 그리고 유별나게 전복적인 그들의 어법이었다. 그러나 소련의 권력에 노골적으로 도전했던 곳은 러시아의 존재가 덜 거슬렸던 리투아니아였다. 1988년 7월 9일, 리투아니아의 환경 보호와 민주주의, 더 많은 자치를 요구하는 빌뉴스의 시위에 10만 명이 모여 〈리투아니아 재조직 운동〉 즉 사유디스Sajudis를 지지했다. 이들은 소련에 〈굴종〉하는 리투아니아 공산당을 공개적으로 비판했으며 자신들의 깃발에 〈소련군은 물러가라〉라는 글귀를 써넣었다. 1989년 2월, 사유디스는 전국적인 정당으로 바뀌었다. 다음 달, 소련인민대표자회의 선거에서 사유디스는 리투아니아에 배정된 마흔두 석 중 서른여섯 석을 차지했다.

세 공화국의 선거는 독립에 찬성하는 후보들의 두드러진 승리로 끝났고 발트 지역 공동의 유산에 대한 인식 증대를 촉발했다. 이는 1989년 8월 23일 빌뉴스에서 리가를 거쳐 탈린까지 길이 650킬로미터에 달하는 인간 띠 만들기(〈발트 지역을 잇는 손〉)에서 상징적으로 재확인되었다. 몰로토프-리벤트로프 조약 50주년을 알리기 위한 이 행사에는 그 지역 전체 주민의 4분의 1인 약 180만 명이 참여했다. 에스토니아와 라트비아의 독립 운동이 리투아니아 독립 운동을 되풀이하고 공공연히 민족의 독립이 목표라고 선포했기에, 소련과의 대결은 불가피해 보였다.

그렇지만 대결은 매우 더뎠다. 발트 지역의 독립 운동은 1989년을 허용 가능한 것의 한계를 확대하는 데 보냈다. 새로이 독립 성향을 띤 리투아니아와 라트비아의 최고 소비에트가 국영 기업의 민영화를 허용하는 1988년 11월의 에스토니아 법률을 모방하려 하자, 소련은 앞서 에스토니아의 경우처럼 발의된 법령들을 무효화했다. 그러나 다른 점에서는 정부는 모든 개입을 자제했다. 1989년 10월 8일 (고르바초프가 동베를린에서 〈삶은 우물쭈물하는 자들을 벌한다〉고 공개적으로 경고했던 그다음 날)에 라트비아 인민 전선은 완전한 독립을 위해 활동하겠다는 의사를 천명했고, 소련 당국은 악화일로의 독일 위기에 깊이 몰두하고 있었기에 어떠한 조치도 취할 수 없었다.

그러나 12월 18일 리투아니아 공산당이 분열했다. 압도적 다수는 즉각적인 독립에 찬성했다. 이제 고르바초프는 말없이 있을 수만은 없었다. 고르바초프는 1990년 1월 11일 빌뉴스로 가서 〈절제〉를 역설하며 연방 이탈 계획에 반대했다. 그러나 이번이 처음은 아니었지만, 고르바초프 자신이 보인 선례가 불리하게 작용했다. 사유디스의 선거 승리, 소련 대통령이 소련 공산당 중앙 위원회로 하여금 당의 〈지도 역할〉에 대한 헌법상의 보장을 포기하도록 하는 데 성공한 일,[10] 그리고 당시 진행되던 〈4+2〉 협상으로 용기를 얻은 리투아니아 최고 소비에트는 3월 11일 124 대 0으로 리투아니아의 독립 회복을 결정했다. 또한 1938년의 〈리투아니아 국가 헌법〉을 상징적으로 원상태로 되돌리고 리투아니아 공화국에서 소련 헌법의 권한을 파기했다.

빌뉴스 선언에 대한 소련 통치자의 반응이 겨우 경제적 보이콧을 개시하겠다는 위협이었다는 사실은 1990년의 불확실한 국면에 관해(러시아 공화국 정부도 자체의 〈주권〉과 〈연방〉법에 대한 러시아

10 8주 전만 해도 고르바초프는 그러한 변화를 고려하는 것조차 완강하게 거부했다는 사실에 주목하라.

법의 우위를 강력히 주장하고 있었다) 많은 이야기를 들려준다. 고르바초프는 리투아니아의 이탈을 막을 수는 없었지만 아직까지는 강경파 동지들이 요구한 군사 개입을 미리 방지할 수 있었다. 보이콧조차 리투아니아가 독립 선언의 완전한 이행을 〈유예〉하기로 동의한 데 대한 답례로 6월에 포기했다.

사실상 거의 모든 주요 소비에트 공화국들이 아직 완전한 독립까지는 아니었지만 〈주권〉을 강력히 주장했던 뜨거운 여섯 달이 지난 후, 고르바초프의 견해는 점점 더 유지할 수 없게 되었다. 고르바초프는 발트 공화국들의 주도적 움직임을 억제하려 노력함으로써 자신의 〈개혁가〉 이미지를 상당히 훼손했고, 자치와 주권, 독립에 관한 논의를 억누르는 데 실패하여 동료들, 그리고 군대와 정보부의 분노를(이것이 더욱 불길했다) 자아냈다. 1990년 12월 20일, 외무장관 예두아르트 셰바르드나제는 쿠데타의 위험이 증가하고 있음을 공공연히 경고하며 사임했다.

1991년 1월 10일, 미국과 그 동맹국들이 당시 이라크에서 벌어지던 페르시아 만 전쟁에 완전히 빠져있는 상태에서, 고르바초프는 연방 대통령 자격으로 리투아니아에 소련 헌법을 고수하라는 최후통첩을 보냈다. 이튿날, 국가보안위원회와 소련 내무부의 정예 부대 병사들이 빌뉴스의 공공건물을 장악하고 〈구국 위원회〉를 설치했다. 24시간 뒤 이들은 도시의 라디오 방송실과 텔레비전 방송실을 공격했고, 그곳에 집결한 대규모 시위 군중에 총을 겨누었다. 그 결과, 열네 명의 민간인이 사망하고 700명이 부상당했다. 한 주 뒤, 같은 부대가 리가의 라트비아 내무부를 급습하여 네 명을 살해했다.

발트 지역의 유혈극은 소련이 마지막 국면에 진입했다는 신호였다. 한 주일 만에 15만 명이 넘는 사람들이 모스크바에 모여 무력 진압에 반대하는 시위를 벌였다. 전임 모스크바시 당 제1서기였고 1990년 5월부터 러시아 최고 소비에트 의장으로 있던 보리스 옐친은 탈린으로 건너가 소련 당국을 완전히 배제한 채 러시아와 발트 공화국들 간에 상호 〈주권〉을 인정하기로 합의했다. 1991년 3월, 라트비아와 에스토니아는 국민 투표를 실시해 유권자들이 완전한 독립에 압도적으로 찬성했음을 확인했다. 완강하게 저항하는 공화국들을 마지못해 탄압할 수밖에 없었던 고르바초프는 이제 애초의 태도로 되돌아가 그들과 잠정 협정을 맺으려 했지만 이러한 노력은 소용없었다.

소련 대통령은 이제 양쪽에서 공격을 받았다. 발트 공화국의 진압에 주저했던 것이 군부의 동맹자들을 결정적으로 멀어지게 했다(빌뉴스와 리가에서 공격을 실행에 옮겼던 장군들 중 두 사람이 뒤이은 모스크바 쿠데타에서 두드러진 역할을 수행하게 된다). 친구들과 찬미자들도 이제는 고르바초프를 신뢰하지 않았다. 옐친은 1991년 3월 침묵하지 않으면 탄핵에 처하리라는 공식적인 압력을 무시하고 고르바초프의 〈거짓말과 속임수〉를 공개리에 비난하며 사임을 요구했다. 그동안 다른 공화국들도 발트 공화국들의 사례를 본받았다.

소련 권력의 가장 중요한 구조가 안정을 유지하는 한, 우크라이나에서 카자흐스탄까지 공산당 통치자들의 개혁은 고르바초프를 조심스럽게 흉내 내는 것에 그쳤다. 그러나 발트 지역의 붕괴 이후로는, 그들의 마음을 페레스트로이카에 맞추게 했던 바로 그 좋은 안테나가 연방 자체가 붕괴될지도 모른다는 신호를 보냈다. 어쨌든 공산당 지도자들은 일부 지배층이 소련 대통령을 표적으로 삼았다는 사실을 직접 확인할 수 있었다. 따라서 발트 공화국들의 새로운 정치가 진정한 민족적 르네상스의 확산을 반영했던 반면, 다른 많은 공화국들에 나타난 〈주권〉을 향한 움직임은 민족 정서와 노멘클라투라의 자기보존 욕구가 뒤섞인 것이었다. 두려움도 점점 더 커졌다. 만일 안전과 권위가 정점에서부터 붕괴하면, 아니 상황이 더욱 나빠져서 고르바초프의 적들이 곧 무력을 동원하여 일방적으로 안전과 권위를 거듭 주장하면, 그때는 권력의 핵심 수단들을 지역 사람들의 손에 쥐어 주는 것이 신중한 행동일 것이다. 두려움이란 바로 이런 인식이었다. 마지막으로, 소련의 관리자들은 중심이 무너지면 대단히 많은 귀중한 공적 자산을, 즉 당의 재산, 자원 채굴권, 농장, 공장, 세입 등을 아무나 가져가리라는 점을 서서히 이해했다.

이제 고유의 권리를 주장하는 잠재적 〈주권〉 공화국들 중 단연 가장 중요한 국가는 우크라이나였다.[11] 우크라이나도 발트 공화국들처럼 (비록 누더기가 되었지만) 독립의 역사를 갖고 있었다. 제1차 세계 대전 직후 마지막으로 독립을 주장했다가 곧바로 빼앗겼던 것이다. 우크라이나의 역사는 또한 러시아의 역사와 긴밀히 연관되어 있었다. 많은 러시아 민족주의자들이 볼 때, 우크라이나의 수도를 거점으로 카르파티아에서 볼가 강까지 퍼져 있던 13세기 왕국 키예프 루스는 제국의 핵심적 정체성에 러시아만큼이나 필수적인 구성 요소였다. 그러나 그 지역의 물적 자원이 더 직접적이고 실제적인 고려 사항이었다.

러시아에서 중부 유럽으로 가는 길은 물론 흑해(그리고 지중해)에 이르는 경로에서도 정면에 비스듬히 자리를 잡고 있는 우크라이나는 소련 경제의 가장 중요한 기둥이었다. 면적은 소련 전체에서 겨우 2.7퍼센트밖에 안 되지만 전 주민의 18퍼센트의 고향이며 국민 총생산에서는 거의 17퍼센트를 차지하여 러시아에 다음가는 2위였다. 해체되기 직전의 소련에서 석탄 매장량의 60퍼센트와 (강철 생산에 없어서는 안 되는) 티타늄 매장량의 절반 이상이 우크라이나에 있었다. 유별나게 비옥한 그 토양은 가치로 계산하여 소련 농업 생산량의 40퍼센트 이상을 책임졌다.

11 다섯 개의 중앙아시아 공화국들, 다시 말해 카자흐스탄, 키르기스스탄, 타지키스탄, 투르크메니스탄, 우즈베키스탄은 전부 합하여 1991년 9월에 소련 국민 총생산의 9.9퍼센트밖에 차지하지 못했지만 땅의 크기(소련 영토의 18퍼센트)는 러시아를 제외한 다른 어느 공화국보다 컸다. 그러나 그 공화국들에 관한 이야기는 이 책의 범위를 넘어선다.

러시아와 소련의 역사에서 우크라이나가 갖는 과도한 중요성은 소련 지도부에도 반영되었다. 니키타 흐루쇼프와 레오니트 브레즈네프는 러시아인이었지만 동부 우크라이나 출신이었다(흐루쇼프는 1930년대에 우크라이나 당 제1서기로 그곳에 돌아왔다). 콘스탄틴 체르넨코는 시베리아 유형에 처해진 우크라이나 〈쿨라크〉의 아들이었으며, 유리 안드로포프는 우크라이나에서 국가보안위원회 의장이라는 전략적으로 중요한 자리를 차지하여 최고 권력자에 올랐다. 그러나 우크라이나 공화국과 소련 지도부 사이에 이와 같은 긴밀한 관계가 있다고 해서 그 주민들이 특별한 배려를 받지는 않았다.

　오히려 그 반대였다. 우크라이나는 소련의 한 공화국으로서 보냈던 그 역사의 대부분 동안 내부 식민지로 취급되었다. 천연자원은 착취되었고, 주민은 엄격한 감시를 받았다(그리고 1930년대에는 거의 종족 학살에 가까운 가혹한 탄압을 받았다). 우크라이나의 산물은, 특히 식량과 철금속은 과도한 보조금이 지급된 가격으로 연방의 다른 지역으로 선적되었다. 이는 거의 마지막 순간까지 지속된 관행이었다. 우크라이나 사회주의 공화국은 제2차 세계 대전 이후 폴란드로부터 동부 갈리치아와 서부 볼리니아를 병합하여 크게 확대되었다. 지역의 폴란드 주민들은 앞서 보았듯이 폴란드에서 강제로 쫓겨난 우크라이나인과 교환되어 서쪽으로 내쫓겼다.

　이러한 주민 교환으로, 그리고 지역 유대인 사회 대부분이 전시에 절멸된 까닭에, 소련의 기준으로 보면 이 지역은 매우 동질적이었다. 따라서 1990년 러시아 공화국에 100개가 넘는 소수 민족이 존재했고 그중 서른한 개의 소수 민족이 자치 지역에 거주했던 반면, 우크라이나에서는 주민의 84퍼센트가 우크라이나인이었다. 나머지 주민은 대체로 러시아인이었고(11퍼센트), 소수의 몰도바인, 폴란드인, 마자르인, 불가리아인, 그리고 유대인 등이 있었다. 유일하게 의미 있는 소수 민족인 러시아인이 동쪽의 공업 지대와 수도 키예프에 집중되었다는 사실이 아마도 더 핵심적인 문제일 것이다.

중부와 서부 우크라이나, 특히 제2의 도시인 리비우 주변 지역은 언어로는 우크라이나어가 압도적으로 쓰이는 지역이며 종교로는 동방 정교나 동방가톨릭교회(그리스 정교의 의식을 따르는 가톨릭 교회) 지역이었다. 갈리치아의 우크라이나인은 합스부르크 제국의 상대적인 관용 덕에 모국어를 보존할 수 있었다. 1994년에 우크라이나 주민은 지역에 따라 78퍼센트에서 91퍼센트가 우크라이나어를 제1언어로 말했던 반면, 한때 차르의 지배를 받았던 지역에서는 자신을 우크라이나인이라고 생각하는 자들도 종종 러시아어를 더 쉽게 말했다.

소련의 헌법은 앞서 보았듯이 국민적 정체성의 뿌리가 개별 공화국의 주민에게 있다고 보았으며, 실제로 모든 시민을 단일민족적 국민의 범주로 규정했다. 이러한 규정은 다른 곳과 마찬가지로 우크라이나에서도, 특히 최근에 병합된 서부 우크라이나에서 자기실현적 귀결을 낳았다. 현지 언어는 대체로 외진 시골에서 쓰였고 도시는 러시아어를 쓰고 소련의 지배를 받았던 과거에, 이 민족 공화국들의 연방이 지닌 분권적이고 연방적인 성격은 학자나 소련 옹호자들에게나 흥미로웠다. 그러나 우크라이나어를 말하는 도시 거주자, 우크라이나어 매체, 자신을 〈우크라이나〉 파당으로 간주하고 그 사실을 강하게 인식하는 정치 엘리트가 갈수록 늘어나면서, 우크라이나 민족주의는 소련 해체에 동반될 것으로 충분히 예견할 수 있었다.[12]

1988년 11월, 키예프에서 당파성이 없는 운동인 루크RUKH(〈페레스트로이카를 위한 인민 운동〉)가 창설되었다. 루크는 수십 년 내 처음으로 등장한 자율적인 우크라이나 정치 조직이었다. 루크는 특

---

12 그러나 누구도 예상하지 못했다. 로만 슈포르루크의 글은 인상적인 예외이다. 70년대와 80년대에 쓰인 그의 글은 『러시아, 우크라이나, 그리고 소련의 붕괴 Russia, Ukraine, and the BreakUp of the Soviet Union』(Hoover Institution, Stanford, 2000)로 출간되었다.

히 주요 도시들과 60년대의 개혁 공산주의자들로부터 상당한 지지를 얻었다. 그러나 대중의 자동적인 지지에 의존할 수 없었고 고조된 민족 정서를 반영하지 못했다는 점에서 발트 지역의 독립 운동과는 현저하게 달랐다. 1990년 3월에 실시된 우크라이나 최고 소비에트 선거에서 공산당이 압도적 다수를 확보했고, 루크는 전체 의석의 4분의 1도 얻지 못했다.

따라서 주도권을 쥔 자들은 우크라이나 민족주의자들이 아니라 공산주의자들이었다. 우크라이나 소비에트의 공산당원들은 1990년 7월 16일에 우크라이나의 〈주권〉을 선언하기로 가결했으며, 자체적으로 군대를 보유할 공화국의 권리와 공화국 법의 우월한 지위를 강력히 주장했다. 우크라이나인들이 1991년 3월에 실시된 연방 국민투표에 참여하여 비록 〈쇄신된〉(고르바초프의 표현) 것이었지만 여전히 연방 체제를 지지한다고 밝혔는데, 이 또한 공산당 당료이자 이전에 우크라이나 공산당의 〈이데올로기 문제 비서〉였던 레오니트 크라프추크의 지휘에 따른 것이었다. 유권자들이 연방제적 주권보다 완전한 독립을 더 원하느냐는 질문을 받았던 서부 우크라이나에서만, 소련과 완전히 관계를 끊으려 했던 자들이 우크라이나 공산당을 눌렀다. 88퍼센트가 그렇다고 대답했다. 크라프추크와 동료 당 지도자들은 다른 곳의 상황이 어떻게 결론 나는지 조심스럽게 기다리면서 촉각을 곤두세웠다.

이러한 유형은 지역의 조건에 따라 다소 차이가 있었지만 서부의 작은 소비에트 공화국들에서도 반복되었다. 우크라이나의 북쪽에 있는 벨라루스는 우크라이나와 유사한 민족적 정체성이나 전통을 갖지 못했다. 아주 짧은 기간 동안 존속했던 1918년의 〈벨라루스 공화국〉은 외부의 승인을 전혀 받지 못했고 많은 시민들은 러시아나 폴란드, 리투아니아에 더 강한 충성심을 느꼈다. 제2차 세계 대전 이후에는 동부 폴란드의 일부를 병합한 벨라루스 소비에트 사회주의 공화국에 러시아인과 폴란드인, 우크라이나인 등 적지 않은 소수 민족이 포함되었다. 벨라루스인들은 비록 공화국에서 단연 최대의 언어 공동체였지만 어떠한 종류의 주권이든 원하거나 기대한다는 징후를 보이지 않았고, 그들의 나라가 러시아에 과도하게 의존하고 있었기 때문에 진정한 독립의 유지를 바랄 수 없었다.

대규모 농업보다는 목축에 더 적합한 습지였던 벨라루스는 전쟁으로 황폐해졌다. 벨라루스는 화학과 아마포, 그리고 모스크바에서 발트 해로 연결되는 주요 가스관과 통신선이 지나는 전략적 위치로 전후 소련 경제에 기여했다. 독립 운동에 가장 가까운 것으로는 아드라드젠네Adradzhenne(〈부활〉)라는 단체로 수도 민스크를 근거지로 삼아 1989년에 등장했고 우크라이나의 루크를 유사하게 모방했다. 우크라이나처럼 벨라루스에서도 1990년 소비에트 선거는 확실한 과반수를 획득한 공산당의 복귀를 목도했다. 1990년 7월 우크라이나 소비에트가 〈주권국〉임을 선언했을 때, 북쪽의 이웃 나라도 2주 뒤에 선례를 따랐다. 키예프에서 그랬듯이 민스크에서도, 지역의 노멘클라투라는 모스크바의 사태를 지켜보며 신중하게 움직였다.

우크라이나와 루마니아 사이에 끼어 있는 몰도바 소비에트 사회주의 공화국은 매우 흥미로운 다른 경우였다.[13] 몰도바는 문제의 영토는 차르 체제에서는 〈베사라비아〉로 더 잘 알려진 지역으로 20세기 동안 전쟁의 운명에 따라 러시아와 루마니아 사이를 오갔다. 450만 명의 주민은 주로 몰도바인이었지만, 러시아인과 우크라이나인 소수 민족이 상당한 규모로 존재했으며, 적지 않은 수의 불가리아인과 유대인, 집시, 가가우지아(흑해 근처에 거주하며 튀르크어를 말하는 정교도)도 있었다. 마치 제국처럼 민족들이 뒤섞인 사회에서 대다수는 루마니아어를 사용했으나, 몰도바 시민은 소련의 지배

13 그리고 루마니아의 프루트 강 건너편에 있는 역사적 몰도바와 혼동하면 안 된다.

를 받으면서 자신들의 언어를 키릴 문자로 표기해야 했으며 자신들이 루마니아인이 아니라 〈몰도바인〉이라고 말해야 했다. 소련의 지배는 몰도바인을 이웃의 루마니아인에게서 떼어 놓는 좋은 방법이었다.

따라서 이곳의 민족 정체성은 매우 불확실했다. 한편으로 많은 사람이, 특히 수도 키시너우 사람들이 러시아어를 잘 했으며 스스로 소련 시민이라고 생각했던 반면, (역사와 언어에서) 루마니아와의 관계는 유럽에 이르는 가교이자 급증하는 자율권 확대 요구의 토대가 되었다. 1989년에 〈인민 전선〉 운동이 출현했을 때, 그 주된 목표는 루마니아어가 공화국의 공식 언어가 되어야 한다는 요구의 관철이었다. 지역의 공산당 당국은 같은 해 그 요구에 양보했다. 또한 몰도바가 루마니아에 〈재결합〉해야 한다는 다소 선동적인 논의도 있었지만, 대체로 사변적이었던 이 논의는 루마니아가 적극적으로 저지했다.

인민 전선이 과반수를 획득한 1990년 선거 이후 새로운 정부는 우선 공화국의 명칭을 몰도바 소비에트 사회주의 공화국에서 〈소비에트 사회주의 몰도바 공화국〉으로 (나중에는 평이하게 〈몰도바 공화국〉으로) 변경했고, 그다음으로 6월에 몰도바가 주권 국가임을 선포했다. 이와 같은 대체로 상징적인 조치들은 근심의 원인이 되었고 소규모의 가가우지아 사회는 물론 러시아어를 사용하는 주민들 사이에서도 분리주의의 선공이 필요하다는 견해를 불러일으켰다. 드네스트르 강 건너편 동부 몰도바의 주요 도시로 러시아인과 우크라이나인이 주민의 대다수를 차지했던 티라스폴의 공산당 지도부는 1990년 가을에 자치에 관한 국민 투표를 실시한 후에 프리드네스트로비예(트랜스니스트리아) 소비에트 사회주의 공화국을 선포했다. 이는 남쪽에서 출현한 유사한 〈자치〉 공화국인 가가우지아 소비에트 사회주의 공화국을 모방한 것이었다.

가가우지아는 인구가 겨우 16만 명이었고, 〈프리드네스트로비예〉는 바나나 모양의 긴 땅으로 겨우 4천 평방킬로미터의 면적에 인구는 50만 명도 못 되었기에, 그러한 〈자치 공화국〉들의 출현은 터무니없어 보였다. 〈만들어진 전통invented tradition〉과 〈상상된 국민imagined nation〉의 극단적인 사례 같았다.[14] 그러나 가가우지아 공화국이 그 존재를 선포한 데에서 그쳤던 반면(훗날 몰도바 국가가 평화롭게 이를 다시 병합하는데, 가가우지아는 몰도바가 루마니아에 〈재결합〉하는 경우 탈퇴할 권리를 지녔다), 프리드네스트로비예의 〈독립〉은 소련(나중에는 러시아)의 제14군이 주둔함으로써 보장되었다. 소련군은 이 의존 국가가 몰도바의 영토 회복 시도를 물리치도록 도왔다.

소련(나중에는 러시아) 당국은 점점 더 불확실해지는 시대 분위기 속에서 의당 소련에 충성해야 했던 극소 국가들을 후원하는 데 결코 주저하지 않았다. 러시아의 호의에 전적으로 의존했던 이 나라들의 통치자들은 현지의 통제권을 장악했던 공산당의 태수들로서 자국을 곧 밀수꾼과 자금 세탁업자들의 피난처로 바꾸어 버렸다. 프리드네스트로비예는 몰도바 전력 공급의 90퍼센트를 떠맡았다. 그래서 새로운 통치자들은 몰도바 정부가 협력을 거부한다면 공급을 보류하겠다고 위협할 수 있는 합법적인 경제적 자원도 보유했다.

몰도바나 다른 어떤 나라도 프리드네스트로비예의 독립을 인정하지 않았다. 소련조차 이 이탈 지역에 결코 공식적인 합법성을 부여하지 않았다. 그러나 작은 몰도바의 분할은 서쪽으로 수백 킬로미터 더 떨어진 곳의 차우셰스쿠 집단에 닥칠 더욱 심각한 재난의 전조가 되었다. 그곳에서 아르메니아인과 아제르바이잔인 사이의 오랜 적대 관계는 아제르바이잔의 나고르노카라바흐 주에 상당

---

14 〈만들어진 전통〉은 에릭 홉스봄Eric Hobsbawm이, 〈상상된 국민〉은 베네딕트 앤더슨 Benedict Anderson이 만들어 낸 용어이다 — 옮긴이주.

한 숫자의 아르메니아인 소수 민족이 존재하여 더욱 복잡해졌는데, 1988년에 이미 자신들끼리 또 소련군과 격렬히 충돌하여 수백 명의 사상자가 발생했다.[15] 이듬해 1월 아제르바이잔의 수도 바쿠에서 또 다른 충돌이 있었다.

인접한 그루지야(조지아)에서는 연방 탈퇴를 요구하는 군중과 여전히 연방의 유지에 헌신한 당국 사이에 긴장이 고조되었는데, 1989년 4월 수도 트빌리시에서 민족주의자들과 군인들이 충돌하여 스무 명의 시위자가 총에 맞아 사망했다. 그러나 그루지야 소비에트 사회주의 공화국은 이웃의 아르메니아와 아제르바이잔처럼 지리적으로 공격받기 쉬웠고 종족적으로 복잡했기 때문에 소련의 몰락에 필시 동반될 불안정을 태연하게 바라볼 수 없었다. 따라서 지역 당국은 그러한 사태를 재촉함으로써 악영향을 미연에 방지하기로 결정했다. 집권 공산당들은 민족 독립 운동으로 재규정되었고 지역 공산당 지도자들은(그중 그때까지 가장 유명한 인사는 그루지야의 예두아르트 셰바르드나제였다) 권력이 거리로 나오자마자 이를 장악하기 위해 자리를 고르고 있었다.

그 후 1991년 봄에 주변부 사람들은 누구나 중심부에서 무슨 일이 일어나는지 보기 위해 기다리고 있었다. 물론 핵심은 단연 연방의 지배적 공화국인 러시아였다. 러시아는 소련 인구의 절반과 국민 총생산의 5분의 3, 영토의 4분의 3을 차지했다. 어떤 점에서는 〈러시아〉라는 나라 자체가 존재하지 않았다. 러시아는 수백 년 동안 사실로든 열망 속에서든 제국이었기 때문이다. 11개 시간대에 걸쳐 있으며 12개의 서로 다른 민족을 포괄하는 〈러시아〉는 단일한 정체성이나 공통의 목적의식으로 환원되기에는 언제나 너무 컸다.[16]

15 아제르바이잔인은 튀르크인이었으므로, 제1차 세계 대전 중에 오스만 제국에서 벌어졌던 아르메니아인 대학살도 이러한 긴장 관계의 먼 배경이 된다.

16 불안감과 자기 과신의 불안정한 혼합물이라는 러시아의 특징적인 자아상은 자유주의 철학자 표트르 차다예프가 훌륭하게 포착했다. 차다예프는 1836년 작 『철학 서간Philo-

대애국 전쟁을 치르는 동안, 그리고 그 전쟁이 끝난 후에, 소련 당국은 민족적 자부심에 호소하고 〈러시아 민족의 승리〉를 찬양함으로써 러시아적 비책을 사용했다. 그러나 러시아 인민은 카자흐인이나 우크라이나인, 아르메니아인이 소련의 공식적인 용어로 〈민족〉이었던 것처럼 〈민족성〉을 부여받은 적이 전혀 없었다. 별도의 〈러시아〉 공산당도 따로 존재하지 않았다. 러시아인이 된다는 것은 소련 국민이 된다는 것이었다. 양자 사이에는 자연스럽게 상호보완적 관계가 있었다. 제국이 몰락한 이후 소련은 러시아 제국에 피난처를 제공했고 〈러시아〉는 소련에 역사와 영토의 측면에서 정통성을 제공했다. 그러므로 〈러시아〉와 〈소련〉 사이의 경계는 (의도적으로) 지워졌다.[17]

고르바초프 시절에는 〈러시아적 특성〉에 대한 강조가 두드러지게 강해졌다. 그 이유는 동독이 프리드리히 대왕을 매우 공개적으로 자랑하고 독일 민주 공화국의 고유한 독일적 특성을 드높이기 시작한 이유와 동일했다. 인민공화국들이 무너지던 때에 애국심은 사회주의를 대신할 유용한 수단으로 다시 등장했다. 바로 그러한 이유에서 애국심은 가장 편하고 덜 위협적인 정치적 반대였다. 헝가리와 마찬가지로 러시아나 독일 민주 공화국에서도 지식인 비판자들은 박해를 받았겠지만, 애국심의 약한 민족주의적 표현은 반드시 억압되지 않았고 제지되지도 않았다. 당국은 애국심의 표현을 자신들에게 유리하게 유도할 수 있었기 때문이다. 소련의 출판물과 대중 매체에

sophical Letters』에서 이렇게 썼다. 〈우리는 인류의 구성 성분으로 보이지 않는 민족들 중 하나다. 그러나 그러한 민족들은 이 세계에 몇 가지 큰 교훈을 주기 위해 존재한다. 우리가 보여주어야 할 운명을 타고난 교훈은 분명 헛되지 않을 것이다. 그러나 우리가 인류의 한 부분이 되어 있음을 깨달을 날이 언제인지 아무도 모른다. 우리가 우리의 운명을 실현하기까지 얼마나 많은 고통을 겪을지 아무도 모른다.〉

17 이는 많은 러시아인들이 소련의 종말을 진정으로 유감스러워했던 한 가지 이유였고 지금도 그러하다. 〈독립〉은 다른 모든 민족에는 획득해야 할 목표를 뜻했지만 러시아에는 명백한 손실이었다.

드러난 〈위대한 러시아의 맹목적 애국주의〉의 부활은 이러한 시각에서 이해해야 한다. 이러한 애국주의의 부활은 또한 당연하게도 공격에 취약한 소수 민족들에게는 또 하나의 근심거리였다.

보리스 옐친이 예기치 않게 등장하게 된 배경은 이러했다. 브레즈네프 시절의 전형적인 당료인 옐친은 산업 건설을 전공한 뒤 공산당 중앙회 서기가 되었다. 옐친의 당 서열은 꾸준히 올라갔으나, 1987년 선배 동지들을 지나치게 비판했다가 그 즉시 강등되었다. 당과 관료 기구가 진정한 변화를 얼마나 효과적으로 봉쇄할 수 있는지 관찰할 좋은 기회를 가졌던 옐친은 이 결정적인 순간에 러시아 정치인으로서 자신의 위치를 재정립하는 정치적 본능을 발휘했다. 우선 1990년 3월 선거 이후 러시아연방 대의원이 되었고 그다음으로 러시아 최고 소비에트, 즉 러시아 의회의 의장이 되었다.

보리스 옐친은 바로 이 두드러지게 유력한 지위에서 나라의 주요 개혁자가 되어 1990년 7월에는 보란 듯이 공산당을 떠났고, 말하자면 러시아의 모스크바에 있는 자신의 권력 기반을 이용하여 길 건너편의 소련의 모스크바에 있는 옛 동지들을 겨냥했다. 옐친의 첫 번째 표적은 이제 고르바초프였다(물론 옐친은 처음에는 소련 대통령의 확고한 후원자였다. 옐친은 고르바초프의 고향인 스베르들롭스크 지역에서 10년 넘게 일했다). 소련 지도자의 몰락은 한층 더 고통스럽게 명확해지고 있었고, 그의 인기는 빠르게 하락했다. 옐친이 이를 놓칠 리 없었다.

고르바초프가 국내 정치에서 저지른 주된 전술적 오류는 민족을 드러내고 실제적인 권력과 상당한 독립성을 갖는 민족 입법부의 등장을 장려한 것이었다. 옐친과 그를 지지한 러시아인들은 공개적으로 선출된 새로운 소비에트가 온갖 종류의 불만이 표출되는 자연스러운 장소가 되리라는 점을 고르바초프보다 훨씬 더 빠르게 인식했다. 그리고 옐친은 러시아의 이익을 다양한 민족들과 공화국들의 이익과 일치시키는 데 유달리 능통했다. 고르바초프는 그러한 동맹이 연방 자체에 가한 위협을 경계했지만, 이제 달리 무엇을 하기에는 너무 늦었다. 이전에 당의 독점을 깨뜨리기 위해 많은 노력을 기울였던 고르바초프는 불편하고 납득하기 어려웠지만 당이 권력을 독점했던 옛 시절을 그리워하는 소련 공무원들과 제휴할 수밖에 없었다.

그래서 고르바초프는 〈통제된 연방주의〉를 주장하면서(지극히 고르바초프다운 타협이었다) 여전히 바람직한 것과 가능한 것 사이를 〈오락가락〉하고 있었던 반면, 옐친은 발트 국가들의 독립 투쟁을 열정적으로, 그리고 매우 공개적으로 옹호했다. 1991년 4월, 고르바초프는 새로운 연방 헌법에서 공화국들의 탈퇴 권리를 마지못해 인정했다. 그러나 이처럼 현실에 굴복함으로써 고르바초프의 힘은 더욱 약해졌고, 보수파 적들은 질서를 회복하려면 고르바초프를 제거해야 한다고 확신했다. 한편 1991년 6월 12일, 전국적인 인기도에서 오래전에 고르바초프를 뛰어넘었던 옐친은 러시아 소비에트 공화국 대통령에 선출되었다. 옐친은 러시아에서 민주적으로 선출된 최초의 지도자였다.[18]

다음 달, 7월 12일에 소련 최고 소비에트는 새 연방을 가결했다. 새 연방은 중앙 권력을 분산했고 이견이 있는 국가들에 상당한 자유를 허용했다. 대중이 이제는 공공연한 반공주의자인 옐친을 선출한 것에 이러한 조치가 더하여 저울은 마침내 한쪽으로 기울었다. 당내 보수주의자들은 점점 더 크게 절망했고, 고위직 관료들은 쿠데타를 준비했다. 총리와 국방장관, 내무장관, 그리고 국가보안위원회 의장이 포함되었다. 쿠데타와 유사한 일이 진행 중이라는 사실은 모스크바에서는 누구나 아는 비밀이었다. 일찍이 6월 20일에 미국 대사는 고르바초프에게 음모에 관해 경고했지만 이는 전혀 도움이 되

18 옐친은 투표율 74퍼센트 가운데 57퍼센트를 득표했다.

지 않았다.

반란은 고르바초프가 크림 반도에서 연례 휴가를 지내는 때에 맞춰졌다. 강제로 물러난 마지막 당 지도자인 니키타 흐루쇼프도 모스크바의 동료들이 불시에 그를 제거했을 때 남부 소련에서 휴식을 취하고 있었다. 그러므로 음모를 꾸민 자들은 뻔뻔스럽게 과거의 소련 관행으로 되돌아갔다. 이에 따라서 8월 17일 고르바초프는 대통령의 권한을 〈비상위원회〉에 넘기는 데 동의하라는 강요를 받았다. 고르바초프가 이를 거절하자, 비상위원회는 8월 19일에 대통령이 〈건강상의 이유로〉 직무를 수행할 수 없으며 따라서 비상위원회가 전권을 장악했다고 발표했다. 소련 부통령 겐나디 야나예프는 고르바초프의 권한을 박탈하는 법안에 서명하고 6개월간의 〈비상사태〉를 선포했다.

그러나 고르바초프가 실질적으로 크림 반도 남쪽 곶의 흑해 별장에 억류된 포로로서 무기력했는데도, 음모자들의 상황은 그다지 좋지 않다. 우선 단지 공산당 지도자를 교체하기 위해 비상사태를 선언하고 사실상의 계엄령을 선포해야만 했다는 사실 자체가 소련의 전통적인 구조가 얼마나 심하게 와해되었는지 보여 주었다. 음모자들은 자신들이 대리했던 기구의 전폭적인 지원을 받지도 못했다. 국가보안위원회의 대다수 연로한 간부들이 블라디미르 크류치코프[19]를 지지하지 않기로 했던 것이 결정적이었다. 그리고 음모자들이 무엇에 반대했는지는 의심의 여지없이 분명했지만, 진정 무엇을 원했는지는 명확하게 드러나지 않았다.

게다가 음모자들은 우연찮게도 소련의 잘못된 모든 과거를 풍자적으로 보여 주는 인물들이었다. 브레즈네프 시절의 반백의 늙은이들로 말이 느리고 어눌하며 나라에 일어나는 변화와 동떨어진 이들

19 Vladimir Kryuchkov(1924~2007). 쿠데타 당시 국가보안위원회 의장이었다 — 옮긴이주.

은 소련의 시계를 30년이나 되돌리려 했지만 서툴렀다. 과거에 이와 같은 사람들이 크렘린에서 계략을 꾸몄을 때 그들의 모습은 대중의 시야에 들어오지 않았다. 오로지 공적 행사 때 멀리 떨어진 관람석에서나 볼 수 있는 사람들이었다. 그러나 이제 음모자들은 부득이 텔레비전이나 신문을 통해 자신들의 행동을 설명하고 변호해야 했다. 그리고 대중은 노망난 공식 사회주의의 관상을 가까이 들여다볼 기회를 충분히 얻었다.

그동안 보리스 옐친은 기회를 잡았다. 미국 대통령 조지 부시는 3주 전 소련을 방문하면서 옐친을 사사로이 만났는데, 이 일로 옐친의 지위는 더욱 높아졌다. 8월 19일, 옐친은 크렘린의 권력 탈취는 불법 쿠데타라고 공개적으로 비난했으며, 전차에 맞서 민주주의를 수호하기 위해 러시아 의회 내의 자신의 본부에서 작전을 지시하고 군중을 동원하여 그 주위를 에워싸게 하여 스스로 쿠데타에 반대하는 저항의 지도자가 되었다. 동시에 옐친은 그곳에 모인 여러 나라 언론의 화려한 주목을 받으면서 세계 지도자들과 긴 시간의 대화와 협상을 가졌다. 단 한 사람만 제외하고 전원이 공개적으로 옐친에게 전폭적인 지원을 보냈으며 점점 더 고립되고 있는 음모자들을 승인하지 않았다.[20]

저항은 형식에 그치지 않았다. 8월 20일에서 21일 밤사이에 시위대와 군대의 충돌로 세 명의 시위자가 사망했다. 그러나 쿠데타 지도자들은 대중을 장악하지 못했기에 불안을 느끼기 시작했다. 음모자들은 안전을 위해 군대의 폭넓은 지지가 필요했지만 이를 얻지 못했으며, 모스크바(그리고 레닌그라드)의 거리에서 대치하는 시간이 길어지면서 자신들의 중대한 자산을 잃고 있었다. 그것은 두려움이

---

20 한 사람의 예외는 프랑스 대통령 프랑수아 미테랑이었다. 미테랑은 동유럽의 불안정이 여전히 불편했으며 다소 성급하게 음모자들이 과거의 상태를 회복하는 데 성공했다고 인정했다.

었다. 민주주의자들과 민족주의자들은 크렘린의 사태에 겁을 먹기는커녕 오히려 더 대담해졌다. 8월 20일, 모든 것이 불확실한 가운데 에스토니아가 독립을 선언했고 다음 날 라트비아가 뒤를 이었다. 8월 21일, 쿠데타 주역의 한 사람으로 라트비아의 내무장관이자 전직 국가보안위원회 의장이었던 보리스 푸고가 자살했다. 옐친의 명령으로 그 동료들이 체포되었다. 바로 그날 지치고 불안에 떨던 고르바초프가 모스크바로 돌아왔다.

공식적으로는 고르바초프가 권력을 되찾았다. 그러나 현실적으로는 모든 것이 완전히 변했다. 소련 공산당은 치명적으로 신뢰를 잃었다. 8월21일이 되어서야 당 대변인들은 공개적으로 동료들의 쿠데타를 비난했으나, 이미 음모자들이 수감된 뒤였다. 공산당은 러시아연방 내에서 공산당의 활동을 금하는 데 주저했는데, 옐친은 이 치명적인 실수를 잘 이용했다. 고르바초프는 공개석상에 나타났을 때 어리둥절하고 확신이 없었으므로 당연히 이러한 사태의 중요성을 좀처럼 이해하지 못했다. 고르바초프는 옐친이나 러시아 의회, 러시아 인민의 성공을 칭찬하기보다는 카메라 앞에서 페레스트로이카에 관해 이야기했으며 자기 쇄신과 개혁의 진척 등에서 당이 수행할 필수적인 역할을 강조했다.

이러한 방식은 서방에서는 여전히 효과가 있었다. 서방은 쿠데타의 실패 이후에도 사정은 전과 대동소이하리라고 널리 추정했기(그러기를 희망했기) 때문이다. 그러나 소련에서는 고르바초프가 이미 실패로 돌아간 목표를 시대착오적으로 되풀이했고 자신을 구출한 자들에게 명백히 배은망덕한 태도를 보였는데, 이는 일종의 계시였다. 역사에 휩쓸렸으나 그 사실을 깨닫지 못한 사람이 여기 있었다. 많은 러시아인들에게 8월의 사건은 진정한 혁명이었다. 개혁가들이나 그들의 공산당에 찬성한 것이 아니라 반대한 진정한 민중 봉기였다. 러시아 의회에 뒤늦게 도착한 고르바초프에게 시위자들이 외쳤듯이, 소련 공산당은 〈범죄 단체〉였다. 그 정부의 장관들이 헌법을 파괴하려 했던 것이다. 혼난 고르바초프가 상황을 이해하고 (8월 24일에) 소련 공산당의 활동을 정지시키고 총서기 직에서 사퇴했지만, 때가 너무 늦었다. 이제 공산주의는 시대에 뒤졌으며, 미하일 고르바초프도 마찬가지였다.

물론 전직 총서기는 아직 소련의 대통령이었다. 그러나 이제 연방의 실효성에 직접적으로 의문이 제기되었다. 실패한 반란은 최후의 가장 강력한 탈퇴의 추진력이었다. 8월 24일에서 9월 21일 사이에 우크라이나와 벨라루스, 몰도바, 아제르바이잔, 키르기스스탄, 우즈베키스탄, 그루지야, 타지키스탄, 아르메니아가 발트 공화국들의 뒤를 이어 소련으로부터 독립한다고 선언했다. 이 공화국들은 대부분 고르바초프가 귀환한 직후의 혼란스럽고 불확실한 때에 독립을 선언했다.[21] 우크라이나의 크라프추크의 선도를 따라, 카자흐스탄의 누르술탄 나자르바예프, 키르기스스탄의 아스카르 아카예프, 아제르바이잔의 가이다르 알리예프, 벨라루스의 스타니슬라프 슈스케비치 등이 오랫동안 유지했던 당파성을 기민하게 내던졌으며 지역 공산당의 모든 자산을 신속하게 국유화하여 새로운 국가의 수장으로 탈바꿈했다.

고르바초프와 모스크바의 최고 소비에트는 현실을 인정할 수밖에 없었다. 새로운 국가들을 승인해야 했고, 이제 불구가 된 상태에서 독립 공화국들을 일종의 국가연합 협정으로 포괄하는 또 다른 〈새로운〉 헌법을 제안했다. 그동안 수백 미터 떨어진 곳의 보리스 옐친과 러시아 의회는 독립 국가 러시아를 수립하고 있었다. 11월에

---

21 러시아어를 쓰는 많은 사람들이 독립 논의에 신중을 기했던 우크라이나에서도 8월의 쿠데타는 대중의 분위기에 극적인 충격을 주었다. 8월 24일, 우크라이나 최고 소비에트는 찬성 346표 대 반대 1표로 국민투표로써 독립을 결정하기로 했다. 12월에 국민투표가 실시되었을 때, 유권자의 84퍼센트가 투표에 참여하고 투표자의 90.3퍼센트가 소련에서 이탈하는 데 찬성했다.

옐친은 러시아 영토에서 이루어지는 거의 모든 금융 활동과 경제 행위를 러시아가 통제하도록 했다. 소련은 이제 권력과 자원을 빼앗긴 껍데기에 불과했다.

이때쯤이면 소련의 핵심 기구들은 독립 국가들의 수중에 있거나 더는 존재하지 않았다. 10월 24일, 국가보안위원회가 공식적으로 폐지되었다. 고르바초프가 새로운 〈주권 국가들의 경제공동체에 관한 조약〉을 제안했을 때, 대부분의 독립 공화국들은 일언지하에 거부했다. 소련 최고 소비에트의 10월 회기에 서쪽의 공화국들은 불참했다. 12월 8일, 드디어 소련 제국의 핵심적인 슬라브족 국가들인 러시아와 우크라이나, 벨라루스의 대통령들과 총리들은 민스크 근처에서 만나 1922년의 연방 조약을 파기하기로 했다. 그리하여 사실상 소련은 폐지되었다. 대신 이들은 독립국가연합을 제안했다.

모스크바에서 이 소식을 들은 고르바초프는 분노했고 그 조치를 〈불법이며 위험한〉 짓이라고 비난했다. 그러나 이제 그 누구도 소련 대통령의 의견에 관심을 갖지 않았다. 고르바초프가 마침내 사태를 제대로 파악했을 때, 그는 사실상 아무것도 책임지고 있지 않았다. 아흐레 뒤인 12월 7일, 고르바초프는 옐친을 만났고 두 사람은 소련이 공식적으로 폐지되어야 한다는 데 합의했다(아니, 정확히 말하자면 고르바초프가 인정했다). 소련의 부처와 대사관, 군대는 러시아가 통제하기로 했고, 국제법에 따른 그 지위는 러시아 공화국이 승계하기로 했다.

24시간 뒤, 고르바초프는 소련 대통령직에서 사임하겠다는 의사를 표명했다. 1991년 성탄절에 크렘린 꼭대기의 소련 휘장은 러시아 국기로 대체되었다. 미하일 고르바초프는 군 총사령관의 전권을 러시아 대통령 옐친에게 양도했고 그 직위에서 내려왔다. 48시간 안에 고르바초프는 집무실을 비웠고 옐친이 들어왔다. 1991년 12월 31일, 소비에트 사회주의 공화국연방은 사라졌다.

소련의 소멸은 현대사에서 유례가 없는 놀라운 사건이었다. 외국과 전쟁을 하지도 않았으며 유혈 혁명도 천재지변도 없었다. 거대한 산업국가요 군사 대국이었던 나라가 정말로 붕괴되었다. 그 권력은 서서히 쇠진되었고, 그 제도는 증발했다. 리투아니아와 캅카스의 경우에서 보았듯이 소련의 해체에 폭력이 전혀 없지는 않았다. 그리고 몇몇 독립 공화국들에서는 이후 더 많은 분쟁이 발생한다. 그렇지만 세계에서 가장 큰 이 나라는 대체로 저항 없이 무대에서 사라졌다. 이 과정을 제국의 무혈 퇴각이라고 묘사한다면 틀림없이 정확한 표현이겠지만, 이는 전체 과정의 예기치 못한 순조로움을 전혀 포착하지 못한다.

그렇다면 왜 모든 것이 그토록 명백히 손쉬웠을까? 세계 최초의 사회주의 사회는 수십 년간 내부의 폭력과 외부의 전쟁을 겪었으면서도 왜 자체를 방어할 시도조차 제대로 하지 못한 채 안에서부터 파괴되었는가? 당연히 한 가지 대답은 사회주의 사회가 애당초 진정으로 존재한 적이 없다는 것이다. 역사가 마틴 맬리어의 말을 빌리자면 〈사회주의 같은 것은 없고, 소련이 그것을 건설했다.〉 그러나 이 말은 오로지 소련군의 영향력에 의해 지탱된 위성 국가들에서 공산당이 지녔던 권력의 덧없음을 설명해 줄 수는 있을지 몰라도, 제국의 본고장에서 발생한 일은 충분하게 설명하지 못한다. 공산주의가 건설했다고 주장한 사회가 본질적으로 사기였다고 해도, 어쨌든 레닌주의 국가는 확실히 현실이었다. 그리고 그 국가는 현지의 생산물이었다.

미하일 고르바초프는 본인의 의지와 무관하게 소련 국가가 의존했던 행정 기구와 억압 기구의 내장을 도려냈는데, 이 또한 한 가지 답변이 된다. 공산당이 장악력을 상실하자, 그리고 군대나 국가보안위원회가 체제의 비판자들을 쳐부수고 반체제 인사들을 벌할 생각이 없다는 것이 분명해지자(1991년 이전에는 분명하지 않았다), 거대한 육상 제국의 특성이라고 할 수 있는 분권적 경향이 표면으로 부상했다. 그때 가서야 공산주의 사회는 진정 존재하지 않았으며 오로지 죽어 가는 국가와 근심하는 시민만 있었을 뿐이라는 사실이 분명해졌다. 지난 70년간은 그 반대의 주장만 정력적으로 계속되었다.

그러나 소련은 사실 소멸하지 않았다. 이것이 설명의 두 번째 측면이다. 차라리 소련이 다수의 작은 계승 국가들로 분해되었다고 해야 옳다. 이 나라들은 대부분 공산당의 노련한 독재자들이 통치했으며, 그 독재자들이 본능적으로 시행한 첫 번째 일은 그때까지 자신들이 소련의 관리자로서 지배했던 체제와 행사했던 권한을 재현하여 강요한 것이었다. 대부분의 계승 공화국들에서 〈민주주의 이행〉은 없었다. 그러한 이행이 있었다면, 이는 나중의 일이었다. 소련 제국 내부의 주민들 대부분이 알고 있는 유일한 권력이었던 독재적인 국가 권력은 그 자리를 빼앗겼다기보다는 크기가 작아졌다고 할 수 있다. 밖에서 볼 때 이는 극적인 변화였다. 그렇지만 내부에서 경험한 자들에게 그 혁명적인 의미는 단연 떨어졌다.

게다가 매우 유연하게 민족국가의 대통령으로 변신한 지역의 공산당 서기들로서는 자신들의 봉토를 지키기 위해서라면 단호히 행동해야 할 충분한 이유를 지녔던 반면, 중앙의 소련 당국은 보호해야 할 자신들만의 봉토가 없었다. 고르바초프가 그토록 열심히 무너뜨렸던 낡은 구조로 돌아가는 것이 중앙 당국이 할 수 있는 전부였다. 놀랍지도 않지만, 그들에게는 싸울 의지가 없었다.[22] 과거의 공산당 지도자로서 모스크바 자체에 권력 기반을 갖고 있던 유일한 사람은 보리스 옐친이었다. 옐친은 앞에서 보았듯이 진정으로 단호히 행동했다. 그렇지만 신생 〈러시아〉를 위한 용단이었다.

그러므로 계승 국가들의 개화는 소련이 그때까지 침묵했다가 새

---

22 수단이 아니라 의지가 없었다. 고르바초프나 8월의 음모자들이 군대를 이용하여 모든 반대파를 분쇄하기로 했다면, 꼭 실패했으리라는 법은 없다.

로이 각성한 구성 공화국들의 민족주의에 떠밀려 붕괴했다는 증거로 해석해서는 안 된다. 소비에트 공화국들은, 역사의 궤적이 이웃의 서방과 매우 유사했던 발트 국가들을 제외하면, 소련의 기획에서 나온 결과물이었으며, 앞서 보았듯이 대개 종족적으로 매우 복잡했다. 새로이 독립한 국가들 내부에도 공격에 취약한 소수 민족들이 많았다. 특히 러시아인들은 어디에나 있었다. 이 소수 민족들은 이전의 소련 시민으로서 〈제국의〉 보호가 사라진 것을 유감스럽게 생각할 만한 충분한 이유가 있었고, 새로운 환경에 명백히 양면적인 태도를 보이곤 했다.

게다가 이런 태도를 드러낸 자들이 소수 민족들만은 아니었다. 1991년 8월 1일, 조지 부시 대통령은 키예프를 방문했을 때 우크라이나인들에게 소련 안에 머물러 있어야 한다고 공개적으로 권고하는 것을 잊지 않았다. 부시는 이렇게 말했다. 〈어떤 사람들은 미국에 고르바초프 대통령을 지지하든지 아니면 소련 전역의 독립 성향을 지닌 지도자들을 지지하든지 둘 중 하나를 선택하라고 재촉했다. 나는 이것이 잘못된 선택이라고 생각한다. 고르바초프 대통령은 놀라운 일을 이루었다. ……우리는 고르바초프 대통령의 소련 정부와 최대한 긴밀한 관계를 유지할 것이다.〉 이와 같이 점점 더 허약해지는 소련 대통령을 떠받치려는 다소 서투른 시도를 소련을 승인한 증거로 볼 수는 없었다. 그러나 위험스러울 정도로 승인에 가까웠다.

미국 대통령의 공개적인 훈계는 이러한 사태 전개에서 미국이 수행한 역할이 제한적이었음을 한 번 더 상기시킨다. 미국의 공공 기록에 들어 있는 자족적인 이야기에는 실례가 되겠지만, 미국 정부는 공산주의 체제를 〈파괴〉하지 않았다. 공산주의 체제는 저절로 무너졌다. 한편, 우크라이나의 청중이 한 달 뒤 부시의 조언을 무시하고 연방에서 영원히 이탈하는 데 압도적으로 찬성했다면, 이는 애국적 열정의 갑작스러운 폭발 때문이 아니었다. 우크라이나나 몰도바, 심지어 그루지야에서도 독립은 민족자결이 아니라 자기보존에 관한 문제였다. 나중에 입증되듯이, 자기보존이야말로 국가 형성에는 건전한 토대였다. 그러나 민주주의의 토대로서는 빈약했다.

소련의 역사에서 소련 탈퇴만큼 소련에 잘 어울리는 것도 없다. 체코슬로바키아의 붕괴, 즉 1993년 1월 1일에 평화롭고 원만하게 완결된 슬로바키아와 체코 사이의 〈벨벳 이혼〉도 거의 마찬가지다. 언뜻 보면, 벨벳 이혼은 민족적 정서가 공산주의 체제가 남긴 공백 속으로 자연스럽게 돌진해 들어간 교과서적인 사례처럼 보일 수 있다. 민족의 부활이라는 형태로 〈역사의 귀환〉이 이루어졌다고 할 수 있겠다. 그리고 당연한 얘기지만 역사의 귀환은 지역의 많은 지도자들이 이혼을 선전하는 데 썼던 방법이었다. 그러나 자세히 들여다보면, 체코슬로바키아가 슬로바키아와 체코 공화국이라는 두 개의 별개 국가로 분할된 것은 그러한 해석의 한계를 지방적 규모로 그리고 유럽의 한가운데서 재차 증명한다.

찾아볼 〈역사〉는 분명히 부족하지 않다. 체코와 슬로바키아는 당혹한 외부인에게는 구분이 되지 않을 수도 있지만 현저히 다른 과거를 지녔다. 체코 땅을 포괄하는 역사적 영토인 보헤미아와 모라비아는 신성 로마 제국 한복판에서 중세와 르네상스의 놀라운 과거를 자랑할 수 있었을 뿐만 아니라 중부 유럽 산업화에서도 뛰어난 역할을 수행했다. 체코인들은 합스부르크 제국의 오스트리아 쪽 절반 안에서 점차 더 큰 자율권을 누렸고 눈에 띄게 번영했다. 그들의 주요 도시인 프라하는(유럽 대륙의 미학적 영광의 하나) 1914년에 시각 예술과 문학에서 모더니즘의 중요한 중심지였다.

이와는 대조적으로 슬로바키아인들은 자랑할 것이 없었다. 수백 년 동안 부다페스트의 지배를 받은 슬로바키아인들은 민족 특유의 이야기를 갖지 못했다. 제국의 헝가리 쪽 절반에 속했던 슬로바키아인들은 자신들을 〈슬로바키아인〉이 아니라 슬라브어를 말하는 북부 헝가리 농촌의 농민으로 여겼다. 슬로바키아 지역의 도시 거주자들은 주로 독일인이나 헝가리인, 유대인이었다. 그 지역의 가장 큰 도시는 빈 동쪽으로 몇 킬로미터 떨어진 도나우 강변의 호감 가지 않는 광역 도시였는데, 이 도시가 (독일어를 쓰는 오스트리아인들에게) 프레스부르크Pressburg나 (헝가리인들에게) 포조니Pozsony 등으로 다양하게 불렸던 것은 우연이 아니었다. 그 도시는 1918년에 체코슬로바키아가 독립하고 슬로바키아인들이 다소 마지못해 그 속에 병합된 이후에야 브라티슬라바라는 이름으로 신생국 제2의 도시가 되었다.

두 대전 사이에 체코슬로바키아 공화국은 그 지역에 통용되던 기준으로 볼 때 민주적이었고 자유로웠다. 그러나 중앙집권적 제도는 체코인들에게 매우 유리했다. 권력과 영향력이 있는 자리는 거의 전부 체코인들이 차지했다. 슬로바키아는 하나의 지방에 불과했고 게다가 가난하고 크게 냉대 받은 지방이었다. 그래서 300만 명 정도의 독일어 사용 시민들로 하여금 친親나치 분리주의자들의 목소리를 경청하게 했던 것과 동일한 욕구로 인하여 체코슬로바키아의 250만 명에 달하는 슬로바키아인들 중 일부는 자치와 나아가 독립까지 요구하는 슬로바키아 인민주의자들에 공감했다. 1939년 3월, 히틀러가 체코 지역을 흡수하여 〈보헤미아-모라비아 보호령〉으로 만들었을 때, 요제프 티소 신부의 지도로 권위주의적이고 교권주의적인 슬로바키아 꼭두각시 국가가 설립되었다. 그리하여 역사상 최초의 슬로바키아 독립 국가는 히틀러의 명령에 따라 체코슬로바키아 공화국의 송장 위에서 등장했다.

전시의 슬로바키아 〈독립〉이 얼마나 인기가 있었는지를 사후에 알기는 어렵다. 전후에 슬로바키아의 독립은 자체의 전과와(슬로바키아는 전쟁 이전에 14만 명 정도였던 유대인을 거의 전부 학살수용소로 이송했다) 보호자인 나치에 충심으로 의존했다는 사실 때문에 불명예를 안았다. 체코슬로바키아는 해방된 이후 단일 국가로 재수립되었고, 사람들은 슬로바키아 민족주의의 표현에 난색을 표했다. 실제로 스탈린 시절 초기에 〈슬로바키아 부르주아 민족주의〉는 당시 준비되고 있던 시범 재판의 추정 피고인들에게 내려진 죄목의 한 가지였다. 이를테면 구스타프 후사크는 이 혐의로 6년을 감옥에서 보냈다.

그렇지만 체코슬로바키아 공산당은 조만간 다른 곳의 공산당과 마찬가지로 온건한 민족 감정의 조장은 이익이 된다는 사실을 알게 되었다. 대체로 슬로바키아 출신이었던 1968년의 개혁가들은 앞서 보았듯이 브라티슬라바에서 확산되는 감정을 반영하여 체코와 슬로바키아라는 두 개의 별개 공화국을 포괄하는 새로운 연방 헌법을 제안했다. 프라하의 봄에서 논의되고 이행된 그 모든 중대한 혁신 중에서 훗날 〈정상화〉를 거치면서도 살아남은 것은 이 제안뿐이었다. 공산당 당국은 가톨릭교도로 이루어진 농촌 슬로바키아를 처음에는 적대적인 지역으로 다루었지만 이제는 우호적으로 대했다 (13장을 보라).

슬로바키아의 후진성, 즉 교육받은 중간 계급 도시 거주자들이 대규모로 집결한 곳이 없다는 사실은 이제 유리하게 작용했다. 슬로바키아는 더 발달한 서쪽 주들보다 자동차와 텔레비전은 적고 통신 상황은 열악했기 때문에 외국의 언론을 입수할 수 있는 프라하의 과격파와 반체제 인사들보다 외국의 영향에 덜 취약해 보였다. 따라서 슬로바키아인들은 탄압과 숙청이 횡행하던 70년대에 고초를 훨씬 덜 겪었다. 이제 공식적으로 냉대를 받는 쪽은 체코인들이었다.[23]

23 이 때문에 체코인들 사이에서는 약간의 악감정이 생겨났다. 나는 1985년에 프라하를 방문하던 길에 운 좋게도 자유주의적 체코인들로부터 정권이 슬로바키아인 소수 민족에 부여한 특혜에 관해 설명을 들을 수 있었다. 슬로바키아 출신의 학교 교사들은 특히 분노의 표적이었다. 이들은 원래 프라하의 초등학교에서 가르치도록 선발했으나 학부모들로부터 교

이러한 역사를 염두에 두면, 1989년 이후에 일어난 체코슬로바키아의 분열은 이미 내려진 결론은 아니었다고 해도 최소한 수십 년간 지속된 상호 간의 악감정, 공산주의 치하에서 억눌리고 이용당했으나 잊을 수는 없었던 악감정의 논리적 귀결로 보였을 것이다. 그러나 사실은 그렇지 않다. 공산주의 체제의 종식에서 최종적인 분리까지 3년간의 여론 조사를 보면, 체코인과 슬로바키아인의 대다수는 이러저러한 형태의 체코-슬로바키아 공동 국가를 지지했다. 정치권의 견해도 이 문제에서 크게 다르지 않았다. 프라하에서도 브라티슬라바에서도 새로운 체코슬로바키아는 개별 국가에 상당한 자율권을 부여하는 연방이어야 한다는 폭넓은 합의가 처음부터 존재했다. 그리고 새 대통령 바츨라프 하벨은 널리 알려진 대로 체코인과 슬로바키아인을 같은 나라에 유지해야 한다고 굳게 믿는 사람이었다.

　〈민족〉 문제가 초기에 중요하지 않았다는 사실은 1990년 6월에 실시된 첫 번째 자유선거의 결과로 확인할 수 있다. 보헤미아와 모라비아에서 하벨의 시민 포럼은 총투표의 절반을 확보했고 나머지 표는 대부분 공산당과 기독교 민주당이 나누어가졌다. 슬로바키아의 그림은 더 복잡했다. 시민 포럼의 자매 정당인 〈폭력에 반대하는 민중〉이 제1정당으로 부상했으나, 적지 않은 표가 기독교 민주당과 공산당, 헝가리 기독교 민주당, 녹색당으로 갈라졌다.[24] 그러나 새롭게 다시 출현한 슬로바키아 국민당은 슬로바키아 의회 선거에서 13.9퍼센트, 연방 의회 선거에서 11퍼센트밖에 얻지 못했다. 나라를 별개의 민족 유권자 집단으로 분할하는 데 유일하게 찬성한 이 정당을 선택한 슬로바키아인 유권자는 전체의 7분 1에도 못 미쳤다.

　그러나 1991년이 지나면서 시민 포럼은 붕괴했다. 공동의 적(공산

사의 임무를 맡기에는 절망적일 정도로 편협하고 부적절하다는 평가를 받았다.
　24 별도의 헝가리인 정당의 출현은 슬로바키아 영토에 약 50만 명의 헝가리인이 존재한다는 사실을 반영했다. 50만 명은 슬로바키아 인구의 10퍼센트였다.

주의 체제)과 대중적 지도자(하벨)에 기반을 둔 동맹이었던 시민 포럼은 이제 둘 다 잃어버렸다. 공산주의 체제는 소멸했고 하벨은 공화국의 대통령이 되어 표면상으로 정치적 소동에서 벗어났다. 자칭 대처주의자였던 재무장관 바츨라프 클라우스가 이끄는 자유 시장주의자들의 영향력이 점차 강해지면서 과거에는 동지였던 사람들 사이의 정치적 차이가 겉으로 드러났다. 1991년 4월, 국영 기업의 민영화를 폭넓게 규정했던 법을 의회가 인정한 뒤로 시민 포럼은 분열했고, 클라우스의 분파(다수파)는 시민민주당ODS이 되었다.

클라우스는 나라를 신속하게 〈자본주의〉로 이끌기로 결심했다. 그러나 체코 땅에는 그러한 목표에 찬성하는 실질적인 유권자가 존재했던 반면, 슬로바키아의 경우에는 그렇지 않았다. 대부분의 슬로바키아인들은 민영화와 자유 시장, 국영 부문의 축소에 매력을 느끼지 못했다. 슬로바키아인들은 이익이 나지 않는 구식 국영 공장들과 광산, 제재소의 일자리에 체코 사람들보다 더 크게 의존했기 때문이다. 이제 이러한 〈기업〉들의 제품은 보호받는 시장에 기댈 수 없었으며, 외국의 자본이나 민간 투자자의 유인도 가능하지 않았다. 프라하의 일부 기업가들과 정치권이 볼 때에 슬로바키아는 부담스러운 유산이었다.

그동안 〈폭력에 반대하는 민중〉도 비슷한 이유로 분열했다. 그 단체의 가장 유능한 인물은 이제 블라디미르 메치아르였다. 전직 권투선수였던 메치아르는 1989년의 사건들에서는 상대적으로 미미한 역할을 수행했지만 그 이후에는 동료들보다 훨씬 더 능숙하게 민주 정치의 함정을 피해 나갔다. 메치아르는 6월의 선거 이후 슬로바키아 의회에서 정부를 구성했으나, 타인의 호감을 사지 못하는 품성 탓에 연립 정부에 균열을 가져왔다. 메치아르는 가톨릭 정치인 얀 차르노구르스키로 대체되었다. 메치아르는 곧 〈폭력에 반대하는 민중〉을 떠나 국민당-민주슬로바키아운동LS-HZDS을 설립했다.

1991년 가을부터 1992년 여름까지 체코와 슬로바키아 행정부의 대표들은 긴 협상을 갖고 분권적인 연방 헌법의 기초에 관한 합의를 모색했다. 이것이 양측의 대다수 정치인들과 유권자들이 선호했던 바였기 때문이다. 그러나 메치아르는 자신과 자신의 정당을 위한 기반을 쌓기 위해 슬로바키아 민족주의의 대의를 들고 나왔다. 민족주의는 메치아르가 이전에는 큰 관심을 보이지 않은 주제였다. 메치아르는 자신의 추종자들에게 슬로바키아인들은 체코의 민영화 계획부터 헝가리 분리주의와 〈유럽〉으로 흡수될 가능성까지 모든 것으로부터 위협받고 있다고 얘기했다. 이제 민족의 생계는 말할 것도 없고 민족의 생존이 위태로웠다.

메치아르는 이러한 웅변술과 공식석상에서 보인 유치하지만 카리스마 넘치는 스타일에 힘입어 1992년 6월에 실시된 연방 선거에서 슬로바키아 총투표의 약 40퍼센트를 획득하여 자신의 당에 분명한 승리를 안겨 주었다. 한편 체코 지역에서는 바츨라프 클라우스의 새로운 시민민주당이 기독교 민주당과 동맹하여 승리했다. 클라우스가 체코 지역의 총리가 되면서, 이제 연방 공화국의 자율적인 두 지역은 나라가 쪼개져도 전혀 유감스럽지 않을 사람들의 수중에 들어갔다. 그 이유는 서로 달랐지만 상호 보완 관계에 있었다. 이제 연방 대통령만 통합된 체코슬로바키아 연방의 이상을 헌법상으로 또 개인 자격으로 대변했다.

그러나 바츨라프 하벨은 이제는 20년 전만큼 인기 있는 사람이 아니었다. 따라서 그때만큼 영향력을 지니지도 못했다. 하벨이 대통령으로서 첫 번째로 공식 순방한 곳은 브라티슬라바가 아니라 독일이었다. 이는 체코슬로바키아와 독일 사이의 해묵은 원한과 서유럽과 우호 관계를 수립해야 할 필요성에 비추어 볼 때 이해할 만했지만 슬로바키아인의 감수성을 생각하면 전술적 오류였다. 그리고 하벨의 보좌진이 하벨을 항상 잘 보필하지는 못했다. 1991년 3월, 대변인

미하엘 잔토프스키는 슬로바키아의 정치가 점점 더 과거의 공산당원들과 〈슬로바키아 국가를 슬로바키아 민족의 황금기로서 부활시키려는 자들〉의 손으로 넘어가고 있다고 단언했다.[25]

잔토프스키의 주장은 완전히 잘못되지는 않았으나, 맥락상 적잖이 말대로 된다. 하벨과 그의 동료들은 과거의 다른 체코슬로바키아 반체제 인사들과는 달리 슬로바키아인을 늘 좋게 생각하지만은 않았다. 이들은 오히려 슬로바키아인들을 편협한 국수주의자로 여겼다. 기껏해야 주권의 신기루를 순진하게 쫓는 자들이었고 나쁘게 보면 전시의 꼭두각시 국가를 그리워하는 자들이었다. 역설적이게도 클라우스는 그러한 자유주의자들의 편견을 공유하지 않았으며 어떠한 방식으로든 슬로바키아의 과거에 관심을 두지도 않았다. 메치아르처럼 클라우스도 현실주의자였다. 이제 각자의 지역에서 가장 강력한 정치인이었던 두 사람은 다음 몇 주를 외견상 체코슬로바키아 연방을 위한 국가 조약의 조건을 협상하며 보냈다.

두 사람이 합의에 도달할 수 있었는지는 알 수 없다. 메치아르는 사실상의 주권 국가인 슬로바키아 공화국의 통화 발행 권한과 차입 권한, 민영화의 일시 중단, 공산당 시절의 보조금 부활 등 여러 조치를 요구했다. 이러한 요구는 전부 제한 없는 시장을 향해 완고하게 강행군을 추진하던 클라우스로서는 수용할 수 없었다. 1992년 6월과 7월에 있었던 두 사람의 만남은 사실상 전혀 협상이 아니었다. 클라우스는 메치아르의 요구에 놀라고 당황했다고 하지만, 이러한 요구는 그런 주제에 관한 메치아르의 많은 연설에 비춰볼 때 전혀 비밀이 아니었다. 실제로 회담을 결렬시킨 자는 슬로바키아의 지도자가 아니었다. 그 반대였다.

결과적으로, 슬로바키아 의회와 연방 의회의 대다수 슬로바키아

25 〈오늘의 청년전선 *Mladá Fronta Dnes*〉, 1991년 3월 12일자에서 인용. Abby Innes, *Czechoslovakia: The Short Goodbye* (Yale U. P., New Haven, 2001), p. 97을 보라.

대표들은 각 나라에 완전한 자치권과 연방 내의 동등한 지위를 부여하는 국가 조약을 매우 만족스럽게 승인할 수도 있었겠지만, 그 대신 자신들이 한 가지 기정사실에 직면해 있음을 알게 되었다. 협상이 교착 상태에 빠진 가운데, 클라우스는 슬로바키아의 대화 상대자에게 합의에 도달하기는 불가능해 보이니 이 쓸데없는 노력을 그만두고 각자 갈 길을 가자고 말했다. 슬로바키아인들은 자신들의 소망이 분명하게 이루어진 것을 보고 동의했으나, 이것이 여러 점에서 자신들의 더 나은 판단에는 역행하는 것이었기에 그들은 덫에 걸렸다고 할 수 있다.

그리하여 1992년 7월 17일 슬로바키아 의회는 새로운 국기와 새로운 헌법, 그리고 슬로바키아 공화국이라는 새로운 국명의 채택을 가결했다. 한 주 뒤, 클라우스와 여전히 조금은 〈성공〉에 도취되어 있던 메치아르는 나라를 분할하자는 데 합의했고 이 결정은 1993년 1월 1일 자로 발효되었다. 그날 체코슬로바키아는 소멸했고, 두 공화국은 별개의 국가로 재탄생했다. 클라우스와 메치아르가 각각 총리를 맡았다. 나라를 하나로 묶어 놓으려던 바츨라프 하벨의 노력은 점차 절망에 빠졌고 결국 무시되었다. 하벨은 이제 체코슬로바키아의 대통령이 아니었고, 축소된 체코 공화국의 대통령으로 환생했다.[26]

분리가 두 나라에 좋았는지는 한동안 분명하지 않았다. 체코 공화국도 슬로바키아 공화국도 공산 체제 직후 10년간은 번창하지 못했기 때문이다. 클라우스의 〈충격 요법〉과 메치아르의 민족공산주의 모두 방식은 달랐지만 실패했다. 그러나 슬로바키아인들이 블라디미르 메치아르와 어울린 것을 후회하게 되고 프라하에서는 클라우스의 별이 쇠약해졌지만, 사람들이 체코슬로바키아를 동경했다는

26 이 정치적 분리는 경제적 분리보다는 관리하기에 쉬운 것으로 판명되었다. 체코슬로바키아 연방 자산의 분할에 관한 합의는 1999년에 가서야 최종적으로 도출되었다.

증거는 많지 않다. 체코슬로바키아의 분할은 정교하게 조종된 과정이었으며, 분할을 통해 체코의 우파는 자신들이 원하지 않았다고 주장한 것을 초래했으며, 슬로바키아 국민당은 오히려 의도했던 것보다 더 많이 얻었다. 결과에 매우 기뻐한 사람은 많지 않았으며, 후회가 지속되지도 않았다. 소련 해체의 경우처럼, 국가 권력과 그 소산인 정치 기구는 위협받지 않았다. 단지 둘로 늘었을 따름이다.

체코슬로바키아의 분할은 우연과 상황의 산물이었다. 또한 인류의 작품이기도 했다. 다른 사람들이 통제력을 장악했다면, 다시 말해서 1990년과 1992년의 선거 결과가 실제와 달랐다면, 이야기는 동일하지 않았을 것이다. 전염도 작은 역할을 했다. 중부 유럽의 한 작은 국가가 두 개의 〈민족 공화국〉으로 분열되는 것은 다른 상황이었다면 불합리하고 용납할 수 없는 일처럼 보였겠지만, 소련의 사례와 발칸 지역에서 전개된 사건들 덕에 그렇게 보이지 않았다. 1992년에 연방 국가 조약에 합의가 이루어졌더라도, 그래서 체코슬로바키아가 몇 년 더 지속되었더라도, 유럽 연합 가입 전망과 인근의 보스니아에서 벌어진 유혈 학살극에 온통 주의와 마음을 빼앗긴 상황에서 프라하나 브라티슬라바의 누구라도 싸움의 속행이 크게 이익이 된다고 보았을 가능성은 매우 적다.

21장
청산

유럽에서 또 다른 전쟁이 발발한다면, 전쟁은 발칸 지역의 일부 저주받을 어리석은 인간들이 만들어 낼 것이다.
— 오토 폰 비스마르크

서로 반목하는 이 농민들은 자국이 침공받기를 기다릴 수 없어서 서로를 쫓고 죽인 것처럼 보인다.
— 밀로반 질로스, 『전시*Wartime*』(1977년)

이 싸움에서 우리가 쓸 개는 없다.
— 제임스 베이커, 미국 국무장관(1991년 6월)

공산주의 체제와 관련된 최악의 상황은 이 체제가 지나간 후에 펼쳐졌다.
— 아담 미흐니크

진리는 언제나 구체적이다.
— G. W. 헤겔

체코슬로바키아의 평화로운 분열은 같은 해 유고슬라비아를 덮친 파국과 극적인 대조를 이룬다. 1991년에서 1999년 사이에 수십만 명의 보스니아인, 크로아티아인, 세르비아인, 알바니아인이 동료 시민들의 손에 살해되거나 강간당하고 고문을 당했다. 그 밖에 수백만 명이 집에서 쫓겨나 추방되었다. 서방의 급진주의자들이 오랫동안 모범적인 사회주의 사회로 간주했던 나라에서 1945년 이래 경험할 수 없었던 대규모 학살과 내전이 왜 일어났는지 설명하려 애썼던 외국의 평자들은 일반적으로 두 가지 상반되는 견해를 내놓았다.

서방 언론에 널리 받아들여지고 유럽과 미국의 정치인들이 공공연히 취한 견해에 따르면, 발칸 지역은 희망이 없는 곳으로 불가사의한 싸움과 먼 옛날의 원한이 뒤섞인 가마솥이었다. 유고슬라비아는 〈운명을 타고났다〉. 자주 인용되듯이 유고슬라비아는 여섯 개 공화국과 다섯 개 민족, 네 개 언어, 세 개 종교, 두 개의 알파벳으로 구성되었는데, 단일 정당이 이 전부를 결합했다는 것이다. 1989년 이후에 일어난 일은 단순했다. 솥뚜껑이 제거되자 가마솥이 폭발했다.

이 설명에 의하면, 드 살라베리 후작이 1791년 유럽의 〈떼어 낼 수 없는 수족〉이라고 묘사했던 〈해묵은〉 갈등이 몇 백 년 전만큼이나 크게 끓어올랐다. 부정과 복수의 기억이 부채질한 살인적인 증오가 전 국민을 사로잡았다. 미국 국무장관 로렌스 이글버거는 1992년

9월 이렇게 말했다. 〈보스니아인과 세르비아인, 크로아티아인이 서로 죽이는 일을 그치기로 결심할 때까지 외부 세계가 할 수 있는 일은 없다.〉

몇몇 역사가와 외국의 관찰자들은 이와 정반대로 설명한다. 이들은 오히려 발칸의 비극이 대체로 외부 국가들의 과실 탓이라고 주장했다. 과거의 유고슬라비아 영토는 지난 200년 동안 외부의 개입과 제국적 야심 때문에 타자의 이익을 위해 정복되고 분할되고 이용되었다. 터키, 영국, 프랑스, 러시아, 오스트리아, 이탈리아, 독일이 그 나라들이었다. 그 지역의 민족들 간에 원한이 있다면, 그 기원은 민족적 적대 행위가 아니라 제국의 속임수에서 찾아야 했다. 이 주장에 따르면, 외세의 무책임한 간섭이 지역의 어려움을 더욱 악화시켰다. 예를 들어 독일 외무장관 한스디트리히 겐셔가 1991년 슬로베니아와 크로아티아의 독립을 〈조급하게〉 승인하지 않았더라면, 보스니아는 결코 선례를 따르지 않았을 것이며 베오그라드는 침공하지 않았을 것이고 10년간의 재앙도 피할 수 있었으리라는 논리였다.

발칸 지역의 역사를 둘러싼 이 두 가지 해석을 어떻게 생각하든지, 두 가지 해석은 외견상 양립할 수 없음에도 한 가지 중요한 특징을 공유하고 있다. 두 해석 모두 유고슬라비아 사람들의 역할은 축소하거나 무시한다는 점이다. 유고슬라비아 사람들은 운명의 희생자 아니면 타자의 조작과 실수에 희생된 자들로 치부되었다. 옛 유고슬라비아의 산악 지대 속에는 확실히 많은 역사가 묻혀 있었고, 나쁜 기억도 많았다. 그리고 외부인들이 대체로 현지의 범죄를 무책임하게 묵인한 것일 뿐이지만 그 나라의 비극에 결정적으로 기여했다는 말도 옳다. 그러나 유고슬라비아의 해체는 운명이 아니라 인간의 작품이었으며, 이 점에서 다른 공산 국가들의 해체와 유사했다. 유고슬라비아 비극의 압도적인 책임은 독일이나 다른 외국의 정부가 아니라 베오그라드의 정치인들에게 있었다.

유고슬라비아 1945~1991

오스트리아
헝가리
루마니아
이탈리아
그리스
터키
알바니아

부다페스트
부쿠레슈티
소피아

슬로베니아
류블랴나
자그레브
크로아티아
리예카
바냐루카
보이보디나
노비사드
베오그라드
부코바르
세르비아
크라구예바츠
니스
보스니아
헤르체고비나
사라예보
스레브레니차
고라주데
모스타르
두브로브니크
몬테네그로
포드고리차
티토그라드
스쿠타리
프리슈티나
코소보
마케도니아
스코페
비톨라

0 20 40 60 80 100 마일
0 40 80 120 160 200 킬로미터

이름
크로아티아
코소보

나라 이름
공화국 이름
자치 지역 이름
국경선
공화국 경계선
자치 지역 경계선

1980년 요시프 브로즈 티토가 여든일곱 살의 나이로 사망했을 때, 1945년에 티토가 새로 짜 맞추었던 유고슬라비아는 객관적인 실체였다. 유고슬라비아를 구성하는 공화국들은 연방 국가 안의 개별 단위들이었고, 연방 국가의 지휘부는 세르비아 내의 두 자치 지역(보이보디나와 코소보)과 여섯 개 공화국의 대표들로 구성되었다. 각 지역들은 저마다 매우 다른 과거를 지녔다. 북부의 슬로베니아와 크로아티아는 주로 가톨릭 지역이며 한때 오스트리아-헝가리 제국의 일부였다. 보스니아도 그보다 짧은 기간 동안이었지만 역시 오스트리아-헝가리 제국의 일부인 적이 있었다. 남부(세르비아, 마케도니아, 몬테네그로, 보스니아)는 수백 년 동안 오스만 튀르크의 지배를 받았기 때문에 주로 그리스 정교도였던 세르비아인 외에 무슬림이 많았다.

그러나 이러한 역사적 차이는 실제였으며 제2차 세계 대전으로 더 심해졌지만 이후 수십 년간 갈등은 줄어들었다. 경제 변화는 그때까지 서로 부딪힐 일이 없던 각 지역의 농촌 사람들이 부코바르나 모스타르 같은 도시들에서 때로 불편하게 만나게 했다. 그러나 동일한 변화가 사회적, 민족적 경계를 넘어 통합으로 나아가는 길을 열기도 했다.

그래서 형제애에 입각한 통합이라는 공산주의의 신화는 전시의 기억과 분열에 대해 눈을 감고 귀를 막으라고 요구했다. 티토 시절의 유고슬라비아 역사 교과서는 과거에 벌어졌던 유혈 내란에 관해 신중한 태도로 침묵했다. 이런 공인된 침묵은 실제적인 이득을 가져다주었다. 성장하던 전후 세대는 자신들을 〈크로아티아인〉이나 〈마케도니아인〉이 아니라 〈유고슬라비아인〉으로 생각하라는 권고를 받았다. 그리고 많은 사람들, 특히 젊은이들과 고학력자, 급증한 도시 주민이 그러한 관행을 따랐다.[1] 류블랴나나 자그레브의 젊은 지

---

1 자그레브, 베오그라드, 스코피예(마케도니아의 수도)는 모두 1910년에서 1990년 사이

식인들은 이제 민족의 선조들이 경험한 영웅적 과거나 괴로웠던 과거에 관심을 두지 않았다. 1981년, 보스니아의 수도인 국제도시 사라예보에서 주민의 20퍼센트는 스스로 〈유고슬라비아인〉이라고 생각했다.

보스니아는 유고슬라비아에서 언제나 민족적으로 가장 복잡한 지역이었고 따라서 전체를 반영한다고 볼 수는 없었다. 그러나 유고슬라비아는 서로 중첩되는 소수 민족들로 짜인 융단이었다. 1991년 크로아티아에 살던 세르비아인은 58만 명으로 그 공화국 인구의 12퍼센트를 차지했다. 같은 해 보스니아는 무슬림이 44퍼센트, 세르비아인이 31퍼센트, 크로아티아인이 17퍼센트를 차지했다. 심지어 자그마한 몬테네그로에도 몬테네그로인과 세르비아인, 무슬림, 알바니아인, 크로아티아인이 뒤섞여 살았다. 민족들이 뒤섞인 지역의 주민들은 종종 친구나 이웃의 민족성이나 종교를 거의 의식하지 못했다. 〈통혼〉은 점점 더 흔해졌다.

실로 유고슬라비아 내의 〈민족〉 단층선은 제대로 정의된 적이 없었다. 언어의 차이는 대표적인 실례가 될 수 있다. 알바니아인과 슬로베니아인은 별개의 언어로 말한다. 마케도니아인은 마케도니아어(약간 변형된 형태의 불가리아어)로 말한다. 그러나 주민 대다수가 쓰는 〈세르보크로아트어〉의 〈세르비아〉 형태와 〈크로아티아〉 형태 사이의 차이는 작았으며 현재도 그러하다. 세르비아어는 키릴 문자를 쓰고 크로아티아어(그리고 보스니아어)는 라틴 문자를 쓴다. 그러나 두 〈언어〉는 동일하다. 차이가 있다면 약간의 문어와 학술 용어의 차이, 이따금씩 보이는 철자의 차이, 문자 〈e〉의 상이한 발음(크로아티아 형태의 〈예카비안*Iékavian*〉의 〈*ye*〉, 세르비아 형태의 〈에카비안*Ekavian*〉의 〈*e*〉) 정도이다. 게다가 몬테네그로어는 세르비아어처럼 키릴 문자로 쓰지만 크로아티아인과 보스니아인처럼 〈예

에 중부 유럽에서 가장 빨리 성장한 도시들이었다.

카비안*Iékavian*〉으로 발음한다. 이는 보스니아의 세르비아계 주민도 마찬가지다. 오로지 세르비아의 토박이들만이 〈에카비안*Ekavian*〉 이형(異形)을 쓴다. 그리고 1992년 이후 보스니아의 세르비아 민족주의 지도자들이 보스니아로부터 떼어 낸 지역에서 보스니아의 세르비아계 동료 주민들에게 공식 〈세르비아〉 발음 즉, 〈에카비안*Ekavian*〉을 강요했으나 거센 저항에 부딪쳤다.

따라서 1974년에 일단의 자그레브 지식인들이 1967년에 작성한 〈언어에 관한 선언〉의 요구에 부응하여 〈크로아티아〉어가 크로아티아 공화국의 공식 언어로 인정되었다는 사실은 다름 아닌 신분 표식이었다. 티토는 연방에서 민족적 정체성의 표현은 무엇이든 억압했는데, 크로아티아인들은 언어로써 티토에 저항한 것이다. 몇몇 세르비아 작가들이 〈순수한〉 세르비아어를 보존하고 재확인하는 데 집착했던 것도 마찬가지라고 할 수 있다. 그러므로 옛 유고슬라비아에서는 소수의 민족주의자들이 조그만 차이에 기인한 자기만족을 강조했던 반면 일반 대중은 서로 바꿔 쓸 수 있는 하나의 언어를 말했다는 결론이 타당해 보인다. 이는 단일한 민족 언어의 여러 방언 사이에 흔히 나타나는 차이와는 대조적이다. 그 경우 고장마다 용법은 크게 다양해도 교육받은 엘리트는 공통의 〈표준〉 형태를 쓰기 때문이다.

종교적 차이에 대한 수많은 언급도 똑같은 오해를 낳는다. 예를 들면 가톨릭교도 크로아티아인과 그리스 정교도 세르비아인 사이의 구분은 과거 자그레브의 우스타셰 정권이 가톨릭을 세르비아인과 유대인에 맞서는 무기로 이용했던 제2차 세계 대전 때 훨씬 더 중요했다.[2] 1990년대에 이르면 급성장하는 유고슬라비아의 도시들에

---

2 1941년 7월 22일, 자그레브의 우스타셰 정권 종교부 장관은 이렇게 말했다. 〈우리는 일부 세르비아인을 죽일 것이며 일부는 추방할 것이고 또 일부는 가톨릭을 신봉하게 만들 것이다.〉

서 과거의 종교적 관행은 쇠퇴했으며, 종교와 민족 정서 사이의 연관은 시골에서나 중요했다. 외견상 무슬림인 다수의 보스니아인은 철저하게 세속화되었고 어쨌거나 알바니아의 무슬림과는 아무런 공통점도 없었다(적들은 대체로 알아채지 못했지만, 모든 알바니아인이 다 무슬림인 것도 아니었다). 종교를 통해 민족을 규정하는 옛 오스만 제국의 관례가 그 흔적을 남겼다는 점은 의심의 여지가 없다. 특히 그리스 정교의 위상을 과장하는 경향이 있는 남부 슬라브족의 경우가 그렇다. 그렇지만 종교와 민족을 연결할 근거는 점차 약해졌다.

구세대 유고슬라비아인은 여러 가지 과거의 편견을 계속 갖고 있었다. 이를테면 나중에 크로아티아 대통령이 되는 프라뇨 투지만은 무슬림과 세르비아인, 유대인을 똑같이 경멸하는 교회 일치의 신념을 가진 인물로 악명 높았다. 그렇지만 최근에 와서는 남쪽에서 알바니아 소수 민족을 겨냥한 차별이 유일한 보편적 차별로 여겨진다. 많은 슬로베니아인, 크로아티아인, 세르비아인, 마케도니아인, 몬테네그로인은 알바니아인 소수 민족을 범죄자이며 무능한 자들이라고 강하게 비난했다. 이러한 정서는 세르비아에서 가장 심했다.[3]

이유는 다양했다. 알바니아인은 유고슬라비아에서 인구가 가장 빠르게 증가하는 집단이었다. 1931년 알바니아인은 유고슬라비아 인구의 3.6퍼센트에 지나지 않았으나, 1948년에 이르면(이웃한 진짜 알바니아에서 전후 유입된 이주자 때문에) 7.9퍼센트가 된다. 1991년에 알바니아계는 매우 높은 출생률(세르비아나 크로아티아의 11배에 달했다) 때문에 172만 8천명으로 추산되었는데 이는 유고슬라비아 연방 전체 인구의 16.6퍼센트에 이르는 수치였다. 유고

3 나는 1999년의 코소보 전쟁 이후 〈사실 확인〉을 위해 스코피예를 여행했다. 그때 마케도니아 총리는 알바니아인은(방금 방에서 나간 자신의 동료 장관을 포함하여) 신뢰할 수 없다고 내게 〈은밀히〉 말했다. 「그들이 말하는 것은 무엇이든 믿지 마시오. 그들은 우리와 같지 않습니다. 기독교인이 아니지요.」

슬라비아의 알바니아계 시민 대다수는 세르비아의 코소보 자치주에 거주했다. 그곳 지역 주민의 82퍼센트가 알바니아인으로서 19만 4천명에 불과한 세르비아인을 크게 상회했다. 물론 더 좋은 직업과 주택, 기타 사회적 특권을 향유한 자들은 세르비아인들이었다.

코소보는 세르비아 민족주의자들에게는 튀르크인의 전진을 막는 중세 세르비아의 마지막 거점이자 1389년 역사에 길이 남을 패전[4]의 장소로서 역사적 의미를 지닌 곳이었다. 따라서 일부 세르비아 지식인과 정치인은 지역 내에서 알바니아인이 수적으로 우세하다는 사실을 인구 측면에서 골칫거리이며 역사적으로도 도발적인 일로 보았다. 인접한 보스니아 공화국에서도 세르비아인이 무슬림에게 최대 소수 민족의 지위를 빼앗긴 상황이었기 때문에 더욱 그랬다. 세르비아인들은 그때까지 티토의 강력한 연방 평등정책의 시혜를 입고 있던 굴종적인 소수 민족들이 자신들의 자리를 빼앗고 있다고 느꼈다.[5] 따라서 코소보는 언젠가 폭발할 가능성이 높은 문제였지만, 그 이유는 발칸 지역의 〈해묵은〉 원한과는 느슨하게만 연결된다. 앙드레 말로는 60년대에 프랑스를 방문한 유고슬라비아인에게 모질게도 이렇게 조언했다. 〈당신들에게 코소보는 오를레앙 안의 알제리이다.〉

세르비아인들이 자신들과 바짝 붙어 불안을 조성하는 알바니아인들을 싫어한 반면, 유고슬라비아 북부에서는 무기력한 남부 사람들에 대한 혐오가 증가했는데 이는 민족을 가리지 않았다. 문제는 민족이 아니라 경제였기 때문이다. 이탈리아처럼 유고슬라비아에

4 1389년 6월 15일, 세르비아 영주들과 오스만 제국 사이에 벌어졌던 코소보 전투를 말한다. 오스만 제국의 완승으로 끝났고 이후 세르비아는 쇠퇴했다 — 옮긴이주.

5 당연한 말이지만, 크로아티아인을 비롯한 다른 민족들은 생각이 달랐다. 그들은 세르비아가 군대를 지배하고(1984년 장교단의 60퍼센트가 세르비아인이었다. 이는 전체 인구 중 세르비아인의 비중을 공정하게 반영했다고 할 수 있었지만 그렇다고 해서 마음을 놓을 수 있는 일은 아니었다) 베오그라드가 어울리지 않게 많은 투자와 연방 지출을 가져간다는 사실을 지적할 수 있었다.

서도 부유한 북부는 점차 가난한 남부에 분노했다. 남부 사람들은 더 생산적인 동료 시민들로부터 이전금과 보조금을 지원받으며 살고 있었다. 유고슬라비아의 빈부격차는 극적인 수준으로 벌어지고 있었다. 그리고 이는 마침내 지리와 연관되어 폭발할 지경에 이르렀다.

슬로베니아와 마케도니아, 코소보는 각각 전체 인구에서 비슷한 몫을 차지했지만(8퍼센트), 1990년에 작은 슬로베니아가 유고슬라비아 전체 수출의 29퍼센트를 생산했던 반면 마케도니아는 겨우 4퍼센트, 코소보는 1퍼센트를 생산했다. 유고슬라비아의 공식 통계를 통해 최대한 정보를 끌어내면, 슬로베니아의 일인당 국내 총생산은 세르비아의 두 배였으며, 보스니아의 세 배, 코소보와 비할 때는 여덟 배였다. 알프스의 슬로베니아에서 문맹률은 1988년 1퍼센트도 되지 않았지만, 마케도니아와 세르비아에서는 11퍼센트였고, 코소보에서는 18퍼센트였다. 슬로베니아에서 1980년대 말 유아 사망률은 1천 명당 11명이었는데, 인접한 크로아티아에서는 1천 명당 12명, 보스니아에서는 16명이었다. 그러나 세르비아에서 유아 사망률은 1천 명당 22명이었고, 마케도니아에서는 45명, 코소보에서는 52명이었다.

이러한 수치는 슬로베니아와 크로아티아가 이미 유럽 공동체의 덜 부유한 나라들과 같은 반열에 올랐음을 시사한다. 반면 코소보와 마케도니아, 농촌 지역의 세르비아는 아시아나 라틴 아메리카의 일부와 매우 유사했다. 슬로베니아와 크로아티아는 공동의 유고슬라비아 연방에서 점차 반항적으로 변했다. 이는 뿌리 깊은 종교적 감정이나 언어와 관련된 감정이 표면으로 부상하거나 민족적 배타주의가 재등장했기 때문이 아니라, 기대에 부응하지 못하는 남쪽의 유고슬라비아인들을 배제하고 자신들만 책임진다면 훨씬 더 부유해질 수 있다고 믿었기 때문이다.

티토 개인의 권위와 비판을 거세게 억누른 그의 정책으로, 그러한 이견은 대중에 노출되지 않았다. 그러나 티토가 사망한 후 상황이 급속도로 악화되었다. 60년대와 70년대 초, 서유럽의 호황이 유고슬라비아의 노동력을 빨아들이고 상당한 액수의 경화를 국내로 송금했을 때, 남부의 과잉 인구와 저고용은 문제 되지 않았다. 그러나 70년대 말부터 유고슬라비아 경제는 허물어졌다. 다른 공산 국가들처럼 유고슬라비아도 서방으로부터 많은 채무를 졌다. 폴란드나 헝가리가 외화 차입을 지속하여 이에 대응한 반면, 유고슬라비아는 자국 화폐의 발행을 늘렸다. 그래서 1980년대에 유고슬라비아는 점차 고도 인플레이션 국면에 진입했다. 1989년에 연간 인플레이션율은 1,240퍼센트였고, 계속 오르고 있었다.

경제적 실정은 수도인 베오그라드의 결정 탓이었지만, 그 결과는 다른 어떤 곳보다 자그레브와 류블랴나에서 크게 감지되었고 분노의 대상이 되었다. 많은 크로아티아인과 슬로베니아인은 공산당원이든 아니든 똑같이 연방 공화국 수도에 있는 지배 계층의 부패와 족벌주의에서 벗어나 자유롭게 경제적 결정을 내릴 수 있다면 자신들이 더 부유해지리라고 믿었다. 이러한 정서는 세르비아 공산주의자 연맹 의장 출신의 슬로보단 밀로셰비치가 티토 사후의 정치적 공백기에 세르비아 민족 감정을 자극하고 조작함으로써 권력을 요구하자 더욱 악화되었다.

밀로셰비치의 행동은 이 시기 공산당 지도자들에 비추어 볼 때 특별히 유별나지는 않았다. 앞서 보았듯이 독일 민주 공화국 공산당은 18세기 프로이센의 영광을 일깨움으로써 민족주의의 덕을 보려 했으며, 이웃 나라 불가리아와 루마니아에서는 〈민족적 공산주의〉가 여러 해 동안 확연히 드러났다. 밀로셰비치가 1986년의 애국적인 세르비아 예술과학아카데미[6] 규약을 자랑하듯 환영하고 이듬해 코소

6 1886년 11월 1일, 세르비아의 밀란 1세(밀란 오브레노비치)가 설립한 세르비아 최고

보를 방문하여 알바니아 〈민족주의〉에 대한 세르비아인의 불만에 공감을 표시했을 때, 그의 계산은 당시 동유럽의 다른 공산당 지도자들과 크게 다르지 않았다. 공산주의 체제와 그 지배 정당의 이데올로기적 정통성이 빠르게 쇠약해지던 고르바초프 시대에 애국심은 가장 손쉽게 권력의 기반을 확보하는 대안이었다.

그러나 다른 동유럽 지역에서 애국주의의 호소와 민족적 기억의 환기는 단지 외국인들의 걱정을 불러일으켰을 뿐이었지만, 유고슬라비아에서는 희생을 요구했다. 1988년 밀로셰비치는 세르비아 공화국 내에서 자신의 지위를 강화하기 위해 공공연히 민족주의자들의 회합을 장려했다. 그 회합에는 전시 체트니치 휘장이 40년 만에 처음으로 공개적으로 전시되었다. 이는 티토가 억압했던 과거를 일깨우는 신호탄이었으며 특히 크로아티아인들을 실질적으로 동요하게 만들려는 계산된 조치였다.

민족주의는 밀로셰비치가 세르비아를 장악하는 방법이었으며, 1989년 5월 그가 세르비아 공화국 대통령에 당선되었을 때 그 효력은 이미 확인되었다. 그러나 밀로셰비치가 유고슬라비아 전체에 대한 세르비아의 지배력을 보존하고 강화하기 위해서는 연방 체제 자체를 바꿀 필요가 있었다. 신중한 계산에 따라 여러 구성 공화국들에 분배된 영향력의 균형은 티토의 카리스마 넘치는 지도력과 공화국들이 돌아가며 최고회의[7] 의장직을 맡는 제도를 통해 유지되었다. 1989년 3월, 밀로셰비치는 바로 이 제도를 무너뜨리는 데 착수했다.

밀로셰비치는 세르비아 헌법을 강제로 개정하여 그때까지 자치주였던 코소보와 보이보디나를 세르비아 본토에 〈흡수〉했다. 반면 두 자치주가 보유했던 최고회의 의석 두 자리는 그대로 유지되었다.

의 학문 기관 — 옮긴이주.

7 유고슬라비아 연방의 집단지도체제. 1971년 헌법 개정으로 설치되었고 1974년 새 헌법으로 개편되었다. 1974년까지는 23명, 1988년까지는 9명이었다(6개 공화국 대표 6명, 2개 자치주 대표 2명, 의장 1명) — 옮긴이주.

이때 이후로 세르비아는 분쟁이 있을 경우 연방 최고회의 전체 여덟 표 중 네 표(세르비아, 코소보, 보이보디나, 고분고분한 친親세르비아 공화국 몬테네그로)를 얻을 수 있었다. 밀로셰비치의 목적이 세르비아가 지도하는 더 단일한 국가를 만드는 것이었기에, 나머지 네 공화국은 당연히 저항했고, 연방 정부 제도의 기능은 사실상 정지되었다. 특히 슬로베니아와 크로아티아의 관점에서 보면, 사태의 흐름은 오직 하나의 결론을 향해 가고 있었다. 기능이 마비된 연방 체제를 통해서는 이익의 증진이나 보전을 더는 기대할 수 없었기 때문에 유일한 희망은 필요하다면 완전한 독립을 선언해서라도 베오그라드로부터 멀리 떨어지는 데 있었다.

1989년 말에 상황이 이 지경에 이르게 된 이유는 무엇인가? 다른 곳의 경우 공산주의 체제에서 벗어나는 길은 〈민주주의〉였다. 러시아부터 체코 공화국에 이르기까지 당료들과 관리들은 몇 달 만에 노멘클라투라의 아첨꾼에서 입심 좋은 다원주의적 정당 정치의 실천가로 변신했다. 생존은 충성의 대상을 전통적인 당 노선에서 자유주의적 정치 문화로 재조정하는 데 달렸다. 이행은 많은 개별적인 사례들에서 믿기 어려울 정도로 잘 진행되었다. 대안이 없었기 때문이다. 공산주의에서 벗어난 대부분의 국가들에서 〈계급〉이라는 카드는 내버려졌고, 내부에 이용해 먹을 만한 상이한 민족 집단들이 존재하지도 않았다. 따라서 새로운 공적 범주들, 즉 〈민영화〉나 〈시민 사회〉, 〈민주화〉가 (또는 이 셋을 전부 포괄했던 〈유럽〉이) 새로운 정치 영역의 대부분을 점령했다.

그러나 유고슬라비아는 달랐다. 다양한 주민들이 심하게 뒤섞여 있었기 때문에(앞선 시절의 폴란드나 헝가리처럼 주민을 재배치했던 종족 학살과 주민 이송을 경험하지 않았기 때문에), 이 나라는 밀로셰비치나 크로아티아의 밀로셰비치라 할 수 있는 프라뇨 투지만 같은 선동 정치가들에게는 기름진 토양이었다. 이들은 공산주의로부터 탈출하는 과정을 새로운 정치적 지지층에 맞추기 위해 유럽의 다른 곳에서는 이제 쓸 수 없었던 〈민족〉이라는 카드를 내놓았다. 민주주의에 대한 관심을 민족으로 바꾸었던 것이다.

발트 국가들이나 우크라이나, 슬로바키아에서 공산주의 체제 이후의 정치인들은 소수 민족들의 존재를 지나치게 걱정할 필요 없이 공산주의라는 과거를 벗어던지고 민족 독립에 호소하면서 새로운 국가와 새로운 민주주의를 즉시 건설할 수 있었다. 그러나 유고슬라비아는 달랐다. 연방이 구성 공화국들로 해체될 경우, 슬로베니아를 제외하면 연방을 구성하는 각국마다 상당한 비중을 차지하는 소수 민족들이 설 자리를 잃게 되어 있었다. 이러한 상황에서 한 공화국이 독립을 선언하자 나머지 공화국들도 똑같이 해야만 할 것 같았다. 요컨대, 이제 유고슬라비아는 70년 전에 베르사유에서 우드로 윌슨과 그 동료들이 해결하지 못한 것과 동일한 처치 곤란한 문제에 직면했다.

많은 사람들이 예상했듯이, 촉매제는 코소보였다. 1980년대에 특히 그 지역의 수도인 프리스티나에서 알바니아인들은 세르비아가 자신들을 푸대접하는 데 대해 간헐적으로 시위를 벌이고 항의했다. 알바니아인의 공공시설은 폐쇄되었고, 지도자들은 내쫓겼으며, 가혹한 치안과 1989년 3월부터 실시된 통금으로 인해 그들의 일상생활은 제약을 받았다. 세르비아의 수정 헌법은 이미 궁핍하고 불우한 최하층민이었던 알바니아인들에게서 자치권과 정치적 대표권을 사실상 박탈했다. 밀로셰비치는 1989년 6월 〈코소보 전투〉 600주년을 기념하기 위해 코소보 주를 방문하여 이러한 일련의 사건을 축하하고 강조했다.

밀로셰비치는 거의 100만 명에 가까운 코소보의 세르비아인 군중 앞에서 그들이 다시 한번 〈국가와 민족적, 종교적 통합을 되찾았다〉고 선언했다. 〈이제까지 잘못된 지도자와 정치인들 때문에, 그리고 노예와 같은 정신을 갖고 살아온 까닭에 (세르비아인들은) 자신과 타인 앞에서 죄책감을 느끼며 살았다. 이러한 상황이 수십 년 동안 지속되었다. 이제 우리는 이곳 코소보의 전장에서 더는 그런 일이 벌어지지 않을 것이라고 말할 수 있다.) 몇 달 뒤 경찰과 시위대가 충돌하여 많은 사상자를 낸 데 이어 세르비아 정부는 코소보 의회를 해산하고 그 지역을 직접 통치했다.

나라의 남쪽 끝에서 벌어진 사건들은 북쪽 공화국들의 결정에 직접적으로 영향을 주었다. 슬로베니아와 크로아티아는 알바니아인의 곤경에 약간의 동정을 표했을 뿐, 세르비아 권위주의의 등장에 훨씬 더 많은 관심을 가졌다. 1990년 4월에 치러진 슬로베니아 선거에서 대다수 유권자가 여전히 연방 유지에 찬성했지만 기존의 연방 제도를 공개적으로 비판하는 비공산당 계열의 반대파 후보들도 지지를 얻었다. 다음 달, 이웃 크로아티아에서는 새로운 민족주의 정당이 압도적 다수를 확보했고, 그 지도자인 프라뇨 투지만이 공화국 대통령직을 넘겨받았다.

1990년 12월의 사건이 결정적이었다. 베오그라드의 세르비아 지도부는 밀로셰비치의 명령에 따라 연방 직원들과 국영 기업 노동자들의 체불 임금과 상여금을 지급하기 위해 유고슬라비아 연방 인출권 전체의 50퍼센트를 아무런 권한도 없이 압류했다. 특히 인구는 전체 주민의 8퍼센트밖에 되지 않았지만 연방 예산의 4분의 1을 담당했던 슬로베니아는 격노했다. 다음 달, 슬로베니아 의회는 연방 재정 체제에서 이탈한다고 공표했고, 비록 연방에서 탈퇴하는 조치를 취하지는 않았지만 공화국의 독립을 선언했다. 한 달 내에 크로아티아 의회도 똑같이 행동했다(스코피예의 마케도니아 의회도 곧 선례를 따랐다).

이러한 사태 전개가 어떤 결론으로 치달을지 처음에는 분명하지 않았다. 남동부 크로아티아의 국경 지대 크라이나는 세르비아인들이 오랫동안 정착했던 곳으로 상당한 숫자의 세르비아계 소수 민족이 존재했다. 이들은 이미 크로아티아 경찰과 충돌하고 있었으며 베오그라드에 〈우스타세〉 억압자들에 맞선 투쟁을 지원해 달라고 요청했다. 그러나 슬로베니아는 베오그라드로부터 멀리 떨어져 있었고, 그 공화국 내의 세르비아인이 5만 명이 채 못 되었기에 평화로운 해결책을 이끌어낼 수 있는 토대가 존재했다. 외국의 견해는 양분되었다. 워싱턴은 코소보에서 세르비아가 벌인 행위 때문에 유고슬라비아에 대한 모든 경제 원조를 중단하면서도 공개적으로 슬로베니아의 연방 이탈 움직임에 반대했다.

1991년 6월 미국 국무장관 제임스 베이커는 몇 주 뒤에 있을 부시 대통령의 키예프 방문에 앞서 베오그라드를 방문하여 통치자들에게 미국은 〈통합된 민주적 유고슬라비아〉를 지지한다고 확실하게 표명했다. 그러나 그때 〈통합된 민주적〉 유고슬라비아는 모순적인 표현이었다. 베이커가 이렇게 말한 지 닷새가 지나자 슬로베니아와 크로아티아는 국경선을 통제했으며, 일방적으로 연방 이탈에 착수했다. 시민들은 압도적인 지지를 보냈고 상당수의 저명한 유럽 정치인들도 이를 은밀히 후원했다. 이에 대한 대응으로 연방군은 새로운 슬로베니아의 국경으로 이동했다. 유고슬라비아 전쟁이 발발하는 순간이었다.

아니 차라리 유고슬라비아 〈전쟁들〉이라고 해야 옳다. 다섯 차례의 전쟁이 있었기 때문이다. 1991년, 유고슬라비아의 슬로베니아 공격은 겨우 몇 주 만에 끝났다. 그 후 연방군은 철수했고 이탈하려는 국가가 평화롭게 떠나도록 내버려 두었다. 그다음 크로아티아와 이에 맞서 반란을 일으킨 세르비아계 소수 민족 사이에 훨씬 더 잔혹한 전쟁이 이어졌다. 〈유고슬라비아〉 군대가, 정확히 말하면 세르비아와 몬테네그로의 군대가 반란군을 지원한 이 전쟁은 이듬해 초 국제 연합의 중재로 휴전에 이를 때까지 계속되었다. 그러나 휴전은 불안정했다. 1992년 3월 보스니아의 크로아티아인과 무슬림이 독립을 가결한 뒤, 보스니아의 세르비아인들은 새로운 국가에 전쟁을 선포했으며 보스니아로부터 〈세르비아 공화국〉[8]을 도려내는 작업에 들어갔다. 이때도 역시 유고슬라비아 군대는 다수의 보스니아 도시, 특히 수도인 사라예보를 공격하여 지원했다.

한편, 1993년 1월에는 보스니아의 크로아티아인과 무슬림 사이에 별도의 내전이 발발했다. 일부 크로아티아인이 자신들이 지배했던 헤르체고비나 지역에 작은 나라를 세우려고 시도했으나 이 나라는 곧 사라졌다. 그리고 마지막으로, 이러한 분쟁들이 종료된 후(1995년에 크로아티아와 세르비아 사이의 전쟁이 새롭게 발발하여 크로아티아가 3년 전에 세르비아에 빼앗긴 크라이나를 탈환했다. 이 이후에야 진정으로 전쟁이 끝났다고 할 수 있다), 코소보에서 전쟁이 터졌다. 다른 곳에서 사실상 전부 패배한 밀로셰비치는 코소보로 돌아와 알바니아계 주민을 쓸어내고 추방하려 했다. 이러한 밀로셰비치의 계획은 1999년 봄 북대서양 조약 기구 군대가 세르비아에 전례 없는 공격을 가한 뒤에야 저지될 수 있었다.

각각의 전쟁에는 내부 동력과 외부 개입이 다 있었다. 앞서 보았듯이 슬로베니아와 크로아티아의 독립에는 근거가 충분한 국내의 동인이 존재했다. 그러나 독일이 두 신생국을 빠르게 승인하고 유럽 공동체가 독일의 선례를 따른 후에야 두 국가의 존재는 피아에게 분명하게 인식되었다. 독립 국가 크로아티아가 성립되자, 베오그라드의 라디오와 텔레비전에서는 흥분한 목소리의 선전이 쏟아져 나왔고, 이는 두 신생국에 거주하는 세르비아계 주민의 두려움을 자극했다. 전시의 학살에 대한 기억을 불러내어 세르비아인들에게 〈우스타

---

8 Republika Srpska. 보스니아 내전으로 탄생한 보스니아 내 세르비아인의 독립적 정치 체제. Srpska는 세르비아를 뜻하는 형용사이므로 세르비아 공화국으로 표기해야 하지만 세르비아 공화국Republika Srbija과 혼동할 우려가 있어 따옴표로 표시한다 ─ 옮긴이주.

세〉이웃들에 맞서 무장하라고 재촉했던 것이다.

크로아티아계와 무슬림이 과반수를 차지하는 독립국 보스니아의 전망도 유사한 근심을 초래했다. 보스니아에는 슬로베니아와 크로아티아보다 훨씬 더 많은 세르비아인이 거주했기 때문이다. 보스니아의 독립이 불가피했는지는 여전히 명확하지 않다. 보스니아는 전쟁 이전의 공화국들 중에서 가장 통합이 잘된 국가였다. 구성 사회들을 강제로 분리하면 대다수는 잃을 것이 더 많았다. 보스니아 주민들은 영토 전역에 마치 천 쪼가리를 이어 만든 보자기처럼 퍼져 살았기 때문이다. 그리고 밀로셰비치가 등장하기 전까지 민족적으로나 종교적으로 소수 집단에 속했던 자들은 제도적 분리의 욕구를 조금도 보이지 않았고 그런 생각을 품지도 않았다. 그러나 북쪽의 이웃들이 연방에서 이탈하자, 그 문제는 논쟁의 대상이 되었다.

1991년 이후 보스니아의 크로아티아인들과 무슬림은 밀로셰비치의 유고슬라비아에 남아 소수 집단의 지위를 갖느니 주권의 독립을 선택하기로 결심했다. 이에 따라 1992년 2월 말에 국민 투표를 실시했다. 이제 보스니아의 세르비아계 주민들은 몇 달 동안 베오그라드가 쏟아낸 우스타셰의 학살과 다가올 무슬림의 지하드에 관한 이야기를 들은 터라 세르비아와 연합할 마음이 생겼으며, 최소한 사라예보에서 통치하는 무슬림-크로아티아 국가에서 소수 민족의 지위를 유지하려 했다. 이는 충분히 이해할 만한 선택이었다. 1992년 3월 보스니아가 독립을 선언하자(세르비아계 주민은 국민 투표와 의회 선거를 모두 거부했으니 무슬림과 크로아티아인 지도자들이 선언했다고 해야 하겠다), 그 운명은 정해졌다. 다음 달, 보스니아의 세르비아계 지도자들은 〈세르비아 공화국〉을 선포했고, 유고슬라비아 군대는 이들의 영토 확보와 〈정화〉를 돕기 위해 진군했다.

세르비아와 크로아티아 사이의 전쟁, 그리고 세르비아와 보스니아 사이의 전쟁으로 엄청난 사상자가 발생했다. 처음에는 많든 적든 정규군 사이에서, 특히 전략적 의미를 지닌 사라예보나 부코바르 같은 도시들에서 전투가 벌어졌다. 그러나 이내 대부분의 전투는 비정규군이, 특히 세르비아 비정규군이 수행했다. 세르비아 비정규군은 폭력배와 범죄자 집단과 진배없었다. 세르비아 정부로부터 무기를 지원받은 이들은 〈아르칸Arkan〉(젤리코 라즈나토비치) 같은 직업적인 악당이나 라트코 플라디치 중령 같은 유고슬라비아 군대 퇴역 장교들이 지휘했다. 아르칸의 세르비아 자위대(〈호랑이들Arkanovi Tigrovi〉)는 크로아티아와 보스니아의 동부 지역에서 수백 명을 학살했으며, 미국의 외교관 리처드 홀브룩이 〈카리스마를 지닌 살인자〉라고 칭했던 라트코 플라디치는 1992년부터 보스니아의 세르비아 군대 책임자로 세르비아인이 다수를 차지하는 크라이나에서 크로아티아 촌락 주민들을 처음으로 공격했다.

주된 전략적 목표는 반대 세력의 패배가 아니라 비세르비아계 시민들을 세르비아인의 영토라고 주장된 곳에서 축출하는 것이었다.[9] 어느 편이나 관여했던 이러한 행위는 매우 오래된 관행으로 새롭게 〈민족정화〉라는 이름을 얻었다. 그러나 세르비아 군대가 단연 최악의 범죄자들이었다. 보스니아 전쟁이 끝날 무렵 약 30만 명이 살해되었고, 수백만 명이 추방되었다. 유럽 공동체 보호 시설의 입소 신청자는 1988년에서 1992년 사이 세 배 이상 늘었다. 1991년에는 독일 한 나라만 25만 6천 명의 난민을 수용했다. 크로아티아와 보스니아에서 전쟁이 벌어진 첫해에 국외로 피난한 유고슬라비아인은 300만 명에 달했다(전쟁 이전 인구의 8분의 1이다).

국제 사회는 유고슬라비아의 비극을 모를 리 없었다. 세르비아의 포로수용소에서 굶주려 죽어 가는 무슬림의 비참한 모습과 그보다

---

9 유고슬라비아에서 민족 정체성은 생김새나 언어로 확인할 수 없었다. 이곳저곳을 돌아다니는 민병대는 촌락 주민들의 〈밀고〉에 의존해야 했다. 밀고당한 자들은 몇 년 동안, 심지어 수십 년 동안 평화롭게 함께 살았던 친구이자 가족이었다.

더한 장면들이 전 세계의 텔레비전 화면에 실시간으로 펼쳐졌다. 유럽인들은 1991년 6월 유고슬라비아로 유럽 공동체 관리단을 파견하여 처음으로 개입을 시도했다(불운했던 룩셈부르크의 외무장관 자크 푸는 이를 계기로 〈유럽의 시대〉가 밝아온다는 불후의 주장을 철회했다). 그러나 유럽 공동체와 여러 기구들은 조사와 중재, 제안을 위해 고위급 위원단을 꾸리고도 별 도움이 되지 못했다. 유럽 공동체는 독일과 오스트리아처럼 유고 연방에서 탈퇴한 공화국들을 지지한 나라들과, 프랑스 등 기존 국경선과 국가들이 계속 존속하기를 원하며 그 때문에 세르비아에 완전히 냉담하지만은 않은 나라들로 분열했다. 그러나 이것이 이유는 아니었다.

미국이(따라서 북대서양 조약 기구가) 이 난투극에서 단호히 벗어나 있었으므로, 남은 것은 국제 연합뿐이었다. 그러나 국제 연합도 세르비아에 제제를 가하는 것 밖에 달리 할 수 있는 일이 없어 보였다. 국제 연합이 전쟁이 할퀴고 지나간 지역의 평화를 확보하기 위해 군대를 파견한 적은 있었다. 그러나 유고슬라비아에는 아직 유지할 평화 자체가 없었으며, 평화를 정착시킬 의지나 수단도 존재하지 않았다. 비교할 만한 사례인 스페인내전에서는 여러 나라의 표면적인 중립 태도가 사실상 공격자에 유리하게 작용했다. 유고슬라비아에 대한 국제적인 무기 금수 조치는 세르비아인을 제지하는 데 아무 효과가 없었다. 세르비아인들은 옛 유고슬라비아 연방의 견실한 군수 산업에 기댈 수 있었기 때문이다. 그러나 보스니아의 무슬림은 무기 금수 조치로 전쟁 수행에 큰 방해를 받았다. 1992년에서 1995년 사이에 보스니아의 무슬림이 입은 상당한 군사적 손실은 무기 금수 탓이었다.

1995년 이전에 국제 사회가 거둔 유일한 실질적 성과는 그곳에서 전투가 진정된 후에야 크로아티아인과 세르비아인을 격리시킨답시고 1만 4천 명의 국제 연합 보호군을 크로아티아에 파견한 일과, 뒤

이어 〈안전지대Safe Areas〉로 지칭된 보스니아의 선별된 도시 지역으로 점점 더 많이 몰려든 난민(대부분은 무슬림)을 보호하기 위해 교육도 제대로 시키지 않은 수백 명의 국제 연합 평화유지군을 투입한 일이었다. 나중에 보스니아의 일부에서 국제 연합의 승인으로 〈비행 금지 구역〉이 설정되었는데, 그 의도는 유고슬라비아가 민간인을 마음대로 위협하지 못하도록(즉 국제 연합이 가한 제재를 어기지 못하도록) 하는 것이었다.

1993년 5월 헤이그에 국제전범재판소를 설립한 것이 장기적으로는 더 중요한 의미를 지닐 것이다. 법정이 존재한다는 사실 자체가 이제는 명백하게 확인된 사실, 즉 빈에서 남쪽으로 겨우 몇 킬로미터 떨어진 곳에서 전쟁 범죄와 그보다 더한 짓이 자행되고 있다는 사실이 확증되었다. 그러나 믈라디치와 그의 동료인 세르비아계 보스니아인 라도반 카라지치(〈세르비아 공화국〉 대통령)를 포함하여 범죄자로 추정되는 자들은 대부분 아직도 아무런 벌도 받지 않고 활발하게 범죄를 자행하고 있었다. 법정은 여전히 유령처럼 무의미한 지엽적 사건이었다.

상황은 1995년에 가서야 변하기 시작했다. 그때까지 외부 개입에 대한 모든 논의는 갈피를 잡지 못하고 있었다. 세르비아계 주민의 의사나 이익에 반하여 보스니아에 강제로 평화를 정착시키려는 시도는 무엇이든 공정하지 못할 뿐만 아니라 사태를 더욱 악화시킬 수 있다는 이야기였다. 밀로셰비치는 베오그라드에서 이러한 방식의 추론을 교묘하게 조장했다. 그러면서도 밀로셰비치는 보스니아의 세르비아계 동포들이 내린 결정에 자신은 아무런 역할도 하지 않았다는, 무척이나 믿기 어려운 주장을 펼쳤다.

그리하여 보스니아의 세르비아계 주민들은 사실상 행동의 자유를 얻었는데,[10] 그들은 이를 지나치게 과신했다. 새로운 보스니아 연

10 1992년에서 1994년 사이 발칸 지역에 있던 국제연합 기구들은 보스니아의 세르비아

방에서 〈무슬림-크로아티아〉 연합이 51퍼센트를 받고 세르비아계는 49퍼센트를 얻는다는 데 국제 사회가(합의를 이끌어내려 부단히 노력했던 외국 외교관들의 〈교섭단〉을 포함해서) 폭넓게 동의했지만, 팔레[11]에 본부를 둔 세르비아계 지도자들은 이에 조금의 관심도 보이지 않고 공격을 계속했다. 1994년 2월, 세르비아계 군대는 사라예보 인근 산악 지대에서 그 도시의 시장으로 박격포를 발사하여 예순여덟 명을 살해하고 수백 명에게 부상을 입혔다. 이 사건 뒤에 북대서양 조약 기구는(국제 연합의 지지를 받아) 또다시 공격하면 공습하겠다고 위협했고, 잠시 소강상태가 유지되었다.

그러나 1995년 5월, 보스니아 군대가 약간 전진하고 크로아티아가 성공적으로 크라이나를 재탈환한 데 대한(그리하여 군사적으로 세르비아가 막강하다는 신화가 거짓임을 밝힌 데 대한) 보복으로 세르비아계는 다시 박격포로 사라예보를 공격했다. 북대서양 조약 기구가 이에 대응하여 보스니아의 세르비아계 군사 시설을 공습하자 세르비아계는 350명의 국제 연합 평화유지군을 인질로 잡았다. 서방 정부들은 자국 병사들의 운명에 놀라 국제 연합과 북대서양 조약 기구에 공습 중단을 간청했다. 이제 다국적군의 존재는 세르비아계를 압박하기는커녕 그들에게 다른 엄폐물만 제공한 꼴이 되었다.

서방이 소심하다는 증거에 용기를 얻은 세르비아계 군대는 7월 11일 믈라디치의 지휘를 받아 뻔뻔스럽게도 이른바 국제 연합의 〈안전지대〉인 보스니아 동부의 스레브레니차에 진입했다. 당시 겁에 질린 무슬림 난민으로 넘쳐나던 스레브레니차는 무장한 네덜란드 병사로 구성된 400명의 평화유지군 파견대의 공식적인 〈보호〉를 받고 있었다. 그러나 믈라디치의 부하들이 도착했을 때 네덜란드 대대는

계와 공모한 것이나 다름없었다. 포위된 도시 사라예보에 출입할 수 있는 물자와 인력에 관해 보스니아의 세르비아계가 사실상의 거부권을 갖도록 허용한 일 등이 그 한 예이다.

11 보스니아 전쟁 중에 〈세르비아 공화국〉의 수도였던 곳으로 사라예보 북동쪽에 있다 —옮긴이주.

무기를 내려놓았고 세르비아계 군대가 무슬림 사회를 뒤져 남자들과 소년들을 체계적으로 골라냈을 때에도 아무런 저항을 하지 않았다. 다음 날, 믈라디치가 남자들은 아무런 해도 입지 않을 것이라고 〈장교의 명예를 걸고〉 얘기한 뒤에, 그의 부하들은 겨우 열세 살밖에 안 된 소년들이 포함된 무슬림 남자들을 스레브레니차 근처의 들판으로 끌고 갔다. 이후 나흘 동안 남자들은 거의 전부(7,400명) 죽임을 당했다. 네덜란드 병사들은 안전하게 고국으로 돌아갔다.

스레브레니차는 제2차 세계 대전 이후 유럽에서 벌어진 최악의 대량 학살이었다. 오라두르와 리디체, 카틴에서 벌어진 것과 동일한 규모의 전쟁범죄가 전 세계의 목격자들이 보는 가운데 자행되었던 것이다.[12] 며칠 내에 스레브레니차 사건 소식이 전 세계에 방송되었다. 그렇지만 즉각적인 반응으로는 북대서양 조약 기구가 다른 〈안전지대〉가 공격을 받는다면 공습이 재개되리라고 공식적으로 경고한 것이 전부였다. 보스니아의 세르비아계는 당연히 마음대로 학살을 자행해도 된다는 백지 위임장을 받았다고 생각했고, 두 번째로 사라예보 시장에 박격포를 발사하여 서른여덟 명의 민간인을 살해했다. 사망자 중 여럿이 어린아이였다. 그러나 이 폭격은 실수였다. 국제 사회는 공습을 경고한 지 꼬박 7주가 지난 뒤인 8월 28일에 마침내 반응을 보였다.

이제 드디어 북대서양 조약 기구가 행동에 돌입했다. 클린턴 대통령은 국제 연합 지도부와 유럽의 몇몇 지도자들, 나아가 자국 군의 몇몇 인사들의 반대를 무릅쓰고 엄중하고 지속적인 폭격 작전을 허가했다. 목적은 세르비아계의 타격 능력을 줄이고 궁극적으로는 제

12 오라두르는 프랑스의 리무쟁 지역에 있는 마을이다. 1944년 6월 10일 나치 무장친위대 중대가 여자와 어린이를 포함한 642명을 학살했다. 리디체는 프라하 북서쪽의 마을이다. 보헤미아모라비아 보호령 시절에 라인하르트 하이드리히가 암살된 것에 대한 보복으로 열여섯 살 이상의 남자 192명이 살해되었고, 나머지 여자와 아이들은 강제 수용소로 끌려갔으며 많은 수가 죽임을 당했다 — 옮긴이주.

거하여 더는 해를 끼치지 못하게 하는 것이었다. 때늦은 감이 없지 않았으나 이 작전은 효과가 있었다. 크게 자랑했던 세르비아계의 전투 조직은 자취를 감추었다. 보스니아의 세르비아계는 자신들의 진지가 오랫동안 전면적인 공격을 받고 밀로셰비치의 지원이 끊기자 몰락했다(밀로셰비치는 이제 팔레의 병사들과 자신은 무관하다고 강조하는 데 진력했다).

세르비아인들이 무대에서 사라지고 미국이 깊숙이 개입하자, 발칸 지역에 평화를 가져오는 일은, 최소한 전쟁의 종결은 놀랍도록 손쉬웠다. 10월 5일, 클린턴 대통령은 휴전을 선언하며 당사자들이 미국에서 열리는 평화 회담에 참석하기로 동의했다고 밝혔다. 11월 1일, 회담은 오하이오주 데이턴의 미국 공군 기지에서 개시되었다. 3주 뒤, 이들은 협정을 체결했고 1995년 12월 14일에 파리에서 조인식이 있었다.[13] 투지만이 크로아티아를 대표했고, 알리야 이제트베고비치[14]가 보스니아의 무슬림을 대변했으며, 슬로보단 밀로셰비치가 유고슬라비아와 보스니아의 세르비아계를 대표하여 서명했다.

미국의 시각에서 볼 때 평화 회담의 목적은 유고슬라비아 전쟁들의 해답을 구하는 것이었지만 그 해결책은 보스니아의 분할을 수반하지 않아야 했다. 분할은 세르비아계의 승리를 뜻했고, 국제적으로 민족정화에 국가 수립이라는 도장을 찍어 주는 꼴이 될 것이었다(당시 세르비아계는 자신의 몫을 세르비아 본토에 결합시켜 대세르비아라는 민족주의적 꿈을 실현하려 했다). 따라서 그 대신에 복잡한 3자 통치 체제가 수립되었다. 보스니아의 세르비아계와 무슬림, 크로아티아계가 모두 행정과 영토에서 일정한 자치권을 보유하되

13 조인식이 파리에서 열린 것은 프랑스의 주장 때문이었다. 그러나 파리의 서명식은 의식을 통한 과잉 보상으로서 프랑스가 앞서 세르비아에 맞서 행동하기를 주저했던 사실에 세인의 이목을 끌었을 뿐이다.
14 1925~2003. 보스니아 정치가, 변호사, 철학자. 1990년에서 1996년까지 보스니아헤르체고비나의 초대 대통령으로 재임했다 — 옮긴이주.

대외적 경계에는 변화가 없는 단일한 보스니아 국가 내에 존재했다.

그 뒤로 보스니아는 공식적으로 내란에서 벗어났다. 그러나 테러와 추방의 결과는 되돌릴 수 없었다. 집에서 쫓겨난 사람들(특히 무슬림)은 대부분 지역 당국과 국제적 권위가 보장하고 권장했는데도 영원히 귀향하지 못했다. 실제로 추가 〈정화〉가 벌어질 예정이었다. 이번에는 세르비아계가 당할 차례였다. 크로아티아는 새로이 재탈환한 크라이나에서 체계적으로 세르비아계를 추방했고, 세르비아계 의용대는 세르비아인들에게 사라예보 등지의 집을 떠나 세르비아인이 우세한 지역에 〈재정착〉하라고 압력을 가했다. 그러나 전체적으로 평화는 유지되었고 보스니아는 계속 결합되어 있었다. 6만 명의 북대서양 조약 기구 군대가 평화유지군으로(나중에는 안정화군Stabilization Force으로) 활동했으며, 그 나라가 자신들의 일을 스스로 책임질 수 있을 때까지 민간인 최고 위원회High Representative가 관리 권한을 위임받았다.

최고위원회와 다국적군은 필자가 이 글을 쓰는 동안에도(데이턴에서 평화 회담이 있은 지 10년이 지났다) 보스니아에서 여전히 그 업무를 계속하고 있다. 이런 상황은 전쟁 이후 그 나라의 비참한 상태를, 그리고 세 공동체 사이에 지속되고 있는 반감과 협력의 부재를 보여 주는 징표이다.[15] 보스니아는 정부 기구와 정부 간 기구, 비정부 기구를 포괄하는 다수의 국제기구들을 초대한 주인이 되었다. 실제로 보스니아 경제는 1995년 이후 거의 전적으로 이러한 기구들의 존재와 지출에 의존했다. 1996년 1월 세계은행의 추산에 따르면 보스니아의 회복을 위해서는 3년 동안 51억 달러가 필요했다. 그러나 이마저 지나치게 낙관적인 판단이었음이 드러났다.

보스니아 전쟁이 끝나고 다양한 국제기구들이 들어와 평화 정착

---

15 북대서양 조약 기구가 이끄는 안정화군은 2004년 12월 4일에 유럽 연합군으로 대체되었다.

을 지원하자 국제적인 관심이 퇴조했다. 유럽 연합은 여느 때처럼 자체의 제도적 관심사에 전념했으며, 클린턴은 국내의 선거 문제, 그리고 북대서양 조약 기구의 확대와 옐친이 이끄는 러시아의 불안정에 골몰하여 발칸 위기에 집중하지 못했다. 그러나 슬로베니아와 크로아티아, 보스니아는 이제 외견상 독립국이었지만, 유고슬라비아 문제는 해결되지 않았다. 슬로보단 밀로셰비치는 여전히 남은 땅을 통제했고, 그가 권좌에 오르는 데 이용한 첫 번째 문제가 막 폭발할 순간에 있었다.

세르비아의 알바니아계 주민들은 계속해서 차별과 억압을 당했다. 사실, 국제 사회가 북쪽의 위기에만 주목한 탓에 이들은 그 어느 때보다 취약했다. 데이턴 회담 이후 밀로셰비치의 국제적 운명은 확실히 개선되었다. 그는 모든 제재를 다 없애지는 못했지만, 유고슬라비아는 이제 과거의 천민이 아니었다. 그래서 밀로셰비치는 자신의 이름으로 치른 전쟁에서 일련의 패배를 겪고 베오그라드의 세르비아 민족주의 정치인들로부터 세르비아의 〈적들〉과 타협했다고 비판받는 상황에서 코소보로 되돌아갔다.

국제 연합의 인권특별보고관인 엘리자베스 렌은 이미 1997년 봄에 코소보 주에 재앙이 임박했다고 경고했다. 세르비아는 코소보의 모든 자치 요구를 거부하고 지역 주민에게서 최소한의 제도적 대표성까지 박탈함으로써 역내 다수파인 알바니아인 주민을 공격했다. 젊은 세대의 알바니아인들은(알바니아로부터 무기를 지원받고 용기를 얻어) 무기력하고 굴욕적인 이브라힘 루고바[16]의 온건 지도부를 무시하고 비폭력 저항을 포기했으며 점차 코소보해방군에 의지했다.

1992년 마케도니아에서 창설된 코소보해방군은 코소보의 독립을

16 1944~2006. 2002년에서 2006년까지 코소보 자치 정부의 초대 대통령을 지냈다 — 옮긴이주.

위해(그리고 알바니아와 연합하기 위해) 무장 투쟁을 천명했다. 코소보해방군의 전술은 대체로 고립된 경찰서에 게릴라 공격을 감행한 것인데, 이에 밀로셰비치는 알바니아인의 모든 저항을 〈테러〉로 비난하고 더욱 맹렬한 군사 행동을 허가할 기회를 잡았다. 1998년 3월, 박격포와 전투 헬기로 무장한 세르비아군이 드레니차와 여러 알바니아인 촌락에서 학살을 자행하여 수십 명을 살해하자, 국제 사회는 마침내 루고바의 호소에 응하여 더 많은 관심을 갖기 시작했다. 그러나 미국과 유럽 연합이 〈코소보의 경찰 폭력에 소스라치게 놀랐다〉는 견해를 표명하자, 밀로셰비치는 호전적으로 반응하며 이렇게 경고했다. 〈이 문제의 국제화를 겨냥한 테러리즘은 그러한 수단에 호소한 자들에게 가장 큰 손해를 입힐 것이다.〉

대체로 망명 중이거나 숨어 지내던 코소보의 알바니아계 지도부는 이제 세르비아로부터 완전히 분리되어야만 자신들의 사회를 구할 수 있다고 결론 내렸다. 그동안 미국과 〈교섭단〉 국가들은 계속해서 밀로셰비치와 알바니아계 사이를 중재하여 한편으로는 〈공정한〉 해결책을 중개하고 다른 한편으로는 발칸 남부에서 더 심각한 전쟁의 발발을 피하려 애썼다. 그 전쟁의 발발 가능성은 전혀 근거 없는 두려움이 아니었다. 만일 유고슬라비아로 하여금 알바니아인 시민들을 점잖게 대우하도록 유인하지 못한다면, 그래서 알바니아계 주민들이 분리를 선택한다면, 이 사태는 마찬가지로 불행한 알바니아인 소수 민족이 대규모로 살고 있는 인접국 마케도니아에도 중대한 결과를 초래할 수 있었다.

그리스의 고집 때문에 구 유고슬라비아 마케도니아 공화국(Former Yugoslav Republic of Macedonia, FYROM)으로 부르게 된 새로운 독립국 마케도니아는[17] 역사적으로 민감한 지역이었다. 불가리아,

17 선거에 이용하기 위해 민족주의적 정서를 교묘히 조종한 그리스 총리 안드레아스 파판드레우는 〈마케도니아〉라는 명칭은 자국의 유서 깊은 유산이며 오직 그리스 본토의 북쪽

그리스, 알바니아와 맞닿은 국경은 모두 제2차 세계 대전 전후로 논쟁의 대상이었다. 인접국들은 모두 마케도니아 공화국을 의혹의 눈길로 바라보았다. 이 작은 내륙 국가는 전적으로 이웃 나라들에 의존하여 교역하고 외부 세계와 접촉했다. 그리고 유고슬라비아 해체 이후 그 생존은 결코 확실하지 않았다. 그러나 마케도니아가 몰락한다면, 알바니아와 불가리아, 그리스, 나아가 터키까지 분쟁에 휩싸일 수 있었다.

따라서 밀로셰비치가 코소보의 알바니아인들을 지속적으로 학대하고 학살하면 서구 강국들의 불승인을, 궁극적으로는 개입을 초래할 수 있었다. 밀로셰비치가 1998년 여름 내내 미국 국무장관 매들린 올브라이트와(그는 밀로셰비치의 〈개인적 책임〉을 묻겠다고 했다) 프랑스 대통령 자크 시라크, 북대서양 조약 기구 사무총장 하비에르 솔라나로부터 일련의 경고를 받았는데도 이상하게 이 점을 전혀 이해하지 못한 듯했다. 밀로셰비치는 몇 년 뒤의 사담 후세인처럼 고립되고 차단되어 서방의 견해를 알지 못했으며, 외국 정치인들을 조종하고 교묘히 이용할 수 있다고 자신의 능력을 과신했다.

이러한 무지와 과신이 전적으로 밀로셰비치만의 잘못은 아니었다. 그는 협상력을 과신했던 허영심 많은 미국 외교관들의 빈번한 방문으로 우쭐했으며, 서방이 자신을 타협할 줄 모르는 적이 아니라 특권적인 대화 상대자로 여긴다고 생각할 만한 충분한 이유가 있었다.[18] 그리고 밀로셰비치는 국경선의 추가 재조정을 피하는 데 국

끝 지역에만 적용할 수 있다고 주장했다. 유고슬라비아 남부에서 떨어져 나온 슬라브족의 국가가 마케도니아라고 자칭한다면, 그 국가가 실지 회복의 야심을 품었다고 볼 수밖에 없다는 것이었다. 파판드레우가 인정할 수 없었던 것은 그리스 마케도니아의 많은 〈그리스인들〉이 공식적으로는 애국적인 목적에서 그리스에 동화되기는 했지만 슬라브족 혈통을 지녔다는 사실이었다.

18 1996년 겨울, 지방 선거에서 부정이 저질러졌다는 사실이 명백하게 밝혀진 후, 세르비아 학생들은 베오그라드의 거리에서 석 달 동안 밀로셰비치의 독재에 항의하고 변화를 요구하며 시위를 벌였다. 그러나 학생들은 서방으로부터 어떠한 지원이나 격려도 받지 못

제 사회가 첨예한 관심을 갖고 있다는 사실을 잘 알고 있었다. 외무 장관들로 구성된 교섭단은 1998년 7월까지도 코소보의 상황이 절망적이라는 증거가 명백했는데도 독립을 해결책에서 공공연히 배제했다.

밀로셰비치는 보스니아의 파국이 국제 여론에 엄청난 충격을 주었다는 점을 알지 못했다. 세계가 적기에 개입하지 못한 데 대한 집단 죄의식으로 괴로웠기 때문이었을지언정, 이제 인권, 특히 민족정화가 모든 사람에게 최우선의 문제였다. 1998년 6월, 헤이그 전범재판소는 코소보에서 자행된 범죄를 관할할 자격이 있음을 선언했다(주임 검사 루이즈 아버는 코소보 주에서 벌어진 싸움은 규모와 성격으로 볼 때 국제법에 따른 무력 분쟁이라고 주장했다). 7월 19일, 미국 상원은 헤이그의 관리들에게 밀로셰비치를 〈전쟁 범죄, 반인류 범죄, 종족 학살〉 혐의로 기소하라고 강력히 권고했다.

고발 가능성은 빠르게 높아지고 있었다. 세르비아가 파견한 특수 경찰대가 수백 명의 알바니아인 〈테러리스트들〉을 살해했을 뿐만 아니라, 세르비아 정부가 충돌을 핑계로 알바니아계 주민들에게 떠날 것을 〈권고〉하기로 결정했다는 증거가 늘어나고 있었다. 알바니아인들은 목숨을 보존하기 위해 땅과 생계를 버리고 도망쳐야 했다. 1998년에서 1999년으로 넘어가는 겨울 동안 세르비아 경찰이 알바니아계 사회 전체를 협박하여 마을을 포기하고 국경 너머 알바니아나 마케도니아로 피신하게 할 목적으로 활동을 전개했다는 보고들이 있다(세르비아 경찰의 활동은 때로는 알바니아 해방군의 공격에 대한 대응이기도 했지만, 더 일반적으로는 하나 이상의 확대 가족의 집단 처형에 관여한 것이었다).

국제 사회의 의견은 심하게 양분되었다. 일찍이 1998년 10월 미

했다. 서방은 데이턴 회담 이후 밀로셰비치를 안정의 요소로 간주했기에 그의 지위를 약화시킬 일은 전혀 하지 않았다.

국과 북대서양 조약 기구의 대다수 회원국들은 포위된 알바니아를 위한 모종의 군사 개입에 공개리에 찬성했다. 그러나(분명히 주권 국가의 〈내정〉에 간섭하는 행위를 인가해야 하는) 국제 연합에서는 중국과 러시아의 강한 반대가 있었다. 러시아 의회는 북대서양 조약 기구가 향후에 취할 추가 조치를 〈불법 침략〉으로 규정하는 결의안을 통과시켰다. 유럽 연합과 북대서양 조약 기구 내부에서는 그리스가 자국 문제 때문에 유고슬라비아 일에 대한 모든 개입에 반대했다. 한편 우크라이나와 벨라루스는 세르비아의 동포 슬라브족에 대한 〈조건 없는 연대〉와 〈도덕적 지원〉을 공언했다.

세르비아가 1999년 초에 일련의 잔인한 집단 학살을 통해 판돈을 올리지 않았다면 교착 상태는 무한정 지속되었을지도 모른다. 세르비아는 먼저 1월 15일에 코소보 남부의 라차크 마을을 공격했고 그다음 3월에 코소보 주 전역에서 학살을 자행했다. 마흔다섯 명의 알바니아인이 살해된 라차크 공격(그중 스물세 명은 분명 처형되었다)은 결국 사라예보 시장의 학살처럼 국제 사회의 행동을 자극했다.[19] 랑부예에서 매들린 올브라이트와 유고슬라비아 대표단 사이의 협상은 예견된 대로 세르비아가 코소보 철군과 외국군의 주둔을 거부함으로써 성과 없이 끝났다. 개입은 불가피해졌다. 3월 24일 국제 연합의 공식적인 승인 없이, 북대서양 조약 기구의 전함과 항공기는 유고슬라비아 작전에 돌입했으며 사실상 베오그라드 정권에 전쟁을 선포했다.

마지막 유고슬라비아 전쟁은 꼬박 석 달 동안 지속되었다. 그동안 나토군은 세르비아 본토에 치명적인 손해를 입혔지만 코소보로부터 알바니아인들이 추방되는 것을 막는 데에는 한계가 있었다. 전

---

19 세르비아와 세르비아를 옹호했던 자들은 사라예보의 잔학 행위 때처럼 그런 일은 전혀 일어나지 않았다고 주장하거나 그런 주장이 불가능할 때에는 희생자들 스스로 〈도발〉했기에 그런 일이 발생했다고 우겼다.

쟁 중에 86만 5천명의 난민이(절반이 코소보의 알바니아계 주민이었다) 국경을 넘어 몬테네그로와 보스니아, 알바니아, 그리고 알바니아 민족 지역인 서부 마케도니아의 임시 야영지로 피신했다. 그러나 클린턴 대통령이 신중하지 못하게 북대서양 조약 기구 지상군의 투입은 없어야 한다고 공개적으로 주장했는데도(이는 동맹국에 공중 공격을 수행하도록 강요함으로써 불가피하게 재난을 초래했고 유고슬라비아의 선전 활동과 세르비아의 희생자 추모에 이용되었다) 결과는 이미 정해졌다. 6월 9일, 세르비아는 코소보로부터 모든 군대와 경찰을 철수하는 데 동의했고, 북대서양 조약 기구의 공격은 중단되었다. 국제 연합은 곧 북대서양 조약 기구가 지도하는 코소보군에 그 지역을 〈일시적으로〉 점령할 권한을 위임했다.

코소보 점령은 10년 동안 지속된 유고슬라비아 전쟁이 끝났다는 표시였다. 그리고 밀로셰비치에게는 끝의 시작이었다. 그는 세르비아 민족주의 사업의 마지막이자 최악의 후퇴로 인해 신뢰에 상처를 입었고 2000년 9월에 실시된 유고슬라비아 대통령 선거에서 야당 후보 보이슬라브 코슈투니차에 압도적인 표차로 패배했다. 밀로셰비치는 코슈투니차가 더 많은 표를 얻었다는 사실을 냉소적으로 인정했다. 그러나 표 차이가 너무 근소하여 결선 투표가 필요하다고 선언했고, 결국 오랫동안 고초를 겪은 세르비아인 대중의 거센 저항을 불러일으켰다. 수만 명의 항의자들이 베오그라드 거리로 뛰쳐나왔고, 10월 5일 밀로셰비치는 마침내 패배를 인정하고 자리에서 내려왔다. 여섯 달 뒤 서방의 경제 지원이 절실했던 세르비아 정부는 밀로셰비치를 체포하여 헤이그 재판소에 넘기기로 동의했고, 그는 그곳에서 종족 학살과 전쟁범죄로 고발되었다.

유고슬라비아 비극의 책임은 누구에게 있는가? 모두에게 골고루 돌아갈 만큼 많은 책임이 있다는 사실은 분명했다. 국제 연합은 초기에 전혀 관심을 보이지 않았다. 무사태평한데다 능력이 모자랐던 사무총장 부트로스갈리는 보스니아 사태를 〈부자의 전쟁〉이라고 칭했다. 국제 연합 대표단은 발칸에 도착했을 때 최악의 범죄자들에 대한 단호한 군사적 조치를 막는 데 대부분의 시간을 보냈다. 유럽인들도 별반 다르지 않았다. 특히 프랑스는 세르비아에 사태의 흐름에 대한 책임을 묻는 데 분명히 주저했고 조금이라도 관여하지 않으려는 성향을 노골적으로 드러냈다.

1990년 9월 미국이 유고슬라비아 문제를 파리에서 열릴 예정이었던 유럽안보협력기구의 의제에 올리려 했을 때, 프랑수아 미테랑은 미국이 〈과장된 연기〉를 한다고 비난하고 이를 거부했다. 넉 달 뒤, 그 문제가 다시 불거졌을 때, 프랑스 외무장관은 이제 외국이 개입하기에는 〈너무 늦었다〉고 주장했다. 다국적군이 불가피하게 그 지역의 분쟁에 관여한 이후에도, 프랑스는 여전히 비협조적이었다. 보스니아 주둔 국제 연합 보호군 사령관인 프랑스의 베르나르 장비에 장군은 스레브레니차의 세르비아계 보스니아인들에 대한 공습을 개인적으로 금지했다.[20] 네덜란드 정부는 자국 병사들이 전부 안전하게 빠져나올 때까지 보스니아의 세르비아계 거점에 대한 북대서양 조약 기구의 모든 공격에 대해 거부권을 행사했다.

다른 나라들의 처신은 약간 나았으나 그다지 훌륭하다고 볼 수는 없었다. 영국은 결국 개입을 촉구하는 미국의 입장을 지지했지만, 유고슬라비아에서 결정적인 사건들이 전개되던 최초의 몇 년을 유럽 공동체나 북대서양 조약 기구의 직접적인 개입을 조용히 방해하면서 보냈다. 그리고 영국이 유고슬라비아 난민을 대접하는 방식은 수치스러울 정도였다. 1992년 11월, 집을 빼앗기고 절망적인 상황에 처한 보스니아인의 유입이 절정에 달했을 때, 런던은 어떤 보스니아

20 장비에의 처신을 두고 프랑스를 포함한 몇몇 나라에서는 이후 연속해서 벌어진 대량 학살에 대한 책임을 묻기 위해 그를 같이 기소해야 한다고 요구했다.

인도 비자 없이는 영국을 여행할 수 없다고 선언했다. 이는 영국이 사태의 흐름에 얼마나 냉소적인 태도로 일관했는지를 잘 보여 준다. 사라예보에는 비자를 발행할 대사관이 없었기 때문에, 보스니아인이 안전을 확보할 수 있는 유일한 방법은 제3국의 영국 대사관에 진입하는 것뿐이었다. 그 시점에서 영국 정부는 다른 곳에 보호 시설이 있으므로 영국은 보스니아인을 받아들일 필요가 없다고 주장하려 했고 실제로 그렇게 했다. 독일과 오스트리아, 스칸디나비아 국가들이 1992년에서 1995년 사이에 수십만 명의 유고슬라비아 난민에게 관대한 집주인 역할을 했던 반면, 같은 기간 동안 영국에서는 보호 시설 입소 신청자 수가 실제로 하락했다.

미국은 발칸의 사건들에 집중하는 데 이례적으로 긴 시간을 허비했지만 일단 관여한 뒤로는 확실히 일을 주도해 나갔다. 미국이 주도적으로 각 단계의 국제적 개입을 추동했다는 사실은 유럽의 서방 동맹국들에는 확실히 수치심을 느낄 만한 일이었다. 그러나 미국도 머뭇거리기는 매한가지였다. 미국의 방위 기구는 어떤 모험도 하지 않으려 했고 대다수 미국 정치인들은 여전히 자국이 이 전쟁에서 〈이용할 개〉가 없다고 믿고 있었다. 이러한 상황에서 나토군을 배치한다는 생각은, 혹은 미국이 지금까지 맞서 싸워 본 적이 없는 주권국가의 내정에 일방적으로 개입한다는 생각은 쉽게 할 수 있는 성질의 것이 아니었다. 국무장관 워런 크리스토퍼가 보스니아 전쟁이 한창일 때에 말했듯이, 유고슬라비아는 〈지옥에서 떨어진 문제〉[21]였다.

유고슬라비아인으로 말하자면, 누구도 영예를 얻지 못했다. 유고슬라비아 연방 체제의 붕괴는 세르비아가 재촉했지만, 슬로베니아와 크로아티아는 연방의 소멸이 유감스럽지 않았다. 보스니아의 무

---

21 이 문구를 제목으로 삼아 20세기의 종족 학살을 다룬 책은 퓰리처상을 수상했다. Samantha Power, *A Problem from Hell: America and the Age of Genocide* — 옮긴이주.

슬림은 전쟁범죄를 저지를 기회가 제한되었던 것이 사실이다. 대체로 다른 민족으로부터 공격을 받는 쪽이었기 때문이다. 통탄할 만한 손실이 있었다. 그중에서도 사라예보의 파괴는 특히 비통할 만한 일이었다. 보스니아의 수도인 이 도시는 규모는 작았지만 진정으로 세계적인 도시였다. 한때 중부 유럽과 동부 지중해의 영광이었고, 여러 민족과 여러 언어가 공존하는 진정으로 세계적인 도시였던 사라예보는 재건되더라도 결코 원상태로 복구될 수는 없을 것이다.

반면 크로아티아 무장 세력은 민간인에 대한 무수한 폭력에 책임이 있었다. 그런 행위는 크로아티아 정부의 명령에 따른 것이기도 했고 무장 세력 스스로 주도한 것이기도 했다. 종교 간 통혼 비율이 각별히 높았던 서부 보스니아의 도시 모스타르에서 크로아티아의 극단주의자들은 도시의 서부 지구에서 의도적으로 무슬림 가구와 혼합 민족 가구를 추방했다. 그다음 도시로 쫓겨났고 촌락에서 민족 정화를 경험한 탓에 과격해져 있던 크로아티아 농민들을 그곳으로 데려왔다. 그리고 동부 지구의 무슬림을 포위 공격했다. 그 와중에 1993년 11월 네레트바 강에 놓인 16세기 오스만 제국의 교량을 고의로 파괴했다. 이 다리는 보편적 성격을 지닌 그 도시의 통합된 과거를 상징하는 유산이었다.[22]

크로아티아인은 자랑할 만한 것이 거의 없었다. 게다가 프라뇨 투지만은 폐허에서 등장한 공산주의 체제 이후의 모든 지도자들 중 유달리 매력 없는 인물에 속했다. 그는 동료 시민들의 기억에서 유고슬라비아의 과거를 지우는 것을 개인적인 목표로 삼았다. 이 점에서 투지만을 능가할 사람은 없었다. 1993년 3월 크로아티아에서 발행된 교과서와 백과사전, 책 제목, 지도 등에서 〈유고슬라비아〉라는 말 자체가 삭제되었다. 투지만이 건설한 크로아티아는 그가 죽고 나서야 국제 사회 구성원으로서의 자격을 분명하게 되찾을 수 있었다.

22 유네스코 세계문화유산이었던 이 다리는 2004년에 복원되었다 — 옮긴이주.

그러나 결국 유고슬라비아가 파국에 이르게 된 주된 책임은 세르비아인들과 그들이 선출한 지도자 슬로보단 밀로셰비치에게 돌아가야 한다. 다른 공화국들은 밀로셰비치의 권력 장악 욕구 때문에 연방에서 이탈했다. 크로아티아와 보스니아의 세르비아인 동포들에게 소수 민족의 영토를 분할하도록 부추기고 군대를 통해 그들을 지원했던 자도 밀로셰비치였다. 그리고 유고슬라비아의 알바니아계 주민들에 대한 지속적인 공격을 허락하고 지휘하여 결국 코소보 전쟁을 일으킨 자도 역시 밀로셰비치였다.

세르비아 정부의 행위는 세르비아인들에게 재앙이었다. 그들은 크로아티아의 크라이나 지역에서 땅을 잃었으며, 독립국 보스니아를 받아들일 수밖에 없었다. 또한 보스니아로부터 세르비아 주권 국가를 떼어 내려는 계획을 포기해야 했고, 코소보에서 패배했다. 코소보의 세르비아계 주민 대다수는 이후 알바니아인의 보복이 두려워 피신해야 했다. 두려움에는 충분한 근거가 있었다. 그리고 잔여국가 유고슬라비아에서(몬테네그로마저 탈퇴하려 했다) 세르비아인의 생활 수준은 역사에 남을 만큼 낮은 수준으로 하락했다. 이러한 일련의 사태는 세르비아인들이 역사의 불공평함에 오랫동안 느꼈던 집단적 자기 연민의 기질 때문에 더욱 악화되었다. 결국 세르비아인이 유고슬라비아 전쟁에서 최대의 패배자일지도 모른다. 오늘날 불가리아나 루마니아가 현재의 생활 수준과 미래의 전망에서 세르비아보다 높은 순위를 차지한다는 사실은 세르비아인이 처한 상황이 어느 정도인지 잘 보여 준다.

그러나 이러한 역설 때문에 세르비아의 책임에 눈을 감아서는 안 된다. 세르비아가 크로아티아와 보스니아와 전쟁을 치르며 보여 준 섬뜩할 정도로 잔혹한 행위와 병적인 가학증은(수십만 명의 동료 시민들을 학대하고 고문하고 강간하고 살해했다) 세르비아 남성들, 특히 젊은이들의 짓이었다. 발작하듯 갑작스럽게 증오에 사로잡힌 이들은 타인의 고통에 무감각했다. 세르비아 정부로부터 최종적인 명령과 권한을 부여받은 지역 수령들이 그들을 부추겼다. 그러나 이런 일이 처음은 아니었다. 불과 몇십 년 전에도 유럽 대륙 전역에서 보통 사람들이 전쟁을 이유로 실로 터무니없는 범죄를 저질렀던 것이다.

특히 보스니아에 세르비아가 선전 활동에 이용할 만한 과거사가 있었다는 데는 의문의 여지가 없다. 전후 유고슬라비아의 짐짓 평온해 보이는 삶의 표면 아래에는 고통에 찬 과거사가 묻혀 있었다. 그러나 기억을 일깨우고 조작하고 정치적 목적에 이용하기로 결정한 것은 사람들이었다. 그중에서도 특히 한 사람의 역할이 중요했다. 슬로보단 밀로셰비치는, 데이턴 회담 중 어느 기자에게 마지못해 인정했듯이, 전쟁이 그렇게 오래 지속되리라고는 전혀 예상하지 못했다. 이는 의심의 여지없는 사실이다. 그러나 그 전쟁들은 민족적 자연 발화로 발발하지 않았다. 유고슬라비아는 무너진 것이 아니라 밀려 넘어졌다. 죽은 것이 아니라 살해되었던 것이다.

유고슬라비아는 최악의 경우였지만, 공산주의 이후의 체제는 어디서나 어려움을 겪었다. 포르투갈이나 스페인에서 권위주의로부터 민주주의로의 이행 과정은 후진적 농업 경제의 급속한 현대화를 동반했다. 이는 다른 서유럽 국가들에는 이전부터 익숙했던 결합이었다. 그러나 공산주의에서 벗어나는 과정에는 선례가 없었다. 자본주의에서 사회주의로 이행하는 과정은 베오그라드에서부터 버클리까지 학회와 대학, 카페 등에서 지겹도록 이론화되어 왔다. 그렇지만 사회주의에서 자본주의로 이행하는 과정은 생각해 본 사람도 없었다.

공산주의 체제가 떠넘긴 많은 유산 중 경제적 유산이 가장 거치적거렸다. 슬로바키아나 트란실바니아, 실레지아(실롱스크)의 노후한 산업 설비는 경제적 기능 장애와 환경에 대한 무책임을 결합했다. 양자 간에는 밀접한 연관이 있었다. 바이칼 호의 오염과 아랄 해의 죽음, 북부 보헤미아의 숲 전역에 쏟아진 산성비는 생태적 재앙만이 아니라 미래에 설정된 엄청난 저당권을 의미하기도 했다. 새로운 산업에 투자하기 전에 옛 산업을 해체해야 했으며 누군가는 그들이 초래한 손해를 보상해야 했다.

독일의 동부 주들에서 공산주의가 입힌 손실을 회복하는 비용은 연방 정부가 떠안았다. 신탁 자산 관리 공사(17장을 보라)는 이후 4년 동안 노후한 산업 설비의 구입과 매각, 잉여 인력의 정리 해고, 작업 조건 개선 등에 수십 억 도이치마르크를 투입했다. 비록 그 결과가 누더기를 기운 듯 초라했고 연방 재정을 거의 파산 지경에 이르게 만들기는 했지만, 그래도 동독인들은 운이 좋았다. 공산주의 체제에서 벗어나는 과정에 치를 비용을 서유럽 최강의 경제가 지불했기 때문이다. 다른 곳에서는 희생자들 스스로 경제생활의 재투자 비용을 빌려와야 했다.

공산주의 체제 이후의 정부들은 기본적으로 둘 중 하나를 선택해야 했다. 하나는 보조금을 지급받던 사회주의 경제에서 시장 주도의 자본주의로 하룻밤 새에 단번에 전환하는 〈빅뱅 big bang〉 방식이었다. 다른 하나는 〈계획 경제〉 중에서도 기능이 터무니없이 엉터리인 부문을 조심스럽게 골라 매각하는 동시에 주민에게 가장 중요한 측면들, 즉 저렴한 임대료와 직업의 보장, 무료 사회 복지를 최대한 보존하는 방법이었다. 첫 번째 전략은 공산주의 체제 이후의 신세대 경제학자들과 기업가들이 애호한 자유 시장 원리에 가장 잘 들어맞았고, 두 번째는 정치적으로 좀 더 신중한 전략이었다. 문제는 어느 방식이든 단기적으로(그렇게 단기간은 아니었을 것이다) 심각한 고통과 손실을 초래할 수밖에 없다는 데 있었다. 두 전략이 다 사용된 보리스 옐친의 러시아에서 경제는 8년 동안 급격하게 축소되었다.

현대사의 주요 국가가 평시에 그토록 심한 경제 후회를 경험한 적은 없었다.

〈빅뱅〉 방식이 가장 먼저 매우 일관되게 적용된 곳은 폴란드였다. 이 과정은 레셰크 발체로비치가(처음에는 재무장관으로서 나중에는 중앙은행의 총재로서) 단호하게 감독했다. 그의 주장에 따르면 사실상 지급불능에 처한 폴란드는 국제적 지원이 없으면 회생할 수 없었다. 그러나 폴란드가 신뢰할 만한 구조를 정착시켜 서방의 은행가들과 대출 기관들을 안심시키지 않는다면 지원은 불가능했다. 폴란드에 가혹한 조건을 강요한 것은 국제 통화 기금이 아니었다. 오히려 폴란드는 국제 통화 기금의 구속을 미리 실행함으로써 필요한 지원을 받을 자격을 획득했다. 일은 〈신속하게〉 진행되어야 했다. 공산주의 체제 이후의 밀월 기간 중에, 즉 국민이 그 과정이 얼마나 고통스러운지 깨닫기 전에 처리해야 했다.

그래서 1990년 1월 1일 공산주의 체제 이후의 폴란드 정부는 야심 찬 개혁 프로그램에 착수했다. 외환 보유고를 늘리고 가격 통제를 폐지했으며 대출을 규제하고 보조금을 삭감했다(그럼으로써 기업들이 망하도록 내버려 두었다). 이 모든 조치는 국내의 실질 임금을 희생하여 이루어졌다. 실질 임금은 곧 약 40퍼센트 하락했다. 이러한 정책은 실업의 불가피성을 명백하게 인식했다는 점만 제외하면(일자리를 잃은 자들을 지원하고 재고용하기 위한 기금 설립으로 실업은 완화되었다) 1970년대에 두 번이나 시도하다 실패했던 정책과 크게 다르지 않았다. 변한 것은 정치적 환경이었다.

이웃 나라 체코슬로바키아에서는 재무장관 바츨라프 클라우스의(나중에 총리가 된다) 지도로 유사하게 야심적인 정책이 추구되었다. 체코슬로바키아의 경우 통화 태환성과 무역 자유화, 민영화가 추가로 강조되었는데, 모두 클라우스가 공언한 〈대처리즘〉에 보조를 맞추기 위한 조치였다. 발체로비치와 크렘린의 몇몇 젊은 경제학자들처럼 〈충격 요법〉을 좋아했던 클라우스가 보기에, 사회주의 경제에는 보존할 만한 것이 전혀 없기 때문에 자본주의로 전환하는 과정을 늦춰 보았자 아무런 이득도 없었다.

반대편 극단에는 슬로바키아의 메치아르나 루마니아의 일리에스쿠, 우크라이나의 총리 레오니트 쿠치마가 있었다. 지지자들을 당황하게 할까 경계했던 이들은 변화의 도입을 최대한 늦추었다. 예를 들어 우크라이나의 첫 번째 〈경제 개혁 프로그램〉은 1994년 10월에 발표되었다. 그리고 이들은 한결같이 국내 시장을 자유화하거나 경제에서 국가가 차지하는 몫을 줄이기를 주저했다. 1995년 9월, 쿠치마는 역사가들에게 친숙한 용어로 〈맹목적으로 외국의 경험을 모방〉하면 안 된다고 경고함으로써 자신의 입장을 옹호했다.

제1진 탈공산주의 국가들은 1990년대 초 경제적 절망의 구렁텅이를 빠져나온 뒤에 더 안전한 토대 위에 재등장했다. 이 나라들은 서방의 투자자들을 끌어들일 수 있었고, 종국에는 개선을 이루어 유럽 연합에 가입하는 것을 염두에 두었다. 폴란드나 에스토니아를 방문한 자들은 두 나라의 경제 전략이 루마니아나 우크라이나의 운명과 비교할 때 상대적으로 더 성공적이었음을 분명하게 확인할 수 있었다. 실제로 소기업 활동이나 대중의 낙관론 차원에서 동유럽의 성공적인 나라들이 훨씬 유리한 처지에 있었던 동독보다 더 나았다.

폴란드와 체코, 에스토니아, 슬로베니아, 헝가리 같은 더 〈선진적인〉 탈공산주의 국가들은 빈곤층과 노년층을 희생의 대가로 치르면서도 몇 년 동안 불편을 감내하면서 국가 사회주의에서 시장자본주의에 이르는 간극을 메울 수 있었다고 결론짓고 싶다. 반면 그동안 발칸 지역과 과거 소련 지역의 제2진 탈공산주의 국가들은 선례를 따라 싸우고 있었으나 필요한 변화를 계획할 능력도 의지도 없었던 무능하고 부패한 지배 엘리트의 방해를 받았다.

이러한 평가는 대체로 진실이다. 그러나 클라우스나 발체로비치,

또는 이들에 견줄 만한 헝가리인과 에스토니아인 없이도, 일부 탈공산주의 국가들은 시장 경제로 이행하는 과정에서 다른 나라들보다 언제나 더 좋은 성과를 낼 수 있었다. 앞서 보았듯이 이 나라들은 1989년 전에 이미 이행에 착수했거나, 불운했던 이웃 나라들과 달리 소련 시절에도 경제가 병적으로 왜곡되어 있지는 않았기 때문이다 (헝가리와 루마니아를 비교하면 이를 잘 알 수 있다). 물론 프라하나 바르샤바, 부다페스트 등 몇몇 나라의 수도에서 시도된 경제 변화의 기적이 지방에서 늘 모방된 것은 아니었다. 과거처럼 오늘날에도 중부 유럽과 동유럽에서 진짜 경계는 국가들 사이가 아니라 부유한 도심과 홀대받은 빈곤한 농촌 사이에 있었다.

이 나라들의 탈공산주의 과정에 드러난 차이보다 그 이행의 유사성이 더 많은 것을 말해 준다. 결국 어느 나라에서나 신흥 지배 엘리트는 동일한 전략적 선택에 직면했다. 1994년 1월 러시아의 총리 빅토르 체르노미르딘이 경멸적인 함의를 담아 부른 〈시장 경제 로망스 *market-economic romance*〉는 모두의 관심사였다.[23] 경제 자유화, 자유 시장으로의 이행, 유럽 연합 시장 진입 같은 일반적인 경제 목표들도 마찬가지였다. 시장 경제는 외국 소비자, 투자, 지역 지원 기금 등을 통해 명령경제의 해체에 따른 고통을 완화해 줄 것이라고 약속했다. 매혹적인 일이었다. 거의 모든 이들이 이러한 성과를 추구했고, 어쨌든 정보에 가장 밝은 자들에게 그렇게 보였듯이 다른 대안은 없었다.

탈공산주의 사회들의 공공 정책에 큰 차이가 있었던 이유는 이 나라들이 어디로 어떤 방법을 통해 가야 하는지에 관해 폭넓은 견해차가 있었기 때문이 아니었다. 진짜 문제는 재원의 처분 방법이었다.

---

23 이러한 선택은 자국의 거치적거리는 과거에서 벗어나고 싶어 안달했던 사업 지향적인 젊은 세대 중에서는 공산주의의 어색한 공적 용어의 대체물에 대한 새로운 순응주의를 낳기도 했다. 공산주의의 사회적 비용과는 전혀 무관한 신고전파 경제학의 진언에 대한 무비판적 찬사가 난무했던 것이다.

공산 국가의 경제는 왜곡되거나 비효율적으로 운영되었겠지만 에너지와 광물, 무기, 부동산, 통신매체, 교통망 등 잠재적으로 이익이 될 만한 많은 자원을 지니고 있었다. 게다가 탈공산주의 사회에서 실험실이나 농장, 공장을 관리할 줄 아는 사람들(그래서 국제 무역을 해 봤거나 거대한 조직을 운영한 경험이 있는 자들)과 일이 되도록 만드는 방법을 아는 사람들은 당내 인사들, 즉 지식인과 관료, 노멘클라투라뿐이었다.

이들이 1989년 전후 나라를 책임졌고, 이러한 경향은 새로운 탈공산주의 세대가 등장할 때까지 계속되었다. 그러나 과거의 공산당 인사들은 새로운 가면을 쓰고 활동했다. 당을 위해 일하는 대신에 이제 권력을 두고 경쟁하는 다양한 정당에 소속되었다. 그리고 더는 국가에 고용되지 않았고 기술과 상품, 자본의 경쟁 시장에서 독립적인 활동가가 되었다. 국가가 자원 시굴권에서 아파트의 벽돌에 이르기까지 모든 권리를 팔아치웠을 때, 매각을 담당한 자들이 바로 이들이었다. 그리고 구매한 자들 역시 이들이었다(대체로 남자였다. 장래에 우크라이나 총리가 되는 율리아 티모셴코는 주목할 만한 예외이다).

유럽의 탈공산주의 지역 전역에 퍼진 신조에 따르면 자본주의는 시장에 관한 것이었다. 그리고 시장은 민영화를 뜻했다. 1989년 이후 동유럽에서 벌어진 공유 물자의 특별 판매는 역사상 전례 없는 일이었다. 서유럽에서 70년대 말부터 속도를 더하며 유행했던 민영화(16장을 보라)는 국가 소유로부터 무질서하게 후퇴하는 동유럽에 일종의 모범을 제공했다. 그러나 이를 제외하면 거의 아무런 공통점이 없었다. 서유럽과 대서양 연안에서 지난 400년 동안 등장한 자본주의는 법률, 제도, 규정, 관례를 동반했고 그 작동과 정통성에서 이러한 것에 크게 의존했다. 많은 탈공산주의 국가들에서는 그러한 법률과 제도가 전혀 알려지지 않았으며 그곳의 신참 자유 시장주의자들은 이 점을 과소평가하여 위험한 결과를 떠안았다.

그 결과, 민영화는 도둑 정치가 되고 말았다. 이행 이후의 경제는 소수의 수중에 떨어졌고 이들은 터무니없이 엄청난 부자가 되었다. 보리스 옐친 일파가 통치하던 러시아가 최고로 추잡했다. 2004년 서른여섯 명의 러시아 백만장자들(〈과두 지배자들oligarchs〉)이 전체 국내 생산의 4분의 1에 해당하는 약 1100억 달러를 차지했다. 민영화와 독직과 단순한 절도 사이의 구분은 거의 사라졌다. 석유, 가스, 광물, 귀금속, 송유관 등 훔칠 것은 너무 많았고, 이러한 자원 절도를 막을 사람이나 제도는 전혀 없었다. 공적 자산과 공적 제도는 공무원들이 분해하여 서로 나눠 가졌다. 이들은 사적 패거리로 이전되거나 합법적으로 양도될 수 있는 것은 말 그대로 무엇이든 빼내어 손에 넣었다.

러시아는 최악의 경우였지만, 우크라이나도 러시아에 못지않았다. 쿠치마와 여러 정치인들은 〈사업가들〉이 나중에 얻을 목돈의 첫 번째 겟돈 삼아 지원한 막대한 현금으로 당선되었다. 이들이 잘 이해했듯이 소련에서 벗어난 이후 우크라이나에서는 돈이 권력을 낳은 것이 아니라 권력이 돈을 낳았다. 공공 재화나 국가 대부, 국가 보조금은 정부에서 소수 파당의 주머니 속으로 직접 이동했고, 그 대부분은 다시 해외의 개인 계좌로 이체되었다. 이 나라들의 새로운 〈자본가들〉은 사실상 아무것도 만들지 않았다. 단지 공공 자산을 세탁하여 사사로이 이득을 취했을 뿐이다.

공산주의 체제에서 그랬듯이 족벌주의가 판쳤고, 판돈은 오히려 훨씬 더 커졌다. 우크라이나의 세계 최대 규모의 철강 공장으로 직원 4만 2천 명에 연간 세전 이익이 3억 달러에 이른(이 나라의 월평균 세입은 9500만 달러였다) 크리보리즈스탈Kryvorizhstal이 2004년 6월 뒤늦게 매물로 나왔을 때, 〈입찰에 성공한 사람〉은 그 나라 최고 부자 사업가 중 한 명이자 우크라이나 대통령의 사위인 빅토르 핀추크였다. 이 사실을 알고 놀란 키예프 사람은 아무도 없었다.

루마니아와 세르비아의 국가 자산은 비슷한 운명에 처했거나 아니면 전혀 매각되지 않았다. 민영화의 초기 논의를 주도한 정치적 수장들이 옛 방식대로 권력과 영향력을 유지하고자 했기 때문이다. 거의 같은 시기의 알바니아인들처럼, 시장이 주는 희열을 즉시 맛보려 했던 루마니아인들 앞에는 피라미드 조직이 나타났다. 피라미드 조직들은 위험 부담 없는 막대한 단기 이익을 약속했다. 피라미드 사업의 절정기에 1992년 4월부터 1994년 8월까지 진행된 〈카리타스〉 사기 사건에는 약 400만 명이 참여했다. 루마니아 인구의 약 5분의 1에 해당하는 숫자였다.[24]

〈합법적인〉 민영화처럼 이러한 피라미드 사업도(러시아에서도 성행했다) 대체로 개인의 돈을 끌어 모아 과거의 공산당 조직망과 보안 기구들을 기반으로 활동한 마피아에 넘겼다. 마피아는 했다. 한편 루마니아에서는 많은 이윤을 남기는 매력적인 일부 기업들의 주인이 바뀌기는 했지만, 차우셰스쿠가 몰락한 지 14년이 지난 뒤에도 산업의 66퍼센트가 여전히 국가 소유였다. 외국인 투자자들은 여러 해 동안 루마니아에 투자한 자본이 위험하지는 않은지 경계의 눈초리를 게을리하지 않았다. 이는 충분히 납득할 만했다. 수익을 낼 가능성은 제법 컸지만 고질적인 법적 보호의 부재를 감안해야 했기 때문이다.

그 밖의 중부 유럽 지역에서는 외국인 투자자가 떠안을 위험성이 상대적으로 적었다. 유럽 연합 가입에 필요한 제도 개혁과 입법의 속도가 빨라졌기 때문이다. 그렇더라도 헝가리나 폴란드에서 진행

---

24 이안 스토이카가 소유한 카리타스 사가 1991년에 시작한 피라미드 사기. 카리타스 사는 여섯 달 만에 투자금의 여덟 배를 돌려주겠다고 약속했으나 막대한 빚만 남기고 파산했다 — 옮긴이주.

된 다수의 초기 민영화는 공산주의 시절의 암시장 활동이 합법적인 사업으로 전환된 것이었거나 아니면 성장 가능성이 명백했던 소수의 국영 기업들을 외국 자본의 지원을 받는 현지 기업가들에게 신속히 매각한 것이었다. 혁명 후 3년이 지났을 때, 민간 업자에게 매각된 폴란드 국유 사업체는 전체의 16퍼센트에 불과했다. 체코 공화국에서는 국민에게 국영 기업의 주식을 매입할 수 있는 기회를 제공하는 독창적인 상환권 계획이 시민 전체를 자본가 국민으로 전환시킬 예정이었다. 그러나 이 계획은 이후 몇 년에 걸쳐 장래에 일어나게 될 추문의 토대를, 사회에 만연한 〈폭리를 취하는〉 행위에 대한 정치적 반동의 토대를 놓았을 뿐이다.

탈공산주의 유럽의 민영화가 왜곡된 한 가지 이유는 서방이 이 문제에 거의 관여하지 않았다는 데 있었다. 처음에는 미국의 젊은 경제학자들이 모스크바나 바르샤바에 몰려들어 그곳의 주인들에게 자본주의를 건설하는 방법을 가르치겠다고 제의했다. 특히 독일 회사들은 초기에 체코의 자동차 제조회사 슈코다Škoda처럼 상대적으로 높은 수입을 올리는 회사들에 관심을 보였다.[25] 그러나 외국 정부의 관여는 실질적으로 없었다. 마셜 플랜은커녕 그것과 쥐꼬리만큼 닮은 것도 없었다. 러시아만 예외였다. 옐친 정권을 돕기 위해 상당한 금액의 보조금과 차관이 러시아로 흘러들었다. 그리고 이 자금은 다시 옐친의 친구들과 후원자들의 호주머니 속으로 들어갔다.

외국의 투자는 서유럽의 재건을 지원했던 제2차 세계 대전 이후의 지속적인 노력이 아니라 베르사유 협정에 뒤이은 민간 부문의 점진적인 관여와 유사했다. 좋은 시절에 투자했다가 영업이 고달파질

---

25 체코의 민족주의자들은 프라하가 대독일 공영권으로 재차 흡수될 수 있다고 불안해했다. 그래서 이러한 농담이 유행했다. 「탈공산주의 체코슬로바키아의 전망에 관해 좋은 소식과 나쁜 소식이 있어.」「좋은 소식은 뭔데?」「독일인들이 몰려오고 있다는 거지!」「그러면 나쁜 소식은?」「독일인들이 몰려오고 있다는 거지.」

때 철수했다.[26] 그러므로 동유럽인들은 과거처럼 현저하게 불공평한 상황에서 서유럽과 경쟁해야만 했다. 국내 자본과 외국 시장이 부족했으며 이윤이 적은 식품과 원료 또는 저임금과 공공 보조금 때문에 저가로 유지되었던 공산품과 소비재만 수출할 수 있었다.

따라서 공산주의 체제 이후의 많은 신생 정권들이 두 대전 사이의 선배들처럼 보호 조치를 마련하여 이러한 상황이 초래할 정치적 비용을 피하려 한 것은 당연했다. 외국의 평자들은 이러한 정책들이 과거의 자급자족 경제 정책처럼 〈민족주의적〉이라고 비난했는데, 사실 이는 다소 부당했다. 그렇지만 예견된 대로 이러한 정책들은 아무런 실효를 거두지 못했다. 외부의 투자를 막고 국내 시장을 왜곡하여 민영화 과정을 부패 쪽으로 더 가깝게 끌어당길 뿐이었다.[27]

따라서 런던이나 칸에 별장 주택을 갖고 있는 러시아의 모든 부정한 과두 지배자들이나 BMW와 휴대 전화를 갖고 있는 폴란드의 열정적인 청년 사업가들을 위해 수백만 명의 불만 가득한 연금 수령자와 해고 노동자들이 존재했다. 그들에게 자본주의 이행은 기껏해야 모호한 이득이었다. 다른 곳으로 이전 배치되거나 경제 자급을 이룰 수 없었던 수백만 명의 농민은 말할 것도 없었다. 20세기 말에 폴란드에서 농업의 산출은 국내 총생산의 3퍼센트에 불과했으나 여전히 노동 인구의 5분의 1이 농업에 종사하고 있었다. 실업은 여러 곳에서 만성적이었다. 그리고 일자리 상실과 더불어, 적은 비용을 치르고 이용했던 편의 시설과 전통적으로 이들 나라의 노동에 부수하

26 이러한 이야기의 예외로 주목할 만한 사례가 에스토니아다. 에스토니아는 사실상 인접한 스칸디나비아 국가들의 양자나 다름없었기에 엄청난 혜택을 입었다. 에스토니아가 루블 권역을 떠난 1992년만 해도 에스토니아 무역의 92퍼센트가 과거의 소련과 이루어졌다. 그러나 5년 뒤, 무역의 4분의 3이 발트해 건너편의 서방 국가들과 이루어졌다.

27 그리고 비효율 쪽으로도 끌어당겼다. 동유럽에서 일종의 의례가 된 민영화의 한 가지 역설은 집단 농장이 작은 땅덩이로 해체된 후로는 트랙터를 쓸 수 없고 오직 손으로만 경작해야 했다는 사실이다.

던 다른 혜택들도 사라졌다. 인플레이션 때문이든[28] 유럽 연합 가입에 대한 기대 때문이든 물가는 꾸준히 올랐다. 그래서 고정 수입이나 국가가 지급하는 연금에 의존하여 살던 사람들은(다시 말해 한때 사회주의 체제의 자부심이었던 교사와 의사, 기술자의 대부분은) 과거에 향수를 느낄 이유가 충분했다.

동유럽의 많은 사람들, 특히 마흔 살을 넘긴 사람들은 물질적 보장과 저렴한 숙식비, 역시 저렴한 비용으로 이용했던 서비스의 소멸에 큰 불만을 품었다. 그렇다고 해서 이들이 꼭 공산주의 체제의 회복을 열망했다고는 할 수 없다. 연금 수령자인 남편과 월 448달러로 살고 있는 러시아의 한 퇴직 군 기술자는 2003년 외국 기자들에게 이렇게 설명했다. 〈우리는 소련에서 살 때만큼 안락하게 살기를 원한다. 그때는 안정된 미래와 낮은 물가가 보장되었다. 하지만 동시에 전에 없던 현재의 자유도 원한다.〉

라트비아인에게 러시아인이 통치하던 시절로 돌아간다는 것은 상상도 하기 싫은 끔찍한 일이었지만, 여론 조사를 보면 농민들은 소련 시절에 더 유복하게 살았다고 확신했다. 그들의 생각은 틀린 것이 아니었고, 유독 농부에게만 그런 것도 아니었다. 혁명들이 발생하기 전인 1980년대 말 동유럽인은 대단한 영화광이었다. 그런데 1997년에 라트비아에서 영화 관람률은 90퍼센트까지 하락했다. 다른 곳에서도 마찬가지였다. 불가리아에서는 93퍼센트, 루마니아에서는 94퍼센트, 러시아에서는 96퍼센트가 하락했다. 흥미롭게도 같은 해에 폴란드인의 영화 관람률은 77퍼센트만 하락했으며 체코 공화국에서는 71퍼센트, 헝가리에서는 51퍼센트만 하락했다. 슬로베니아에서는 전혀 하락하지 않았다. 이러한 자료를 보면 번영과 영화 관람 사이에 직접적인 관계가 있음을 알 수 있으며, 불가리아의 어

28 공산주의 체제 이후의 우크라이나에서 인플레이션은 1993년 연 5,371퍼센트로 추산되었다.

느 여론 조사에 나타난 영화 관람률 하락 이유가 타당하다는 점이 확인된다. 공산주의 체제가 몰락한 이후 영화 선택의 폭은 확대되었지만 국민은 표를 구할 수 없었다는 얘기다.

이러한 상황에서 동유럽 경제의 지난하고 불완전한 변신 과정은 썩 훌륭하지는 못하지만 그래도 해냈다는 것이 놀랍다는 평가를 유발한다. 민주주의의 이행 과정에 대해서도 마찬가지로 이야기할 수 있을 것이다. 체코슬로바키아를 제외하면, 빈과 블라디보스토크 사이에 존재했던 과거 공산주의 사회들 중에서 진정한 정치적 자유를 생생히 기억하고 있는 곳은 없었으며, 현지의 많은 평자들도 다원주의 정치의 가능성에 비관적이었다. 사람들은 염려했다. 자본주의가 법적 구속을 받지 않고 쉽사리 절도로 영락한다면, 공적인 수사와 정치적 경쟁의 한계에 관한 합의와 이해가 없는 상황에서 민주주의도 상호 경쟁하는 민중 선동 정치로 쇠락할 수 있었다.

이러한 두려움에는 근거가 없지 않았다. 공산주의 체제는 권력과 정보, 주도권, 책임을 당-국가에 집중하였기에, 그 사회의 개인들은 서로 의심하고 관의 주장이나 약속도 전혀 믿지 않았을 뿐만 아니라 개인으로든 집단으로든 자발적으로 행동한 경험이 없었으며 정보를 통해 공적 선택을 할 수 있는 기반도 결여했다. 탈소련 국가들의 언론에 드러난 가장 중요한 움직임은 믿을 만한 정보를 제공하는 데 헌신한 신문의 출현이었다. 모스크바의 〈사실과 논거〉, 키예프의 〈사실〉이 그러한 신문들이었다.

개방 사회로 나아갈 준비가 가장 덜 된 자는 노인이었다. 젊은 세대는 외국의 텔레비전과 라디오, 인터넷을 통해 정보를 쉽게 얻을 수 있었다. 이 나라들의 젊은 유권자들은 세계주의적 시각을 얻고 심지어 영악해졌지만, 이는 부모와 조부모 세대와 불화를 일으키는 원인이 되기도 했다. 슬로바키아가 독립한 지 10년이 지난 후 실시한 조사를 보면 청년들은 세대 차이를 분명하게 느꼈다. 젊은이들은

1989년 이전의 과거와 완전히 절연되었고 당연히 그 시기에 관해 아는 바도 없었다. 그들은 탈공산주의 슬로바키아라는 멋진 신세계에서 자신들의 부모가 빈둥거리기만 하며 무능력하다고 불평했다. 부모 세대는 자녀에게 도움도 조언도 줄 수 없었다.

이러한 세대 차이는 어디서나 정치적 귀결을 낳았다. 나이 들고 가난한 유권자들은 과거에 대한 향수를 제공하거나 신자유주의적 합의에 대해 극우 민족주의적 대안을 제시하는 정당들의 호소를 민감하게 받아들였기 때문이다. 예상대로 이 문제는 분열과 혼란이 극에 달했고 민주주의를 전혀 경험한 적이 없던 구소련 지역에서 최악의 형태로 드러났다. 특히 러시아와 우크라이나에 사는 초로의 유권자들은, 다시 말해 노년에 접어들었으나 그렇다고 나이가 아주 많은 편은 아니었던 사람들은 지독히 가난하고 불안정했으며 확연히 드러나는 극소수 신흥 부자들에 분개했기에 권위주의적 정치인들에게 쉽사리 이끌렸다. 따라서 탈공산주의 국가들에서 모범적 헌법과 민주주의적 정당은 쉽게 발명될 수 있었지만, 분별력을 지닌 유권자의 창출은 완전히 별개의 문제였다. 초창기 선거는 어디서나 구체제의 전복을 조종한 자유주의자나 중도 우파의 동맹에 유리했으나, 경제적 곤경과 불가피했던 실망이 초래한 반동은 이제 민족주의자인 체하고 나타났던 과거의 공산당원들에게 유리하게 작용했다.

옛 노멘클라투라의 이러한 변신은 외부의 관찰자들이 생각하는 만큼 그렇게 기묘한 일은 아니었다. 민족주의와 공산주의 사이의 공통점은 양자와 민주주의 사이의 공통점보다 더 컸다. 말하자면 두 이데올로기는 정치적 〈구문론〉을 공유했다. 반면 자유주의는 전혀 다른 언어였다. 소련 공산주의와 전통적인 민족주의자들에게는 자본주의나 〈서방〉이라는 공동의 적이 있었고, 그 후계자들도 도처의 질투심 강한 평등주의를 이용하여(〈그때는 적어도 우리 모두가 가난했다〉) 탈공산주의 시대의 고난에 대한 책임을 외국의 간섭에 돌리는 데 정통했음을 입증했다.

그러므로 코르넬리우 바딤 투도르 같은 인물의 등장에서 특별히 이해하기 어려운 측면은 없다. 그는 니콜라에 민족적 공산주의에서 극단적 민족주의로 전향하기 전에 차우셰스쿠의 궁정에서 지도자의 영광에 바치는 송가를 쓰는 데 열심이었던 유명한 아첨꾼이었다. 1991년, 망명자들의 자금 지원을 받은 코르넬리우 바딤 투도르는 실지 회복주의자들의 향수에 헝가리인 소수 민족에 대한 공격과 공공연한 반유대주의를 결합한 대(大)루마니아당PRM을 창당했다. 2000년 12월에 치러진 대통령 선거에서 루마니아인의 3분의 1이 유일하게 당선 가능성이 있는 전 공산당 기관원 이온 일리에스쿠를 놔두고 투도르를 선택했다.[29]

러시아의 〈민족-애국〉 운동인 〈파먀트Pamyat(기억)〉의 경우처럼, 민족주의 정치인들은 공산주의를 비판하면서도 민족주의적 원한을 소비에트 시대의 유산과 기념물에 대한 향수와 결합함으로써 소비에트 시절에 공감을 표명했다. 그들은 아주 편안한 마음으로 이러한 공생 관계에 빠져들었다. 마찬가지로 애국적 표현을 소련식 권위주의라는 잃어버린 세계에 대한 미련과 결합하는 방식은 우크라이나와 벨라루스, 세르비아, 슬로바키아에서 새로운 민족주의자들이 얻은 인기를 설명해 준다. 그리고 90년대 말에 폴란드에 등장한 다양한 농민 정당과 〈인민〉 정당에서도 그 사례들을 찾아볼 수 있다. 그중 널리 지지를 받은 안제이 레페르의 폴란드 공화국 자위당SRP이 특히 악명 높은 경우였다.

재생된 공산당원들과 진짜 민족주의자들은 어디서나 동맹을 맺

---

29 그러나 루마니아는 유일무이한 경우일 듯하다. 1998년 부쿠레슈티 시장 선거에서 루마니아 노동당은 니콜라에 차우셰스쿠의 포스터로 도시를 도배질했다. 포스터에는 이렇게 쓰여 있었다. 〈그자들이 나를 쐈다. 당신의 형편은 좀 나아졌는가? 내가 루마니아 국민을 위해 한 모든 일을 기억하라.〉

었지만,[30] 민족주의에 대한 노골적인 호소는 러시아에서 가장 강하고 지속적이었다. 이는 놀라운 일이 아니었다. 선거에서 구 러시아의 외국인 혐오증을 당당히 드러내 사람들의 마음을 움직였던 불같은 성미의 블라디미르 지리놉스키는 이렇게 말했다. 〈러시아인은 지구상에서 가장 크게 창피를 당한 민족이 되었다.〉 그 한계가 무엇이었든, 어쨌든 소련은 과거에 세계 최강국 중 하나였다. 영토와 문화의 거인이었으며 러시아 제국의 정통 상속자요 그 연장이었다. 소련의 해체는 나이 든 러시아인들에게는 깊은 수치의 근원이었다. 그들 상당수는 북대서양 조약 기구가 러시아의 〈근서near West〉를 흡수하고 자국이 이를 막지 못한 데 대한 소련 군부의 분노를 공유했다. 탈소련 시대에 러시아의 외교 정책은 대체로 국제적인 〈존경〉을 회복하려는 바람을 갖고 움직였다. 이는 블라디미르 푸틴이 수행하는 대통령직의 성격과, 푸틴이 국내에서 점차 반자유주의적인 정책을 펼치면서도(그리고 펼쳤기 때문에) 끌어 모을 수 있었던 폭넓은 지지를 설명해 준다.

중부 유럽의 구소련 제국 시민들이 이러한 형태의 향수를 잘 받아들이지 않은 데에는 명백한 이유가 있다. 그러나 잃어버린 공산주의 세계는 동독에서도 어느 정도 호소력을 유지했다. 90년대 중반에 시행된 어느 여론 조사를 보면 여행과 전자 매체, 표현의 자유를 제외하면 1989년 이전의 삶이 더 나았다는 믿음이 동독에 널리 퍼져 있었다. 다른 나라들에서는 공산주의 시절의 옛 대중 매체마저 호감을 불러일으키기도 했다. 2004년 체코 텔레비전에서 가장 많은 인기를 끈 프로그램은 68년 이후 〈정상화〉에 대한 선전에 지나지 않은 70년대 초 탐정 연속물로 재방송된 「시장 제만Mayor Zeman」이었다.

오직 체코 공화국에서만 (프랑스와 이전에 소련에 속했던 나라들

---

30 때에 따라서는 제2차 세계 대전의 더 좋았던 시절에 향수를 느꼈던 변함없는 파시스트들과도 동맹을 맺었다. 특히 크로아티아가 이러한 경우에 해당한다.

과 더불어) 공산당은 그 이름을 그대로 두는 대담함을 보였다. 그러나 중부 유럽의 모든 탈공산주의 국가에서 유권자 다섯 명 중 한 명은 공산당에 비교할 수 있는 〈반대〉 정당, 즉 반미 정당이나 반유럽 연합 정당, 반서방 정당, 반민영화 정당의 하나를, 더 일반적으로는 이 정당들을 전부 지지했다. 특히 발칸 국가들에서는 〈반미주의〉나 〈반유럽주의〉가 전형적인 반자본주의의 약호였으며, 옛날에 대한 향수를 드러내놓고 표현할 수 없었지만 위장된 공개 선언에서 그 향수에 편승했던 옛 공산주의자들에게는 좋은 은폐물이었다.

이러한 항의 표는 정치적 주류를 결합했던 불가피한 합의를 간접적으로 설명해 준다. 그 지역에 가능한 미래는 단 하나뿐이었고, 그것은 어떤 형태를 띠든 서방에, 유럽 연합에, 그리고 세계 시장에 있었다. 이러한 목적에 관해 말하자면 주요 경합 정당들 사이에 차이는 없었다. 어느 정당이나 반대편의 〈실패한〉 정책을 비판하여 선거에서 승리했지만 정작 승리한 뒤에는 거의 대동소이한 정책의 이행에 착수했던 것이다. 그 결과, 중부 유럽과 동유럽에는 많은 시민에게 거의 아무런 의미도 없고 그들의 관심사도 아닌 공공 정책의 〈어색한〉 새 언어가 등장했다. 〈민주주의〉와 〈시장〉, 〈적자 예산〉, 〈성장〉, 〈경쟁〉 등이 바로 그것이다.

따라서 자신들의 항의와 고통을 표현하려던 유권자들은 가장자리로 밀려났다. 90년대 초, 관찰자들은 탈공산주의 유럽에 나타난 민족주의적이고 대중주의적인 극소 정당들과 선동적인 지도자들의 등장에서 위험하기 짝이 없는 반(反)민주주의적 반동을 보았다. 이러한 현상은 반세기 동안 시간 왜곡 속에 갇혀 있던 후진 지역의 격세유전적 후퇴였다. 그러나 최근에 오스트리아의 외르크 하이더와 프랑스의 장마리 르펜, 그리고 노르웨이에서 스위스에 이르기까지 도처에 존재하는 매우 유사한 인물들의 성공은 서유럽 논평의 건방진 논조를 희석하는 데 이바지했다. 격세유전은 국경을 차별하지 않는다.

많은 탈공산주의 국가에서 정치적 민주주의의 성공은 그 성공을 위해 헌신했던 지식인들에게 모호한 결과를 낳았다. 폴란드의 아담 미흐니크 같은 사람들은 언론을 통해 영향력 있는 목소리를 유지했다. 헝가리의 키시 야노시 같은 사람들은 반체제 지식인에서 의회 정치에 입문하여(키시의 경우 자유민주당의 지도자로) 몇 년간 대중의 눈에 혼란을 초래했다가 다시 학문의 삶으로 돌아갔다. 그러나 초기의 지식인 반대파는 대부분 이행기에 얼굴 마담 역할을 했지만 탈공산주의 시대의 정치인이나 공적 인사로 탈바꿈하는 데 성공하지 못했다. 그렇게 되기 위해 애썼던 많은 사람들은 슬프게도 무능했다. 바츨라프 하벨은 유일무이한 경우였다. 그리고 하벨도 특별히 성공적이라고는 할 수 없었다.

에드먼드 버크는 앞선 세대의 혁명가들에 관해 경멸조로 이렇게 말한 적이 있다. 〈최고라고 해봤자 이론가일 뿐이다.〉 대다수 혁명가들은 다가오는 미래의 번잡한 정치 문제나 기술적인 문제에 전혀 대비하지 못했다. 독서 습관이 변하고 청년 세대가 전통적인 지도와 견해의 원천에서 등을 돌림에 따라 지식인의 지위가 극적으로 하락했는데, 혁명가들은 이런 상황에도 전혀 대비하지 못했다. 90년대 중반, 한때 영향력을 행사했던 옛 지식인 세대의 일부 간행물들은 딱할 정도로 중요성을 잃었다.

바르바라 토룬치크의 『제시티 리테라츠키에Zeszyty Literackie』는 68세대의 폴란드 망명객이 파리에서 간행한 문학잡지로 크게 칭송받았고, 1989년 이전에 폴란드 문화 논쟁을 떠받치는 데 주된 역할을 수행했다. 이제 해방된 조국의 수도에 성공리에 자리 잡은 『제시티 리테라츠키에』는 1만 명의 독자를 유지하기 위해 분투했다. 체코에서 전통과 영향력에서 가장 뛰어난 주간지였던 『리테라르니 노비니 Literární noviny』는 조금 더 나은 성과를 보였는데, 1994년 배포 부수가 1만 5천 부에 못 미쳤다. 이러한 수치는 인구 비례로 볼 때 문학 잡지나 정기 간행물을 출판하는 대부분의 서유럽 발행자들에게는 하찮게 보이지 않겠지만, 중부 유럽에서 이러한 간행물들의 위치는 점점 더 주변으로 밀려갔다. 이러한 문화적 우선순위의 변동은 깊은 상처를 남겼다.

지식인이 몰락한 한 가지 이유는 이렇다. 그들은 반공주의의 윤리학, 즉 개인과 국가 사이의 아노미적 공간을 메우기 위해 도덕적으로 깨어 있는 시민 사회를 건설해야 할 필요성을 강조했다. 그러나 이는 시장 경제 구축이라는 실질적인 용건에 밀려났다. 중부 유럽에서 〈시민 사회〉는 불과 몇 년 사이에 소수의 외국인 사회학자들이나 관심을 가질 낡은 개념이 되어 버렸다. 제2차 세계 대전 이후 서유럽에서도 그와 유사한 일이 있었다(3장을 보라). 당시 전시 레지스탕스의 거센 도덕적 어조는 먼저 재건이라는 실질적 용건에 의해, 그 다음에는 냉전에 의해 사라지고 대체되었다. 그러나 그 시기에는 프랑스나 이탈리아의 작가들이 정치적 참여를 야단스럽게 선전해 댐으로써 계속해서 상당한 규모의 독자를 확보했던 반면, 헝가리나 폴란드의 작가들은 그처럼 운이 좋지 않았다.

민주주의의 공적 생활에 성공적으로 도약한 지식인들은 보통 1989년 이전에는 반체제 인사들의 사회에서 두각을 나타내지 못했던 〈전문가technocrat〉, 즉 변호사나 경제학자였다. 이들은 그때까지는 영웅적인 역할을 수행하지 못했기 때문에 마찬가지로 영웅적이지 못한 동료 시민들에게 좀 더 위안이 되는 모델을 제시했다. 바츨라프 클라우스는 2003년 하벨에 이어 체코 대통령이 된 직후 대통령 연설에서 이 점을 매우 솔직하게 지적했다. 〈나는 여러분 모두와 조금은 닮았습니다. 과거의 공산주의자도 아니며 이전의 반체제 인사도 아닙니다. 존재 자체만으로도 여러분이 갖지 못한 용기를, 말하자면 여러분의 떳떳하지 못한 마음을 상기시키는 충복이나 도덕주

의자도 아닙니다.〉

떳떳하지 못한 마음에 대한 언급은 징벌이라는 골치 아픈 문제를 제기했다. 이제 옛 공산주의 체제에서 징벌에 앞장섰던 사람들이 당할 차례였다(그래야만 한다면 말이다). 이는 공산주의 체제 이후의 거의 모든 정권에 깊은 상흔을 남긴 딜레마로 판명된다. 한편에서는 공산주의 시절에 자행된 정치적 범죄를 밝히고 그 가해자들을 처벌해야 한다는 폭넓은 합의가 존재했다. 비단 도덕적 관점을 지닌 지식인들만이 그런 견해를 지닌 것은 아니었다. 지난 공산주의 체제에 관한 진실을 고백하지 않는다면, 가뜩이나 어려운 자유를 향한 이행은 훨씬 더 어려워질 것이었다. 구체제의 옹호자들은 자신들의 과오를 교묘히 덮어 버릴 것이고 국민은 1989년이 무엇에 관한 문제였는지 잊게 될 것이었다.

공산당은 이 모든 나라에서 40년 이상 지배했다. 발트 국가들에서는 50년이 넘었고, 소련에서는 70년이 넘었다. 당-국가는 권력을 독점했다. 그 법률, 제도, 경찰은 나라 안의 유일한 권력이었다. 돌이켜 보건대, 공산당이 합법적인 통치자가 아니었다고 누가 말할 수 있었겠는가? 분명 외국 정부들도 공산당을 그 자체로 인정했고, 어떤 국제 법정이나 재판소도 공산주의 체제를 범죄 정권이라고 선언한 적이 없었다. 그렇다면 누군가를 공산주의 법률에 복종했다는 이유로, 아니면 공산주의 국가를 위해 일했다는 이유로 소급하여 처벌할 수 있었겠는가?

게다가 공산주의 체제가 저지른 폭정에 앙갚음해야 한다고 일찍부터 외쳤던 자들 중 가장 두드러진 몇몇 사람은 그 뿌리가 의심스러웠다. 90년대 초의 혼란스러운 분위기 속에서 반공주의는 공산주의에 내쫓긴 정권들에 대한 향수와 종종 중첩되었다. 공산주의 체제에 대한 비난과 그 체제에 앞서 존재한 과거 파시스트의 복권을 구분하는 일이 언제나 쉽게 이루어지지는 않았다. 많은 합리적인 사람들은 스탈린주의 시대 아래 선을 그을 필요가 있다고 인정했다. 1950년대의 쿠데타와 시범 재판, 박해에 협력했던 자들을 처벌하기에는 때가 너무 늦었고, 희생자들도 대부분 사망했기 때문이었다.

그러한 문제들은 역사가에게 맡기는 것이 최선이라고 생각되었다. 이제 문서보관소를 이용할 수 있게 된 그들은 미래 세대의 이익을 위해 이야기를 바르게 고칠 수 있었다. 그러나 스탈린주의 이후 시대에 관해서는 가장 악독한 범죄를 저지른 자들에게 응분의 대가를 치르게 해야 한다는 합의가 폭넓게 존재했다. 프라하의 봄을 무너뜨리는 데 협력한 체코 공산당 지도자들과 포피에유스코 신부의 암살에 책임이 있는 폴란드 경찰(19장을 보라), 베를린 장벽을 넘으려는 자는 누구든지 사살하라고 명령한 동독 당국자 등이 그들이다.

그러나 이 또한 두 가지 훨씬 더 곤란한 딜레마를 미결 상태로 남겼다. 과거의 공산당원들과 경찰 간부들을 어떻게 해야 하는가? 범죄 사실을 특정할 수 없을 때, 이들은 단순히 과거의 행위로 처벌받아야 하는가? 이들이 경찰, 정치인, 장관 등 공직에 참여할 수 있게 허용해야 하는가? 안 된다면 그 이유는 무엇인가? 어쨌든 이들 대부분은 자신들의 정권을 해체하는 데 적극적으로 협조했다. 그러나 그렇지 않다면, 그들의 공민권이나 정치적 권리를 제한해야 한다면, 그러한 제한은 얼마나 오래 적용해야 하고 어느 선까지 적용되어야 하는가? 이러한 질문들은 전후 독일을 점령했던 연합국이 탈나치화 일정을 적용할 때 대면했던 질문과 대체로 유사했다. 다른 점이 있다면 1989년 이후에는 점령군이 아니라 직접적인 관련 당사자들이 결정을 내렸다는 것이다.

이것이 한 가지 고통스러운 문제였다. 두 번째는 좀 더 복잡했으며 시간이 경과하면서 나타났다. 공산주의 정권들은 반항하는 시민에게 통치를 받아들일 것을 강요했을 뿐만 아니라, 사람들에게 스스로를 억압하는 데 공모하게 했다. 정보기관에 협력하고 동료와 이웃,

지인, 친구, 친척의 활동과 견해에 관해 보고하도록 조장했던 것이다. 이러한 밀정과 고발자들의 지하 연결망 규모는 나라마다 달랐지만 어디에나 존재했다.

그 결과, 전체 사회가 똑같이 혐의를 받았다. 고의는 아닐지라도 한때 경찰이나 정부를 위해 일하지 않은 자가 있었을까? 동시에 단순히 겁이 많아서 아니면 가족을 보호하려는 바람에서 저지른 협력과, 돈 때문에 매수되거나 고용되어 행한 협력을 구분하기는 어려웠다. 슈타지에 보고하기를 거부하면 아이들의 미래가 희생될 수도 있었다. 따라서 무기력한 개인들의 많은 사사로운 선택에 도덕적 모호함이라는 어두운 장막이 드리워졌다.[31] 되돌아보건대, 소수의 영웅적이고 흔들리지 않는 반체제 인사들을 빼고 나면, 누가 심판을 피할 수 있겠는가? 그리고 과거의 반체제 인사들 중 다수가 동료 시민들에 대한 보복에 가장 열렬히 반대했다. 아담 미흐니크는 그중에서도 특히 두드러진다.

이 모든 어려움은 모든 탈공산주의 국가에 공통된 현상이었지만, 문제를 다루는 방식은 나라마다 달랐다. 이행기가 진정 없었던 곳에서, 다시 말해 공산당이나 그 지지자들이 새로운 노멘클라투라가 되어 새롭게 세탁된 〈서방의〉 의제들을 가지고 계속 권력을 유지한 곳에서 과거는 손대지 않은 채 그대로였다. 우크라이나 몰도바, 분해되고 남은 유고슬라비아에서 그랬듯이 러시아에서도 보복 문제는 진정으로 제기된 적이 없으며 구체제의 고위 공직자들은 조용히 권좌로 복귀했다. 블라디미르 푸틴 체제에서 공산주의 시대의 실로비키siloviki(검사, 경찰, 군인, 정보부 요원 등)가 대통령의 비공식 고문단의 절반 이상을 차지했다.

31 몇몇 저명한 작가들의 이기적인 동기에는 거의 틀림없이 해당되지 않는다. 이들은 협조를 거부하기는 했어도 위험을 무릅쓸 일은 거의 없었을 것이다. 예를 들면 크리스타 볼프의 경우가 그러하다. 크게 선전되었던 볼프의 문학적 모호함은 감탄의 대상이었으나 훗날 볼프가 슈타지에 협력했다는 사실이 드러났을 때 그 성격은 다소 약화되었다.

독일에서는 국가 정보 기구의 크기와 범위에 관한 폭로가 국민을 깜짝 놀라게 했다. 슈타지는 8만 5천 명의 정식 직원 외에도 대략 6만 명의 〈비공식적 협력자들〉과 정기적으로 보고한 11만 명에 달하는 밀고자들, 50만 명이 넘는 〈시간제〉 정보원들을 이용했다. 이 사람들 중 상당수가 자신들이 그 범주에 속한다는 사실을 전혀 알지 못했다.[32] 남편이 아내를 감시했고, 교수들은 학생들에 관해 보고했으며, 사제는 교구 신도에 관한 정보를 전달했다. 옛 동독 거주자 600만 명에 관한 서류철이 존재했다. 이는 전체 인구의 3분의 1에 해당하는 숫자였다. 사실상 사회 전체가 자칭 수호자들에 의해 침투당하고 파괴되었으며 오염되었다.

연방 정부는 1991년 12월 서로에 대한 두려움과 의심이라는 종기를 째내기 위해 전직 루터교 목사인 요아힘 가우크에게 슈타지의 서류철을 감독하고 그 오용을 방지하기 위한 위원회 설립을 위임했다. 개인은 자신의 〈서류철〉이 있는지 확인할 수 있었고 원한다면 열람할 수 있었다. 따라서 국민은 누가 자신에 관한 정보를 제공했는지 알 수 있게 되었다. 이는 때때로 가정 파탄을 초래하기도 했다. 그러나 자료가 대중 일반에 공개되지는 않았다. 이는 어색한 타협이었으나, 나중에 증명되었듯이 매우 성공적이었다. 1996년까지 114만 5천 명이 자기 서류철의 열람을 신청했다. 인간이 받은 상처를 원상태로 되돌릴 방법은 없었지만, 가우크 위원회가 권한을 남용하지는 않으리라는 믿음이 있었다. 위원회가 통제한 정보는 결코 정치적 목적에 이용되지 않았다.

동유럽의 다른 곳에서는 유사한 절차가 금지되었다. 그 같은 불법적 이용을 두려워했기 때문이다. 폴란드에서 과거의 협력에 대한 고발은 정적의 신뢰를 무너뜨리기 위해 쓰인 흔한 방법이었다. 곧

---

32 비교해 보면, 1941년에 게슈타포는 1만 5천 명이 안 되는 직원으로 대독일 전체를 관리했다.

잊히기는 했지만, 2000년 레흐 바웬사까지도 이전의 특수부에 협력했다고 고발당했다. 공산주의 체제 이후의 어느 내무장관은 협력으로 명예를 더럽힌 모든 정적의 이름을 공개하겠다고 위협하기도 했다. 미흐니크 등이 옛 공산주의 체제 밑에 마지막 선을 긋고 앞을 보고 전진하는 데 찬성했던 이유는 바로 그러한 행위를 근심스럽게 예견했기 때문이다. 시종일관 이러한 견해를 유지한 미흐니크는 2001년에 당시 일흔여덟 살이었던 전직 공산당 대통령 야루젤스키를 1970년에 파업 노동자들에게 발포하라고 명령했다는 혐의로 재판에 회부하려는 시도에 반대하기도 했다. 1989년에는 계엄령과 그 여파에 대한 생생한 기억 탓에 과거를 공개하여 죄를 따지는 것이 현명하지 못한 일로 비쳤다. 그렇게 해도 안전한 때가 왔을 때는 이미 기회가 사라졌고, 대중은 다른 곳에 주목했으며, 뒤늦게 소급하여 정의를 추구하는 것은 정치적 편의주의처럼 보였다.

라트비아에서는 국가보안위원회에 연루된 기록이 있는 자는 누구든지 10년 동안 공직을 맡을 수 없다는 법이 포고되었다. 라트비아 시민들은 1994년부터 독일 사례를 따라 공산주의 체제 때 작성된 경찰 기록을 자유롭게 열람했다. 그러나 내용 공개는 개인이 해당 관청을 방문하여 법의 집행을 요청할 때에만 가능했다. 불가리아의 새로운 정부는 비시 정권 이후의 프랑스를 모범으로 삼아 과거의 정권과 연관된 몇몇 범죄를 저지른 자들에게 〈시민권 박탈〉을 부과할 수 있는 권한을 지닌 법정을 세웠다.

헝가리에서는 공산당이 권력을 내놓는 과정에서 친절한 역할을 수행한 탓에 앞서의 죄악으로 공산당을 숙청하거나 처벌하는 일의 정당성을 찾기가 어려웠다. 특히 카다르 이후의 헝가리에서는 주된 논쟁점이 1956년이었기 때문이다. 그리고 1956년은 주민 대다수에게 곧 옛 역사가 된다. 이웃 나라 루마니아에서는 최근의 역사만 찾아봐도 보복의 근거가 실로 충분했기는 한데, 루마니아판 가우크 위원회를 설립하려는 노력이 여러 해 동안 탈공산주의 시대 정치 엘리트의 강력한 반대에 부딪쳐 좌초했다. 일리에스쿠 대통령을 비롯한 여러 지도자들은 확실히 차우셰스쿠 정권 활동에 관한 진지한 심문에 관여하게 된다. 결국 〈비밀경찰 기록보존소 연구를 위한 국립대학〉이 설립되었지만, 원래의 독일 기구가 지녔던 권위를 얻을 수는 없었다.

이 나라들 중 어느 나라에서도 과거의 공산주의 시절을 매듭짓는 문제가 모두를 만족시키거나 완벽하리만큼 공정하게 해결되지는 못했다. 그러나 체코슬로바키아에서 채택된 해결 방식은 국경 너머까지 논쟁을 불러일으켰다. 스탈린주의는 체코슬로바키아에 다른 곳보다 늦게 도착했지만 더 오래 지속되었고, 〈정상화〉의 추한 기억은 여전히 생생했다. 동시에 공산주의 체제는 동유럽의 다른 어느 곳보다 체코 지역에서 강한 정치적 기반을 갖추었다. 마지막으로 체코슬로바키아 국민은 일련의 폭정에 저항하는 데(1938년과 1948년, 그리고 1968년 이후에) 명백히 실패했고, 그런 기억에 다소 마음이 편치 않았다. 이러저러한 이유로 나라 전체가 떳떳하지 못했다는(국내의 비타협적 비판자들에게는 그렇게 보였다) 인식으로 고통을 받았다. 바츨라프 클라우스는 자신이 무엇에 관해 말하고 있는지 알고 있었다.

탈공산주의 체코슬로바키아의 첫 번째 입법, 즉 1948년에서 1989년 사이에 불법적으로 형을 선고받은 모든 사람을 복권시키고 최종적으로 100만 유로의 보상금을 지급하는 1990년 법은 거의 아무런 논란도 일으키지 않았다. 그러나 이어서 모든 공직자와 장래에 공직자가 되려는 자들이 옛 정보기관과 연루되어 있는지 조사하는 것을 목적으로 삼은 〈정화〉법이[33] 제정되었다(1996년에 5년 동안 기한이 연장되었고, 21세기 초에 기한이 만료되자 재차 연장되었

---

33 〈밝힌다〉는 뜻의 체코어 lustrace에서 온 말이나 번역어는 〈정화〉의 의미도 지닌다.

다). 이 법의 목적은 합법적인 듯했으나 크게 남용될 소지가 있었다. 옛 비밀경찰 정보원 명단에 올라 있는 많은 이름들은 단순한 〈후보자〉로, 다시 말해 정권이 강제로 복종시킬 수 있다고 기대했던 사람들로 밝혀졌다. 다수의 저명한 체코 작가들이 이 명단에 포함되었는데, 그들 중 일부는 그 나라에 거주하지도 않았다.

비밀경찰 명부는 곧 언론에 흘러들었고, 정적의 명예를 실추시키려는 정치인들과 의원 후보자들이 이를 공개하고 널리 알렸다. 진흙탕 싸움이 전개되었고 하벨조차 경찰의 밀정 연락망에 충원될 후보로 언급되었다. 그리고 몇몇 비판자들이 경고했듯이 비밀경찰의 서류철이 충원을 시도했던 자들에 관해서는 풍부한 자료를 제공한 반면 충원 당사자인 경찰의 정체에 관해서는 거의 함구했다. 일간지 『리도베 노비니 Lidové noviny』(국민의 새소식)에 실린 만평은 프라하의 의사당 앞에서 이야기하는 두 사람을 보여 준다. 한 사람이 말한다. 〈나는 정화법을 걱정하지 않아. 밀고자가 아니거든. 나는 단지 명령을 내렸을 뿐이야.〉[34]

정화는 형사 소추가 아니었지만, 부당하게 〈이름이 언급되어 수치를 당한〉 많은 피해자들에게는 심각할 정도로 곤혹스러운 일이었다. 더욱 중요한 점은 정화법이 처음부터 공공연히 정치적 수단이었다는 것이다. 정화법은 시민 포럼 동맹의 해체를 초래한 문제 중 하나였다. 하벨을 포함하여 오랫동안 반체제 인사였던 자들은 새 법에 반대했던 반면, 클라우스는 그 법이 〈누가 어디에 있었는지 밝힐〉 방법이라고 열렬히 지지했다(그리고 자신을 비판하는 과거의 반체제 인사들을 쩔쩔매게 할 방법으로 보았다. 비판자들의 일부는 이전의 개혁 공산주의자들이었기 때문이다). 슬로바키아의 블라디미르 메치아르도 정화법에 반대했다는 사실은 주목할 만하다. 메치아르 자신이 과거 비밀경찰에 연루되었다는 소문이 널리 퍼져 있었기 때문

34 인용을 허락해 준 자크 루프니크 박사에게 감사드린다.

이다. 메치아르는 나라를 독립시켰지만 경찰의 서류철에 담긴 정보를 자신의 정치적 목적을 위해 여러 차례 이용했다.

정화법은 첫 12년의 발효 기간 동안 비교적 별다른 손해를 입히지 않았다. 삭제를 신청한 약 30만 명의 사람들에게 이 법이 적용되었는데, 신청자 중 약 9,000명이 기준을 통과하지 못했다. 1968년 이후에 직업을 잃거나 당으로부터 축출된 체코인과 슬로바키아인이 50만 명이 넘었음을 감안하면 놀랍도록 적은 숫자였다. 그러나 이 법은 씁쓸한 뒷맛을 남겼다. 정화법은 체코 사회에 〈벨벳 혁명〉이 전개된 방식에 관하여 냉소주의가 널리 퍼지는 데 일조했다. 체코 공화국에서 〈정화〉는 지난 과거를 공정하게 다루기보다는 새로 등장한 엘리트의 정당성을 인정해 주는 것으로 보였다.

1993년 7월, 체코 의회는 〈공산당 정권의 불법 행위와 그 정권에 맞선 저항에 관한 법〉을 채택하여 사실상 공산당을 범죄 단체로 선언했다. 이 법으로 이론상 수백만 명의 전직 공산당원들이 범죄자가 되어야 했지만, 그 영향은 순전히 수사적인 차원에 그쳤으며 어떠한 조치도 뒤따르지 않았다. 이 법은 공산주의의 평판을 떨어뜨리고 그 전복의 정당성을 인정하기는커녕 단지 법이 겨냥했던 대중의 회의적 이탈을 심화시킬 따름이었다. 법이 통과되고 10년이 지난 뒤에 실시된 여론 조사에 의하면 체코 유권자 다섯 명 중 한 사람이 변하지 않은 옛 (그리고 완벽하게 합법적인) 공산당을 지지했다. 공산당은 16만 명의 당원을 확보하여 여전히 그 나라 최대의 정치 조직으로 남아 있었다.

22장
구유럽과 신유럽

당신은 유럽이 왜 자기 무대에서 결정적인 조치를 취할 수 없는 것처럼 보이는지 생각해 봐야 한다.
— 리처드 홀브룩

만약 처음부터 다시 시작할 수 있다면 나는 문화로 시작하겠다.
— 장 모네

상당수의 사람들을 사랑으로 결속시키는 일은 언제나 가능하다. 나머지를 그 사람들의 공격을 받도록 내버려 두기만 한다면 언제나 그럴 수 있다.
— 지그문트 프로이트

대다수 주민은 일반적으로 번영을 누리고 있다고 느끼고 있는데 주민 11퍼센트는 영구 실업에 처해 있는 이 기묘한 조합의 의미는 무엇인가?
— 베아트리스 웹(1925년)

90년대 정치의 분열적 기질은 과거에 공산주의 체제였던 동유럽 나라들에만 국한되지 않았다. 서유럽에서도 중앙집권적 통치의 구속을 벗어던지려는, 또는 먼 지방의 가난한 동료 시민들에 대한 책임을 포기하려는 똑같은 충동이 감지되었다. 스페인에서 영국까지 서유럽의 기존 영토 단위들은 정도의 차이는 있지만 적어도 전통적인 국민 국가 형태를 그럭저럭 유지했으나, 대규모의 행정적 지방분권을 경험했다.

몇몇 곳에서는 16장에서 살펴보았듯이 이미 수십 년 전에 이러한 지방분권적 경향이 나타났다. 카탈루냐와 바스크 지방이 오랫동안 요구했던 자치가 신헌법에서 인정된 스페인에서는, 특히 카탈루냐가 한 세대 만에 자체의 언어와 제도, 통치 의회를 갖추어 사실상 국가 안의 국가로 등장했다. 카탈루냐어는 1983년에 제정된 〈언어정상화법〉 덕에 〈지배적인 교육 언어〉가 된다. 10년 뒤, 카탈루냐 의회는 유치원과 유아원에서 카탈루냐어의 단독 사용을 법으로 정했다. 카스티야의 스페인어가 어디서나 사용되었지만, 많은 젊은이가 카탈루냐어를 더 편하게 말했으며, 이는 놀랄 일이 아니었다.

스페인의 다른 어느 지역도 이 정도의 민족적 특수성을 획득하지는 못했고 나라 전체에서 그만한 비중을 차지하지도 못했다. 1993년, 스페인의 열일곱 개 자치 지역 중 하나인 카탈루냐는 스페인 국민 총생산의 5분의 1을 책임졌다. 스페인의 외국인 투자의 4분의 1 이상이 카탈루냐에 집중되었으며, 그중 많은 부분은 번창하는 지역 수도 바르셀로나로 들어왔다. 주 전체의 일인당 소득은 전국 평균보다 20퍼센트 높았다. 카탈루냐가 독립국이라면 유럽 대륙에서도 부유한 국가에 속할 정도였다.

카탈루냐인 고유의 정체성이 등장하게 된 한 가지 계기는 중앙 정부가 그들에게 과도한 국고 부담을 지웠기 때문이다. 말하자면 1985년 스페인의 극빈 지역을 지원하기 위해 마련한 〈지역 간 보상 기금〉이 이들을 분개하게 만든 것이다. 그러나 또한 카탈루냐는 바스크 지역과 갈리시아, 나바라, 기타 새로이 자치권을 주장하는 자치 지역들처럼 〈스페인적 특성〉에서 떨어져 나옴으로써 이익을 얻었다. 프랑코는 제국의 영광, 군대의 명예, 스페인 교회의 권위 같은 온갖 전통적인 민족적 주장들을 마르고 닳도록 이용했다. 그리고 그가 몰락하자 많은 스페인 사람들은 유산이나 전통이라는 수사적 표현에 관심을 갖지 않았다.

실제로 권위주의에서 벗어난 첫 세대 독일인들처럼 스페인 사람들에게도 〈민족적 주제에 관한 언급〉은 철저한 금기였다. 반면 지역이나 주의 정체성은 권위주의에 오염되지 않았다. 오히려 반대로 구체제가 표적으로 삼아 공격했던 지방 고유의 정체성은 민주주의 이행의 필수적인 요소로 확실하게 제시될 수 있었다. 자치와 분리주의, 민주주의의 이러한 결합은 바스크 지역의 경우 그다지 분명하지는 않았다. 그 지역에서는 에타ETA가 살인의 길을 추구했기 때문이다 (1995년에는 국왕과 총리까지 암살하려 했다). 게다가 600만 명의 카탈루냐인은 번영했지만, 바스크 지방의 오래된 공업 지구는 쇠락하고 있었다. 그 지역에서는 실업이 만연했고 소득 수준은 카탈루냐보다 낮아 전국 평균 언저리를 맴돌았다.

바스크 민족주의자들이 이러한 문제들을 이용하는 데 실패한 이유 중 하나는 대체로 그 지역의 200만 거주자 중 대다수가 새로 이주해 들어온 사람들이었기 때문이다(1998년에 지역 인구의 4분의 1만이 바스크어인 에우스케라Euskera를 말할 수 있었다). 이주자들이 분리주의 운동에 무관심했던 것은 전혀 놀랍지 않다. 바스크 지역 주민의 18퍼센트만이 기왕에 확보한 지역 자치권을 선택함으로써 독립에 지지를 표명했다. 바스크 국민당 유권자의 대다수도 똑같은 생각이었다. 에타의 정치 조직인 민족 통일당은 온건한 자치론자들과 나아가 주류 스페인 정당들에게 표를 빼앗기고 있었다. 90년대 말, 민족 통일당은 환경 보호주의자와 페미니스트, 마르크스주의자, 세계화 반대자 등 주변인들이 모인 다목적 정당으로 쇠락했다.

스페인에서는 과거의 기억이 국민 국가를 해체했다. 이탈리아에서는 현재의 불만이 국민 국가를 해체하고 있었다. 이탈리아의 전통적인 반골 지역은 북부의 국경 지대였다. 현지 주민들은 이탈리아인의 정체성을 할당받은 역사를(대체로 전쟁의 결과에 따른 것이었고 자신들의 의사와는 무관했다) 생생하게 기억했으며, 대다수는 여전히 이탈리아어보다는 프랑스어나 독일어, 슬로베니아어를 사용했다. 지역의 누적된 불만은 새로운 자치 지역을 설정하는 일련의 협약에 의해 누그러지곤 했다. 이탈리아와 프랑스, 스위스가 만나는 북서쪽 알프스 지역의 발레다오스타와 오스트리아의 티롤에 인접한 트렌티노알토아디제, 유고슬라비아(나중에는 슬로베니아) 국경을 따라 이어진 민족적으로 불명료한 경계 지대의 프리울리베네치아줄리아가 그런 곳이었다. 이 지역들은 또한 (알토아디제의 사례에서 이미 확인했듯이) 브뤼셀의 유럽 연합이 교부하는 각종 지역 보조금과 기타 장려금의 혜택을 입었다. 이탈리아 북부의 국경 지대는 1990년대 들어 시간의 경과와 알프스 관광의 도움을 받아 정치적 시야에서 점차 사라졌다. 이곳은 지방화한 유럽 속의 막다른 고립 지역이었다.

그러나 더욱 위협적인 형태의 지역 분리주의가 이곳에 등장했다.

이탈리아는 1970년 이래로 뒤늦게 전후 헌법 조항에 부응하여 다섯 개 자치주(세 개의 국경 지역과 사르데냐와 시칠리아) 외에 열다섯 개 지역으로 세분되었다. 확실히 충분한 자격이 있는 선례가 있었다. 피에몬테나 움브리아, 에밀리아로마냐는 적어도 카탈루냐나 갈리시아만큼은 강하게 역사적 차이를 주장할 수 있었다. 그리고 몇십 년 전만 해도 매우 현저했던 지역 언어의 특징이 희미해지기는 했어도 아직 완전히 사라지지는 않았다.

그러나 이탈리아의 새로운 지역들은 스페인의 지역들과 달리 대체로 행정상의 허구였다. 이탈리아의 새로운 지역 단위들은 선거를 통해 구성한 지방 의회와 지방 정부를 자랑했으며 꽤 많은 사람을 고용했지만, 고향 마을이나 도시에 귀속감을 느끼는 이탈리아인의 초超지역적 정체성을 극복할 수도 없었고 수도의 정치적 지배력을, 특히 재정적 지배력을 깨뜨릴 수도 없었다. 그러나 지방의 창설은 이탈리아인들에게 부유한 북부와 의존적인 남부 사이의 근본적이고 지속적인 불화를 일깨웠다. 그리고 이 때문에 초래된 분노가 정치적으로 표출될 기회를 제공했다.

그 결과, 적어도 이탈리아에서는 매우 새로운 현상인 부자들의 분리주의가 나타났다. 북부 이탈리아는, 특히 피에몬테와 롬바르디아의 공업 도시와 기업 도시 그리고 번창하는 농장과 소기업의 볼로냐와 그 배후 지역은 수십 년 동안 다른 지역보다 현저히 더 부유했으며 그 간극은 점점 더 커져만 갔다. 1980년대 말, 밀라노를 중심으로 한 롬바르디아 주의 일인당 지역 총생산은 전국 평균의 132퍼센트였으며, 이탈리아의 장화 발가락 부분에 있는 칼라브리아의 일인당 지역 총생산은 전국 평균의 56퍼센트에 불과했다. 80년대 말에 메초조르노의 빈곤율은 북부 이탈리아의 세 배에 달했다. 북부 이탈리아와 중북부 이탈리아가 부와 서비스에서 프랑스나 영국에 비할 만했다면, 남부는 크게 뒤처졌고 상당한 액수의 현금을 이전해도 이 차

이는 일부만 메울 수 있었다.

1980년대가 지나면서 새로운 정치 동맹인 롬바르디아동맹(나중에 〈북부 동맹〉으로 바뀐다)이 등장하여 〈남부〉는 너무 오랫동안 북부의 부에 의존하여 살았다는 널리 퍼진 믿음을 이용했다. 동맹의 창설자이자 지도자인 움베르토 보시에 따르면 해결책은 로마에서 재정권을 빼앗고 북부를 나머지 지역에서 분리하며 종국에는 그 나라의 〈기생충 같은〉 가난한 엉덩이를 자활하도록 내버려둔 채 롬바르디아와 인접 지역들의 독립을 확보하는 것이었다. 이것이 카탈루냐가(또는 슬로베니아, 아니면 바츨라프 클라우스가 통치하던 체코 공화국이) 직면한 문제와 얼마나 유사했는지는 곧 드러날 것이다.

북부 동맹은 1990년대에 치러진 전국 선거에서 롬바르디아와 베네토의 표를 충분히 획득하여 보수적인 집권 연립 정부의 기반을 마련할 수 있었다. 동맹의 집권은 실비오 베를루스코니의 전진 이탈리아Forza Italia 운동과 파시스트 전력자들로 구성된 잔프랑코 피니의 국민 동맹Alleanza Nazionale과의 연합에 달려 있었다. 그러나 둘 다(특히 국민 동맹은) 바로 북부 동맹이 그토록 경멸했던 가난한 남부 유권자들을 지지 기반으로 삼았다. 그러나 이러한 상호 불신과 보시의 지지자들이 지녔던 무모한 환상도 이탈리아의 분열이나 지역의 독립이라는 심각한 사태를 초래하지 않았다.

프랑스의 경우도 대체로 마찬가지였다. 미테랑 정권 시절에 제한적인 행정상의 지방 분권이 시작되었고 일관성이 상당히 결여되기는 했지만 제도와 재원을 지방에 분산하려는 시도가 있었다. 새로이 창설된 지역 단위 중 뚜렷한 역사적 정체성을 지닌 알자스나 프랑스의 바스크 지역조차 파리와의 유대를 끊는 데 큰 관심을 보이지 않았다. 오직 코르시카섬에서만 고유의 언어와 역사에 대한 진정한 인식과 본토에서 독립하면 더 번창하리라는 이상한 주장을 기반으로 삼은 민족 분리 운동이 등장했다. 그러나 코르시카 민족주의자들도 에타ETA처럼 폭력을 애호한 탓으로(그리고 가문들 간의 보복 탓에) 소수에게만 호소력을 지녔다.

유럽의 다른 곳에서는 정치인들과 평자들이 이제 자치와 지역 자치정부라는 덕목을 공식적으로 존중했던 반면, 파리에서는 아주 미약한 지역 분리주의조차 정치권 전역에서 신자코뱅주의적*neo-Jacobin*[1] 경멸의 쇄도를 초래했는데, 이 점이 프랑스의 독특한 현상이었다. 게다가 차이를 매우 강하게 의식하는 주들, 예를 들어 브르타뉴나 인구가 적은 산악 지대인 오랑그도크는 수십 년 동안 정부의 후한 원조에 크게 의존했다. 고속 철도 노선에 들어가는 기반 시설 비용부터 내부 투자의 면세까지 모든 재원이 중앙 정부에서 나왔으며, 브르타뉴와 옥시타니의 얼마 남지 않은 분리주의자들은 결코 많은 지지를 받지 못했다. 대체로 늙은 투사였던 이 분리주의자들은 60년대의 열정이 가시자 궁색한 처지에 놓이게 되었다. 역으로 리옹과 그르노블 주변의 론알프 지역 같은 부유한 곳은 독립을 제안할 수도 있었지만, 오래전에 독립을 누린 적이 있다는 기억조차 상실했고 따라서 이를 되찾으려는 정치적 열망을 보이지 않았다.

그러나 영국 해협 건너편에서는 켈트족 극단주의자들이 경제적으로 중앙 정부에 크게 의존하면서도 일종의 민족적 부활을 경험했다. 웨일스에서는 이러한 부활이 대체로 문화적 형태를 띠어 교육과 대중 매체에서 웨일스어를 쓰라는 압력이 가중되었다. 민족주의 정당인 웨일스당(플라이드 컴리Plaid Cymru)이 명확하게 표현한 완전 독립의 요구는 실제로 주민이 적은 북부 웨일스의 깊은 산악 지대에서만 공감을 얻었다. 남부 웨일스의 도시 지역은 잉글랜드와 연결되는 교통망이 잘 발달했고 전국 노동조합운동과 자유당과 노동당 두 정당과 정치적으로 좋은 관계를 유지했기 때문에 웨일스 제일주의

---

1 자코뱅의 현대적 의미는 지방정부를 희생하여 중앙정부에 권력을 집중하는 중앙집권적 공화국 개념을 포함한다 ― 옮긴이주.

자들의 소국 민족주의적 야심을 경계했다.

결과적으로 웨일스당 후보들은 1974년의 전국 선거에서 처음으로 약진한 후 적은 수였지만 가시적인 존재를 유지했음에도 동포들에게 민족주의적 주장을 납득시킬 수는 없었다. 1979년 3월에 시행된 권력의 지방 의회 이양에 관한 투표에는 웨일스 유권자 중 소수만이 참여했으며 참여한 유권자 대부분은 반대표를 던졌다. 20년 뒤 마침내 웨일스로 권력이 이양되었을 때, 이는 현지 민족주의자들의 간청에 의한 것이 아니라 토니 블레어의 신노동당[2] 정부가 행정 정비의 일환으로 추진한 것이었다. 토니 블레어는 현명하게도 카디프의 새로운 웨일스 의회에 넘긴 작은 권력이 거의 틀림없이 웨스트민스터에서 그 권력을 행사했던 똑같은 사람들의 손에 들어가리라고 생각했다.

그럼에도 그 결과는, 다시 말해 상당한 상징적 가치를 지녔으나 실질적 권력은 거의 갖지 못한 웨일스 의회의 존재는 웨일스 내에 존재하는 별개의 민족 정체성에 대한 모든 요구를 만족시킨 듯했다. 어쨌든 웨일스는 1536년 웨일스 왕가의 자손이었던 헨리 8세의 치세 때 잉글랜드로 흡수되어 그 지배를 받았다. 그러나 최근에 부활한 웨일스 언어와 역사에 대한 관심이 근거가 충분한 실제적인 일일지라도 이러한 관심의 부활을 민족의식의 전면적인 회복으로 오해해서는 안 된다. 웨일스 공적 생활의 표면 아래에 숨은 분노나 원한은 좌절된 민족적 열망이 아니라 경제적 고난에 연유했다. 웨일스의 독립과, 잉글랜드의 지배를 받으면서 공업의 쇠퇴와 실업으로 황폐해진 광산 지역과 촌락들과 항구들을 회복시키는 것 사이에서 선택해야 했을 때 머뭇거린 웨일스인은 거의 없었다.

스코틀랜드는 다른 문제였다. 그곳에서도 전통 산업의 쇠퇴는 끔찍한 결과를 낳았다. 그러나 70년대에 등장한 스코틀랜드 국민당

---

2 New Labour. 노동당이 1994년부터 쓴 다른 이름 — 옮긴이주.

SNP은 지역의 표를 웨일스의 동료들보다 네 배나 많이 얻었다. 스코틀랜드 국민당은 1974년 선거에서 열한 명을 의원으로 당선시켜 〈단일문제〉 정당으로 약진을 이룬 지 20년 만에 보수당을 따라잡고 노동당의 전통적인 근거지를 강하게 압박했다. 웨일스인과 달리 스코틀랜드의 유권자들은 권력 이양에 진정으로 찬성했다. 그리고 1997년까지 권력 이양을 기다려야 했지만, 에든버러의 스코틀랜드 의회가 국가는 아닐지라도 명백한 별개의 민족임을 자처하는 지역을 대변한다는 데에는 논란의 여지가 없었다.

스코틀랜드 민족주의는 북해 유전의 발견과 유럽 공동체의 지역 정책으로부터 큰 수혜를 입었다. 석유와 가스의 발견으로 애버딘과 북동 지방이 번창했으며, 유럽 공동체의 지역 정책 덕분에 스코틀랜드의 행정가들과 사업가들은 중앙 정부를 우회해서 브뤼셀에 직접 닿을 수 있었다. 스코틀랜드는 1707년 통합법Act of Union으로 잉글랜드와 결합되었지만 언제나 별개의 나라였다. 그 자의식은 언어나 종교의 특성에 기인하지 않았다. 언어나 종교에 대한 관념은 여전히 현실적인 문제였어도 대다수 주민의 머릿속에서 갈수록 희미해졌다. 진정으로 그들의 자의식을 결정한 것은 우월감과 〈원한〉이 기묘하게 뒤섞인 감정이었다.

영국 근대 문학의 많은 고전들이 사실상 아일랜드인의 작품이었듯이, 계몽사상 이래로 데이비드 흄에서 애덤 스미스를 지나 존 스튜어트 밀과 그 이후에 이르기까지 영어로 쓰인 정치사상과 사회사상의 위대한 업적들은 실제로 스코틀랜드인의 작품이었다. 산업화 초기 에든버러는 여러 면에서 영국의 지적 수도였으며, 글래스고는 20세기 초 급진적 영국 노동 운동의 중심지였다. 또한 스코틀랜드인 사업가들, 스코틀랜드인 경영자들, 그리고 스코틀랜드인 이주자들이 잉글랜드의 제국을 수립하고 확립하고 관리하는 데 많은 책임을 맡았다. 게다가 스코틀랜드는 언제나 별개의 독특한 정체성을 주장했고 유지했다. 스코틀랜드는 런던의 중앙 통치가 최고조에 달했을 때조차 자체의 교육 제도와 법률 제도를 유지했다.

그래서 스코틀랜드의 독립은 완벽하게 타당한 명제였다. 스코틀랜드는 독립하더라도 유럽 연합에서 절대로 가장 작거나 가장 가난한 국민 국가가 되지는 않을 것이었다. 독립국의 외양과 실체의 상당 부분을 확보한 스코틀랜드 주민 대다수가 한 발 더 나아가기를 원했는지는 확실하지 않다. 스코틀랜드를 영국 제국에 계속 의존하게 했던 지리와 인구, 자원의 한계는 여전했다. 그리고 90년대 말에 다른 곳과 마찬가지로 스코틀랜드에서도 민족주의의 동력이 힘을 잃고 있다고 짐작할 만한 이유들이 보였다.

이러한 설명이 아일랜드로 건너간 스코틀랜드인 이민자들의 후손 사회에도 동일하게 적용될 수 있는지는 분명하지 않았다. 스코틀랜드와 북아일랜드를 가르는 해협은 폭이 80킬로미터도 안 되지만, 두 사회의 감수성 사이에 벌어진 간극은 지금까지도 광대하다. 스코틀랜드 민족주의가 다른 무엇보다 잉글랜드인에 저항하고 잉글랜드인을 물리치려는 열망에서 비롯했던 반면, 얼스터의 신교도 주민의 민족주의적 애국심은 어떤 희생을 치르고라도 〈연합Union〉 내에 남으려는 절실한 욕구에 있었다. 아일랜드 〈분쟁〉의 비극은 양측 극단주의자들의 상반되지만 어찌 보면 동일해 보이는 목표에 놓여 있었다. 아일랜드 공화국 임시 정부군은 얼스터에서 영국 당국자들을 쫓아내고 그 지역을 가톨릭을 믿는 독립국 아일랜드와 재통합하려 했으며, 신교도 통합파Unionists와 그 준군사적 지원병들은 〈교황절대주의자들Papists〉을 진압하고 300년에 걸친 런던과의 결합을 무한정 유지하는 데 병적으로 집착했다(14장을 보라).

20세기의 마지막 몇 년 동안 통합파와 아일랜드 공화국 임시 정부군이 마침내 타협할 수밖에 없었다면, 이는 양측 과격파의 단호함이 부족했기 때문이 아니다. 보스니아와 코소보의 학살극이 외부의 개입을 초래했듯이, 끝없이 반복되는 얼스터의 잔학 행위와 보복 때문에 무장 투사들은 자신들이 대변한다고 주장했던 그 사회에서 공감을 잃었고, 영국과 아일랜드, 나아가 미국까지도 그때까지 애썼던 것보다 더 정력적으로 개입하고 적어도 교전 당사자들에게 잠정 협정이라도 체결하도록 압박을 가할 수밖에 없었다.

1998년 4월에 체결된 굿프라이데이 협정Good Friday Agreement[3]이 아일랜드의 민족 문제를 해결할 수 있었는지는 분명하지 않다. 양측이 마지못해 합의한 잠정 해결책은 많은 문제를 미결로 남겼다. 아일랜드 총리와 영국 총리가 클린턴 미국 대통령의 지원을 받아 조정한 협약의 조건들은(가톨릭 소수파에 대표권을 보장한 얼스터 의회의 지역 자치정부, 경찰과 여타 권력 기관의 신교도 독점 폐지, 두 사회 간의 신뢰 구축 조치, 이행을 감독하기 위한 정부 간 협의회의 상설 운영 등) 대체로 20년 전에도 관련 당사자의 선의만 있었다면 생각할 수 있던 것들이었다. 그러나 이 협정은 아일랜드 백년 전쟁의 휴전으로서 한동안 효력을 유지할 수 있을 듯했다. 반란의 선봉에 섰던 늙어 가는 과격파가 지위에 대한 욕심 때문에 무너진 듯했던 경우가 이번이 처음은 아니었다.

게다가 아일랜드 공화국도 1990년대에 전례 없는 사회경제적 변화를 겪어서 이제 민족주의자들이 상상하는 〈에이레Eire〉와는 뚜렷한 유사점이 없었다. 여러 문화가 공존하고 세금이 낮았던 더블린은 탈민족적 유럽의 번영을 선도하는 새로운 역할에 열중했다. 이러한 젊은 더블린의 시각에 아일랜드 공화국 임시 정부군의 종파적 편견은 다른 시대의 기괴한 골동품처럼 보였다.

서유럽의 큰 국가들에서 지방주의가 채택한 새로운 정치는 그 초기 역사에 밝은 사람들에게는 단순히 앞선 세기에 걸었던 중앙집권

---

3 영국 정부와 아일랜드 정부, 북아일랜드의 대부분의 정당이 합의한 벨파스트 협정을 말한다 ― 옮긴이주.

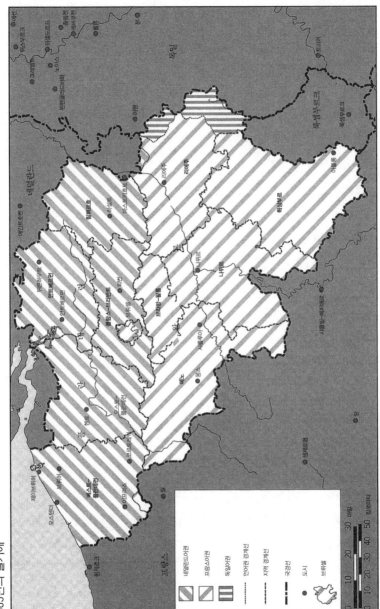

독일

네덜란드

프랑스

범례

네덜란드어권

프랑스어권

독일어권

언어권 경계선

지역 경계선

국경선

도시

벨기에

0 10 20 30 킬로미터

0 10 20 30 40 50 킬로미터

화의 길을 되돌아가는 원상복귀로 보였을 수도 있다. 현대 유럽에서 이러한 유형의 현저한 예외라고 할 수 있는 독일도 사실상 일반적인 경우의 예증일 뿐이다. 구소련 서쪽에서 유럽 최대의 국가였던 독일은 비교할 만한 분리주의의 부활을 경험하지 못했다. 이는 독일 역사의 특수성 때문이 아니라 나치 시대 이후의 독일이 〈이미〉 진정한 연방 공화국이었기 때문이다.

바이에른의 경우처럼 옛 국가를 그대로 가져왔든 아니면 바덴뷔르템베르크나 노르트라인베스트팔렌처럼 한때 독립국이었던 공국과 공화국의 영토를 조합하여 새로이 창설했든, 현대 독일의 주Land는 정부의 여러 분야 중 국민의 일상생활에 가장 직접적으로 영향을 미치는 분야에서, 즉 교육과 문화, 환경, 관광, 지역의 공공 라디오와 텔레비전 등에서 실질적으로 재정과 행정의 자율권을 행사했다. 그러므로 〈지역적으로〉 규정된 정체성 정치가 독일인에게 미치는 호소력을 제한할 때, 주는 유용한 대리자 역할을 수행했다. 또한 독일의 독특한 과거도 지역 정체성의 정치적 표출을 억제하는 데 한몫했을 것이다.

실제로 민족 분리주의 정치가 가장 집약적인 형태를 띠었던 곳은 서유럽에서 가장 큰 나라가 아니라 가장 작은 나라였다. 웨일스만한 땅 덩어리에 인구 밀도는 인접한 네덜란드 다음으로 높았던 벨기에는 서유럽 국가로는 유일하게 당대의 탈공산주의 동유럽에서 전개된 상황과 다소 유사한 내부 분열을 경험했다. 그러므로 이 이야기는 20세기 말 분리주의 물결이 휩쓸고 간 이후에도 어째서 서유럽 국민 국가들은 아무런 손상을 입지 않았는지 밝혀 줄 수 있다.

1990년대가 되면 왈론의 도회지들과 분지들은 탈공업화 시대에 접어들었다. 전통적으로 벨기에 산업 자원의 요람이라 할 수 있는 탄광업과 제철업, 슬레이트 산업, 금속 공업, 섬유업 등이 사실상 소멸했다. 1961년 2,100만 톤에 이르던 벨기에의 연간 석탄 생산량은

1998년 200만 톤에도 미치지 못했다. 한때 유럽 최고의 이윤을 창출했던 공업 지대는 이제 리에주 위쪽 뫼즈 계곡의 노후한 공장 몇 개와 몽스와 샤를루아 주변의 황량하고 적막한 채광 시설을 제외하곤 아무것도 남지 않았다. 플란데런 민족주의자들에게 그렇게 보였듯이, 과거에 이 지역 사회에 살던 광부들과 철강 노동자들, 그리고 그들의 가족들은 이제는 두 개 언어를 사용하는 나라의 수도에서 관리하는 복지 제도와 고소득의 북부 사람들이 납부하는 세금에 의존하여 살았다.

플란데런의 경기가 좋았기 때문이다. 1947년에는 플란데런 사람들의 20퍼센트 이상이 여전히 농업에 종사했다. 그렇지만 50년 후 네덜란드어를 말하는 벨기에인 중 토지에서 소득을 얻는 사람은 3퍼센트도 되지 않았다. 1966년부터 1975년까지 10년 동안 플란데런 경제는 연간 5.3퍼센트라는 전례 없는 성장률을 보였다. 70년대 말과 80년대 초 경기가 저점에 이르렀을 때도 플란데런 지역의 경제 성장률은 왈론에 비해 거의 두 배로 높았다. 노후 산업이나 고용할 수 없는 노동력 등 거치적거릴 것이 없던 안트베르펜이나 헨트 같은 도시들에서는 서비스업과 기술, 상업이 발전했다. 밀라노에서 북해로 이어지는 유럽의 〈황금 바나나golden banana〉에 놓여 있다는 지리적 이점이 컸다. 벨기에에서 프랑스어보다 네덜란드어를 말하는 사람이 더 많아졌으며(2 대 3) 일인당 생산액과 소득에도 네덜란드어를 말하는 사람들이 훨씬 더 많은 기여를 했다. 북부 지방이 남부를 따라잡아 특권적 지배 지역으로 등장했다. 이러한 변화에 따라 플란데런 사람들은 새로이 확보한 경제적 지배력에 걸맞은 정치적 이익을 점점 더 많이 요구했다.

요컨대 벨기에에는 유럽 전역의 모든 민족주의적이고 분리주의적인 요소들이 결합되어 있었다. 고대에 영토 분할이 있었던 데다[4]

4 율리우스 카이사르의 갈리아벨기카는 로마가 지배하는 갈리아와 프랑크족 영토를 가

그에 못지않게 유서 깊고 겉보기에 극복하기 쉽지 않은 언어상의 차이가 여기에 더해졌다(네덜란드어권의 많은 주민들은 프랑스어를 적어도 조금이나마 알고 있었지만, 왈롱 사람들은 대부분 네덜란드어를 전혀 말하지 못했다). 뚜렷한 경제적 차이도 일조했다. 그리고 더 곤란한 문제도 있었다. 길지 않은 벨기에의 역사 대부분에 걸쳐 가난한 농업 지역이었던 플란데런 사회는 공업화된 도시 지역인 프랑스어권 왈롱 사람들의 지배를 받았다. 플란데런 민족주의는 프랑스어를 강제로 써야 했던 상황, 프랑스어를 말하는 사람들의 권력과 영향력 독점, 프랑스어를 말하는 엘리트들이 문화적, 정치적 권위의 모든 수단을 횡탈한 데 대한 분노가 만들었다.

그래서 플란데런 민족주의자들은 전통적으로 분할 이전의 체코슬로바키아에서 슬로바키아인들이 맡았던 것과 비슷한 역할을 수행했다. 심지어 제2차 세계 대전 중에는 나치의 식탁에서 분리주의자들의 자치권이라는 빵 부스러기라도 얻으려는 쓸쓸한 심정으로 점령군에 적극적으로 협조하기도 했다. 그러나 1960년대에 들어서면 경제적 역할은 뒤바뀌었다. 이제 플란데런의 민족주의 정치인들은 후진적이고 혜택을 받지 못한 슬로바키아의 이미지가 아니라 슬로베니아의(아니 롬바르디아라고 해야 더 좋아하겠다) 이미지를 갖는 플란데런을 대표했다. 플란데런 주민은 이제 시대착오적이고 제대로 작동하지 않는 국가에 갇힌 역동적인 현대 민족이었다.

억압받는 언어적 소수파와 좌절된 경제적 동력이라는 스스로 부과한 정체성이 함께 뒤섞여 플란데런 분리주의 정치가 되었다. 그래서 과거의 부당한 조치들이 일소되고 북부의 네덜란드어 사용 지역이 공무에서 자신들의 언어를 사용할 권리를 얻은 후에도, 기억 속에 남아 있던 분노와 멸시는 새로운 관심사와 결합하여 벨기에의 공

르는 선 위에 놓여 있었고, 따라서 프랑스어가 지배하는 라틴 유럽과 게르만어가 지배적인 북부를 나누는 경계가 되었다.

공 정책 논의에 강렬함을, 즉 악의를 더했다. 문제 자체만으로는 그러한 악의를 결코 설명할 수 없었다.

〈언어 전쟁〉에는 중대한 상징적 순간들이 있었는데, 그중 하나는 60년대에서 찾아볼 수 있다. 플란데런 지역의 학교와 법원, 지방 정부에서 네덜란드어의 사용이 공식적으로 승인된 지 꼬박 50년이 지난 후이며, 의무적인 사용이 결정된 지는 40년이 지난 후였다. 뢰번 대학의 네덜란드어권 학생들이 네덜란드어권 플람스브라반트 주 안에 있는 대학교에 프랑스어를 말하는 교수들이 존재하는 데 이의를 제기했다. 학생들은 〈왈론 사람들은 떠나라 *Walen buiten!*〉는 구호를 외치며 행진했고 학교를 쪼개는 데 성공했다. 프랑스어를 말하는 대학교 구성원들은 남쪽의 프랑스어권 브라방왈롱 주로 내려가 루뱅라뇌브에 대학교를 설립했다(조만간 도서관도 둘로 나뉘었고 소장 자료도 재분배되어 상호간에 손실을 입었다).

뢰번의 극적인 사건들은(당대 다른 곳에서 벌어진 학생 운동을 이상하리만치 편협하고 광신적인 애국주의 형태로 반영한 것) 정부를 무너뜨리고 이후 30년 동안 도합 일곱 번의 헌법 개정을 낳은 직접적인 원인이 되었다. 벨기에의 제도적 재조정은 온건한 정치인들이 분리주의자들의 요구를 만족시키기 위해 궁리해 낸 것이었지만, 분리주의자들은 이를 언제나 궁극적인 결별로 나아가는 디딤돌로 이해했다. 결국 어느 쪽도 목적을 달성하지는 못했다. 그러나 단일 국가 벨기에는 거의 해체될 뻔했다.

결과는 비잔틴 제국처럼 매우 복잡했다. 벨기에는 세 개의 지역, 즉 플란데런 지역, 왈론 지역, 〈브뤼셀-수도〉로 분할되었고, 각각은 (전국 의회에 더하여) 자체 의회를 가졌다. 그다음에 네덜란드어권, 프랑스어권, 독일어권으로 이루어진 세 개의 〈공동체〉가 공식적으로 설립되었다. 독일어권은 독일 국경 근처인 동부 왈론 지역에 거주하는 약 6만 5천 명의 독일어 사용자들을 대표했다. 공동체 역시 자체 의회를 가졌다.

지역과 언어 공동체는 정확히 일치하지 않았다. 왈론 지역에는 독일어를 말하는 사람들이 있었고, 플란데런 지역에는 프랑스어를 말하는 여러 도시들이 존재했다(도시의 일부분에만 프랑스어 사용자들이 있기도 했다). 이러한 사람들을 위해 특별 권리와 특혜, 보호조치가 마련되었으며, 이는 어디서든 분노의 근원이었다. 플란데런과 왈론은 극히 작은 일부를 제외하면 사실상 단일 언어 지역이었다. 브뤼셀은 최소한 주민의 85퍼센트가 프랑스어를 사용했지만 공식적으로는 두 언어 사용 지역으로 선포되었다.

벨기에는 지역 공동체와 언어 공동체에 더하여 열 개의 주로 나뉘었다. 플란데런과 왈론에 각각 다섯 개의 주가 있었다. 주 또한 행정 기능과 통치 기능을 부여받았다. 그러나 여러 차례 헌법이 개정되면서 실질적인 권력은 점차 도시 생활, 환경, 경제, 공공사업, 교통, 대외 무역 등의 문제를 다루는 지역 공동체나 교육, 언어, 문화, 사회 복지 등의 문제를 다루는 언어 공동체에 넘겨졌다.

이러한 모든 변화는 우스꽝스러울 정도로 성가신 결과를 낳았다. 이제 언어상의 올바름은 (그리고 헌법은) 예를 들면 모든 지역 정부에 정치적 색채에 상관없이 네덜란드어를 말하는 장관들과 프랑스어를 말하는 장관들 사이에 〈균형〉을 요구했다. 오직 총리만이 의무적으로 두 개 언어로 말하도록 요구되었다(그래서 총리는 보통 플란데런 출신이었다). 헌법재판소에서도 언어의 평등이 요구되어, 소장은 매년 언어의 경계를 넘어 번갈아 맡았다. 브뤼셀에서는 수도 지역 행정부의 네 명의 행정관이 차후 함께 앉아(자신들이 선택한 언어로 말하며) 공동의 관심사를 결정하게 되었다. 그러나 플란데런어 〈공동체〉나 프랑스어 〈공동체〉 문제를 다룰 때면 둘씩 따로 앉았다.[5]

5 수도 지역 정부는 한 명의 지사와 네 명의 장관, 세 명의 사무관으로 구성되는데, 언어별로 두 명씩 있었던 장관을 말하는 듯하다. 사무관은 네덜란드어권이 한 명, 프랑스어권이

결과적으로 벨기에는 이제 하나의 국가가 아니었고, 두 개의 국가라고 말할 수도 없었다. 권위들은 서로 중첩되고 중복되어 천 조각들을 이어 붙인 퀼트 이불처럼 되어 버렸다. 정부를 구성하기가 어려웠다. 정부 구성에는 지역 안팎에서 여러 정당 사이의 거래가 필요했으며, 민족과 지역, 언어 공동체, 주, 지역 정당의 연합들 사이의 〈대칭〉이 필요했다. 또한 두 주요 언어 공동체 내에 효과적인 과반수가 존재해야 했으며, 정치와 행정의 모든 수준에서 두 언어가 동등하게 취급되어야 했다. 그리고 정부는 실제로 수립되더라도 주도권을 거의 쥐지 못했다. 심지어 이론상 마지막까지 중앙 정부의 책임으로 남았던 분야 중 하나인 외교 정책도 사실상 지역들이 장악했다. 현대 벨기에의 외교 정책은 대체로 대외 무역 협정을 의미했고, 이는 지역의 특권이었다.

  이러한 헌법 대변동의 정치는 제도 개혁 자체만큼이나 복잡하게 뒤얽혔다. 플란데런 측에서는 극단적 민족주의 정당과 분리주의 정당이 출현하여 자신들이 만든 새로운 기회를 이용하여 변화와 이익을 얻어 내야 한다고 주장했다. 전시의 극단적 민족주의자들의 영적 상속자인 플람스 블록[6]이 안트베르펀과 브뤼셀 북쪽의 일부 네덜란드어를 쓰는 교외 지역에서 제1당이 되었을 때, 전통이 더 깊은 네덜란드어 사용자들의 정당들은 경쟁을 위해 한층 더 분파적인 입장을 채택했다.

  마찬가지로, 왈론과 브뤼셀에서도 프랑스어를 말하는 주류 정당들의 정치인들은 플란데런이 정치적 의제를 지배하는 데 분개한 왈

두 명이고, 프랑스어 사용자가 압도적 다수이기에 지사는 보통 프랑스어를 쓰는 사람이 맡았다 ─ 옮긴이주.

  6 1978년에 설립된 플란데런 민족주의 정당으로 플란데런의 독립을 요구했다. 플란데런 운동 중 가장 과격하고 전투적이었다. 2004년에 대법원이 정강의 인종주의적 요소를 버리라고 명하자 당을 해산하고 〈플람스의 이익 Vlaams Belang〉이라는 새로운 이름으로 재창당했다 ─ 옮긴이주.

론 유권자들의 지지를 얻기 위해 더 강한 〈공동체〉 노선을 채택했다. 그 결과, 모든 주류 정당들이 결국에는 언어와 공동체의 노선에 따라 분열할 수밖에 없었다. 벨기에에서는 기독교 민주당(1968년 창당), 자유당(1972년 창당), 사회당(1978년 창당)이 모두 각 언어 공동체에 하나씩 쌍으로 존재했다. 이제 정치인들은 자신이 속한 〈종種〉에만 이야기했기 때문에 공동체 사이의 간극은 불가피하게 더욱 깊어졌다.[7]

벨기에는 언어적 분리주의자와 지역적 분리주의자를 달래느라 많은 비용을 썼다. 우선 경제적으로 비용이 들었다. 20세기 말에 벨기에가 서유럽 국가 중 국내 총생산 대비 공공 부채 비율이 제일 높은 나라였다는 사실은 우연이 아니다. 모든 서비스와 대출, 면허, 표지판을 이중으로 만들려면 비용이 많이 들었다. 공적 자금(유럽 연합의 지역 보조금을 포함하여)을 비례 원칙에 따라 다양한 공동체의 〈자윌런zuilen〉에 속한 수혜자들에게 보상하는 데 사용했던 기존 관행은 이제 언어 공동체의 정치에 적용되었다. 장관, 차관, 그들의 보좌관과 운영비, 친구들은 어디에나 존재했지만 오직 벨기에에서만 각각 언어적 도펠갱어에 속했다.

20세기 말에 〈벨지움Belgium〉은 단연 형식적인 성격을 띠었다. 육로를 통해 그 나라에 입국하는 여행자들은 작은 글씨로 〈벨기에 België〉나 〈벨지크Belgique〉라고 쓰인 표지판을 못 보고 지나칠 수도 있다. 그러나 방문객들은 자신들이 막 들어선 주의 이름을, 말하자면 리에주나 베스트플란데런을 알리는 화려한 현수막을 결코 놓칠

7 주요 신문인 『르 수아르Le Soir』와 『더 스탄다르드De Standaard』는 각각 프랑스어 공동체와 네덜란드어 공동체를 벗어나면 거의 독자를 찾지 못했다. 결과적으로 둘 다 나라의 나머지 반쪽에서 벌어진 일들의 소식을 전달하느라 그다지 애쓰지 않았다. 왈론 지역 텔레비전에서 누가 네덜란드어를 말한다면(그리고 그 반대의 경우에도) 자막이 나온다. 기차의 자동 알림판조차 지역의 경계를 넘을 때는 네덜란드어와 프랑스어 사이를 오간다(아니면 브뤼셀의 경우처럼 두 언어로 표시된다). 이제 영어가 벨기에의 공용어라는 말도 그다지 우스갯소리는 아니다.

공동체에서 연합으로: 유럽 연합 1957~2003

① 네덜란드
② 룩셈부르크
③ 스위스
④ 보스니아-헤르체고비나
⑤ 슬로베니아
⑥ 크로아티아

대서양
노르웨이
스웨덴
핀란드
러시아 연방
상트페테르부르크
발트 해
에스토니아
라트비아
리투아니아
벨라루스
폴란드
우크라이나
몰도바
루마니아
헝가리
오스트리아
슬로바키아
체코 공화국
독일
베를린
프랑스
파리
영국
런던
아일랜드 공화국
더블린
북해
벨기에
브뤼셀
덴마크
코펜하겐
스페인
리스본
포르투갈
마드리드
비스케이
지중해
이탈리아
로마
사르데냐 섬
코르시카
알바니아
그리스
불가리아
세르비아 공화국
이탈리아
아드리아 해
티라나
티레니아 해
불가리아
이오니아 해
터키
흑해
키프로스
시리아
그루지야
세르비아
마케도니아

0 100 200 300 400 500 마일
0 200 400 600 800 킬로미터

수 없다. 방문객들이 있는 곳이 플란데런인지 아니면 왈롱인지 표시하는 알림판도 마찬가지였다(네덜란드어나 프랑스어 중 하나로만 쓰이고 두 언어로 동시에 쓰이지 않았다). 마치 통상적인 이해가 쉽게 전도된 듯했다. 이 나라의 국경선은 단지 형식에 불과했지만, 그 내부의 경계는 강제력을 지녔고 매우 실제적이었다. 그렇다면 벨기에가 간단히 분할되면 그만일 텐데 그렇게 되지 않은 이유는 무엇인가?

벨기에의 불가능할 듯했던 생존과 더 넓게는 서유럽 모든 국가들의 존속을 설명하는 데 도움이 될 세 가지 요인이 있다. 첫째, 분리주의의 대의는 세대가 거듭되고 헌법 개정이 이루어지면서 그 절박함을 잃었다. 옛 공동체의 〈자윌런〉은, 말하자면 위계질서로 조직되어 국민 국가를 대체했던 사회적, 정치적 조직망은 이미 쇠퇴했다. 젊은 세대의 벨기에인들은 분파적 유연관계를 근거로 삼는 호소에 거의 반응하지 않았다. 나이 든 정치인들이 이 사실을 인식하기까지는 많은 시간이 필요했다.

종교 예배식이 쇠퇴하고 고등 교육을 받을 기회가 늘어났으며 시골에서 도시로 이주가 이루어져 전통적 정당들의 지배력이 약해졌다. 이러한 요인이 특히 〈새로운〉 벨기에인들에게, 다시 말해 수십만 명에 달하는 이탈리아나 유고슬라비아, 터키, 모로코, 알제리에서 유입된 이민자의 2세대와 3세대에 잘 들어맞는 명백한 이유가 있었다. 이들은 새로운 바스크인들처럼 자신들만의 관심사를 강조했고 늙어 가는 분리주의자들의 모호한 의제에 관심을 두지 않았다. 90년대의 여론 조사를 보면 대부분의 사람들에게, 심지어 플란데런 사람들에게도 지역이나 언어의 문제는 최우선 관심사가 아님을 알 수 있다.

둘째, 벨기에는 부자 나라였다. 벨기에보다 운이 좋지 못했던 다른 유럽 국가들, 다시 말해 민족주의자들이 공동체 사회의 감수성을 성공리에 이용할 수 있었던 나라들과 벨기에를 분명하게 구별하는 것은 현대 벨기에의 주민 대다수에게 삶은 평온하고 물질적으로 충분했다는 사실이었다. 나라는 평화로웠다. 그 자체로는 평화롭지 않았을지라도 적어도 다른 나라와는 사이가 좋았다. 그리고 〈플란데런의 기적〉을 가능하게 했던 번영이 언어 공동체의 분노 정치를 완화했다. 이러한 평가는 카탈루냐나 스코틀랜드의 일부에도 똑같이 유효하게 적용된다. 그러한 곳들에서 민족 독립의 극단적 옹호자들은 유별난 풍요가 초래한 해산*demobilizing* 효과 때문에 자신들의 주장이 꾸준히 힘을 잃어 가는 것을 지켜봐야 했다.

벨기에가, 그리고 내적으로 분해된 서유럽의 다른 국민 국가들이 생존에 성공한 세 번째 이유는 경제보다는 지리와 관계가 있었다. 물론 경제와 지리 사이에는 긴밀한 연관이 있다. 플란데런이나 스코틀랜드가 결국 벨기에나 영국의 일부로 쉽게 남을 수 있었던 이유는 그 지역이 탈공산주의 국가들에서 재등장하는 듯했던 민족 감정의 강렬함을 결여했기 때문이 아니었다. 오히려 그 반대였다. 자치에 대한 욕망은 이를테면 보헤미아보다는 카탈루냐에서 확실히 더 강했고, 플란데런과 왈론 사이의 간극은 체코와 슬로바키아 사이나 심지어 세르비아와 크로아티아 사이의 간극보다 훨씬 더 넓었다. 차이를 낳은 요인은 서유럽 국가들이 이제는 자국 백성에 대한 권위를 독점하는 독립적인 민족 단위가 아니었다는 사실이었다. 서유럽 국가들은 점차 다른 무엇의 일부가 되고 있었다.

완전한 유럽 연합을 향한 행동의 공식 장치는 1987년의 단일유럽법SEA에 제시되었다. 그러나 그 과정을 진척시킨 진정한 동력은 냉전의 종식이었다. 단일유럽법에 따라 유럽 공동체의 열두 개 회원국은 1992년까지 상품과 서비스, 자본, 인력의 전면적이고 자유로운 이동의 달성을 약속했다. 이는 결코 큰 도약이라고 할 수 없었다.

이미 몇십 년 전에 동일한 목적이 원칙적으로 제안되었기 때문이다. 유럽 연합 회원국들을 일련의 진정으로 새로운 제도적, 재정적 협정으로 몰아넣은 것은 1992년의 마스트리흐트 조약과 5년 뒤에 이를 계승한 암스테르담 조약이었으며, 이 두 조약은 근본적으로 변한 외부 환경의 직접적인 귀결이었다.

마스트리흐트에서 대중의 이목을 끈 것은 유럽 공동 통화를 제정한다는 널리 알려진 합의였다. 프랑스는 독일 통일에 대한 우려를 극복하기 위해 연방 공화국을 〈서방〉에 확고히 묶어 두었다. 그 방법은 두 가지로 하나는 독일로 하여금 유럽 단일 통화 단위인 유로를 위해 도이치마르크를 포기한다는 데 동의하게 하는 것이고, 다른 하나는 확대된 독일 국가를 한층 더 세밀한 법률과 규정, 협약으로 묶인 유럽 연합의 제약 조건 안에서 활동하도록 만드는 것이었다. 대신 독일은 새로운 통화가 도이치마르크의 사본이어야 한다고 주장했다. 유로화가 독일의 통화처럼 중앙은행들의 자율적인 위원회에 의해 통제되고 독일 중앙은행의 재정 원칙에, 다시 말해 낮은 인플레이션, 금융 긴축, 최소 적자의 원칙에 충실해야 한다는 얘기였다. 독일의 협상자들은 이탈리아나 스페인 같은 〈클럽 메드Club Med〉[8] 국가들의 낭비 성향을 경계했기에 새로운 통화 공동체의 회원국에 엄격한 조건을 부과했다. 유럽 연합 집행 위원회는 무절제한 정부들에 벌금을 부과할 권한을 지녔다.

그래서 유럽의 재무장관들은 독일의 간청에 따라 마치 오디세우스처럼 유로의 돛에 묶여 낮은 이자율과 공공 지출 증대를 요구하는 유권자들과 정치인들의 세이렌 소리에 반응할 수 없었다. 새로운 유로화가 도이치마르크만큼 인플레이션 방지 효과를 지니도록 계획된 이 조건들은 어디서나 인기를 끌지는 않았다. 가난한 회원국들

---

8 프랑스의 기업 지중해 클럽Club Méditerranée. 세계 여러 곳에 휴양지를 갖고 있다. 지중해 연안 국가들의 즐기기 좋아하는 성향을 지적하고 있다 — 옮긴이주.

은 당연히 이러한 조건들이 공공 정책을 제한하고 나아가 성장을 방해할지도 모른다고 크게 두려워했다. 그래서 완강하게 저항하는 정부들이 마스트리흐트 조약의 조건들을 더욱 잘 받아들일 수 있도록, 현금 장려금을 쓸 수 있도록 했다. 집행 위원회 의장 자크 들로르는 그리스와 스페인, 포르투갈, 아일랜드의 재무장관들에게 조약에 서명하는 대가로 유럽 연합 구조 기금의 대폭 증액을 약속했는데, 이는 사실상 이 나라들을 매수한 것이나 다름없었다.

한편 영국과 덴마크는 기본 조약에 서명했으나 공동 통화의 제안은 수용하지 않기로 결정했다. 부분적으로는 공동 통화로 야기될 경제 제약을 예상했기 때문이었고, 또 다른 한편으로는 국민에게 파급될 상징적 효과 때문이었다. 두 나라의 국민은 초국적 기관에 주권의 상징을 넘기는 것을 이미 다른 나라의 국민보다 더 많이 주저하고 있었다. 그리고 영국의 경우에는, 과거에도 자주 그랬듯이, 연합을 하나의 유럽 초강대국의 전단계로 보고 심히 불안했다.[9]

마스트리흐트 조약이 〈부가 원칙〉을 특별히 강조했던 것은 틀림없다. 이는 유럽 연합의 관리들에게는 오컴의 면도날과도 같았다. 부가 원칙은 이렇게 되어 있다. 〈유럽 연합은 (연합의 배타적인 권한에 속하는 영역을 제외하면) 국가적 차원이나 광역 차원, 지역 차원에서 취한 조치보다 더 효율적이지 않으면 어떤 조치도 취하지 않는다.〉 그러나 이러한 부가 원칙의 의미는 듣는 사람에 따라 달랐다. 프랑스는 자국의 통제를 벗어나는 초국적 기구의 권한을 제한한다는 의미로 이해했고, 독일은 지역 정부의 특별한 권리와 권한을 뜻한다고 보았으며, 영국은 제도적 통합을 막는 장치로 간주했다.

마스트리흐트 조약에는 세 가지 중요한 부작용이 있었다. 하나는

9 역사를 좋아하는 사람이라면 라스 카즈 백작의 『세인트헬레나의 기록 *Mémorial de Sainte-Hélène*』을 기억해 낼 것이다. 유배된 나폴레옹 보나파르트는 이 책에서 〈하나의 법, 하나의 법정, 하나의 통화〉를 갖는 미래의 〈유럽 연합〉을 구상하고 있다.

조약이 뜻하지 않게 북대서양 조약 기구를 후원했다는 사실이다. 조약의 제한 조건들에 따르자면, 동유럽의 새로이 해방된 국가들이 가까운 장래에 유럽 연합에 가입하기는 확실히 불가능했다(적어도 프랑스의 의도는 이와 같았다). 동유럽 국가들의 허약한 법률 제도와 금융 제도, 회복기에 접어든 경제도 유럽 연합 회원국들이 현재의 서명 국가와 장래의 서명 국가 모두에 요구한 회계와 기타 부문의 엄격한 규정을 지키며 작동하기란 전혀 불가능했다.

대신 브뤼셀의 복도에서는 폴란드와 헝가리, 그 인접 국가들이 일종의 보상, 즉 중간 단계의 포상으로서 북대서양 조약 기구 조기 가입이 가능하다는 제안이 나왔다. 이런 식의 북대서양 조약 기구 확대에 따르는 상징적인 가치는 확실히 상당했다. 그래서 새로운 후보 회원국들은 이를 지체 없이 환영했다. 반면 실질적인 혜택은 그만큼 분명하지 않았다(반면 소련과의 관계는 실질적이고 즉각적으로 손상되었다). 그러나 미국으로서는 북대서양 방위공동체의 확대에 찬성할 만한 이유가 있었기 때문에, 몇 년 뒤 적절한 때에 몇몇 중부 유럽 국가들의 북대서양 조약 기구 가입이 일차로 허용되었다.[10]

두 번째 영향은 유럽의 대중적 의식에 나타났다. 마스트리흐트 조약으로 유럽의 대중은 그때까지 유럽 연합과 그 익명적 관료 기구의 모호한 활동으로만 여겨졌던 것에 전례 없는 관심을 가졌다. 조약은 국민 투표에 부쳐진 곳에서는 어디서나 승인되었지만(프랑스의 경우에는 겨우 50.1퍼센트로), 〈유럽〉 문제를 국내의 정치 의제에 포함하는 것은 적지 않은 반대를 초래했다. 그런 일은 대체로 처음이었다. 40년 동안, 새로운 대륙 체제의 제도와 규칙은 베네룩스의 외진 도시에서 대중의 원망이나 민주적인 절차와 무관하게 조용히 계획

10 폴란드와 헝가리, 체코 공화국이 1999년에 가입했고, 때맞춰 북대서양 조약 기구의 코소보 교전에 (다소 마지못해) 참여했다. 불가리아와 루마니아, 에스토니아, 라트비아, 리투아니아, 슬로바키아, 슬로베니아는 2004년에 가입이 허용되었다.

되고 결정되었다. 이제 그러한 시절이 끝난 듯했다.

마스트리흐트 조약의 세 번째 귀결은 조약이 유럽의 결합까지는 사실 아니었어도 최소한 그 서쪽 절반의 결합을 위한 길을 준비했다는 사실이었다. 냉전의 종식과 유럽 연합의 단일 시장 약속으로 유럽자유 무역 지대의 나머지 회원국들의 가입을 방해하는 장애물이 제거되었다.[11] 스웨덴과 핀란드, 오스트리아가 곧 가입을 신청했다. 세 나라 모두 더는 자국의 중립 약속에(또는 핀란드의 경우처럼 소련과 좋은 관계를 유지해야 할 필요성에) 압박을 받지 않았고, 유럽 공동의 공간에서 따로 떨어진 상황에 점점 더 불안했다.

새로운 신청국들과의 가맹 협상은 단 석 달 만에 완결되었다. 세 나라 모두 안정적이고 작았을 뿐만 아니라(세 나라의 인구를 전부 합해도 독일 인구의 4분의 1에도 미치지 못했다) 단연 부자 나라였다는 사실 덕분에 쉽게 처리되었다. 마지막까지 거부했던 노르웨이와 스위스의 경우도 마찬가지였을지 모른다. 그러나 이 두 나라의 국민은 재계 지도자들이 꽤나 의욕적이었던 데 반해 가입을 부결시켰다. 초국적 연합 속에서 자율권과 주도권을 상실할까봐 두려웠고 새로운 통화 제도에 참여해서 얻을 이익에 회의적이었기 때문이다.

1994년 11월에 유럽 연합 가입이 국민 투표에 부쳐진 스웨덴의 경우에도 투표 결과는 비슷했는데, 여기에도 유사한 회의론이 나타났다. 단지 52.3퍼센트만 찬성했으며, 그것도 자국이 공동 통화 제도에 참여하지 않는다는 조건부였다(10년 뒤, 스웨덴 정부가 국민에게 이제 스웨덴도 크로네krone를 포기하고 유로화에 합류하자고 권했을 때, 이 제안은 국민 투표에서 결정적이고 굴욕적으로 거부되었다. 2000년 9월에 덴마크 정부가 같은 문제를 제기했을 때 패배한 것과 똑같았다). 스웨덴 의회의 녹색당 의원으로 유럽 연합 가입을 극심

---

11 90년대 초의 경기 침체도 일조했다. 수출업자들이 유럽 시장에 제한 없이 진입하지 못한다면 생존할 수 없다는 견해를 특히 스웨덴에 널리 퍼뜨리는 데 이바지했다.

하게 반대했던 페르 가르톤의 반응은 스칸디나비아에 널리 퍼진 근심의 반향이었다. 〈오늘은 의회가 독립국 스웨덴을 팽창하는 초강국의 한 지방으로 바꾸기로 결정한 날이다. 그 과정에서 스웨덴은 입법 기구에서 자문단의 일원으로 전락했다.〉

많은 북유럽인이 가르톤의 감정을 공유했다. 그럼에도 일부는 가입에 찬성표를 던졌다. 스위스나 스칸디나비아의 정치권과 재계의 엘리트 중에서 단일 시장의 혜택을 놓치지 않기 위해 유럽 연합에 가입하기를 원했던 자들도 그러한 선택에 경제적, 정치적 비용이 따른다는 사실을 인식했다. 이들은 속으로는 자신들의 의사에 반하는 결정이 내려지더라도 그 결정이 조국에 온전한 재앙은 아닐 것이라고 인정했다. 스웨덴이나 노르웨이에서, 심지어 덴마크와 영국에서도 유럽 연합은 (새로이 통합된 통화는 말할 것도 없고) 필수가 아니라 선택이었다.

그러나 중부 유럽과 동유럽에서 〈유럽〉의 일원이 되는 것은 유일한 대안이었다. 탈린에서 티라나까지 새로운 지도자들은 논거가 무엇이었든(말하자면 경제를 현대화하고 새로운 시장을 확보하기 위해서든 외국 원조를 획득하고 국내 정치를 안정화시키기 위해서든 〈서방〉으로 안착하기 위해서든 아니면 단순히 민족 공산주의로 후퇴하고 싶은 유혹을 피하기 위해서든) 브뤼셀에 의지했다. 유럽 연합 가입 전망은 풍요와 안전의 약속으로서 탈공산주의 유럽의 해방된 유권자들 앞에 어른거리며 그들의 애를 태웠다. 이들은 옛 체제의 삶이 더 나았다고 말하는 자들에게 속지 말라는 경고를 받았다. 이행의 고통은 감내할 만한 가치가 있을 것이었다. 〈유럽이 당신들의 미래다.〉[12]

12 21장을 보라. 고통은 진정 대단했다. 동유럽 국가들은 1989년 이후 몇 년 동안 국민 소득의 30~40퍼센트를 잃었다. 1989년 수준의 소득을 회복한 첫 번째 나라는 폴란드로 1997년에 가서야 그럴 수 있었다. 다른 나라들은 2000년을 넘어서야 그 수준을 회복했다.

그러나 브뤼셀 쪽에서 보면 그림은 매우 달랐다. 유럽의 기획은 처음부터 심한 정신분열증을 앓았다. 유럽의 기획은 한편으로 유럽의 모든 국민들에게 개방되어 문화적으로 포괄적이었다. 유럽 경제 공동체와 유럽 공동체, 마지막으로 유럽 연합의 가입은 〈민주주의 원칙을 통치 체제의 기반으로 삼은〉 그리고 가입 조건에 동의한 모든 유럽 국가들의 권리였다.

그러나 다른 한편에서 연합은 기능상 배타적이었다. 각각의 새로운 협정과 조약은 회원국들이 〈유럽〉 가족의 일원으로 결합하는 대가로 수용한 조건들을 더욱 복잡하게 했다. 그리고 이러한 규정과 규칙들이 누적되어 장벽은 한층 더 높아졌고 시험을 통과할 수 없는 나라나 국민은 배제되었다. 따라서 셴겐 협정(1985)은 참여국들의 시민에게 큰 혜택이었다. 협정에 가입한 나라의 시민들은 이제 주권 국가들 사이의 개방된 국경을 자유롭게 넘나들었다. 그러나 셴겐 협정 회원국이 아닌 나라의 주민들은 입국을 위해서 말 그대로 줄서서 기다려야 했다.

마스트리흐트 조약은, 공동 통화의 수용을 엄중히 요구했고 모든 가입 희망국에 빠르게 늘어나는 유럽 연합 실천 규약인 아키 코뮈노테르[13]를 자국의 통치체제에 통합하라고 강요했기 때문에, 궁극적인 관료적 출입금지구역이었다. 조약은 북유럽의 신청국들이나 오스트리아에는 어떠한 지장도 초래하지 않았지만, 동유럽의 장래 후보들에게는 대단히 곤란한 장애물이었다. 유럽 연합은 자체 헌장의 규정에 따라 새로운 유럽을 껴안겠다고 공언했지만 실제로는 가능하면 배제하려 애썼다.

13 acquis communautaire. 공동체의 경험이란 뜻으로 현재까지 축적된 유럽 연합 법규 전체를 말한다. 유럽 연합이 확대되는 과정에서 제5차 확대의 가입 후보국들, 즉 2004년에 가입한 10개 나라와 2007년에 가입한 루마니아와 불가리아와 유럽 연합 사이의 협상을 위해 31개 장으로 나뉘었으며, 이후 크로아티아와 터키와 협상할 때에는 35개 장으로 나뉘었다 ─ 옮긴이주.

그럴 만한 이유는 충분했다. 새로이 가입을 희망하는 후보국들 중 가장 부유한 나라조차, 이를테면 슬로베니아나 체코 공화국도 기존의 유럽 연합 회원국들보다 훨씬 더 가난했고, 대부분의 신청국은 매우 빈곤했다. 어떤 기준으로 보더라도 동유럽과 서유럽 사이를 가르는 차이는 매우 컸다. 발트 국가들의 유아 사망률은 1996년에 유럽 연합 회원국이었던 15개 국가 평균치의 두 배였다. 헝가리의 남성 기대 수명은 유럽 연합 평균보다 8년이 적었고, 라트비아에서는 11년이 적었다.

헝가리나 슬로바키아, 리투아니아가 기존 회원국들과 동일한 조건으로 유럽 연합에 가입하도록 허용된다면, 보조금과 지역 원조, 기반 시설 조성비, 기타 교부금으로 들어가는 비용이 유럽 연합 예산을 망가뜨릴 것은 뻔했다. 하물며 인구 3,800만 명의 폴란드는 어떻겠는가? 1994년 12월에 독일의 베르텔스만 재단이 출간한 연구에 따르면, 당시 가입을 희망하던 중부 유럽의 여섯 나라가(폴란드, 헝가리, 슬로바키아, 체코 공화국, 루마니아, 불가리아) 기존 회원국들과 동일한 조건으로 가입했을 때, 구조 기금 한 부문에서만 연간 300억 도이치마르크가 넘는 비용이 들게 되어 있었다.

유럽 연합 비용 청구서의 대부분을 지불하고 틀림없이 한층 더 많은 분담금을 요구받을 나라들의 유권자들이 이러한 상황에 격하게 반발하지는 않을지 많은 사람들이 염려했다. 특히 네덜란드와 영국이 심했고, 독일의 징조는 더욱 좋지 않았다. 어쨌든 동유럽의 수혜국들은 기존의 유럽 연합 규정에 따라 요구되는 최소한의 부응기금 matching fund조차 감당할 처지가 못 되었다. 탈공산주의 유럽에 진정으로 필요했던 것은 다른 마셜 플랜이었지만, 누구도 이를 제안하지 않았다.

신입 회원국들은 많은 비용을 야기했을 뿐만 아니라 성가셨다. 그 나라들의 법률 제도는 부패했거나 제대로 작동하지 않았으며, 정치

지도자들은 신뢰할 수 없었고, 통화는 불안정했으며, 국경은 구멍이 숭숭 뚫렸다. 필요한 것이 많고 궁핍한 그 시민들은 복지와 일자리를 찾아 서유럽으로 향하든지 자국에 머물며 쥐꼬리만 한 임금에 만족해야 했다. 후자가 선택되더라도, 유럽 연합에 속한 나라들에서 투자자와 고용주들을 끌어들일 것이 뻔했다. 어느 쪽이든 신입 회원국들은 위협이 될 것이었다. 서유럽이 〈습격당하고 있다〉는 이야기가 돌았다. 이런 두려움은 동유럽의 〈미개한 민족들〉이 떼로 몰려들까봐 걱정했던 헤르더의 공포가 희미하지만 확실하게 울려 퍼진 것이다. 유럽 연합이 동유럽에 기적을 가져올 수 있다는 점은 누구도 의심하지 않았다. 그러나 동유럽은 유럽 연합에 무엇을 해줄 것인가?

마음에 이러한 근심을 품었던 서유럽인들은 당연히 늑장을 부렸다. 1989년 직후, 독일 외무장관 한스디트리히 겐셔는 처음에는 유럽 연합이 민족주의의 반발에 대비한 예방 조치로서 가능한 대로 빨리 모든 동유럽 국가를 흡수해야 한다고 제안했다. 그러나 겐셔는 곧 꽁지를 내렸다. 그리고 마거릿 대처가(확대된 유럽 연합은 필연적으로 영국의 꿈인 범유럽 자유 무역 지대로 희석되리라는 계산으로) 계속해서 조기 확대를 열정적으로 주장했지만, 유럽 연합의 전략을 지배한 것은 프랑스의 방식이었다.

프랑수아 미테랑의 첫 반응은 느슨하게 결합된 〈유럽 연방European Confederation〉을 제안하는 것이었다. 이는 일종의 준회원국들의 바깥층으로서, 모든 신청국에 아무런 조건 없이 개방되고 물질적 혜택도 없을 것이었다. 훗날 프랑스 외교관들은 이 제안에 지지가 부족했던 점을 유감으로 생각했다. 연합의 확대를 위한 〈조용한 협력〉의 기회가 사라져서 애석했던 것이다. 그러나 그 당시에 이 제안은 새로이 해방된 동유럽 국가들을 대용물이 될 만한 다른 〈유럽 공동체〉로 가두어 진짜 유럽 공동체로부터 영원히 배제하는 것을 정당화하려는 노골적인 책략으로 여겨졌다. 그렇게 보는 것이 옳았다. 바츨라프 하벨은 처음부터 이 점을 이해했으며, 그래서 깊이 생각할 필요도 없이 미테랑의 제안을 거부했다(그리고 한동안 엘리제궁에서 기피 인물이 되었다).

그 대신, 동유럽과 서유럽 사이의 관계는 이후 몇 년 동안 쌍무적 무역 협정 수준에 머물렀다(헝가리와 폴란드, 체코 공화국, 슬로바키아 등 몇몇 나라들이 유럽 연합의 매우 제한적인 〈준회원〉 지위를 부여받았을 뿐이었다). 그러나 1991년의 모스크바 쿠데타와 그 직후 발생한 발칸 전쟁들 때문에 서구는 탈공산주의 국가들을 불확실한 상태에 내버려 두면 위험하다는 데 주목했고, 1993년 6월에 코펜하겐에서 개최된 회담에서 유럽 연합 정상들은 원칙적으로 이렇게 동의했다. 날짜는 아직 정해지지 않았지만, 〈중부 유럽과 동유럽의 준회원 국가들은 원한다면 유럽 연합의 회원국이 될 것이다.〉

그렇다고 해서 가입 희망국들의 좌절감이 줄어들지는 않았다. 이 나라들은 브뤼셀과 서유럽 수도들과의 교섭에서, 폴란드 총리 하나 수호츠카의 억제된 표현을 빌리자면, 〈실망했다.〉 그리고 동유럽의 정치 지도자들은 그 10년의 나머지 대부분을 주저하는 서유럽 국가들로부터 확약을 받으려 끈질기게 또 필사적으로 애썼고, 외국의 대화 상대편에 유럽 연합 가입의 긴급함을 강조하는 동시에 국내의 유권자들에게는 유럽 연합 가입이 진실로 의제에 올라 있다고 단언했다.

그러나 서방의 관심은 다른 곳에 있었다. 새로운 공동 통화로 이행하고 제도적 통합을 이루기 위해 마스트리흐트 계획을 실천에 옮기는 일이 모든 서유럽 수도의 주된 문제였다. 독일에서는 구(舊) 독일 민주 공화국 영토를 통합하는 비용과 어려움에 대한 걱정이 증가했다. 한편 유고슬라비아의 파국은 처음에는 서방의 정치인들에게 탈공산주의 문제 전반을 과소평가한 위험성을 일깨웠지만 이제는 내내 따라다니는 강박 관념이 되었다.

저명한 지식인들의 시선이(정치적 유행의 변화를 알려 주는 확실한 지표) 이동했다. 서방의 평자들이 〈중부 유럽〉을 재발견하여 하벨, 쿤데라, 미흐니크와 그 동료들이 파리에서 뉴욕까지 신문의 사설 난과 지식인 잡지의 인기 있는 인물이 되었던 것이 겨우 몇 년 전의 일이었다. 그러나 역사는 빠르게 움직였다. 독재 정치에서 기적적으로 벗어난 일은 벌써 희미한 기억으로 사라졌고, 프라하와 부다페스트는 관광객과 사업가들에게 맡겨졌다. 사라예보에서는 베르나르앙리 레비와 수전 손태그가 더 쉽게 발견되었다. 중부 유럽의 15분간의 명성[14]은 사라졌고, 더불어 중부 유럽을 서유럽 제도에 신속히 편입시켜야 한다는 대중적 압력도 사라졌다. 브뤼셀의 정치인들과 관리자들은 공개적으로는 조건이 〈성숙〉하면 연합이 동유럽까지 확대되어야 한다는 바람을 계속 견지하고 있다고 주장했다. 그러나 사석에서는 더 솔직했다. 유럽 연합 집행 위원회의 어느 선임 관료는 90년대 중반에 이렇게 얘기했다. 〈이곳의 그 누구도 진정으로 확대를 바라지 않는다.〉

그럼에도 확대는 의제에 올라 있었다. 유럽 연합은 그 규정에 따라 가입 신청의 권리를 부정할 수 없었다. 따라서 유럽 연합 집행 위원회는 1994년에 헝가리와 폴란드, 1995년에 루마니아와 슬로바키아, 라트비아, 에스토니아, 리투아니아, 불가리아, 1996년에 슬로베니아와 체코 공화국의 신청을 부득이 수용해야 했다. 그리하여 1989년에 신청서를 제출한 몰타와 키프로스, 그리고 터키에(터키는 1987년에 신청했으나 이는 아직 다루어지지 않았다) 구 공산주의권

14 미국의 예술가 앤디 워홀이 쓴 표현이다. 대중 매체의 주목을 받는 유명 인사의 명성은 대중의 관심 주기가 끝나자마자 사라지고 대신 다른 사람이 유명해진다는 뜻이다. 1968년에 〈장래에는 모든 사람이 15분 동안 세계적으로 유명할 것이다〉라는 말에서 처음 등장했고, 1979년에 〈내가 60년대에 했던 예언이 마침내 실현되었다. 장래에는 누구나 15분 동안 유명할 것이다〉라는 말에 다시 나타났다 — 옮긴이주.

의 10개 후보 국가들이 더해졌다. 이제 이 모든 후보 국가들은 번잡한 대기실에서 연합의 처리를 기다렸다.

1997년 암스테르담 조약은 원래의 로마 조약에 일련의 중요한 기술적 수정을 가하여 마스트리흐트 조약의 목적을 달성하고 연합이 공언한 계획을 강화했다. 그 계획은 유럽시민권 프로그램을 개발하고 실업과 보건, 환경, 그리고 확연히 드러나는 공동 외교 정책의 부재를 다룰 범유럽적 제도를 발전시키는 것이었다. 공동 통화가 1999년에 발효되도록 일정이 잡혀 있던 이 시점에서, 연합은 모든 관료적 에너지를 투입하여 10년간의 내부 통합을 완료했다. 확대라는 매우 곤란한 문제를 연기할 핑계가 더는 없었다.

일부 국가의 지도자들, 그리고 유럽 연합 집행 위원회의 많은 선임 관료들이 선택한 방안은 가입 협상을 〈쉬운〉 경우로 제한하는 것이었을 수도 있다. 슬로베니아나 헝가리 같은 작은 나라들은 연합의 기존 경계에 붙어 있고 상대적으로 경제도 현대화되었기에 유럽 연합의 제도적 틀과 예산에 그렇게 큰 도전은 아니었을 것이다. 그러나 이런 선택은 정치적으로 신중하지 못한 방안이었음이 곧 명백해졌다. 무시당한 루마니아나 폴란드가 위험스럽게 비민주주의적 세계로 빠져들 수 있었다. 그래서 유럽 연합은 1998년부터 동유럽의 10개 신청국 전부와 키프로스의 가입 절차를 공식적으로 개시했다. 몰타는 그 직후 명부에 첨가되었다. 그러나 터키는 보류되었다.

많은 기존 유럽 연합 회원국들이 계속해서 걱정하고 또 여론 조사로 판단하건대 그 국민들 중에서도 별다른 열의를 찾아보기 힘들었지만, 이때부터 확대는 자체의 동력으로 움직였다. 양자회담으로 가입 협상이 시작되었다. 우선 보다 가까운 핵심 국가로 추정되는 키프로스와 체코 공화국, 에스토니아, 헝가리, 폴란드, 슬로베니아와 협상을 개시했고, 그 다음 한 해 뒤에 불가리아와 루마니아, 슬로바키아, 라트비아, 리투아니아, 몰타의 나머지 나라들과 협상이 이루어졌다. 큰 경제적 어려움을 초래할 수 있었던 폴란드가 1차 협상국에 들어간 이유는 그 크기와 유명세로 설명이 된다. 역으로 슬로바키아는 메치아르의 권위주의 통치가 야기한 침체와 부패에 대한 대응으로서, 그리고 일벌백계의 사례로서 2차 협상국으로 〈격하〉되었다.

이후 5년간 협상은 때로 신랄한 발언들을 교환하며 집중적으로 전개되었다. 〈브뤼셀〉은 모든 후보국의 수도로 내려가 후보국의 제도와 법률, 규정, 관행, 공무를 연합의 표준과 양립할 수 있는 최소 기준까지 끌어올리기 위해 조언자와 권고, 사례, 정책, 설명을 잔뜩 퍼부었다. 신청국들 편에서는 더 매력적이고 효율적인 서방의 상품과 서비스가 자국 시장을 제압하지 못하도록 방어하는 동시에 자신들은 유럽 연합 소비자들에게 자유로이 다가갈 수 있어야 한다고 강하게 요구했다.

싸움은 단연 불평등했다. 유럽 연합은 동유럽이 오랫동안 열망했음을 공공연히 자백한 목표였던 반면, 새로운 잠정 회원국들은 적법하게 처신하겠다는 약속 이외에 제공할 것이 없었다. 그래서 새로운 회원국이 받은 양보는 몇 가지로 제한되었다. 이를테면 외국인의 토지 매입을 일시적으로 제한하는 조치가 있었는데, 이는 정치적으로 민감한 문제였다. 반면 유럽 연합은 단일 시장을 약속했음에도 상품의 수출, 특히 인력의 수출을 상당히 제한하려 했는데, 새로운 회원국들은 이를 받아들일 수밖에 없었다.

어느 정도의 인구가 유입될 수 있는지는 지나치게 과장되었다. 2000년에 발행된 유럽 연합 집행 위원회의 보고서는 아무런 제한 없이 국경을 개방하면 동유럽의 10개 가입국에서 연간 33만 5천 명이 탈출할 것이라고 예상했다. 대부분의 서유럽 회원국들은 이러한 과장된 수치에 응하여 서유럽으로 이주할 수 있는 동유럽인의 숫자를 할당해야 한다고 주장했다. 이러한 주장은 10년간의 선언들과 조약들의 정신과 자구를 노골적으로 무시하는 처사였다. 독일과 오스트리아, 핀란드는 2년 동안 엄격하게 제한했고 추가로 5년을 더 연장할 권리를 지녔다. 벨기에와 이탈리아, 그리스가 선례를 따랐다. 영국과 아일랜드만 연합의 〈입국 허가〉 원칙에 기꺼이 따르겠다고 선언했다. 동시에 동유럽에서 일자리를 찾아 들어온 사람들에게 복지 혜택은 최저 수준에서 유지될 것이라고 밝혔다.

농업 보조금과 다른 교부금을 동쪽으로 확대하는 일도 엄격하게 제한되었다. 이는 한편으로는 집행 위원회의 『2003년 이행보고서 Transition Report 2003』에 나와 있듯이, 〈가입 국가들이 가입 이후에 유럽 연합의 결속기금과 구조 기금에서 지급된 보조금을 받아 효율적으로 사용할 능력을 지녔는지에 관한 의문〉 때문이었다. 그러나 주된 이유는 단순했다. 확대비용을 낮추고 서유럽 생산자들과의 경쟁을 최소한으로 줄이려는 의도였다. 2013년이 되어야 동유럽 농민들은 서유럽 농민들이 이미 지급받던 것과 동일한 보조금을 받게 되어 있었다. 그때가 되면 대부분의 동유럽 농민이 은퇴하거나 파산하리라고 기대했던 것이다.

협상이 완료되고, 조건들에 합의가 이루어지고, 9만 7천 쪽에 달하는 유럽 연합의 아키 코뮈노테르가 신청국들의 통치 법전에 정식으로 편입되었을 때, 실제의 확대 자체는 용두사미 꼴이 되고 말았다. 대부분의 신입 회원국들은 15년 동안 가입을 기다려왔기에 10년 전에 보였을 열의를 결여했어도 너그러이 용서를 받을 수 있었다. 어쨌든 서유럽에 참여하여 얻을 많은 실질적인 혜택은 이미 줄어들었다. 특히 자동차 산업이 이에 해당한다. 구 공산 국가들은 저렴한 숙련 노동력을 신속하게 공급했으며, 폭스바겐과 르노, 푸조-시트로엥 같은 회사들은 이미 90년대에 많이 투자했다. 1989년에서 2003년 사이에 외국인이 동유럽에 직접 투자한 누적 총액은 총 1170억 달러에 달했다.

21세기 초, 탈공산주의 유럽에서 외국인 투자는 사실상 점차 감소했다. 역설적이게도 이러한 점진적 감소는 대체로 유럽 연합이 확대된 결과였다. 이 나라들이 일단 연합에 들어오면, 폴란드나 에스토니아 같은 나라에서 사업을 하거나 이 나라들과 더불어 사업하기는 확실히 더 쉬워질 것이었다. 그리고 과거 공산권의 신입 회원국들은 서유럽에 더 많이 판매할 수 있을 것이었다. 폴란드는 가입 후 3년 안에 유럽 연합에 대한 식량 수출을 두 배로 늘릴 수 있으리라고 기대했다. 그러나 이는 상대적 후진성의 열매였다. 이 나라들이 유럽 연합에 들어오자, 동유럽 국가들의 임금과 기타 비용은 점차 서유럽 수준으로 높아졌다. 그 지역이 인도나 멕시코의 공장들에 대해 갖던 비용 이점은 소멸했다. 이윤은 적어도 제조업 부문에서는 하락하게 된다.

　한편, 가입 직전의 동유럽은 공산주의 경제의 해체에 들어간 과도한 비용 탓에 유럽 연합 국가들에 한참 뒤처져 있었다. 가장 부유한 축에 드는 신입 회원국들에서도 일인당 국내 총생산은 서유럽의 이웃 나라들에 훨씬 못 미쳤다. 슬로베니아에서는 유럽 연합 평균의 69퍼센트였고, 체코 공화국은 59퍼센트, 헝가리는 54퍼센트였다. 폴란드의 일인당 국내 총생산은 유럽 연합 평균의 41퍼센트에 불과했고, 신입 회원국 중 가장 가난한 나라인 라트비아의 경우는 33퍼센트였다. 새로운 유럽 연합 회원국들의 경제가 기존 회원국들보다 평균 2퍼센트 높은 성장률을 유지한다고 해도,[15] 슬로베니아가 프랑스를 따라잡으려면 21년은 걸릴 것이었다. 리투아니아의 경우 시간 지체는 57년으로 추정되었다. 탈공산주의 국가들의 시민은 물론 그러한 자료를 입수하지 못했다. 그러나 대부분은 목전에 다가온 어

　15　매우 낙관적인 가정이다. 스페인과 포르투갈의 경제는 1986년에 유럽 공동체에 가입한 이후 몇 년 동안 공동체의 나머지 국가들보다 평균 1내지 1.5퍼센트 높은 성장률을 보였다.

려움을 오해하지 않았다. 2000년에 일련의 여론 조사로 체코인들에게 상황이 〈개선〉될 때까지 얼마나 걸리겠는가 물었을 때, 응답자의 30퍼센트는 〈5년 이내〉라고 답했으며, 30퍼센트는 〈10년 이내〉, 30퍼센트는 〈15년 이상〉, 10퍼센트는 〈전혀 개선되지 않을 것〉이라고 답했다.

수혜자들의 그 모든 회의론에는 정당한 근거가 있었지만, 그래도 유럽 연합의 〈빅뱅〉 확대가 주는 외형상의 의미는 매우 실제적이었다. 2003년 4월에 아테네에서 조인된 가입 조약이 2004년 5월 1일에 발효되었을 때, 유럽 연합 회원국은 단번에 15개 국가에서 25개 국가로 늘어났다(불가리아와 루마니아의 가입은 보류되었고, 2007년에야 기대할 수 있었다). 유럽 연합의 경제는 5퍼센트 미만의 팽창을 보였지만 인구는 5분의 1가량 증가했다. 땅 덩어리도 거의 그만큼 늘어났다. 그리고 1989년까지도 트리에스테에 머물렀던 〈유럽〉의 동쪽 변경은 이제 한때 소련의 영토였던 곳까지 확장되었다.

21세기의 벽두에 유럽 연합은 여러 가지 어려운 문제들에 직면했다. 일부는 오래된 문제였고, 일부는 새로운 문제였으며, 일부는 생기는 과정에 있었다. 경제적인 괴로움이 아마도 가장 잘 알려진 문제였을 것이며 결국 연합의 관심사 중 가장 덜 중요했을 것이다. 유럽 연합은 신입 회원국들이 있든 없든 처음부터 늘 했던 대로 과도할 정도로 어울리지 않게 많은 금액을 농민에게 투입했다. 유럽 연합 예산의 40퍼센트가, 2004년을 기준으로 하면 520억 달러가 정치적인 이유에서 〈농장 지원금〉으로 쓰였다. 그 대부분은 도움이 전혀 필요 없는 프랑스와 스페인의 대규모 기계화된 기업농에 지원되었다.

보조금을 삭감하고 공동 농업 정책을 축소하겠다는 합의가 이루어졌지만, 농산물 가격 지원은 2010년 이후에도 여전히 유럽 연합의

끝없이 팽창하는 연합? 2004년의 유럽 연합

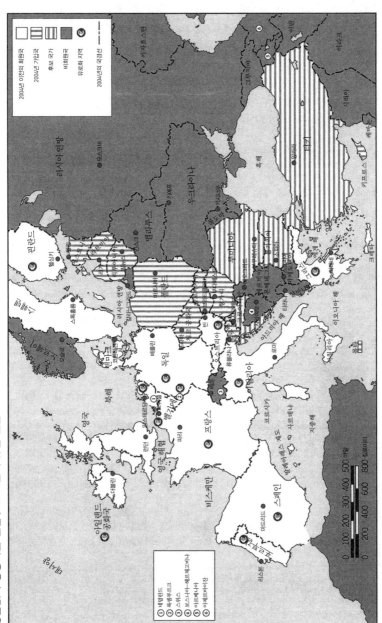

전체 지출 중 세 번째로 큰 부분을 차지하며 예산에 과도한 부담을 안겨 줄 것으로 예상되었다. 문제는 유럽 연합이 가난하다는 사실이 아니었다. 오히려 그 반대였다. 회원국들의 집단적 부와 재원은 미국에 견줄 만했다. 그러나 그 예산은 2003년에 브뤼셀이 의뢰한 독립 보고서의 표현에 따르자면 〈역사적 잔재〉였다.

유럽 연합은 반세기 전에 다름 아닌 공동 대외 관세로 결합한 관세 동맹으로, 즉 〈공동 시장〉으로 출발했다. 그 지출 유형은 협상을 통해 체결된 관세와 가격, 보조금, 지원금에 관한 협약에 따라 결정되고 제한되었다. 해가 지나면서 그 열망은 문화와 법, 정부, 정치의 영역으로 확대되었고, 관세 동맹은 한 국가의 정부와 같은 여러 외양을 띠었다.

그러나 한 국가의 정부는 자유롭게 세금을 거두어 예상되는 비용에 충당하는 반면, 유럽 연합은 스스로 재원을 조달할 능력이 거의 없었고 지금도 그렇다. 유럽 연합의 수입은 고정된 비율의 관세와 농업세, 연합 전역의 간접 판매세(부가가치세), 그리고 특히 국민총소득GNI의 겨우 1.24퍼센트가 상한선인 회원국들의 분담금에서 나왔다. 따라서 유럽 연합의 소득 중 유럽 연합 행정부가 직접 통제하는 부분은 거의 없다. 전부가 개별 회원국들 내부의 정치적 압력에 취약했다.

회원국들 대부분은 유럽 연합 예산의 기여국이 아니라 그 부조의 수혜국이다. 2004년 유럽 연합이 동유럽으로 확대된 이후, 19개 회원국이 브뤼셀로부터 낸 것보다 더 많은 것을 받았다. 연합 운영비는 사실상 순기여국인 영국과 프랑스, 스웨덴, 오스트리아, 네덜란드, 독일 등 6개 회원국의 분담금으로 충당되었다. 2003년 12월, 여섯 나라는 앞으로는 유럽 연합에 내는 국가별 분담금을 국민총소득의 1.24퍼센트에서 1퍼센트로 낮추어야 한다고 집행 위원회에 청원했다. 이는 유럽 연합의 미래에는 불길한 일이었다.

유럽 연합의 예산은 가장 작은 회원국의 정부 예산보다도 적고 대체로 구조 기금과 가격 지원, 연합의 운영비로 쓰였는데 분담국과 수혜국의 이해관계에 붙들린 영원한 볼모였다. 연합의 경제 기구가 쓰는 수단의 효율성은 회원국들의 동의에 따라 달라졌다. 회원국들이 어떤 정책의 원칙과 급부에 관해, 예를 들면 내부 국경의 개방이나 상품과 서비스의 자유 시장에 관해 의견의 일치를 보인 경우, 유럽 연합은 놀라운 진전을 이루었다. 소수 회원국들이 진정으로 이견을 제시한 경우(특히 주요 기여국 중 단 한 나라라도 이견을 드러낼 경우) 정책은 진흙탕에 빠져 꼼짝도 못한다. 세제 조화tax harmonization도 농업지원금의 축소처럼 수십 년 동안 의제에 올라 있기만 했다.

그리고 때로 시계는 거꾸로 돈다. 브뤼셀이 20년간이나 국가별 〈경쟁 우위 산업들〉에 대한 국가 보조금을 철폐하고 그럼으로써 유럽 역내에서 공정한 경제적 경쟁의 장을 확보하려 노력했는데도, 2004년 7월 유럽 연합의 역내 시장 담당 집행위원인 네덜란드의 프리츠 볼케스테인은 프랑스와 독일이 위험에 처한 자국 회사들을 보호하기 위해 70년대의 〈보호 무역주의〉 정책으로 회귀하는 것을 보고 놀라움을 표시했다. 그러나 베를린이나 파리에는 브뤼셀 집행 위원회의 임명직 위원들과는 달리 세금을 납부하는 유권자들이 있었다. 이들은 단순히 무시해 버릴 수 있는 존재가 아니었다.

연합의 이러한 역설은 유로화가 겪은 시련에 잘 나타나 있다. 공동 통화 문제는 단지 다수의 국가별 통화를 단일한 기준 통화로 대체하는 기술적인 것이 아니었다. 이 과정은 프랑이나 리라, 그리스의 드라크마가 폐지되기 훨씬 전부터 이미 진행 중이었고 놀랄 정도로 원활하고도 고통 없이 이루어졌음이 밝혀졌다.[16] 문제는 전체 조

16 2002년 1월 1일에 총 6천억 유로가 유로화 지역 나라들 전역에 골고루 배분되어 사용되었다. 기술적으로 놀라운 업적이었다.

건인 각국 경제 정책의 조화였다. 앞서 보았듯이 독일은 무임승차한 나라들의 도덕적 해이와 실질적인 위험을 피하기 위해 성장 안정 협정SGP을 고집했다.

유로화 체제에 가입하기를 원하는 나라들은 공채를 국내 총생산의 60퍼센트 미만으로 억제해야 했으며 재정 적자도 국내 총생산의 3퍼센트 미만으로 운영해야 했다. 이러한 시험을 통과하지 못한 나라는 상당한 액수의 벌금을 포함하는 연합의 제재를 받게 되었다. 이러한 조치들의 요점은 유로화 지역의 어떤 정부도 재정적으로 방심하거나 예산을 마음대로 초과하지 않도록 보증하는 것이었다. 그렇지 않으면 다른 유로화 지역 회원국들의 경제에 부당한 부담을 안겨 주어 그 나라들이 공동통화의 안정 확보라는 짐을 고스란히 져야 했기 때문이다.

놀랍게도 전통적으로 씀씀이가 헤펐던 남부권 국가들이 의외로 규율을 잘 지켰다. 스페인이 유로화 체제의 가입 〈자격 획득〉에 사용한 방편을 어느 스페인 관찰자는 운명fortuna과 의지virtu의 결합이라고 신랄하게 묘사했다. 정부는 경제 발전 덕에 유로화가 도입되는 1999년에 때맞춰 공채를 상환하여 줄일 수 있었던 것이다. 이탈리아도 수치를 크게 조작하고 공공 자산을 매각해야 했지만 튜턴족의 시험을 통과하는 데 성공했다. 많은 이탈리아 사람들은 당연히 이 시험이 이탈리아를 배제하기 위한 조치라고 의심했다. 2003년에 유로화 지역은 아일랜드에서 그리스까지 12개 국가를 포괄했다.

그러나 많은 회의론자들이 예견했듯이 〈천편일률적〉 통화가 주는 부담이 곧 효력을 발휘하기 시작했다. 프랑크푸르트에 설립된 유럽 중앙은행ECB은 처음부터 이자율을 비교적 높게 유지하여 새로운 통화를 지탱하고 인플레이션을 방지하려 했다. 그러나 유로화 지역 국가들의 경제는 발전 수준과 경기 순환 지점이 서로 달랐다. 아일랜드 같은 일부 국가는 호황을 누렸지만, 다른 나라들, 특히 한참 뒤처져 있던 포르투갈은 수출뿐만 아니라 국내 경제 활성화를 위해 경기 부양책을 쓸 필요가 있었다. 이는 전통적으로 이자율의 인하와 통화의 〈연화화(軟貨化)〉에 의해 달성되곤 했다.

그러한 조치들을 이행할 권한을 빼앗긴 포르투갈 정부는 전통적인 경제 이론에 따르면 자금을 투입하여 경기 침체로부터 벗어나야 할 시점에서 〈협정〉 조건에 의해 정부 지출을 줄이든지 아니면 상당한 벌금을 물어야 했다. 이는 국내의 인기를 얻는 데에는 도움이 되지 않았다. 그러나 포르투갈은 적어도 새로운 통화에 참여하는 조건을 어기지 않았다는 점만은 자랑할 수 있었다. 2003년 리스본은 정부 채무를 국내 총생산의 59.4퍼센트까지, 연간 재정 적자를 국내 총생산의 2.8퍼센트로 낮추어 공식적인 한도 밑으로 끌어내리는 데 성공했다.

그러나 이듬해, 프랑스는 거의 4.1퍼센트에 달하는 적자 재정을 운용했고, 노화한 경제로 마지막 통일 비용을 치르고 있던 독일이 3.9퍼센트의 재정 적자와 거의 65퍼센트에 육박하는 부채 비율로 프랑스의 선례를 따랐다. 프랑스와 독일의 경제 규모를 고려할 때 양국이 스스로 세운 규정도 지키지 못했다는 사실은 협정 전체에 중대한 도전이었다. 그러나 집행 위원회가 징계 절차에 들어가자 두 나라 정부는 〈일시적인〉 재정 적자는 경제적으로 불가피하다고 생각한다며 벌금을 납부하거나 이듬해에 훨씬 더 잘 하겠다고 약속할 의사가 없다는 점을 분명히 했다.

유럽 연합의 작은 나라들은 당연히 프랑스와 독일을 비난했다. 협정 조건을 충족하느라 대단한 노력을 기울였고 어느 정도 희생을 치렀던 그리스나 포르투갈도 비난했고, 이제는 자신들의 것이 된 통화의 안정을 염려했던 네덜란드와 룩셈부르크도 비난했다. 그러나 교훈은 명확했다. 성장 안정 협정은 탄생한 지 10년이 못 되어 사망했다. 참여국들이 국내 예산에서 더 많은 융통성을 허용 받을 경우 유로화가 실제로 얼마나 많이 견뎌 낼 수 있을지는 전혀 분명하지 않았다. 진짜 문제는 각국 정부가 아니라 완고하고 반응이 늦어 보이는 중앙은행에 있다고 생각하는 사람이 많았다. 중앙은행이 완전 독립을 냉정하게 고집하고 여전히 1970년대의 반(反)인플레이션 전쟁을 벌이고 있다는 뜻이었다.

유로화가 안은 난점은 유럽의 기획에 내포된 더 큰 결점을 가리키고 있었다. 유럽 연합의 통치 체제는 지나치게 비대했다. 문제는 최초의 개념에 있었다. 장 모네와 그 후계자들은 민주적 제도나 연방 제도를 시행하는 것은 고사하고 생각해 보려는 노력조차 의도적으로 회피했다. 대신 그들은 유럽을 위로부터 현대화하는 사업을 추진했다. 생시몽 노선에 따른 생산성과 효율, 경제 성장의 전략이었던 이 사업은 전문가와 관료들이 수혜자들의 소망에 제대로 주목하지 않은 채 관리하는 기획이었다. 제안자와 옹호자들은 대체로 〈유럽 건설〉의 복잡한 기술적 차원에 온 힘을 쏟았다. 다른 관심사는 제기될 때마다 미루어졌다.

그래서 1990년대에 들어서면, 유럽 연합은 여전히 수십 년 전에 설정된 방침에 따라 대체로 관리상 편리하도록 운영되었다. 브뤼셀의 임명직 집행 위원회는 실질적인 관료 기구를 운영하여 정책을 제안하고 회원국 장관들로 구성된 각료이사회의 승인을 받아 의제와 결정을 이행했다. 거대한 유럽 의회는 스트라스부르와 브뤼셀을 돌아다녔고 1979년부터는 직접 선거로 구성했는데, 그 감독 역할은 조금씩 확대되었지만(원래의 로마 조약에서 유럽 의회는 순전히 자문 기구의 기능만 수행했다) 발의권은 갖지 못했다.

이론의 여지가 없는 확실한 결정들은 보통 브뤼셀의 전문가들과 행정관들이 내렸다. 중요한 유권자나 국민 집단에 영향을 미칠 수 있는 정책들은 각료이사회에서 안출되었고, 복잡한 타협이나 값비싼 거래를 낳았다. 해결될 수 없거나 합의에 이르지 못한 문제는 간단하게 미결로 남겼다. 영국과 독일, 프랑스 등 주요 회원국은 원하는 것을 언제나 얻으리라고는 기대할 수 없었다. 그렇지만 그들이 진정으로 원하지 않는 것은 무엇이든 통과되지 않았다.

유럽 연합은 독특한 제도였다. 이 제도는 1776년 북아메리카의 개별 주들의 조건과도 아무런 관련이 없었다. 그 주들은 전부 언어와 문화, 법률 제도를 공유했던 나라, 즉 영국의 위성 국가로 출현했다. 또한 이 제도는 때로 유사성이 있다는 말이 돌기는 했지만 스위스 연방과도 비교할 수 없었다. 스위스는 상호 중첩되는 주권 공동체들과 고립된 행정 지역들, 지역적 권리와 특권들의 망이 수백 년 동안 지속된 곳이었다. 스위스의 주canton들은 국왕이 없는 구체제의 프랑스에 훨씬 더 가까웠다.[17]

이에 비하면 유럽 연합 회원국들은 자발적 결사 속의 완벽한 독립 국가이자 개별적인 단위였다. 이 나라들은 그렇게 결사를 만들어 놓고 거기에 시간을 두고 되는 대로 권한과 주도권을 모아 양도하면서도 제도의 배후에 놓인 원칙이 무엇인지, 이 공동 사업이 얼마나 멀리 나아갈 것인지 묻지도 않았다. 〈브뤼셀〉은(민주적이지도 않고 권위적주의적이지도 않은 모호한 관리 체제의 개성 없는 본부) 회원국 정부들의 동의가 있어야만 통치할 수 있었다. 브뤼셀은 처음부터 모든 회원국 정부들에 간명한 포지티브 섬positive-sum 사업임을 자처했다. 유럽 공동체/유럽 연합은 회원국의 독립성을 중대하게 해치지 않으면서 그 복지에 기여한다는 것이다. 그러나 이러한 상황은 무한정 지속될 수 없었다.

문제를 위기로 몰아넣은 것은 연합의 통치 방식에 내재한 복잡성과 점차 팽창하는 성질이 아니라, 스물다섯 개 국가로 연합을 유

---

17 스위스의 주들이 과거와 마찬가지로 원활하게 작동하는 이유 중 하나는 특히 돈이 연방 기구의 부드러운 작동을 가능하게 하기 때문이다. 1990년대에 스위스는 어떤 기준으로 보더라도 여전히 세계 최고의 부자 나라였다.

지하기가 불가능하다는 사실이었다. 그때까지 각료이사회 의장직은 6개월마다 돌아가며 맡았고, 각국은 격년으로 열리는 유럽협의회를 주최해야 했다. 이는 유럽 연합의 정규직 행정관들이 이미 매우 싫어했던 제도였다. 리스본에서 류블랴나까지 스물다섯 개 수도를 돌아다니며 벌이는 서커스는 확실히 바보 같은 짓이었다. 게다가 6개 회원국을 위해 마련된 의사 결정 제도는 12개 나라로 확대되었을 때 이미 성가신 문제가 되었고 15개 나라가 되었을 때는 말할 것도 없었다. 50명의 유럽 연합 집행 위원회 위원들이나(나라별로 두 명) 25개 회원국을 대표하며 각각 거부권을 갖고 있는 유럽 이사회 European Council에 이르면 기능이 거의 멈추었다고 할 수 있다.

이러한 어려움의 출현 가능성은 2000년 12월 니스에서 열린 회의에서 너무나 잘 예견되었다. 표면상으로는 확대의 토대를 놓고 유럽 연합 각료이사회의 새로운 표결 제도를(계속해서 다수결을 보장하는 동시에 회원국의 표에 인구 가중치를 두는 제도) 고안하기 위해 소집된 이 회의는 현실적 타협으로 끝을 맺었다. 그러나 그 과정에서 오간 신랄한 언사들은 우려할 만했다. 프랑스는 독일과 동등한 지위를 유지해야 한다고 고집했고(인구의 차이가 2,000만 명에 이르는데도 그랬다), 반면 스페인과 참관인 자격으로 회의에 참석한 폴란드 같은 나라들은 가장 높은 값을 부르는 나라에 지지를 판매함으로써 장래에 각료이사회에서 행사할 투표의 힘을 극대화하려 했다.

토니 블레어와 자크 시라크, 게르하르트 슈뢰더 같은 유럽의 주요 정치인들이 공동의 유럽이라는 집에서 지위와 영향력을 두고 흥정하고 다투느라 밤을 지새운 데에서 알 수 있듯이, 영향력을 얻기 위한 꼴사나운 이전투구는 과거에 섬세하게 헌법 조문들을 다듬지 못한 대가를 이제야 치르고 있음을 보여 주었다. 니스 회의는 유럽 연합을 새로운 저점에 끌어내림으로써〈유럽총회European Convention〉

가 설립되는 직접적인 계기가 되었다. 유럽총회는 임명직 위원들로 구성된 일종의 헌법 제정 회의로서, 확대된 〈유럽〉을 위한 실질적인 통치 제도의 수립을 위임받았으며 전체의 목적을 신뢰할 만한 수준으로 설명해 주리라는 기대를 받았다. 총회 의장직은 (이제는 익숙한) 프랑스 측의 로비 결과로 발레리 지스카르 데스탱에게 돌아갔다.

총회는 2년 동안의 심의 끝에 내놓은 결과물은 초안에 머물지는 않았지만 확실히 헌법에는 못 미쳤다. 총회 문서는 지스카르 식의 이상한 서문을(선배격인 제퍼슨 식 서문의 격조 높은 간결함과 즉각 대비되어 나쁜 평가를 받았다) 제거하고도 고전적인 헌법적 제안을 전혀 제시하지 못했다. 개인의 자유에 관한 포괄적인 정의도 없었고, 권력 분립 등에 관한 명백한 진술도 없었다. 이 점에서 그 문서는 많은 사람들이 예견했듯이 실망스러웠다.

그러나 지스카르의 텍스트는 2004년에 로마에서 약간의 논의를 거친 후 헌법 조약Constitutional Treaty으로 채택되었는데, 이는 실제로 유럽 연합 업무의 실질적인 관리에 유익한 청사진을 제공했다. 방위와 이민에 관한 개선된 협조 체제, 유럽 연합법의 단순하고 통합적인 개요, 유럽 재판소의 권한을 강화할 목적으로 제정된 〈유럽 연합 기본권 헌장Charter of Fundamental Rights of the European Union〉을 포함했으며 연합의 공식적인 능력과 권한을 명백하고 야심차게 설명했다.

제출된 헌법안은 시간이 경과함에 따라 특히 상층이 비대한 집행위원회의 국가별 대표 제도를 교정하는 데 기여했다. 그리고 헌법안에 고안된 유럽이사회의 표결 제도는, 어느 정도 논쟁을 거친 후에, 인구상으로 공평할 뿐만 아니라 모든 당사자들이 수용할 만한 것으로 판명되었다. 새로운 계획이 어려운 문제들에서 확실한 과반수를 확보할지는 여전히 불확실했다. 세금이나 방위처럼 진정으로 이론이 분분한 주제들에 관해서는 국가별 거부권이라는 옛 드골주의적 장치를 보존하기로 합의했기에(영국이 고집한 탓이었지만 다른 많은 나라들도 암묵적으로 지지했다) 더욱 불확실했다. 그리고 가중 투표를 조심스럽게 배분했지만 진정한 권력은 여전히 거대 국가들의 손에 있다는 점을 누구도 의심하지 않았다. 오르테가 이 가세트가 이미 1930년에 결론지었듯이, 〈유럽〉은 실제적으로 〈프랑스, 영국, 독일의 삼위일체〉였다. 그러나 적어도 이제는 문제들의 결론에 도달할 수 있을 것 같았다(이는 모든 회원국들이 헌법안을 승인한다고 가정할 때에만 가능했는데, 회원국들은 뜻밖의 장애물로 판명되었다).

그래서 2004년에 놀랍게도 유럽 연합은 스물다섯 개 나라로 구성된 미완의 비대한 공동체를 통치하는 실제적 어려움을 외견상 극복하거나 적어도 덜어 내는 데 성공한 듯했다. 그러나 유럽 연합은 고질적인 유럽 대중의 관심 부족을 해결하지는 못했다. 지스카르의 총회, 다양한 조약들, 유럽 연합 집행 위원회의 각종 보고서와 사업, 유럽 연합과 그 활동에 관하여 유럽의 대중을 교육하고자 많은 돈을 들여 만든 간행물과 웹사이트도 이러한 문제 해결에 거의 도움이 되지 못했다.

거만하게 대중 일반의 견해를 무시하면서 새로운 〈유럽〉의 제도를 구축한 전문 관료들에게 대중은 무관심으로 앙갚음했다. 영국 총리 클레멘트 애틀리는 노동당 동지들이 정당 정치 관리의 기술과 법칙에 집착했던 것을 냉정하게 반성하면서 〈정교한 장치를 만들어 내면 동료 인간들을 신뢰해야 할 필요성에서 벗어날 수 있다〉고 믿는 〈근본적인 오류〉를 조심하라고 충고하곤 했다.[18] 그러나 이는 전후의 유럽 통합 제도들의 전제였을 뿐이다. 결과는 마침내 분명해졌다. 유럽 연합은 심각한 〈민주주의 결핍〉으로 고통 받고 있었다.

유럽 의회의 직접 선거가 거듭되면서 투표율은 계속 하락했다. 유

---

18 Kenneth Harris, *Attlee* (London, 1984), p. 63에서 인용.

일한 예외는 각국 의회 선거와 유럽 의회 선거가 동시에 실시될 때와 지역이나 국가의 문제로 동원된 유권자들이 이를 기회로 유럽 의회에 투표하는 경우였다. 그 밖에는 하락이 지속되었다. 프랑스에서 1979년에 60퍼센트였던 투표율은 2004년에 43퍼센트로 하락했고, 독일은 66퍼센트에서 43퍼센트로, 네덜란드에서는 58퍼센트에서 39퍼센트로 떨어졌다.[19]

유권자들이 국내 정치에 보여 준 관심 수준과 스트라스부르의 의회에 보여 준 무관심을 대조하면 사태의 심각성을 잘 알 수 있다. 유럽 연합이 확대된 이후 처음으로 실시된 2004년 6월의 유럽 의회 선거에서 영국의 투표율은 최근의 국내 선거 때보다 20퍼센트 하락했고, 스페인에서는 23퍼센트 하락했다. 포르투갈에서는 24퍼센트가 하락했으며, 핀란드는 39퍼센트, 오스트리아는 42퍼센트, 스웨덴은 (자국 의회 선거 때는 80퍼센트였는데 유럽 의회 선거에서는 겨우 37퍼센트를 기록해) 43퍼센트가 하락했다.

이러한 유형은 너무나 일관적이라 각국의 환경에 원인을 돌릴 수 없었다. 게다가 동유럽의 신입 회원국들에서도 유사한 유형이 반복되었다. 이는 유럽 연합의 미래에 중대한 함의를 지닌 일이었다. 그토록 오랫동안 기다린 후에 가입하여 처음으로 유럽 의회에 투표했는데도 투표율이 낮았다. 헝가리에서 2004년 6월에 치러진 유럽 의회 선거 투표율은 지난 자국 의회 선거 투표율보다 32퍼센트가 낮았다. 에스토니아에서는 31퍼센트가 낮았고, 최근의 의회 선거 투표율이 70퍼센트였던 슬로바키아에서는 귀찮음을 무릅쓰고 유럽 의회 선거에 투표한 유권자는 17퍼센트에 불과했다. 폴란드의 투표율은 20퍼센트로 2001년의 의회 선거 투표율보다 26퍼센트 하락한 수치

19 네덜란드 투표율의 하락은 특히 불길한 징조였다. 유럽 건설에 열광하면서 유럽 공동체와 유럽 연합에 넉넉하게 분담금을 납부했던 네덜란드는 근자에 이르러 안으로 움츠러들었다. 극우파 정치인 핌 포르타윈이 큰 호응을 받으며 등장했다가 길거리에서 암살당한 일은 네덜란드가 처한 상황을 잘 보여 준다.

였으며 공산주의 체제가 몰락한 뒤 가장 낮은 투표율이었다.

그렇다면 유럽인들이 〈옛날〉 사람들이나 〈새로운〉 사람들이 한가지로 유럽 연합의 일에 그토록 심히 냉담했던 이유는 무엇인가? 이는 대체로 자신들이 연합에 아무런 영향력도 행사하지 못한다는 믿음이 널리 퍼졌기 때문이었다. 대부분의 유럽 정부들은 유럽 연합이나 유로화 지역 가입 여부를 묻는 투표조차 시행하지 않았다. 그 문제가 국민 투표에 부쳐진 나라들에서 거부되거나 근소한 차이로 통과되었기 때문이기도 했다. 그렇기에 연합은 시민들이 〈소유한〉 것이 아니었다. 연합은 보통의 민주주의 도구들과는 떨어져 있는 듯했다.

게다가 유럽의 대중 사이에는 유럽 연합의 모든 제도들 중에서 유럽 의회의 732명의 선출직 의원들이 가장 중요하지 않다는 (정확한) 의견이 널리 퍼져 있었다. 진정한 권력은 각국 정부가 임명한 집행 위원회와 각국 대표들을 포함하는 각료이사회에 있었다. 요컨대 결정적인 선택이 이루어지는 곳은 각국 의회 선거였다. 풍각쟁이를 고르는 데 주의를 집중해야 할 때에 무엇 때문에 원숭이를 고르느라고 시간을 낭비하겠는가?

다른 한편으로는 가장 무관심한 시민들에게도 점점 더 분명해졌듯이, 브뤼셀의 〈일면식도 없는〉 자들이 이제 진정한 권력을 행사했다. 이제는 오이의 모양에서 여권의 색깔과 용어까지 모든 것이 브뤼셀에서 결정되었다. 〈브뤼셀〉은 줄 수 있었고(우유 보조금에서 학생 장학금까지) 거두어들일 수 있었다(통화, 직원을 해고할 권리, 치즈에 붙일 상표까지). 그리고 각국 정부는 자신들이 암묵적으로 옹호했으나 책임을 떠맡을 마음은 없었던 인기 없는 법률이나 세금, 경제 정책을 브뤼셀의 탓으로 돌리는 것이 편리하다는 사실을 지난 20년 동안 경험을 통해 깨닫게 되었다.

이러한 상황에서 연합의 민주주의 결핍은 무관심에서 적개심으로, 다시 말해 결정은 〈그곳〉에서 내려지지만 〈이곳의〉 우리에게는 좋지 못한 결과만 생길 것이며 그 결정에 대해 〈우리〉는 아무런 발언권도 없다는 인식으로 쉽사리 변할 수 있었다. 이러한 편견에 무책임한 주류 정치인들이 기름을 부었다. 물론 부채질 한 자들은 민족주의 선동가들이었다. 유권자의 관심이 그토록 급격하게 하락한 2004년 유럽 의회 선거에서 구태여 투표장에 나왔던 많은 사람들이 유럽 연합에 때로 미친개처럼 반대했던 후보들을 드러내 놓고 지지했던 것은 우연이 아니다.

서유럽에서는 연합의 확대 자체가 이러한 반발을 촉발하는 데 일조했다. 영국에서는 유럽 공포증을 앓고 있는 영국 독립당과 백인 우월주의를 내세운 영국 국민당이 영국을 〈유럽〉에서 멀리 떼어 놓고 이민자와 망명자의 쇄도를 막겠다고 약속하여 도합 21퍼센트를 득표했다. 벨기에에서는 플람스 블록이, 덴마크에서는 덴마크 인민당이, 이탈리아에서는 북부 동맹이 유사한 공약을 내세웠다. 이들은 과거에도 그러한 주장을 내세웠지만 성과는 이번이 더 컸다.

프랑스에서는 장마리 르펜의 국민전선이 비슷한 태도를 견지했으나, 유럽의 확대에 대한 프랑스의 의구심은 정치적 극단파에 국한되지 않았다. 프랑스 정치권이 유럽 연합을 확대하고 그로써 프랑스의 영향력을 떨어뜨리는 데 오랫동안 반대했다는 사실은 공공연한 비밀이었다. 찬성은 불가피했지만 미테랑과 시라크, 그리고 두 사람의 외교 대리인들은 모두 최대한 미루려고 갖은 노력을 다했다. 여론은 이러한 정서를 그대로 반영했다. 새로운 회원국들이 연합에 가입하기 넉 달 전에 실시된 여론 조사에서 프랑스 유권자의 70퍼센트가 유럽 연합은 아직 그 나라들의 가입에 〈준비가 되어 있지 않다〉고 밝혔으며 55퍼센트는 그 나라들의 가입에 완전히 반대했다(유럽 연합 전체 유권자들 중 반대 비율은 35퍼센트였다).[20]

20 2004년 1월 프랑스 성인 중 10개 신규 유럽 연합 회원국의 이름을 거명할 수 있는 사람은 50명 중 1명이었다는 사실을 덧붙일 필요가 있을 것이다.

그러나 유럽 연합을 향한 반감은 동유럽에서도 일정한 역할을 수행했다. 체코 공화국의 시민민주당은, 바츨라프 클라우스에 동조하여 유럽 연합과 〈지나치게 많은 권력을 지닌〉 나라들을 믿지 못하겠다고 시끄럽게 떠들어 댔는데, 2004년 선거에서 그 나라에 배정된 유럽 의회 의석의 38퍼센트를 획득하여 확실한 승자가 되었다. 인접국 폴란드에서도 유럽에 회의를 품은 극우 정당들은 사실상 집권 중도우파 동맹보다 더 좋은 성적을 냈다. 몇 달 전 시행된 여론 조사에서 유럽 연합이 〈좋은 것〉이라고 생각한 폴란드 유권자가 가까스로 절반을 넘었다는 점을 고려할 때 이는 놀랄 일이 아니었다.

그러나 모든 점을 다 고려할 때, 유럽 연합은 좋은 것이다. 단일 시장이 가져다준 경제적 이익은 영국의 가장 열렬한 유럽 연합 회의론자조차 인정할 정도로 분명했다. 유럽 연합의 어디서나 여행하고 일하고 공부할 수 있는 새로운 자유는 특히 젊은이들에게 큰 혜택이었다. 그리고 다른 것도 있었다. 유럽 연합 예산에서 이른바 〈사회적〉 요소는 유럽 지역 국민 총생산의 1퍼센트도 되지 않을 정도로 작았다. 그럼에도 80년대 말부터 유럽 공동체와 유럽 연합의 예산은 명백히 재분배적 성격을 띠었다. 부유한 지역에서 가난한 지역으로 재원을 이전하고 부자와 가난한 자 사이의 격차를 꾸준히 줄이는 데 기여했다. 그리하여 사실상 앞선 세대의 국가별 사회 민주주의 정책을 대체했다.[21]

최근에 유럽 시민들은 자체 법원까지 획득했다. 1952년에 파리 조약으로 유럽 석탄 철강 공동체와 함께 설립된 유럽 재판소는 유럽 공동체법이 각 회원국에서 동일하게 해석되고 적용되도록 보장하는 제한된 임무를 띠고 출발했다. 그러나 세기 말에 유럽 재판소 판

---

21 그러나 어디서나 그렇지는 않았다. 영국에서는(미국의 경우처럼) 부자와 그 나머지 사람들 사이의 소득 격차는 1970년대 말부터 꾸준히 벌어졌다.

사들은 하급 법원의 결정이나 나아가 각국 정부들에 맞서 제기된 소송을 심리하는 것은 물론 회원국들과 유럽 연합 기관들 사이의 법적 분쟁을 해결할 권한도 부여받았다. 유럽 재판소는 사실상 범유럽 상소법원의 권한과 속성을 지니게 되었다.[22]

유럽 재판소의 사례에서 보듯이, 유럽 연합의 제도들은 의도하지 않은 상태에서 만들어지곤 했는데 이는 나름의 이점을 지녔다. 유럽의 〈핵심〉 국가들 가운데 가장 친親유럽적 국가들의 법률가나 입법자들도 처음부터 자국의 법률적 주권을 양도하라고 요청받았다면 결코 그렇게 하지 않았을 것이다. 마찬가지로, 〈유럽의 기획〉이 서유럽 국가들의 개별 유권자들에게 훗날 발전되어 나온 것과 같은 유럽 연합의 목적과 제도를 설명함으로써 명확하게 제시되었다면, 이는 틀림없이 거부되었을 것이다.

그러므로 제2차 세계 대전 이후 수십 년 동안 유럽이라는 개념이 지닌 이점은 정확히 말해서 그 모호함에 있었다. 〈성장〉이나 〈평화〉처럼(유럽은 그 지지자들의 마음속에서는 성장과 평화와 긴밀히 연관되었다) 〈유럽〉도 효과적인 반대를 유인하기에는 지나치게 온건했다.[23] 프랑스 대통령 조르주 퐁피두가 즐거운 마음으로 일종의 〈유럽 연합〉에 관해 처음 말했던 70년대 초로 돌아가 보자. 외무장관 미셸 조베르는 훗날 프랑스 총리가 되는 동료 에두아르 발라뒤르에게 유럽 연합이 정확히 무엇을 의미하는지 물었다. 발라뒤르는 대답했다. 〈아무것도 아니다. 하지만 바로 그게 장점이다.〉 퐁피두 자신은 이를 〈기능을 마비시킬 교리적 논쟁을 피하기 위한…… 모호한 공식〉이라고 치부했다.[24]

---

22 유럽회의가 1953년 〈인간의 권리와 근본적 자유를 위한 보호 협약〉을 시행하기 위해 설립한 유럽인권재판소European Court of Human Rights와 유럽재판소를 혼동해서는 안 된다.

23 지스카르의 〈유럽 헌법〉 제3조는 유럽 연합의 목적을 〈평화와 연합의 가치들, 연합의 여러 국민들의 복지를 증진하는 것〉으로 규정한다.

24 Andrew Moravcsik, *The Choice for Europe*(New York, 1998), p. 265에서 인용.

물론 이러한 공식적인 모호함 자체가, 유럽 연합 입법부의 지나치게 정확한 세부 지침과 결합하여, 민주주의의 결핍을 낳았다. 그토록 오랫동안 정체성이 불명료했던 연합에 유럽인들이 관심을 기울이기란 쉽지 않다. 그러나 동시에 유럽 연합은 유럽인의 생존의 모든 측면에 영향을 미치는 것처럼 보인다. 또한 유럽 연합은 간접 통치 제도로서 많은 결함이 있었는데도 몇 가지 흥미롭고 독창적인 속성을 지녔다. 결정이 내려지고 법률이 통과되는 곳은 초정부적 차원이지만, 이러한 결정과 법률은 각국 정부에 의해서, 각국 정부를 통해서 이행된다. 모든 일은 협정에 의해 시행되어야 한다. 강제 수단이 전혀 없기 때문이다. 유럽 연합 징세 공무원도 없고, 유럽 연합 경찰도 없다. 그러므로 유럽 연합은 각국 정부에 의한 국제적 통치라는 특이한 타협의 산물이라 할 수 있다.

마지막으로, 유럽 연합이 회원국들의 분쟁을 방지할 수단이나 절차를 갖지 못한 반면, 연합의 존재 자체가 그러한 사고를 다소 어리석은 것으로 만든다. 전쟁은 정치적 이점이나 영토상의 이익을 위해 지불해야 할 대가치고는 너무나 크다는 사실은 이미 제1차 세계 대전 이후 승전국들이 뼈저리게 느꼈던 교훈이었다. 패전국들이 동일한 교훈을 얻기까지는 두 번째 전쟁이 필요했다. 유럽에서 세 번째 전쟁이 발발했다면 치명적인 대재난이, 필시 종말이 초래되었을 것이다. 그렇다고 그 전쟁이 어쨌거나 전후 초기에는 발발할 수 없었던 것은 아니다.

그렇지만 세기 말에 유럽 연합의 엘리트들과 여러 제도는 서로 너무나 얽혀 있고 상호 의존적이었기 때문에 무력 충돌은 전혀 불가능하지는 않았어도 좀처럼 상상하기 어려웠다. 그래서 〈유럽〉은 라트비아나 폴란드처럼 그 지위를 열망한 나라들에게는 엄청난 갈망의 대상이었다. 그 나라들에 유럽은 과거에서 벗어나는 탈출로였고 미래를 위한 보험 증권이었다. 그러나 역설적이게도 전쟁을 상상하기 어려웠다는 사실은 유럽 연합 지도자들이 발칸 전쟁이라는 현실에 직면하여 그렇게 얼빠진 듯이 무기력했던 이유이기도 했다.

유고슬라비아 문제에서 감내해야 했던 굴욕은 유럽 연합이 그 장점에 내포된 결점을 피할 수 없다는 사실을 일깨우는 신호였다.[25] 유럽 연합은 국가가 아니었기 때문에 약 4억 5천만 명을 느슨하게 연결된 단일한 공동체로 결합하면서도 놀랄 정도로 이견을 노출하지 않을 수 있었다. 그러나 유럽 연합은 국가가 아니었기 때문에(시민들은 주로 살고 있는 나라에, 다시 말해 자신에게 지켜야 할 법규를 제시하고 언어를 제공하며 세금을 걷어 가는 나라에 충성했기 때문에) 자체의 선취 특권을 결정하거나 주장할 장치를 갖추지 못했다.

그렇다고 〈유럽〉에 공동의 대외 정책이 없다는 말은 아니다. 반대로 유럽 공동체와 이를 계승한 유럽 연합은 수십 년 동안 국제적 논의의 장에서 매우 효과적으로 외부의 경쟁국에 맞서 자체 이익을 증진하고 보호했다. 그러나 그러한 이익은 처음부터 주로 경제적인 관점에서, 좀 더 정확히 말하자면 보호주의적 관점에서 규정되었다. 유럽의 경제 장관들과 통상위원들은 미국 수출업자들을 위한 세금 우대 조치나 유럽 생산품에 대한 수입 규제를 두고 미국과 노골적으로 싸웠다.

유럽 연합이 보조금을 지급받는 유럽의 농민을 보호하기 위해 높은 대외 관세를 유지하는 데 매우 효과적으로 싸웠다는 사실은 더 큰 논란거리였다. 설탕 같은 상품의 자유 무역을 금지함으로써 예를 들면 아프리카나 중앙아메리카의 농민들에게 손해를 입혔다.[26] 그

25 미국 국무장관 로렌스 이글버거는 당시에 이 점을 신랄하게 지적했다. 그는 유럽인들이 〈일을 망치고 이로부터 교훈을 얻을 것이다〉라고 내다보았다.

26 자국 농민에게 보조금을 지급하여 타국 농민에 손해를 입힌 것이 유럽 연합만은 아니었다. 유럽 연합은 게다가 가장 큰 손해를 입히는 경우도 아니었다. 노르웨이와 스위스, 일본, 미국은 모두 일인당으로 환산했을 때 더 많은 보조금을 지급했다. 그러나 유럽 연합은 아무래도 더 위선적이었던 것 같다. 브뤼셀은 일반적으로 바깥 세계에 미덕을 설교한 반면, 스스로는 가릴 것을 따져 가며 행동한 경우가 많았다. 동유럽인들은 마치 도서관처럼 방대

러나 유럽 연합의 개별 회원국들은 세계 무역 기구 등에서 자국의 경제적 논거를 주장할 책임을 브뤼셀에 떠넘기며 만족했던 반면, 근대 국가라면 당연히 지녀야 할 필수적 속성은 넘기지 않았다. 유럽 연합은 군대를 보유하지 않았다.

이는 부분적으로는 역사의 우연이다. 1950년대 초에는 장래에 서유럽인들이 군사적 업무를 집단적으로 조직할 수 있고 또 해야만 한다고 생각한 사람들이 많았다. 1950년 8월에 열린 유럽 회의의 자문 의회 회의에서 프랑스의 폴 레노까지도 유럽 전쟁장관이 필요하다는 논거를 강하게 주장했다. 그러나 유럽 방위군에 대한 제안이 실패하고(8장을 보라) 서독이 북대서양 조약 기구에 편입됨으로써 한 세대 동안 유지되어 온 그러한 관념은 사라졌다. 대신 서유럽은 미국의 핵우산 밑에서 편안하게 뒹굴었다.

모든 서유럽 국가들은 한국 전쟁의 종식과 제국의 해체에 이어 방위 예산을 삭감했다. 공산주의 체제의 몰락으로 군사비 지출은 새로운 저점에 도달했다. 북대서양 조약 기구 회원국들의 예산에서 방위비가 차지하는 평균 비율은 이미 80년대 말에 국민 총생산의 3.4퍼센트로 하락했다. 2003년 덴마크는 방위비로 국민 총생산의 1.6퍼센트만 지출했고, 이탈리아는 1.5퍼센트, 스페인은 겨우 1.4퍼센트를 썼다. 실제로 이보다 더 지출한 나라는 프랑스와 영국뿐이었다. 물론 두 나라의 방위비 지출도 국민 총생산의 5퍼센트를 넘지 않았고, 이는 역사적 기준으로 볼 때 무시할 만한 수준이었다.

게다가, 2000년에 유럽 〈신속 대응군Rapid Reaction Force〉 창설 계획이 발표되었지만 유럽의 어떤 군대도 〈유럽〉의 통제를 받지 않았으며 가까운 장래에 그럴 가능성도 없었다. 몇 년 동안 유럽 연합 집행 위원회에 대외관계 담당 집행위원이 있었지만, 암스테르담 조약

한 유럽 연합 규정들을 채택하라는 지시를 받았지만 서유럽 정부들이 얼마나 자주 그 규정들을 회피했는지 모를 리가 없었다.

이후로는 오직 유럽 연합 각료이사회에만 책임을 지는 공동외교안보정책 수석대표가 그 직무를 이중으로 수행했고 그럼으로써 그 위상도 약해졌다. 그리고 집행위원도 수석대표도 자신만의 정책을 제시하거나 군대를 파견할 권한을 갖지 못했으며 사전 지시가 없으면 회원국들의 외교 정책이나 장관들을 대변할 수도 없었다. 앞선 시절에 헨리 키신저가 내던진 조소 섞인 질문은 여전히 효력을 지니고 있었다. 〈유럽에 전화를 걸고 싶으면 어떤 번호를 눌러야 하는가?〉

그러나 유럽 연합이 크고 부유하지만 강대국은커녕 국가도 아니라는 사실에서 비롯된 한계는 역설적이게도 안팎에서 유럽 연합의 이미지를 제고하는 데 기여했다. 적어도 이 점에서 유럽 연합은 진정 스위스를 닮고 있었다. 유럽 연합은 국제기구들과 국제적 협력의 진열장이요 문제 해결과 사회적 결속을 위한 〈탈국민 국가 시대〉의 모범이었으며, 제도의 조직망이나 법률의 집성이라기보다는 새로운 기본권 헌장에 구현된 일련의 가치, 즉 〈유럽의 가치들〉이었다.

20세기 말에 이 새로운 유럽의 가치와 규범에 가해진 압력은 전통적으로 유럽이라는 관념과 병치되어 오해를 낳았던 기존의 국민 국가들로부터 나온 것이 아니었다. 유럽 연합과 소속 회원국들은 지금 전례 없는 경제적, 사회적 도전의 물결에 직면해 있다. 그러한 도전을 야기한 힘들은 대체로 회원국들의 통제력을 벗어나 있으며, 관습적으로 점차 세계화라고 부르게 되는 것과 이러저러한 방식으로 연관되어 있다.

세계화에는 특별히 신비로운 것이 없었다. 세계화는 미증유의 현상도 아니었다. 19세기 말 신속한 교통과 통신의 새로운 연결망이 세계 경제에 가져온 충격은 백 년 뒤에 인터넷과 금융 시장의 규제 철폐와 자유화로 초래된 변화만큼이나 극적이었다. 무역 자유화의 혜택이 세계적으로 불균등하게 분배되었다는 점도 새롭지 않았다.

국제무역 체제는 20세기 말에도 1914년 이전 시기에 못지않게 시종일관 강하고 부유한 자들의 이익에 부응했다.

그러나 유럽의 관점에서 볼 때, 세계 경제의 최근 변화는 한 가지 중요한 점에서 독특했다. 19세기 말에 유럽 국가들은 이제 막 국내 영역을 확대하기 시작했다. 조만간 많은 국가가 경제의 큰 부분을 소유하거나 운영하고 규제하게 되었다. 정부는 누진세를 바탕으로 자금을 확보하여 급격히 지출을 늘렸다. 지출의 일부는 전쟁 비용에 쓰였지만, 점차 국가가 책임을 떠맡게 된 사회적 욕구와 복지 욕구의 충족에 사용되었다.

그러나 1990년대의 경제적 국제화는 유럽의 첫 번째 대규모 민영화의 물결을 바짝 뒤따랐으며 이후 닥칠 더 많은 일들에 자극제가 되었다(17장을 보라). 유럽 국가는 이제 후퇴하고 있었다. 먼저 영국이, 그다음에는 대부분의 서유럽 국가들이, 그리고 마지막으로 과거 공산주의 체제였던 동유럽이 후퇴했다. 1987년 이후 단일유럽법의 이행은 국경 안팎의 자유로운 경쟁을 규정함으로써 이 과정을 더욱 부추겼다. 회사와 법인은 이제 합병과 취득, 경영의 국제화를 통해 세계적 차원에서 활동했다. 상품의 생산과 분배는 종종 개별 국가들의 통제력을 벗어났다.

돈에 관해 말하자면, 몇 년 전까지만 해도 상상할 수 없었던 방식으로 증식되고 주인이 바뀌었다. 1980년 국제은행의 여신 총액은 3,240억 달러였는데, 1991년에 그 수치는 7조 5천억 달러로 증가했다. 10년 만에 2천 퍼센트가 늘어난 것이다. 그리고 이는 단지 시작에 불과했다. 자본 이동에 대한 규제는 이제 식량 배급만큼이나 낡은 것으로 비쳤다. 대부분의 유럽 국가들은 80년대 초에 이를 폐지했다. 1992년 9월의 〈추락〉은 매우 상징적인 계기였다. 그때 개인 투기꾼과 기관 투자자들 때문에 먼저 영국이, 그다음에는 이탈리아가 유럽 통화 제도에서 이탈하여 통화의 평가절하를 시행할 수밖에 없었는데, 두 나라는 투기꾼의 활동을 막을 힘이 없었다.

이와 같은 국제 경제의 혁명이 주는 이점은 자명했다. 투자 자본은 이제 국경이나 환율제도, 지역의 통화 규제의 제한을 받지 않았기에 필요한 곳이라면 (그리고 이익이 예상되는 곳이라면) 어디든 자유롭게 흘러들어 갔다. 1990년에 이미 외국인은 독일 채무의 34퍼센트를 보유했다. 그러나 손해도 있었다. 독일이나 프랑스, 스웨덴의 제조업자들은 숙련 노동자를 고용하는 데 들어가는 높은 임금과 총비용 탓에 이윤 감소에 직면했고 이제 국제적인 투자자뿐만 아니라 더욱 유순하고 저렴한 외국인 노동자들을 찾아다녀야 했다.

독일이나 영국, 프랑스의 회사들은 과거처럼 유럽으로 빈국 출신의 값싼 노동력을 수입하는 대신 공장을 수출하는 것이 더 효과적이라는 사실을 깨달았다. 이들은 브라질이나 나이지리아, 포르투갈, 루마니아에 공장을 설립하고 완제품을 만들어 세계 시장에 직접 내다 팔았다. 이는 서유럽의 탈공업화 속도를 더욱 재촉하여, 이미 여러 지역에서 만성적이었던 실업을 증가시켰고 국가가 제공하는 실업수당과 기타 사회 복지 사업의 부담을 가중시켰다.

2004년 4월 모젤 지역의 크로이츠발트에 있던 프랑스의 마지막 탄광이 폐쇄되었을 때, 전직 광부들이 다시 정규직을 구하리라고 생각한 사람은 아무도 없었다. 모젤 지역의 실업은 경제 활동 인구의 10퍼센트 내외를 맴돌았고, 북쪽의 벨기에 국경을 따라 늘어선 과거의 탄광 도시들에서는 실업률이 15퍼센트에 달했다. 프랑스 전체로는 20세기 마지막 30년 동안 150만 명이 공업 분야의 일자리를 잃었는데, 대부분이 1980년 이후에 집중되었다. 서유럽의 후진 경제들에 속했던 덕에 얻었던 비교 우위를 매우 빠르게 상실한 스페인은 민주주의로 이행한 뒤 20년 동안 60만 개의 일자리를 잃어버렸다. 1990년대 중반 경기 침체가 절정에 달했을 때 스페인의 25세 미만 노동력의 44퍼센트가 실직 상태였다.

실업은 새로운 현상이 아니었다. 그리고 대부분의 유럽 국가에는 사회 복지가 풍부하게 발달해 있었기 때문에, 실직이 개인과 사회에 가한 경제적 충격은 두 대전 사이의 참상에 전혀 비할 바가 못 되었다(실업의 심리적 귀결은 다른 문제였다). 그러나 20세기의 마지막 몇 년 간의 경제적 붕괴로 초래된 사회적 비용에서 독특한 점은 그러한 일이 풍요의 시절에 발생했다는 사실이다. 민영화와 금융 시장 개방으로 비록 상대적 소수를 위한 것이긴 했지만 막대한 부가 창출되었다. 어떤 곳에서는, 말하자면 런던이나 바르셀로나에서는 그 결과가 확연히 드러났다. 그리고 컴퓨터와 전자 매체를 통해 거리가 단축되고 통신 속도가 빨라진 덕에 누구든 다른 나라 사람들이 사는 방식에 관한 정보를 즉시 풍부하게 활용할 수 있었다.

바로 이와 같은 부와 가난, 번영과 불안정, 사적 풍요와 공적 너저분함 사이의 극명한 차이에 대한 인식은 유럽에서 규제 없는 시장과 구속 없는 세계화라는 떠들썩하게 선전된 미덕에 관한 회의론을 급속하게 확산시켰다. 심지어 그러한 변화에서 간접적으로 이익을 얻은 많은 유럽인들도 현실을 개탄했다. 과거였다면 그러한 정서는 조직된 노동 계급의 압력과 정치인들의 이기심이 더해져 일종의 제한된 보호 무역주의로 후퇴하는 데 유리하게 작용했을지도 모른다.

그러나 이제 정부는 두 손이 묶였고, 전통적인 의미의 조직된 노동 계급은 존재하지 않았다. 유일하게 프랑스에서만 노동조합 노동자들이 일시적으로 여론의 도움을 받아 공기업 매각 저지에 성공했다. 그러나 그조차도 전후 국유화의 상징적인 존재와도 같던 프랑스전기 EDF같은 특수한 경우에만 한정되었다. 프랑스전기의 직원들은 한때 거대했던(공산당이 지도하는) 노동 총동맹CGT의 얼마 남지 않은 회원들이었다. 20세기 마지막 몇 년 동안 유럽의 다른 에너지 시장에서 규제가 철폐되었을 때도 프랑스전기는 여전히 국가가 소유했다.

그러나 프랑스에서 지배적 육체노동자 노동조합이었던 노동총동맹은 과거의 그림자였다. 1980년 이후 프랑스의 노동조합 운동 전체가 조합원의 3분의 2를 잃었기 때문이다. 그리고 노동총동맹이 대변했던 노동자들도 이제 프랑스나 다른 곳에서 일하는 사람들의 전형이 아니었다. 노동 자체가 변했다. 여러 곳에서 새로운 4계급 체제가 등장하고 있었다. 최상층에는 새로운 전문직 계층이 있었는데, 이 사람들은 대도시 시민이었고 세계주의자였으며 부유했고 교양인이었다. 흔히 은행이나 기타 금융 기관에 소속되었으며 새로운 세계 경제의 주된 수혜자들이었다. 그다음 두 번째 층은 공장이나 서비스 산업, 공공 부문에서 일하는 전통적인 핵심 노동자로 보호를 받고 있었다. 그들의 직업은 적당히 안정되었으며 전통적으로 받던 혜택과 보장 조건들은 대체로 고스란히 유지되었다.

세 번째 층은 길모퉁이 가게 주인과 여행사 직원, 재단사, 전기 수리공 등의 소규모 사업과 서비스로 이루어졌는데, 보통 이민자 사회나 그 후손들(프랑스의 아랍인, 독일의 터키인이나 쿠르드인, 영국의 남아시아인)이 소유했고 직원으로 근무했다. 이들 외에 남부 유럽의 일반적으로 가족을 기반으로 하는 상당한 규모의 〈회색〉 경제[27]를 추가해야 한다. 신발에서 직물과 기계 부품까지 모든 것이 대체로 공무원의 레이더에 걸리지 않은 채 생산되고 분배되는 이탈리아에서, 1977년에 〈비공식〉 부문은 최소한 국내 총생산의 4분의 1을 차지한 것으로 추정된다. 당연히 추정치이지만, 포르투갈에서 그 수치는 22퍼센트였다. 그러나 북쪽 끝의 도시 브라가 같은 일부 지역에서는 〈비공식〉 노동자들이 지역 노동력에서 45퍼센트나 차지했다.

네 번째 층은 가장 빠르게 성장했다. 이들이 일하는 일자리들은 전통적인 숙련 노동의 장기적인 안정과 50년대와 60년대의 호황기에 표준이 되었던 혜택을 모두 결여했다. 영국이나 네덜란드 같은

---

27 공식 통계에 잡히지 않는 경제 활동—옮긴이주.

몇몇 나라에서는 확실히 실업 수치가 만족스러울 만큼 낮은 수준으로 하락했다. 실업의 하락은 세계화된 자유 시장이 효과적으로 작동한다는 증거라고 널리 회자되었다. 그러나 이제 더는 실업자 명부에 오르지 않는 많은 사람들, 특히 여성과 청년은 아무런 수당도 없는 낮은 급료의 시간제 노동에 종사하거나, 국가가 보조하거나 비용을 부담하는 직업 훈련 프로그램에 기한부로 고용되었다.

임금이 너무 적어서 자신과 가족을 부양하기 어려웠던 사람들은 여전히 복지 국가에 의존할 수 있었고, 실제로 많은 사람들이 그렇게 했다. 국가와 사회에 대한 대처리즘식 공격이 가장 강하게 느껴졌던 영국에서는 어린이 400만 명을 포함하여 1,400만 명에 이르는 사람들이 지금 빈곤에 허덕이며 살고 있다.[28] 여섯 사람 중 한 사람이 빈곤선 밑으로 떨어지지 않기 위해 생계보조나 저소득가구대출에 의존했다. 북유럽에서는 늦어도 1950년대 말까지 사실상 근절되었던 노숙자들이 다시 증가했다. 대처 시절에 런던 한 곳에서만 노숙자 수가 열 배로 늘어났다. 90년대 중반에는 그 수가 8만 명에 달했다. 영국 수도의 가장 비싼 축에 드는 부동산들이 있는 곳에서 몇 마일 이내 지역이 빅토리아 시대 말기의 〈버림받은 런던Outcast London〉을 닮아 가고 있었다.[29]

과거에는 경제가 발전하면 많은 가난한 사람들이 급여가 좋고 더 안정적인 일자리를 얻는 경향이 있었지만, 이제 그러한 일은 없었다.

---

28 1995년, 유니세프의 연구에 따르면 영국의 어린이 다섯 명 중 한 명이 궁핍한 생활을 하고 있다. 비교하자면 독일에서는 열 명 중 한 명, 덴마크에서는 스무 명 중 한 명이다.

29 케임브리지 대학의 정치 이론 교수인 존 던은 약간 다른 기준을 적용하여 유사한 점을 지적했다. 존 던은 부유한 나라들의 노동력을 〈개인적으로 시장에서 자신을 잘 돌볼 수 있는 자들과…… 개별 회원 노동자들의 가치에 전혀 어울리지 않게 큰 위협의 이점을 지닌, 살아남은 집단행동 단위에 소속되어 있다는 이유만으로 꿋꿋하게 버텨 낸 자들, 그리고 누구도 많은 비용을 지불하고 그 노동을 선택하려 하지 않기에 이미 파멸하고 있던 자들〉로 구분했다. Dunn, *The Cunning of Unreason. Making Sense of Politics* (London, 2000), p. 133.

다른 말로 하면, 유럽은 풍요 속에 최하층 계급을 만들어 내고 있었다. 프랑스의 사회학자 앙드레 고르스가 1960년대에 예견했듯이, 산업 시대가 종말을 고하면 새로운 임시직 노동자 계층이 탄생하게 된다. 〈노동자가 아닌 자들로 계급을 이루지 못한non-class of non-workers〉 이 계층은 현대적 삶의 주변부에 처한 동시에 그 한가운데 있었다.[30]

유럽의 최하층은 미국의 최하층처럼 빈곤과 실업(또는 불완전 고용)뿐만 아니라 인종으로도 결정되었는데, 후자가 점차 더 중요한 요인으로 작용하기 시작했다. 90년대 중반에 런던의 실업률은 흑인 청년들의 경우 51퍼센트였다. 빈곤층은 20세기 말 유럽 전체가 그랬듯이 놀랍도록 다민족적 특성을 지녔다(관례적으로 점차 〈다문화적〉이라고 표현되었다). 이러한 현상은 많은 검은 피부의 네덜란드인이나 독일인, 영국인이 현지에서 태어난 자들로 원래 모로코인이나 터키인, 파키스탄인 이민자의 자녀이거나 손자라는 사실을 반영했다. 로테르담이나 레스터 같은 도시는 이제 다언어, 다인종 사회로 20년만 그곳을 떠났다가 돌아온 사람들이라면 누구라도 깜짝 놀랄 것이었다. 1998년에 이너런던의 지역정부 중학교들에서(다시 말해 공립 중학교) 백인 아이들은 소수 민족에 속했다.

이제 유럽의 주요 도시들은, 특히 런던은 진정으로 세계시민적인 도시였다. 높은 급여를 받는 도시의 일자리들이 여전히 백인 유럽인들(그리고 북아메리카인들)에게 돌아간 반면, 거리 청소에서 보육까지 저임금 노동은 거의 전부 알렌테주와 메초조르노 출신의 전통적인 유럽 〈2등〉 시민들이 아니라 〈소수 민족들〉이 수행했다. 이들은 대개 흑인이거나 갈색 피부를 지닌 자들이었고 취업 허가서를 지니지 못했다. 공식 통계에 따르면 1992년에서 2002년 사이에 런던

---

30 자신의 시대와 정치에 어울리는 인물이었던 고르스는 이 새로운 계급이 새로운 세대의 과격한 사회 운동에 기름을 부을 것이라고 생각했다. 현재까지 이에 대한 증거는 없다.

과 잉글랜드 남동부에 거주하는 외국인은 70만 명이 늘었다. 그러나 실제로 더 많았다는 데에는 의심의 여지가 없다.

이민은 비록 서유럽 전역에서 여러 해 동안 방해를 받았고 엄격하게 통제되기는 했지만 인구 통계상 여전히 중요한 요인이었다. 앞에서 언급한 1998년의 이너런던 아이들 중 3분의 1이 영어를 모국어로 사용하지 않았다. 이 아이들은 대개 유고슬라비아 전쟁의 여파로 급증한 난민, 다시 말해 그 시대의 은어로 말하자면 〈망명자들〉의 후손이었으며, 또한 중앙아시아와 동남아시아, 중동, 아프리카 출신 이주 노동자들의 자녀들이기도 했다. 그중 다수는 불법입국자여서 기록에 남지 않았다.

유럽에서 단연 최고로 관대한 난민 시설을 보유했지만[31] 이민자가 완전한 시민권을 획득하기는 전통적으로 매우 어려운 나라였던 독일에서, 20세기 말의 난민 수는 가족과 식솔을 포함하여 500만 명 정도로 추산되었다. 새로운 세기가 시작되면서 독일에 보호소 입소를 신청한 자들은 대부분 이라크, 터키, 그리고 과거 유고슬라비아에 속했던 나라들 출신이었다. 그렇지만 이란과 아프가니스탄, 러시아, 베트남 사람들도 늘어났다.

서유럽이 불법 이민자, 보호소 입소 신청자 등 〈경제 난민〉들로 〈뒤덮일〉지도 모른다는 두려움은 유럽 연합의 확대가 그다지 환영받지 못한 이유 중 하나였다. 영국과 독일의 건축 업종에는 이미 1980년대에 폴란드에서 넘어온 미등록 노동자들이 상당히 많았다. 그러나 문제는 폴란드나 헝가리, 그 밖에 장래에 회원국이 될 중부 유럽 국가들이 아니라 그 동쪽의 나라들이었다. 1992년에 폴란드 자체에 29만 명의 〈불법〉 이민자들이 있었는데, 그들은 대부분 불가리아와 루마니아, 구소련 출신이었다. 겨우 1천만 명의 인구를 가진 헝

---

31 1992년에만 연방공화국은 거의 25만 명에 달하는 유고슬라비아 난민을 받아들였다. 영국은 4천 명, 프랑스는 겨우 1천 명을 받아들였다.

가리에는 10만 명이 넘는 망명자들이 보호소에 입소해 있었다. 슬로바키아나 체코 공화국 등 중부 유럽에서 삶은 어렵긴 했어도 견디기 힘들 정도는 아니었으며, 이 나라들과 서방의 이웃 나라들 사이를 가르는 격차는 속도가 느리기는 했지만 이미 줄어들고 있었다. 그러나 중부 유럽과 공산주의 체제에서 벗어난 나머지 유럽 국가들 사이의 차이는 훨씬 더 크게 벌어졌다.

그리하여 1990년대 말에 폴란드와 체코 공화국의 월평균 임금은 이미 400달러에 근접했던 반면, 벨라루스와 우크라이나, 루마니아에서는 80달러 주변에서 맴돌았고, 불가리아에서는 70달러에도 못 미쳤다. 몰도바에서는 겨우 30달러에 불과했는데, 이마저도 평균치이기 때문에 오해를 불러일으킨다. 수도 키시너우를 벗어나면 주민의 48퍼센트가 여전히 농업에 종사했기 때문에 소득은 훨씬 더 낮았다. 그리고 폴란드와 달리, 심지어 불가리아와도 달리, 구소련 공화국들의 상황은 개선되지 않았다. 2000년에 몰도바인 두 명 중 한 명은 연간 소득이 220달러 미만이었다. 한 달에 겨우 19달러를 벌었다.

그러한 상황에서 몰도바인이나 우크라이나인, 주요 광역 도시 밖에 사는 많은 러시아인들의 유일한 희망은 서방에서 일자리를 찾는 것이었다. 그리고 놀라우리만치 많은 수가, 특히 젊은 여성들이 결국에는 조직 범죄단의 손아귀에 잡혀 루마니아와 발칸 국가들을 통해 서유럽으로 보내졌다. 이들은 잘하면 작업장이나 음식점에서 계약직 노동자로 일했지만 최악의 경우 매춘부가 되었는데 후자가 더 흔한 경우였다. 독일이나 이탈리아에서, 심지어 보스니아에서도 좋은 급여를 받는 서방의 병사들이나 행정관들, 〈원조 단체 직원들〉을 고객으로 삼았던 것이다. 그리하여 몰도바와 우크라이나의 비자발적 〈가스트아르바이터〉들이 로마족(집시)에 합류하여 그 대륙의 다문화적 덩어리의 밑바닥을 채웠다.[32]

32 20세기 말에 유럽에 거주하는 집시는 약 500만 명으로 추산되었다. 폴란드에 약 5만

매춘업의 희생자들은 대체로 눈에 띄지 않았다. 유럽의 변두리에서 이주한 앞선 세대의 이민자들처럼 지역의 다수 집단과 쉽게 뒤섞였기 때문이다. 경찰과 사회 복지 기관들이 이들을 추적하기가 그토록 어려웠던 이유도 바로 여기에 있다. 그러나 프랑스 사회학자들과 평론가들이 〈배제된 자들 les exclus〉이라고 불렀던 사람들은 대부분 완전히 드러났다. 새로운 최하층은 일자리뿐만 아니라 〈삶의 기회〉에서도 배제된 자들이었다. 이들은 경제적 주류에서 밀려나 궁색한 처지에 놓였으며, 그 아이들은 교육을 충분히 받지 못했고, 그 가족들은 도시 변두리의 막사 같은 아파트에 상점과 공공시설, 교통을 빼앗긴 채 내버려졌다. 2004년에 프랑스 내무부에서 작성한 연구 논문은 도시의 빈민가에 사는 그러한 사람들이 약 200만 명에 달하며, 그들은 사회적 배제와 근본적인 차별, 높은 수준의 가정 폭력으로 시들어 가고 있다고 결론 내렸다. 이 〈뜨거운 구(區)들 quartiers chauds〉의 일부에서는 청년 실업률이 50퍼센트에 이르렀다. 최악의 피해를 입은 자들은 알제리나 모로코 출신의 젊은이들이었다.

이 최하층은 피부색 말고도 교리에 의해서 구분되는 경우가 매우 잦았다. 왜냐하면 유럽 연합은 다문화 사회가 되어 갈 뿐만 아니라 점차 다종교 사회가 되고 있었기 때문이다. 기독교도는 대부분 실천적인 종교인은 아니었지만 여전히 압도적 다수를 차지했다. 유대인은 이제 소수 집단이 되었다. 그 수는 러시아와 프랑스에서나 의미가 있는 정도였고, 영국과 헝가리에서는 훨씬 더 적었다. 그러나 힌두교도와 무슬림은 스칸디나비아와 이탈리아, 중부 유럽의 주요 도시들은 물론 영국과 벨기에, 네덜란드, 독일에서도 확연히 드러날 정도로 상당히 많았다. 그리고 유럽 내의 주요 세계 종교 중에서는

명, 알바니아에 6만 명, 헝가리에 50만 명, 불가리아와 구 유고슬라비아, 체코 공화국에 각각 60만 명 정도, 루마니아에 최소한 200만 명이 있었다. 집시가 받은 편견과 학대는 (영국처럼 입국이 금지된 나라는 물론이고) 그들이 사는 곳이라면 어느 나라에서나 일반적이었다.

유일하게 이슬람교 신자들만 급증하고 있었다.

21세기의 처음 몇 년까지 프랑스의 무슬림은 약 600만 명이었고 (북아프리카계의 대다수) 독일에도 거의 동수의 이슬람교도가 있었다(주로 터키나 쿠르드 출신). 이러한 숫자에 거의 200만 명에 달하는 (대체로 파키스탄과 방글라데시 출신인) 영국의 무슬림과 베네룩스 국가들과 이탈리아의 많은 무슬림을 더하면 유럽 연합 전체에 총 1,500만 명의 무슬림이 있다는 이야기가 된다.

지금까지 압도적으로 세속적이었던 사회들에 무슬림 등장하자 사회 정책에서 어려운 문제들이 제기되었다. 공립 학교에서 종교적 의복이나 상징물을 착용하는 데 어떠한 규정을 두어야 하는가? 국가는 개별 문화의 제도와 시설을 얼마나 장려해야(또는 반대해야) 하는가? 다문화 공동체들을(따라서 사실상 별개의 공동체들을) 지원하는 것이 좋은 정책인가? 아니면 당국은 통합을 촉진하고 나아가 강요해야 하는가? 프랑스의 공식 정책은 문화적 통합을 옹호했고 학교에서 신앙의 표지를 드러내지 못하도록 금했다. 다른 곳에서는, 특히 영국과 네덜란드에서는 문화적 차이와 종교적 자의식에 대한 주장이 폭넓게 용인되었다. 그러나 어디서든 여론은 나뉘었다(23장을 보라).

그러한 문제들이 빠르게 중앙 정치 일정의 첫 줄로 올라간 이유는, 그리고 점차 이민과 보호소에 관한 논쟁에 말려들어 간 이유는 대륙 전역에서 새로운 세대의 외국인 혐오 정당들이 발흥한 데 대한 걱정이 늘었기 때문이다. 이러한 정당들의 일부는 앞선 시대의 종파적이고 민족주의적인 정책에 기원을 두었다. 나머지 정당들은, 이를테면 크게 성공했던 덴마크 인민당이나 네덜란드의 레이스턴 핌 포르타윈Lijst Pim Fortuyn 같은 정당들은 아주 최근에야 등장했다. 그러나 이 정당들 모두 예상과 달리 〈반이민자〉 정서를 이용하는 데 능숙했다.

극우 정당들은 영국 국민당처럼 〈소수 민족〉에 반대하여 집결했던 국민전선의 장마리 르펜처럼 〈이민자〉를(독일에서는 〈외국인〉이나 〈이방인〉이라는 용어를 더 선호했다) 표적으로 삼았든 이 시기에 많은 소득을 얻었다. 한편에서는 세계화된 경제의 취약 계층으로 드러난 많은 노동자들이 더딘 경제 성장으로 일찍이 겪어 보지 못한 경제적 불안정 상태에 빠져들었다. 다른 한편에서는 정치적 좌파의 옛 기관들이 더는 그러한 불안정을 계급의 기치 아래 가두고 동원할 만한 자리에 있지 않았다. 국민전선이 대체로 한때 프랑스 공산당의 보루였던 구역에서 최상의 결과를 얻은 것이 우연은 아니었다.

극우파가 내세우는 주장의 호소력은 강했다. 문화적으로 이질적인 소수 민족들이 자신들의 주변에 눈에 띄게 증가했으며 동유럽에서 이어지는 수문이 일단 개방되면 훨씬 더 많은 외국인이 복지의 여물통으로 먹고살거나 〈우리의〉 일자리를 앗아갈 가능성이 컸기 때문이다. 대중주의적 선동 정치가들은 〈배의 정원이 꽉 찼다〉고, 자국 정부가 국경 통제권을 〈세계주의자들〉이나 〈브뤼셀의 관료들〉에게 넘겨주었다고 고발하면서, 이민을 중단시키고 〈외국인〉을 본국으로 송환하며 국가를 자신들의 나라에서 국외자가 된, 포위된 백인 시민들에게 되돌려 주겠다고 약속했다.

이와 같이 최근에 표현된 외국인 혐오증은 앞선 시대의 파시즘과 비교할 때 온건해 보일지도 모른다. 물론 독일에서는 90년대 초에 외국인과 소수 민족을 겨냥한 증오 범죄가 물결을 이루었고, 이를 계기로 몇몇 평자들은 더 많은 관심을 일깨웠다. 귄터 그라스는 인종차별적 폭력의 책임이(이러한 폭력은 특히 반외국인 감정이 가장 극렬했던 구 독일 민주 공화국의 곪아 썩어 없어진 공업 도시들에서 두드러졌다) 무관심하고 기억상실증에 걸린 정치 엘리트에게도 똑같이 돌아가야 한다고 주장함으로써 서독 정치 문화의 이기적 무관심과 〈과분한〉 통일에 대한 자국의 근시안적 열광을 비난하듯 지적했다.

그러나 폭력 수준이 억제되었을지라도, 새로운 우파에 대한 대중적 지지의 크기는 진지한 관심을 불러일으켰다. 이웃 나라 오스트리아의 자유당은(전후 자주동맹VdU의 계승자이지만 표면상 그 나치 관련성은 제거했다) 텔레비전 방송에 알맞은 젊은 지도자 외르크 하이더 밑에서 〈소시민〉의 보호자로 자처하며 꾸준히 득표율을 높였다. 두 거대 정당의 호혜적 협력 탓에[33] 내버려진 〈소시민〉은 〈범죄자〉와 〈마약 상용자〉, 그리고 이제 자신들의 나라를 습격하는 〈외국인 무리〉로부터 위협받고 있었다.

하이더는 법에 저촉되는 것을 피하기 위해 보통 나치에 대한 향수를 지나치게 노골적으로 내보이지 않도록 행동에 주의했다. 이 오스트리아인은 장마리 르펜처럼 대체로 자신의 편견을 간접적으로만 드러냈다. 예를 들면, 공적 생활에서 자신의 비위를 건드린 것들의 사례로서 우연찮게도 유대인이었던 자들의 이름을 언급했다. 하이더와 그의 지지자들은 유럽 연합 같은 새로운 표적을 더 편안하게 생각했다. 〈우리 오스트리아인은 유럽 연합이나 마스트리흐트, 국제적인 이상 따위가 아니라 바로 우리의 조국에 응답해야 한다.〉

1986년에 실시된 오스트리아 의회 선거에서 하이더의 자유당은 9.7퍼센트를 득표했다. 4년 뒤 득표율은 17퍼센트로 올랐다. 1994년 10월 선거에서는 23퍼센트를 획득하여 빈을 충격에 몰아넣었다. 23퍼센트는 종전 후 25년 동안 오스트리아를 통치했고 여전히 농촌 지역을 지배하고 있는 인민당에 겨우 4퍼센트 뒤지는 성적이었다. 하이더가 전통적으로 사회당의 지지층인 빈의 노동 계급을 깊이 잠식했다는 사실은 한층 더 불길한 전조였다. 오스트리아인 세 명 중 한 명이 하이더와 마찬가지로 (1995년 여론 조사에 나타난 대로) 오스트리아의 〈가스트아르바이터〉와 여타 외국인들이 지나치게 많은 혜택과 특권을 누린다고 믿었음을 고려할 때, 이는 전혀 놀라운 일

33 인민당과 사회당을 말한다. 8장을 참조하라 — 옮긴이주.

이 아니었다.

하이더의 영향력은 20세기의 맨 마지막에 절정에 달했다. 1999년 10월의 선거에서 하이더의 자유당은 27퍼센트의 지지를 얻어 인민당을 제3당으로 밀어내고 제1당인 사회당에 29만 표 차이로 접근했다. 2000년 2월, 인민당은 (비록 하이더는 포함되지 않았지만) 자유당과 연립 정부를 구성했다. 좀 과장하자면 유럽의 협력국들은 두려움에 숨이 막힐 정도였다. 그러나 오스트리아의 새로운 총리 볼프강 쉬셀의 계산은 치밀했다. 자유당은 항의 운동이자 (포퓰리스트의 원형으로서 자기 이름을 정당명으로 내세운 피에르 푸자드의 말을 인용하자면) 반대anti-⟨them⟩ 정당으로서 ⟨강탈당하고 사기당한 소시민들⟩에게 호소했다. 자유당은 일단 정부에 들어오면 일에 치이고 인기 없는 정책에 대한 책임을 공유해야 했기 때문에 곧 그 매력을 상실한다. 2002년 선거에서 자유당은 겨우 10.1퍼센트를 획득했다 (반면 인민당의 득표율은 43퍼센트까지 치솟았다). 2004년의 유럽 의회 선거에서 하이더의 자유당이 얻은 득표는 6.4퍼센트로 줄었다.

하이더의 흥망은 다른 곳의 외국인 반대 정당들이 걸어 온 궤적을 대표한다. 레이스트 핌 포르타윈은 지도자가 암살된 결과로 2002년 선거에서 17퍼센트를 얻은 이후 잠시 네덜란드 정부를 구성한 적이 있지만 다음 선거에서 지지율은 곧 5퍼센트로 하락했으며 의원 수도 마흔두 명에서 여덟 명으로 줄었다. 이탈리아의 북부 동맹은 베를루스코니의 비호를 받아 정부에 참여했으나 이는 지지의 꾸준한 하락을 촉진했을 뿐이다.

덴마크 인민당은 1995년에 창당될 때에는 잘 알려지지 않았으나 2001년에는 원내 제3당으로 올라섰다. 인민당과 그 지도자 피아 키에르스고르는 정부에 참여하지 않고 오로지 이민 문제에만 전념함으로써 규모에 걸맞지 않게 영향력을 강화할 수 있었다. 덴마크의 주요 정당인 자유당과 사회 민주당은 이제 보호소와 체류외국인관계법에서 인민당보다 더욱 강한 〈단호함〉을 보이려 했다. 키에르스고르는 2001년 선거에서 12퍼센트를 획득한 뒤 이렇게 말했다. 〈우리가 지배한다.〉[34]

이제 좌파나 우파의 주류 정치인 중 감히 그러한 문제들에 관해 〈유약〉하게 대응할 자는 거의 없었다는 점에서, 키에르스고르는 옳았다. 폭력 집단 같은 자그마한 영국 국민당까지도 영국의 신노동당 정부 정책에 영향을 미쳤다. 영국 국민당은 전통적으로 주변에 머물렀다. 뱅골 사람들이 유대인을 대신하여 지역의 소수 민족이 되었던 이스트런던 구에서 1997년에 7퍼센트를 얻은 것이 최근에 거둔 가장 좋은 성과였다. 그런 영국 국민당이 4년 뒤에는 선거 직전에 인종 폭동이 발생한 랭커셔의 공장 도시였던 올덤의 두 개 구에서 1만 1,643표(14퍼센트)를 얻었다.

이런 수치는 유럽 대륙에서 전개된 상황과 비교할 때 무시할 만한 수준이었고, 영국 국민당은 어디서도 의회 의석을 얻지 못했다. 그러나 여론 조사를 보면 그 관심사가 전국에 고루 퍼진 불안을 반영하는 듯했기 때문에, 총리 토니 블레어는 강경 우파에 놀라 이미 인색했던 이민자와 난민에 대한 규정을 더욱 강화할 수 있었다. 신노동당 정부가 2001년 선거에서 절대 다수의 의석과 거의 1,100만에 가까운 표를 확보하고도 네오파시스트 도당의 선전에 이런 식으로 대응했다는 사실은 당대의 분위기를 잘 말해 준다. 네오파시스트는 나라 전체에서 겨우 4만 8천 표를 얻었다. 이는 총투표의 0.2퍼센트였고, 〈괴물처럼 미쳐 날뛰는 얼간이 당Monster Raving Loony Party〉[35]이 얻은 표보다 겨우 4만 표 많았다.

---

34 덴마크 인민당은 덴마크 진보당에서 떨어져 나와 창당했다. 진보당은 그 자체로 1970년대의 세금 반대 운동의 산물이었으나(14장을 보라), 새로운 세대의 과격파가 보기에는 유럽 연합 문제에 지나치게 〈유약〉하게 대처했으며 이민자에 대한 반대가 충분하지 못했다.

35 60년대 초의 영국 록 그룹 〈비명을 지르는 서치 경과 야만인들Screaming Lord Sutch and the Savages〉의 데이비드 서치가 1983년에 창설한 정당. 애완동물 여권이나 술집의 24시

프랑스의 경우는 또 달랐다. 국민전선이 이민자 문제를 제기했고, 대중은 1986년 선거에서 이 당에 270만 표를 주어 지지를 보냈다. 그리고 카리스마를 지닌 지도자는 일반화된 대중의 불만을 모아 분노와 정치적 편견으로 변환하는 데 놀랍도록 능숙했다. 1986년에 미테랑이 국민전선의 의회 선거 승리를 공작하고(따라서 그 전국적인 위상을 높이고) 그럼으로써 프랑스의 주류 보수 정당들을 분열시키려는 의도로 비례 대표제를 도입하지 않았다면, 극우파는 결코 그렇게 성공할 수 없었을 것이다.

그렇지만 1995년 대통령 선거에서 450만 명의 유권자가 르펜을 지지했다는 사실이 남아 있다. 이 수치는 2002년 4월에는 480만 표로 늘어났다. 국민 전선 지도자는 대통령 선거에서 17퍼센트를 획득하여 2위를 차지함으로써 좌파 후보인 사회당의 불운한 총리 리오넬 조스팽을 선거전에서 탈락시키는 대성공을 거두었다. 주류 정치인들이 내린 결론은 어떻게든 르펜의 호소가 지닌 독니를 빼 버려야 한다는 것이었다. 프랑스에서도 그 방법은 르펜이 선점한 관심사를 빼앗고 〈안전〉과 이민을 단호한 조치로 다스리겠다고 약속하는 동시에 르펜의 말이나 그의 정책을(〈프랑스를 프랑스인에게〉와 나머지 모든 사람의 본국 송환) 명시적으로 용서하지 않는 것이었다.

르펜은 분명 극우파 정치의 오랜 전통에 연결되어 있었다. 젊었을 때 푸자드주의를 지지했으며, 알제리 전쟁 때에는 실체 없는 극우파 조직들을 경험했고, 비시 정부와 페탱주의자들의 주장을 조심스럽게 변호했다. 그럼에도 르펜의 운동은 대륙 전역의 유사 운동들과 마찬가지로 단순히 유럽 파시즘의 과거가 격세 유전적으로 역류한 것이라고 치부할 수 없었다. 확실히 포르타윈이나 키에르스고르도 그런 범주에 집어넣을 수는 없었다. 두 사람 모두 자국의 전통적 관

간 개점 같은 정책은 실현성이 적었지만 선거 연령을 열여덟 살로 인하하라는 요구는 실현되었다 — 옮긴이주.

용이 새로운 무슬림 소수자들의 종교적 광신과 퇴행적인 문화적 풍습으로부터 위협받고 있다고 주장했으며, 그러한 위협으로부터 전통적 관용을 보존하려는 열망을 애써 강조했다.

오스트리아의 자유당도 나치 운동은 아니었다. 그리고 하이더도 히틀러가 아니었다. 오히려 하이더는 전후의 경력을 여봐란 듯이 강조했다. 1950년에 태어난 하이더는 스스로 지지자들에게 상기시켰듯이 〈늦게 태어난 행운*die Gnade der späten Geburt*〉을 타고났다. 하이더는 인종주의적 함의를 자유주의적 신조를 지닌 현대화론자이자 민족적 포퓰리스트의 이미지 밑에 숨기는 기술을 지녔는데, 이 기술이 성공에 한몫했다. 2003년에 반이민, 반유럽 연합 주장으로 28퍼센트를 얻은 스위스 인민당의 크리스토프 블로허의 경우도 마찬가지다. 그러한 기술은 청년 유권자들에게 크게 효과적이었다. 자유당은 한때 서른 살 미만의 유권자들에게는 오스트리아의 선도 정당이었다.[36]

프랑스처럼 오스트리아에서도 극우파를 묶어 주는 끈으로서 옛 망상, 특히 반유대주의를 대체한 것은 이민자에 대한 두려움과 증오였다(이민자들은 주로 프랑스의 경우 남부 유럽에서, 오스트리아의 경우 동유럽에서 들어왔다. 그리고 두 나라 공히 한때 식민지였던 곳에서 이민자들이 쇄도했다). 그러나 새로운 반체제 정당들은 다른 점에서도, 즉 청렴하다는 점에서도 이득을 보았다. 정권에서 배제되었기에 90년대 초까지도 유럽 제도의 토대를 갉아 먹는 듯했던 부패에 오염되지 않았다. 루마니아나 폴란드, (특히) 러시아에서만 그런 것이 아니라 민주주의의 중심지에서도 마찬가지였다. 그나마 러시아 같은 곳에서는 부패가 자본주의 이행에 부수되는 비용으로 설명

---

36 스위스에서 이민자에 반대하는 편견은 독일어권 주에서 특히 강했는데, 인종주의가 언제나 숨겨진 것은 아니었다. 어느 선거 포스터는 한 줄로 늘어선 검은 피부의 얼굴들 위에 이렇게 써 놓았다. 〈스위스 국민은 니그로가 되고 있다.〉

될 수 있었다.

　이탈리아에서는 전쟁 이후 늘 기독교 민주당이 은행가와 사업가, 건축 도급업자, 도시의 실력자, 국가 공무원, 그리고 널리 퍼진 소문대로라면 마피아와 가깝고 유익한 관계를 유지했는데, 새로운 세대의 젊은 지사들은 대담하게도 수십 년 간 변치 않던 공적 침묵을 조금씩 깨뜨렸다. 역설적이지만 제일 먼저 무너진 것은 사회당이었다. 사회당은 1992년에 밀라노 시 행정 조사에 뒤이은 탄젠토폴리tangentopoli(〈뇌물 도시〉) 추문으로 몰락했다. 사회당은 망신을 당했고, 지도자인 전임 총리 베티노 크락시는 지중해 건너 튀니지로 망명해야 했다.

　그러나 사회당은 오랜 연정 상대였던 기독교 민주당과 불가분의 관계로 얽혀 있었다. 곧이어 체포와 고발의 물결이 일어나면서 두 당 모두 더 심한 명예의 실추를 감내해야 했으며, 더불어 두 세대 동안 이탈리아 정치를 형성했던 정치적 협정과 조정의 구조 전체가 무너졌다. 1994년 선거에서 이탈리아의 모든 주요 정당은 구 공산당과 파시스트 전력자들만 제외하고 사실상 전멸했다. 그런데 이러한 정치적 지각변동으로부터 유일하게 오랫동안 혜택을 누린 자는 전직 라운지 싱어이자 의심스러운 구석이 많은 언론 부호 실비오 베를루스코니였다. 그는 국가라는 집을 더 깨끗이 청소하기 위해서가 아니라 자기 사업의 안전을 보장하기 위해 정치에 입문한 인물이었다.

　스페인에서 펠리페 곤살레스의 정치 경력을 끝장낸 것은 매우 다른 종류의 추문이었다. 곤살레스 정부가 1983년부터 1987년 사이에 바스크 테러리즘에 맞서 〈더러운 전쟁〉을 수행하면서 암살단에게 스페인뿐만 아니라 에타ETA의 빈번한 활동 무대였던 국경 너머 프랑스의 바스크 지역에서도 납치와 고문, 암살을 허용했다는 사실이 (14장을 보라) 90년대 중반에 밝혀졌다(일간지 『엘 문도El Mundo』와 『디아리오 디에시세이스Diario 16』의 젊은 세대의 기획 취재 기자들이 이를 밝혀냈다).

에타의 평판을 고려할 때, 이러한 일은 카리스마를 지닌 곤살레스의 신뢰에 상처를 입히기에는 부족했을 것이다. 프랑코 체제 말기의 냉소적인 대중적 분위기 덕에 곤살레스의 당대인들은 대체로 국가와 법을 명백히 도구적인 시각에서 바라보며 성장했다. 그러나 곤살레스의 사회당 동료들이 독직을 저지르고 영향력을 행사한 일이 에타 건과 동시에 폭로되었다. 이 사건은 이탈리아의 사례를 되풀이했으며 아직 유아기에 있던 스페인 민주주의의 도덕적 상태에 관한 근심을 확산시켰다.

프랑스나 독일, 벨기에에서도 90년대에 추문이 홍수처럼 쏟아져 나와 공적 생활을 보기 사납게 만들었는데, 이는 제도와 도덕관념이 허약했다기보다는 현대의 조건에서 민주주의를 실천하는 비용이 늘어났음을 암시했다. 정치에는 참모, 광고, 자문 등에 많은 돈이 든다. 유럽에서는 일반 국민의 정당 후원금이 법과 관습으로 엄격히 제한되었으며, 보통은 출마 목적으로만 가능했다. 정치인들은 더 많은 자금이 필요한 경우 과거에는 전통적인 후원자들인 당원, 노동조합(좌파의 경우), 기업가, 법인 등에 의존했다. 그러나 이러한 자원은 고갈되었다. 당원 수는 감소했으며, 노동조합은 쇠퇴했고, 경제 문제에 관한 정당 간 정책 합의가 늘어나면서 회사와 개인 사업가로서도 어느 정당에든 후하게 기부금을 낼 이유가 없어졌다.

서유럽의 주요 정당들이 예외 없이 자금을 끌어 모을 다른 방법들을 모색하기 시작했다는 것은 이해할 만했다. 통제의 폐지와 사업의 세계화 덕에 훨씬 더 많은 돈이 널려 있던 시절이었기 때문이다. 프랑스의 드골주의자와 사회당은 독일의 기독교 민주당과 영국의 신노동당처럼 지난 20년간 여러 가지 떳떳하지 못한 방법으로 자금을 모은 것으로 밝혀졌다. 돈을 받고 청탁을 들어주고 뇌물을 받기도 했으며 아니면 단순히 전통적 후원자들을 과거보다 더 집요하게 졸

라대기도 했다.

벨기에의 사정은 조금 더했다. 추문이 많았지만 그중 한 가지, 이른 바 다소/아구스타Dassault/Agusta Affair사건은 좋은 예가 될 수 있다. 1980년대 말에 벨기에 정부는 이탈리아 회사 아구스타로부터 군용 헬기 64대를 구매하고 프랑스 회사 다소에는 F-16전투기의 정비 업무를 맡기는 계약을 했다. 함께 경쟁했던 다른 입찰자들은 밀려났다. 일 자체는 특별하지 않았으며, 세 나라가 관련되었다는 사실은 그 일에 범유럽적인 보편적 성격을 부여했다.

그러나 당시 집권당인 벨기에 사회당[37]이 두 거래에서 상당한 리베이트를 받았다는 사실이 드러났다. 진상이 밝혀진 직후, 너무 많이 알고 있던 사회당의 주요 정치인 앙드레 쿨스가 1991년 리에주의 주차장에서 살해되었고, 또 다른 정치인 에티엔 망제가 1995년에 체포되었으며, 전직 총리이자 한동안(1994~1995) 북대서양 조약 기구 사무총장이었으며 거래가 이루어질 당시 외무장관이었던 빌리 클라스는 1998년 9월 당을 위해 뇌물을 받은 혐의로 유죄 판결을 받았다. 네 번째 혐의자는 사건에 깊이 연루된 전직 장군이었는데 1995년 3월 의심스러운 상황에서 사망했다.

이 사건이 각별히 벨기에만의 이야기라면(보들레르의 표현을 빌리자면, 〈벨기에는 생기가 없다. 그러나 부패는 있다La Belgique est sans vie, mais non sans corruption〉), 벨기에에서는 헌법상 권력이 이중으로 존재하여 권위가 저하된 탓에 정부 감독의 부재를 초래했고 또 형사재판 제도를 포함하여 국가 기구 대부분이 거의 붕괴 지경에 이르렀기 때문일 것이다. 다른 곳에서는, 앞에서 지적한 대로 이탈리아는 예외지만, 개인적인 부패의 증거는 거의 찾아볼 수 없었다. 대부분의 범죄와 비행은 말 그대로 당을 위해 저질러졌다.[38] 그럼에

---

37 당시 정부는 프랑스어권 사회당과 네덜란드어권 사회당의 연립 정부였다 — 옮긴이주.
38 꼭 한 사람 예외가 있다. 총리를 지냈다가 유럽 연합 집행위원이 된 프랑스 사회당의

도 상당수의 매우 저명한 인사들이 갑작스럽게 공직 사회를 떠나야
했다.

이러한 사람들 중에는 비단 곤살레스와 전임 프랑스 총리 알랭 쥐
페, 이탈리아 기독교 민주당의 역사적 지도자들뿐만 아니라 독일 통
일의 영웅인 전직 총리 헬무트 콜도 포함되었다. 콜은 당에 익명으
로 정치자금을 기부한 자들의 이름을 밝히기 거부하여 평판이 떨어
졌다. 파리가 정당 정치의 독직과 청탁에 휩쓸렸을 때 파리 시장이
었던 프랑스 대통령 자크 시라크도 직책의 보호를 받지 못했다면 틀
림없이 그들과 같은 처지가 되었을 것이다.

이러한 사태에서 가장 두드러진 특징은 정치 체제 전체는 상대적
으로 별다른 명예의 실추를 겪지 않은 것처럼 보였다는 사실이다.
투표율 하락은 확실히 공적인 일에 대한 관심이 전반적으로 감소했
음을 보여 준다. 그러나 공적 관심의 감소는 몇십 년 전부터 기권율
이 증가하고 정치적 논쟁의 강도가 줄어든 데서 이미 확인할 수 있
었다. 진정으로 놀라운 일은 새로운 무리의 우파 포퓰리즘 정당들의
출현이 아니라 이들이 1989년 이후의 혼란과 불만을 이전보다 더 잘
이용하지 못했다는 것이다.

여기에는 이유가 있다. 유럽인들이 정치인에 대한 믿음을 잃었을
지라도, 유럽 통치 체제의 핵심에는 가장 급진적인 반체제 정당들조
차 감히 정면으로 공격하지 못하고 거의 모든 사람들로부터 계속해
서 지지를 얻은 무엇이 있다. 여러 장점을 지니기는 하지만, 유럽 연
합은 아니다. 민주주의도 아니다. 민주주의는 홀로 탄복의 대상이
되기에는 너무 추상적이고 너무 불명료하다. 또 너무 많이 써먹었
다. 자유나 법치도 아니다. 자유나 법치는 서방에서 수십 년 동안 중

에디트 크레송은 집행위원회 전체의 명예를 실추시키는 데 한몫했다. 1999년 그녀는 브뤼
셀의 권력을 이용해 자격 없는 의사 친구를 상담역으로 고용하는 정실인사로 직무를 위반
하는 물의를 일으켰다.

대한 위협을 받은 적이 없었다. 더군다나 유럽 연합의 모든 회원국들의 젊은 세대는 이를 이미 당연한 것으로 여겼다. 실제 작동 방식에 이러저러한 결함들이 있다고 심각하게 지적될 때조차 유럽인들을 하나로 결속시킨 이것은 바로 〈유럽식 사회 모델European model of society〉이라 불리는 것이다. 이는 〈미국식 생활 양식American way of life〉과 대비될 때 비로소 그 뜻이 더 분명해진다.

23장
유럽의 다양성

우리는 진정 현명했다. 우리 시대의 징후를 식별할 수 있었으며, 시대에 필요한 것과 시대의 강점을 알았기에 그 안에서 우리 위치를 조정할 수 있었다. 흐릿한 먼 곳을 무턱대고 쳐다보지 말고 우리가 서 있는 주변의 복잡한 상황을 잠시 동안 조용히 응시하자.

— 토머스 칼라일

유럽의 조물주는 유럽을 작은 크기로 창조했다. 그리고 유럽을 한층 더 작은 부분들로 분할했다. 그래서 우리의 가슴은 크기가 아니라 다양성에서 즐거움을 찾을 수 있다.

— 카렐 차페크

유럽에서 우리는 아시아인이다. 반면 아시아에서는 우리도 유럽인이다.

— 표도르 도스토옙스키

공산주의 체제가 무너지고 소련이 안에서부터 무너져 내렸을 때, 이데올로기적 제도뿐만 아니라 유럽 대륙 전체의 정치적, 지리적 좌표들도 함께 사라졌다. 제2차 세계 대전의 불안한 결과는 45년 동안 그대로 얼어붙었다. 유럽의 우발적인 분할과 이에 동반된 모든 일들은 불가피해 보였다. 그러나 지금 그 모든 것은 완전히 사라졌다. 돌이켜 보건대 전후 몇십 년의 의미는 근본적으로 달라졌다. 한때 영원한 이데올로기적 양극화의 새로운 시대의 시작으로 이해되었지만 이제는 그 실체가 드러났다. 그 시기는 1914년에 시작된 유럽 내전의 연장된 종결부였으며, 히틀러의 패배로부터 그의 전쟁이 미결로 남긴 일이 최종적으로 해결되기까지 지속된 40년간의 휴지기였다.

1945년에서 1989년 사이의 세계가 사라지자 그 환상은 더 또렷이 드러났다. 널리 선전된 전후 〈경제 기적〉을 통해 서유럽은 세계의 무역과 생산에서 1914년에서 1945년 사이에 잃어버린 지위를 되찾았다. 그 결과, 경제 성장률은 대체로 19세기 말과 비슷한 수준으로 회복되었다. 이는 적지 않은 성과였지만, 당대인들이 한때 과도하게 기대한 것처럼 끝없이 성장하는 번영으로 완전히 들어선 것은 아니었다.

게다가 회복은 냉전을 극복하고 이루어 낸 것이 아니라 냉전 덕분에 가능했다. 소련 제국의 그림자는 과거 오스만 제국의 위협처럼 유럽을 줄어들게 했지만, 남은 유럽에는 통합의 혜택을 부여했다. 서유럽 시민들은 동유럽인들이 감금되어 있는 중에 번영을 누렸다. 구대륙 제국들을 계승한 국가들의 빈곤과 후진성을 처리해야 할 의무도 없었고, 미국의 군사적 보호를 받은 덕에 직전 과거의 정치적 여파로부터도 안전했다. 동쪽에서 보면 이는 언제나 협소한 시각이었다. 공산주의 체제가 몰락하고 소련 제국이 붕괴된 뒤로 이러한 시각은 더 유지될 수 없었다.

오히려 그 반대였다. 전후 서유럽은 경제 공동체, 자유 무역 지대, 든든한 외부 동맹, 풍부한 내부의 변경 지대로 고치 안의 곤충처럼 행복했지만, 동쪽에 있는 장래의 〈유럽 시민들〉의 좌절된 기대에 부응하라는 요구를 받으면서 갑자기 공격에 취약해진 듯했으며, 대서양 건너편의 강대국과도 더는 자명한 관계를 유지하지 못했다. 서유럽인들은 유럽 공동의 미래를 구상하면서 또다시 대륙 동쪽에 광대한 변경이 있음을 인정해야 했고, 그래서 부득이 유럽 공동의 과거로 끌려들어 갔다.

그 결과, 1945년에서 1989년 사이의 시기는 삽화의 성격을 띠었다. 300년 동안 유럽적 생활 양식을 구성하는 특징이었던 국가 간의 전면전은 1913년에서 1945년 사이에 종말론적인 수준에 이르렀다. 20세기 전반에 약 6천 만 명의 유럽인이 전쟁이나 국가가 후원한 살인으로 사망했다. 그러나 1945년에서 1989년 사이에 유럽 대륙에서 국가들 간의 전쟁은 사라졌다.[1] 두 세대의 유럽인들은 평화는 당연하다는 느낌을 갖고 성장했다. 그 전에는 상상할 수도 없던 일이었다. 정치의 연장으로서의 전쟁(또는 이데올로기적 대결)은 제3세계에 외주 제작을 맡겼다.

1 1990년대의 유고슬라비아 전쟁을 계산에 넣더라도 20세기 후반에 전쟁과 관련된 사망자 수는 100만 명에 못 미친다.

그러고 보면, 공산주의 국가들이 이웃 나라들과 평화롭게 지내면서도 자국 사회에 대해서는 독특한 형태로 영구적인 전쟁을 수행했다는 사실은 되새길 만한 가치가 있다. 주로 엄격한 검열, 강요된 결핍, 억압적 치안의 형태로 이루어진 그 전쟁은 이따금 공개적인 충돌로 번졌다. 1953년 베를린에서, 1956년 부다페스트에서, 1968년 프라하에서 충돌이 발생했다. 폴란드에서는 이러한 충돌이 1968년에서 1981년까지 간헐적으로 발생했고, 그 이후 계엄령 때 또다시 발생했다. 그러므로 동유럽의 전후 시대는 집단적 기억 속에서(비록 똑같은 삽화였으나) 매우 다르게 나타났다. 그럼에도 앞선 시절과 비교하면 비록 원해서 그랬던 것은 아니었지만, 동유럽도 유달리 고요한 시절을 보냈다.

　새로운 세계 질서가(또는 무질서가) 시작되면서 빠르게 기억 속으로 퇴각하는 제2차 세계 대전 이후의 시기가 향수 어린 동경의 대상이 될지 아니면 후회의 대상이 될지는 언제 어디서 태어났는가에 달렸다. 철의 장막 양쪽에서 1960년대의 아이들은, 다시 말해 1946년에서 1951년 사이에 태어난 베이비붐 세대의 핵심 집단은 확실히 〈자신들의〉 10년을 애정 어린 시선으로 되돌아보았으며 계속해서 좋은 기억을 품었고 그 의미를 과장했다. 그리고 적어도 서유럽에서 그들의 부모 세대는 앞선 시대의 공포와 대조되는 정치의 안정과 물질적 보장을 고맙게 생각했다.

　그러나 1960년대를 겪지 않은 젊은이들은 옛일이나 되새기는 늙은이들의 유아론적 자기 과장에 종종 분개했다. 반면 공산주의 체제에서 평생을 살았던 많은 노인들은 안정된 직업과 저렴한 집세, 안전한 거리뿐만 아니라 허비된 재능과 꺾여 버린 희망의 음울한 풍경도 회상했다. 그리고 분할선의 양쪽에서 똑같이 20세기 역사의 파괴된 잔해로부터 복구할 수 있는 것에는 한계가 있었다. 평화와 번영, 안전은 확실했다. 그러나 앞선 시대의 낙관적 신념은 영원히 사라졌다.

빈의 소설가이자 평론가인 슈테판 츠바이크는 1942년 자살하기 전 〈마지막 신념의 시기에 젊은이가 아니었던 자들은 불쌍하다〉는 표현으로 1914년 이전의 잃어버린 세계를 동경했다. 60년 뒤 20세기 말이 되면 거의 모든 것이 회복되거나 재건되었다. 그러나 츠바이크 세대의 유럽인들이 20세기에 접어들 때 지녔던 신념은 결코 완전하게 되찾을 수 없었다. 그러기에는 너무 많은 일들이 일어났다. 좋은 시절Belle Époque을 기억하는 두 대전 사이의 유럽인들은 〈그럴 수만 있다면〉하고 중얼거릴지도 모른다. 그러나 제2차 세계 대전 이후 유럽 대륙의 30년간의 파국을 반성하는 자들이 지닌 주된 정서는 〈결코 되풀이되어서는 안 된다〉였다.[2]

요컨대, 되돌아가는 길은 없었다. 동유럽의 공산주의 체제는 현실의 문제에 대한 그릇된 해답이었다. 똑같은 문제를, 다시 말해 20세기 전반의 대재앙을 어떻게 극복할 것인가라는 문제를, 서유럽은 최근의 역사를 완전히 내버리고 19세기 후반의 성공을(국내 정치의 안정, 경제의 생산성 증대, 대외 무역의 꾸준한 증가) 일부 재현하여 거기에 〈유럽〉이라는 꼬리표를 다는 것으로 처리했다. 그러나 1989년 이후 번영을 구가했던 탈정치의 서유럽은 또다시 동쪽 쌍둥이와 얼굴을 마주했다. 〈유럽〉은 재고되어야 했다.

앞서 보았듯이, 누구나 고치를 내버릴 가능성을 환영지는 않았다. 1993년 3월 야체크 쿠론은 폴란드의 잡지 『폴리티카Polytika』에 기고한 글에서 〈일부 서유럽 정치인들은 구세계의 질서와 소련을 그리워한다〉고 추측했는데 이는 과장이 아니었다. 그러나 〈구세계질서〉, 즉 과거 40년간의 친숙한 안정은 영원히 사라졌다. 유럽인들은 이제

2 1905년생인 레몽 아롱은 츠바이크의 절망까지는 아니더라도 몇 가지 동경 어린 기억을 공유했다. 〈인간은 부르주아 유럽이 7월의 태양 아래 전쟁의 세기로 진입했던 이후로 늘 자신들의 역사를 제어하지 못했다.〉

불확실한 미래뿐만 아니라 급변하는 과거에도 대면해야 했다. 최근까지 매우 간명했던 것들이 이제 또다시 점점 더 복잡해졌다. 20세기 말, 유라시아 대륙의 툭 튀어나온 서쪽 땅에 살던 5억 명의 사람들은 자신들의 정체성에 대한 의문에 점점 더 깊이 빠져들었다. 유럽인은 누구인가? 유럽인이 된다는 것은 무엇을 의미하는가? 유럽은 무엇인가? 그리고 유럽인은 유럽이 어떤 종류의 장소이기를 원하는가?

〈유럽〉의 정수를 추출하려는 노력으로 얻을 것은 거의 없다. 〈유럽 개념〉은 그 자체로 수많은 논의의 대상이 된 주제였고 따라서 긴 역사를 갖고 있다. 일부는 꽤 유명하기도 하다. 그러나 어떤 〈유럽〉 개념이(온갖 협정과 조약에서 반복되었던 개념) 지금 대다수 유럽인이 속한 유럽 연합의 특징을 보여 준다고 해도 지금 그들의 삶에 제공할 수 있는 통찰력은 매우 부분적이다. 시시각각 인구 이동과 재정착이 일어나는 시대적 상황 속에서 오늘날의 유럽인은 과거 그 어느 때보다 다양하고 이질적이다. 21세기의 벽두에 유럽인의 공통된 조건을 설명하려면 누구든 먼저 그 다양성을 인정하고, 상호 중첩되는 유럽인의 정체성과 경험의 윤곽선과 단층선을 정확히 측량해야만 한다.

〈측량mapping〉이라는 용어는 신중하게 선택한 것이다. 어쨌거나 유럽은 하나의 장소이기 때문이다. 그러나 그 변경은 언제나 상당히 유동적이었다. 고대의 경계는, 다시 말해 로마 제국과 비잔틴 제국, 신성 로마 제국, 기독교 유럽의 경계는 훗날의 정치적 경계와 밀접하게 일치하여 어느 정도 진정한 연속성을 보여 준다. 게르만족의 유럽과 슬라브족의 유럽이 마주치는 불안한 지점은 오늘날 우리에게 그렇듯이 브레멘의 아담 같은 11세기 작가에게도 명백했다. 폴란드에서 세르비아까지 로마가톨릭과 그리스 정교의 중세 변경은 오늘날 우리가 아는 바와 거의 같으며, 엘베강을 경계로 동서로 나뉜 유럽이라는 개념은 9세기의 카롤링 제국 관리들에게도 친숙했을 것이다.

그러나 오랫동안 확립되어 있던 경계선이 유럽의 소재에 관한 지침이 될지는 어디에 서 있는가에 따라 언제나 달랐다. 한 가지 유명한 사례를 들어보자. 18세기에 대다수 헝가리인과 보헤미아인은 수백 년 동안 가톨릭교도였으며, 그중 다수가 독일어를 말하는 사람들이었다. 그렇지만 계몽된 오스트리아인들에게 〈아시아〉는 빈에서 동쪽으로 이어지는 대로인 란트슈트라세에서 시작했다. 모차르트는 1878년 빈에서 프라하로 가는 길을 따라 서쪽으로 향하면서 동양의 경계를 넘는다고 설명했다. 동양과 서양, 아시아와 유럽은 지구 위에 그어진 선만큼이나 사람의 마음속에서도 큰 장벽이었다.

최근까지 유럽의 대부분이 국가로 분할되어 있는 대신 제국 안에 수용되어 있었기 때문에, 대륙의 대외 경계 표지를 국경이 아니라 확정되지 않은 경계 지역으로 생각하는 것이 도움이 된다. 마치즈 *marches*, 리메스*limes*, 밀리테르그렌체*militärgrenze*, 크라이나*krajina*[3] 라고 불렀던 제국의 정복 지역이나 개척지는 지형학적으로 언제나 정확하지는 않지만 중요한 정치적, 문화적 가장자리의 한계를 정했다. 발트 해 연안에서 발칸 반도까지 그 지역의 주민들은 수백 년 동안 자신들을 문명의 외부 파수대로 이해했다. 친숙한 세계가 끝나는 지점이자 야만인들이 다가오지 못하도록 막는, 공격받기 쉽고 민감한 지점이었다.

그러나 이러한 경계 지대는 유동적이며 시대와 환경에 따라 자주 변했다. 그러므로 그 지리적 함의는 혼란스러울 수 있다. 폴란드인, 리투아니아인, 우크라이나인은 모두 문학과 정치적 신화 속에서 자

---

3 각각 영어, 프랑스어, 독일어, 세르보크로아트어로 〈변경 지대〉, 〈요새 지대〉, 〈군사적 경계〉, 〈변경〉을 뜻한다 — 옮긴이주.

신들이 〈유럽〉의(또는 기독교 세계의) 가장자리를 지키고 있다고 주장했다.[4] 그러나 지도만 힐끗 쳐다봐도 알 수 있듯이, 그들의 주장은 서로 양립할 수 없다. 헝가리인과 루마니아인의 서로 대립되는 주장이나, 문명 세계 유럽의 지극히 중요한 대외 방어선이 자신들의 남쪽 국경이라는 크로아티아인과 세르비아인의 주장에도(각각 세르비아와 터키와 만나는 국경) 이러한 판단이 똑같이 적용된다.

이러한 혼동이 보여 주는 것은 수백 년 동안 이해 당사자들이 매우 집요하게 유럽에 속한다고 주장할 만큼 유럽의 경계가 중요했다는 사실이다. 유럽 〈안에〉 있으면 어느 정도 안전을 보장받았다. 그것은 최소한 피난처를 제공한다는 약속과 같았다. 수백 년이 지나면서 유럽은 점차 집단 정체성의 원천으로 기능하게 되었다. 〈변경 국가〉가 된다는 것은 유럽 문명의 핵심 가치들을 보여 주는 모범이자 수호자였기에 쉽사리 공격을 초래하는 요인인 동시에 자부심의 원천이었다. 중부 유럽과 동유럽의 지식인들이 소련의 지배를 그토록 특별한 수치로 여긴 까닭은 〈유럽〉이 자신들을 배제하고 망각했다고 느꼈기 때문이었다.

따라서 유럽은 국가와 국민이 실재하는 〈절대적〉 지리가 아니라 타자와의 관계 속에서 존재하는 〈상대적〉 지리에 관한 문제였다. 20세기 말, 몰도바나 우크라이나, 아르메니아 같은 곳의 작가들과 정치인들은 자신들의 〈유럽적 성격〉을(타당할 수도 있고 그렇지 않을 수도 있다) 역사적, 지리적 근거에 입각해서 주장한 것이 아니라 정확히 역사와 지리에 대한 방어물로서 주장했다. 소련 제국에서 간결하게 해방된 후, 이와 같은 고아 국가들은 다른 〈제국의〉 수도 브뤼셀을 바라보았다.[5]

4 지적하자면, 많은 폴란드인들이 자신들의 나라가 유럽의 중앙에 있다고 주장한다. 의미심장한 혼동이다.
5 이러한 사정은 코소보의 알바니아인들에도 똑같이 들어맞는다. 북대서양조약기구의 도움으로 세르비아의 압제로부터 해방된 알바니아계 코소보인들은 민족주의적 야망 때문

주변부 국가들이 새로운 유럽에 포함될 가능성은 희박했다. 그들에게는 유럽에 포함되어 얻을 것보다는 유럽에서 배제됨으로써 잃을 것이 더 중요했다. 배제에 내포된 의미는 21세기의 벽두에 어쩌다가 그곳을 찾은 가장 무관심한 사람들의 눈에도 이미 분명했다. 우크라이나의 체르니브치나 몰도바의 키시너우 같은 도시들에서 한때 세계주의적이고 〈유럽적〉이었던 것은 나치와 소련의 지배를 받을 때 모조리 제거되었다. 그리고 그 주변의 시골은 지금까지도 〈지저분한 도로와 말이 끄는 수레, 옥외 우물과 펠트 장화, 광막한 정적과 칠흑같이 어두운 밤이 지배하는 전근대 세계〉였다.[6] 〈유럽〉이라는 신분 증명은 지금은 철저히 파괴된 공동의 과거에 관한 문제가 아니었다. 근거가 박약하고 절망적일지라도 공동의 미래에 관한 권리를 주장하는 문제였다.

유럽에서 배제된다는 두려움은 대륙의 외부 경계에만 국한되지 않았다. 루마니아어를 사용하는 몰도바인의 시각에서 볼 때, 서유럽 쪽 진짜 루마니아의 이웃들은 역사의 축복을 받았다. 비록 뒤처지기는 했지만 서방은 몰도바와는 달리 루마니아를 유럽 연합에 가입하려는 정당한 경쟁자로 간주했다. 그래서 루마니아는 당연히 유럽의 미래를 보장받았다. 그러나 부쿠레슈티 쪽에서 보면 그림이 달라진다. 배제될 위험에 처한 나라는 루마니아다. 1989년, 니콜라에 차우셰스쿠의 동료들이 마침내 그에게 등을 돌렸을 때, 그들은 지도자가 자국민을 유럽의 뿌리로부터 떼어 내려 했다고 고발하는 편지를 썼다. 〈루마니아는 유럽의 나라이며 앞으로도 계속 그럴 것이다. ……당신은 농촌 지역의 지리를 바꾸기 시작했지만, 루마니아를 아프리카로 옮길 수는 없다.〉 같은 해, 초로의 루마니아 극작가 에우젠

에 독립을 열망한 것이 아니었다. 그들에게 독립국가 수립은 세르비아 〈안〉에 방치될 위험, 즉 유럽 〈밖〉에 방치될 위험을 피할 수 있는 유일한 방법이었다.

6 Anna Reid, Borderland. A Journey Through the History of Ukraine, (2000), p. 20. 그래서 2004년 12월의 우크라이나 혁명의 언어와 기대에는 〈유럽〉의 자리가 있었다.

이오네스코는 자신의 조국이 〈유럽을 영원히 떠나려 하며, 이는 역사를 떠난다는 뜻이다〉라고 말했다. 이 또한 새로운 일이 아니었다. 1972년에 치오란은 자국의 음울한 역사를 되돌아보며 루마니아에 널리 퍼진 불안을 표현했다. 〈나를 가장 우울하게 만드는 것은 오스만 제국의 지도였다. 나는 그 지도를 보면서 우리의 과거와 다른 모든 것을 이해했다.〉[7]

〈핵심〉 유럽이 자신들을 (어쩌다 쳐다보기라도 한다면) 국외자로 간주한다고 믿을 만한 충분한 이유가 있는 불가리아인이나 세르비아인처럼, 루마니아인도 문학, 건축, 지지地誌 등에 나타난 자신들의 원시 유럽적 성격을 방어적으로 역설하다가도 자신들의 대의가 무력하다는 것을 인정하고 서유럽으로 탈출하는 등 오락가락했다. 공산주의 체제가 몰락한 직후에 두 가지 대응 모두 눈에 띄었다. 2001년 7월 전직 루마니아 총리인 아드리안 나스타세가 『르 몽드』 독자들에게 루마니아가 유럽에 가져다줄 〈부가 가치〉를 설명했을 당시, 폴란드와 독일 사이의 국경을 불법적으로 넘다 체포된 외국인의 절반 이상이 루마니아인이었다. 21세기 초에 시행된 여론 조사에서 불가리아인의 52퍼센트가 (그리고 서른 살 미만의 압도적 다수가) 기회만 있다면 불가리아를 떠나겠다고 말했다. 가장 선호된 곳은 〈유럽〉이었다.

이와 같이 중심에서 멀리 떨어진 주변부에 존재한다는 의식, 일종의 2등 유럽인이라는 의식은 오늘날에는 대체로 옛 공산 국가들에 국한된다. 그 나라들은 거의 대부분 토마시 마사리크가 출현을 예견했던, 다시 말해 노르 곶에서 펠로폰네소스 반도의 마타판 곶에 이르는 지역에 등장하리라고 예견했던 자그마한 나라들이었다.[8] 그러

---

7 Tony Judt, 'Romania: Bottom of the Heap', *New York Review*, November 1st 2001을 보라.

8 노르웨이의 마에뢰위아섬에 있는 노르 곶Nordkapp에서 그리스의 마타판 곶Cape Matapan을 잇는 선은 예로부터 유럽의 지리를 구분하는 선이었다 — 옮긴이주.

나 언제나 그렇지는 않았다. 유럽 대륙의 다른 변두리도 경제적, 언어적, 문화적으로 적어도 그 지역만큼 주변부였다는 사실을 아직도 사람들은 생생하게 기억한다. 시인 에드윈 뮤어는 어렸을 적인 1901년에 오크니 제도에서 글래스고로 이사했던 일을 〈이틀 동안의 여행으로 주파한 150년〉이라고 썼다. 이러한 느낌은 50년 뒤라도 어울렸을 감정이었다. 1980년대까지도 유럽 변두리의 고지대와 섬들, 즉 시칠리아, 아일랜드, 북스코틀랜드, 라플란드는 중심부의 부유한 대도시 지역보다는 자신들 사이에, 그리고 자신들의 과거와 공통점이 더 많았다.

단층선과 경계선이 국경을 따라가리라고는 지금도 기대할 수 없다. 사실을 말하자면 지금은 더욱 기대할 수 없다. 발트국가협의회가 적절한 사례이다. 1992년에 설립된 이 협의회는 스칸디나비아의 덴마크와 핀란드, 노르웨이, 스웨덴, 구소련에서 독립한 발트 삼국인 에스토니아와 라트비아, 리투아니아, 그리고 독일과 폴란드, 러시아(그리고 지리에 폭력을 행사한 격이 되었지만 1995년부터는 스칸디나비아의 고집으로 아이슬란드까지)를 포함했다. 한자 동맹의 도시였던 함부르크나 뤼베크는 고대의 밀접한 교역 관계를 상징적으로 재천명한 이 협의회를 높이 평가했다. 탈린이나 그단스크의 시 행정관들은 재발명된(그리고 서유럽적 성격을 강조하는) 발트 공동체의 중심을 차지하여 대륙의 배후지와 최근 과거로부터 멀리 떨어지기를 열망했기에 이를 훨씬 더 크게 환영했다.

그러나 다른 일부 참여국, 특히 독일과 폴란드에 발트 지역은 별 의미가 없었다. 오히려 그 반대였다. 예를 들면 크라쿠프는 관광으로 외화를 벌어들일 가능성을 보고 폴란드의 남쪽 지향성을 강조했으며 과거에 합스부르크 〈갈리치아〉의 수도였다는 사실을 팔아먹었다. 뮌헨과 빈은 국경을 넘나드는 산업 투자를 두고 경쟁했지만, 두 도시는 남부 바이에른을 잘츠부르크와 티롤 지방에서 갈라놓는 경계가 사실상 소멸함으로써 이용할 수 있는 공동의 〈알프스〉 유산을 재발견했다.

그래서 지역의 문화적 특징이 확실히 중요했다. 물론 경제적 불균형은 훨씬 더 중요했다. 오스트리아와 바이에른은 단순히 남부 독일의 가톨릭 신앙과 알프스의 풍경만 공유한 것이 아니다. 최근 몇십 년 동안 두 곳 모두 노동보다는 기술에 의존하는 고임금의 서비스 경제로 전환했으며 생산성과 부에서 북쪽의 옛 공업 지역을 능가했다. 남부 독일과 오스트리아는 스위스와 룩셈부르크, 벨기에 플란데런의 일부 지역과 더불어 공동으로 유럽의 경제적 특혜 지대를 구성한다. 카탈루냐, 이탈리아의 롬바르디아와 에밀리아로마냐, 프랑스의 론알프 지역과 일드프랑스도 이와 마찬가지였다.

빈곤과 경제적 불이익의 절대적 수준은 여전히 옛 동구권에서 가장 높았다. 빈부격차는 이제 국가들 사이가 아니라 국가들 〈내부〉에서 가장 극명하게 나타났다. 수십 년 동안 그랬듯이 시칠리아와 메초조르노는 남부 스페인처럼 호황을 구가하는 북부에 훨씬 뒤쳐졌다. 1990년대 말, 남부 이탈리아의 실업률은 피렌체보다 세 배나 높았으며, 북부와 남부 사이의 일인당 국내 총생산 격차는 실제로 1950년대보다 더 크게 벌어졌다.

영국에서도 남동부의 부유한 지역과 북쪽의 옛 공업 지대 사이의 차이는 최근 들어 더 커졌다. 런던은 확실히 경기가 좋았다. 런던은 유로화 지역에서 떨어져 있으면서도 유럽 대륙의 금융 중심지로서 위치를 확고히 했으며 화려한 첨단 기술 에너지에 도전함으로써 다른 유럽 도시들을 시대에 뒤진 낡은 곳으로 보이게 만들었다. 젊은 전문가들이 가득하고 유럽의 다른 수도들보다 세계주의적 문화와 언어의 출입에 훨씬 더 개방적이었던 런던은 20세기 말에 〈자유분방한 60년대〉의 광채를 회복한 듯했다. 이는 자국에 〈근사한 브리타니아Cool Britannia〉라는 새로운 상표를 붙인 블레어 식 행태에 적절하게 구현되었다.

그러나 광채는 종잇장처럼 얇았다. 유럽에서 가장 과밀한 대도시의 폭등한 주택 시장에서 새로운 세계주의적 영국인들에게 봉사했던 버스 운전사, 간호사, 청소원, 교사, 경찰, 웨이터 등은 더는 그 세계인들 가까이 살 여력이 없었다. 그들은 도심에서 멀리 멀리 떨어진 외곽에 거주하면서 유럽에서 가장 번잡한 도로와 낡고 값비싼 철도망을 이용해 통근해야 했다. 이제 남동부의 농촌 깊숙한 곳까지 퍼져 나간 그레이터 런던Greater London의 바깥 경계를 넘어서면 최근의 영국사에서 전례 없는 지역적 차이가 드러난다.

20세기 말에, 잉글랜드의 10개 행정 지역 중 런던, 사우스이스트 잉글랜드, 이스트 앵글리아 등 세 지역만 일인당 소득이 전국 평균 이상이었다. 나머지 지역은 모두 평균에 미달했고 일부 지역은 심한 가난에 찌들어 있었다. 한때 광업과 조선업의 중심지였던 노스이스트 잉글랜드는 일인당 국내 총생산이 런던의 60퍼센트에 지나지 않았다. 2000년에 영국은 그리스, 포르투갈, 스페인의 농업 지역, 남부 이탈리아, 구 공산권 독일의 주들에 이어 유럽 연합 구조 기금의 최대 수혜국이었다. 요컨대 영국의 일부는 유럽 연합에서 가장 가난한 지역에 속한다는 뜻이다. 대처 정부와 블레어 정권 모두 대체로 준수한 편인 영국의 취업률을 자랑거리로 삼으며 대대적으로 홍보했지만, 점점 더 확대되는 런던의 크기를 고려할 때 이러한 수치는 상당히 왜곡된 것이었다. 말하자면 잉글랜드 북부의 실업률은 유럽 대륙에서 최악의 수준에 가까웠다.

영국 내부의 지역적 빈부격차는 몇몇 잘못된 공공정책 탓에 악화되었다. 그러나 이러한 빈부격차는 산업 시대가 종결되면서 예견된 결과이기도 했다. 그런 의미에서 빈부격차는 필연적이라 할 수 있었다. 그러나 독일에서 이에 견줄 만한 격차는 비록 고의는 아니었겠지만 정치적 결정의 직접적인 결과였다. 연방 공화국은 동부 주들을 통일된 독일로 흡수함으로써 1991년에서 2004년 사이에 이전금과 보조금으로 1조 유로를 소비했다. 그럼에도 1990년대 말에 독일의 동쪽 지역은 서유럽을 따라잡기는커녕 더욱 뒤처졌다.

슬로바키아나 폴란드에서 월등한 교통 기반 시설과 현지 서비스는 물론 더 낮은 임금으로 더 좋은 노동자들을 구할 수 있는 독일 회사들로서는 구태여 동쪽에, 이를테면 작센이나 메클렌부르크에 들어갈 이유가 없었다. 늙어 가는 주민들, 충분하지 못한 교육, 낮은 구매력, 숙련 노동자들의 서쪽 탈출, 남아 있는 자들의 외국인에 대한 적대감은 많은 선택의 대안이 있는 외부 투자자들에게 분명 매력이 없었다. 2004년 옛 서독 지역의 실업률은 8.5퍼센트였으나 동쪽에서는 19퍼센트를 넘었다. 그해 9월, 신나치 민족민주당은 작센 주 의회 선거에서 9퍼센트를 획득했으며 열두 명의 의원을 배출했다.

독일에서 서독인Wessies과 동독인Ossies을 분리하는 상호 적개심의 간극은 단지 일자리와 실업 또는 부와 빈곤의 문제만은 아니었다. 물론 동쪽의 시각으로 볼 때 이것이 가장 명료하고 고통스러운 징후이기는 했다. 독일인들은 새로운 유럽의 다른 모든 사람들처럼 점차 전통적인 지리적, 경제적 경계선을 가로지르는 일련의 새로운 차이에 의해 나누어졌다. 한편에는 세련된 엘리트 유럽인들이 서있었다. 이들은 대체로 여행 경험이 풍부하고 대륙 전역의 두세 개 대학에서 학위를 받은 젊은 고학력자들이었다. 전문지식으로 무장한 이들은 코펜하겐에서 더블린까지, 바르셀로나에서 프랑크푸르트까지 유럽 연합 어디에서든지 일자리를 구할 수 있었다. 높은 소득, 저렴한 항공료, 개방된 국경, 통합된 철도망으로 이동은 편해졌고 빈번해졌다. 이 새로운 계급의 유럽인들은 고용은 물론이고 소비와 여가, 오락의 목적으로도 대륙 여기저기를 여유롭게 여행하며 마치 볼로냐와 살라망카, 옥스퍼드를 유랑하던 중세 지식인들처럼 세계시민의 공통어로 얘기를 나누었다. 라틴어의 자리를 이제 영어가 대신했다.

경계선의 반대편에는 이 멋진 신세계의 일부가 될 수 없거나 (아직?) 합류를 결심하지 못한 자들이 있었다. 기술, 교육, 훈련, 기회, 수단 등을 갖추지 못한 수백 만 명의 유럽인들이 살던 곳에 그대로 뿌리를 내리고 있었다. 유럽의 새로운 중세적 풍경 속의 〈농노〉라 할 만한 이 남녀들은 유럽 연합의 상품과 서비스, 노동의 단일 시장에서 쉽사리 혜택을 볼 수 없었다. 대신 이들은 기회는 멀었고 외국어에 익숙하지 않았으며 대개 세계주의적인 동료 시민들보다 〈유럽〉에 훨씬 더 적대적이었기 때문에 자기 나라나 지역 사회에 계속 묶여 있었다.

한 국가 내에서의 계층 구분을 흐리게 하는 이 새로운 국제적 계급 구분에는 두 가지 주목할 만한 예외가 있다. 동유럽 출신의 숙련공과 노동자에게 런던이나 함부르크, 바르셀로나의 새로운 노동 기회는 이주 노동과 해외 계절노동이라는 기존 전통과 흔적도 없이 뒤섞였다. 일거리를 찾아 먼 나라로 여행하는 사람들은(대개 남자였다) 언제나 존재했다. 이들은 외국어를 몰랐고 주인의 적대적인 의심을 받았으며, 어쨌든 정성 들여 저축한 돈을 갖고 집으로 돌아가기를 열망했다. 이 점에서 유럽적인 특성은 전혀 없었다. 그리고 슬로바키아인 칠장이가 브뤼셀에서 외식을 하거나 이탈리아에서 휴가를 보내거나 런던에서 쇼핑하는 모습을 발견할 가능성은 없었는데, 이는 먼저 도래했던 터키인 자동차 노동자나 세네갈 행상인의 경우와 마찬가지였다. 어쨌거나 이들의 삶도 이제는 명백히 유럽의 생활 양식이었다.

두 번째 예외는 영국인이었다. 아니 차라리 유럽을 의심하기로 유명한 잉글랜드인이라고 해야겠다. 자국 하늘의 기상학적 결점과 유럽 대륙 어느 곳이든 데려다 주겠다는 대처 이후 세대의 저가 항공사 덕분에 외국으로 내몰렸던 신세대 영국인들은 부모들보다 더 나은 교육을 받지는 않았다. 그렇지만 그들은 21세기에 들어서면 정확히 세계주의적 유럽인은 아닐지라도 여행을 가장 많이 다닌 유럽인에 속했다. 〈유럽〉의 제도와 야망을 경멸하고 불신하면서도 유럽에서 여가와 여윳돈을 쓰려는 영국인들의 욕구를 대륙의 관찰자들은 당혹스럽다는 듯이 바라보았다.

그러나 영국인들은 외국어를 배울 필요가 없었다. 영국인은 이미 영어로 말했다. 아일랜드인도 마찬가지였다. 유럽의 다른 곳에서 언어는 빠르게 유럽 대륙을 구분하는 주된 인식표가 되고 있었다. 개인의 사회적 지위와 집단의 문화적 힘을 드러내는 척도였던 것이다. 덴마크나 네덜란드 같은 작은 나라에서 다른 누구도 말하지 않는 언어 하나만 사용한다는 사실은 오랫동안 불리한 조건으로 받아들여졌지만, 이제 그렇지 않다. 암스테르담 대학교 학생들은 영어로 공부했으며, 덴마크 지방 도시의 하급 은행원도 영어로 능숙하게 업무를 처리하리라는 기대를 받았다. 덴마크와 네덜란드 그리고 유럽의 다른 많은 작은 나라들에서도 마찬가지였지만, 학생이나 은행원은 오래전부터 텔레비전의 더빙되지 않은 영어 프로그램을 보면서 적어도 수동적으로 줄줄 따라할 수는 있었다.

스위스에서는 중등 교육을 마친 사람이라면 누구라도 서너 개에 달하는 현지어에 능숙했지만 국내의 다른 언어권 사람들과 대화할 때 어느 누구의 모국어도 아닌 영어로 이야기하는 것이 더 세련되어 보였을 뿐만 아니라 더 쉬웠다. 앞서 보았듯이 벨기에에서도 왈롱 사람이나 플란데런 사람이 상대방의 언어로 편안하게 대화하는 일은 흔치 않았다. 양측 다 공동의 의사소통 수단으로서 기꺼이 영어에 의존했다.

예를 들면 카탈루냐어나 바스크어 같은 지역 언어가 공식적으로 교육되는 나라들에서, 의무적으로 지역 언어를 배운 젊은이들이(보통 유럽이라는 의미의 E세대로 알려졌다) 여가 시간에 영어를 〈말하는〉 것은 보기 드문 일이 아니었다. 사춘기의 반항심, 사회적 속물 근성, 계몽된 이기심 등이 영어 사용을 부추겼다. 패배자는 국제적인 미래도 없고 과거도 경시되는 소수 민족의 언어나 방언이 아니라 한 국가의 국어였다. 영어가 매개어로 선택된 상황에서 주요 언어들은 이제 어둠 속으로 밀려나고 있었다. 유럽 특유의 언어였던 스페인어도 포르투갈어나 이탈리아어처럼 이제 본국 밖에서는 거의 가르치지 않았다. 피레네 산맥 너머에서도 의사소통 수단으로 보존된 까닭은 오로지 유럽 연합의 공용어라는 지위 덕택이었다.[9]

독일어도 유럽의 언어 범주에서 차지했던 지위를 빠르게 잃어 가고 있었다. 한때 국제 과학계나 학계에 참여하는 사람들은 의무적으로 독일어를 해독할 줄 알아야 했다. 독일어도 프랑스어와 마찬가지로 교양 있는 유럽인들에게 보편적인 언어였으며, 전쟁이 발발하기 전까지는 스트라스부르에서 리가까지 일상에서 활발하게 사용된 언어로서 프랑스어보다 더 널리 쓰였다.[10] 그러나 유대인의 절멸과 독일인의 추방, 소련군의 진주로 중부 유럽과 동유럽은 갑자기 독일어를 외면했다. 도시의 노인 세대는 계속해서 독일어를 읽고 드물게는 말도 했다. 그리고 트란실바니아 등지의 고립된 독일인 사회들에서는 독일어가 부차적인 언어로서 제한적이나마 사용되었다. 그러나 그 밖의 모든 사람들은 러시아어를 익혔거나 적어도 교육은 받았다.

소련의 점령과 결합된 러시아어는 언어의 연관성으로 인하여 러시아어를 쉽게 이해할 수 있었던 체코슬로바키아나 폴란드 같은 나라에서도 큰 매력을 끌지 못했다. 위성 국가의 시민들은 러시아어를

---

9 그럼에도 스페인어의 국제적 지위는 안전했다. 아메리카에서는 산티아고에서 샌프란시스코까지 수천 만 명이 사용하는 언어였기 때문이다. 이러한 사정은 포르투갈어의 경우에도, 적어도 매우 독특한 브라질식 형태에서는 들어맞는다.

10 루마니아만 예외였다. 그곳에서는 상황이 역전되어 프랑스어가 지금까지 더 많은 지지자를 갖고 있다.

공부해야 했지만, 대부분은 그 언어에 숙달하기 위한 노력을 기울이지 않았으며, 어쩔 수 없을 때를 빼고는 말도 하지 않았다.[11] 공산주의 체제가 몰락하고 몇 년 지나지 않았는데도 독일과 소련의 점령이 초래한 한 가지 역설적인 효과는 분명해졌다. 독일어와 러시아어에 지속적으로 따라왔던 친밀감이 완전히 사라진 것이다. 러시아와 독일 사이에 그토록 오랫동안 갇혀 있던 나라들에서 이제 중요한 외국어는 단 하나뿐이었다. 1989년 이후 동유럽에서 〈유럽인〉이 된다는 것은, 특히 젊은이들에게는 영어를 쓰는 것이었다.

독일어는 꾸준히 지방화되었다. 네덜란드어처럼 독일어에 기원을 둔 언어를 쓰는 사람들조차 이제는 독일어를 공부하지 않았다. 오스트리아나 스위스, 독일에서 독일어를 모국어로 사용하는 사람들은 이러한 상황을 기정사실로 받아들였다. 그리고 모국어의 상실을 슬퍼한들 별다른 의미도 없었다. 1990년대에 들어서, 지멘스 같은 독일의 주요 기업들은 영어를 회사의 업무 언어로 결정했다. 독일의 정치인들과 기업인들은 쉽게 영어 사용권으로 넘어간 일로 유명해졌다.

프랑스어의 몰락은 다른 문제였다. 프랑스어는 구체제의 오만한 귀족 사회가 무너진 뒤로는 유럽에서 평범한 일상 언어로서 중요한 역할을 하지 못했다. 프랑스를 벗어나면 벨기에인과 룩셈부르크인, 스위스인과 이탈리아의 알프스 지역과 스페인의 피레네산맥 산간 지역에 거주하는 수백만 명의 사람들만이 프랑스어를 모국어로 사용했다. 그나마 이들 중 상당수는 아카데미 프랑세즈의 공식 수호자들이 나쁘게 평했던 방언을 사용했다. 엄밀한 통계에 의하면 프랑스어는 독일어나 러시아어와 비교할 때 오랫동안 유럽 언어의 주변부에 속했다.

11 이 경우에서 예외는 불가리아였다. 불가리아에서는 러시아와 그 언어가 언제나 호의적으로 받아들여졌다.

그러나 프랑스어는 라틴어가 사라진 뒤 내내 교양 있는 엘리트 세계에서 유일한 언어였으며, 가장 뛰어난 유럽의 언어였다. 20세기 초에 옥스퍼드 대학교 현대어 교과 과정의 일부로 프랑스어를 포함시키자는 제안이 등장했을 때, 옥스퍼드 대학교에 입학할 자격이 있는 자라면 누구나 이미 유창하게 프랑스어를 말할 수 있으리라는 이유에서 여러 명의 학감이 반대했을 정도였다. 20세기 중반까지 도처의 학술원과 대사관에서는 공공연하게 주장되지는 않았지만 비슷한 생각이 널리 유지되었다. 1970년까지도 바르셀로나에서 이스탄불까지 학생들의 의사소통 수단으로서 프랑스어가 필요충분조건이었다고 필자도 단언할 수 있었다.

30년 만에 이 모든 것이 변했다. 2000년이 되면 프랑스어는 엘리트층에서도 더는 의지할 만한 국제적 의사소통 수단이 아니었다. 프랑스어는 영국과 아일랜드, 루마니아에서만 외국어를 처음으로 학습하는 학생들에게 선택 과목으로 추천되었다. 다른 모든 나라에서는 영어를 배웠다. 과거 합스부르크 제국의 영토였던 유럽의 일부 지역 학교에서 프랑스어는 이제 제2 외국어로도 권고되지 않았다. 독일어가 그 자리를 대신했기 때문이다. 〈프랑코포니Francophonie〉는, 다시 말해 대체로 전에 식민지였던 전 세계 프랑스어 사용자 사회는 세계무대에서 여전히 유력한 언어 집단이다. 그러나 유럽의 고향에서 프랑스어는 논란의 여지없이 확실하게 쇠퇴했으며 필시 회복 가능성도 없었다.

한때 프랑스어는 유럽 공동체 초기에 주요 공용어였으며 따라서 관료기구 내에서 프랑스어를 모국어로 하는 사람들은 심리적으로나 실제적으로 중요한 이점을 누렸다. 그러나 이제 브뤼셀의 유럽연합 집행 위원회에서도 사정은 바뀌었다. 변화를 야기한 요인은 영국의 가입이 아니었다. 해외로 파견된 영국 공무원들은 모두 프랑스어가 유창했다. 영어를 유창하게 말했던 스칸디나비아인들이 도래했고, 독일이 통일되고 오스트리아가 유럽 연합에 가입한 덕분에 독일어권 사회가 팽창하여 전후의 과묵함을 내버렸으며, 동유럽에서 새로운 회원국들이 생길 가능성이 엿보였던 것이 요인이었다. 동시통역을 이용했지만(스물다섯 개 회원국 언어로 가능한 조합은 420가지였는데 동시통역은 이를 충분히 해결했다) 정책과 정책의 이행에 진정한 영향력을 행사하고자 하는 사람이라면 유럽 연합의 3개 핵심 언어 중 하나로 의사를 전달해야 했다. 그리고 이제 프랑스어는 소수파의 언어가 되었다.

그러나 프랑스 당국은 독일인들과 달리 자국의 상업적, 정치적 효력을 보장하기 위해 영어로 전환하지는 않았다. 점점 더 많은 프랑스 청년들이 영어를 배웠고 또 영어를 사용하기 위해 외국을 여행했지만, 공식적 입장은 단호하게 방어적이었다. 그 부분적인 이유가 불쾌하게도 프랑스어 사용의 쇠퇴와 프랑스의 국제적 역할의 축소가 동시에 진행되었기 때문이라는 데에는 의심의 여지가 없다. 영국은 이러한 상황을 모면했다. 미국인들도 영어를 말했기 때문이다.

언어가 축소된다는 암시에 프랑스가 보인 첫 반응은 다른 사람들도 계속 자국어를 말한다고 주장한 것이었다. 대통령 조르주 퐁피두는 1970년대 초에 이렇게 말했다. 〈프랑스어가 더는 유럽의 주요 공식 언어가 아니라면, 유럽도 결코 완전한 유럽은 되지 못할 것이다.〉 그러나 이는 곧 성공할 가망이 없는 주장이었음이 명백해졌고, 지식인들과 정치인들은 대신 포위되었다는 강박 관념을 선택했다. 프랑스어가 이제 국경 너머에서는 더 사용되지 않는다면 국경 안에서는 배타적 독점권을 보유했다는 판단이었다. 1992년에 작가 레지스 드브레, 알랭 팽키엘크로, 장 뒤투르, 막스 갈로, 필립 솔레르스 등을 포함한 250명의 저명인사들이 서명한 청원서는 정부가 프랑스 땅에서 개최되는 회담과 회의에서, 그리고 프랑스 자금으로 제작되는 영화에서 오직 프랑스어만 사용하도록 법제화할 것을 주장했다. 그렇지 않으면 〈영어의 성문(聲門)〉이 우리 모두에게 영어를, 〈더 정확히 말하자면 미국어〉를 말하게 할 것이라고 경고했다.

정파에 관계없이 모든 프랑스 정부는 형식을 갖추기 위함이었다고는 하지만 상황에 지나치게 몰입했다. 사회당 출신의 장관 카트린 타스카는 이렇게 선언했다. 〈국제기구와 학문, 심지어 우리 도시의 벽에서도 프랑스어를 위한 투쟁은 피할 수 없다.〉 2년 후 보수적인 문화부 장관 자크 투봉이 이 문제를 들고 나와 타스카가 말하지 않고 남겨 두었던 것을 명백하게 밝혔다. 근심의 대상은 프랑스어의 쇠퇴가 아니라 영어의 헤게모니였다. 프랑스인들이 그 밖의 다른 언어를 배운다면 차라리 더 나을 것이다. 다른 언어라면 무엇이라도 좋았다. 투봉은 물었다. 〈우리의 아이들이 독일어나 스페인어, 아랍어, 일본어, 이탈리아어, 포르투갈어, 러시아어를 더 깊이 음미할 수 있는데 왜 아무런 자극도 주지 못하는 영어를 배워야 하는가? 영어라면 아무 때라도 대충 귀동냥으로 습득할 수 있지 않은가?〉

투봉이 〈장사치들의 영어〉가 (프랑스 국민의 제일 중요한 자본이자 품위의 상징인) 프랑스어를 대체하고 있다고 영어를 폄훼할 때조차 영어는 그 세력권을 넓히고 있었다. 미셸 세르스 같은 지식인들은 오늘날 파리의 거리에 있는 영어 간판이 독일 점령기의 독일어 간판보다 더 많다는 사실에 놀라며 불평했지만 젊은이들은 이에 조금도 개의치 않았다. 그들은 영어로 된 영화와 텔레비전 쇼 프로그램, 비디오 게임, 인터넷 사이트, 팝송을 즐겼고 영어에서 빌려오고 차용한 낱말과 구절로 가득한 속어를 거리낌 없이 써 댔다.

프랑스인들은 프랑스어로 대화하라고 강요하는 법은 그렇다 치자. 지켜지지도 않았지만 말이다. 그러나 외국인 학자, 사업가, 전문가, 법률가, 건축가, 그 외 모든 사람들에게 프랑스 땅에 모일 때는 언제나 프랑스어를 사용하라거나 다른 사람이 프랑스어를 말할 때 그것을 이해하라고 요구한다면 그 결과는 오직 하나뿐이다. 사람들은 다른 곳으로 사업을 옮기고 자신들의 지식을 갖고 떠날 것이다. 새로운 세기가 도래하자 사태의 본질은 분명하게 드러났고 프랑스의 주요 인사들과 정책 입안자들 대다수는(결코 전부는 아니다) 21세기 유럽의 냉혹한 현실에 굴복했다. 유럽의 새로운 엘리트들은 아무도 프랑스어를 말하지 않았고 앞으로도 말하지 않을 것이다. 〈유럽〉은 이제 더는 프랑스의 기획물이 아니었다.

두 번째 천년기의 마지막에 유럽이 어떤 종류의 장소였는지 이해하려면 그 내부의 분열과 불화, 파열을 추적해 볼 필요가 있다. 유럽 대륙의 뿌리 깊은 분열의 현대사가, 그리고 서로 중첩되는 공동체들과 정체성들, 역사들의 부정할 수 없는 잡다함이 어쩔 수 없이 그 속에 반영되어 있기 때문이다. 그러나 자신들이 누구였는지, 어떻게 살았는지에 관한 유럽인들의 의식은 그들을 분열시킨 것만큼 그들을 결합시킨 것에 의해서도 형성되었다. 그리고 유럽인들은 지금 그 어느 때보다도 더 긴밀히 결합되어 있다.

유럽인들이 스스로를 하나로 묶은, 아니 정확하게 말해 유럽의 현명한 정치 지도자들에 의해 하나로 묶인 〈더 긴밀한 연합〉을 보여 주는 최상의 사례는 유럽 연합이 건설한 점점 더 촘촘해지는 교통망이다. 교량과 터널, 도로, 열차, 연락선 등 유럽 내부의 교통 기반 시설은 지난 세기의 마지막 몇십 년 동안 경이로울 만큼 확대되었다. 이제 유럽인들은 세계에서 가장 빠르고(비난 받아 마땅한 영국의 철도를 제외하면) 안전한 철도망을 갖게 되었다.

상대적으로 거리가 짧아 항공 여행보다는 육상 교통이 유리한 과밀한 대륙에서, 철도는 분명 지속적인 공공 투자의 대상이었다. 셴겐 협정으로 결합했던 나라들은 이제 유럽 연합의 귀중한 지원을 받아 마드리드와 로마에서 암스테르담과 함부르크까지 이어지는 개선된 고속철도망의 확장을 위해 협력했다. 그리고 향후 북쪽으로는 스칸디나비아까지, 동쪽으로는 중부 유럽 전역으로 연장할 계획을 갖고 있다. 전에는 테제베TGV나 이체ICE, 유로스타ES[12]를 타고 갈 수 있으리라고는 생각지도 못했던 유럽의 구석구석을 이제 유럽인들이 갈 수 있는 날도 멀지 않았다. 백 년 전보다 반드시 훨씬 더 빠르게 이동하지는 않을 테지만 분명히 장애물은 훨씬 더 적을 것이다.

19세기에 그랬듯이 유럽의 철도 혁신은 그 편의를 누리지 못하는 도시와 지역들의 희생을 통해 이루어졌다. 그런 지역은 시장과 주민을 빼앗기고 운 좋은 경쟁자들에 뒤쳐졌다. 그러나 이제는 고속도로망이 광대한 지역에 뻗어 있다. 구소련과 발칸 반도 남부, 폴란드와 루마니아의 극빈 지역을 벗어나면, 대다수 유럽인은 자동차를 이용할 수 있다. 이러한 변화에 수중익水中翼 연락선과 규제에서 풀린 항공로가 더해져 사람들은 한 도시에 살면서 다른 도시에서 일하고 또 다른 곳에서 물건을 사거나 유희를 즐길 수 있게 되었다. 비용이 늘 저렴하지는 않았지만 효율성은 전에 없이 뛰어났다. 젊은 유럽인 가족들이 스웨덴의 말뫼에 살면서 덴마크의 코펜하겐에서 일하거나, 독일의 프라이부르크에서 프랑스의 스트라스부르로, 심지어 바다 건너 런던에서 로테르담으로, 또는 슬로바키아의 브라티슬라바에서 오스트리아의 빈으로 통근해 볼까 생각하는 것은 매우 일반적인 일이 되었다. 한때는 평범했던 합스부르크 제국 시대의 연결로가 부활했다고 할 수 있었다. 진정으로 통합된 유럽이 등장하고 있었다.

이동이 쉬워진 유럽인들은 과거 그 어느 때보다 서로에 대해 잘 알게 되었다. 그리고 동일한 조건에서 여행하고 의견을 교환할 수 있었다. 그러나 확실히 일부 유럽인들은 나머지 사람들보다 더 평등했다. 볼테르가 〈알고 있는〉 유럽과 〈알려지기를 기다리고 있는〉 유럽 사이의 차이를 드러낸 후 250년이 지난 지금, 그 차이는 본래의

12 각각 프랑스, 독일, 이탈리아의 초고속 열차.

힘을 상당히 보존하고 있다. 권력, 번영, 제도는 모두 대륙의 서쪽 구석에 집중되었다. 유럽의 도덕 지리는, 즉 유럽인의 머릿속에 있는 유럽은 〈진정한〉 유럽 국가들로 구성되었다. 그 헌법적, 법률적, 문화적 가치들은 이를테면 진정한 유럽인이 되고자 노력하는 작은 후보 유럽인들에게 모델로 제시되었다.[13]

그래서 동유럽인들이 서유럽에 관해 알게 되리라는 기대가 있었다. 그러나 지식이 반대 방향으로 흘렀을 때, 그 방식이 언제나 유쾌한 방향으로 흐르지만은 않았다. 가난한 동유럽과 남유럽 사람들이 노동과 몸을 팔기 위해 북부와 서부로 여행한 것이 전부는 아니었다. 세기 말 몇몇 동유럽 도시들은 잃어버린 중부 유럽의 전초기지로서 재발견된 매력이 고갈되자 수익성 높은 틈새시장을 노리기 시작했다. 그들은 서유럽의 싸구려 대중 관광을 위한 값싸고 겉만 번지르르한 휴가지로 자신들의 이미지를 바꾸기 시작했다. 특히 탈린과 프라하는 영국인 〈수사슴 여행 stag flights〉, 다시 말해 풍족한 술과 저렴한 섹스를 찾는 영국인들의 값싼 주말 패키지여행의 현장으로서 부러울 것 없는 평판을 얻었다.

여행사와 관광 업계는 한때 블랙풀 Blackpool이나 (좀 더 최근에는) 베니도름 Benidorm에[14] 만족했을 듯한 고객들에게 이제는 동유럽의 이국적인 경험을 상품으로 내놓고 침을 튀기며 선전했다. 그러나 영국인은 이번에도 그다지 중요하지 않았다. 유럽이 많은 영국인들에게 이국적인 대상으로 남아 있던 이유도 바로 여기에 있다. 1991년에 소피아의 주간지 『쿨투라 Kultura』는 불가리아인들에게 어떤 외국 문화를 가장 가깝게 느끼는지 물었다. 18퍼센트는 〈프랑스〉, 11퍼센트는 〈독일〉이라고 답했다(〈미국〉은 15퍼센트였다). 그러나

13 2004년 6월, 필자는 자그레브 외무부에 출입하는 어느 기자로부터 다음과 같은 인사를 받았다. 〈여기 일은 좋다. 크로아티아는 유럽 연합 가입 초대장을 받았다. 그 덕에 정신의 지도가 많이 바뀔 것이다.〉

14 블랙풀은 잉글랜드에, 베니도름은 스페인에 있는 휴양지이다 — 옮긴이주.

〈영국 문화〉에 친밀감을 느낀다고 답한 사람은 겨우 1.3퍼센트였다.

논란의 여지없이 유럽의 중심은 통일 이후에 그 많은 재난을 겪었음에도 여전히 독일이었다. 인구와 생산량에서 그때까지 유럽 내 최대 국가였던 독일은 아데나워에서 슈뢰더까지 모든 총리가 늘 주장했듯이 〈핵심 유럽〉의 핵심이었다. 독일은 또한 과거의 경계선에 서 있던 유일한 나라였다. 베를린 광역권은 이제 통일과 이민, 연방 정부의 이사로 파리보다 여섯 배나 큰 도시가 되었다. 이러한 사실은 유럽 연합의 두 주요 회원국의 상대적 지위를 상징적으로 보여 주었다. 유럽 연합 순수입의 3분의 2를 연방 공화국 홀로 부담했다. 그리고 독일인들은 가장 큰 기여자였지만, 아니 바로 그 때문에 유럽 연합에서 가장 헌신적인 시민들로 남았다. 독일의 정치인들은 완전히 통합된 연방 유럽에 헌신적인 국가들의 〈빠른 승진〉을 정기적으로 제안했지만 결국 협력자들의 꾸물거림에 노골적으로 실망을 드러내며 물러섰다.

볼테르가 표현한 이미지를 좀 더 따라가 보자. 만일 독일이 유럽을 가장 잘 〈아는〉 나라라면, 21세기 초에 과거의 두 제국이 독일에 〈인정받기를〉 가장 끈덕지게 추구했으리라고 짐작하는 것이 타당했다. 독일처럼 러시아와 터키도 한때는 유럽 문제에서 제국의 역할을 수행했다. 그리고 많은 러시아인과 터키인은 유럽 내에 퍼진 독일인 민족공동체들의 거북한 운명을 공유했다. 전제 권력의 추방된 상속자는 이제 제국이 썰물처럼 빠져나간 뒤 남은 찌꺼기로서 다른 사람들의 국민 국가에서 원망의 대상이자 공격받기 쉬운 소수 민족으로 전락했다. 1990년대 말에 러시아 밖의 동유럽 독립국들에 사는 러시아인은 100만 명 이상으로 추산되었다.[15]

15 21세기의 루마니아와 슬로바키아, 세르비아에 사는 헝가리인은 제국 해체 이후의 다른 소수 민족이었다. 그 헝가리인들은 과거에는 지배자였지만 이제는 공격받기 십상이었다. 북부 세르비아의 보이보디나 지역에서 수백 년간 살았던 헝가리인은 주기적으로 공격을 당했고, 세르비아 청년들은 헝가리인의 재산을 파괴했다. 90년대의 대재앙으로부터 배

그러나 유사점은 여기서 끝이다. 공산주의 체제가 몰락한 이후 러시아는 유럽 국가라기보다는 유라시아 제국이었다. 캅카스의 맹렬한 반란을 진압하느라 여념이 없던 러시아는 점점 더 반자유주의적 성격을 띠어 가는 국내 정치는 물론 벨라루스, 우크라이나, 몰도바 등 새로운 방패 국가들에 의해서도 나머지 유럽과 어느 정도 거리를 유지했다. 러시아가 유럽 연합에 가입하는 문제는 전혀 논의되지 않았다. 앞서 보았듯이 신입 회원국들은 법치, 시민권, 자유, 제도의 투명성에 관한 〈유럽의 가치 기준〉을 요구받았지만, 블라디미르 푸틴의 러시아는 이러한 기준들을 이행하기는커녕 인정하지도 않았다.[16] 어쨌든, 러시아 당국은 유럽 연합 가입보다는 송유관을 건설하여 유럽 연합에 가스를 판매하는 데 관심이 많았다. 서쪽 도시들의 주민을 포함하여 많은 러시아인은 본능적으로 스스로 유럽인이라고 생각하지 않았다. 러시아인은 서쪽으로 여행할 때면 (영국인들처럼) 〈유럽으로 간다〉고 말했다.

그렇지만 러시아는 300년 동안 〈실재하는〉 유럽의 강국이었고, 그 유산은 지금도 남아 있다. 라트비아 은행들은 러시아 사업가들의 인수 표적이었다. 리투아니아 대통령 롤란다스 팍사스는 2003년 러시아 마피아와 긴밀한 관계에 있다는 의혹으로 사임해야 했다. 소련은 발트 해 연안에 칼리닌그라드를 중심으로 타국에 둘러싸인 위요지를 지녔으며, 유럽 연합을 방문하는 러시아 시민들의 무비자 여행은 물론 (리투아니아를 통한) 러시아 화물과 군대의 제한 없는 이동

운 것도 없고 잊은 것도 없어 보였던 세르비아 당국은 우울하게도 예상대로 반응했다. 공격은 〈심각〉하지 않았고 어쨌거나 〈그 사람들〉이 먼저 시작했다는 이야기였다.

16 정반대였다. 2004년 봄과 여름에 당국은 일련의 조치를 통해 언론의 권리와 기왕에 제한되어 있던 공개 항의 시위의 기회를 박탈했다. 이는 큰 의미를 지닌 사건이었다. 짧은 시간 열렸던 러시아의 자유의 창문은 빠르게 닫히고 있었다. 러시아의 자유는 사실상 헌법으로 보호받는 진정한 자유라기보다는 무질서이자 속박의 부재였다. 2004년에, 러시아의 관찰자들은 국가안보위원회가 훈련시킨 관리들이 나라 전체의 민간 행정직의 4분의 1을 차지한다고 추산했다.

을 계속 요구했다. 러시아 재벌들의 사업 수행을 통해 얻어진 자금은 돈세탁을 거쳐 런던이나 프랑스 쪽 리비에라[17]의 부동산 시장으로 흘러들어갔다.

단기적으로 볼 때 러시아는 유럽의 바깥쪽 끝에 있는 매우 귀찮은 존재였다. 그러나 위협이 되지는 않았다. 러시아 군대는 다른 곳에서 활동 중이었으며, 어쨌거나 초라한 상태였다. 러시아 주민에게 중요한 관심사는 건강이었다. 특히 남성의 평균 수명은 급격히 하락했으며 국제기구들은 한동안 러시아에 결핵이 재발했으며 에이즈가 만연하기 직전이라고 경고했다. 그렇지만 이런 문제는 근본적으로 러시아인들에게만 근심의 요인이었다. 머지않아 러시아는 자신들의 일에 푹 빠지게 된다.

유럽에 붙어 있고 거대한 영토와 엄청난 화석 연료 매장량을 자랑하는 러시아는 장기적으로 에너지가 부족한 유럽 대륙의 미래에 필시 영향을 미칠 수밖에 없을 것이다. 이미 2004년에 폴란드는 자국에서 소비하는 천연가스의 절반과 석유의 95퍼센트를 러시아로부터 들여왔다. 반면 러시아 당국과 개별 러시아인들이 유럽에 원한 것은 〈존중〉이었다. 소련은 북대서양 조약 기구에 관해서든 발칸 문제의 해결이나 무역 협정에 관해서든(양자 간 협정이든 세계 무역 기구를 통한 협정이든), 유럽 내부의 의사결정 과정에 더 깊이 관여하기를 원했다. 그 이유는 러시아를 배제한 채 내린 결정이 필연적으로 자신들의 이익에 해로우리라는 판단 때문이 아니었다. 그것은 원칙의 문제였다.

많은 사람들이 보기에 유럽사는 한 바퀴를 완전히 돌았다. 18세기에 그랬듯이, 21세기에도 마찬가지였다. 러시아는 유럽 안에 있는

---

17 리비에라는 지중해 북쪽의 프랑스와 이탈리아에 면한 해안 지방을 일컫는다. 니스, 칸, 산레모 등의 휴양지가 연이어 있으며, 프랑스 쪽 리비에라는 코트다쥐르라고 부르기도 한다 — 옮긴이주.

동시에 유럽 밖에도 있었다. 몽테스키외의 〈유럽의 민족nation d'Eu-rope〉이면서 기번의 〈스키타이의 황무지Scythian wilderness〉였다. 러시아인에게 유럽의 서쪽은 수백 년 동안 매혹과 혐오, 감탄과 〈원한〉이 뒤섞인 모순적인 대상이었다. 러시아의 지도자들과 인민 모두 외부의 견해에 놀랍도록 민감하게 반응하면서 외국인들의 모든 비판과 간섭을 극도로 의심했다. 역사와 지리는 유럽인들에게 무시할 수도 받아들일 수도 없는 이웃을 남겼다.

한때 터키에 관해서도 똑같이 말할 수 있었다. 오스만 제국의 튀르크인들은 거의 700년 동안 유럽의 〈타자〉였다. 그들은 앞서 500년 동안 아랍인들이 맡았던 역할을 대신했다. 수백 년 동안 〈유럽〉은 튀르크인들이 멈추는 지점에서 시작했다(치오란이 루마니아가 오랫동안 오스만 제국의 지배를 받았다는 사실에 그토록 우울했던 이유도 여기에 있다). 그리고 기독교 유럽이 빈의 문 앞에서, 부다페스트에서, 1571년 레판토 해전에서 무슬림에게 먹히기 바로 직전에 〈구출〉되었다는 이야기는 지겨울 정도로 반복되었다. 18세기 중엽부터 오스만 튀르크가 쇠퇴의 길로 접어들자, 〈동방문제Eastern Question〉, 즉 오스만 제국의 쇠퇴를 어떻게 관리하고 수백 년에 걸친 튀르크인의 지배에서 벗어난 영토들을 어떻게 처리할 것인가에 관한 문제는 유럽의 외교관들이 직면한 가장 절박한 일이었다.

제1차 세계 대전에서 튀르크인들이 패배한 뒤 오스만 제국이 몰락하고 케말 아타튀르크의 세속적인 근대화 국가가 여봐란 듯이 제국을 대신하자 동방문제는 유럽의 의제에서 사라졌다. 이제 앙카라의 통치를 받게 된 튀르크인들은 자신들의 걱정거리를 처리하기에도 바빴다. 그리고 발칸 반도와 아랍인의 중동에서 튀르크인이 사라짐으로써 남겨진 복잡하게 뒤얽힌 분쟁과 선택의 대안들이 유럽과 세계에 장기적으로 중요한 결과들을 가져왔지만, 튀르크인은 이제 문제의 일부가 아니었다. 터키의 전략적 위치가 소련에서 지중해로

이어지는 바닷길에 걸쳐 있지 않았다면, 터키는 서방의 의식 속에서 완전히 사라졌을지도 모른다.

터키는 냉전이 지속되는 동안 서방 동맹의 유순한 참여국이었으며 북대서양 조약 기구에 의미 있는 군사 대표단을 파견했다. 발트해에서 태평양까지 소련의 변경을 에워싸는 완충지대의 일부로서 터키에 미국의 미사일과 기지가 설치되었으며, 서방 정부들은 터키에 상당한 금액의 원조를 제공했을 뿐만 아니라 (대체로 군사 쿠데타의 결과였던) 불안정한 독재 체제와 소수 민족(주로 전체 인구의 5분의 1을 차지하는 동쪽 끝의 쿠르드인)에 대한 권리 침해도 너그럽게 눈감아 주었다. 한편 터키인 〈초청 노동자〉는 지중해 분지 지역의 잉여 노동 인구처럼 독일과 다른 서유럽 나라들로 일자리를 찾아 대규모로 이주했다.

그러나 오스만 제국의 유산은 새로운 유럽에 다시 출몰하곤 했다. 냉전의 종식으로 터키의 독특한 위치는 다른 의미를 띠게 되었다. 터키는 이제 국제적 지정학적 대결에서 변경의 전초도 아니고 방벽 국가도 아니었다. 대신 유럽과 아시아 사이에 긴 도랑으로서 양방향으로 관계를 맺고 있었다. 터키는 공식적으로는 세속 국가였지만 7천만 명의 시민은 대부분 무슬림이었다. 나이 든 터키인들은 대체로 정통 무슬림은 아니었으나, 이슬람 근본주의가 발흥한 까닭에 아타튀르크가 무자비하게 강요한 세속 국가마저 새로운 세대의 공격을 받을지 모른다는 두려움이 점차 커졌다. 새로운 세대는 세속화된 부모들에게 반항하면서 오스만 제국 이슬람교의 옛 전통에서 뿌리를 찾으려 했다.

그러나 터키의 교양 있는 전문가들과 사업 엘리트들은 유럽 도시 이스탄불에 지나치게 몰려 있었고 서구의 의복과 문화, 풍습에 열정적으로 일체감을 느꼈다. 동유럽의 야심 찬 인간들처럼 이들은 유럽을, 다시 말해 유럽의 가치, 유럽의 제도, 유럽의 시장, 유럽의 이력을 자신들의 미래와 양면적 위치에 있는 자국의 유일한 미래로 간주했다. 이 엘리트들의 목적은 분명했다. 역사에서 탈출하여 〈유럽〉으로 들어가는 것이었다. 게다가 전통적으로 강한 영향력을 행사해 온 장교단도 이러한 목표를 공유했다. 장교단은 세속 국가라는 아타튀르크의 꿈에 진심으로 공감했으며 터키의 공공 생활에 살금살금 기어들어 오는 이슬람교적 특성에 드러내놓고 짜증을 냈다.

그렇지만 유럽은, 적어도 브뤼셀은 적지 않게 주저했다. 터키의 유럽 연합 가입 신청은 여러 해 동안 다루어지지 않은 채 유보되었다. 조심해야 할 이유는 충분했다. 터키의 감옥, 국내 비판자들의 처리 방법, 적절치 못한 민법과 경제관계법은 유럽의 협력자들로서는 순전한 교역 관계 이상의 관계를 맺기 위해서는 반드시 처리해야 할 문제였다. 게다가 이것은 여러 문제들 중 일부에 지나지 않았다. 오스트리아의 프란츠 피슐러 같은 유럽 연합 집행 위원회의 선임 위원들은 장기적 관점에서 본 터키의 민주주의적 자격에 공개적으로 불신을 표명했다. 그리고 실제적인 어려움도 있었다. 터키는 회원국이 되면 유럽 연합에서 가장 빈곤한 나라들에 속할 뿐만 아니라 독일 다음으로 큰 나라가 된다. 부유한 서쪽 가장자리와 동쪽의 광대한 빈곤 지역 사이의 차이는 매우 컸다. 기회가 주어지면 수백만 명의 터키인이 생계를 위해 유럽으로 들어올 것이 뻔했다. 이러한 상황이 유럽 연합의 예산은 물론 각국의 이민 정책에 미칠 영향은 결코 무시할 수 없었다.

그러나 진짜 장애물은 다른 곳에 있었다.[18] 만일 터키가 유럽 연합에 가입한다면, 연합의 외부 경계는 조지아(그루지야), 아르메니아, 이란, 이라크, 시리아에 이웃하게 된다. 모술에서 약 160킬로미

18 여기에는 그리스 정치인들의 국내 정치에 관한 계산도 포함된다. 그리스 정치인들은 여러 해 동안 자국의 의결권을 이용하여 브뤼셀에서 터키의 후보국 신청 움직임을 막고 방해했다.

터도 떨어지지 않은 곳까지 〈유럽〉으로 삼는 것이 지리적으로 이치에 맞는 일인지 묻는 것은 타당했다. 당시 상황에서 그것이 안전에 위험을 초래할 짓이라는 데에는 의심의 여지가 없었다. 그리고 유럽이 변경을 확대하면 할수록, 2004년에 헌법 문서 초안을 작성한 자들을 포함하여 많은 사람들은 무엇이 자신들의 공동의 집의 경계를 결정하는지 연합이 분명하게 밝혀야 한다고 주장했다. 비록 성공하지는 못했지만, 로마의 폴란드인 교황은 말할 필요도 없고 폴란드와 리투아니아, 슬로바키아 등의 수많은 정치인들이 새로운 유럽 헌법의 전문에 유럽은 원래 기독교의 유럽이었음을 상기시키는 문구를 삽입하려 했다. 바츨라프 하벨은 1994년에 스트라스부르에서 청중에게 이렇게 다짐하지 않았는가? 〈유럽 연합의 토대가 되는 여러 가치들의 뿌리는 고대와 기독교에 있다.〉

어쨌든 터키인들이 기독교도가 아니라는 사실은 분명했다. 얄궂게도 바로 이 때문에, 다시 말해 터키인들이 자신들을 기독교도(또는 유대-기독교도)로 규정할 수 없었기 때문에, 유럽인이 되려는 터키인들은 다른 어떤 유럽인들보다도 유럽 정체성의 세속적, 관용적, 개방적 차원을 강조할 수 있었다는 점이다.[19] 그리고 터키인들은 유럽적 가치와 규범을 터키의 공공 생활에 존재하는 반동적 영향력에 맞서는 지렛대로 사용하려고 점점 더 절박하게 애썼다(이는 유럽 연합 회원국들이 오랫동안 장려했던 목표였다).

그러나 2003년에 터키 의회가 유럽이 요구한 대로 쿠르드인의 문화생활과 정치적 표현에 대한 여러 가지 제한을 마침내 제거했는데도, 터키의 유럽 연합 가입 승인을 질질 끌면서 미루던 브뤼셀의 정부들과 관료들은 대가를 요구했다. 유럽 연합 가입을 비판하는 터키인들은 한때 제국의 신민이었던 자신들이 이제는 과거의 예속 민족

---

19 게다가 터키인들은 터키 경제의 부패와 연고주의와 대비되는, 이상화된 자유 시장을 〈유럽적〉인 것으로 여겼다.

들에게 가입 신청 지원을 간청하며 유럽의 문을 두드리는 탄원자의 처지로 전락했음을 끈덕지게 물고 늘어졌다. 게다가 터키에서 꾸준히 강화된 종교적 정서 때문에 온건 이슬람 정당이 선거에서 승리했을 뿐만 아니라 의회도 또다시 간통을 범죄로 정하는 동의안을 논의했다.

이러한 상황이 터키의 유럽 연합 가입 신청을 위태롭게 할 수 있다는 브뤼셀의 노골적인 경고에 응하여 동의안은 포기되었고, 2004년 12월 유럽 연합은 마침내 터키와 가입 회담을 여는 데 합의했다. 그러나 손실은 이미 발생했다. 그리스와 불가리아는 터키의 유럽 연합 가입을 강력하게 반대했고 독일[20]과 프랑스에도 반대자들이 많았다. 그들은 다시 한번 터키의 유럽 연합 가입이 부적절하다고 지적할 수 있었다. 2004년 유럽 연합 집행위원인 네덜란드의 프리츠 볼케스테인은 자리에서 물러나면서 유럽의 〈이슬람화〉가 다가오고 있다고 경고했다. 협상이 순조롭게 진행될 가능성은 훨씬 더 줄어들었다. 집행 위원회의 확대 담당 위원인 귄터 페어호이겐은 터키가 〈2005년 이전〉에는 유럽 연합의 회원국이 되지 못할 것이라고 인정했다. 한편 나중에 가입이 거부되거나 다시 지연될 경우 터키인의 자부심과 유럽 대륙 끝자락의 취약한 정치적 안정에 미칠 위험은 더 커지고 있었다. 동방문제가 되돌아왔다.

현대 유럽인들이 역사의 무게를 거의 못 느낀다는 점을 생각해 보면 21세기의 벽두에 과거의 역사가 유럽에 그토록 무거운 짐을 지우고 있다는 사실은 대단히 역설적이었다. 문제는 교육이 아니라(학교에서 역사를 가르치거나 잘못 가르치기, 남부 유럽의 일부 지역에서는 교육 자체도 관심사였다) 과거의 공적 이용 방식에 있었다. 물론 권위주의적 사회에서는 이런 일이 비일비재했지만 유럽은 탈권

---

20 독일의 기독교민주당은 터키의 유럽 연합 가입에 공식적으로 반대했다.

위주의 시대에 들어섰다고 자부했다. 정부는 이제 지식을 독점할 수 없었고 역사는 정치적 편의를 위해 쉽사리 변경될 수 없었다.

그런 일은 거의 없었다. 유럽에서 역사에 대한 위협은 거짓 목적을 위한 과거의 의도적 왜곡이 아니라 일견 역사적 지식의 자연스러운 부속물로 보인 것에서 왔다. 즉 향수가 문제였다. 20세기 후반에 사람들은 역사에 높은 관심을 보였다. 그러나 그들은 역사를 마치 유물처럼 대하여 최근 기억이 아니라 〈잃어버린 기억〉에 집착했다. 역사는 현재에 관한 계몽의 원천이라기보다는 한때 세상이 얼마나 달랐는지 보여 주는 실례였다. 텔레비전에 나타난 역사, 테마 공원에 전시된 역사, 박물관 속의 역사는 모두 사람들을 과거에 묶어 주는 것이 아니라 사람들을 과거로부터 떼어 놓는 것을 강조했다. 현재는 역사의 상속자가 아니라 역사의 고아로 묘사되었다. 현재는 과거의 세상이 움직이던 방식, 우리의 잃어버린 세계와 절연되었다.

동유럽에서 향수는 공산주의 체제의 잃어버린 확신에 대한 애도에서 직접 비롯했다. 이제 그 어두운 측면은 제거되었기 때문이다. 2003년 프라하의 장식미술 박물관은 〈혁명 이전의 의복〉 전시회를 열었다. 전시된 목구두와 속옷, 드레스 등은 겨우 14년 전에 끝난 세계의 물품이었지만 벌써 초연한 매혹의 대상이 되었다. 전시회에 몰려든 노인들은 조잡하게 만들어진 전시품들의 특징 없는 단조로움을 틀림없이 생생하게 기억했을 것이다. 그러나 방문객들이 애틋한 심정과 그리움을 드러내자 전시 기획자들은 놀라 입을 다물지 못했다.

익히 알려진 대로 독일의 오스탈기Ostalgie[21]도 기억의 건망증이라는 이와 유사한 기분에 기댔다. 독일 민주 공화국이 국가라는 이름을 가진 보안부에 지나지 않았다는 점을 고려할 때, 오스탈기는

21 독일어의 동쪽Ost과 향수Nostalgie의 합성어로 옛 동독의 생활에 대한 그리움을 이르는 말이다 — 옮긴이주.

회상의 기쁨 속에서 애정과 동경마저 자아내는 놀라운 능력을 증명해 보였다. 체코인들이 자신들의 옛 복식을 찬양했다면, 독일인은 「굿바이 레닌Goodbye Lenin」으로 떼 지어 몰려들었다. 이 영화는 표면적으로 에리히 호네커 치하의 결핍과 독단, 삶의 부조리를 조롱하면서도 동독인들에게 공감하고 동독의 소멸에 양면적인 태도를 드러낸다.

그러나 다른 중부 유럽 사람들처럼, 독일인과 체코인도 깊은 상처를 남긴 갑작스런 국민적 재출발을 너무나 많이 경험했다. 이들이 잃어버린 과거의 파편들로부터 되찾을 수 있는 것 중 일부만 선택하여 동경했던 것은 충분히 이해할 만한 일이었다. 에드가 라이츠의 「고향: 독일의 연대기」가 1984년 텔레비전에 방송되었을 때 매회 평균 900만 명의 서독인이 시청했다는 사실은 우연이 아니었다. 지난 세기의 마지막 몇 년 동안 유산 산업heritage industry, 기념물, 개축, 재현, 혁신을 낳으면서 유럽 전 지역을 휩쓸었던 향수에 대한 집착을 간단히 설명하기는 쉽지 않은 일이다.

역사가 에릭 홉스봄이 1995년에 〈역사적 신화의 위대한 시대〉라고 설명한 것은 당연히 전례가 없지 않았다. 홉스봄 자신이 국민의 시대가 시작되던 19세기에 유럽에서 이루어진 〈전통의 발명invention of tradition〉에 관하여 훌륭한 글을 썼다. 그 발명된 전통이란 에드윈 뮤어가 (『1941년 스코틀랜드Scotland 1941』에서 번스와 스콧에 관해 쓰면서) 〈가짜 국민의 가짜 시인들sham bards of a sham nation〉이라고 치부했던 바로 그 모조 문화ersatz culture였다. 그러나 20세기 말에 프랑스와 영국에서 국민적 과거를 창조적으로 재구상한 일은 전혀 별개의 문제였다.

향수로서의 역사가 특히 이 두 국민의 무대에서 그토록 현저했던 것은 우연한 결과가 아니었다. 두 나라는 모두 자부심 강한 제국으로서 20세기를 맞이했지만 전쟁과 식민지 해방으로 영토와 자원을 빼앗겼다. 세계 제국의 확신과 안전은 불편한 기억과 불확실한 미래로 바뀌었다. 프랑스인이나 영국인이 된다는 의미는 한때 매우 명확했으나 이제는 아니다. 열성적으로 〈유럽인〉이 되는 것이 대안일 수 있었지만, 이는 벨기에나 포르투갈 같이 작은 나라들이나 이탈리아나 스페인 같이 최근의 국민적 과거가 어둠 속에 있는 편이 더 나은 곳에서 훨씬 더 쉬운 일이었다.[22] 그러나 위대함과 영광을 생생히 기억하며 성장한 국민에게 〈유럽〉은 언제나 불편한 변이였을 것이다. 유럽은 선택이 아니라 타협의 결과였다.

제도적으로는 영국이 제2차 세계 대전 직후부터 향수에 의존했다. 노동부 장관 휴 돌턴이 〈국립토지기금National Land Fund〉을 설립하여 국민을 위해 〈아름다움과 역사〉에 의미가 있는 유적과 건물을 취득하여 내셔널트러스트(National Trust, NT)에 관리를 위임했던 것이다. 한 세대 만에 내셔널트러스트 재산인 공원, 성, 궁, 〈자연미가 뛰어난 지역〉은 관광객을 끌어들이는 명소가 되었다. 그중 일부는 여전히 원래의 소유주가 점유하고 있고 이들은 상속 재산을 국민에게 넘긴 대가로 상당한 국고 지원을 받았다.

1950년대부터 1970년대를 지나기까지 최근 과거를 편안하게 해석하는 영화, 코스튬 드라마, 의복이 거듭 등장했다. 테디보이[23]에서 털로 만든 얼굴 장신구까지 에드워드 시대 패션의 반복이 유행의 특징이었다. 유행의 절정은 1977년에 거리 파티와 사진 전시회 등으로 전국에 걸쳐 예전의 좋았던 시절을 일깨웠던 여왕 즉위 25주년 축하 행사였다. 사람들은 이 행사의 〈복고〉적이고 과거를 동경하는 성격을 의식했다. 그러나 1980년대의 대처리즘 혁명 이후에는 이러한

---

22 민주주의 스페인은 실제로 〈국가의 유산Patrimonio Nacional〉(스페인의 국가 기구로 스페인 왕가가 사용하는 국유 유적을 관리한다)의 육성을 받아 공식적 〈유산〉 산업을 발전시켰으나, 〈국가의 유산〉은 최근 역사보다는 먼 과거의 황금기를 강조하려 애썼다.

23 남부 런던의 노동자 계층을 배경으로 제1차 세계 대전 이전 에드워드 7세 때의 상류층 차림새를 흉내 낸 반항적인 청소년 집단을 이른다 — 옮긴이주.

연속성의 요소마저 잃어버렸다. 40년대까지, 더 나아가 1913년까지 되돌아보면서 기쁨으로 마음이 따뜻해짐을 느낄 수 있었던 영국은 80년대가 지나면서 완전히 사라졌다.

그 대신에 들어선 나라는 직전 과거와 관계를 맺을 수 없는 나라였다. 그렇지 않은 경우가 있었다면 과거를 부인함으로써 초래된 뜻밖의 결과였거나 아니면 소독되어 영혼을 빼앗긴 〈유산〉으로만 과거를 대할 때뿐이었다. 이러한 직전 과거의 부인은 오래된 교육 기관인 옥스퍼드 대학교와 케임브리지 대학교의 불안한 모습에 잘 포착되었다. 이 대학교들은 새로운 블레어 시대의 평등주의적 기회주의 분위기 속에서 굴욕적으로 〈반(反)엘리트주의〉를 역설할 수밖에 없었다. 그리고 1990년대에는, 런던의 빅토리아 앨버트 미술관 같은 문화 기관들이 기이할 정도로 자기비하적인 분위기에 휩쓸려 눈짓과 고갯짓까지 동원하여 자신들을 〈매우 훌륭한 박물관이 딸린 최고의 카페〉라고 시장에 내놓는 처지로 영락했다.

국가의 유산에 관해 말하자면, 그것은 하나의 사업으로, 즉 〈유산 산업〉으로 변모했다. 이는 매우 공공연한 사실이었다. 유산 산업은 새 정부의 〈국가유산부〉가 장려하고 보증했다. 1992년에 보수당 정권이 신설했지만 원래 노동당 정권이 마련한 계획에 따라 설립된 이 새로운 행정 부서는 훗날 토니 블레어의 신노동당 정부에서 〈문화언론체육부〉에 흡수된다. 유산은 한 정당의 기획물이 될 수 없었다. 과거는 악용되거나 착취되지 않았다. 소독을 받아 행복한 얼굴을 얻었을 따름이다.

사우스요크셔의 지금은 망해 버린 탄광 지역의 한가운데 있는 반슬리 자치구가 이런 경우에 해당한다. 한때 중요한 광업 중심지였던 반슬리는 대처 이후의 시기에 알아볼 수 없을 정도로 변모했다. 읍내는 황폐해졌고 중심가는 파괴되어 콘크리트 차고 안의 싸구려 노점들로 바뀌었다. 남은 것이라고는 읍사무소와 그 옆의 몇 안 되는 건물뿐이었다. 방문객들은 일부러 낡아 보이게 만든 〈구세계〉의 광고판들에 이끌려 반슬리 자치구의 19세기 영광을 보여 주는 이 건축 유물들로 향했다. 한편, 현지 시장의 서적 가판대에서는 지역 주민들에게 향수를 불러일으키는 책들만 전문적으로 판매했다. 짙은 갈색의 사진과 판화, 『반슬리의 황금기The Golden Years of Barnsley』나 『옛 돈캐스터의 유물Memories of Old Doncaster』(돈캐스터는 인접 자치 도시이다)같은 제목의 책은 아주 최근에야 잃어버린, 그렇지만 벌써 절반은 잊힌 세계를 생각나게 하는 것들이었다.

반슬리에서 몇 킬로미터 떨어진 오그리브 마을 근처에서 벌어진 〈오그리브 전투Battle of Orgreave〉가 2001년 텔레비전 방송을 위해 재연되었다. 1984년 그곳에서 발생한 파업 광부들과 경찰 간의 충돌은 그해 벌어진 마거릿 대처와 전국 광부 노조 연맹의 대결 중에서 가장 격렬하고 필사적인 투쟁이었다. 그때 이후로 많은 광부가 실직했는데, 실직 광부들 중 일부는 돈을 벌기 위해 〈그 시절에〉 어울리는 옷을 입고 재연에 참여했다. 이와 같이 유명한 전투들을 〈공연〉에 올리는 일은 영국인의 오락으로 확립되어 있었다. 그러나 오그리브 전투가 〈유산〉 취급을 받아야 했다는 사실은 빠르게 진행 중인 역사화의 실례였다. 어쨌거나 오그리브에서 남쪽으로 한두 시간 더 내려간 곳에서 1645년에 벌어진 〈네이즈비 전투Battle of Naseby〉가 재연되는 데에는 300년이 걸렸지만, 오그리브 전투는 사건이 발생한 지겨우 17년 만에 텔레비전에서 재연되고 있었다.

반슬리 시는 조지 오웰이 두 대전 사이 영국 산업노동자계급의 실업이라는 비극을 잊을 수 없도록 훌륭하게 묘사한 『위건 부두로 가는 길The Road to Wigan Pier』에서 상세히 설명했다. 위건에는 70년 동안 부두만 있었던 것은 아니다(오웰이 그 부재를 언급한 것은 유명하다).[24] 근처 고속도로에는 사람들에게 위건을 방문하라고 권하

24 1937년에 출간된 이 책은 제2차 세계 대전 이전의 잉글랜드 북부 공업 지대의 생활

는 표지판도 서 있다. 말끔히 청소된 운하 옆에는 〈우리의 옛 생활 상The Way We Were〉이라는 이름의 박물관과 햄버거와 튀김 따위를 파는 현대식 일반 음식점인 〈위건 부두의 오웰The Orwell at Wigan Pier〉이 세워져 있다. 오웰의 책에 등장하는 북부의 끔찍한 빈민가는 확실히 제거되었다. 풍경에서 사라졌을 뿐만 아니라 현지의 기억에 서도 사라졌다. 이를테면 박물관에서 판매하는 안내 책자 『위건의 기억 1930~1970 Memories of Wigan 1930~1970』에는 새침한 여점원 과 이제는 잊힌 기묘한 상점의 예쁜 갈색 사진이 들어있다. 그러나 오웰을 그곳으로 끌어들이고 위건에 좋지 않은 평판을 안긴 갱도와 노동자들의 상태에 관해서는 한마디 언급도 없다.

국가유산부의 치료를 받은 것이 비단 북부만은 아니었다. 잉글랜 드 웨스트미들랜즈 지역의 도자기 생산 자치구들에서, 관광객들과 현지 학생들은 18세기 도자기 제조업자인 조사이어 웨지우드가 어 떻게 그 유명한 제품들을 만들었는지 배우라는 권고를 받는다. 그러 나 이들은 도자기 제조 노동자들의 생활 조건이나 그 지역을 〈검은 지방〉[25]으로 부르게 된 이유의 증거만 찾곤 했다. 성과는 없었다. 그 리고 과거의(또는 현재의) 실상 대신 의당 그러했어야 하는 상황이 들어서는 사례는 무수히 반복될 수 있었다.

그리하여 현실에 존재하는 영국 철도는 누구나 다 아는 국가적 추 문이었지만, 2000년에 영국에는 나머지 유럽 전체보다 더 많은 증

조건을 분석한 사회학적 연구이다. 오웰은 연구를 위해 1936년 1월 31일에서 3월 30일까지 반슬리, 셰필드, 위건에서 지냈다. 위건은 운하에 면하여 배로 닿을 수 있는 곳이었지만, 부 두는 오웰이 도착하기 전에 이미 붕괴되었고, 그래서 오웰은 위건에 부두가 없다고 말했다 ─ 옮긴이주.

25 Black Country. 웨스트미들랜즈의 광역 도시권을 지칭하는 말로 지리적으로 버밍엄 의 북서쪽, 울버햄튼의 남동쪽이며 스태퍼드셔의 탄광 지대가 가까이 있다. 19세기 말 이후 로 영국 최대의 공업 지대가 되었다. 이 명칭은 일반적으로 중공업이 토해 낸 검은 매연 때 문에 만들어졌다고 여겨지나, 지표면에서 깊지 않은 곳에 석탄이 묻혀 있어 땅 표면이 검은 색을 띠었다는 점에 비추어 볼 때 산업 혁명 이전부터 그런 명칭이 존재했으리라는 견해도 있다 ─ 옮긴이주.

기 철도와 증기 철도 박물관이 있었다. 전부 120개였는데 그중 91개가 잉글랜드 한 곳에 있었다. 대부분의 열차는 움직이지 않았고, 움직이는 열차도 놀라우리만치 태평하게 현실과 환상을 섞어 놓을 뿐이었다. 예를 들면 이스트라이딩오브요크셔를 여름철에 방문하는 사람들은 토머스 기차Thomas the Tank Engine를 타고 키플리-하워스 노선을 따라 브론테 박물관을 찾아보라는 권유를 받는다.[26]

그리고 현대 잉글랜드에서 역사와 허구는 알아볼 수 없게 뒤섞인다. 공업, 빈곤, 계급 갈등은 공식적으로 망각되고 가려졌다. 현저한 사회적 간극은 부정되거나 균질적인 것으로 여겨졌다. 아주 최근까지 논쟁의 대상이었던 과거도 향수 어린 인공적 재생산을 통해서만 이용할 수 있었다. 이와 같이 전국에 걸친 역사의 재단은 이 나라의 새로운 정치 엘리트들이 거둔 훌륭한 업적이었다. 신노동당은 대처 덕분에 성공적으로 과거를 덜어 냈다. 그리고 잉글랜드의 번성하는 유산 산업은 곧 과거를 〈유일한 과거the Past〉로 대체했다.

망각의 정원에 나무를 심고 가꾸는 영국인들의 능력은 유별나다. 과거를 일깨우기 좋아하면서도 열심히 부정한다. 프랑스의 국가 유산le patrimoine에 대한 집착은 비슷하기는 해도 다른 형태를 띠었다. 프랑스는 수십 년 전부터 국민적 과거의 가치 있는 물건과 장소를 확인하고 보존하는 일에 매력을 느꼈다. 1914년 이전의 잃어버린 세계에 대한 향수 어린 농업 전시회가 이미 두 대전 사이에 개최되어 이러한 경향의 시작을 알렸고 이는 도시의 불편한 현재를 농촌의 이상화된 과거로 대체하려 노력한 비시 정권에 의해 가속화되었다.

전쟁이 끝난 후 제4공화국과 제5공화국에서는 국가적 보존과 지

---

26 East Riding of Yorkshire. 이스트라이딩 오브 요크셔는 잉글랜드의 요크셔 앤드 더 험버Yorkshire and the Humber 지역에 있는 주이다. 토머스 기차는 목사 오드리가 쓴 철도 시리즈의 주인공 기차이다. 브론테 박물관은 『제인 에어Jane Eyre』를 쓴 샬럿 브론테와 『폭풍의 언덕Wuthering Heights』을 쓴 에밀리 브론테 자매의 집으로 요크셔의 하워스에 있다 ─ 옮긴이주.

역적 보존에 상당한 액수를 쏟아 부었다. 보존이란 일종의 현장 학습을 위해 이 나라의 (고통스럽고 거칠었던 100년의 결과였던) 독특한 과거를 현대에 되새기게 하는 고정된 유산을 긁어모으는 일이었다. 그러나 20세기의 마지막 몇십 년 동안, 즉 미테랑 대통령과 시라크 대통령 시절에 프랑스는 알아볼 수 없을 만큼 변했다. 이제 논평을 요구하는 것은 과거의 영광의(또는 과거의 비극의) 연속성이 아니라 단절이었다. 혁명적 과거, 농민적 과거, 언어적 과거, 그리고 특히 비시 정권에서 알제리 전쟁에 이르는 최근 과거 등 모든 과거는 미래에 어떤 지침도 제시하지 못했다. 한때 연속적이었던 프랑스의 역사는 인구상의 변화와 두 세대에 걸친 사회지리적 이동에 압도되어 국민적 기억으로부터 완전히 사라지는 것 같았다.

상실의 두려움은 두 가지 효과를 지녔다. 하나는 공식적 유산의 범위가, 다시 말해서 공개적으로 채택되어 국가의 권한에 의해 〈유산〉이라는 도장을 받은 유적과 유물 전체가 확대되었다. 1988년 미테랑의 문화부장관 자크 랑의 간곡한 권유로, 프랑스 문화유산의 공식 보호 품목은 극적으로 확대되었다. 문화유산은 이전에는 님Nimes 근처의 〈퐁뒤가르Pont du Gard〉나 에귀모르트Aigues-Mortes에 있는 필리프 3세(재위 1270~1285)의 성벽 같은 유네스코가 좋아할 오래된 유산에만 국한되었다.

프랑스의 새로운 〈유적지〉 중에 파리의 제마프 선착장에 건물 전면만 남기고 허물어져 버린 오텔뒤노르Hôtel du Nord가 포함되었다는 사실은 랑과 그 후임자들이 택한 방식이 어떠했는지 잘 보여 준다. 이 또한 1938년 마르셀 카르네가 제작한 동명의 고전적 영화에 경의를 표하여 향수를 자극하기 위한 조치였음이 처음부터 인정되었다. 그러나 카르네는 그 영화를 오로지 촬영소에서만 찍었다. 그러므로 영화에는 전혀 등장하지 않는 건물(또는 건물 전면)의 보존은 (보는 사람의 취향에 따라) 프랑스의 난해한 포스트모더니즘적 역설의 실행으로, 또는 기억이 그처럼 관의 박제 기술에 종속되었을 때 불가피하게 나타나는 위조 본성의 징후로 볼 수 있었다.

국가 유산의 보존에 미테랑이 기여한 바는 유산의 보존과 분류가 아니라 현실에서 유산을 만들어 내는 데 있었다. 이는 루이 14세가 그렇게 많은 건물과 의식으로 치세에 흔적을 남긴 이후로 그 어떤 프랑스 통치자도 하지 못한 일이었다. 미테랑이 대통령직을 수행하던 14년 동안 박물관과 기념관, 근엄한 제막식, 장례식, 개장식(改葬式)이 꾸준히 늘었으며, 그뿐만 아니라 파리 서부 지역의 라데팡스에 있는 그랑드 아르슈Grande Arche에서 우아한 루브르 피라미드와 모더니즘을 과감하게 표현한 바스티유 오페라하우스를 거쳐 논란의 대상이 되었던 센 강 남안의 새로운 국립도서관에 이르기까지 국가 유산에 대통령 자신의 장소를 마련하려는 대단한 노력이 있었다.

미테랑이 말 그대로 국민의 머릿속에 자신을 새겨 넣으면서 석조 기념물 건축에 열중했던 그 시간에, 파리의 저명한 역사가 피에르 노라는 나라가 뿌리를 잃어 가고 있다는 고뇌 속에 3부, 7권에 5,600쪽에 달하는 『기억의 터전 Lieux de Mémoire』을 편집했다. 1984년부터 1992년까지 간행된 이 공동 저술은 한때 프랑스가 공유했던 기억의 유적과 영역을 확인하고 설명하려는 시도였다. 주교 성당에서 요리법까지, 흙에서 언어까지, 도시 계획에서 프랑스 지도까지 프랑스인의 마음속에서 프랑스적인, 그리고 과거의 프랑스를 드러내는 이름과 개념, 장소와 사람, 사업과 상징이 망라되었다.

어떤 나라도 이와 견줄 만한 출판물을 구상하지 못했으며, 그런 일이 가능하리라고 상상하기도 어렵다. 노라의 『기억의 터전』은 프랑스의 집단적 정체성에 대한 놀라운 확신, 다시 말해서 800년에 걸친 국민의 역사가 프랑스에 이와 같은 방식으로 기억을 일깨우는 데 적합한 특성과 공동의 유산을 물려주었다는 확신과 더불어 편집자가 서문에서 분명하게 밝혔듯이 이처럼 흔히 널린 공동의 과거를 보여 주는 집단적 상징들이 영원히 사라지려 한다는 우려를 다 품고 있기 때문이다.

이는 불안으로서의 향수다. 머지않은 어느 날 프랑스의 훌륭하게 설계된, 흠 없이 완벽한 경치의 고속도로를 따라 줄지어 늘어선 흙 색깔의 안내판이 프랑스인 자신들에게도 아무런 의미를 갖지 못하는 때가 오리라는 두려움이었다. 랭스의 성당을, 님의 원형 경기장을, 클로 드 부조의 포도주를, 생빅투아르 산이나 베르됭 전장을, 우선은 상징으로 그다음에는 조금 더 나아가 이름을 들어, 언급하는 것이 아무런 의미가 없다면 무엇 때문에 언급하겠는가? 여행객이 그러한 이름들과 우연히 마주쳤을 때 그 이름들이 불러일으킬 기억과 감정을 만나지 못한다면 프랑스에서 무엇이 남겠는가?

영국의 유산 산업은 과거를 실제와 다르게 제시하려는 강박을 보여 준다. 말하자면 날조된 과거를 진정으로 동경하도록 장려했다. 이와는 반대로 프랑스가 그 영적 유산에 매혹된 데에는 어느 정도 문화적으로 확실한 근거가 있었다. 〈프랑스〉의 자기표현은 언제나 비유적이었다. 이를테면 공화국인 〈마리안Marianne〉[27]의 다양한 묘사와 체현을 보라. 그러므로 잃어버린 프랑스적 특성을 되찾을 열쇠에 대한 미련이 물리적이든 지적이든 공식적인 주요 상징들에 집중되는 것은 아주 당연했다. 이 상징들이 〈현재의〉 프랑스이다. 이 상징들이 잘못된 위치에 가 있거나 더는 사람들 사이에서 공유되지 않는다면, 프랑스는 프랑스일 수가 없다. 샤를 드골이 〈영광이 없는 프랑스는 프랑스가 아니다〉라고 말했을 때 뜻했던 바로 그 의미에서 말이다.

이러한 가정을 정치적 신념과 상관없이 모든 정치인과 지식인, 국

---

27 프랑스 국민의 상징으로 자유와 이성의 화신. 프랑스의 여러 곳에서 볼 수 있는데, 예를 들면 파리 공화국광장의 동상, 1830년 7월 혁명을 기리는 들라크루아의 「민중을 이끄는 자유의 여신」, 파리의 국민광장에 서 있는 「공화국의 승리」를 들 수 있다 — 옮긴이주.

민이 공유했다. 바로 이러한 이유 때문에 『기억의 터전』은 엄청난 성공을 거두었다. 수십만 명의 독자들에게 프랑스의 일상생활에서 덧없이 사라지는 프랑스적 특성을 소중히 담아 전해 주었던 것이다. 또한 그렇기 때문에 노라의 책에서 사상, 건물, 관습, 상징 등 기독교의 모든 것이 두드러진 위치를 차지하는 반면 〈유대인〉에 관해서는 대체로 동화나 배제, 박해의 대상으로서 한 장에 짧게 언급되고 〈무슬림〉은 전혀 언급되지 않고 있다는 사실은 의미심장하다.

이슬람에 관해 실수로 빠뜨린 것이 아니었다. 프랑스를 위한 기억의 궁전에 무슬림을 위해 남은 구석은 없었으며, 사후에 한 자리를 만드는 것은 기획 의도에 반하게 될 것이었다. 그렇지만 이러한 누락은 프랑스가(이웃 나라들과 마찬가지로) 떠안게 될 근심을 예증했다. 유럽헌법을 작성할 임무를 맡은 유럽총회의 105명 위원 중 비유럽 배경을 가진 사람은 단 한 사람도 없었다. 그 위원들은 포르투갈에서 폴란드까지 유럽 대륙의 나머지 정치 엘리트들처럼 무엇보다 백인 기독교도의 유럽을 대표했다.

아니 더 정확히 말하자면 이전의 기독교 유럽을 대표했다. 유럽에는 우크라이나의 귀일교회에서 노르웨이의 루터교회까지 다양한 기독교가 존재했지만, 실제로 자신의 신앙을 실천하는 기독교도의 수는 꾸준히 감소했다. 20세기 말, 스페인은 여전히 900개의 수녀원과 수도원을 자랑했다. 이는 전 세계 수녀원과 수도원 수의 60퍼센트에 달하는 수치였는데 그런 스페인에서도 적극적인 신앙은 쇠퇴했다. 이는 주로 고립과 노년, 농촌의 후진성과 밀접한 상관관계를 지녔다. 프랑스에서는 성인 일곱 명 중 한 명이 교회당에 나간다고 인정했으며, 그마저 평균 한 달에 한 번이었다. 스칸디나비아와 영국에서 그 수치는 훨씬 더 낮았다. 기독교는 폴란드에서도 쇠약해졌다. 폴란드 시민들은 한때 강력했던 가톨릭 성직자단의 도덕적 훈계에 점점 더 귀를 막았다. 21세기로 접어든 다음, 낙태의 합법화에 찬성한 폴란드인은 절반을 크게 넘었다(서른 살 이하로만 보자면 훨씬 더 많은 다수를 차지했다).

이와는 전혀 딴판으로 이슬람교의 매력은 확대되고 있었다. 이는 특히 청년들에게 두드러진 현상이었다. 아랍이나 터키, 아프리카 출신의 시민들이 여전히 〈외국인〉으로 간주되고 그러한 취급을 받는 나라들에서, 이슬람교는 청년에게 점점 더 종교적 정체성과 집단적 자부심의 원천으로 기능했기 때문이다. 부모와 조부모 세대는 통합되고 동화되기 위해 열심히 노력했지만, 이제 안트베르펀이나 마르세유, 레스터의 젊은 남녀들은 자신들의 출생국(벨기에, 프랑스, 영국)과 가족의 뿌리인 종교와 지역 두 가지 모두에 강하게 일체감을 느꼈다. 특히 소녀들은 전통 의상을 입거나 종교적 상징을 착용했다. 때로는 가족의 강압에 따른 행동이었지만, 반대로 나이 많은 세대의 타협에 반항하느라 그런 경우도 많았다.

앞서 보았듯이 당국의 반응은 지역의 전통과 환경에 따라 다양했다. 프랑스 의회만 493표 대 36표로 공립 학교에서 모든 종교적 상징물의 착용을 금지하기로 결정했다. 이런 선택은 세속적 공화주의가 보인 정당한 반응이었다. 그러나 2004년 2월 이슬람교 규칙을 엄수하는 소녀들의 히잡을 겨냥하여 시행된 이 조치는 더 폭넓은 맥락에서 이해해야 한다. 여러 장소에서 인종적 편견은 극우파의 정치적 이점으로 변하고 있었으며, 반유대주의가 유럽에서 40년 만에 재등장했다.

대서양 건너편에서 반유대주의는 유럽 혐오증에 걸린 정치인과 신보수주의 학자들의 연설 주제였다. 그곳의 시각으로 보자면 프랑스나 벨기에, 독일의 반유대주의는 그 대륙의 어두운 과거로의 회귀와 즉각 동일시되었다. 영향력 있는 평론가인 조지 월은 2002년 5월 『워싱턴 포스트』에 기고한 글에서 반유대주의 정서의 재발을 심지어 《유대인 문제의 최종 해결》을 위한 두 번째 혹은 마지막(?) 투쟁〉이라고 기술하기도 했다. 미국의 유럽 연합 주재 대사인 록웰 슈너벨은 미국유대인위원회American Jewish Committee의 브뤼셀 특별 모임에서 유럽의 반유대주의는 〈1930년대만큼이나 나쁜 지점에 접근하고 있다〉고 말했다.

이러한 발언은 선동적으로 과장되었고 크게 오도되었다. 반유대인 정서는 현대 유럽에 거의 존재하지 않았다. 무슬림과 특히 아랍계 유럽인들 사이에서만 예외였다. 그 사회에서 반유대인 정서는 곪아 터진 중동 위기에서 직접 비롯했다. 이제는 위성을 통해 유럽 전역에서 시청할 수 있는 아랍의 텔레비전 방송은 가자 지구와 요르단 강 서안 점령 지구 소식을 정기적으로 내보냈다. 보고 들은 것에 격노한 파리나 리옹, 스트라스부르 교외의 젊은이들은 아랍 당국이나 이스라엘 당국이 똑같이 이스라엘과 현지 유대인 이웃을 동일시하도록 조장한 결과로 그들을 공격했다. 유대인 공동체 건물에 낙서를 휘갈겼고 유대인의 묘지를 훼손했으며 유대인의 학교와 회당에 폭탄을 던졌다. 드물기는 했지만 십 대의 유대인이나 유대인 가족을 공격하기도 했다.

유대인과 유대인 시설에 대한 공격은 21세기의 처음 몇 년에 집중되었다. 이것이 관심을 불러일으킨 이유는 그 규모나 인종주의적 성격이 아니라 공격에 내포된 종교 공동체 간의 대립이라는 성격 때문이었다. 이 공격은 옛 유럽의 반유대주의가 아니었다. 불평분자들을 위한 희생양을 찾는 사람들에게 유대인은 이제 표적이 아니었다. 유대인은 실제로 먹잇감 순위에서 한참 아래였다. 2004년 1월 프랑스 여론 조사를 보면 질문을 받은 사람의 10퍼센트가 유대인을 싫어한다고 인정했던 반면 〈북아프리카인〉을 싫어한다고 답한 사람의 비율은 23퍼센트로 훨씬 더 높았다. 유대인에 대한 공격보다는 아랍인, 다시 말해서 나라마다 편차는 있었지만 터키인과 인도인, 파키스탄인, 방글라데시인, 세네갈인, 기타 눈에 띄는 소수 민족들에 대한 인종차별적 동기의 공격이 훨씬 더 많았다.

새로운 반유대주의의 곤란한 측면은 유대인이 또다시 희생자가 되었던 반면 이제 가해자는 아랍인(또는 무슬림)이었다는 사실이다. 이 법칙의 유일한 예외는 독일에서 찾아볼 수 있었다. 독일에서 부활하던 극우파는 성가시게 이민자와 유대인, 기타 〈비독일인〉을 구분하지 않았기 때문이다. 그러나 독일은 특별한 경우였고 이 점에서 분명한 이유가 있었다. 다른 곳에서는 공공 당국이 파시즘이 부활한다는 이야기보다는 아랍인 사회와 무슬림 사회의 소외가 심화하는 것을 더 걱정했다. 아마 그러는 편이 옳았을 것이다.

미국은 늘 〈이슬람〉과 무슬림을 멀리 떨어져 있는 위협으로 여겼고 안보 강화와 〈예방 전쟁〉이 최선의 대책이라고 보았다. 유럽 정부들로서는 이 문제를 전혀 다른 시각에서 봐야 할 충분한 이유가 있었다. 특히 프랑스에서 중동 위기는 이제 외교 정책의 문제가 아니라 국내 문제가 되었다. 팔레스타인의 박해받는 아랍인들로부터 파리의 분노하고 기가 꺾인 형제들에게로 울분과 좌절이 전이되는 현상은 놀랄 일이 아니었다. 이는 결국 제국의 다른 하나의 유산이었다.

24장

유럽, 하나의 생활 양식

무료 의료 서비스는 상업성이 최악의 형태로 나타난 사회 부문에서, 집단행동
과 공공 발의의 우월성을 보여 주는 대표적 사례다.
— 어나이린 베번

우리는 노키아의 사람들이 모두 사장이나 직원이 아니라 협력자라고 느끼기를
원한다. 이는 아마도 유럽적인 작업 방식이겠지만, 우리에게 효과적이다.
— 요르마 올릴라(노키아 최고경영자)[1]

유럽인들은 장래에 모험이 없다고 확신하기를 원한다. 그들은 이미 너무 많은
모험을 했다.
— 알폰스 페르플라에처(벨기에 중앙은행 총재)

미국은 젊고 혼자일 때 갈 만한 곳이다. 그러나 성인이 되어서는 유럽으로 돌아
와야 한다.
— 2004년 여론 조사에서, 헝가리 사업가

현대 사회는…… 열광이나 분노에 도취되지 않고도 관찰할 수 있는 민주주의 사
회다.
— 레몽 아롱

1 T. R. Reid, *The United States of Europe. The New Superpower and the End of
American Supremacy* (NY, 2004), p. 131.

20세기 말에 급증한 유럽의 다양성, 지역들과 국가들, 그리고 유럽 연합의 변화무쌍한 외형, 유럽 대륙의 주요 종교인 기독교와 이슬람교의 대조되는 전망과 분위기, 유럽의 국경 안팎으로 전례 없이 빨랐던 교통과 교환의 속도, 한때 명확했던 국민적 구분이나 사회적 구분을 흐리는 복수의 단층선, 똑같이 불확실한 과거와 미래. 이 모든 요인 때문에 집단적 경험의 형성을 인식하기가 더 어렵다. 유럽에서 20세기 말은 앞선 세기말fin-de-siècle에 관한 확신에 찬 설명들에 내재하는 동질성이 없었다.

그럼에도 삶의 여러 영역에서 확인 가능한 유럽의 독특한 정체성이 출현하고 있었다. 고급문화에서, 특히 공연 예술에서 국가는 보조금 지급자의 역할을 계속 수행했다. 적어도 서유럽에서는 그랬다. 박물관과 미술관, 오페라단, 관현악단, 발레단 모두 매년 공공기금의 후한 보조금에 크게 의존했고 몇몇 나라에서는 전적으로 보조금에 의존하여 운영되었다. 국영 복권 덕에 재무부가 문화 지원금 부담의 일부를 덜었던 대처 이후의 영국이 뚜렷한 예외라는 이야기는 오해를 낳는다. 복권은 전통적인 징세 기관보다 사회적으로 퇴행적일 뿐, 단지 세입을 늘리는 또 하나의 수단에 불과했다.[2]

2 영국이 유일하지는 않았다. 2004년 9월의 어느 한 주 동안 스페인의 국영 복권인 엘 고르도El Gordo는 592만 293유로를 판매했다.

그러한 공공자금 조달 비용이 높았기에 지나치게 많은 보조금을 무한정 지급하는 것이 가능한지 의문이 제기되었다. 특히 90년대부터 일부 주 정부들이 막대한 규모의 지출에 이의를 제기했던 독일에서 그러한 의문은 더 컸다. 독일의 공공 보조금은 일반적으로 극장이나 오페라하우스 운영 경비의 80퍼센트 이상을 떠맡았다. 그러나 이 수준에서 문화는 지위와 지역 정체성과 긴밀히 결합되었다. 베를린시는 적자가 누적되고 수입이 정체되는 상황에서도 세 개의 전용 극장, 즉 도이체오페르Deutsche Oper(옛 서베를린 오페라), 슈타츠오페르Staatsoper(옛 동베를린 오페라), 코미셰오페르Komische Oper를 지원했고, 여기에 베를린 실내악단과 베를린 교향악단이 추가되어야 한다. 모두 상당한 공적 지원에 의존했다. 프랑크푸르트와 뮌헨, 슈투트가르트, 함부르크, 뒤셀도르프, 드레스덴, 프라이부르크, 뷔르츠부르크, 그 밖에 많은 독일 도시들이 일급의 국제 발레단이나 오페라단을 계속 지원했다. 연기자와 음악가, 무대 담당자들에게 수당 일체를 포함한 연간 급여와 국가 연금을 지급했다. 2003년에 독일에서 공식적으로 정식 〈예술 노동자〉로 분류된 사람이 61만 5천 명이었다.

프랑스에서도 예술은, 특히 연극은 널리 지방 도시까지 번성했다. 프랑스의 경우 이는 문화부가 직접 배분하여 지원한 중앙 기금에 힘입었다. 미테랑 대통령은 도서관과 기타 기념물의 건축에 더하여 루브르 박물관과 파리 오페라, 코메디프랑세즈뿐만 아니라 고전 영화와 현대 영화를 보관하고 상영하는 전국적인 시네마테크 조직과 지방 박물관, 지역 예술 센터, 도의 연극 회사들에 루이 14세 치세 이후 유례가 없던 거액을 쏟아 부었다.

독일의 고급 예술이 세계주의를 자랑한 반면(드레스덴 오페라발레Dresden Opera-Ballet의 러시아인 감독 블라디미르 데레비안코는 열광적인 독일 관중을 위해 미국인 안무가 윌리엄 포사이드[3]에게 작

3 작센 주 드레스덴에 거주했던 미국인 무용가이자 안무가. 프랑크푸르트 발레단에서 작

품을 의뢰했다), 프랑스에서 예술 보조금의 취지는 대체로 자국의 풍부한 유산을 보존하고 전시하는 데 있었다. 이 점이 프랑스의 문화적 예외exception culturelle를 보여 준다. 프랑스의 고급문화가 교육적 기능을 지녔다는 점은 널리 인정되었고, 특히 프랑스의 뛰어난 연극 작품들은 국정 교과 과정에서 여전히 엄격하게 교습되었다. 런던의 교장 제인 브라운은 1993년 〈로미오와 줄리엣〉이 정치적으로 올바르지 않다는 이유로(그 여인의 말을 빌리자면 〈노골적으로 이성애를 강조〉했기 때문에) 학생 단체 관람을 금지했다. 아마도 그녀는 영국 해협 건너편이었다면 출세하지 못했을 것이다.

공공자금 조달의 규모는 아마도 프랑스와 독일에서 가장 인상적이었겠지만, 유럽 전역에서 예술 자금의 주된 원천은 국가였다. 아니 대부분의 경우에 국가가 유일한 원천이었다. 사실상 〈문화〉는 공적 생활에서 유럽 연합이나 일반 기업이 아니라 국민 국가가 거의 독점적인 공급자라는 특별한 역할을 수행할 수 있는 마지막 주요 영역이었다. 동유럽에서는 옛 세대가 정부에 문화생활의 통제권을 허용했던 의미를 두려움에 떨며 회상할 이유가 충분했지만, 그곳에서도 빈곤하나마 국가 재정이 시장의 힘이 가져올 재앙과도 같은 충격에 맞설 유일한 대안이었다.

공산주의 체제의 공연 예술은 자극적이라기보다는 훌륭했다. 일반적으로 기술적인 측면이 뛰어났고 언제나 신중하고 조심스러웠다. 이를테면 빈과 부다페스트에서 공연된 〈마술피리 Die Zauber-flöte〉를 관람한 사람이라면 누구라도 그 현격한 차이를 놓칠 수 없을 것이다. 그러나 공산주의 체제 이후에는, 저예산 실험은 상당히 많았지만(특히 소피아는 안무와 연출에서 기교에 치우친 포스트모더니즘적 실험실이 되었다), 재원이 거의 없었고 최고의 음악가와 무용수, 심지어 배우까지 대부분 서유럽으로 떠났다. 유럽에 합류하는

상연한 작품과 고전 발레의 재해석으로 유명한 인물이다 — 옮긴이주.

것은 곧 지방이 된다는 의미일 수 있었다.

일이 이렇게 된 또 다른 이유는 유럽의 고급 예술 관객이 이제 유
럽인이었다는 데 있었다. 주요 도시의 각국 예술단은 점차 국제적
관객 앞에서 공연했다. 국경과 언어를 초월하여 쉽사리 소통했던 초
국적 지식인들은 의복이나 경력은 물론 여흥과 자기계발을 위해 자
유롭게 여행할 재력과 시간적 여유가 있었다. 전시회나 연극, 오페
라 한 편에 대한 평이 여러 나라의 언론에 나타나곤 했다. 한 도시에
서, 예를 들어 런던이나 암스테르담에서 공연이 성공하면 멀리 떨어
진 파리나 취리히, 밀라노에서도 관객과 방문객을 끌어올 수 있었다.

새로운 세계주의적 관객이 단순한 부자들과 뚜렷이 구분되는 진
정 수준 높은 자들이었는지는 다소 논쟁의 여지가 있었다. 매년 열
리는 잘츠부르크 축제나 바이로이트 축제의 링 사이클Ring cycle[4] 정
기 연주 같은 오래된 행사는 여전히 나이 든 관객들에게 인기가 있
었으며, 이들은 상연되는 작품뿐만 아니라 연관된 사회적 의식에도
익숙했다. 그러나 추세는 고전 작품과 원어 작품을 모를 것으로 짐
작되는 젊은 관객을 위해 전통적인 작품을 대중화하거나 새로운 세
대를 위해 참신하고 이해하기 쉽도록 더 많은 노력을 기울이는 것이
었다.

이러한 노력을 우호적으로 보았던 자들에게 새로워진 오페라 작
품, 〈최첨단의〉 무용단, 〈포스트모더니즘〉 예술 쇼는 유럽 문화의 무
대가 변했음을 보여 주는 실례였다. 이제 유럽 문화는 젊고 혁신적
이며 불경스러웠고 무엇보다 대중적이었다. 공공 후원에 크게 의존
했고 따라서 더 많은 관객을 찾아내 만족시킬 의무가 있었으므로 그
런 것이 당연했다. 그러나 비판자들에게 런던의 새로운 예술 무대
(〈영국 예술Brit Art〉)는, 윌리엄 포사이드가 프랑크푸르트에서 보여

---

4 링 사이클은 바그너의 오페라 「니벨룽겐의 반지Der Ring des Nibelungen」 4부 전곡 상
연을 말한다 — 옮긴이주.

준 논쟁적인 발레나 파리에서 이따금 무대에 오르는 기발한 가극풍의 〈개작 작품〉처럼, 많아지면 나빠진다는 소화불량의 예측이 옳았음을 확인했다.

그렇게 보면, 유럽의 〈고급〉 문화는 한때 후원자들에게 대대로 익숙했던 공동의 표준 작품들을 연주했으나 이제 좋은 것과 나쁜 것을 자신 있게 구분할 수 없는(그러나 유행의 명령에 열광적으로 반응할 것으로 예상되는) 신참 관객들의 문화적 불안감을 이용하여 이득을 취했다고 할 수 있다. 이러한 상황은 문화적 비관론자들이 늘 주장했듯이 새롭지는 않았다. 교양이 부족한 신흥 부자들의 근심은 적어도 몰리에르 이후로 문학과 연극에서 조롱의 주제가 될 만큼 오래 전부터 악용되었다. 그러나 대륙 차원의 문화적 변화는 분명히 새로운 현상이었다. 관객의 구성은 바르셀로나에서 부다페스트까지 놀랍도록 단일했으며, 제공된 작품도 마찬가지였다. 비판자들이 볼 때, 이러한 현상은 예술과 관객이 서로를 망치고 있다는 명백한 사실을 확인해 줄 뿐이었다.

긴밀하게 결합된 유럽인들의 연합이 그 혜택을 입는 자들을 더욱 세계주의적으로 만들었는지 아니면 단순히 편협한 지방주의들을 서로 뒤섞었는지는 『프랑크푸르터 알게마이네 차이퉁』이나 『파이낸셜 타임스』의 고급 예술 지면에서 다뤄질 문제는 아니었다. 『프랑크푸르터 알게마이네 차이퉁』이나 『파이낸셜 타임스』, 『르 몽드』, 그리고 격은 조금 떨어지지만 이탈리아의 『라 레푸블리카La Repub-blica』는 이제 진정으로 유럽의 신문이 되어 대륙 전역에서 구해 읽을 수 있었다. 대량 배포되는 타블로이드판 무가지만이 여전히 언어와 국경선에 의해 확실히 구분되었다. 그렇지만 이러한 유럽 신문들의 영향력은 어디서나 약했다(영국에서 제일 강했고 스페인에서 제일 약했다). 그래서 대중 언론이 지닌 독특한 국민적 전통의 중요성은 과거만 못했다. 이번에도 영국은 예외이다. 영국에서는 대중 언론이 유럽 혐오의 편견을 부채질하고 이용했기 때문이다. 동유럽과 이베리아 반도에서는 언론이 오랫동안 자유롭지 못했던 까닭에 많은 사람이, 특히 대도시 밖에 거주하던 사람들은 신문 시대를 전혀 경험하지 못했다. 그들은 문맹 시절에서 전자 매체 시대로 직행했다.

전자 매체, 특히 텔레비전은 대다수 유럽인에게 (고급과 저급의) 정보와 지식, 문화의 주된 원천이었다. 영국인은 신문에 그랬듯이 텔레비전에도 매우 강한 애착을 보였다. 시청률은 항상 영국에서 제일 높았고, 포르투갈과 스페인, 이탈리아, 그리고 동유럽 국가들이 그 뒤를 바짝 뒤쫓았다. 전통을 자랑하는 국영 텔레비전 방송국들은 이윤을 추구하는 상업 방송사와 위성 채널들과 시청률 경쟁을 벌여야 했다. 그러나 국영 방송국들은 여전히 놀라울 정도로 높은 시청률을 점유했다. 또한 대체로 일간지의 전례를 따라 외신 보도를 급격하게 줄였다.

그 결과, 20세기가 끝날 무렵 유럽의 텔레비전은 기이한 역설을 보여 주었다. 방송되는 오락 프로그램은 나라마다 차이가 없었다. 수입 영화나 시트콤, 〈리얼리티 쇼〉, 게임 쇼, 기타 자주 등장하는 프로그램은 대륙의 한쪽 끝에서 다른 쪽 끝까지 어디서나 볼 수 있었다. 수입된 프로그램이 재녹음되거나(이탈리아의 경우) 자막을 달거나 원어로 그대로 내버려 두거나(소국이나 다언어 국가들은 점차 이러한 방식을 택했다)의 차이밖에 없었다. 프로그램의 제작 방식은 서로 눈에 띄게 닮았다. 예를 들어 뉴스가 그랬는데, 대부분의 경우에 미국의 뉴스 프로그램 제작 방식을 차용했기 때문이었다.[5]

다른 한편으로 텔레비전은 명백히 국민적인 매체로, 더 나아가 편협한 매체로 남아 있었다. 그래서 이탈리아 텔레비전은 언제부터 시

---

5 그렇지만 아직까지는 백인 남성(주 진행자), 흑인 남성(스포츠), 백인 여성(가벼운 뉴스, 특집 뉴스), 기상 예보 기자(인종과 성별은 선택)의 조합이라는 미국의 의무 규정에 구속받지 않았다.

작되었는지 알 수 없는 버라이어티 쇼, 뉴스 진행자와 잘 생긴 유명인의 과장된 회견, 거의 반라의 젊은 여성들을 잡는 카메라의 각도에서 한눈에 이탈리아 것임을 알 수 있었다. 이웃 나라 오스트리아에서는 진지한 도덕의식이 담긴 토크쇼가 현지에서 제작되었다는 것을 알릴 뿐, 나머지 프로그램들은 거의 전부가 독일에서 제작된 것들로 채워졌다. 스위스에서는(벨기에와 마찬가지로) 나라의 각 지역이 각기 다른 언어를 사용하고 다른 사건들을 보도하며 현저히 다른 방식으로 움직이는 고유의 텔레비전 채널을 보유했다.

영국 방송 공사는 비판자들의 혹독한 말대로 경쟁자인 상업 방송에 대적하려는 의욕이 과한 나머지 앞선 시대에 가졌던 국민의 도덕적 중재자이자 친절한 교사라는 미학과 이상을 포기했다. 그러나 영국 방송 공사는 눈높이를 낮춰 대중화를 지향했는데도(어쩌면 바로 그 때문에) 그 어느 때보다 더 영국적인 특색을 드러냈다. 의심스럽다면 영국 방송 공사의 보도나 토론, 공연을 프랑스의 앙텐 2나 테에프 1의 유사 프로그램과 비교해 보라. 영국 해협의 양쪽에서 변치 않은 것이 변한 것보다 훨씬 더 두드러진다. 지적인 관심사나 정치적인 관심사, 권위와 권력에 대한 대조적인 태도는 반세기 전과 마찬가지로 독특하고 서로 달랐다. 다른 대부분의 집단적 사업들과 공동체적 조직들이 쇠퇴하는 가운데, 텔레비전은 모든 국가의 국민 대중이 공유했다. 그리고 국민적 차이와 높은 수준의 상호 무지를 더욱 강화하는 데 매우 효과적이었다.

주요 위기가 발생할 때를 제외하면 텔레비전 채널은 이웃 나라들의 사건에는 놀라울 정도로 무관심했다. 심지어 텔레비전이 처음 등장했을 때보다도 못했다. 그때는 기술에 매혹되어 있었고 가까운 외국에 대한 호기심이 높았기 때문에 수많은 다큐멘터리들이 제작되었으며 이국적 풍경을 보여 주기 위해 스튜디오 밖에서 촬영하는 경우가 많았다. 그러나 이제 유럽은 당연한 것으로 여겨졌고 귀찮고 빈곤한 남동부만 제외하면 대다수 시청자에게 확실히 이국적이지 않았기에, 유럽 텔레비전의 여행 프로그램 등은 오래전부터 〈세계화〉되어 더 먼 지평으로 관심을 돌렸으며 나머지 유럽은 시들도록 내버려 두었다. 그러나 이 익숙한 영역으로 추정된 유럽은 실상 대체로 미지의 영역이었다.

프랑스의 제국 양식의 공장(公葬), 영국이나 벨기에, 스페인, 노르웨이의 왕가의 결혼과 죽음, 탈공산주의 국가들에서 볼 수 있던 이장(移葬)과 기념식, 대통령의 사과 등 주요 공식 구경거리들은 엄밀하게 지역에 국한된 사건이었으며 국내 시청자에게는 자세히 방송되었으나 타국에서는 대표성 없는 소수 민족만 시청했다.[6] 유럽 타지의 선거 결과는 충격 효과나 대륙적 함의를 지녔을 경우에만 국영 언론 매체를 통해 보도되었다. 유럽인들은 대체로 이웃 나라에서 무슨 일이 벌어지는지 전혀 몰랐다. 유럽 연합 선거에 관한 이상한 무관심은 브뤼셀이 고심해서 내놓은 것을 의심하거나 따분하게 여겼기 때문이 아니었다. 그것은 대다수 유럽인이 지닌 대체로 비유럽적인 정신세계의 자연스러운 부산물이었다.

그러나 유럽 어느 곳에나 보이는 한 가지 예외가 있었다. 스포츠였다. 위성 텔레비전 채널 「유로스포트Eurosport」는 매우 다양한 스포츠 행사를 다양한 유럽 언어로 방송했다. 에스토니아에서 포르투갈까지 모든 국영 텔레비전 방송사는 방송 시간의 상당 부분을 스포츠 경기에 할애했으며, 그중 많은 경기는 유럽 차원의 경기로서 지역대표 팀이나 국가대표 팀도 포함하지 않는 경우가 빈번했다. 20세기의 마지막 몇십 년 사이에 실제로 운동하는 사람의 수는 대체로 줄었는데도, 스포츠 관람의 욕구는 극적으로 성장했다. 지중

6 다이애나 왕세자비의 사망과 우울한 내세는 이 법칙의 예외로 보일 수 있다. 그러나 많은 유럽인들이 텔레비전으로 다이애나의 장례식을 보았지만, 그들은 곧 관심을 잃었다. 기이한 애도의 물결은 순전히 영국만의 일이었다.

해 세 나라에는 전적으로 스포츠만 다루는 대중 일간지의 수요가 있었고 그 인지도도 매우 높았다. 프랑스의 『레퀴프*L'Equipe*』, 스페인의 『마르카*Marca*』, 이탈리아의 『가제타 델로 스포르트*Gazzetta dello Sport*』가 그것이다.

체코 공화국의 아이스하키, 크로아티아와 리투아니아의 농구, 투르 드 프랑스*Tour de France*와 윔블던 테니스 등 많은 나라가 여전히 고유의 국민 스포츠와 스포츠 행사를 자랑했지만, 또한 경우에 따라서는 수백만 명의 관객을 끌어 모으기도 했지만(투르 드 프랑스는 지난 수십 년간 관객이 실제로 증가한 유일한 스포츠 행사였다), 대륙 전체의 관점에서 보면 그 경기들은 소수의 사람들만 즐기는 행사였다. 스페인의 투우는 90년대에 이윤을 추구하는 일종의 〈유산 산업〉으로 부활했지만 스페인 젊은이들에게 더는 매력적이지 않았다. 영국인의 우상과도 같은 하절기 놀이인 크리켓조차 더 다채롭고 흥미롭게 만들려는 노력이 있었음에도 오락의 관점에서는 특정 영역으로 쇠락했다. 유럽을 진정으로 통합한 것은 축구였다.

언제나 그렇지는 않았다. 모든 유럽 국가들이 축구를 즐겼지만, 전후 몇십 년 동안 선수들은 국내에서만 경기를 가졌다. 관중은 국내의 축구 리그를 관람했다. 상대적으로 드물었던 국제 경기는 곳에 따라 감정 실린 군사사의 대리 재연으로 여겨졌다. 예를 들어 그 시기에 영국과 독일, 혹은 독일과 네덜란드의 축구 시합을 관람한 자들은 로마 조약과 〈더 긴밀한 연합〉에 관해 어떤 환상도 품지 않았을 것이다(하물며 폴란드와 러시아의 시합을 관람한 자들은 말해 무엇하겠는가). 관련된 역사적 전거는 당연히 제2차 세계 대전이었다.

종전 직후 몇십 년간 유럽의 여러 나라 선수들은 서로 매우 낯설었으며 일반적으로 경기장 밖에서 만날 일이 전혀 없었다. 1957년 웨일스인 공격수 존 찰스가 6만 7천 파운드라는 전대미문의 금액으로 리즈 유나이티드를 떠나 토리노의 유벤투스에 합류하자 양국 언론은 이를 대서특필했다. 1960년대 말까지도 클럽 선수가 자기 팀에서 외국인을 보기란 매우 어려웠다. 이탈리아만이 예외였다. 이탈리아의 혁신적 감독들은 재능 있는 외국인 선수들을 데려왔다. 1950년대에 영광의 팀이었던 레알 마드리드는 최고의 선수인 페렌츠 푸스카시를 자랑 삼았으나, 그는 전혀 전형적인 사례가 아니었다. 헝가리 국가대표 팀 주장이었던 푸스카시는 소련이 침공하자 부다페스트에서 피신하여 스페인 시민권을 획득했다. 그때까지 푸스카시는 다른 모든 헝가리 축구 선수들처럼 사실상 자신의 조국 밖에서는 알려지지 않았다. 1953년 11월 푸스카시가 헝가리 팀을 이끌고 런던의 웸블리 경기장에 들어섰을 때, 상대팀의 잉글랜드 선수들 중 한 명이 그에 대해 이렇게 말할 정도였다. 〈저 작고 살찐 놈 좀 봐라. 저 녀석을 죽여 버리겠어.〉(헝가리는 6대 3으로 이겼다. 잉글랜드가 홈구장에서 패배한 최초의 경기였다.)

한 세대 뒤, 유벤투스, 리즈, 레알 마드리드, 그리고 유럽의 거의 모든 주요 축구 클럽은 여러 나라 출신 선수들로 구성된 세계주의적 선수 명단을 보유했다. 슬로바키아나 노르웨이 출신의 재능 있는 젊은이가 코시체나 트론헤임에서 국가대표 팀에 이따금 모습을 보이며 꾸준히 경력을 쌓는다면 빅 리그에서 뛰어 볼 희망을 품을 수도 있었다. 그러면 뉴캐슬이나 암스테르담, 바르셀로나에서 명성과 경험 그리고 막대한 연봉을 얻을 수 있었다. 2005년에 잉글랜드 팀 감독은 스웨덴 사람이었다. 21세기가 시작할 때 영국 최고의 축구팀 중 하나인 아스널의 감독은 프랑스인이었다. 이 북 런던 클럽의 주전 선수들은 물론 몇몇 잉글랜드 출신도 있었지만, 프랑스와 독일, 스웨덴, 덴마크, 아이슬란드, 아일랜드, 네덜란드, 스페인, 스위스, 브라질, 코트디부아르, 미국 출신을 포함했다. 축구는 선수나 감독, 관중 모두에게 국경 없는 게임이었다. 맨체스터 유나이티드 같은 인기 클럽들은 경쟁을 통해 얻은 성공을 〈이미지〉로 확장했고, 이 이미지는 랭커셔에서 라트비아에 이르기까지 똑같이 성공리에 판매될 수 있었고 실제로 판매되었다.

잘생긴 외모와 아름다운 아내, 활기찬 사생활을 자랑하는 극소수 축구 스타는 유럽의 공공 생활과 대중 신문에서 그때까지 신인 여배우나 왕가의 미성년자가 맡았던 역할을 대신했다. 재능은 평범했지만 자기 홍보에는 탁월한 능력을 발휘한 영국 출신 축구 선수 데이비드 베컴이 2003년 맨체스터 유나이티드에서 레알 마드리드로 이적했을 때, 이 사건은 유럽 연합의 모든 회원국 텔레비전 뉴스의 헤드라인을 장식했다. 이듬해 포르투갈에서 열린 유럽축구선수권대회에서 베컴은 당혹스러운 실수를 저질렀지만(두 번의 페널티킥을 실축하여 잉글랜드 팀의 치욕적인 조기 귀국을 재촉했다), 팬의 열광은 수그러들지 않았다.

잉글랜드 팀이 중도에 탈락했는데도 영국 텔레비전 시청자들이 영국 축구 팬과는 무관한 작은 나라(포르투갈, 네덜란드, 그리스, 체코 공화국)들의 잔여 경기를 계속 시청했다는 사실은 암시하는 바가 크다. 국제 경기에서는 국기가 나부끼고 관중석이 들썩거리며 경쟁적으로 응원가를 부르는 등 열기가 고조되지만, 어떤 나라의 경기든 상관없이 경기 관람에 대한 공동의 집착은 대개 열렬한 애국심보다 더 중요했다.[7] 그해 여름 포르투갈에서 벌어진 대회의 영국 방송 공사 중계 시청자는 가장 많았을 때 영국에서만 2500만 명이었다. 대회 기간에 공식 〈Euro.com〉 웹 사이트를 방문한 사람은 4천만 명이었고 페이지 뷰는 5억 회에 달했다.

축구는 새로 얻은 인기에 잘 적응했다. 축구는 확실히 평등주의적 오락이었다. 공 이외에는 특별한 장비가 필요하지 않기 때문에 누구나 어디서나 즐길 수 있었다. 이 점에서 테니스나 수영, 육상과 달랐

---

7 악명 높은 예외가 있다. 소수의 독일인과 (특히) 잉글랜드 축구 팬들은 명백히 싸움질을 하러 국제 경기를 찾아다녔다. 다른 사람들은 도저히 이해할 수 없는 짓이었다.

다. 이러한 스포츠들은 일정 수준의 소득이나 유럽의 많은 나라들에서 널리 이용할 수 없는 공공시설을 요구했기 때문이다. 유달리 키가 크다거나 덩치가 좋아도 유리하지 않았다. 오히려 반대였다. 그리고 경기는 그다지 위험하지도 않았다. 축구는 오랫동안 공업 지대의 노동 계급 자녀들에게 급여가 낮은 대안적 직업이었으나, 이제는 교외의 부유한 상류층에 진입하는 수단이었다.

게다가 개별 선수들은 아무리 재능이 뛰어나고 인기가 좋아도 어쩔 수 없이 팀의 일원이었다. 축구는 또한 너무나 단순하기에 미국 야구가 때로 그렇듯이 은유적이고 준형이상학적인 용도로 이용하기 어려웠다. 그리고 경기는 모든 남성에게(점차 모든 여성에게도) 개방되었는데, 이러한 방식은 이를테면 북아메리카의 직업 스포츠 팀 경기에는 적용되지 않았다. 요컨대 축구는 매우 유럽적인 성격의 게임이었다.

축구가 유럽의 대중적 관심의 대상으로서 전쟁뿐만 아니라 정치도 대신했다는 견해가 때로 제시되었다. 축구는 확실히 신문에서 더 많은 지면을 차지했으며, 정치인들은 어디서나 스포츠 영웅들에게 조심스럽게 존경을 표했고 그들의 업적을 익히 알고 있음을 증명했다. 그러나 유럽에서 정치가 그 경쟁 우위를 상실하지는 않았다. 과거의 거대 담론들이(사회주의 대 자본주의, 프롤레타리아 대 소유자, 제국주의자 대 혁명가) 소멸했다고 이것이 곧 공공 정책의 특별한 문제들이 더는 여론을 동원하거나 양분할 수 없었다는 뜻은 아니다. 그러나 정치적 선택과 충성을 전통적인 정당의 관점에서 설명하는 일이 더 어렵게 된 것만은 사실이다.

과거의 정치적 극단주의자들, 즉 극좌파와 극우파는 이제 종종 연합했다. 대표적으로 외국인에 대한 반대와 유럽 통합에 대한 두려움을 통해 결합할 수 있었다. 마치 〈국내〉 자본주의는 국제적 자본주의와 달리 공격적이지 않으며 무엇인가 다른 요소를 지니고 있다는 듯이, 반자본주의는 믿기 어려울 정도로 반세계화로 탈바꿈했다. 반자본주의는 토착 문화 보호를 내세우는 반동주의자들과 과격한 국제주의자 모두에게 매력적이었다. 정치적 주류로 말하자면, 중도 우파와 중도 좌파 사이의 오래된 정당 간 구분은 대체로 자취를 감추었다. 현대의 여러 가지 문제들에서, 예를 들어 스웨덴 사회 민주당과 프랑스 신드골주의자들 사이의 공통점은 각각의 이데올로기적 선배와의 공통점보다 더 많을 수도 있었다. 유럽의 정치 지형은 지난 20년 동안 극적으로 변했다. 비록 〈좌파〉와 〈우파〉의 용어로 사고하는 것이 여전히 관습으로 남아 있지만, 그러한 용어들이 드러내는 의미는 명확하지 않았다.

옛 형태의 정당은 이러한 변화의 희생자 중 하나였다. 앞서 보았듯이 당원 수가 줄어들고 득표수가 하락했다. 다른 희생자는 거의 똑같이 유서 깊은 유럽의 제도, 즉 대중적 지식인이었다. 정치에 관여한 지식인들은 19세기 말에 처음으로 만개했다. 빈과 베를린, 부다페스트, 특히 파리에 테오도어 헤르츨, 카를 크라우스, 레옹 블룸 같은 사람들이 있었다. 백 년 뒤 유럽 무대에서 그들의 후계자라고 할 수 있는 자들은 완전히 사라지지는 않았어도 점차 부차적인 존재가 되었다.

유럽 대륙에서 지식인의 추락은 여러 가지 이유가 있었다. (이 종자는 영국에서는 언제나 흔하지 않았다. 이따금 고립적으로 출현한 자들은 아서 케스틀러나 이사야 벌린처럼 망명의 산물이었다.) 젊은 세대는 중부 유럽과 동유럽에서 일찍이 정치적 지식인을 동원했던 문제들, 즉 마르크스주의나 전체주의, 인권, 이행의 경제학에 짜증스럽고 냉담하게 반응했다. 하벨이나 한때 정치적 영웅이었던 미흐니크 같은 늙은 도덕주의자들은 결정적으로 아무도 찾지 않는 과거와 결합되어 있었다. 언젠가 체스와프 미워시는 순전히 물질적 결과에만 집착하는 미국인에 대한 〈동유럽 지식인의 노여움〉을 말했는데, 이제 그 노여움은 동료 시민들을 겨냥했다.

　서유럽에서 지식인의 훈계 기능이 완전히 사라지지는 않았다. 독일이나 프랑스의 고급 신문 독자들은 여전히 정기적으로 귄터 그라스나 레지스 드브레의 불타는 정치적 설교를 들었다. 그러나 훈계의 목적은 소실되었다. 대중적 도덕주의자들이 악담을 퍼부을 만한 특별한 죄악은 많았으나, 추종자들을 동원할 명분이 되는 전반적인 목적이나 이상은 없었다. 파시즘과 공산주의, 전쟁은 유럽 대륙에서 지워졌다. 더불어 검열과 사형도 사라졌다. 낙태와 피임은 거의 어디서나 가능했으며, 동성애도 자유롭게 허용되고 공개적으로 행해졌다. 세계시장이든 지역 시장이든 고삐 풀린 자본주의 시장의 약탈은 여전히 도처에서 지식인의 공격을 야기했지만, 자신감 있는 반자본주의적 대응 기획이 없는 상황에서 이러한 공격은 철학자보다는 싱크 탱크에 더 적합한 논쟁이었다.

　유럽의 지식인들이 여전히 도덕적 진지함과 보편적 정책 처방을 결합할 수 있었던 유일한 영역은 외교였다. 외교에서는 국내 정책을 결정할 때의 번잡한 타협 과정도 없었고 옳고 그름의 문제, 삶과 죽음의 문제가 여전히 매우 강한 영향을 미쳤다. 유고슬라비아 전쟁 동안 서유럽과 동유럽의 지식인들은 열심히 몽둥이를 휘둘렀다. 파리의 알랭 팽키엘크로 같은 일부 지식인은 크로아티아의 대의를 전심으로 지지했다. 주로 프랑스와 오스트리아의 몇몇은 서방의 개입이 세르비아의 자치권에 대한 미국 주도의 모욕이라고 비난했다. (이들의 주장에 따르면) 개입은 실재하지 않는 범죄를 과장하거나 거짓으로 꾸민 보고에 입각했다. 그렇지만 대다수 지식인은 20년 전에 처음 채택된 인권에 입각한 논거를 확대하고 세르비아인들이 자행한 종족 학살을 강조함으로써 일반적인 원칙에 따라 보스니아나 코소보 개입의 당위성을 역설했다.

　그러나 유고슬라비아의 절박한 상황조차 지식인을 대중 사회의 중심으로 돌려 보낼 수 없었다. 파리의 베르나르앙리 레비는 엘리제 궁의 초청을 받아 대통령과 면담했고, 토니 블레어는 이따금 소수의 혜택받은 기자들과 기타 아첨하는 문인들을 조용한 곳으로 초대하곤 했다. 그러나 이렇게 신중하게 수행된 정치적 이미지 구축 작업은 정책에 아무런 영향을 미치지 못했다. 어쨌거나 프랑스나 영국, 그들의 어떤 동맹국도 생각을 바꾸라는 지식인의 압력에 움직이지 않았다. 공개적으로 활동 중인 지식인들은 한때 여론 형성에 결정적인 역할을 했지만 이제는 그럴 수 없었으며, 이는 2003년 대서양의 불화Atlantic rift에서 명백하게 드러났다.

그해 유럽의 대중은(일부 유럽 정치인들과는 달리) 미국의 이라크 침략과 조지 부시 대통령의 외교 정책에 강력히 반대했다. 그러나 이러한 반대가 토해 낸 걱정과 분노는 비록 유럽의 많은 지식인도 공유하고 표출했지만 그들에 의지하여 표현되거나 조직되지는 않았다. 레비나 파스칼 브뤼크너 같은 몇몇 프랑스 작가는 미국을 비난하지 않았다. 무분별한 반미주의자로 비칠까 두렵기도 했지만, 〈이슬람 근본주의〉에 반대하는 미국의 태도에 공감했기 때문이었다. 이 프랑스 작가들의 견해는 그다지 주목받지 못했다.

한때 영향력 있는 인물이었던 미흐니크와 글뤽스만은 공산주의에 대한 자신들의 초기 저작의 논거를 확대하여 독자들에게 미국의 이라크 정책을 지지하라고 촉구했다. 그 논거에 따르면 어디서든 인권을 보호하기 위한 〈자유주의적 개입〉 정책은 일반적인 원칙에 따라 정당성을 부여받으며, 예전처럼 지금도 미국은 악한 정치 세력과 도덕적 상대주의에 맞선 투쟁의 선봉에 서 있었다. 이들은 미국 대통령이 자신들의 논거에 따라 외교 정책을 수행하고 있다고 확신했기에 종래의 독자들이 자신들을 고립시키고 무시했다는 사실을 알고 진정으로 놀랐다.

그러나 미흐니크나 글뤽스만이 인기가 없었던 것은 그 견해의 특별한 성격과는 전혀 무관했다. 반대의 행로를 밟은 지식인들에게도 동일한 운명이 기다리고 있었기 때문이다. 2003년 5월 31일, 유럽에서 가장 유명한 작가이자 철학자요 지식인인 위르겐 하버마스와 자크 데리다는 『프랑크푸르터 알게마이네 차이퉁』지에 〈우리들의 부활. 전쟁 이후: 유럽의 재탄생Unsere Erneuerung. Nach dem Krieg: Die Wiedergeburt Europas〉이라는 제목의 글을 썼다. 두 사람은 이 글에서 미국의 위험하고 새로운 길은 유럽에 빨리 일어나라는 모닝콜이었다고 주장했다. 유럽인들이 공동의 정체성을 재고하고 함께 공유한 계몽사상의 가치들을 이용하여 세계의 일에서 유럽 특유의 태도를 만들어 낼 기회라는 이야기였다.

이 글과 동시에 서유럽 전역에서 유명한 인사들이 유사한 글들을 발표했다. 움베르토 에코는 『라 레푸블리카』지에, 에코의 동료인 이탈리아 철학자 잔니 바티모는 『라 스탐파』지에, 독일 미술 아카데미의 스위스인 원장 아돌프 무슈크는 『노이에 취르허 차이퉁Neue Zürcher Zeitung』지에, 스페인의 철학자 페르난도 사바테르는 『엘 파이스El País』지에, 외로운 미국인 철학자 리처드 로티는 『쥐트도이체 차이퉁Süddeutsche Zeitung』지에 글을 기고했다. 만약 이토록 명성 높은 지식인들이 그토록 유명한 신문에 동시에 글을 쓴 사건이 앞선 세기의 일이었다면, 그 백 년을 통틀어 중대한 대중적 사건이었을 것이다. 성명서이자 무기를 들라는 호소로서 정치적, 문화적 공동체에 파문을 일으켰을 것이다.

그러나 데리다와 하버마스의 주도적 행위는 많은 유럽인들이 공유한 정서를 분명하게 표현했지만 사실상 아무런 주목도 끌지 못했다. 뉴스로 전해지지도 않았고, 동조자들의 인용도 없었다. 누구도 글쓴이들에게 펜을 들어 앞장서라고 간청하지 않았다. 프랑스와 독일, 벨기에, 그리고 나중에는 스페인도 포함하여 상당히 많은 유럽 국가의 정부들이 이러한 글들에 나타난 견해에 일반적으로 공감했

보리스 옐친과 미하일 고르바초프, 1991년 모스크바. 옐친이 대통령 임기 중에 일으킨 추문도 그의 업적을 가릴 수 없다. 옐친은 고르바초프보다 훨씬 더 빠르게 무슨 일이 일어나고 있는지 이해했으며 특히 제국에 뒤이은 국민 국가의 재출현에 더 빨리 적응했다.

모스크바 최초의 빅맥 위탁 판매 화물, 1990년 1월 1일. 공산주의 체제 이후 공백기에 서구의 상품과 자금이 쏟아져 들어왔다. 그러나 통제되지 않은 경제는 곧 소수 〈과두 지배자들〉의 먹이로 전락했다. 이들은 엄청난 부자가 되었다. 자본주의는 도둑정치였다.

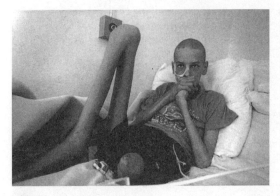

1990년 벨라루스 민스크의 소아암 병동. 1986년의 체르노빌 폭발 사고로 3만 명이 사망했다. 벨라루스인의 4분의 1이 방사능에 오염되었다. 체르노빌 폭발 사고는 소련 역사상 최초의 핵 재앙이 아니었다. 다만 최악이었을 뿐이다.

우즈베키스탄의 아랄해, 1997년 10월. 공산주의 체제의 공업정책은 경제 기능의 마비에 환경에 관한 무책임을 결합했다. 아랄해의 죽음은 바이칼호의 오염처럼 생태 재앙이었고 미래에 설정된 엄청난 저당이었다.

1991년 9월 (우크라이나가 독립한 지 한 주 뒤에) 키예프의 시위대가 내무인민위원회에 희생된 자들의 사진을 들고 있다. 소련의 억압에 대한 기억은 특히 우크라이나에서 강했다. 스탈린이 우크라이나를 징벌하기 위해 유도한 기근은 가히 종족 학살에 가까웠다.

1996년 부쿠레슈티의 집시(로마족). 대략 5백만 명의 집시가 유럽에 살았는데, 루마니아에 거주한 집시만 적어도 2백만 명은 되었다. 집시는 어디서나 편견과 학대에 시달렸다. (또는 영국의 경우처럼 입국이 금지되었다.)

이 루마니아 여인은 8백 달러에 매물로 나왔다. 2002년 12월, 부쿠레슈티. 동유럽인의 성매매는 유행이었다. 범죄 조직들이 루마니아와 옛 소련 지역 출신의 소녀들을 속이거나 유괴하여 서유럽과 발칸 지역에서 매춘을 시켰다.

헝가리는 유럽 연합 가입을 기다리면서 차선책으로 1999년 북대서양 조약 기구에 합류했다. 그리고 즉시(다소 마지못해) 코소보 전쟁에 투입되었다. 1997년 부다페스트 국제 박람회의 북대서양 조약 기구 전시실 위에 현수막이 걸려 있다. 〈북대서양 조약 기구의 출입문.〉

1989년 6월 〈코소보 전투〉 6백 주년을 기념하는 세르비아인들. 코소보는 튀르크인의 전진을 막는 중세 세르비아의 마지막 거점이었다. 슬로보단 밀로셰비치는 의도적으로 역사적 불만을 자극하여 세르비아의 〈민족적, 정신적 통합〉을 수호하겠다고 약속했다.

1995년 7월의 스레브레니차 학살의 희생자들. 무장한 네덜란드 군인으로 구성된 국제연합 평화 유지군 파견대가 지켜보는 가운데, 라트코 믈라디치가 지휘하는 세르비아의 비정규군은 도시에서 7400명의 남성과 소년을 끌어내 사살했다.

코소보의 알바니아인들, 1999년 3월 21일. 밀로셰비치는 유고슬라비아 전쟁의 마지막 국면에서 알바니아 사회에 떠나라고 위협했다. 이 노골적인 민족정화의 연습은 뒤늦게 북대서양조약기구의 무력 개입을, 그 역사의 첫 번째 무력 개입을 촉발했다.

무슬림이 압도적 다수인 소아시아의 터키는 명백히 유럽적인 〈소명〉을 지녔다. 2004년 12월, 유럽 연합 가입 회담 개시 일자를 받은 후 앙카라로 귀국하는 총리 에르도안을 지지자들이 터키와 유럽 연합 깃발을 흔들며 환영하고 있다.

유럽 연합의 창설 회원국인 프랑스는 2005년 5월에 국민투표로 〈유럽헌법〉을 거부했다. 일부 프랑스 유권자는 유럽의 규제를 지나치게 두려워하지 않았고, 일부는 과도하게 두려워했다. 많은 프랑스인은 너무 많은 유럽을, 특히 터키를 두려워했다.

오스트리아 극우 정당인 자유 당의 지도자 외르크 하이더. 하이더는 때로 실수도 했지만 다른 정당들과 〈외국인 떨거지 들〉을 공격하면서도 오스트리아 나치의 과거로부터 거리를 두는 데 성공했다. 설명문은 이렇게 쓰여 있다. 〈그는 당신에게 거짓말을 하지 않았다!〉

〈덴마크 인이여, 투표하라!〉 피아 키에르스고르의 덴마크 인 민당은 2001년 선거에서 12퍼센트를 얻었다. 스칸디나비아에서도 새로운 대중주의는 주류 정당들에 보호시설과 외국인의 권리를 제한하여 〈단호함〉을 보여 주라고 촉구했다.

토니 블레어의 유럽 〈모델〉과 자유로운 시장 사이의 〈제3의 길〉은, 영국과 미국의 〈특별한 관계〉와 유럽 연합 사이에서 균형을 잡으려는 그의 노력처럼, 성공에 한계가 있었다. 많은 영국인은 기회가 주어지자 대륙식의 의료보호를 요구했다.

스페인의 종족차별주의에 항의하는 모로코인들, 2000년 2월 안달루시아의 도시 알메리아. 서유럽의 여러 곳이 점차 다문화 지역이 되었는데도, 권리의 침해와 긴장의 빈도는 여전히 높았다. 특히 비유럽인의 침투 경로가 된 유럽 연합의 지중해 변경에서 높았다.

1997년 피렌체, 산타 마리아 노벨라 성당 앞의 소말리아인들. 2000년이면 유럽 연합의 무슬림은 약 1500만 명에 달한다. 이슬람교는 유럽에서 가장 빨리 성장하는 종교였다. 이는 기독교 유럽의 제국이 남긴 얄궂은 유산이었다.

1942년 7월에 체포된 1만 3천 명의 파리 유대인을 추모하는 기념식의 자크 시라크. 시라크는 프랑스가 최종해결에서 수행한 역할을 인정한 프랑스 최초의 대통령이었다. 이는 그의 명성에 일조했다. 시라크는 기념일이 〈프랑스인의 애도와 수치〉의 날이라고 선언했다.

아우슈비츠 해방 16주년 기념일에 연설하는 독일 총리 게르하르트 슈뢰더. 전시 유럽 유대인 절멸은 종전 직후에는 분명히 대중의 인식에서 사라졌지만 이제 유럽의 공식적인 기억에서, 독일뿐만 아니라 여러 곳에서, 가장 중요한 요소가 되었다.

다는 점에는 의심의 여지가 없다. 그러나 데리다나 에코 같은 교수들을 초청하여 의논한 정부는 하나도 없었다. 입만 아팠을 따름이다. 드레퓌스 사건 이후 100년, 장폴 사르트르의 신격화 이후 50년 만에 유럽의 주요 지식인들이 탄원서를 내던졌다. 그리고 아무도 뒤를 잇지 않았다.

제2차 세계 대전이 끝나고 60년이 지나서 유럽과 미국의 대서양 동맹은 혼란에 빠졌다. 이런 상황은 냉전 종식의 결과로서 이미 예견되었다. 북대서양 조약 기구의 해체나 포기는 누구도 원치 않았지만, 기존 형태는 의미가 없었고 미래의 목표도 모호했다. 대서양동맹은 유고슬라비아 전쟁 중에 더 심하게 병들었다. 미국의 장군들은 마지못해 참여했고 전장에서 실질적인 도움이 못 되었던 유럽의 장군들과 의사 결정권을 공유하는 것에 분개했다.

특히 북대서양 조약 기구는 2001년 9월 11일의 공격에 대한 미국의 반응에 전례 없는 중압감을 느꼈다. 미국은 부시 대통령의 비타협적이고 분별없는 일방주의(《우리 편이 아니면 적이다》)와 북대서양 조약 기구 동맹국의 지원 의사를 무시한 것, 그리고 국제 사회가 압도적으로 반대하고 국제 연합의 위임이 없는 상태에서 이라크 전쟁에 돌입한 것 등으로 이제 확실히, 그들이 무기한 전쟁을 선포하여 맞서 싸우겠다고 한 〈테러〉 못지않게, 세계의 평화와 안전을 해치는 주된 위협으로 여겨졌다.

미국 국방장관 도널드 럼스펠드가 미국의 유럽 동맹국들을 이간하기 위해 2003년 봄에 확인했다고 주장한 〈구유럽과 신유럽〉의 구분은 유럽 내부의 분열을 전혀 설명하지 못했으며, 그 목적을 심하게 오해했다. 미국은 오직 폴란드에서만 대중의 든든한 존경과 지지를 얻을 수 있었다. 구유럽이든 신유럽이든 유럽의 다른 모든 곳에서는 미국의 이라크 정책과 그 밖의 많은 것들이 철저히 혐오를 받았다.[8] 유럽이 그토록 힘들게 행동을 함께하게 된 지는 겨우 몇 년 밖에 지나지 않았다. 그런 상황에서 미국의 일개 고위 공무원이 유럽인들을 이런 식으로 분열시키려 했다는 사실 때문에 많은 사람들은 이제 유럽이 직면한 가장 심각한 문제는 미국이라고 결론짓게 되었다.

북대서양 조약 기구는 미국의 도움 없이는 자위가 불가능했던 유럽의 무능력을 보완하기 위해 설립되었다. 유럽이 계속해서 자체의 실질적인 군사력을 확립하는 데 실패했기 때문에 북대서양 조약 기구에는 할 일이 남아 있었다. 유럽 연합은 1993년 마스트리흐트 조약과 더불어 공동 외교안보 정책의 필요성을 최소한 인정하기는 했다. 그렇지만 그 정책의 성격이 무엇인지, 어떻게 결정하고 이행해야 할지는 여전히 모호했다. 그러나 이후 10년 동안 유럽 연합은 중재와 평화 유지의 임무를 맡은 6만 명 규모의 신속대응군을 설립하기에 이르렀다. 유럽 정부들은 또한 프랑스의 강권에 따라 역외에서 북대서양 조약 기구와는 별도로 활동할 수 있는 자율적인 방위 조직을 설립한다는 데 거의 합의했다. 미국은 분명히 곤혹스러웠다.

그러나 대서양의 불화는 군대에 관한 의견 차이 때문이 아니었다. 유럽 연합이 미국 의회와 미국의 개별 제조업체들에 자신들의 기준과 규제에 따르도록 효과적으로 압력을 가하거나 시장에서 위험 요소를 몰아 낼 수 있을 만큼 커지기는 했지만(미국의 여러 의원들과 사업가들을 놀라게 한 발전이었다), 그 불화가 경제적인 것도 아니었다. 유럽은 이제 미국의 그늘 밑에 있지 않았을 뿐만 아니라, 관계

8 2003년 1월, 스페인 총리와 영국 총리의 주도로 8개 유럽 정부가(영국, 스페인, 포르투갈, 덴마크, 이탈리아, 폴란드, 헝가리, 체코 공화국) 친미연대 공동 선언에 서명했다. 몇 달 안에 헝가리와 체코는 스페인 총리 호세 마리아 아스나르가 〈들볶아〉 서명하게 되었다고 개별적으로 유감을 표명했다. 한 해 뒤 아스나르는 스페인 유권자들에 의해 총리직에서 쫓겨났다. 주된 이유는 국민 절대 다수가 반대한 이라크 침공 〈동맹〉에 스페인을 끌어들인 것이었다.

자체가 역전되었다. 유럽의 미국 직접 투자는 2000년에 9천억 달러에 달했고 반면 미국의 유럽 직접 투자는 6500억 달러에 못 미쳤다. 미국 내 외국인 투자의 약 70퍼센트가 유럽 자금이었으며, 상당히 많은 미국의 상징적 제품들을 유럽의 다국적 기업이 소유했다. 그중에는 브룩스 브라더스Brooks Brothers, 랜덤하우스Random House, 켄트 시거렛츠Kent Cigarettes, 펜즈오일Pennzoil, 버즈 아이Bird's Eye, 로스앤젤레스 다저스Los Angeles Dodgers 야구팀이 포함된다.

그렇지만 경제적 경쟁은 아무리 심해도 서로 밀접하게 연관되어 있다는 표시였다. 두 대륙이 실제로 분리된 까닭은 〈가치〉에 관한 견해 차이의 심화에 있었다. 『르 몽드』지는 이를 〈대서양 양안의 가치 공동체가 무너지고 있다〉고 표현했다. 유럽 측에서 볼 때, 냉전을 거치면서 피상적이나마 친숙해졌던 미국이 이제 매우 차츰 이질적으로 보였다. 점점 더 세력을 넓혀 가는 미국인들의 광신적인 신앙을 대다수 유럽 기독교도는(독실한 무슬림만큼은 아니겠지만) 이해할 수 없었다. 미국인들은 개인용 권총을 좋아하고 심지어 반자동 소총으로 완벽하게 무장하기도 했기 때문에, 미국의 삶은 위험스럽고 무정부적으로 비쳤다. 또한 아무런 변명도 없이 빈번히 사형이 집행되었기에 압도적 다수의 유럽인 관찰자들에게 미국은 현대 문명의 범위 밖에 있는 것으로 보였다.[9]

여기에 점점 더 심해지는 미국의 국제 조약 무시, 지구 온난화에서 국제법에 이르기까지 모든 것에 대한 편협한 시각, 그리고 특히 이스라엘과 팔레스타인 사태에서 보여 준 당파적 태도를 덧붙여야 한다. 2000년에 조지 부시가 대통령에 당선된 뒤 미국의 정책은 이 중 어느 점에서도 방향을 완전히 바꾸지 않았다. 대서양 사이에 틈

9 〈그렇다. 미국인들은 《네 이웃을 사랑하라》는 게시판을 엄청나게 걸어놓았지만 이웃을 살해하고 강간했으며, 그것이 어느 정도인지 안다면 유럽의 국민은 충격에 빠질 것이다.〉 T. R. Reid, *The United States of Europe* (NY, 2004), p. 218.

이 벌어지기 시작한 시점은 훨씬 전이었다. 그렇지만 새로운 행정부의 더 사나운 논조는 많은 유럽인 평자들에게 이미 의심했던 바를 거듭 확인시켰다. 이러한 사실들은 개별 정책에 관한 단순한 의견 불일치가 아니었다. 근본적인 문화적 대립의 증거임이 분명해졌다.

미국이 문화적으로 다르다는, 또는 열등하다거나 위협적이라는 생각은 전혀 새롭지 않았다. 1983년에 프랑스 문화부장관 자크 랑은 시청률이 높았던 텔레비전 연속극 「댈러스Dallas」가 프랑스와 유럽의 정체성에 심각한 위협이 된다고 경고했다. 9년 뒤, 프랑스의 극장에서 「쥐라기 공원Jurassic Park」이 상영되었을 때 랑의 견해는 그의 뒤를 이은 어느 보수파 인사의 편지에 그대로 되풀이되었다. 1992년 봄에 유로디즈니EuroDisney가 개장했을 때 파리의 급진적 연극 연출가인 아리안 므누슈킨은 한 걸음 더 나아가 놀이공원이 〈문화적 체르노빌〉로 판명될 것이라고 경고했다. 그러나 이 말은 지적 교만과 문화적 불안감에 다른 곳과 마찬가지로 프랑스에도 존재했던 쇼비니스트의 향수가 혼합된 것이었다. 노르망디 상륙 작전 50주년 기념일에 옛 파시스트들의 국민동맹 지도자인 잔프랑코 피니는 이탈리아 일간지 『라 스탐파』에서 이렇게 이야기했다. 〈내가 미군의 상륙으로 유럽이 문화적 정체성의 일부를 상실하지는 않았는지 의심한다는 것을 파시즘의 정당화로 오해하지 않기 바란다.〉

21세기 초의 상황에서 새로운 것은 그러한 감정이 점차 흔해졌으며 과격한 지식인이나 정치인 집단으로부터 유럽인의 깊숙한 삶 속으로 이동했다는 점이었다. 동시대 유럽에 존재하는 반미 정서는 베트남 전쟁이 진행되던 동안이나 1980년대 초 평화 운동이 최고조에 달했을 때보다 훨씬 더 깊고 넓었다. 대부분의 나라에서 대다수가 여전히 대서양 양안의 관계가 지속될 수 있다고 믿었지만, 2004년에 유럽인 다섯 명 중 세 명은 미국이 세계에서 강력한 리더십을 행사하는 것이 〈바람직하지 않다〉고 생각했다(그 비율은 몇몇 나라에서, 특히 스페인과 슬로바키아에서 이례적으로 높았고 터키의 경우는 충격적일 정도였다).

부분적인 이유는 전임자였던 빌 클린턴이 호의를 얻은 데 반해 조지 부시의 정책과 인물 됨됨이에 대한 반감이 컸기 때문이다. 그러나 많은 유럽인은 1960년대의 린든 존슨 대통령에게도 분노했다. 그렇지만 동남아시아의 전쟁에 대한 판단은 대개 미국이나 미국인 일반에 대한 혐오로 바뀌지 않았다. 40년이 흐른 지금 많은 사람이 주장하듯, 대륙 전역에는 향후 미국이 차지할 자리나 미국이 여태까지 늘 차지했던 자리에는 무엇인가 잘못된 점이 있다는 느낌이 널리 퍼져 있었다(여기에는 자국 총리가 동맹국인 미국에 열정적으로 공감하는 데 분노하고 반대했던 다수의 영국인이 포함된다).

실제로 유럽의 〈비미국적〉 특성으로 추정되었던 것들은 유럽인의 자기 정체성에서 빠르게 최대공약수가 되고 있었다. 유럽적 가치는 미국적 가치와 뚜렷한 차이를 보였다. 유럽은 미국이 아닌 모든 것이었다. 아니면 그렇게 되도록 노력해야 했다. 1998년 11월, 프랑스와 독일의 합작 회사인 문화예술 전문 텔레비전 방송국 아르테Arte의 사장 제롬 클레망은 〈유럽의 창의성〉이 미국 물질주의의 세이렌에 맞설 유일한 보루라고 경고하며 공산주의 체제 이후의 프라하를 문제의 사례로 지적했다. 프라하는 규제가 풀린 시장과 이윤의 유혹에 사로잡혀 〈죽도록 자유로운 유토피아〉에 굴복할 위험에 처해 있었다.

프라하는 공산주의 체제가 몰락한 직후에 다른 동유럽 지역처럼 개인의 자유에서 물질적 풍요까지 미국적인 모든 것을 동경한 죄를 틀림없이 인정했을 것이다. 그리고 탈린에서 류블랴나까지 동유럽의 수도를 방문하는 사람이라면 누구나 정력적인 새로운 엘리트들을 놓칠 수 없었다. 멋진 옷을 차려입은 이 젊은 남녀들은 바쁘게 약속 장소를 찾아다니며 값비싼 새 차를 타고 원정 쇼핑을 다니고 클레망의 악몽에 등장하는 죽도록 자유로운 유토피아를 만끽했다. 그러나 동유럽인조차도 미국 모델을 멀리하고 있었다. 한편으로는 유럽 연합에 새로이 가입한 것에 대한 존중의 표시였으며, 다른 한편으로는 미국 대외정책의 몇 가지 측면에 대한 반감이 증대했기 때문이었다. 그러나 점차 주된 이유로 나타난 것은 미국이 경제 체제와 사회 모델로서 더는 자명한 미래가 아니라는 사실이었다.[10]

동유럽에서 극단적인 반미주의는 소수파로 남았다. 불가리아나 헝가리 같은 나라들에서 반미주의는 이제 민족공산주의에 대한 향수를 표현하는, 정치적으로 수용 가능한 간접적인 방법이었다. 그리고 과거에도 종종 그랬듯이 그것은 반유대주의의 유용한 대용물이었다. 그러나 주류 평론가와 정치인 중에서도 미국의 제도나 관행을 영감의 원천이나 모방 대상으로 치켜세우는 일은 이제 드물었다. 미국은 오랫동안 유럽의 미래였다. 그러나 이제는 단지 다른 장소의 하나일 뿐이었다. 많은 젊은이가 여전히 미국으로 건너가는 꿈을 꾸었음은 분명하다. 그러나 캘리포니아에서 몇 년 동안 일했던 어느 헝가리 사람은 기자에게 이렇게 설명했다. 〈미국은 젊고 혼자일 때 갈 만한 곳이다. 그러나 성인이 되어서는 유럽으로 돌아와야 한다.〉

영원한 젊음과 모험의 땅이라는 미국의 이미지는 위험을 싫어하고 중년에 좋은 관대한 낙원이라는 20세기 유럽의 이미지와 더불어 널리 퍼졌다. 특히 미국에서 그러한 인식이 강했다. 그리고 실제로 유럽은 점점 더 늙어 가고 있었다. 2004년 전 세계에서 60세 이상 인구의 비율이 가장 높은 스무 개 나라 중에서 유럽 밖의 나라는 일본 단 하나뿐이었다. 많은 유럽 국가에서 출생률은 인구보충출생률에

---

10 동유럽의 신흥 사업가들은 유럽인이 먹고 입고 전화하고 운전하는 모습에 주목해야 했다. 이제 현대적이기 위해 미국을 모방할 필요는 없었다. 오히려 반대였다. 미국산 소비재는 종종 〈촌스럽거나 몰개성적〉이라고 무시당했다.

한참 못 미쳤다. 스페인과 그리스, 폴란드, 독일, 스웨덴에서 출생률은 1.4명 미만이었다. 동유럽의 일부 지역에서는(예를 들면 불가리아와 라트비아, 슬로베니아) 1.1명에 가까워 세계 최저였다. 이러한 자료를 기준으로 2040년까지 내다보면 많은 유럽 국가들의 인구가 5분의 1 이상 감소하리라고 예상할 수 있었다.

출생률 하락을 설명하는 전통적인 방식들은 유럽의 인구 위기에는 전혀 적합하지 않았다. 몰도바 같은 가난한 나라들과 덴마크 같은 부자 나라가 똑같은 도전에 직면했기 때문이다. 이탈리아나 스페인 같은 가톨릭 국가에서 젊은 사람들은(기혼이든 미혼이든 상관없이) 서른 살이 한참 넘어서도 부모 집에 사는 경우가 많았던 반면 루터교 지역인 스웨덴의 젊은이들은 자기 집을 갖고 있었고 국가는 자녀 양육비와 출산 휴가를 충분히 제공했다. 그러나 스칸디나비아의 출생률이 지중해 유럽보다 약간 높았지만, 출생률의 차이보다 다른 유사점이 더 두드러졌다. 출생률 수치는 어디서든 더 낮아질 상황이었다. 유럽 밖에서 온 이민자들만 예외였다. 이들은 자식을 낳으려는 성향이 강했고 실제로 인구를 늘렸다. 1960년 독일에서 부모 중 한 명이 외국인인 경우에 태어난 아이의 수는 전체 신생아의 1.3퍼센트에 불과했으나, 40년 뒤 그 수치는 신생아 다섯 명 중 한 명으로 늘었다.

유럽의 인구 상황은 사실상 대서양 건너편과 크게 다르지 않았다. 21세기가 시작될 때 본토 미국인의 출생률은 인구 보충 출생률 밑으로 하락했다. 차이가 있다면 유입 이민자가 훨씬 더 많았기 때문에(그리고 젊은 성인이 압도적으로 많았기 때문에) 가까운 미래에는 미국의 출생률이 유럽보다 크게 높을 것으로 보였다는 사실이다. 그리고 인구상의 골짜기가 미국과 유럽 모두 다가올 미래에 공적 연금과 여타 책무를 충족하기가 어려울 것임을 의미했지만, 비교할 수 없을 정도로 더 관대한 유럽의 복지 제도가 더 큰 위협에 처할 것이었다.

　유럽인들은 아주 분명한 딜레마에 빠졌다. 연금 수령자에 들어가는 비용은 점점 더 커지고 있는데 이를 부담하기에 충분할 만큼 일하는 젊은이들이 없다면 무슨 일이 벌어질까? 연금 수령자들은 이전보다 훨씬 더 오래 살고 세금을 내지 않으며 게다가 의료비 부담을 가중시킬 것이다.[11] 한 가지 해답은 퇴직 연금을 줄이는 것이었다. 또 하나의 해답은 연금 지급 시점을 늦추는 것이었다. 다시 말해 사람들을 더 오래 일하게 만든 후에 은퇴하게 하는 방법이었다. 세 번째 대안은 현재 일하는 사람들의 급여에서 더 많은 세금을 거두는 방안이었다. 네 번째는 오직 영국에서만(우려 속에) 고려되었는데, 미국을 모방하여 사람들에게 민간 부문의 사회 보험에 의지하라고 권고하거나 강요하는 것이었다. 이 모든 선택의 대안들은 정치적 폭발의 잠재력을 지녔다.

　유럽의 복지 국가를 비판하는 많은 자유 시장주의자들에게 유럽의 당면 핵심 문제는 인구 감소가 아니라 경제의 경직성이었다. 노동자가 충분하지 않다거나 장래 충분하지 않을 가능성이 있다는 것은 문제될 것이 없었다. 진짜 문제는 노동자의 임금과 일자리를 보호하거나 실업수당과 연금을 보장하는 법률이 너무 많아서 노동 유인이 전혀 없다는 사실이었다. 이 〈노동 시장의 경직성〉 문제를 처리하고 고비용의 사회 보장을 축소하거나 민영화하면, 더 많은 사람들을 노동 시장에 투입할 수 있으며, 고용주와 납세자의 부담은 경감될 것이고 〈유럽 경화증Eurosclerosis〉도 극복할 수 있다는 것이다.

　이러한 진단은 옳기도 하고 그르기도 했다. 전후 호황의 절정기에 협상을 통해 고착된 복지 국가의 일부 보상이 이제 심각한 부담이 되었다는 데에는 의문의 여지가 없었다. 실직한 독일 노동자는 마지

11　1960년 프랑스에는 연금 수령자 일인당 일하는 사람은 네 명이었으나, 2000년에는 두 명으로 줄었고, 이 추세가 계속된다면 2020년에는 단 한 명이 된다.

막으로 받았던 임금의 60퍼센트를(아이가 있으면 67퍼센트) 32개월간 받을 권리가 있었다. 그 후에는 월 급여가 마지막 임금의 53퍼센트(또는 57퍼센트)로 하락하지만, 무기한 받게 되어 있었다. 이러한 안정망 탓에 사람들이 유급 일자리를 찾지 않는지는 분명하지 않았다. 그러나 대가가 상당하다는 점만은 확실했다. 고용된 노동자의 이익을 보호하기 위해 마련된 규제의 어두운 측면 때문에 대부분의 유럽 연합 국가에서(특히 프랑스에서) 고용주들은 정규 노동자를 해고하기가 어려웠다. 그 결과 고용을 주저하게 되고, 그래서 청년 실업률을 해결하기가 쉽지 않았다.

반면, 유럽 경제가 미국의 기준으로 볼 때 규제가 심하고 유연성이 부족하다고 해서 비효율적이라거나 비생산적이라는 뜻은 아니었다. 2003년 스위스와 덴마크, 오스트리아, 이탈리아의 경제는 노동 시간당 생산성의 척도로 측정했을 때 전부 미국에 견줄 만했다. 같은 기준으로 아일랜드와 벨기에, 노르웨이, 네덜란드, 프랑스는 모두 미국을 능가했다. 그럼에도 미국의 생산성이 전체적으로 더 높았다면, 미국인들이 더 좋은 상품을 만들고 더 나은 서비스를 제공하고 더 많은 돈을 벌었다면, 이는 미국인들 중에 유급 직업을 갖고 일하는 사람의 비율이 더 높았기 때문이다. 말하자면 미국인들이 유럽인들보다 더 오래(2000년에 연평균 300시간을 더) 일했고 휴가는 더 적고 더 짧았다.

영국인은 법적으로 연간 23일의 유급 휴가를 사용할 권리가 있고 프랑스인은 25일, 스웨덴인은 30일 이상의 유급 휴가를 즐길 수 있었던 반면, 많은 미국인의 유급 휴가는 그 절반에도 미치지 못했다. 유럽인은 마음먹기에 따라 적게 일하고 적게 벌기를 그리고 더 잘 살기를 선택할 수 있었다. 유럽인은 (영미의 비판자들의 눈에는 성장과 혁신의 또 다른 장애물인) 유례없이 높은 세금의 대가로 무료나 거의 무료에 가까운 의료 서비스를 받았으며 빨리 은퇴했고 막대한 사회 복지와 공공 서비스를 보장받았다. 또한 중등학교를 통해 미국인 적게 소비하면서도)[12] 더 건강했고, 가난한 사람도 훨씬 더 적었다.

이것이 바로 〈유럽식 사회 모델〉이었다. 이것이 고비용 모델이라는 점은 분명했다. 그렇지만 대다수 유럽인에게 직업의 안정과 누진세, 대규모 사회적 이전 지출에 대한 약속은 시민 상호 간의 약속인 동시에 정부와 시민 사이의 약속을 의미했다. 매년 실시되는 〈유로바로미터Eurobarometer〉[13]의 여론 조사에 따르면, 절대다수의 유럽인이 빈곤의 원인은 개인의 무능력이 아니라 사회적 환경이라는 견해를 갖고 있었다. 이들에게는 또한 빈곤을 완화하는 데 쓰인다면 기꺼이 더 많은 세금을 납부하겠다는 의지가 있었다.

예상할 수 있는 일이지만, 이러한 정서는 스칸디나비아에 널리 퍼졌다. 그렇지만 영국이나 이탈리아, 스페인에서도 거의 마찬가지로 이러한 정서가 일반적이었다. 국가는 불운이나 시장의 위험으로부터 시민을 보호할 의무가 있다는 데 대해서 폭넓은 국제적, 계급 간 합의가 존재했다. 회사도 국가도 직원을 하찮은 생산 단위로 대우해서는 안 되었다. 사회적 책임과 경제적 이익이 상호 배제 관계에 있어서는 안 되었다. 〈성장〉은 추구할 만한 것이지만 어떤 비용을 치르고라도 얻어야 할 것은 아니었다.

이 유럽모델의 양태는 다양했다. 〈북유럽〉 모델, 〈라인란트〉 모델, 〈가톨릭〉 모델이 있었고, 각각의 내부에 여러 변이가 존재했다. 이들의 공통점은 별개의 서비스나 경제적 관행, 특정 수준의 국가 개입

12 2004년에 스웨덴의 보건 비용은 국내 총생산의 8퍼센트였는데 미국에서는 14퍼센트였다. 스웨덴에서는 비용의 5분의 4를 정부가 부담했는데, 미국 연방정부의 부담률은 45퍼센트였다. 나머지는 미국의 기업가들과 고용인들이 직접 부담했다. 4500만 명의 미국인이 건강보험의 혜택을 받지 못했다.

13 유럽 공동체 시절인 1973년부터 집행위원회를 대표하여 시행된 일련의 연구 조사. 원래는 공동체 내의 정보와 의사소통 개선이 목적이었으나 현재는 유럽 연합과 관련된 다양한 문제들에 관해 여론을 확인하는 수단으로 쓰인다 — 옮긴이주.

이 아니었다. 그것은, 문서와 법률에 명시된 경우도 있고 그렇지 않은 경우도 있었지만, 현대 국가에 적합하고 실행 가능한 사회적 권리들, 시민적 연대, 집단적 책임의 균형에 대한 인식이었다. 전체적인 결과는 이를테면 이탈리아와 스웨덴에서 전혀 다르게 보일 수 있다. 그러나 많은 시민은 그 사회적 합의가 공식적 구속력을 갖는다고 보았다. 2004년 독일의 사회 민주당 총리가 자국의 복지 지출에 변화를 가져왔을 때 사회적 항의가 대폭발했다. 10년 전에 프랑스에 유사한 개혁을 제안했던 드골주의 정부의 경우와 마찬가지였다.

1980년대 이후 늘 유럽식 사회적 연대와 미국식 경제적 유연성 사이에서 선택해야 하는 문제를 해결하려는 다양한 시도가 있었다. 젊은 세대의 경제학자들과 기업가들은 정치인들에게 절차를 〈간소화〉하고 경쟁을 장려할 필요가 있다는 점을 인식시켰다. 그들 중 일부는 미국의 경영대학원을 다녔거나 미국 회사에서 일한 경험이 있고 유럽이 제공하는 사업 환경의 경직성에 실망한 자들이었다. 프랑스의 〈미국적 좌파Gauche Américaine〉는(이름이 적절하다) 그 사회적 양심은 유지한 채 좌파를 반자본주의 콤플렉스에서 해방하는 일에 착수했다. 스칸디나비아에서는 사회 민주당 내부에서도 높은 세금의 방해 효과가(언제나 인정된 것은 아니다) 토론에 부쳐졌다. 우파는 복지의 대의를 인정하게 되었고, 좌파는 이윤의 장점을 인식하게 되었다.

동시에 일어나지는 않았지만, 양측의 장점을 결합하려는 노력은 백 년 이상 서유럽 정치의 핵심을 형성했던 자본주의와 사회주의 사이의 소멸한 논쟁을 대체할 기획의 모색과 중첩되었다. 결과적으로 1990년대 말에 짧은 시기 동안 이른바 〈제3의 길〉이 등장했다. 표면적으로 제3의 길은 구속받지 않는 자본주의적 생산에 대한 열정을 사회적 성과와 집단 이익에 대한 적절한 고려와 혼합했다. 이는 전혀 새롭지 않았다. 1950년 루트비히 에르하르트가 제안한 〈사회적 시장 경제Soziale Marktwirtschaft〉별반 다르지 않았다. 그러나 정치, 특히 탈이데올로기 시대의 정치는 형식form에 관한 것이었고, 평자들의 논평을 유도했던 것은 바로 그 제3의 길이라는 형식이었다. 빌 클린턴이 좌파와 우파 사이에서 성공적으로 보여 준 〈삼각 균형〉을 모델로 했던 제3의 길은 특히 신노동당의 토니 블레어가 명료하게 표현했다.

　물론 블레어는 때와 장소에서 몇 가지 분명한 이점을 지녔다. 영국에서 마거릿 대처가 정치의 골대를 우파 쪽으로 많이 이동시켰고, 노동당 지도부의 블레어 전임자들은 당의 옛 좌파를 파괴하는 어려운 일을 수행했다. 그러므로 대처 이후의 환경에서 블레어는 단지 잘 확충된 공공 서비스가 바람직하다는 점을 긍정적으로 언급한 것만으로도 그럴듯하게 진보적이고 〈유럽적〉인 듯이 비쳤고, 동시에 짐짓 널리 눈에 띄도록 민간 부문을 칭찬하고 정책을 통해 기업에 유리한 환경을 조성하려 함으로써 〈미국〉 진영에서 확고한 지위를 획득했다. 블레어는 영국을 유럽의 테두리 안으로 이끌겠다고 열심히 이야기했지만, 유럽의 사회적 보호 법률과 유럽 연합의 〈단일 시장〉에 내재된 금융상의 조화를 면제받아야 한다고 계속 주장했다.

　제3의 길은 경제적, 사회적 궁지에서 벗어나는 실용적 해결책인 동시에 몇십 년 동안 이론적 정체를 겪은 후에 등장한 개념상의 중요한 약진으로 제시되었다. 대륙의 찬미자들은 자국 과거의 유산된 〈제3의 길〉, 특히 1930년대의 대중 파시즘이 걸었던 〈제3의 길〉을 망각한 채 이러한 개념의 도입에 열을 올렸다. 유럽 연합 집행 위원회는 자크 들로르가 의장을 맡고 있을 당시에(1985~1995) 규범과 규칙을 고안하고 부과하는 데 어느 정도 열중한 것처럼 보였다. 페이비언주의식의 관료적 사회주의라는 잃어버린 유산을 〈유럽〉으로 대신하려는 의도였다. 브뤼셀도 제3의 길이 필요한 듯했다. 유럽 연합의 자리를 제도적 불가시성과 지나친 규정 조건 사이의 중간쯤에

정해 줄 수 있는, 자체의 기운을 향상시킬 이야기가 필요했던 것이다.[14]

블레어의 새로운 정치는 2003년 이라크 침공의 재앙 같은 결정으로 나라와 자신의 평판을 떨어뜨린 후로는 살아남지 못했다. 이라크 침공은 외국의 평자들에게 신노동당의 제3의 길이 유럽과 미국 사이에서 선택하고 싶지 않은 영국의 태도와 불가분의 관계로 얽혀 있음을 되새기게 했다. 그리고 유럽의 다른 지역에서는 빈곤이 증가했다고 해도 아주 소소했을 뿐이었지만 영국에서는 미국처럼 빈곤층이 극적으로 증가했다는 증거가 있었기에, 영국 모델의 매력은 크게 감소했다. 그러나 제3의 길의 유효 기간은 언제나 짧았다. 이름 자체가 극단적인 자유 시장 자본주의와 국가 사회주의라는 두 극단의 현존을 의미했는데, 둘 다 이제는 존재하지 않았기 때문이다(그리고 극단적 자유 시장 자본주의는 언제나 이론에만 존재하는 상상의 산물이었다). 극적인 이론적(또는 수사법상의) 타개책의 필요성은 사라졌다.

그러므로 1980년대의 민영화는 논란거리였다. 공공 부문의 범위와 합법성에 관한 토론이 폭넓게 촉발되었으며, 사회 민주주의 목표들의 달성 가능성과 공공 재화의 공급에 내재한 이윤 동기의 도덕적 정당성에 의문이 제기되었다. 그러나 2004년의 민영화는 순전히 실용적인 일이었다. 동유럽에서 사유화는 유럽 연합 가입의 필수 조건으로서, 시장을 왜곡하는 공공 보조금에 대한 브뤼셀의 비난에 부응하는 조치였다. 프랑스나 이탈리아에서 공공 자산의 매각은 이제 연간 적자를 줄이고 유로화 권역의 규정을 지키려는 단기적 회계 장치로 이용되었다.

토니 블레어의 제3의 길 사업도(런던 지하철의 부분 매각이나 병

14 들로르의 후임자들은 한 발 더 나아갔다. 집행위원회는 여전히 이전처럼 활동했지만 시장에 대한 규제를 철폐하는 데에 노력을 쏟았다.

원 서비스의 〈경쟁〉 원리 도입) 비용 절감을 고려하여, 그리고 부수적으로 국가 예산에 도움을 받기 위해 착수되었다. 이러한 일들이 사회적 원칙의 논거와 연결되었다고 주장하는 것은 뒤늦은 깨달음을 나중에 덧붙인 것으로서 설득력을 갖지 못했다. 그리고 2005년 5월 블레어가 선거에서 세 번째로 거둔 승리의 크기가 급격하게 감소한 것에서 알 수 있듯이, 그의 매력은 시간이 지나면서 줄어들었다 영국은 정부 지출을 삭감했고 유럽사회헌장에서 이탈하기로 결정했으며 법인세를 인하했고 온갖 우대 조건으로 국내 투자를 환영했으면서도 여전히 비생산적인 모습을 떨치지 못했다. 시간당 생산량으로 측정했을 때 영국은 규제에 묶여 〈경화증에 걸린〉 유럽 연합의 다른 동료 국가들보다 늘 성과가 좋지 못했다.

게다가 책임을 민간 부문에 전가함으로써 공적 연금 사업에 향후 닥칠 자금 부족의 위기를 피하려 했던 신노동당의 계획은 당당하게 시작한 지 10년도 못 되어 실패할 운명에 처했다. 미국과 마찬가지로 연기금을 변덕스러운 주식 시장에 투자한 영국 회사들은 직원들에게 공언한 장기적인 약속을 지킬 가망이 없었다. 회사 직원들도 공공자금에 의존하는 연금 수급자들에 못지않게 이전보다 더 오래 살 것이기 때문이었다. 국가가 불가피하게 연금 사업에 뛰어들어 부족액을 메우지 않는다면 이들 대다수가 결코 완전한 기업 연금을 받을 수 없으리라는 추정이 점차 현실이 되었다. 제3의 길은 도박꾼의 예정된 몰락처럼 끔찍한 운명을 보기 시작했다.

21세기 초, 유럽인들의 딜레마는 사회주의인가 자본주의인가도 아니고 좌파 대 우파도 아니며 제3의 길도 아니었다. 심지어 〈유럽〉 대 〈미국〉도 아니었다. 그 선택은 이제 대부분 유럽인들의 마음속에서 사실상 유럽에 찬성하는 쪽으로 결정되었기 때문이다. 유럽의 딜레마는 하나의 질문, 아니 유일한 질문이었다. 1945년에 역사가 의제로 삼은 것은 무엇인가? 그리고 유럽의 주목을 받았던 다른 모든 주장들을 조용히 그렇지만 끈질기게 제거하고 살아남은 것은 무엇인가? 유럽의 개별 국민 국가는 어떤 미래를 기다렸을까? 아니 과연 국민 국가에 미래가 있었는가?

이웃 나라와 국경선 외에는 아무것도 공유하지 않는 자율적이고 독립적인 국민 국가의 세계로 되돌아갈 가능성은 없었다. 폴란드인, 이탈리아인, 슬로베니아인, 덴마크인, 그리고 심지어 영국인조차 이제 유럽인이었다. 수백만 명의 시크교도, 벵골인, 터키인, 아랍인, 인도인, 세네갈인 등도 마찬가지로 유럽인이었다. 유럽 연합 회원국의 주민들이나 회원국이 되기를 원하는 나라의 주민들은 모두 경제생활에서 유럽인이었다. 이제 이런 상황은 돌이킬 수 없는 현실이었다. 유럽 연합은 세계 최대의 역내 단일 시장이었으며, 세계 최대의 서비스 판매자였고, 경제적 규칙과 법률적 규약의 모든 문제에서 회원국들의 유일한 권위의 원천이었다.

에너지, 광물, 농지, 심지어 위치까지도 포함되는 자원이라는 고정 요인의 비교 우위보다 교육과 연구, 투자를 촉진하는 정책이 더 중요한 세계에서, 유럽 연합이 이 지역에서 점점 더 많은 주도권을 행사한다는 사실은 실로 중요했다. 국가가 교환과 고용, 이동을 지배하는 규칙을 제정함으로써 시장의 구성에서 늘 결정적인 역할을 했듯이, 이제 그러한 규칙을 만드는 유럽 연합도 마찬가지였다. 유럽보다는 개별 국가에 주도권이 남겨진 유일한 필수 경제 행위는 세율이었다. 그것도 오로지 영국이 고집을 굽히지 않았기 때문이었다.

그러나 인간은 시장이 아니라 사회에 산다. 지난 몇 백 년 동안 그 지역 사회들은 자발적으로 때로 강압적으로(이 경우가 더 흔했다) 국가를 이루었다. 유럽인들은 1914년에서 1945년 사이의 시절을 겪은 후에는 어디서든 국가의 필요성을 절박하게 느꼈다. 1940년대의 정치와 사회적 의제는 다른 무엇보다도 이러한 근심을 반영한다. 그

러나 경제적 번영과 사회 평화, 국제적 안정과 더불어 이러한 필요
성은 차츰 사라졌다. 그 대신 여러 곳에서 공적 권위의 간섭은 의심
을 받았으며, 개인의 자율권에 대한 욕구는 늘어났고, 사적인 주도
권을 억압하는 강제는 제거되었다. 게다가 초강대국들의 시대에 유
럽은 자신들의 운명을 스스로 통제할 수 없었던 것처럼 보였다. 그
러므로 유럽의 국민 국가들은 점점 더 제 역할보다 더 많은 일을 하
는 것으로 비쳤다. 그러나 국가의 중요성은 1990년 이후로, 그리고
2001년부터는 더욱 강하게 다시 부각되었다.

근대 초의 국가는 세금을 걷고 전쟁을 수행하는 두 가지 서로 밀
접히 연관된 기능을 수행했다. 유럽(유럽 연합)은 국가가 아니다. 세
금을 걷지 않으며 전쟁을 수행할 권한도 없다. 앞서 보았듯이, 유럽
연합은 초보적인 군사적 능력을 갖추기까지 매우 오랜 시간이 걸렸
고 외교 정책을 마련하는 데에는 더 오랜 시간이 걸렸다. 이는 제2차
세계 대전이 끝난 이후 반백 년 동안 불리한 조건이 아니었다. 거의
모든 유럽인은 또 다른 유럽 전쟁이 벌어질 가능성을 용납하지 않았
으며, 적이 될 가능성이 있는 유일한 대상에 대한 방어는 대서양 너
머로 도급을 주었다.

그러나 2001년 9월 11일 사건의 여파로 더 나은 유럽의 미래를 위
한 탈국민 국가적 처방의 한계는 명확해졌다. 어쨌든 전통적인 유럽
국가는 외부에서 전쟁을 수행했을 뿐만 아니라 국내에서 평화를 강
요했다. 이는 홉스가 오래전에 깨달았듯이 국가에 유일하고 독특한
정통성을 부여한다. 최근까지 비무장 시민에 대한 격렬한 정치적 전
쟁이 만연했던 나라들에서(스페인, 영국, 이탈리아, 독일) 국가의 중
요성은, 말하자면 경찰과 군대, 정보부, 사법 기구의 중요성은 잊힌
적이 없다. 〈테러리즘〉의 시대에 국가의 무력 독점은 대부분의 시민
에게 매력적인 재보험이다.

국가가 하는 일은 시민을 안전하게 보호하는 것이다. 그리고 브뤼

셀(유럽 연합)이 가까운 장래에 이 책임을 떠맡거나 떠맡을 수 있다는 징후는 보이지 않는다. 바로 이 점에서 국가는 국민들의 합법적인 핵심 대표자로 남아 있다. 유럽인들의 초국적 연합은 여러 가지를 보장하고 의회를 갖추었음에도 국가에 필적할 수 없었다. 유럽인은 자국 정부의 수장에 관하여 유럽 재판관들에게 항소할 자유를 누릴 수 있었고, 독일이나 영국의 국가 법원이 그토록 쉽사리 스트라스부르나 룩셈부르크의 판단에 순응했다는 사실은 많은 사람에게 불가사의한 일이었다. 그렇지만 군인과 폭격기에 관한 문제에 이르면, 책임과 권한은 독일 정부나 영국 정부가 확고하게 보유했다. 결국 유럽의 시민은 자기 집이 폭격을 받을 때 무엇을 해야 하는가? 관료에게 전화를 걸어야 하는가?

정통성은 능력과 함수 관계에 있다. 예를 들어 벨기에의 분절된 초(超)연방국가는 때때로 시민을 안전하게 보호할 수 없는 것처럼 보였기에 정통성을 의심받았다. 그리고 국가의 능력은 무력에서 시작했지만 무력이 전부는 아니었다. 오늘날에도 마찬가지이다. 연금을 지급하고 실업자의 보험을 인수하고 아이들을 교육시키는 것이 초국적 실체가 아니라 국가인 한, 국가가 일종의 정치적 정통성을 독점하는 현상은 도전받지 않고 지속될 것이다. 20세기를 지나면서 유럽의 국민 국가는 시민의 복지와 안전, 안녕에 상당한 책임을 졌다. 근자에 국민 국가는 개인의 도덕성과 일부 경제적 주도권에 대한 간섭을 그만두었다. 그러나 나머지는 완전하게 남아 있다.

정통성은 또한 영토와도 함수 관계에 있다. 유럽 연합은 많은 평자들이 언급했듯이 매우 독창적인 동물이다. 일관된 영토적 실체가 아니면서도 영토상 경계가 정해져 있다. 그 법률과 규칙은 영역 전체에 해당하지만, 시민들은 (자국 선거와 유럽 선거에서는 자유롭게 투표할 수 있지만) 다른 시민의 국가 선거에 투표할 수 없다. 유럽 연합의 지리적 범위는 출생 국가나 거주 국가에 비교할 때 유럽인의 일상적인 문제에서 상대적으로 중요하지 않기 때문에 매우 기만적이다. 확실히 유럽 연합은 경제적 서비스와 기타 서비스의 주요 제공자다. 그러나 이러한 사실에 비추어 볼 때 그 시민은 참여자라기보다는 소비자로(〈모르는 사람들의 통치를 받는 수동적 시민들의 공동체〉) 규정되며, 따라서 그처럼 야심적인 사업의 전례로는 유망하지 않았던 민주주의 이전의 스페인이나 폴란드, 또는 아데나워 시절 서독의 조용한 정치 문화와 노골적으로 비교될 위험성이 존재했다.

시민권, 민주주의, 권리, 의무는 국가와 긴밀하게 결합되어 있다. 시민이 공무에 적극적으로 참여하는 전통이 살아 있는 나라들에서는 특히 더 그렇다. 물리적 근접성이 중요하다. 국가에 참여하기 위해서는 국가의 일부분임을 느껴야 한다. 초고속 열차와 실시간 전자 통신의 시대에도 코임브라나 제슈프[15]에 사는 사람이 어떻게 유럽의 능동적 시민이 될 수 있는지는 분명하지 않다. 유럽 개념이 실질적인 의미를 지니려면, 유럽인이 유용한 의미에서 정치적이기 위해서는, 가까운 미래에 그들의 준거가 브뤼셀이 아니라 리스본이나 바르샤바에 있어야 했다. 중국과 러시아, 미국 같은 현대의 거대 국가들이 권위주의적 통치 체제였거나 시민들이 연방 수도와 그 모든 활동을 크게 의심하는 절대적 지방분권적 체제였다는 것은 우연이 아니다.

그렇다면 겉으로 드러나는 모습은 오해를 낳기 쉽다. 2005년에 유럽 연합은 전통적인 영토 단위들을 대체하지 않았으며, 가까운 장래에 그럴 것 같지도 않았다. 히틀러가 패배하고 60년이 지난 뒤, 복수의 정체성과 통치권, 영토가 결합하여 유럽을 규정했고, 그 역사는 분명 과거 그 어느 때보다 중첩되고 서로 연결되었다. 새로운 현상은, 따라서 외부의 관찰자가 잡아내기 상당히 어려웠던 현상은 프

15 폴란드 동남부의 포드카르파츠키에 주의 도시 — 옮긴이주.

랑스인이면서 유럽인이거나 카탈루냐인이면서 유럽인, 또는 아랍인인 동시에 유럽인이 될 가능성이었다.

명백히 구별되는 국민과 국가는 없어지지 않았다. 세상이 단일한 〈미국식〉 규범으로 수렴되지 않았듯이(선진 자본주의 사회들은 다양한 종류의 사회 형태와 시장과 국가에 대한 매우 상이한 태도를 보여 주었다), 유럽도 다양한 민족과 전통의 독특한 취향을 내포했다. 우리가 탈국민post-national 시대나 탈국가 시대에 살고 있다는 환상은 〈세계화된〉 경제 발전에 지나치게 주목하고 인간의 삶의 다른 모든 영역에서도 유사한 초국적 발전이 틀림없이 진행 중이라고 추정함으로써 만들어진다. 오로지 생산과 교환의 관점으로만 본다면 유럽은 실로 초국적 물결이 깨끗이 연결된 플로차트가 되었다. 그러나 권력이나 정치적 정통성, 문화적 친근성의 장소로 볼 때, 유럽은 여전히 오래전의 모습 그대로였다. 작은 개별 국가들이 모여 있는 익숙한 곳이었다. 민족주의는 대규모로 왔다가 사라졌다.[16] 그러나 민족들과 국가들은 여전하다.

20세기 전반에 유럽인들이 서로에게 한 일을 생각하면, 이는 상당히 놀라운 일이다. 1945년의 폐허에서는 전혀 예상할 수 없었을 것이다. 실제로 30년에 걸쳐 유럽 대륙에서 벌어진 전쟁의 잔해에서 난타당한 유럽의 민족들과 그들 특유의 문화와 제도가 다시 살아난 일은 초국적 유럽 연합을 탄생시키는 데 성공한 것보다 훨씬 더 큰 업적이라고 할 수 있다. 초국적 연합은 어쨌거나 제2차 세계 대전이 발발하기 한참 전부터 유럽의 여러 의제에 올라 있었고 전쟁이 초래한 참화로 오히려 촉진되었기 때문이다. 그러나 헝가리나 리투아니아는 말할 필요도 없고 독일이나 폴란드, 프랑스가 부활할 가능성은

16 미국이 아니라 유럽에서 그랬다는 말이다. 20세기 말의 국제적 조사에서 자국을 〈매우 자랑스럽다〉고 주장한 미국인의 수는 75퍼센트를 넘었다. 유럽에서는 오직 아일랜드인과 폴란드인만이 유사한 애국적 열정을 표시했고, 다른 곳에서는 〈매우 자랑스럽다〉는 사람의 비율이 49퍼센트(라트비아)에서 17퍼센트(구서독)까지 분포했다.

훨씬 더 작아 보였다.

훨씬 더 예견하기 어려웠던 점은, 일이십 년 전만 해도 실로 생각할 수도 없던 일은 21세기의 벽두에 유럽이 국제적 가치로서 등장했다는 사실이다. 유럽은 유럽인이나 비유럽인 모두 본받아야 할 모범으로 꼽는 가치의 공동체요 국제 관계 체제였다. 이는 한편으로 미국적 대안에 대한 환멸이 증대된 여파였지만, 그러한 평판은 유럽이 스스로 노력해서 얻은 것이었다. 그리고 유럽은 전례 없이 많은 기회를 제공했다. 그러나 과거에 저지른 범죄와 흥망의 오점을 지워 없앤 후 생긴 유럽의 번쩍거리는 새로운 이미지가 다가오는 미래의 도전을 극복하고 살아남을지는 유럽인들이 자신들과 함께 살면서 무시된 비유럽인을 어떻게 대우하는가에 달렸다. 뒤숭숭한 21세기 초에, 그 질문에 대한 답은 아직 나오지 않았다.

170년 전 민족주의 시대가 시작될 무렵, 독일의 시인 하인리히 하이네는 두 종류의 집단적 정서를 뜻 깊게 구분했다. 하이네는 이렇게 썼다. 〈우리[독일인]〉는 애국자가 되라는 명령을 받았으며 애국자가 되었다. 우리는 통치자가 명령하는 일은 모두 하기 때문이다. 그러나 우리는 이 애국심을 여기 프랑스에서 같은 이름으로 부르는 감정과 동일한 것으로 여겨서는 안 된다. 프랑스인의 애국심은 그의 가슴이 따뜻하다는 사실을, 그리고 이 따뜻함으로 애국심이 확대되고 성장하여 그의 사랑이 단지 가장 가까운 친척뿐만 아니라 프랑스 전체와 문명 세계 전체를 끌어안는다는 사실을 의미한다. 독일인의 애국심은 그의 마음이 추운 날씨의 가죽처럼 수축하고 오그라든다는 사실을 뜻한다. 그러면 독일인은 외국의 모든 것을 혐오하며, 더는 세계시민이나 유럽인이 되기를 원치 않고 다만 편협한 독일인에 머물기를 원한다.

물론 프랑스와 독일은 이제 중요한 준거가 아니다. 그러나 하이네가 말한 두 종류 애국심이 제기한 선택은 현대의 유럽 상황에 매우 직접적으로 말을 걸고 있다. 지금 등장하는 유럽이 〈독일〉형을 선택하여 〈추운 날씨의 가죽처럼〉 방어적 지방주의로 수축한다면 (2005년 봄, 절대 다수가 유럽 〈헌법〉안을 거부했던 프랑스와 네덜란드의 국민 투표는 그런 결말을 연상시켰다), 기회는 사라질 것이며 유럽 연합은 그 기능적 태생의 한계를 결코 뛰어넘을 수 없을 것이다. 유럽 연합은 단지 회원국의 개별 이익들의 총합이요 최대공약수에 불과할 것이다.

그러나 유럽을 위한 애국심이 다른 길을 찾아 그 너머에 이르고 하이네가 이상적으로 본 프랑스의 영혼을 얻어 〈확대되고 성장하여 문명 세계 전체를 끌어안는다〉면, 그때는 더 많은 일이 가능할 것이다. 미국의 시대였던 20세기는 나락에 처박힌 유럽을 목도했다. 옛 유럽의 회복은 더디고 불확실한 과정이었다. 어떤 점에서 그 회복은 결코 완전할 수 없다. 미국이 최대의 군사력을 보유할 것이고 중국은 더 값싼 상품을 더 많이 만들 것이기 때문이다. 그러나 미국도 중국도 누구나 보편적으로 모방하고 싶은 유용한 모델을 갖지 못했다. 가까운 과거에 참사를 겪었지만, 그리고 상당 부분 그러한 참사를 겪었기 때문에, 세계에 자신들의 실수를 되풀이하지 않는 방법에 관하여 온당한 충고를 해줄 수 있는 유일한 위치에 있는 자들은 유럽인이었다. 60년 전에 이를 예견한 사람은 거의 없었겠지만, 21세기는 유럽에 속할지도 모른다.

에필로그

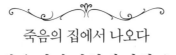

죽음의 집에서 나오다
현대 유럽의 기억에 관한 소론

지난 전쟁이 끝난 뒤에 죽음이 근본적인 문제가 되었듯이, 악의 문제는 전후 유럽의 지적 생활이 떠안을 근본적인 문제가 될 것이다.

— 해나 아렌트(1945년)

나는 역사적 오류를 말하는 데까지 나아가려 한다. 망각은 국민의 창조에서 결정적인 요인이다. 그러므로 역사 연구의 발전은 종종 국민적 정체성에 위협을 가한다. ……국민의 본질은 모든 개인이 많은 것을 공유한다는, 또한 많은 것을 망각했다는 사실에 있다.

— 에르네스트 르낭

이 시기에 관한 모든 역사 연구는 아우슈비츠의 사건과 관련하여 수행되거나 고찰되어야 한다. ……이곳에서 모든 역사화는 한계에 부딪친다.

— 사울 프리들렌더

하인리히 하이네는 이런 결론을 내렸다. 유대인에게 세례는 〈유럽에 들어가는 입장권〉이다. 그러나 이는 1825년의 일이었다. 그때 근대 세계의 입장료는 유대인의 차이와 고립이라는 숨 막힐 듯한 유산을 포기하는 것이었다. 오늘날, 유럽의 입장료는 바뀌었다. 하이네가 〈우리를 향해 굉음을 울리며 다가오는 거칠고 어두운 시대〉를 예언적으로 암시함으로써 다른 누구보다도 더 잘 인식했을 기이한 상황에서, 21세기의 벽두에 완전한 유럽인이 되려는 자들은 우선 훨씬 더 숨 막히는 새로운 유산을 떠맡아야 했다. 오늘날 적절한 유럽적 전거는 세례가 아니라 절멸이다.

홀로코스트에 대한 인식은 현대 유럽에 들어가는 입장권이다. 2004년 폴란드 대통령 크바시니에프스키는 자국 과거의 고통스러웠던 한 장을 닫고 폴란드를 유럽 연합의 동료들과 협력하게 하려는 시도에서, 폴란드 유대인들이 전시에 겪은 고통을 폴란드인의 손에 의한 희생을 포함하여 공식적으로 인정했다. 이듬해 루마니아의 대통령 일리에스쿠도 퇴임하는 자리에서 유럽 연합에 가입하려는 자국의 야심에 대한 양보로서, 루마니아도 유럽 유대인의 절멸에 한몫했다고 인정할 수밖에 없었다. 일리에스쿠와 그의 동료들은 이를 오랫동안 강하게 부정했다.

물론 유럽 가족에 완전히 편입되는 데 필요한 다른 기준이 있다.

터키가 1915년의 아르메니아인 〈종족 학살〉을 계속해서 인정하지 않는다면 이는 유럽 연합 가입에 장애물로 작용할 것이다. 마찬가지로 세르비아도 정치권이 유고슬라비아 전쟁의 대량 학살과 기타 범죄를 책임지지 않는다면 유럽의 문 앞에 서서 들여보내 주기를 기다리다 지칠 것이다. 그러나 이와 같은 범죄들이 그토록 무거운 정치적 부담을 떠안은 이유는, 그리고 〈유럽〉이 그러한 범죄들이 확실하게 주목을 받게 하고 〈유럽인〉을 그러한 범죄들에 진정으로 주목하는 사람으로 규정하도록 책임지고 노력했던 이유는 그 범죄들이 그 범죄, 즉 유럽 땅에서 일군의 유럽인이 다른 집단의 유럽인을 모조리 몰살하려 했던, 아직도 기억 속에 생생한 그 범죄의 작은 사례였기 때문이다(이 경우 각각 그 범행 전후로 벌어졌다).

히틀러의 유럽 〈유대인 문제의 최종 해결〉은 〈종족 학살〉이나 〈반인륜 범죄〉라는 전후 국제법학의 중요한 영역의 원천일 뿐만 아니라 그것을 판단하는 자들의 도덕적 지위를, 그리고 몇몇 유럽 국가들에서는 법적 지위도 심판한다. 쇼아Shoah(홀로코스트)를 부인하거나 축소하는 행위는 스스로 문명 세계의 공적 담론에서 벗어나는 것이다. 주류 정치인들이 할 수만 있다면 장마리 르펜 같은 선동가 무리를 피했던 이유도 바로 여기에 있다. 오늘날 홀로코스트는 유럽인이 이제 더는 무시할 수 없는 과거의 또 하나의 부인할 수 없는 사실에 그치지 않는다. 유럽이 제2차 세계 대전을 잊을 준비를 하고 있을 때 (마지막 기념물의 낙성식이 거행되고 마지막 생존 투사와 희생자에게 경의를 표했을 때), 유럽의 유대인 망자들에 대한 기억은 대륙의 회복된 인간성의 정의이자 보증서가 되었다. 이전에는 늘 그렇지는 않았다.

유럽의 유대인에게 무슨 일이 일어났는지에 관하여 모호한 부분은 전혀 없었다. 약 600만 명으로 추산되는 유대인이 제2차 세계 대전 중에 죽임을 당했다는 사실은 전쟁이 끝나고 몇 달 지나지 않아 널리 인정되었다. 소수의 생존자는 난민수용소에 있든 고국에 있든 사망자 수를 넌지시 증언했다. 오스트리아에서는 12만 6천 명이 끌려갔는데 전쟁이 끝나고 살아 돌아온 사람은 4,500명이었다. 네덜란드에는 전쟁 이전에 14만 명의 유대인이 살고 있었고 11만 명이 강제로 이송되었는데 그중 귀환한 자는 5천 명도 안 된다. 프랑스에서 1940년부터 1944년 사이에 이송된 유대인 7만 6천 명 중(대부분 외국 태생이다) 생존자는 3퍼센트 미만이었다. 동쪽으로 가면 더욱 심하다. 전쟁 전에 300만 명을 넘었던 폴란드의 유대인 중 97.5퍼센트가 몰살당했다. 독일에서도 1945년 5월에 60만 명에 달했던 유대인 중 남은 사람은 겨우 2만 1,450명이었다.

살아남은 자들의 귀환은 크게 환영받지 못했다. 수년간 반유대주의 선전이 지속되었기에, 현지 주민은 어디서든 자신들이 겪는 고통의 책임을 추상적인 〈유대인〉에 돌리는 경향이 있었을 뿐만 아니라 자신들에게 직업과 재산, 아파트를 절취당한 유대인의 귀환을 명백하게 원하지 않았다. 1945년 4월 19일 파리의 제4구에서 어느 귀환 유대인이 (타인이 점유한) 자신의 아파트를 돌려달라고 요구하자 수백 명이 모여 항의 시위를 벌였다. 시위대는 해산되기 전까지 거의 폭동 수준으로 변질되었고, 군중은 〈프랑스를 프랑스인에게!〉라는 구호를 큰 소리로 외쳤다. 덕망 있는 프랑스 가톨릭 철학자 가브리엘 마르셀이 그러한 구호를 쓰지는 않았을 것이다. 그러나 마르셀은 몇 달 뒤 잡지 『테무아니아주 크레티앵*Témoignage Chrétien*』에서 〈주제넘게 거들먹거리는〉 유대인과 〈모든 것을 넘겨받으려는〉 유대인의 강한 욕구를 거리낌 없이 언급했다.

훗날 프랑스 정부의 장관이 되는 시몬 베유가 베르겐벨젠에서 돌아와 이렇게 얘기했던 것은 당연하다. 〈우리는 우리의 생명이 중요하지 않다는 느낌을 받았다. 그리고 우리 중 극소수만이 살아남았다.) 벨기에처럼 프랑스에서도 강제로 이송되었다가 생존하여 귀환한 저항 운동가들은 영웅 대접을 받았다. 국민의 명예를 구한 자들이었기 때문이다. 그러나 정치적 목적이 아니라 종족을 이유로 강제 이송에 처해진 유대인들은 그처럼 유용한 목적에 이바지할 수 없었다. 어쨌든 드골은(처칠처럼) 이상하게도 히틀러에 희생된 자들의 종족적 특성에 눈을 감았으며, 대신 프로이센 군국주의라는 맥락에서 나치즘을 이해했다. 뉘른베르크에서 프랑스인 검사 프랑수아 드 망통은 〈반인륜 범죄〉라는 개념 자체를 매우 불편하게 생각했으며 (그는 〈평화를 저해한 범죄〉를 선호했다) 재판 내내 유대인의 강제 이송이나 살해를 전혀 언급하지 않았다.[1]

거의 3년 뒤인 1948년 1월 11일 자『르 몽드』에 〈학살수용소의 생존자들〉이라는 제목으로 실린 사설은 〈유대인〉이라는 단어를 단 한 차례도 언급하지 않으면서도 〈28만 명의 수용자와 2만 5천 명의 생존자〉에 관하여 감동적으로 이야기했다. 1948년에 통과된 법에 따라 〈강제 이송자déportés〉라는 용어는 정치적 이유로 또는 점령군에 저항했다는 이유로 이송된 프랑스인에게만 쓸 수 있었다. 어느 수용소로 보내졌는지, 도착하면 어떤 운명에 처해졌는지 전혀 구별하지 않았다. 따라서 열차에 갇혀 아우슈비츠의 가스실로 보내진 유대인 어린이들은 공식 문서에서 〈정치적 강제 이송자〉로 기록되었다. 대체로 외국 태생 유대인의 아들과 딸이었고 프랑스인 무장 경관에 의해 강제로 부모와 헤어졌던 이 아이들은 문서와 기념 명판에서 〈프랑스를 위해 사망했다〉는 찬사를 받았다. 의도하지는 않았겠지만 분명 빈정거리는 태도였다.[2]

---

1 미국인 검사 텔퍼드 테일러는 훗날 회고하면서 그 사실에 충격을 받았으나 당시에는 그 점을 전혀 눈치 채지 못했다고 인정한다. 뜻 깊은 자백이다. Telford Taylor, *The Anatomy of the Nuremberg Trials* (NY, 1992), p. 296.

2 파리에서 체포된 유대인 아이들이 동부로 이송되기 전에 갇혀 있었던 오를레앙 근처의 피티비에 읍에서 〈프랑스를 위해 죽은 우리의 강제이송자들을 위해A nos déportés morts

벨기에에서 전후 첫 번째 의회의 가톨릭 정당들은 〈단순히 종족을 이유로 체포된 유대인들〉에게 보상해야 한다는 생각에 이의를 제기했다. 그들 대부분은 암거래 상인이었을 것이라는 암시가 있었다. 실제로 벨기에에서 전후의 원호 대상에서 유대인을 배제한 일은 한 걸음 더 나아갔다. 벨기에에서 이송된 유대인의 95퍼센트가 외국인이거나 무국적자였기 때문에, 전후의 법률은 종전 이후 벨기에에 남아 있던 생존 유대인들은 조직 저항 운동에 참여하여 싸우지 않았다면 공적 지원의 대상자가 될 수 없다고 결정했다. 1944년 10월, 벨기에 당국은 자동적으로 벨기에 시민임을 입증할 수 없었던 벨기에 내의 유대인 생존자들을 〈독일〉 국적자로 추정했다. 그래서 이론적으로는 전시의 모든 〈인종〉 차별이 제거되었다. 그러나 동시에 유대인 생존자들은 사실상의 적성 외국인으로 바뀌어 구금될 수 있었고 그들의 재산은 몰수될 수 있었다(몰수 재산은 1947년까지 반환되지 않았다). 이러한 법적 판결은 생존 유대인들을 독일로 영구히 귀국하게 하는 부수적인 효과를 가져왔다. 독일에서는 이제 나치의 탄압을 받을 위험이 없었기 때문이다.

네덜란드 저항 운동 기관지 『프레이 네덜를란드*Vrij Nederland*』에 따르면, 네덜란드 현지 시민과 민간인 지도자들은 나치가 깜짝 놀랄 정도로 수치스럽도록 신속하게 협력했다. 되돌아온 소수의 유대인은 확실히 환영받지 못했다. 그 중 한 명인 리타코프만은 귀환했을 때 어떤 대접을 받았는지 생생하게 기억했다. 〈당신들은 꽤 많이 돌아왔군. 여기에 없었던 것을 다행으로 아시오. 우리는 굶주려 얼마나 고생했는데!〉 실제로 네덜란드인들은 1944년에서 1945년 사이 〈배고픈 겨울〉을 지나는 동안 큰 고초를 겪었으며, 유대인이 강제로

pour la France)라는 명문을 적은 기념물이 1957년에 실제로 건립되었다. 읍 당국은 1992년에 가서야 불편하지만 더 정확한 새로운 명판을 세웠다. 명문은 이렇게 말한다. 〈1942년 7월 19일에서 9월 6일까지 피티비에 수용소에 수용되었다가 아우슈비츠로 이송되어 살해된 2,300명의 유대인 어린이들을 기억하며.〉

이송되어 비워진 많은 집들은 특히 암스테르담에서 땔감과 기타 물품의 소중한 공급원이었다. 네덜란드의 전시 관료 사회가 유대인을 확인하고 체포하는 데 적극적으로 협조했는데도, 전후의 정부 당국은(그들의 양심은 깨끗했다) 유대인에게 딱히 배상해야 할 의무를 느끼지 못했다. 대신 자축하듯이 네덜란드 시민을 종족이나 여타 근거에 입각하여 구분하기를 거부했고 그럼으로써 자국의 잃어버린 유대인들을 소급적으로 익명성과 불가시성 속에 가두었다. 1950년대 네덜란드의 가톨릭 총리들은 심지어 아우슈비츠에 기념물을 건립하자는 국제적 제안을 〈공산당의 선전〉이라고 치부하면서 기부를 거절했다.

동유럽에서도 유대인의 고통은 인정받지 못했다. 하물며 보상이야 말해 무엇 하겠는가. 종전 직후 이 지역 유대인들은 무엇보다 살아남는 것 자체를 걱정했다. 폴란드인 비톨트 쿨라는 1946년 8월 우치에서 브로츠와프까지 기차로 여행하는 도중 어느 유대인 가족에 대한 반유대주의적 조롱을 목격하고 나서 이런 글을 남겼다. 〈평균적인 폴란드 지식인은 오늘날 폴란드에서 유대인은 자동차를 몰 수 없으며 기차로 여행하는 모험을 하지 않으며 감히 자녀를 학교 소풍에 보낼 수 없다는 사실을 실감하지 못한다. 유대인은 멀리 떨어진 지역으로 갈 수 없으며 중소 도시보다 대도시를 선호했다. 유대인이 해가 진 후 나다니는 것은 경솔한 짓이다. 6년 동안 고초를 당하고도 그러한 환경에서 계속 살아가려면 틀림없이 영웅이 되어야 할 것이다.〉

독일이 패배한 뒤 동유럽의 많은 유대인은 전시에 써먹었던 생존 전략을 그대로 되풀이했다. 동료들과 이웃, 심지어 자녀에게도 유대인 신분을 속이고 최선을 다해 전후 세계 속에 뒤섞이려 했으며 최소한 정상 생활의 외양을 회복하려 했다. 그리고 동유럽에서만 그런 것이 아니었다. 프랑스에서는 새로운 법이 전쟁 전에 공공 생활에 공공연히 퍼져 있던 반유대주의 표현을 금지했지만, 비시 정권의 유산은 잔존했다. 다음 세대의 금기는 아직 뿌리를 내리지 못했고, 조만간 찬성을 얻지 못하게 될 행위가 여전히 받아들여졌다. 30년대처럼, 좌파도 비난을 면하기 어려웠다. 1948년에 공산당 의원 아르튀르 라메트는 자기 당 의원들과 대비시키려고 레옹 블룸, 쥘 모크, 르네 마예르 등 일부 저명한 유대인 정치인들에게 이목을 집중시켰다. 〈우리 공산당원들만 프랑스 이름을 갖고 있다〉(사실이 아닐 뿐만 아니라 적절하지도 않은 주장이었다).

   이런 상황에서 유럽의 유대인 대다수가 선택할 수 있는 길은 별로 없었다. 떠나든가 아니면 침묵하고 최대한 눈에 띄지 않는 것뿐이었다(이스라엘이 탄생한 후에는 그곳으로 갔고, 1950년 미국이 문호를 개방한 이후로는 그곳으로 갔다). 많은 유대인이 말하고 증언하려는 충동을 매우 강하게 느꼈다. 프리모 레비의 말을 빌리자면, 그는 막 경험했던 일을 기록해 두어야 한다는 〈절대적이고 병리적인 말하기의 책무〉에 쫓겼다. 그렇지만 레비 자신의 운명이 교훈적이다. 레비가 1946년 자신이 아우슈비츠에 갇혔던 경험을 이야기한 『이것이 인간이라면 Se questo è un uomo』을 이탈리아의 주요 좌파 출판사인 에이나우디에 가져갔을 때, 출판사는 그 자리에서 거부했다. 저항 투사가 아니라 유대인으로서 이송되던 순간부터 시작하는 레비의 박해와 생존에 관한 서술은 이탈리아가 전국에 걸쳐 반파시스트에 맞서 저항했다고 대대적으로 홍보하는 상황에 적합하지 않았기 때문이다.

   『이것이 인간인가』는 대신 작은 출판사에서 겨우 2,500부만 간행되었고, 그 대부분은 피렌체의 창고에 재고 처리용으로 쌓여 있다가 20년 후 대홍수로 소실되었다. 1959년 영국에서 출간되기 전까지 레비의 회고록은 몇백 부밖에 팔리지 않았다(『아우슈비츠의 생존자 Survival in Auschwitz』라는 제목으로 간행된 미국 번역본도 20년

이 지나고 나서야 조금씩 팔렸다). 프랑스의 가장 유명한 출판사인 갈리마르는 오랫동안 레비가 쓴 모든 것을 매입하지 않았다. 프랑스에서 레비의 작품과 그의 중요성은 1987년에 그가 죽고 난 뒤에야 차츰 인식되었다. 프리모 레비는 그의 주제처럼 여러 해 동안 대체로 이해할 수 없는 인물이었다. 아무도 레비의 얘기를 듣지 않았다. 1955년, 레비는 수용소에 관해 말하는 것은 〈외설〉이 되었다고 적었다. 〈희생자를 자처한다고 고발당하거나 외설스러운 노출로 고발당할 위험을 무릅써야 한다.〉 아우슈비츠의 또 다른 이탈리아인 생존자인 줄리아나 테데시도 똑같이 말했다. 〈내가 만난 사람들은 어쨌든 이탈리아인도 고초를 겪었으므로 아무것도 알기를 원치 않는다고 했다. 수용소에 가지 않았어도 고생한 것은 마찬가지라는 말이었다. ……그들은 흔히 이렇게 말하곤 했다. 《제발 그만둬요. 다 끝났잖아요.》 그래서 나는 오랫동안 침묵했다.〉[3]

영국에서도 홀로코스트는 공개적으로 논의되지 않았다. 프랑스인들에게 대표적인 강제 수용소가 공산당 정치범들의 잘 조직된 위원회가 있었던 부헨발트였듯이, 영국인에게 나치 수용소의 상징적이미지는 아우슈비츠가 아니라 (영국군이 해방한) 베르겐벨젠이었다. 그리고 전쟁 막바지에 필름에 녹화되고 뉴스 영화에 나왔던 해골만 남은 생존자들은 대체로 유대인으로 여겨지지 않았다.[4] 전후 영국에서도 유대인은 흔히 저자세를 유지하고 자신들의 기억을 남에게 알리지 않았다. 제러미 애들러는 1996년에 수용소 생존자의 아들로서 영국에서 보낸 아동기에 관해 쓰면서 집에서는 홀로코스트에 관한 논의에 금기가 없었던 반면 다른 곳에서는 어디서든 그 주

3 줄리아나 테데시의 말은 Nicola Caracciolo, *Uncertain Refuge: Italy and the Jews during the Holocaust* (University of Illinois Press, 1995), p. 121에서 인용했다.

4 전후 영국에서 유달리 마르거나 병약한 사람은 〈벨젠에서 나온 사람〉처럼 보인다는 말을 들을 수 있었다. 프랑스에서 서커스의 공포 체험실 앞에는, 관음증적 상행위의 유인으로서, 〈부헨발트〉라는 이름표가 붙어 있었다.

제는 금단의 영역이었다고 회상했다. 〈나의 친구들은 자기 아버지가 사막에서 몬티5와 함께 어떻게 싸웠는지 자랑할 수 있었다. 내 아버지의 경험은 입에 담을 수 없었다. 최근까지도 아버지의 경험을 위한 자리는 없었다. 영국에서 억압으로부터 강박 관념에 이르는 공적 주기는 한 바퀴 도는데 약 50년이 걸렸다.〉6

  돌이켜 보건대 가장 인상적인 것은 무관심의 보편적 성격이다. 유대인의 홀로코스트는 망각되었다. (인구가 전쟁 이전 독일의 10분의 1에 불과했으나 수용소 보초병 두 명 중 한 명을 공급했던) 오스트리아나 폴란드 같이 홀로코스트에 대해 생각하지 않을 이유가 충분했던 곳뿐만 아니라 (국민 대부분이 그 점에서 수치스러워해야 할 아무런 이유도 없었던) 이탈리아나 어떤 면에서는 전시를 자랑스럽게, 나아가 얼마간 향수를 느끼며 바라볼 수 있었던 영국에서도 그랬다. 물론 갑작스런 냉전의 시작도 그러한 무관심에 기여했다.7 그러나 다른 이유도 있었다. 대다수 유럽인에게 제2차 세계 대전은 유대인에 관한 전쟁이 아니었다(그 문제로 비난받을 때를 빼면 그렇다). 그리고 유대인의 고통이 우위를 차지할 수 있다는 생각은 분노의 표적

5 영국 육군 원수 버나드 몽고메리를 말한다. 제2차 세계 대전의 주요 전환점인 이집트의 엘알라메인 전투에서 연합군을 성공리에 지휘했다 — 옮긴이주.

6 『더 타임스 리터러리 서플러먼트』 1996년 10월 4일 자 참조. 영국에서 홀로코스트에 관하여 신중하게 처신하기로 제일 먼저 결정한 사람들은 유대인이 아니다. 처칠이 이끌었던 전시 정부는 대(對)독일 선전에서 학살수용소에 관한 정보를 퍼뜨리지 않기로 결정했다. 전시 정보부가 주목했듯이, 이미 런던의 일부 지역에서 매우 강했던 반유대주의 정서가 강화될까 두려웠기 때문이다.

7 특히 미국에서 그랬다. 1950년, 미국 의회의 난민위원회는 이렇게 주장했다. 〈발트 지역의 무장친위대 부대는 목적과 이데올로기, 활동, 자격에서 친위대에서 독립된 별개의 부대로 보아야 한다. 그러므로 본 위원회는 그들을 미국 정부에 적대적인 운동이라고 주장하지 않는다.〉 발트 지역의 무장친위대는 동부 전선에서 유대인을 고문하고 살해하는 데 가장 잔인하고 열성적이었던 자들이었다. 그러나 냉전이라는 새로운 환경에서 발트 지역의 무장친위대는 당연히 〈우리의〉 나치들이었다. 이러한 지식을 전해 준 라이스 대학교의 대니얼 코헨 교수에게 감사한다.

이 되었다.

홀로코스트는 사람들이 잊기를 원했던 여러 가지 중 하나일 따름이었다. 〈전후의 풍요로운 시절에…… 유럽인들은 집단적 기억상실 뒤로 피신했다.〉 파시스트 관리들과의 타협과 점령군과의 타협, 전시 기관들과 통치자들과의 협력, 개인적 굴욕과 물질적 고초, 개인의 비극 등, 수백만 명의 유럽인에게는 더 나은 결과를 얻기 위해 최근 과거를 외면하거나 잘못 기억할 만한 나름의 이유가 충분했다. 프랑스의 역사가 앙리 루소가 훗날 〈비시 신드롬Vichy syndrome〉이라고 명명한 것은(전쟁 동안 실제로 무슨 일이 일어났는지 인정하기가 수십 년 동안 어려웠다는 사실과 전후 사회의 허약한 유대를 무너뜨리지 않도록 그 기억을 막거나 쓸모 있게 고치려는 욕구가 압도적이었다는 사실) 결코 프랑스에 특유한 현상이 아니었다.

유럽의 모든 피점령국은 자신들만의 〈비시 신드롬〉을 발전시켰다. 예를 들어 전시에 이탈리아인이 국내와 포로수용소에서 공히 겪은 고난은 이탈리아인이 발칸 지역이나 아프리카 식민지 등에서 다른 국민들에게 가한 고통에서 관심을 돌리게 하는 요인이 되었다. 네덜란드인이나 폴란드인이 스스로 되뇌었던 전쟁 이야기는 수십 년 동안 국민적 자화상을 유지했다. 특히 네덜란드는 국민의 저항 이미지를 매우 중히 여겼던 반면, 2만 3천 명에 이르는 네덜란드인이 무장친위대에 자원하여 서유럽 최대의 분견대를 이루었던 사실은 최대한 잊으려 했다. 노르웨이조차 군 장교 다섯 명 중 한 명이 1940년 4월을 전후하여 비드쿤 키슬링이 이끄는 신나치 국민 연합에 가입했던 기억을 그럭저럭 축소했다. 그러나 해방과 저항, 강제 이송자는(됭케르크나 1944년의 바르샤바 봉기 같은 영웅적 패배까지도) 모두 국민적 신화 만들기로 보상을 얻어 내는 데 일조했던 반면, 홀로코스트는 〈쓸모없었다〉.[8]

8 당연한 얘기지만 이스라엘에서는 그렇지 않았다.

자신들이 저지른 범죄의 규모를 이용하고 인정하는 것이 사실상 더 쉬웠던 사람들은 어떤 점에서는 독일인이었다. 물론 처음부터 그렇지는 않았다. 우리는 앞에서 〈나치에서 벗어나기〉가 어떻게 실패했는지 살펴보았다. 연방 공화국 초기에 역사 교육은 빌헬름 제국에서 끝났다. 1940년대와 1950년대에 독일의 공인들은 어떻게든 최종 해결을 언급하지 않았다. 쿠르트 슈마허 같은 정치인은 드문 예외였다. 슈마허는 일찍이 1947년 6월에 〈한번은 독일의 유대인과 세계에 관해 말하는〉 법을 배우는 편이 나을 것이라고 동포들에게 경고했다. 미국의 작가 앨프리드 카진은 1952년 자신이 가르치던 쾰른의 학생들을 이렇게 평했다. 그들에게 〈전쟁은 끝났다. 전쟁은 언급되지 않아야 했다. 내 학생들은 선생에 관해 한 마디도 하지 않았다.〉 서독인들이 자신들의 고통을 기억하기 위해서만 과거를 돌아보았다. 50년대 말에 실시된 여론 조사에서 압도적 다수가 연합군의 전후 점령을 〈생애 최악의 시절〉로 보았다.

1946년에 몇몇 평자가 이미 예견했듯이, 독일인은 히틀러와 거리를 두는 데 성공했다. 영도자를 세계에 희생양으로 바침으로써 처벌과 도덕적 책임 둘 다 모면했다. 실제로 히틀러가 한 일에 대해 상당한 원망이 존재했다. 그러나 히틀러와 독일인이 다른 사람들에게 자행한 일 때문이 아니라 히틀러가 독일인에게 입힌 손해 때문이었다. 이 당시 많은 독일인에게 그렇게 비쳤듯이, 유대인을 표적으로 삼은 일은 히틀러가 저지른 최악의 범죄라기보다는 최대의 실수였다. 1952년의 조사에 따르면, 서독의 성인 다섯 명 중 두 명이 자신들의 영토 안에 유대인이 없는 것이 독일에 〈더 좋다〉고 생각한다는 점을 여론 조사원에게 주저 없이 밝혔다.

이와 같은 태도는 나치의 잔학 행위를 가까이서 보고 기억하는 사람이 상대적으로 적었던 까닭에 더 쉽게 나타났다. 나치는 신중하게 주요 학살수용소의 자리를 〈옛 제국〉에서 멀리 떨어진 곳에서 골랐다. 지리적으로 가까이 있었다고 자동적으로 민감한 반응이 나오지는 않았다. 다하우 수용소가 뮌헨 시내 중심지에서 전차를 타고 갈 만한 거리인 근교에 있었지만 그 사실 때문에 현지인들이 그곳에서 발생한 일을 더 잘 이해하지는 않았다. 1948년 1월, 바이에른 주 의회는 그곳의 나치 수용소 터를 〈일하기 싫어하는 반사회적 분자들〉의 강제노동수용소Arbeitslager로 전환하기로 만장일치로 의결했다. 해나 아렌트는 1950년에 독일을 방문하고 나서 이렇게 얘기했다. 〈일어난 일에 아무 반응도 없다는 사실을 도처에서 확인할 수 있다. 그러나 이러한 무반응이 의도적인 애도의 거부에 기인하는지 진정한 정서적 무능력의 표현인지는 말하기 어렵다.〉 1955년, 프랑크푸르트 법원은 친위대에 지클론B 가스를 공급한 회사의 이사였던 페터스 박사라는 자를 석방했는데, 이유는 〈증거 불충분〉이었다. 지클론B 가스가 강제로 이송된 자들을 죽이는 데 사용되었다는 확증이 없다는 말이었다.

그러나 동시에 독일인은 유럽에서 유일하게 자신들이 유대인에 자행한 일을 부인할 수 없었다. 그 일에 대한 언급을 피하고 자신들이 받은 고통을 강조하고 책임을 〈소수의〉 나치에게 떠넘길 수는 있었을 것이다. 그러나 종족 학살 범죄를 다른 이들의 탓으로 돌림으로써 책임을 회피할 수는 없었다. 공개적으로 유대인 〈희생자들〉에 대한 위로를 표하면서도 고통을 준 사람이 누구였는지 밝히지 않았던 아데나워조차 이스라엘과 배상 조약을 체결할 수밖에 없었다. 그리고 프리모 레비의 회고록에 대해서는 영국인도 프랑스인도, 나아가 동료 이탈리아인조차 관심을 보이지 않았던 반면,『안네 프랑크의 일기』는(확실히 더 쉽게 읽을 수 있는 책이었다) 1960년까지 70만 부 이상이 팔려나가 독일 역사상 가장 많이 팔린 보급판 서적이 되었다.

앞서 보았듯이, 독일인들이 스스로 심문하게 된 계기는 자신들이 동부 전선에서 저지른 범죄에 대해 늦게나마 조사에 착수했을 때였다. 1958년 울름에서 진행된 전시 〈간섭단Intervention Groups〉 회원들에 대한 소송으로 시작하여 아돌프 아이히만의 체포와 기소가 이어지고 결국 1963년 12월에서 1965년 8월까지 아우슈비츠 위병들에 대한 프랑크푸르트 재판으로 막을 내렸던 일련의 소송은 수용소 생존자들이 종전 후 처음으로 자신들의 경험을 공개리에 얘기할 수 있는 기회였다. 동시에 연방 공화국의 소멸시효법에 20년으로 묶여 있었던 살인죄에 관한 소멸시효도 연장되었다.

이런 분위기의 변화는 크게 보아 1950년대 말에 반유대주의적 파괴 행위가 고조되고 젊은 독일인들이 제3제국에 대해 극도로 무지하다는 증거가 늘어났던 것에 기인했다. 부모들은 자식들에게 아무것도 얘기하지 않았고 교사들은 그 주제를 피했다. 1962년부터 서독의 10개 주는 차후로 1933년에서 1945년까지의 역사는 유대인의 절멸을 포함하여 각급 학교의 필수 과목이 된다고 선언했다. 그러므로 콘라트 아데나워가 종전 초에 지녔던 가정은 뒤집어졌다. 이제 독일 민주주의의 건강함은 나치즘을 망각하지 말고 기억하라고 요구했다. 그리고 관심은 점차 그때까지 나치즘과 주로 연결되었던 〈전쟁범죄〉보다는 종족 학살과 〈반인륜 범죄〉를 향했다. 새로운 세대는 나치 잔학 행위의 성격과 규모를 깨달아야 했다. 『슈테른Stern』이나 『퀵Quick』같은 대중 잡지들은 1950년대에 수용소의 의미를 축소하고 〈선한〉 나치를 찬양했지만 이제는 그럴 수 없었다. 독일의 최근 과거가 용납하기 어렵고 부당했다는 사실을 대중은 어느 정도 인식하게 되었다.

이 변화를 과장해서는 안 된다. 1960년대에는 서독 총리(키싱거)와 연방 공화국 대통령(하인리히 뤼프케) 둘 다 나치 전력을 지닌 자였다. 이런 사실은 연방 공화국의 자화상이 얼마나 모순에 차 있었는지 분명하게 보여 준다. 젊은 평자들은 12장에서 살펴보았듯이 이러한 모순을 제대로 짚었다. 그리고 나치에 관해 진실을 말하는 것과 독일 민족의 집단적 책임을 인정하는 것은 별개였다. 이 문제에 관해서는 정치권 대부분이 여전히 침묵했다. 게다가 히틀러가 〈전쟁만 아니었다면〉 독일의 가장 위대한 정치인 중 한 사람이라고 믿는 서독인의 비율이 1955년 48퍼센트에서 1967년 32퍼센트로 하락하기는 했지만, 이 수치도(비록 나이 많은 사람들의 응답이 압도적이었지만) 전혀 안심할 수 없었다.

진정한 변화는 다음 10년에 이루어졌다. 1967년에는 아랍과 이스라엘 간에 6일 전쟁이 벌어졌고, 총리 브란트는 바르샤바 게토 기념비 앞에 무릎을 꿇었으며, 1972년 뮌헨 올림픽 게임에서 이스라엘 육상선수들이 살해되었다. 그리고 1979년 1월 독일 텔레비전은 미니시리즈 「홀로코스트」를 방송했다. 이러한 일련의 사건들의 결과로 유대인과 그들의 고통은 독일의 공적인 의제가 되었다. 이중 텔레비전 연속물이 단연 가장 중요했다. 단순한 이야기, 대체로 평면적인 등장인물, 감정의 충격을 최대로 높이기 위한 화법 등 미국 상업 방송의 특징을 가장 전형적으로 간직한 작품이었던 「홀로코스트」를 에드가 라이츠로부터 클로드 란즈만에 이르기까지 영화감독들은 혹평하고 혐오했다. 이들은 「홀로코스트」가 독일 역사를 미국의 멜로 연속극으로 바꾸었으며 언제까지나 이루 말할 수 없고 불가해한 상태로 남아 있어야 할 것을 보기 쉽고 이해하기 쉽게 만들어 버렸다고 비난했다.

그러나 이러한 한계들이 바로 방송의 충격을 설명해 준다. 「홀로코스트」는 서독의 전국 텔레비전으로 나흘 밤 연속 방송되었으며 성인 인구의 절반이 넘는 약 2천만 명이 시청했다. 방송 시기는 또한 마이다네크 학살수용소의 전직 위병들에 대한 재판과 우연히 겹쳤다. 그래서 시청자들은 이 일이 아직 끝나지 않았다고 생각하게 되었다. 대중의 충격은 엄청났다. 다섯 달 뒤, 연방 의회는 살인죄의 소멸시효법을 폐지하기로 가결했다(반대표를 던진 사람 중에는 훗날 총리가 되는 헬무트 콜도 있었다는 사실을 기억할 필요가 있다). 그때 이후로 독일인들은 쇼아에 관해 가장 잘 알고 있는 유럽인에 속했으며, 자국의 유례없는 범죄를 널리 알리는 데 앞장섰다. 1968년에 다하우를 찾은 학생 방문단은 471개에 불과했는데, 1970년대 말이면 연간 방문 횟수는 5천 회를 넘었다.

40년 전에 독일인이 유대인에게 무슨 짓을 했는지 아는 것은, 그리고 이를 공개적으로 인정하는 것은 상당한 진전이었다. 그러나 이 일을 독일사와 유럽사에 두는 것은 80년대의 〈역사가 논쟁Historik-erstreit〉이 증명하듯이 해결되지 못한 어려운 딜레마를 남겼다. 그때까지 크게 존경받았던 에른스트 놀테를 포함하는 일부 보수적 역사가들은 히틀러와 그의 운동, 그의 범죄를 독특하고 특수한 것으로 취급해야 한다는 주장이 불편했다. 이 역사가들의 주장에 따르면, 나치즘을 이해하려면 나치즘을 그 자체의 시간과 공간 속에 두어야 했다. 놀테는 나치즘의 발흥과 매우 기괴한 그 행태의 일부를 다른 무엇보다 볼셰비즘에 대한 대응으로 보았다. 나치즘은 레닌과 그의 후계자들이 제시한 모범과 위협을 따랐으며 얼마간 모방했다는 얘기였다. 놀테는 1986년 6월 『프랑크푸르터 알게마이네 차이퉁』지에 실은 유명한 논설에서 그렇다고 나치즘의 범죄가 줄어들지는 않는다고 주장했다. 그러나 볼셰비키의 선례가 없었다면 나치즘은 완벽하게 설명되지 않았다. 홀로코스트를 현대의 종족 학살이라는 더 폭넓은 유형 속에 둠으로써 나치 시대를 재고할 때가 되었다는 뜻이다.

놀테에 대한 반응은 특히 위르겐 하버마스로부터 나왔다. 하버마스는 엔첸스베르거와 귄터 그라스, 기타 〈회의적 세대〉에 속했던 사람들처럼 나치즘을 기억할 만큼 나이가 많았으며 따라서 독일인의 책임을 〈제한〉하려는 모든 시도에 강한 의구심을 품었다. 하버마스는 놀테의 주장이 터무니없다고 일축했다. 하버마스에 따르면 나치 즘에 관한 핵심은 〈자리 정해 주기〉가 아니라 〈역사화〉이며, 이것이야말로 어떤 독일인도 두 번 다시 만끽할 권리를 갖지 못할 유혹이었다. 나치의 범죄는, 즉 독일인의 범죄는 유일무이했다. 규모와 야심, 끝 모를 악독함에서 비할 데 없었다. 놀테가 뜻한 맥락 속에 두기는 필시 은연중에 독일의 책임을 상대화할 것이기 때문에 간단히 배제되었다.

그러나 독일인들이, 비교와 맥락이 학문의 원동력이었던 역사가들을 포함하여, 하버마스의 비타협적 자세가 정한 기준을 오랫동안 고수하리라고 기대할 수는 없었다. 독일의 공적 논의에서 홀로코스트는 새롭게 두드러졌지만(1990년대에 작가 페터 슈나이더가 말한 〈일종의 독선적인 자기혐오〉에 탐닉한 독일인들이 과거의 결점을 후회한다고 공식적으로 풍부하게 표현한 데에서 절정에 이르렀다), 이러한 상황이 무한정 지속될 수는 없었다. 각 세대의 독일인들에게 영원히 히틀러의 그늘 속에서 살라고 요청하는 것, 다시 말해 독일의 유례없는 죄악의 기억에 대한 책임을 떠맡고 이를 자신들의 국민적 정체성의 척도로 삼으라고 요청은 할 수 있는 최소한의 요구였지만 기대하기에는 너무 컸다.

서유럽의 다른 곳에서 기억과 인식의 과정은 먼저 지역의 이기적인 환상을 극복해야만 했다. 이 과정은 대체로 수십 년 동안 두 세대에 걸쳐 이루어졌다. 오스트리아에서는(방송물 「홀로코스트」가 독일에서 선보인 지 꼭 두 달 만에 방송되었으나 비교할 만한 영향을 전혀 가져오지 못했다) 전시에 국방군의 무자비한 유고슬라비아 점령에 대통령 쿠르트 발트하임이 중요한 역할을 담당했다는 사실이 80년대 중반에 폭로된 뒤에야 (일부) 주민이 비록 불완전했지만 자국의 나치 과거에 진지하게 질문하기 시작했다. 실제로 발트하임이 이전에 국제 연합 사무총장으로 일했을 때 국제 사회의 어느 누구도 그의 전시 이력을 걱정하지 않았다는 사실 때문에, 많은 오스트리아인은 자신들만 유독 높은 기준을 고수하고 있다고 의심하게 되었다. 오스트리아는 어쨌든 전후에 유대인 총리를 배출했다(사회당의 브루노 크라이스키). 이는 독일인에 기대할 수 있는 것보다 훨씬 큰 성과였다.

그러나 누구도 오스트리아인에게 너무 많은 것을 기대하지는 않았다. 오스트리아인들은 최근 과거와 대체로 평온한 관계를 맺었는데(1990년까지도 오스트리아인 다섯 명 중 거의 두 명이 자국을 히틀러의 공범이 아니라 희생자로 여겼으며, 오스트리아인의 43퍼센트는 나치즘에 〈좋은 면과 나쁜 면〉이 다 있다고 생각했다), 이는 자신들과 타인들의 편견을 확인했을 뿐이다.[9] 오스트리아의 이웃 알프스 국가인 스위스는 또 다른 경우였다. 스위스는 1945년 이후 40년 동안 전시 이력에 관해서는 무임승차권을 확보했다. 스위스가 유대인을 들이지 않으려고 무척 노력했다는 사실이 잊혔을 뿐만 아니라, 대중 소설과 영화에서 스위스는 박해받는 사람들이 그 국경에 도달할 수만 있다면 환대받는 안전한 피난처로 표현되었다. 스위스는 깨끗한 양심을 누리고 세계의 칭찬을 받는 혜택을 입었다.

실제로 스위스에는 1945년에 겨우 2만 8천 명의 유대인이 있었다(그중 7천 명은 전쟁 발발 전에 들어온 사람들이었다). 전시의 난민은 노동 허가증을 받지 못했다. 이들은 부유한 유대인 거주자에게서 징수된 자금으로 지원을 받았다. 스위스 당국은 1994년 7월이 되어서야 모든 유대계 독일인의 여권에 그들을 입국시키지 않기 위해 〈J〉 철자를 찍으라는 스위스의 요구는(1938년 10월 독일에 그렇게

---

9 1991년 10월, 빈의 유대인 공동묘지를 훼손한 사건이 있은 후 갤럽은 유대인에 대한 오스트리아인의 태도를 조사했다. 20퍼센트는 유대인에게 〈권력을 행사할 높은 지위〉를 개방해서는 안 된다고 생각했으며, 31퍼센트는 〈유대인을 이웃으로 원하지 않는다〉고 밝혔고, 50퍼센트는 〈유대인은 과거에 자신이 받은 박해에 책임이 있다〉는 주장에 동의할 생각이 있었다.

요구했다)〈용납할 수 없는 종족차별〉이었다고 공식 인정했다. 만일 이 일이 스위스가 저지른 비행의 한계였다면, 그렇게 큰 소란은 벌어지지 않았을 것이다. 영국과 미국은 사실 유대인 여권에 인식표를 달아 달라고 요구한 적은 없지만, 유대인 난민을 구출하는 문제로 말하자면 영국과 미국도 전혀 자랑할 것이 없다. 그러나 스위스는 여기에서 꽤나 더 멀리 나아갔다.

1990년대에 수행된 공식 조사에서 고통스럽게도 명백해졌듯이, 스위스는 약탈된 금을 부정하게 거래했고 독일의 전쟁 수행에 실질적으로 크게 공헌했을 뿐만 아니라(3장을 보라), 스위스의 은행과 보험 회사는 유대인 계정 보유자나 살해된 친척의 보험증권 청구자에 돌아갈 막대한 액수의 돈을 알면서도 부당하게 착복했다. 스위스는 전후 공산 국가 폴란드와 맺은 비밀 협약에서(1996년에야 처음으로 공개되었다) 공산주의의 권력 장악 이후 몰수된 스위스 은행과 기업에 대한 배상금 지불을 대가로 사망한 폴란드 유대인의 은행 계정을 바르샤바의 새로운 당국에 양도하겠다고 제의하기도 했다.[10] 이러한 증거들이 드러나자, 스위스의 빛나는 명성은 산산이 부서졌고, (마지못해 양보한) 배상금과 보상금,〈희생자들의 재산〉이 모두 합하여 얼마나 많이 반환되든지 스위스가 조만간 그 명성을 되찾기는 어려울 것이다. 1996년 9월 13일, 독일의 『디 차이트 *Die Zeit*』지는 사설에서 스위스가 마침내〈홀로코스트의 긴 그림자〉에 걸렸다고 언급하며 통쾌한 미소를 날렸다. 그러나 이는 진실이었다.

전시에 네덜란드가 누렸던 화려한 이미지, 즉 네덜란드에서는 거의 모든 사람이〈저항〉했으며 독일의 계획을 방해하기 위해 최선을 다했다는 것은 좀 더 일찍 현지인들의 주도로 주목을 받았고 또 의심되었다. 60년대 중반, 제2차 세계 대전에 관한 여러 권짜리 공식

---

10 폴란드는 기꺼이 동의했다. 이런 목적을 위해서라면 유대인을 폴란드인으로 규정하는 데 어떤 장애도 없었다.

역사는 강제 이송을 포함하여 네덜란드가 전시에 어떤 일을 겪었는지 풍부한 정보를 제공했지만, 특히 유대인의 파멸에 관해서는 누가, 어떻게, 왜 그랬는지 상세히 다루기를 애써 피했다. 어쨌든 그 책을 읽은 사람은 거의 없었다. 그러나 1965년 4월 네덜란드 역사가 야코프 프레서르가 네덜란드 유대인의 절멸을 정식으로 다룬 최초의 역사서 『절멸Ondergang』을 출간했다. 이 책은 1965년에만 10만 부가 팔렸고 대중은 그 주제에 폭발적인 관심을 보였다.[11] 곧 전시 점령에 관한 텔레비전 다큐멘터리와 기타 프로그램이 쇄도했고(그중 하나인 「점령De bezetting」은 20년 이상 방송된다), 공적 분위기가 바뀌었다. 네덜란드 정부가 아우슈비츠의 기념물에 기부하겠다고 처음으로 제안한 때가 1965년이었다. 네덜란드가 1947년 이래로 저항 운동가들과 기타 나치에 희생된 자들에게 주었던 연금을 강제 이송에서 살아 돌아온 유대인에게 지급한다는 데 마침내 동의하기까지는 7년이라는 세월이 더 걸렸다.

독일처럼 네덜란드도 자신들의 과거에 관심을 갖게 된 계기는 60년대 초에 이스라엘과 독일에서 진행된 재판이었다. 그리고 다른 곳과 마찬가지로 네덜란드에서도 전후 베이비붐 세대는 최근 과거에 호기심을 가졌고, 〈침묵하는 세대〉인 부모들이 들려준, 아니 더 정확히 말하자면 들려주지 않은 이야기에 크게 회의적이었다. 60년대의 사회 변화는 점령에 관한 공식적 침묵을 깨는 데 도움이 되었다. 네덜란드의 일부, 특히 암스테르담에서 그때까지 보수적이었던 사회를 크게 붕괴시킨 결과를 가져온 사회적, 성적 금기의 파괴는 선대에서 물려받은 관습과 진부한 문화에 대한 의심을 동반했다. 새로운 무리의 독자에게 네덜란드 홀로코스트의 핵심 텍스트인 『안네 프랑크의 일기』는 이제 매우 다른 시각에서 읽혔다. 결국 안네와 그

---

11 『절멸』은 1968년에 〈네덜란드 유대인의 절멸The Destruction of the Dutch Jews〉이라는 제목으로 영역되었다.

가족을 독일에 밀고한 자는 네덜란드인 이웃이었던 것이다.

　20세기 말이 되면, 1940년에서 1945년에 이르는 기간은 네덜란드 역사에서 가장 철저히 연구된 시기가 된다. 그러나 유대인 동료 시민의 확인과 체포, 이송, 사망에 네덜란드인이 기여했다는 사실은 60년대에 처음으로 널리 알려졌지만, 그 완전한 의미가 이해되기까지는 오랜 세월이 걸렸다. 1995년이 되어서야 현직 국가수반인 베아트릭스 여왕이 이스라엘 방문 중에 네덜란드 유대인의 비극을 공식적으로 인정했다. 아마도 90년대 중반에야, 스레브레니차에서 세르비아 민병대가 7천 명의 무슬림을 체포하여 살해하도록 가만히 비켜서 있던 국제 연합 평화유지군의 네덜란드 군인들의 이미지와 더불어, 최종적으로 교훈은 정곡을 찔렀을 것이다. 네덜란드가 질서와 협력, 복종의 유산을 받기 위해 지불했던 대가에 관한 국민적 토론은 오래 연기되었지만 이제 드디어 시작될 수 있었다.

　네덜란드인들은, 벨기에인과 노르웨이인, 1943년 9월 이후의 이탈리아인, 대부분의 점령된 동유럽처럼, 개별 관료와 경찰 등이 점령군 당국과 협력한 일이 얼마나 수치스러웠든지 주도권은 언제나 위에, 즉 독일인들이 쥐고 있었다고 자신들을 변호할 수 있었다. 이러한 주장은 한때 믿어졌던 만큼 진실은 아니다. 그리고 일부 지역에서, 특히 현지의 꼭두각시 정권이 독자적으로 범죄를 꾸몄던 슬로바키아나 크로아티아에서(또는 전쟁 막바지의 헝가리에서) 그것은 절반쯤만 진실이었다. 그러나 서유럽 점령 지역에서는, 한 가지 눈에 띄는 경우만 제외하면, 대중의 신임을 받은 현지 정권은 없었으며, 권력을 행사하고 그 행위에 완전한 책임을 지는 외견상 합법적인 중앙 정부도 없었다. 독일은 노르웨이나 벨기에, 네덜란드의 점령 지역에서 현지인의 협력 없이는 거의 아무것도 할 수 없었다(덴마크에서는 협력이 없었고 유대인은 살아남았다). 그러나 이 모든 경우에 명령을 내린 자는 독일인이었다.

예외는 당연히 프랑스였다. 그리고 제2차 세계 대전과 홀로코스트를 매듭지으려는 전후 유럽인의 모든 노력에 어두운 그림자를 드리웠던 것은 프랑스의 전쟁에 대한 기억, 비시 정권과 특히 나치의 최종해결 사업에서 적극적이었던 그 역할에 대한 기억이다. 이 기억은 왜곡되었고 오랫동안 부인되었으며 늘 불완전했다. 프랑스가 최악의 행태를 보였기 때문이 아니라 프랑스가 가장 중요했기 때문이다. 1989년까지도 파리는(이 책에서 거론한 여러 가지 이유로) 여전히 유럽의 지성과 문화의 수도였다. 그 성격은 아마도 제2제정 이래 그 어느 때보다도 더 강했을 것이다. 프랑스는 또한 서유럽 대륙에서 단연 영향력이 가장 큰 나라였다. 이는 프랑스를 국제적 강국으로 재확립한 샤를 드골의 놀라운 업적 덕이었다. 그리고 대륙 통합 계획을 프랑스의 조건에 맞게 추진한 것도 프랑스의 정치인, 프랑스의 제도, 프랑스의 이익이었다. 프랑스가 과거를 똑바로 쳐다볼 수 있기까지는 새로운 유럽에 드리운 그림자(거짓말의 그림자)는 사라지지 않을 것이다.

비시 정권 문제만 얘기해도 이를 알 수 있다. 페탱 원수의 정권은 1940년 7월 제3공화국의 마지막 의회 표결로써 집권했다. 그러므로 비시 정권은 비록 적통 정부는 아니었지만 전쟁 전의 민주주의 제도와 어느 정도 연속성이 있다고 주장할 수 있는 유일한 전시 정권이었다. 최소한 1942년 말까지는 프랑스인의 압도적 다수가 비시 정권과 그 기관들을 프랑스의 합법적인 권력으로 간주했다. 그리고 비시 정권은 독일에 엄청나게 편리했다. 비시 정권은 프랑스처럼 큰 나라에서 많은 비용을 들여 점령 정권을 수립하는 수고를 덜어 주었고 필요한 모든 것을, 패배의 인정, 〈전쟁 배상금〉, 원료, 값싼 노동력, 그 밖에 많은 것을 제공했다.

비시 정권은 프랑스의 패배를 받아들였고 국민을 패배에 적응하게 했으며 독일의 편의를 위해 나라를 운영했지만, 그것이 전부는 아니었다. 페탱과 총리 피에르 라발이 통치할 때에 프랑스는 자체적으로 협력 사업에 착수했다. 그중에서도 1940년과 1941년에 독일의 아무런 압력도 없었는데 〈유대인법〉을 제정한 것과 최종해결이 진행 중일 때 나치 당국이 요구한 할당량을 채우기 위해 (외국 태생의 많은 유대인 거주자들부터 시작하여) 유대계 주민들을 체포할 계획을 세웠던 일은 유명하다. 이와 같이 프랑스의 행정적 자율권을 성공리에 주장한 결과, 프랑스에서 강제로 이송된 유대인은 대부분 파리 북부 드랑시의 조차장에서 아우슈비츠를 향해 마지막으로 열차를 갈아타기 위해 독일인에 인계될 때까지 단 한 번도 외국 군복을 보지 못했다. 그때까지 모든 일이 프랑스인의 손으로 처리되었기 때문이다.

해방된 뒤, 페탱과 부역자들에게 온갖 악담이 퍼부어졌지만 페탱 정권이 홀로코스트에 기여한 부분은 전혀 언급되지 않았으며, 전후 프랑스 당국이 스스로 그 사실을 밝힌다는 것은 어림도 없는 일이었다. 프랑스 국민이 〈비시〉를 국민적 기억의 모퉁이로 처박은 다음 방부 처리하는 데 성공했기 때문이 아니라 단순히 비시 정권과 아우슈비츠를 연결하지 못했기 때문이었다. 비시 정권은 프랑스를 배반했다. 부역자들은 반역과 전쟁범죄를 저질렀다. 그러나 〈반인륜 범죄〉는 프랑스의 법률 사전에 존재하지 않았다. 반인륜 범죄는 독일인의 문제였다.

20년이 지난 뒤에도 상황은 변하지 않았다. 필자가 1960년대 말 영국에서 프랑스사를 공부할 때, 비시 프랑스에 관한 학술 문헌은 얼마 되지도 않았지만 〈유대인〉 차원에 거의 주목하지 않았다. 프랑스와 기타 지역에서 〈비시 연구〉는 페탱 정권이 〈파시스트〉였는지 아니면 〈반동〉 정권이었는지에 관한 문제와 이전의 공화정 정부와 어느 정도로 연속성을 지녔는지 아니면 얼마나 단절되었는지에 관한 문제에 집중했다. 여전히 페탱 정권이 〈방패〉가 되어 프랑스가 폴란드 꼴이 되는 것을 막았다고 주장하는 역사학자들이 있었다. 그들은 마치 페탱 정권이 없었다면 히틀러가 서유럽을 동유럽처럼 난폭하고 야만적으로 다루었을 것이라고 말했다. 그리고 전국에 걸친 영웅적 저항 신화에 이의를 제기하는 것은 국민적 삶에서도 역사 서술에서도 여전히 금기였다.

이 시기에 프랑스 당국이 외국의 도전적 분위기에 보인 유일한 양보는 1964년 12월에 있었다. 그때 의회는 뒤늦게 (1945년 8월 8일에 런던협정으로 처음 규정된) 〈반인륜 범죄〉라는 범주를 프랑스의 법에 포함했고 소멸시효가 없음을 선언했다. 이는 당시 프랑크푸르트에서 진행 중이던 아우슈비츠 재판에 대한 대응이었으며 향후 나치의 절멸 음모에 직접 참여한 사람들을 (독일인이든 프랑스인이든) 프랑스 땅에서 기소하기 위한 조치였다. 프랑스의 집단적 책임이라는 문제를 다시 논의하는 것이 관의 의도와 얼마나 멀리 떨어졌는가는 1969년에 명확하게 드러났다. 그때 정부는 프랑스 텔레비전에서 마르첼 오퓔스가 제작한 「슬픔과 동정Le Chagrin et la Pitié」의 방영을 금지했다.

중부 프랑스 클레르몽페랑의 전시 점령에 관한 다큐멘터리인 오퓔스의 영화는 프랑스인과 영국인, 독일인과의 인터뷰를 토대로 한 작품이다. 홀로코스트에 관한 얘기는 거의 없었으며 비시 정권에 관한 얘기도 많지 않았다. 영화는 전쟁 중에 널리 퍼진 매수와 일상적인 협력을 주제로 삼고 있었다. 오퓔스는 전후 아전인수 격으로 제시된 저항 이야기의 뒤를 캐고 있었다. 그러나 이마저도 드골 대통령의 마지막 시절 당국이 볼 때는 너무 지나친 행위였다. 그리고 당국에만 그렇지도 않았다. 2년 후 영화는 마침내 전국 텔레비전이 아니라 파리 라탱 구의 작은 극장에서 상영되었는데, 한 중년 여성은 극장에서 나오며 이렇게 평했다. 〈수치스럽다. 그러나 무엇을 기대하나? 오퓔스는 유대인이다. 그렇지 않은가?〉

특이하게 프랑스에서만 외국 역사가들의 작품이 전시 역사를 더 정직하게 다루게 된 계기가 되었다는 사실은 주목할 만하다. 그중 두 사람, 독일의 에버하르트 예켈과 미국의 로버트 팩스턴은 1960년 대 말에서 1970년대 중반 사이에 주요 저작을 출간했는데, 비시 정권의 범죄가 어느 정도까지 프랑스인의 주도로 자행되었는지 증명하기 위해 처음으로 독일의 사료를 이용했다. 이 주제는 본토박이 역사가가 다루기에는 불편했다. 프랑스가 해방되고 30년이 지난 뒤에도 국민 정서는 여전히 극도로 민감했다. 비교적 최근이라고 할 수 있는 1976년에 정부의 재향 군인부는 아우슈비츠에서 희생된 프랑스인을 추모하기 위해 계획된 전시회의 세부 사항을 전해 듣고 부분적인 변경을 요구했다. 목록에 실린 이름들에 〈프랑스다운 울림이 없다〉는 것이 이유였다.[12]

그 시절 프랑스에서 매우 흔했던 그런 정서는 아마도 순수한 인종주의보다는 상처 입은 자존심과 더 깊은 관계가 있었을 것이다. 1939년까지도 프랑스는 국제무대에서 중요한 강대국이었다. 그러나 30년의 짧은 기간 동안 프랑스는 군사적 완패와 굴욕적인 점령을 경험했으며 두 차례나 당혹스럽게 피를 흘리며 식민지에서 철수했고, (1958년에) 거의 쿠데타와 다름없는 정권 교체를 겪었다. 위대한 국민La Grande Nation에겐 1914년 이후 너무나 많은 손실과 굴욕이 겹쳤기에 가능하면 모든 경우에서 국민의 명예를 옹호하여 보상을 받으려는 성향이 깊이 각인되었다. 불명예스러운 일화나 더 나쁜 일화들은 기억의 구렁 속에서 아주 잘 잊혔다. 어쨌든 비시는 프랑스인이 서둘러 잊으려 했던 유일한 대상이 아니었다. 인도차이나의 〈더러운 전쟁〉에 관해 얘기하려 했던 사람은 없었다. 하물며 그곳에서 군대가 자행한 고문을 말할 사람이 있었겠는가.

12 Sonia Combe, *Archives interdites: Les peurs françaises face á l'histoire contemporaine*(Paris: Albin Michel, 1994), p. 14 참조.

드골이 떠난 후에도 이 점에서 변화는 없었다. 젊은 프랑스인들이 국민적 영광에 관심을 보이는 데 인색했고 프랑스의 최근 역사를 둘러싼 신화에 기여할 의사가 전혀 없었는데도 그랬다. 시간이 지나면서 프랑스인도 홀로코스트를 더 잘 알게 되고 유대인의 고통 전반에 더 민감해졌다는 사실만은 분명했다. 이는 한편으로는 이스라엘이 6일 전쟁에서 승리하고 난 뒤인 1967년 11월 27일 드골의 유명한 기자회견이 초래한 격분에 기인한다. 그때 프랑스 대통령은 유대인을 〈자신감 넘치는 오만한 민족〉이라고 칭했다. 그리고 1985년 프랑스 영화감독 클로드 란즈만이 제작한 다큐멘터리 영화 「쇼아Shoah」는 오로지 동유럽 유대인의 절멸만 다루고 있었는데도(아니면 아마도 그랬기 때문에) 프랑스 관객에게 극적인 충격을 주었다.

프랑스 역사가들은 외국의 동료 역사가들의 영향을 받아 프랑스 땅에서 이송된 유대인의 운명에 대한 압도적인 책임이 전시 프랑스 통치자들에게 있다는 점을 확실하게 입증했다. 그러나 프랑스의 공식적인 견해는 전혀 바뀌지 않았다. 조르주 퐁피두(1969~1974)에서 발레리 지스카르 데스탱(1974~1981)을 거쳐 프랑수아 미테랑(1981~1995)까지 방침은 초지일관 동일했다. 비시 정권 때 발생한 일이나 비시 정권이 저지른 일은 비시 정권의 문제였다. 비시가 프랑스 안에 자리를 잡았고 일부 프랑스인의 작품일 수는 있었다. 그러나 비시는 프랑스 공화국의 역사에서는 권위주의적인 삽화였다. 달리 말하자면 비시는 〈프랑스〉가 아니었으며, 따라서 프랑스 대중의 양심은 깨끗했다.

프랑스 국가수반으로서 제2차 세계 대전을 성인으로 맞이한 마지막 인물인 미테랑 대통령(1916년생)에게 이와 같은 예수회적 특성을 유지할 특별한 이유가 있었다. 비시 정권의 공무원이었던 미테랑은 이후 정치적 이력을 쌓을 때 자기 경력의 일부분인 타협과 모호함을 덮어 감추고 이러한 모호함을 국가 전체에 투영했다. 그리고 미테랑은 보통 홀로코스트에 관해 발언하기를 주저하지 않았던 반면(1982년 예루살렘에서, 1만 2,884명의 파리 유대인이 체포된 1942년 7월 사건의 50주년 기념일에 국내에서 발언했다), 프랑스가 빚을 갚아야 할 일이라는 암시는 무심코 입 밖에 낸 적도 없었다.

미테랑이 강요하고 구현했으며 무덤까지 갖고 갈 것이 확실했던 금기는 결국(이 문제에서 흔히 그렇듯이) 일련의 재판으로 깨졌다. 1994년, 비시 정권의 전시 의용군Milice 활동가였던 폴 투비에가 거의 50년 동안 숨어 지내다 체포되어 1944년 6월 리옹 근처에서 일곱 명의 유대계 프랑스인을 살해한 혐의로 재판을 받았다. 투비에는 중요한 인물이 아니었다. 비시 기구의 하찮은 부품 같은 존재였고 1987년에 체포되어 재판을 받은 리옹의 게슈타포 책임자 클라우스 바르비에게 협력한 부역자였다. 그러나 투비에의 재판은, 그리고 비시 당국이 게슈타포에 협력하고 유대인의 이송과 살해에 기여했다는 증거는 실제 시행되지 않았던 다른 재판들을 대신한다는 성격을 띠었다. 특히 비시 정권에서 경찰총감을 지낸 르네 부스케의 재판 대신이었다. 1942년 유대인의 인도를 위해 독일 당국과 사사로이 협상한 부스케의 기소는 프랑스에 비시 정권의 진실과 대면할 기회를 제공할 수도 있었다. 비단 비시 정권의 진실만이 아니었다. 부스케는 전후 프랑스에서 미테랑을 포함하여 최고위직에 있던 친구들의 보호를 받아 수십 년 동안 아무런 해도 입지 않았기 때문이다. 그러나 편리하게도 부스케는 재판을 받기 전인 1993년 6월에 (〈미치광이〉에게) 암살당했다.

프랑스 사법부는 투비에에게 유죄를 선고한 뒤에 부스케가 없는 상황에서 마침내 용기를 내어 (미테랑이 죽고 난 뒤) 다른 주요 인사인 모리스 파퐁을 고발하고 체포하여 기소했다. 한때 정부 각료였고 드골 밑에서 파리 경찰국장을 지냈던 파퐁은 전시에 보르도 지역에서 도지사로 일했다. 이 직책은 단순한 관직이었으며, 보르도에서 페탱을 위해 근무했던 기간은 파퐁이 전후에 공직을 맡아 성공적인 이력을 쌓는 데 아무런 장애도 되지 않았음이 입증되었다. 그러나 파퐁은 보르도에 있을 때 현지 유대인의 체포와 파리 이송, 뒤이은 강제 이송을 허가하는 데 직접적인 책임이 있었다. 1997년에 파퐁이 재판은 받은 이유는 바로 이제는 프랑스 법에 따라 반인륜 범죄로 규정된 이 일 때문이었다.

여섯 달 동안 진행된 파퐁 재판은 새로운 증거를 들추어내지 못했다. 그렇지만 사람 자체에 관한 증거는 확인했던 것 같다. 파퐁은 놀랄 정도로 유감과 후회를 내비치지 않았다. 그리고 재판은 당연한 얘기지만 50년이나 지연되었다. 팔순에 접어든 파퐁을 그 범죄로 처벌하기에는 너무 늦었고, 희생자들의 원수를 갚기에도 너무 늦었으며, 조국의 명예를 구하기에도 너무 늦었다. 수없이 많은 프랑스 역사가들이 전문가 증인으로서 증언을 요청받았지만 출석을 거부했다. 그들의 주장에 따르면 자신들의 임무는 50년 전에 프랑스에서 무슨 일이 일어났는지 자세히 얘기하고 설명하는 것이지 그 지식을 형사소추에서 펼쳐 보이는 것이 아니었다.[13] 그럼에도 재판은 모범적이었다. 드골에서 미테랑까지 모든 사람이 조심스럽게 〈비시〉와 〈프랑스〉를 구분했지만 그렇게 명확한 차이는 존재한 적이 없다는 점을 재판은 설득력 있게 증명했다. 파퐁은 프랑스인으로서 비시 정권과 뒤이은 프랑스 공화국에 봉사한 인물이었다. 비시 정권도 이후의 프랑스 공화국도 보르도 도에서 파퐁이 했던 일을 잘 알고 있었으며, 그 때문에 곤란을 겪지도 않았다.

게다가 파퐁은 혼자가 아니었다. 실로 그런 사람과 이력은 너무나 흔했다. 다른 많은 사람들처럼, 파퐁이 한 일도 만난 적도 없는 사

---

13 거의 사반세기 전부터 (대부분의 프랑스인 동료들이 다른 문제에 몰두해 있던 때부터) 비시 정권의 범죄를 역사적으로 탐구했던 컬럼비아 대학의 팩스턴 교수는 직업적 소명에 대한 다른 역사가들의 수도사적 견해를 공유하지 않았고 중요한 증언을 했다.

람들의 사행 집행 영장에 서명한 것이 전부였다. 파퐁은 희생자들의 운명에 아무런 관심도 없었다. 파퐁의 경우에서(그리고 부스케의 경우에서) 가장 흥미로운 점은 프랑스 국가가 그 사건들을 다루기까지 거의 50년이나 걸렸고 세기말에 와서야 침묵의 외피를 걷어냈다는 사실이다. 왜 그랬을까? 여러 가지 설명이 있고, 모든 설명이 다 프랑스 정치권이나 언론에 아첨하지는 않았다. 그러나 세월이 많이 흘렀다는 말이, 한 시대가 막을 고한다는 심리적 의미와 더불어, 가장 적절할 것이다.

프랑수아 미테랑은 임기 중에 점령기의 수치에 관해 공공연히 얘기할 수 없는 국민적 무능력을 스스로 체현했다. 미테랑이 떠나면서 모든 것이 변했다. 미테랑의 후계자인 자크 시라크는 1944년에 프랑스가 해방되었을 당시 겨우 열한 살이었다. 시라크 대통령이 집무하고 몇 주 지나지 않아 미테랑이 언제나 그토록 신중한 태도로 일관했던 파리 유대인의 체포 53주년이 되는 날이 왔다. 그날, 시라크는 유럽 유대인의 절멸에서 자국이 수행한 역할을 처음으로 시원스럽게 인정했다. 10년 뒤인 2005년 3월 15일 시라크의 총리 장피에르 라파랭은 새로이 개관한 예루살렘의 야드 바셈Yad Vashem[14]에서 엄숙하게 선언했다. 〈프랑스는 때때로 이 수치스러운 사건의 공범이었다. 프랑스는 스스로 자초한 그 빚을 영원히 갚아야 한다.〉

20세기 말에 서유럽의 정체성과 기억에서 홀로코스트는 확실히 중심을 차지한 듯했다. 유대인 대량 학살이 일어날 수 없었음을 보이려고 고집스럽게 애썼던 사람들과 단체들(〈수정주의자들〉)이 이따금 나타나기는 했다(이들은 유럽보다는 북아메리카에서 더 적극적이다). 그러나 그런 사람들은 정치적으로 극단적인 주변부에 머물

14 홀로코스트 희생자를 추모하는 이스라엘의 공식 기념관으로 1953년에 건립되었다. 〈기념비와 이름〉이라는 뜻의 명칭은 이사야서 56장 5절에서 따왔다 — 옮긴이주.

렸다. 그리고 종족 학살이 기술적으로 불가능하다는 수정주의자들의 주장은 뜻하지 않게 나치 범죄의 극악함에 경의를 표했다. 그렇지만 유럽인들이 이제 와서 보상이라도 하듯 도처에서 자신들이 초래한 유대인의 희생을 인정하고 가르치며 기념하는 행위는 다른 위험을 안고 있었다.

우선, 늘 반발의 위험이 존재했다. 주류 독일 정치인들조차 이따금 국민적 죄악의 부담에 좌절감을 토로한다는 얘기가 들렸다. 일찍이 1969년 바이에른 기독교사회연합의 지도자인 프란츠요제프 슈트라우스는 〈그토록 놀라운 경제적 성공을 거둔 국민은 〈아우슈비츠〉에 관해 더 듣지 않아도 될 권리를 지닌다〉는 생각을 공공연히 내비쳤다. 물론 정치인들에겐 나름의 이유가 있었다.[15] 21세기 초에 다가오는 문화적 변화를 더 잘 보여 주는 것은 몇 년 동안 유대인 희생자에 집중되었던 대중적 관심을 이제 독일인의 고통 문제에 돌리라는 널리 퍼진 요구였다.

예술가들과 평론가들, 그중에서도 하버마스와 동시대 사람이자 전후 연방 공화국에서 가장 영향력 있는 문인이었던 마르틴 발저는 다른 하나의 〈처리되지 못한 과거〉를, 다시 말해 유대인의 절멸이 아니라 최근 독일 역사의 제대로 인식되지 못한 측면을 논의하기 시작했다. 이들은 묻는다. 이렇게 여러 해가 지났는데도 독일 도시들이 불타 버린 일이나 (독일인에게) 히틀러 시절은 적어도 제2차 세계 대전이 막바지에 이르기 전에는 전혀 싫지 않았다는 불편한 진실을 왜 말해서는 안 되는가? 그 대신에 독일이 유대인에게 무슨 짓을 했는지 말해야 하기 때문인가? 그렇지만 우리는 수십 년 동안 그

---

15 미국 대통령 로널드 레이건은 1985년 서독 방문길에 (친위대 묘가 많이 있는 곳인) 비트부르크 군 묘지를 피하고 대신 강제 수용소에 경의를 표하라는 충고를 받았는데, 총리 콜은 그렇게 되면 〈독일 국민이 미국에 품고 있는 우호적인 감정에 중대한 심리적 결과를 초래할 것〉이라는 경고를 담은 편지를 보냈다. 미국인들은 곧 항복했다. 레이건은 벨젠과 비트부르크 두 곳 다 방문했다.

일에 관해 얘기했다. 일상이자 습관이 되어 버렸을 정도다. 연방 공화국은 세계에서 가장 친유대적 국가의 하나로 공인되었다. 도대체 우리 독일인은 얼마나 더 오래 남을 의식해야 하는가? 드레스덴 폭격, 불타 버린 함부르크, 전시에 침몰된 독일 난민선(귄터 그라스의 2002년 소설 『게걸음으로 Im Krebsgang』의 주제) 등 〈연합군의 범죄〉를 다룬 신간들이 불티나게 팔렸다.

두 번째, 유럽의 과거를 공식적으로 설명하는 데 홀로코스트가 새로이 두드러진 것은 다른 종류의 왜곡을 낳을 소지가 있었다. 제2차 세계 대전에 관한 진정 불편한 진실은 1939년에서 1945년 사이에 유대인에게 일어난 일이 대부분의 전쟁 주역들에게는 훗날의 감수성 강한 사람들이 원했던 것만큼 중요하지 않았기 때문이다. 많은 유럽인이 수십 년 동안 유대인 이웃의 운명을 무시할 수 있었다면, 이는 그들이 죄의식에 사로잡혀 감당할 수 없는 기억을 억눌렀기 때문이 아니라 소수의 고위 나치의 마음은 예외였겠지만 제2차 세계 대전이 유대인에 관한 전쟁이 아니었기 때문이다. 심지어 나치에게도 유대인의 절멸은 더 야심적인 민족정화와 재정착 사업의 일환이었다.

반백 년 뒤의 지식과 감정을 해석하기 위해 1940년까지 거슬러 올라가고 싶은 유혹은 역사적 기록의 재서술을, 반유대주의를 유럽사의 중심에 둘 것을 요구한다. 어쨌든, 그 시기에 유럽에서 일어난 일을 달리 어떻게 설명할 수 있겠는가? 그러나 너무 쉽다. 그리고 보기에 따라서는 위로가 지나치다. 예를 들어 1940년의 패배 뒤에 대다수 프랑스인에게 비시가 수용되었던 이유는 유대인을 박해했던 정권의 통치를 받으며 사는 것이 유쾌했기 때문이 아니라 페탱의 통치가 프랑스인들에게 안전과 정상성의 환상 속에서 그리고 삶의 붕괴를 최소한으로 억제한 채 계속 지낼 수 있도록 했기 때문이다. 비시 정권이 유대인을 어떻게 대우했는가는 아무래도 상관없었다. 유대인은 그 정도로 중요하지 않았다. 그리고 다른 대부분의 피점령국에서도 마찬가지였다.

오늘날 우리에겐 그러한 무관심이 충격적일 수 있다. 그것은 20세기 전반에 유럽의 도덕적 상태가 심히 잘못되었다는 징후였다. 그리고 유대인에게 진정 무슨 일이 일어나고 있는지 알았으며 동료 시민들의 무관심을 극복하려고 최선을 다한 사람들이 모든 유럽 국가에 존재했다는 사실을 되새기는 것은 옳다. 그러나 그 무관심을 무시하고 대신 나머지 대다수 유럽인도 제2차 세계 대전을 유대인과 똑같이 절멸 전쟁 Vernichtungskrieg으로 경험했다고 가정한다면, 우리는 또 한 겹의 잘못된 기억을 갖게 될 것이다. 돌이켜보면, 〈아우슈비츠〉는 제2차 세계 대전에서 알아야 할 가장 중요한 내용이다. 그러나 당시에도 그렇게 보이지는 않았다.

동유럽에서도 상황은 그렇지 않았다. 동유럽인들은 1989년 이후에야 공산당이 공식적으로 제시한 제2차 세계 대전의 해석에서 뒤늦게 벗어날 수 있었는데, 세기말에 서유럽이 유대인의 홀로코스트에 몰두해 있는 상황은 동유럽인들에게 파괴적인 의미를 지녔다. 한편으로, 1945년 이후의 동유럽은 서유럽보다 기억할 것도 잊을 것도 더 많았다. 유럽의 동쪽 절반에는 더 많은 유대인이 있었고 더 많은 유대인이 살해되었다. 유대인 살해는 대체로 이 지역에서 이루어졌고, 많은 현지인들이 살해에 적극 참여했다. 반면 동유럽의 전후 정권들은 홀로코스트의 모든 공적 기억을 지우는 데 훨씬 더 세심한 노력을 기울였다. 전쟁의 공포와 범죄가 동유럽에서 가볍게 다루어졌다는 말이 아니다. 그 반대였다. 전쟁의 공포와 범죄는 공적 웅변에서 거듭하여 자세히 이야기되었고 도처의 기념물과 교과서에 소중히 간직되었다. 단지 유대인은 그 이야기의 일부가 아니었을 뿐이다.

나치즘을 책임져야 한다는 부담을 오직 히틀러의 서독 상속자들에게만 전가한 동독에서, 새로운 정권은 유대인이 아니라 소련에 배상했다. 독일 민주 공화국 교과서에서 히틀러는 대기업의 이익을 추구하느라 영토를 점령하고 전쟁을 시작한 독점자본의 도구로 나타났다. 발터 울브리히트가 1950년에 시작한 〈추도일〉은 독일에 희생된 자들이 아니라 〈히틀러의 파시즘에 맞서 싸운 투사들〉을 기념했다. 싸우다 죽은 투사는 1100만 명에 달했다. 동독 땅에 있었던 강제 수용소, 특히 부헨발트와 작센하우젠 수용소는 한동안 정치범의 〈특별격리수용소〉로 개조되어 쓰였다. 여러 해가 지나고 부헨발트가 유적지로 변경된 후, 안내 책자에는 〈독일 나치즘〉의 공식 목적이 〈마르크스주의의 파괴, 패배한 전쟁에 대한 복수, 모든 저항자들에 대한 잔인한 테러〉로 기술되었다. 같은 책자에 실린 아우슈비츠의 수용자 선별 통로 사진에 붙은 설명문은 독일 공산당의 에른스트 텔만의 글에서 인용했다. 〈부르주아는 당과 노동 계급의 전위대 전부를 절멸한다는 목적을 진지하게 생각한다.〉[16] 이 글은 공산주의 체제가 몰락할 때까지 제거되지 않았다.

똑같은 형태의 사건들을 공산주의 유럽 전역에서 확인할 수 있다. 폴란드에서는 트레블린카나 마이다네크, 소비부르의 절멸수용소에서 벌어진 일을 부정하거나 경시하기가 불가능했다. 그러나 그런 수용소의 일부는 이제 없다. 독일은 진군하는 소련군을 피해 도망하기에 앞서 수용소들을 풍경에서 지우느라 엄청난 노력을 기울였다. 그리고 폴란드 제2의 도시 크라쿠프에서 몇 킬로미터 떨어진 아우슈비츠처럼 증거가 남은 곳에서 수용소는 회고적으로 다른 의미를 부여받았다. 아우슈비츠에서 살해된 약 150만 명 중에서 93퍼센트가 유대인이었지만, 탈공산주의 정권 때 그곳에 건립된 기념관은 희생자들을 오직 국적으로만, 즉 폴란드인, 헝가리인, 독일인 등으로 표시했다. 실제로 폴란드 학생들은 충격적인 사진들 앞으로 줄지어 갔고, 산더미처럼 쌓인 신발과 머리카락, 안경을 보았다. 그러나 그 대

16 Ian Buruma, 'Buchenwald', *Granta* 42, 1992에서 인용.

부분이 유대인의 물건이라는 말은 듣지 못했다.

바르샤바 게토는 분명 있었다. 그곳의 삶과 죽음은 게토가 서 있던 장소에서 기념되었다. 그러나 1943년에 유대인이 일으킨 폭동은 이듬해 폴란드인들이 일으킨 바르샤바 폭동에 막혀 폴란드인의 기억 속에 들어가지 못했다. 공산주의 폴란드에서 누구도 독일인이 유대인에게 한 일을 부인하지 않았지만, 그 주제는 많이 논의되지 않았다. 폴란드가 소련에 〈다시 억류〉되고 여기에 유대인은 공산당의 권력 장악을 환영하고 도왔다는 믿음이 널리 퍼졌기에 독일 점령에 대한 대중의 기억은 흐려졌다. 어쨌든 폴란드인은 전시에 겪은 고통으로 유대인의 홀로코스트에 주목하기가 쉽지 않았으며, 두 고통은 어느 정도 서로 경쟁했다. 〈희생의 비교〉라는 이 문제는 수십 년 동안 폴란드인과 유대인 사이의 관계에 독을 뿌렸다. 고통의 병치는 언제나 온당치 않았다. 300만 명의 (비유대계) 폴란드인이 제2차 세계 대전 중에 사망했다. 비율로 따지자면 우크라이나 일부 지역의 사망률이나 유대인의 사망률보다 낮았지만, 그래도 소름끼치는 수치였다. 그렇지만 차이가 있었다. 폴란드인이었다면 독일의 점령기에 살아남기란 힘들었지만 원칙적으로는 가능했다. 유대인이었다면 독일의 점령기에 살아남기는 가능했지만 원칙적으로는 불가능했다.

현지의 꼭두각시 정권이 나치 점령자들과 협력했던 곳에서는 희생자들을 정식으로 기념했다. 그러나 희생자들이 지나치게 유대인에 편중되었다는 사실은 큰 주목을 받지 못했다. 국민적 범주(〈헝가리인〉)가 있었고 특히 계급적 범주(〈노동자〉)가 있었으나, 종족적이고 종교적인 꼬리표는 애써 회피했다. 앞서 보았듯이(6장을 보라), 제2차 세계 대전은 반파시즘 전쟁이라는 딱지가 붙었고 그렇게 가르쳐졌으며, 전쟁의 종족 차별주의적 차원은 무시되었다. 1968년 이후, 체코슬로바키아 정부는 프라하의 핀쿠스Pinkus 회당을 폐쇄하고 쇼아로 죽임을 당한 체코 유대인들의 이름이 적혀 있던 회당 벽의 비문에 덧칠하는 수고를 아끼지 않았다.

전후 공산당 정권은 확실히 이 지역의 최근 역사를 다시 만들면서 마르지 않는 반유대인 감정의 저장고에 의존할 수 있었다. 그래서 나중에 그 증거를 감추느라 다소 고생했다(1970년대에 폴란드의 검열관들은 두 대전 사이의 반유대주의를 암시하는 행위를 시종일관 금했다). 그러나 동유럽인들이 나중에라도 유대인의 곤경에 그다지 주목하지 못했다면, 이들이 그 시대에 무관심했다거나 자신들의 생존에만 전념했기 때문만은 아니었다. 동유럽인들은 공산당으로부터 고통과 부당한 대우를 넘치게 받았고, 그래서 완전히 새로운 적개심과 기억의 층이 형성되었다. 그것이 이유였다.

1945년에서 1989년까지 이어진 강제 이송과 투옥, 시범 재판, 〈정상화〉로 소련 진영의 거의 모든 사람은 패배자였거나 아니면 다른 사람의 패배에 공모한 자였다. 사망한 유대인이나 추방된 독일인에게서 훔친 아파트와 가게, 기타 재산은 몇 년 뒤에 사회주의의 이름으로 다시 수용되는 일이 너무나 흔했다. 그 결과, 1989년 이후 과거에 잃어버린 재산을 보상하는 문제는 시간 속에 뒤얽혀 해결될 전망이 보이지 않았다. 공산당이 권력을 장악했을 때 사람들이 잃어버린 재산에 대해 배상해야 하는가? 배상해야 한다면 누구에게 해야 하는가? 전쟁이 끝난 뒤인 1945년에 소유했다가 몇 년 뒤에 다시 빼앗겼던 자들에게 해야 하는가? 아니면 1938년에서 1945년 사이 어느 시점에 사업체와 아파트를 강탈당하고 도둑맞은 사람들의 상속인에게 해야 하는가? 어느 시점인가? 1938년? 1939년? 1941년? 각 시점에 따라 도덕적 우위는 물론 국민적 정통성이나 민족적 정통성의 규정이 달랐다. 정치적으로 민감한 문제였기 때문이다.[17]

17 1991년에 체코슬로바키아 의회가 전쟁 이후 강탈당한 재산을 반환한다고 결정했을 때, 그 혜택은 1948년 이후에 재산을 빼앗긴 자들로 제한되었다. 공산당이 권력을 장악하기

그다음에는 공산주의 체제 내부 역사에 특유한 딜레마가 있었다. 러시아의 전차를 청하여 1956년의 헝가리 혁명이나 1968년의 프라하의 봄을 진압한 책임자들에게 그 죄를 물어야 하는가? 1989년의 혁명들 직후, 많은 사람들은 그래야 한다고 생각했다. 그러나 몇몇 희생자들은 이전의 공산당 지도자였다. 후대의 주목을 받아야 할 자는 누구인가? 자기 땅에서 쫓겨난 슬로바키아나 헝가리의 무명의 농부들인가, 아니면 그들을 내쫓았지만 자신들 역시 몇 년 뒤에 희생된 공산당 기관원들인가? 어느 희생자들이, 어느 기억이 더 우선인가? 누가 말할 수 있었겠는가?

　그래서 공산주의 체제가 몰락하자 쓰라린 기억이 급류처럼 분출되었다. 비밀경찰의 서류철을 어떻게 할 것인가에 관한 격론은 사건의 일면이었을 뿐이다(21장을 보라). 진짜 문제는 공산주의 체제의 기억을 뒤집어 놓음으로써 극복하려는 유혹이었다. 한때 공식적인 진실이었던 것이 이제는 철저하게 의심을 받았다. 다시 말하자면 공식적인 거짓이 되어 버렸다. 그러나 이런 식의 금기 파괴는 그 나름의 위험성을 안고 있다. 1989년 이전, 모든 반공주의자는 〈파시스트〉라는 오명을 뒤집어썼다. 그러나 〈반파시즘〉이 공산당의 또 다른 거짓말이었다면, 파시스트를 포함하여 이제까지 믿을 수 없는 것으로 여겨졌던 모든 반공주의자들을 되돌아보며 동정하고 나아가 지지하고 싶은 마음이 강하게 든다. 19세기의 민족주의 작가들이 다시 인기를 끌었다. 공산주의 체제를 벗어난 많은 나라에서 의회는 루마니아의 안토네스쿠 원수나 발칸 지역과 중부 유럽 여러 곳의 그와 견줄 만한 사람들을 기리는 동의안을 통과시켰다. 이들은 아주 최근까지도 민족주의자요 파시스트, 나치 부역자로 저주를 받았지만, 이제는 전시의 영웅적 행위에 대한 경의의 표시로 그 지위가 상승되었다(루마니아 의회는 안토네스쿠를 위해 1분간 묵념하기도 했다).

전인 1945년에서 1946년 사이에 추방된 주데텐란트의 독일인들을 배제하기 위한 조치였다.

반파시즘 담론의 신뢰가 추락하면서 다른 금기들도 깨졌다. 소련군과 소련의 역할도 이제는 다른 시각에서 논의할 수 있었다. 새로이 해방된 발트 국가들은 소련에 몰로토프-리벤트로프 조약의 불법성을, 스탈린이 자신들의 독립을 일방적으로 파괴했다는 사실을 인정하라고 요구했다. 카틴의 숲에서 죽은 2만 3천 명의 폴란드 장교들은 국방군이 아니라 내무인민위원회가 살해했다는 인정을 마침내 (1995년 4월에) 받아낸 폴란드는 이제 폴란드 연구자들에게 러시아 기록보존소를 완전히 개방하라고 요구했다. 2005년 5월의 사례가 보여 주듯이, 어떤 요구도 러시아의 동의를 얻을 수 있을 것 같지 않았고, 기억은 계속 가슴속에 사무쳤다.[18]

그러나 러시아인들도 그들만의 기억을 지니고 있다. 위성 국가들 쪽에서 보면 최근 역사에 대한 소련의 해석은 명백히 거짓이었지만, 많은 러시아인에게는 일말의 진실을 포함했을 뿐만 아니라 그 이상이었다. 제2차 세계 대전은 〈대애국 전쟁〉이었고, 소련 병사와 시민은 절대적 수치에서 최대의 희생자였으며, 소련군은 실제로 동유럽의 광대한 영역을 독일 지배의 공포로부터 해방했고, 히틀러의 패배는 대부분의 소련 시민들과 그 밖의 많은 사람들에게 진정한 만족과 위안의 원천이었다. 1989년 이후, 많은 러시아인은 이전의 형제 국민들의 노골적인 배은망덕에 크게 당황했다. 동유럽은 1945년에 소련군의 희생 덕에 독일의 멍에를 벗어던질 수 있었기 때문이다.

그럼에도 러시아의 기억은 나뉘었다. 게다가 그 분열은 제도적 형태를 띠었다. 두 개의 민간단체가 등장하여 과거의 공산주의 체제를 비판적으로 설명했으나 두 설명은 정반대로 대립되었다. 메모리알 Memorial은 1987년에 자유주의적 반체제 인사들이 소련 역사의 진실을 찾아 알릴 목적으로 설립했다. 회원들의 특별한 관심은 인권

18 푸틴 대통령의 러시아는 지금도 발트 국가들은 소련군에 의해 해방되었으며 그 후 각국이 자발적으로 소비에트사회주의공화국연방에 가입했다고 주장한다.

침해에, 그리고 과거를 인정하는 것이 장래에 재발을 막기 위해서 중요하다는 데에 있었다. 파먀트Pamyat(러시아어로 〈기억〉을 뜻한다)는 두 해 먼저 설립되었는데 마찬가지로 과거를 되찾고 그 명예를 회복하려 노력했지만 공통점은 이것이 전부였다. 반공주의 반체제 인사들이었으나 전혀 자유주의적이지 않았던 파먀트의 설립자들은 러시아의 과거를 더 좋게 해석하고 싶었다. 소련의 〈거짓말〉을 삭제하기를 원했으나 러시아의 유산에 이질적인 다른 영향력, 특히 〈시온주의자들〉의 영향력에서 자유롭고자 했다. 파먀트는 몇 년 안에 중앙 정치로 세를 확장하여 러시아의 무시되고 〈능욕당한〉 역사를 〈세계주의적〉 도전과 간섭자들을 막는 무기로 이용했다.

손상된 기억들의 정치는, 세세하게는 서로 크게 다르고 심지어 모순되었지만, 이전의 소련 중심지와 그 제국의 보유지를 연결하는 마지막 끈이었다. 이 지역들은 자신들이 과거에 겪은 고초와 손해를 국제 사회가 과소평가하는 데 똑같이 분개했다. 굴라크의 희생자는 어떻게 되었는가? 왜 나치 탄압의 희생자들과 생존자들처럼 보상받고 추모되지 못했는가? 나치에 탄압받고 이어 쉼 없이 전후 공산주의 체제에 탄압을 받았던 수백만 명은 어떻게 되었는가? 왜 서방은 그렇게 주목하지 않았는가?

지난 공산주의 체제의 과거를 때려눕혀 통째로 고발하고픈 욕망은, 레닌부터 고르바초프까지 모든 것을 오로지 굴곡 없는 독재와 범죄에 관한 이야기로, 국외자가 강요했거나 대표성 없는 권력이 인민의 이름을 빙자하여 행한 통치와 억압에 관한 이야기로 읽으려는 욕망은 다른 위험성을 내포했다. 우선 이러한 읽기는 나쁜 역사였다. 앞선 시대의 진정한 열정과 참여를 기록에서 제거하기 때문이다. 둘째, 새로운 정설은 현대 정치에 영향을 미쳤다. 만일 체코인이나 크로아티아인, 헝가리인 등이 자신들의 최근 과거의 어두운 면에서 적극적인 역할을 하지 않았다면, 1939년 이후의 동유럽 역사가

(러시아의 경우에는 1917년부터 1991년까지의 역사가) 전적으로 타인들의 작품이라면, 동유럽의 전 시기가 국민의 역사에서 일종의 삽화가 된다. 이는 전후 프랑스인의 인식에서 비시 정권에 부여된 지위와 유사하지만 그 시기는 엄청나게 더 길며 나쁜 기억으로 가득한 기록보존소는 훨씬 더 소름끼쳤다. 그리고 결과는 비슷했을 것이다. 1992년에 체코슬로바키아 당국은 1942년 프라하에서 라인하르트 하이드리히가 암살된 사건에 관한 영국방송협회 다큐멘터리 영화가 카를로비바리 영화제에서 상영되지 못하도록 막았다. 영화에 체코인들이 전시 나치 정권에 지지를 표명하는 〈받아들이기 어려운〉 장면이 나왔기 때문이다.

동유럽에서 공산주의 체제가 몰락한 이후 이처럼 기억이 재정리됨으로써 공산주의와 나치즘의 비교라는 금기는 무너져 내렸다. 실제로 정치인들과 학자들은 그러한 비교를 차츰 강조했다. 서유럽에서 이러한 병치는 논란거리였다. 히틀러와 스탈린의 직접적인 비교는 문제가 아니었다. 두 독재자의 가공할 성격에 반론을 제기할 사람은 없었기 때문이다. 그러나 공산주의 체제 자체(스탈린 앞뒤의 공산주의 체제)를 파시즘이나 나치즘과 동일한 범주 속에 두자는 제안은 비단 독일뿐만 아니라 서방 자체의 과거에도 불편한 함의를 지녔다. 많은 서유럽 지식인에게 공산주의 체제는 실패했지만 공동의 진보적 유산이었다. 그러나 중부 유럽과 동유럽의 지식인들에게 공산주의 체제는 20세기 권위주의의 범죄적 병리가 지나치게 성공적으로 응용된 사례였으며 그렇게 기억되어야만 했다. 유럽은 통합되었을지 몰라도, 유럽의 기억은 심한 비대칭을 이루었다.

유럽의 골치 아픈 기억을 해결하는 서유럽의 해법은 말 그대로 기억을 돌처럼 고착시키는 것이었다. 21세기의 벽두에 나치즘의 희생자들에게 바쳐진 기념 명판, 기념비, 기념관이 스톡홀름에서 브뤼셀까지 서유럽 전역을 뒤덮었다. 앞서 보았듯이, 몇몇 경우는 기존 유적을 수리하거나 〈교정〉한 것이지만, 새로운 것이 많았다. 그중 일부에는 공공연히 교육적 기능을 수행하기를 바라는 마음이 투영되어 있다. 2005년 5월 파리에서 개관한 홀로코스트 기념관은 두 개의 기존 유적, 〈무명 유대인 희생자 기념관〉과 〈현대 유대인 관계 문헌조사 센터〉가 결합하여 탄생했다. 프랑스에서 나치의 학살수용소로 이송된 7만 6천 명의 유대인 이름이 새겨진 돌로 완공된 기념관은 미국의 베트남전쟁 기념관을, 그리고 규모는 훨씬 작았지만 워싱턴디시의 홀로코스트 기념관이나 예루살렘의 야드 바셈의 큰 뜻을 되풀이했다. 이러한 시설의 압도적 다수는 실제로 홀로코스트의 기억에 헌신했다. 그중 가장 인상적인 시설은 2005년 5월 10일 베를린에서 개관했다.

가장 늦게 건립된 기념관들이 전하는 분명한 메시지는 앞선 시대의 석조 기념물이 대변하는 모호함, 얼버무림과 날카롭게 대비된다. 브란덴부르크 문 부근에 1만 9천 평방미터나 차지하여 확연히 드러나는 베를린 기념관은 그중에서도 두드러진다. 〈나치즘의 희생자〉를 전체적으로 추모하지 않는 이 기념관은 〈유럽에서 살해된 유대인을 위한 기념관〉이라는 점을 매우 공공연히 밝히고 있다.[19] 오스트리아 젊은이들의 양심적 병역거부자는 이제 국가의 자금으로 운영되는 게뎅크딘스트Gedenkdienst(1991년에 수립된 〈기념관 봉사〉)에 일정 기간 참여하는 것으로, 다시 말해서 주요 홀로코스트 기관들에서 실습 사원이나 안내자로 일함으로써 병역을 대신할 수 있었다. 서유럽인들, 특히 독일인들은 확실히 자신들의 최근 과거의 참사를 전면적으로 대면할 충분한 기회를 가졌다. 아우슈비츠 해방 60주

19 기념관에 관해 논란이 없지는 않았다. 그 추상적 개념을 싫어했던 사람들 이외에, 기독교민주당 출신 시장 에버하르트 디프겐을 포함하여 기념관이 베를린을 〈회개의 수도〉로 만드는 데 일조했다고 비판한 사람들이 있었다

년 기념일에 독일 총리 게르하르트 슈뢰더는 청중에게 이렇게 상기시켰다. 〈전쟁과 종족 학살의 기억은 우리 삶의 일부이다. 어느 것도 이 사실을 바꿀 수 없다. 이 기억들은 우리 정체성의 일부이기 때문이다.〉

그러나 다른 곳에서는 그림자가 남았다. 새로이 설립된 국민기억연구소[20]가 논쟁적인 역사의 주제에 대한 진지한 학문적 연구를 장려하느라 분투했던 폴란드에서, 폴란드의 유대인 소수 민족 처리에 대한 공식적 회개는 거센 반대를 초래했다. 노벨 평화상 수상자이자 솔리다르노시치의 영웅인 레흐 바웬사가 2000년에 얀 토마시 그로스의 책 『이웃Neighbors』의 출판에 반발한 것은 이 점에서 우울한 사례였다. 미국 역사가 그로스의 책은 폴란드가 전시에 유대인을 학살한 사건을 파헤친 영향력 있는 저작이었다. 바웬사는 어느 라디오 회견에서 그로스가 폴란드인과 유대인 사이에 불화의 씨앗을 뿌리려 했다고 불평했다. 〈그로스는 평범한 작가로…… 돈 좀 벌어 보려는 유대인이다.〉[21]

탈공산주의 유럽에서 유대인의 절멸을 현대의 기억으로 통합하기가 어려웠다는 사실은 헝가리의 경험이 가장 뚜렷하게 보여 주었다. 2001년, 오르반 빅토르 정부는 매년 4월 16일을(전시였던 1944년에 부다페스트에 게토가 건립된 날) 홀로코스트 추도일로 제정했다. 3년 뒤, 오르반의 뒤를 이어 총리에 오른 메제시 페테르는 한때 유대인을 수용했던 부다페스트의 어느 집에 홀로코스트 기념센터를 열었다. 그러나 이 센터는 대부분 거의 비어 있었고, 전시품과 간단한

---

20 특별법으로 설립된 정부 소속 연구소로 과거의 인권 침해 사례에 관한 연구뿐만 아니라 반평화 범죄, 반인류 범죄, 전쟁 범죄에 대한 기소 의무와 보상, 교육까지 포괄적인 역할을 맡았다 — 옮긴이주.

21 폴란드 유대인 출신으로 1968년 3월의 사건으로 투옥되었다가 이듬해 스물한 살 때 미국으로 이주했고, 예일 대학교에서 사회학으로 박사 학위를 받았다. 책의 원제는 이렇다. *Neighbors: The Destruction of the Jewish Community in Jedwabne, Poland* — 옮긴이주.

안내서를 본 사람은 극소수의 방문객뿐이었다. 그마저도 대체로 외국인이었다. 그동안 도시 반대편의 테로르허저Terrorhaza에는 헝가리인들이 몰려들었다.

테로르허저(〈테러의 집〉)는 그 명칭이 암시하듯이 공포의 박물관이었다. 이 박물관은 1944년부터 1989년까지 헝가리에 나타났던 국가의 폭력, 고문, 억압, 독재 정치를 이야기했다. 연도에 큰 의미가 있다. 테로르허저는 한때 그곳에 입주해 있던 유치장, 고문 도구, 조사실을(테러의 집은 과거 비밀경찰의 본부로 쓰였던 곳에 있다) 투소[22] 밀랍 인형처럼 어둡게 재현해 놓았다. 테로르허저의 헝가리 역사 해석은 그곳을 다녀간 수천 명의 학생들과 많은 사람들에게 제시된 대로 1944년 10월부터 1945년 4월까지 권력을 장악했던 살러시 페렌츠의 화살십자당과 전쟁 이후에 수립된 공산당 정권을 구분하지 않았다. 그러나 화살십자당 사람들과 이들의 적극적인 기여로 절멸당한 60만 명의 헝가리 유대인은 겨우 방 세 개로 표현했다. 매우 큰 건물의 나머지 전체는 전적으로 공산주의 체제의 범죄를 상세하게, 그리고 단연 당파적으로 보여 주는 데 쓰였다.

박물관은 공산주의와 파시즘이 동등하다는 메시지를 굳이 숨기려 들지 않았다. 박물관 큐레이터가 보기에 차이라면 공산주의가 더 오래 지속되었고 나치보다 훨씬 더 해로웠다는 사실뿐이었다. 테로르허저의 연출 방식과 내용은 그 점을 분명히 하고 있었다. 늙은 세대의 많은 헝가리인에게는 이것이 자신들의 경험과 일치했기 때문에 한층 더 그럴 듯했다. 그리고 그 메시지는 공산주의 몰락 이후의 헝가리 법률이 그 비민주적 과거의 모든 표상을 공개적으로 진열하지 못하도록 금지함으로써 확인되었다. 슈바스티카Swastika나 화살십자당의 상징뿐만 아니라 그때까지 어디서나 볼 수 있었던 붉은 별

---

22 Anne-Marie Tussaud, 1761~1850. 밀랍 인형 제작자. 런던 등지에 있는 밀랍 인형 박물관으로 유명하다 — 옮긴이주.

과 거기에 따라다녔던 망치와 낫도 금지되었다. 헝가리는 이러한 상징들로 대표된 체제들의 차이를 평가하는 대신, 2002년 2월 24일 부다페스트 테로르허저 개관식에서 총리 오르반이 한 말을 빌리자면, 단순하게 〈병든 20세기의 문을 꽝 닫아버렸다〉.

그러나 그 문을 닫기가 그렇게 쉽지는 않다. 헝가리는 중부 유럽과 동유럽의 다른 나라들처럼 여전히 뒤늦은 폭발에 시달리고 있다.[23] 소련에 자신들을 학대했던 사실을 인정할 의무가 있다고 강조했던 발트 국가들은 자신들의 책임을 따질 때에는 확실히 느렸다. 에스토니아나 라트비아, 리투아니아는 독립을 쟁취한 후에 자신들 중에 있는 전범자들을 단 한 건명도 기소하지 못했다. 루마니아에서는 전직 대통령 일리에스쿠가 자국의 홀로코스트 참여를 인정했는데도, 1997년 시그헤트에서 개관한 〈공산주의 희생자들과 반공주의 저항 기념관〉(유럽 연합 이사회가 재정의 일부를 담당했다)은 두 대전 사이와 제2차 세계 대전의 강철수비대 활동가들과 기타 루마니아 파시스트들, 반유대주의자들을 기념했다. 이제 그들은 공산당의 박해를 받은 순교자로 탈바꿈했다.

동유럽의 평자들은 공산주의와 파시즘의 〈등가성〉을 주장하면서 현대 서유럽 정치 문화의 〈희생자〉 숭배를 지적할 수 있다. 그들은 말한다. 우리는 승자의 역사에서 희생자의 역사로 나아가고 있다고. 좋다. 그렇다면 일관성을 유지하자. 나치즘과 공산주의의 의도가 전혀 다르다고 해도(레몽 아롱의 공식에 따라 〈기괴한 논리를 지닌 철학과 기괴하다고 해석될 수 있는 철학 사이에는 차이가 있다〉고 해도) 희생자들에겐 그다지 위로가 되지 않았다. 인간의 고통이 가해

23 2004년 3월, 에스테르하지 페테르와 콘라드 죄르지를 포함하여 여든네 명의 헝가리 작가들이 작가 동맹의 반유대주의 관용에 항의하여 동맹에서 탈퇴했다. 홀로코스트 생존자인 케르테스 임레가 노벨 문학상을 수상한 뒤 시인 되브렌테이 코르넬이 했던 논평이 탈퇴의 근거가 되었다. 되브렌테이에 따르면, 그 상은 〈자신의 소수 민족에 가해진 테러라는 취미〉에 막 빠져든 한 작가에게 주는 〈보상금〉이었다.

자의 목적에 따라 측정되어서는 안 된다. 이런 식으로 추론하자면, 공산주의 체제의 수용소는 그곳에서 처벌받거나 살해된 사람들에 겐 나치의 수용소보다 더 낫지도 더 나쁘지도 않았다.

마찬가지로, 현대 국제법학과 정치적 담론에 표현된 〈권리〉(그리고 권리의 침해에 대한 배상)의 강조는 〈자신들의〉 고통과 손실을 아무도 인정하지 않았다고, 그리고 자신들은 아무런 보상도 받지 못했다고 느끼는 사람들에게 논거를 제공했다. 독일의 일부 보수주의 자들은 〈민족정화〉가 국제적인 비난을 받는 데 착안하여 제2차 세계 대전 말에 자신들의 땅에서 내몰린 독일인 지역 사회들의 주장을 재개했다. 독일의 보수주의자들은 묻는다. 추방된 독일인 지역 사회의 희생은 어째서 더 작은 희생인가? 스탈린이 폴란드인에 한 짓은(최근의 일을 들자면 밀로셰비치가 알바니아인들에게 한 짓은) 제2차 세계 대전이 끝난 후 체코슬로바키아 대통령 베네시가 주데텐란트의 독일인들에게 한 짓과 본질적으로 전혀 다름이 없지 않은가? 새로운 세기의 처음 몇 년 동안, 베를린에 또 하나의 기념관을, 다시 말해 민족정화의 모든 희생자들에게 바치는 기념관인 〈추방 반대 센터〉를 건립하자는 논의가 명망가들 사이에서 제기되었다.

모든 형태의 집단적 희생은 본질적으로 비교할 수 있고 심지어 서로 맞바꾸어도 되며 따라서 똑같이 기억되어야 한다는 제안의 가장 왜곡된 형태라 할 만한 이러한 논의에 대해, 바르샤바 게토 봉기의 마지막 생존 지도자인 마레크 에델만은 용기 있게 반박했다. 에델만은 2003년에 센터 건립에 반대하는 청원서에 서명하면서 이렇게 말했다. 〈어떤 성격의 기억인가? 그들이 기억될 만큼 고통을 받았는가? 당신들이 강제로 집을 떠나야 했고 땅을 포기해야 했다는 사실은 물론 슬픈 일이다. 그러나 유대인은 집과 모든 친척을 잃었다. 추방은 고통에 관한 것이지만, 이 세상에 고통은 많다. 몸이 아픈 사람들도 고통을 겪는다. 그렇지만 아픈 사람들을 기리기 위해 기념관을 짓는 사람은 없다〉(『티고드니크 포브셰흐니Tygodnik Powszechny』, 2003년 8월 17일).

에델만의 반응은 지나친 추모 열기에 빠져 초래되는 위험을, 그리고 가해자 대신 희생자에게 관심을 집중하는 위험을 시의 적절하게 상기시킨다. 한편으로는 되새길 가치가 있는 기억과 경험에 원칙적인 한계는 없다. 반면, 과거를 건물과 박물관에 넣어 기념하는 행위는 과거를 억누르고 더 나아가 무시하는 방법이기도 하다. 기억의 책임을 다른 사람들에게 떠넘기기 때문이다. 개인적인 경험에 비추어 볼 때, 주변에 진정으로 기억하는 사람들이 있다면, 이는 문제가 되지 않았을 것이다. 그러나 지금, 부헨발트 해방 60주년 기념일인 2005년 4월 10일 여든한 살 먹은 호르헤 셈프룬이 동료 생존자들에게 일깨웠듯이, 〈적극적인 기억의 한 시대가 끝나고 있다.〉

유럽이 여하간 지난 범죄의 생생한 기억을 무한정 붙들고 놓지 않을 수 있다고 해도(기념관과 박물관을 세운 의도가 바로 그것이다) 별다른 의미가 없을 것이다. 기억은 본래 논쟁적이고 당파적이다. 한 사람의 인정은 다른 사람의 탈락을 뜻한다. 그리고 기억은 과거로 안내하는 길잡이로서 충분하지 않다. 전후 초기의 유럽은 의도적으로 잘못된 기억에 의존하여 건설되었다. 유럽이 하나의 생활 양식임을 잊었던 것이다. 1989년 이후에는 그 대신 보상적 기억과잉을 기반으로 건설되었다. 말하자면 제도화된 공적 기억이 집단적 정체성의 토대가 되었다. 첫 번째 유럽은 오래 지속될 수 없었으며, 두 번째도 마찬가지일 것이다. 어느 정도의 무시, 더 나아가 망각은 시민 생활의 건강에는 필수 조건이다.

기억상실을 옹호하자는 말은 아니다. 국민은 무엇을 잊기에 앞서 우선 그것을 기억해야 할 필요가 있다. 프랑스 국민은 자신들이 의도적으로 다르게 기억하려 했던 비시 정권이 아니라 있는 그대로의 비시 정권을 이해한 뒤에야 과거를 제쳐두고 앞으로 전진할 수 있었다. 한때 자신들과 같이 살았던 유대인에 대한 폴란드인의 복잡한 기억도 마찬가지다. 스페인도 그렇다. 민주주의로 이행한 이후 20년 동안 내전의 고통스러운 기억을 감추고 침묵했던 스페인은 이제야 내전과 그 결과에 대한 공개적 논의를 진행 중이다.[24] 독일인은 60년에 걸친 부인, 교육, 논쟁, 합의의 한 주기를 거쳐 나치 과거의 극악한 범죄를 인식하고 이해한 뒤에야 그 기억을 안고 살아갈 수 있었다. 다시 말해 그 기억을 떨쳐버릴 수 있게 되었다.

이 모든 경우에서 회상의 수단은 기억 자체가 아니었다. 그것은 역사였다. 시간의 경과인 동시에 과거에 대한 전문적인 연구라는 두 가지 의미에서, 주로 두 번째 의미에서 역사였다. 악은, 특히 나치 독일이 저지른 규모의 악행은 아무리 기억을 되새겨도 납득이 가지 않는다. 범죄가 워낙 극악하여 어떤 기념 행위도 불완전하다.[25] 그 범죄는 실제로 자행되었다고 믿기 어려울 만큼 극악했기 때문에, 다시 말해 침착하게 되돌아보기가 어려웠기 때문에 축소되고 더 나아가 부정될 수도 있다. 실제 일어났던 대로 기억하기가 불가능했던 까닭에 존재하지 않았던 사건으로 기억될 가능성이 처음부터 존재한다. 이러한 도전에 직면하면 기억 그 자체는 무기력하다. 〈자신의 직업에 기본이 되는 사실과 증거, 흔적에 대한 준엄한 열정을 지닌 역사가만이 효과적으로 보초를 설 수 있다.〉[26]

기억은 스스로 확인하고 강화하지만, 역사는 그런 기억과는 달리

24 마드리드에 서 있던 프랑코의 마지막 조각상은 2005년 3월 17일 새벽에 백여 명의 사람들이 지켜보는 가운데 조용히 제거되었다.

25 〈우리 생존자들은 진정한 증인이 아니다…… 우리는…… 이례적인 소수에 속한다. 우리는 발뺌이나 어떤 특성, 또는 행운 따위에 힘입어 밑바닥까지 내려가지 않은 사람들이다. 정녕 밑바닥까지 내려간 사람들은, 고르곤을 본 사람들은 돌아오지 못하여 증언할 수 없었거나 말할 수 없는 상태로 돌아왔다.〉 Primo Levi, *The Drowned and the Saved* (NY, 1988), pp. 83-83.

26 Yosef Hayim Yerushalmi, *Zakhor: Jewish History and Jewish Memory* (Seatle, 1982), p. 116.

세계를 각성시키는 데 이바지한다. 역사가 제시해야 하는 것의 대부분은 불편하고 심지어 파괴적이다. 과거를 한 민족의 옛 죄악을 꾸짖고 공격하는 도덕의 몽둥이로 사용하는 것이 정치적으로 언제나 신중한 행위는 아닌 이유도 여기에 있다. 그러나 역사는 진정으로 배울 필요가 있다. 그리고 주기적으로 고쳐 가르쳐야 한다. 소련 시대에 널리 쓰였던 농담 얘기를 해보자. 어느 청취자가 〈아르메니아 라디오〉에 전화를 걸어 이런 질문을 던졌다. 질문: 〈미래를 예언하는 것이 가능한가요?〉 답변: 〈그렇습니다. 일도 아니죠. 우리는 미래가 어떨지 정확하게 알고 있습니다. 우리의 문제는 과거에 있습니다. 과거는 끊임없이 변하기 때문이죠.〉

사실이 그렇다. 그리고 전체주의 사회에서만 그런 것도 아니다. 그렇지만, 유럽의 서로 경합하는 과거들에 대한 엄밀한 조사와 연구는, 그리고 그 과거들이 유럽의 집단적 자의식 속에 차지한 자리는 칭찬을 받지는 못했지만 근자에 와서 유럽통합이 거둔 업적의 하나였으며 그 통합의 원천이기도 했다. 그렇지만 중단 없이 새로워지지 않는다면 분명 사라질 업적이다. 유럽의 야만적인 최근 역사는, 다시 말해 전후 유럽이 고되게 건설될 때의 배경이었던 어두운 〈또 하나의 역사〉는 젊은 유럽인들에겐 이미 기억할 수 없는 과거이다. 한 세대가 지나기 전에 기념관과 박물관에는 먼지가 쌓일 것이다. 오늘날 서부 전선의 전장처럼 열성적인 인간들과 관계자들만 방문하는 곳이 될 것이다.

다가올 미래에 우리가 아우슈비츠의 화장장으로부터 일종의 유럽을 건설해 내는 것이 왜 그토록 중요하게 여겨졌는지 기억할 수 있으려면, 오직 역사만이 우리를 도울 수 있다. 끔찍했던 과거의 자취와 상징으로 결합된 새로운 유럽은 놀라운 업적이다. 그러나 이 새로운 유럽은 그 과거에 영원히 저당 잡혔다. 유럽인들이 이 생명선을 유지하려면, 다시 말해 유럽의 과거가 유럽의 현재에 계속해서 조언하고 도덕적 목적을 제시할 수 있으려면 세대가 바뀔 때마다 새롭게 배워야 할 것이다. 〈유럽 연합〉은 역사에 대한 응답일 수는 있지만, 절대로 역사를 대신할 수는 없다.

사진 출처

3부 퇴장 송가 1971~1989

1면, 위(바더-마인호프 그룹 수배 전단): AKG Images; 아래(적군파 테러리스트들): Bettmann/Corbis.

2면, 위(에타 테러리스트들, 1982): Magnum/Harry Gruyaert; 아래(벨파스트의 아이들, 1976): Davis Factor/Corbis.

3면, 위(포르투갈 이주 노동자들, 프랑스, 1970): J. Pavlosky/Rapho; 아래(이혼법 개혁을 요구하는 이탈리아 여성들, 1974): Contrasto/Katz Pictures.

4면, 위(후안 카를로스와 프랑코, 1971): Bettmann/Corbis; 아래(리스본의 신문팔이 여성 행상인): Magnum/Jean Gaumy.

5면, 위(에르푸르트의 브란트, 1970): AKG Images; 아래(미테랑과 대처, 1984): Bryn Colton/Assignments Photographers/Corbis.

6면, 위(폴란드의 요한 바오로 2세, 1979): Topham Picture Library; 가운데(그단스크의 미흐니크, 1984): Wostok Press; 아래(프라하의 고르바초프, 1987): Peter Turnley/Corbis.

7면, 위(동독 망명자들을 태운 기차): Marc Deville/Gamma/Katz Pictures; 가운데(프라하 학생 시위, 1989): Lubomir Kotek/AFP/Getty Images; 아래(하벨과 둡체크, 1989): Chris Niedenthal/Time Life/Getty Images.

8면, (레닌 상, Hungary, 1990). Wostok Press.

4부 몰락 이후 1989~2005

1면, 위(옐친과 고르바초프, 1991): Wostok Press; 아래(모스크바의 맥도날드, 1990): Sergei Guneyev/Time Life/Getty Images.

2면, 위(체르노빌 효과, 벨라루스): Magnum/Paul Fusco; 가운데(아랄해의 재난, 1997): Magnum/Francesco Zizola; 아래(우크라이나의 시위대, 1991):Alain Nogues/Sygma/Corbis.

3면, 위(집시들의 가난, 부쿠레슈티, 1996): Wostok Press; 가운데(동유럽의 성매매, 2002): Sasha Bezzubov/Corbis; 아래(헝가리 국제 박람회장의 나토, 1997): Wostok Press.

4면, 위(〈코소보 전투〉 600주년을 기념하는 세르비아인들, 1989): Wostok Press; 가운데(스레브레니차 학살의 희생자들): Danilo Krstanovic/Reuters; 아래(알바니아 피난민들, 1999): David Brauchli/Getty Images.

5면, 위(터키와 유럽 연합, 2004): European Press Photo Agency/Kerim Okten; 아래(프랑스의 〈유럽 연합 반대〉 광고판): Alternative Libertaire.

6면, 위(하이더, 1995): Viennareport/Sygma/Corbis; 가운데(키에르스고르, 1998): Dean Fancis/Sygma/Corbis; 아래(블레어와 NHS 개혁, 2004): David Bebber/Reuters/Corbis.

7면, 위(스페인의 모로코인들, 2000): J. M. Bendich/Sygma/Corbis; 아래(이탈리아의 소말리아 이주자들, 1997): Magnum/John Vink.

8면, 위(추모식의 시라크): Jacques Langevin/Sygma/Corbis; 아래(추모식의 슈뢰더): Arnd Wiegmann/Reuters.

추천 도서

    제2차 세계 대전 이후에 출간된 유럽에 관한 문헌의 양은 엄청날 뿐더러, 유럽 자체가 그렇듯이 문헌의 양 또한 꾸준히 팽창해 왔다. 여기에 올린 목록은 영어로 쓰인 책들 중 내가 가장 흥미롭게 생각하고 『전후 유럽』을 쓰는 데 도움을 받은 것들을 모아 놓은 것에 불과하다. 나는 최대한 독자들이 참조하거나 구매할 수 있을 것 같은 책에 한정해서 목록을 작성했다. 마찬가지 이유로 나는 회고록과 동시대의 몇몇 조사 보고서 외에는 주요 참고 문헌도 수록하지 않았고, 다른 언어로 출판된 책들도 목록에 올리지 않았다.

    이 도서 목록은 크게 세 부분으로 나뉜다. 첫 번째는 특정 국가나 지역을 연구한 책들과 현대 유럽사를 다룬 책들을 올렸다. 두 번째는 냉전과 이민, 문화와 예술 등 여러 가지 일반적인 주제들로 나뉘어 있다. 세 번째 부분에는 각 장별로 서술에 정보를 얻거나 크게 도움을 받은 책들을 올렸다.

    이런 식으로 서지 목록을 정리하면 불가피하게 내용이 겹친다. 그래서 냉전기의 프랑스 지식인에 대해 더 많이 알고 싶은 독자들은 〈프랑스〉, 〈냉전〉, 〈유럽과 미국〉, 〈지성인과 사상〉뿐만 아니라 2장 〈문화 전쟁〉이라는 표제 아래 실린 책들을 참조할 수 있을 것이다. 이와 비슷하게, 전후 유럽의 경제사에 대해 더 알고 싶은 독자들은 〈역사 일반〉, 〈경제〉, 〈유럽 연합〉뿐만 아니라 경제사가 강조된 여러

장, 특히 3장, 10장, 14장의 표제 아래 실린 책들을 찾아보면 도움을 얻을 수 있을 것이다. 나는 『전후 유럽』이 학생들과 전문가들에게 유용한 가이드가 되기를 희망하듯이 여기에 실린 추천 도서들도 그렇기를 바란다. 그렇지만 이 목록은 기본적으로 일반 독자를 염두에 두고 작성한 것이다.

역사 일반

Ambrosius, Gerold, and William H. Hubbard. *A Social and Economic History of Twentieth-Century Europe.* Cambridge, MA: Harvard University Press, 1989.

Blanning. T. C. W. *The Oxford History of Modern Europe.* Oxford: Oxford University Press, 2000.

Bore, Pim den, Peter Bugge, Ole Wæver, Kevin Wilson, and W. J. van der Dussen. *The History of the Idea of Europe.* Maidenhead, UK: Open University Press, 1995.

Brubaker, Rogers. *Citizenship and Nationhood in France and Germany.* Cambridge, MA: Harvard University Press, 1992.

Bullock, Alan. *Hitler and Stalin: Parallel Lives.* London: Rontana Press, 1998.

Chirot, Daniel. *The Origins of Backwardness in Eastern Europe: Economics and Politics from the Middle Ages Until the Early Twentieth Century.* Berkeley: University of California Press, 1989.

Cipolla, Carlo M. *The Fontana Economic History of Europe.* Hassocks, UK: Harvester Press, 1976.

_____. *The Twentieth Century,* Hassocks, UK: Harvester Press, 1977.

Cook, Chris, and John Paxton. *European Political Facts, 1918-90.* New York: Facts on File, 1992.

Crampton, R. J. *Eastern Europe in the Twentieth Century and After.* London: Routledge, 1997.

Crouzet, Maurice. *The European Renaissance since 1945.* New York: Harcourt Brace Jovanovich, 1970.

Davis, J. *People of the Mediterranean: An Essay in Comparative Social Anthropology.* London: Routledge & K. Paul, 1977.

Deighton, Anne. *Building Postwar Europe: National Decision-Makers and European Institutions, 1948-63.* New York: St. Martin's Press, 1995.

Dunn, John. *The Cunning of Unreason: Making Sense of Politics.* New York: Basic Books, 2000.

Fejtö, François. *A History of the People's Democracies: Eastern Europe Since Stalin.* New York: Praeger, 1971.

Ferguson, Niall. *The Cash Nexus: Money and Power in the Modern World, 1700—2000.* New York: Basic Books, 2001.

Garton Ash, Timothy. *History of the Present: Essays, Sketches, and Dispatches from Europe in the 1990s.* New York: Random House, 1999.

Gillis, John R. *Youth and History: Tradition and Change in European Age Relations, 1770-Present.* New York: Academic Press, 1981.

Glenny, Misha. *The Rebirth of History: Eastern Europe in the Age of Democracy.* London: Penguin Books, 1990.

Glover, Jonathan. *Humanity: A Moral History of the Twentieth Century.* London: J. Cape, 1999.

Graubard, Stephen Richards. *Eastern Europe-Central Europe-Europe.* Boulder, CO: Westview Press, 1991.

Gress, David, *Peace and Survival: West Germany, the Peace Movement, and European Security.* Stanford, CA.: Hoover Press, 1985.

Hitchcock, William I. *The Struggle for Europe: The Turbulent History of a Divided Continent, 1945 to the Present.* New York: Anchor Books, 2004.

Hobsbawm, E. J. *The Age of Extremes: A History of the World, 1914—1991.* New York: Pantheon Books, 1994.

_____. *Nations and Nationalism sicne 1780.* New York: Cambridge University Press, 1992.

Horn, Gerd-Rainer, and Padraic Kenney. *Transnational Moments of Change: Europe 1945, 1968, 1989.* Lanham, MD: Rowman & Littlefield, 2004.

Jackson, Gabriel. *Civilization & Barbarity in 20th-Century Europe.* Amherst, NY: Humanity Books, 1999.

James, Harold. *Europe Reborn: A History, 1914-2000.* Harlow, UK: Pearson Longman, 2003.

Johnson, Lonnie. *Central Europe: Enemies, Neighbors, Friends.* New York: Oxford University Press, 2002.

Kaldor, Mary. *The Disintegrating West.* New York: Hill and Wang, 1978.

Kennedy, Paul M. *The Rise and Fall of the Great Powers: Economic Change and Military Conflict from 1500 to 2000.* New York: Vintage Books, 1989.

Keylor, William R. *A World of Nations: The International Order since 1945.* New York: Oxford University Press, 2003.

Lange, Peter, George Ross, and Maurizio Vannicelli. *Unions, Change, and Crisis:*

French and Italian Union Strategy and the Political Economy, 1945-1980. London : Allen and Unwin, 1982.

Liberman, Peter. *Does Conquest Pay? The Exploitation of Occupied Industrial Societies.* Princeton: Princeton University Press, 1996.

Lichtheim, George. *Europe in the Twentieth Century.* London: Phoenix Press, 2000.

Magocsi, Paul R. *Historical Atlas of Central Europe.* Seattle: University of Washington Press, 2002.

Magris, Claudio. *Danube.* New York: Farrar, Straus, Giroux, 1989.

Marrus, Michael Robert. *The Unwanted: European Refugees in the Twentith Century.* Philadelphia: Temple University Press, 2002.

Mazower, Mark. *Dark Continent: Europe's Twentieth Century.* New York: Knopf, 1999.

Mény, Yves, and Andrew Knapp. *Government and Politics in Western Europe: Britain, France, Italy, Germany.* New York: Oxford University Press, 1998.

Mitchell, B. R. *European Historical Statistics, 1750-1975.* New York: Facts on File, 1980.

Naimark, Norman M. *Fires of Hatred: Ethnic Cleansing in Twenties-Century Europe.* Cambridge, MA: Harvard University Press, 2001.

Okey, Robin. *Eastern Europe, 1740-1985: Feudalism to Communism.* London: Hutchinson, 1986.

Overy, R. J. *Why the Allies Won.* New York: W. W. Norton, 1996.

Paxton, Robert O. *Europe in the Twentieth Century.* Belmont, CA: Thomson Wadsworth, 2005.

Pollard, Sidney. *European Economic Integration, 1815-1970.* London: Thames and Hudson, 1974.

Postan, Michael Moisse. *An Economic History of Western Europe.* London: Methuen, 1967.

Power, Samantha. *A Problem from Hell: America and the Age of Genocide.* New York: Basic Books, 2002.

Rakowska-Harmstone, Teresa. *Communism in Eastern Europe.* Bloomington, IN: Indiana University Press, 1984.

Reynolds, David, *One World Divisible: A Global History since 1945.* New York: W. W. Norton, 2000.

Roberts, J. M. *A History of Europe.* New York: Allan Lane, 1997.

Rothschild, Joseph, *Return to Diversity: A Political History of East Central Europe since World War II.* New York: Oxford University Press, 2000.

Rupnik, Jacques. *The Other Europe*. London: Weidenfeld & Nicholson, 1988.

Schöpflin, George. *Politics in Eastern Europe, 1945-1992*. Oxford: Blackwell, 1993.

Snyder, Timothy. *The Reconstruction of Nations: Poland, Ukraine, Lithuania, Belarus, 1569-1999*. New Haven: Yale University Press, 2003.

Stokes, Gale. *From Stalinism to Pluralism: A Documentary History of Eastern Europe since 1945*. New York: Oxford University Press, 1995.

Teich, Mikuláš, and Roy Porter. *The National Question in Europe in Historical Context*. New York: Cambridge University Press, 1993.

Urwin, Derek W. *A Political History of Western Europe since 1945*. New York: Longman, 1997.

van der Wee, Herman. *Prosperity and Upheaval: The World Economy, 1945-1980*. Berkeley: University of California Press, 1986.

Verheyen, Dirk, and Christian Søe. *The Germans and Their Neighbors*, Boulder, CO: Westview Press, 1993.

Walicki, Andrzej. *Marxism and the Leap to the Kingdom of Freedom: The Rise and Fall of the Communist Utopia*. Stanford, CA: Stanford University Press, 1995.

Watson, Peter. *A Terrible Beauty: A History of the People and Ideas That Shaped the Modern Mind*. London: Weidenfeld & Nicolson, 2000.

Weinberg, Gerhard L. *A World at Arms: A Global History of World War II*. New York: Cambridge University Press, 1994.

Wolf, Eric R. *Peasant Wars of the Twentieth Century*. Norman, OK: University of Oklahoma Press, 1999.

Wolff, Larry. *Inventing Eastern Europe: The Map of Civilization on the Mind of the Enlightenment*. Stanford, CA: Stanford University Press, 1994.

Zeman, Z. A. B. *The Making and Breaking of Communist Europe*. Oxford: Blackwell, 1991.

국가별 추천 도서

오스트리아와 스위스

Bader, William B. *Austria Between East and West, 1945-1955*. Stanford, CA: Stanford University Press, 1966.

Bischof, Günter, and Anton Pelinka. *Austro-corporatism: Past, Present, Future*. New Brunswick, NJ : Transaction Publishers, 1996.

Bouvier, Nicolas, Gordon Graig, and Gossman, Lionel. *Geneva, Zurich, Basel: History, Culture & National Identity*. Princeton: Princeton University Press, 1994.

Clute, Robert Eugene. *The International Legal Status of Austria, 1938-1955*. The

Hague: M. Nijhoff, 1962.

Fossedal, Gregory A. *Direct Democracy in Switzerland.* New Brunswick, NJ: Transaction Publishers, 2002.

Jelavich, Barbara. *Modern Austria: Empire and Republic, 1815-1986.* Cambridge: Cambridge University Press, 1987.

Pauley, Bruce F. *From Prejudice to Persecution: A History of Austrian Antisemitism,* Chapel Hill: University of North Carolina Press, 1992.

Pick, Hella. *Guilty Victim: Austria from the Holocaust to Haider.* London: I. B. Tauris, 2000.

Steinberg, Jonathan. *Why Switzerland?* Cambridge: Cambridge University Press, 1996.

Sully, Melanie A. *The Haider Phenomenon.* New York: East European Mongraphs, 1997.

Wodak, Ruth, and Anton Pelinka. *The Haider Phenomenon in Austria.* New Brunswick, NJ: Transaction Publishers, 2002.

Ziegler, Jean. *The Swiss, the Gold, and the Dead: How Swiss Bankers Helped Finance the Nazi War Machine.* New York: Penguin Books, 1999.

발칸 국가들과 터키

Altmann, Franz-Lothar, and Judy Batt. *The Western Balkans: Moving On.* Paris: Institute for Security Studies, European Union, 2004.

Bell, John D. *The Bulagrian Communist Party from Blagoev to Zhivkov.* Stanford, CA: Hoover Press, 1986.

Crampton, R. J. *The Balkans since the Second World War.* New York: Longman, 2002.

_____, *A Concise History of Bulgaria.* Cambridge: Cambridge University Press, 2005.

Glenny, Misha. *The Balkans: Nationalism, War and the Great Powers, 1804-1999.* London: Penguin Books, 2001.

Griffith, William E. *Albania and the Sino-Soviet Rift.* Cambridge, MA: MIT Press, 1963.

Hockenos, Paul. *Homeland Calling: Exile Patriotism and the Balkan Wars.* Ithaca, NY: Cornell University Press, 2003.

Iatrides, John, ed. *Greece in the 1940s: A Nation in Crisis.* Hanover, MA: University Press of New England, 1981.

Jelavich, Barbara. *History of the Balkans.* Cambridge: Cambridge University Press,

1983.

Malcomson, Scott L. *Borderlands—Nation and Empire.* Boston: Farber and Farber, 1994.

Mazower, Mark. *After the War Was Over: Reconstructing the Family, Nation, and State in Greece, 1943-1960.* Princeton, NJ: Princeton University Press, 2000.

_____, *Insice Hitler's Greece: The Experience of Occupation, 1941-44.* New Haven: Yale University Press, 1993.

_____, *The Balkans: A Short History.* New York: Modern Library, 2000.

_____, *Greece and the Inter-War Economic Crisis.* Oxford: Clarendon Press, 1991.

McNeill, William Hardy. *The Metamorphosis of Greece since World War II.* Chicago: University of Chicago Press, 1978.

Stavrou, Theofanis George, and John R. Lampe, *Redefining Southeastern Europe: Political Challenges and Economic Opportunities.* Munich: Südosteuropa- Gesellschaft, 1998.

Todorova, Maria Nikolaeva. *Balkan Identities: Nation and Memory.* New York: New York University Press, 2004.

White, Jenny B. *Islamist Mobilization in Turkey: A Study in Vernacular Politics.* Seattle: University of Washington Press, 2003.

Zürcher, Erik Jan. *Turkey: A Modern History.* London: I. B. Tauris, 2004.

베네룩스 국가들

Blom, J. C. H., and Emiel Lambrechts, eds. *History of the Low Countries.* New York: Berghahn Books, 1999.

Donaldson, Bruce. *Dutch. A Linguistic History of Holland and Belgium.* Leiden: Nijhoff, 1983.

Fitzmaurice, John. *The Politics of Belgium: A Unique Fedralism.* Boulder, CO: Westview Press, 1996.

Fox, Renée C. *In the Belgian Château: The Spirit and Culture of a European Socie-ty in an Age of Change.* Chicago: I. R. Dee, 1994.

Gladdish, Ken. *Governing from the Center: Politics and Policy-Making in the Netherlands.* De Kalb: Northern Illinois University Press, 1991.

Kossmann, E. H. *The Low Countires.* Oxford: Oxford University Press, 1978.

Mommen, André. *The Belgian Economy in the Twentieth Century.* London: Routledge, 1994.

van der Zee, Henri A. *The Hunger Winter: Occupied Holland, 1944-1945.* Lincoln: University of Nebraska Press, 1998.

체코슬로바키아

August, Fantisek, and David Rees. *Red Star Over Prague*. London: Sherwood Press, 1984.

Golan, Galia. *Reform Rule in Czechoslovakia: The Dubcek Era, 1968-1969*. Cambridge: Cambridge University Press, 1973.

King, Jeremy. *Budweisers Into Czechs and Germans: A Local History of Bohemian Politics, 1848-1948*. Princeton: Princeton University Press, 2002.

Klíma, Ivan, and Paul R. Wilson. *The Spirit of Prague and Other Essays*. New York: Granta Books, 1995.

Krejcí, Jaroslav. *Social Change and Stratification in Postwar Czechoslovakia*. London: Macmillan, 1972.

Sayer, Derek. *The Coasts of Bohemia: A Czech History*. Princeton: Princeton University Press, 1998.

Steiner, Eugen. *The Slovak Dilemma*. Cambridge: Cambridge University Press, 1973.

프랑스

Agulhon, Maurice. *The French Republic, 1879-1992*. Oxford: Balckwell, 1993.

Avril, Pierre. *Politics in France*. Harmondsworth, UK: Penguin Books, 1969.

Burrin, Philippe. *France Under the Germans: Collaboration and Compromise*. New York: The New Press, 1996.

Campbell, Peter. *French Electoral Systems and Elections since 1789*. London: Faber , 1965.

Cerny, Philip G. *Social Movements and Protest in France*. New York: St. Martin's Press, 1982.

Cerny, Philip G., and Martin Schain. *French Politics and Public Policy*. New York: St. Martin's Press, 1980.

Chapman, Herrick. *State Capitalism and Working-Class Radicalism in the French Aircraft Industry*. Berkeley: University of California Press, 1990.

Cleary, M. C. *Peasants Politicians, and Producers: The Organisation of Agriculture in France since 1918*. Cambridge: Cambridge University Press, 1989.

Crozier, Michel. *The Bureaucratic Phenomenon*. Chicago: University of Chicago Press, 1964.

Dyer, Colin L. *Population and Society in Twentieth-Century France*. New York: Holmes & Meier, 1978.

Flynn, Gregory. *Remaking the Hexagon: The New France in the New Europe*. Boulder, CO: Westview Press, 1995.

Forsé, Michel, et al. *Recent Social Trends in France, 1960-1990*, Frankfurt: Campus Verlag, 1993.

Hazareesingh, Sudhir. *Political Traditions in Modern France*. Oxford: Oxford University Press, 1994.

Hoffmann, Stanley. *Decline or Renewal? France since the 1930s*. New York: Viking Press, 1974.

_____. ed. *In Search of France*. Cambridge, MA: Harvard University Press, 1963.

Jennings, Jeremy. *Syndicalism in France: A Study of Ideas*. New York: St. Martin's Press, 1990.

Keeler, John T. S. *The Politics of Neo-Corporatism in France: Farmers, the States, and Agricultural Policy-Making in the Fifth Republic*. New York: Oxford University Press, 1987,

Larkin Maurice. *France since the Popular Front: Government and People, 1936-1996*. Oxford: Clarendon Press, 1997.

MacRae, Duncan. *Parliament, Parties, and Society in France, 1946-1958*. New York: St. Martin's Press, 1967.

Marceau, Jane. *Class and Status in France: Economic Change and Social Immobility, 1945-1975*. Oxford: Clarendon Press, 1977.

McMilan, James F. *Twentieth-Century France: Politics and Society, 1898-1991*. London: E. Arnold, 1992.

Rioux, Jean-Pierre. *The Fourth Republic, 1944-1958*. Cambridge: Cambridge University Press, 1987.

Serfaty, Simon. *France, De Gaulle, and Europe: The Policy of the Fourth and Fifth Republics Toward the Continent*. Baltimore: Johns Hopkins University Press, 1968.

Suleiman, Ezra N. *Politics, Power, and Bureaucracy in France: The Administrative Elite*. Princeton: Princeton University Press, 1974.

독일

Ahonen, Pertti. *After the Expulsion: West Germany and Eastern Europe, 1945-1990*. Oxford: Oxford University Press, 2003.

Bark, Dennis L., and David Gress. *A History of West Germany. Vols. I and II*. Oxford: Blackwell, 1993.

Calleo, David P. *The German Problem Reconsidered: Germany and the World Order, 1870 to the Present*. Cambridge: Cambridge University Press, 1978.

Craig, Gordon Alexander. *Germany, 1866-1945*. New York: Oxford University Press, 1978.

Dennis, Mike. *German Democratic Republic: Politics, Economics, and Society.* London: Pinter Publishers, 1988.

Fritsch-Bournazel, Renata. *Confronting the German Question: Germans on the East-West Divide.* Oxford: Berg, 1988.

Fulbrook, Mary. *The Divided Nation: A History of Germany, 1918-1990.* New York: Oxford University Press, 1992.

Glatzer, Wolfgang, et al. *Recent Social Trends in West Germany, 1960-1990.* Frankfurt: Campus Verlag, 1992.

Moeller, Robert. *War Stories. The Search for a Usable Past in the Federal Republic of Germany.* Berkely: University of California Press, 2003.

Nicholls, Anthony James. *The Bonn Republic: West German Democracy, 1945-1990.* London: Longman, 1997.

Pulzer, Peter G. J. *German Politics, 1945-1995.* New York: Oxford University Press, 1995.

Richie, Alexandra. *Faust's Metropolis: A History of Berlin.* New York: Carroll & Graf, 1998.

Stern, Fritz Richard. *Dream and Delusions: The Drama of German History.* New Haven, Yale University Press, 1999.

Turner, Henry Ashby. *Germany from Partition to Reunification.* New Haven: Yale University Press, 1992.

헝가리

Berend, Ivan. *The Hungarian Economic Reforms, 1953-1988.* New York: Cambridge University Press, 1988.

Gati, Charles. *Hungary and the Soviet Bloc.* Durham, NC: Duke University Press, 1986.

Heinrich, Hans-Georg. *Hungary: Politics, Economics, and Society.* Boulder, CO: L. Rienner, 1986.

Hoensch, Jörg K. *A History of Modern Hungary, 1867-1994.* London: Longman, 1996.

Kovrig, Bennett. *Communism in Hungary: From Kun to Kádár.* Stanford, CA: Hoover Press, 1978.

Tökés, Rudolf. *Hungary's Negotiated Revolution: Economic Reform, Social Change and Political Succession, 1957-1990.* Cambridge: Cambridge University Press, 1996.

이탈리아

Ben-Ghiat, Ruth. *Fascist Modernities: Italy, 1922-1945.* Berkely: University of California Press, 2001.

Bosworth, R. J. B. and Patrizia Dogliani. *Italian Fascism: History, Memory, and Representation.* New York: St. Martin's Press, 1999.

Clark, Nartin. *Modern Italy, 1871-1995.* London: Longman, 1996.

De Grand, Alxander J. *The Italian Left In the Twentieth Century: A History of trhe Socialist and Communist Parties.* Bloomington: Indiana University Press, 1989.

Doumanis, Nicholas. *Italy.* London: Hodder Arnold, 2001.

Ginsborg, Paul. *A History of Contemporary Italy: Society and Politics, 1943-1988.* London: Penguin Books, 1990.

_____. *Italy and Its Discontents: Family, Civil Society, State, 1980-2001.* New York: Palgrave/Macmillan, 2003.

Kogan, Norman. *A Political History of Italy: The Postwar Years.* New York: Praeger, 1983.,

Mack Smith, Denis. *Modern Italy: A Political History.* Ann Arbor: University of Michigan Press, 1997.

McCarthy, Patrick. *The Crisis of the Italian State: From the Origins of the Cold War to the Fall of Berlusconi and Beyond.* New York: St. Martin's Press, 1997.

Miller, James Edward. *The United States and Italy: The Politics and Diplomacy of Stabilization.* Chapel Hill: University of North Carolina Press, 1986.

Putnam, Robert. *Making Democracy Work: Civic Traditions in Modern Italy.* Princeton: Princeton University Press, 1993.

Sasson, Donald. *Contemporary Italy: Economy, Society, and Politics since 1945.* New York: Longman, 1997.

Zamagni, Vera. *The Economic History of Italy, 1860-1990.* Oxford: Clarendon Press, 1993.

폴란드

Davies, Norman. *Heart of Europe: A Short History of Poland.* Oxford: Oxford University Press, 1986.

Garton Ash, Timothy. *The Polish Revolution: Solidarity.* New Haven: Yale University Press, 2002.

Gomlka, Stanislaw, and Antony Polonsky. *Polish Paradoxes.* London: Routledge, 1991.

Gross, Jan T. *Polish Society Under German Occupation: The General gouverne-*

ment, 1939-1944. Princeton: Princeton University Press, 1979.

Quinn, Frederick. *Democracy at Dawn: Notes from Poland and Points East.* College Station: Texas A&M University Press, 1998.

Schatz, Jaff. *The Generation: The Rise and Fall of the Jewish Communists of Poland.* Berkeley: University of California Press, 1991.

Toranska, Teresa. *"Them": Stalin's Polish Puppets.* New York: Harper & Low, 1987.

Zamoyski, Adam. *The Polish Way: A Thousand-Year History of the Poles and Their Culture.* New York: F. Watts, 1988.

루마니아

Boia, Lucian. *History and Myth in Romanian Consciousness.* Budapest: Central European University Press, 2001.

Deletant, Dennis. *Communist Terror in Romania: Gheorgiu-Dej and the Police State, 1948-1965.* New York: St. Martin's Press, 2000.

_____. Ceausecu and the securitate: Coercion and *Dissent in Romania, 1965—1989.* Armonk, NY: M. E. Sharpe, 1995.

Fischer-Galati, Stephen. *Twentieth-Century Romania.* Columbia University Press, 1991.

Ionescu, Ghita. *Communism in Rumania, 1944-1962.* New York: Oxford University Press, 1964.

Mitu, Sorin. *National Identity of Romanians in Transylvania.* Budapest: Central European Unversity Press, 2001.

Shafir, Michael. *Romania, Politics, Economics, and Society: Political Stagnation and Simulated Change.* Boulder, CO: L. Rienner Publishers, 1985.

Tismaneanu, Vladimir. *Stalinism for All Seasons: A Political History of Romanian Communism.* Berkeley: University of California Press, 2003.

Verdery, Katherine. *National Ideology Under Socialism: Identity and Cultural Politics in Ceausescu's Romania.* Berkeley: University of California Press, 1991.

_____. *Transylvanian Villagers: Three Centuries of Political, Economics, and Ethnic Change.* Berkeley: University of California Press, 1983.

스페인과 포르투갈

Aguilar, Paloma. *Memory & Amnesia: The Role of the Spanish Civil War in the Transition to Democracy.* New York: Bergahn Books, 2002.

Boyd, Carolyn P. *Historia Patria; Politics, History, and National Identity in Spain, 1875-1975.* Princeton: Princeton University Press, 1997.

Carr, Raymond, and Juan Pablo Fusi. *Spain: Dictatorship to Democracy.* London: Allen & Unwin, 1981.

Gallagher, Tom. *Portugal: A Twentieth-Century Interpretation.* Manchester: Manchester University Press, 1983.

Guirao, Fernando. *Spain and the Reconstruction of Western Europe, 1945-57:* Challenge and Response. New York: St. Martin's Press, 1998.

Herr, Richard. *An Historical Essay on Modern Spain.* Berkeley: University of California Press, 1974.,

Hooper, John. *The New Spaniards.* London: Penguin Books, 1995.

Kinder, Marsha. *Blood Cinema: The Reconstruction of National Identity in Spain.* Berkeley: University California Press, 1993.

Payne, Stanley G. *Politics and Society in Twentieth-Century Spain.* New York: New Viewpoints, 1976.

Pérez-Díaz, Víctor. *Spain at the Crossroads: Civil Society, Politics, and the Rule of Law.* Cambridge, MA: Harvard University Press, 1999.

Pinto, Antonio Costa. *Salazar's Dictatorship and European Fascism: Problems and Perspectives of Interpretation.* Boulder, CO: Social Science Monographs, 1994.

Preston, Paul. *The Politics of Revenge: Fascism and the Miltary in Twentieth-Century Spain.* New York: Routledge, 1995.

_____, *Spain in Crisis: The Evolution and Decline of the Franco Régime.* Hassocks, UK: Harvester Press, 1976.

영국과 아일랜드

Addison, Paul. *Now the War Is Over: A Social History of Britain, 1945-51.* London: Jonathan Cape, 1985.

Barnett, Correlli. *The Audit of War: The Illusion and Reality of Britain as a Great Nation,* London: Macmillan, 1986.

Benson, John. *The Rise of Consumer Society in Britain, 1880-1980.* London: Longman, 1994.

Coogan, Tim Pat. *The IRA.* New York: Palgrave, 2002.

Hennessy, Peter. *Never Again: Britain, 1945-1951.* New York: Pantheon Books, 1993.

McKibbin, Ross. *Classes and Cultures: England, 1918-1951.* Oxford: Oxford University Press, 1998.

McKittrick, David. *Making Sense of the Troubles.* New York: New Amsterdam Books, 2002.

Morgan, Kenneth O. *The People's Peace: British History, 1945-1989.* Oxford:

Oxford University Press, 1990.

Parliamentary Reform 1933-1960: A Survey of Suggested Reforms. London: Published for Hansard Society by Cassell, 1961.

Patterson, Henry. *Ireland Since 1939.* Oxford: Oxford University Press, 2002.

Porter, Roy. *London: A Social History.* Cambridge, MA: Harvard University Press, 1995.

Reynolds, David. *Britannia Overruled: British Policy and World Power in the Twentieth Century.* London: Longman, 1991.

Sked, Alan, and Chris, Cook. *Post-War Britain: A Political History.* New York: Penguin Books, 1990.

Woodhouse, C. M. *British Foreign Policy since the Second World War.* New York: Praeger, 1962.

Young, Hugo. *This Blessed Plot: Britain and Europe from Churchill to Blair.* Wood-stock, NY: Overlook Press, 1999.

소련/러시아

Amalrik, Andrei. *Will the Soviet Union Survive Until 1984?* New York: Penguin Books, 1980.

Applebaum, Anne. *Gulag: A History.* New York: Doubleday, 2003.

Bardach, Janusz. *Surviving Freedom: After the Gulag.* Berkeley: University of California Press, 2003.

Butenko, I. A., and Kirill Razlogov. *Recent Social Trends in Russia, 1960-1995.* Montreal, McGill-Queen's University Press, 1997.

Deutscher, Isaac. *Russia After Stalin.* Indianapolis: Bobbs-Merrill, 1969.

Dobb, Maurice Herbert. *Soviet Economic Development since 1917.* New York: International Publishers, 1967.

Hosking, Geoffrey A. *Church, Nation, and State in Russia and Ukraine.* New York: St. Martin's Press, 1991.

_____. *The First Socialist Society: A History of the Soviet Union from Within.* Cambridge, MA: Harvard University Press, 1990.

Keep, John L. H. *Last of the Empires: A History of the Soviet Union, 1945-1991.* Oxford: Oxford University Press, 1995.

King, Charles. *The Moldovans: Romania, Russia, and the Politics of Culture.* Stanford, CA: Hoover Institution Press, 2000.

Kotkin, Stephen. *Magnetic Mountain: Stalinism as a Civilization.* Berkeley: University of California Press, 1995.

Malia, Martin E. *The Soviet Tragedy: A History of Socialism in Russia, 1917-1991.* New York: Free Press, 1994.

McAuley, Mary. *Soviet Politics, 1917-1991.* Oxford: Oxford University Press, 1992.

Nove, Alec. *An Economic History of the USSR, 1917-1991.* New York: Penguin Books, 1992.

Petrone, Karen. *Life has Become More Joyous, Comrades: Celebrations in the Time of Stalin.* Bloomington: Indiana University Press, 2000.

Polian, P. M. *Against Their Will: The History and Geography of Forced Migrations in the USSR.* Budapest: Central European University Press, 2004.

Reid, Anna. *Borderland: A Journey Through the History of Ukaine,* Boulder, CO: Westview Press, 1999.

Rosenberg, William G., and Marilyn Blatt Young. *Transforming Russia and China: Revolutionary Struggle in the Twentieth Century.* New York: Oxford University Press, 1982.

Schapiro, Leonard. *The Communist Party of the Soviet Union.* New York: Random House, 1970.

Suny, Ronald Grigor. *The Soviet Experiment; Russia, the USSR and the Successor States.* New York: Oxford University Press, 1998.

Wilson, Andrew. *The Ukrainians: Unexpected Nation.* New Haven: Yale University Press, 2002.

Yakovlev, A. N., Anthony Austin, and Paul Hollander. *A Century of Violence in Soviet Russia.* New Haven: Yale University Press, 2002.

유고슬라비아

Allcock, John B. *Explaining Yugoslavia.* New York: Columbia University Press, 2000.

Carter, April. *Democratic Reform in Yugoslavia: The Changing Role of the Party.* London: Frances Pinter, 1982.

Dedijer, Vladimir. *The Battle Stalin Lost: Memoirs of Yugoslavia, 1948-1953.* New York: Viking Press, 1970.

Drakulić, Slavenka. *How We Survived Communism and Even Laughed.* London: Hutchinson, 1992.

Judah, Tim. *The Serbs: History, Myth, and the Destruction of Yugoslavia.* New Haven: Yale University Press, 2000.

Lampe, John R. *Yugoslavia as History: Twice There Was a Country.* New York: Cambridge University Press, 2000.

_____. *Yugoslav-American Economic Relations since World War II.* Durham, NC:

Duke University Press, 1990.

Malcome, Noel. *Kosovo: A Short History.* New York: New York University Press, 1998.

Ron, James. *Frontiers and Ghettos; State Violence in Serbia and Israel.* Berkeley: University of California Press, 2003.

Tanner, Marcus. *Croatia: A Nation Forged in War.* New Haven: Yale University Press, 2001.

Unfinished Peace: Report of the International Commission on the Balkans. Washington D. C.: Carnegie Endowment, 1996.

Wachtel, Andrew. *Making a Nation, Breaking a Nation: Literature and Cultural Politics in Yugoslavia.* Stanford, CA: Stanford University Press, 1998.

West, Rebecca. *Black Lamb and Grey Falcon: The Record of a Journey Through Yugoslavia in 1937.* London: Melbourne Macmillan, 1968.

주제별 추천 도서

냉전

Cronin, James E. *The World the Cold War Made: Order, Chaos and the Return of History.* New York: Routledge, 1996.

Dockrill, M. L. *The Cold War, 1945-1963.* Atlantic Highlands, NJ: Humanities Press International, 1988.

FitzGerald, Frances. *Way out There in the Blue: Reagan, Star Wars, and the End of the Cold War.* New York: Simon & Schuster, 2000.

Gaddis, John Lewis. *The Long Peace: Inquiries Into the History of the Cold War.* New York: Oxford University Press, 1987.

_____. *We Now Know: Rethinking Cold War History.* Oxford: Oxford University Press, 1997.

Gray, William Glenn. *Germany's Cold War: The Global Campaign to Isolate East Germany, 1949-1969.* Chapel Hill: University of North Carolina Press, 2003.

Gress, David. *From Plato to NATO: The Idea of the West and its Opponents.* New York: Free Press, 1998.

Halle, Louis Joseph. *The Cold War as History.* New York: HarperPerennial, 1991.

Hanhimäki, Jussi, and O. A. Westad, eds. *The Cold War: A History in Documents and Eyewitness Accounts.* New York: Oxford University Press, 2003.

Isaacs, Jeremy, and Taylor Downing. *Cold War: An Illustrated History, 1945-1991.* Boston: Little, Brown & Co., 1998.

Leffler, Melvyn P., and David S. Painter. *Origins of the Cold War: An International*

666

History. London: Routledge, 2005.

Murphy, David E., Sergei A. Kondrashev, and George Bailey. *Battleground Berlin: CIA vs. KGB in the Cold War*. New Haven: Yale University Press, 1997.

Weiler, Peter. *British Labour and the Cold War*. Stanford, CA: Stanford University Press, 1988.

Zubok, V. M., and Konstantin Pleshakov. *Inside the Kremlin's Cold War: From Stalin to Khrushchev*. Cambridge, MA: Harvard University Press, 1996.

문화와 예술

Aldgate, Anthony, James Chapman, and Arthur Marwick. *Windows on the Sixties: Exploring Key Texts of Media and Culture*. London: I. B. Tauris, 2000.

Bartov, Omer. *The "Jew" in Cinema: From The Golem to Don't Touch my Holocaust*. Bloomington: Indiana University Press, 2005.

Blécourt, Willem de, and Owen Daives. *Witchcraft Continued: Popular Magic in Modern Europe*. Manchester University Press, 2004.

Carroll, David. *French Literary Fascism: Nationalism, Anti-Semitism, and the Ideology of Culture*. Princeton: Princeton University Press, 1995.

Chudo, Alicia. *And Quiet Flows the Vodka, or, When Pushkin Comes to Shove: The Curmudgeon's Guide to Russia Literature and Culture, with the Devil's Dictionary of Received Ideas, Alphabetical Reflection on the Loathsomeness of Russia, American Academia, and Humanity in General*. Evanston, IL: Northwestern University Press, 2000.

Clark, Katerina. *Petersburg, Crucible of Cultural Revolution*. Cambridge, MA: Harvard University Press, 1995.

Cohn, Ruby. *From Desire to Godot: Pocket Theater of Postwar Paris*. Berkeley: University of California Press, 1987.

Dalle Vacche, Angela. *The Body in the Mirror: Shapes of History in Italian Cinema*. Princeton: Princeton University Press, 1992.

Demetz, Peter. *After the Fires: Recent Writing in the Germanies, Austria, and Switzerland*. San Diego: Harcourt Brace Jovanovich, 1992.

Dennis, David B. *Beethoven in German Politics, 1870–1989*. New Haven: Yale University Press, 1996.

Durgnat, Raymod. *A Mirror for England: British Movies from Austerity to Affluence*. New York: Praeger, 1971.

Ellwood, David W., Rob Kroes, and Gian Piero Brunetta. *Hollywood in Europe: Experiences of a Cultural Hegemony*. Amsterdam: Free University Press, 1994.

Fehrenbach, Heide. *Cinema in Democratizing Germany: Reconstructing National Identity After Hitler.* Chapel Hill: University of North Carolina Press, 1995.

Figes, Orlando. *Nathasha's Dance: A Cultural History of Russia.* New York: Metropolitan Books, 2002.

Forrester, Sibelan E. S., Magdalena J. Zaborowska, and Elena Gapova. *Over the Wall/After the Fall: Post-Communist Cultures Through an East-West Gaze.* Bloomington, Indiana University Press, 2004.

Goetz-Stankewicz, Marketa. *Dramacontemporary: Czechoslovakia.* New York: Performing Arts Journal Publications, 1985.

Hanák, Péter. *The Garden and the Workshop: Essay on the Cultural History of Vienna and Budapest.* Princeton: Princeton University Press, 1998.

Haraszti, Miklós. *The Velvet Prison: Artists Under State Socialism.* New York: Basic Books, 1987.

Harker, David. *One for the Money: Politics and Popular Song.* London: Hutchinson, 1980.

Hewison, Robert. *Culture and Consensus: England, Art and Politics since 1940.* London: Methuen, 1995.

_____. *In Anger: British Culture in the Cold War, 1945-60.* New York: Oxford University Press, 1981.

_____. *Too Much: Art and Society in the Sixties, 1960-75.* New York: Oxford University Press, 1987.

Insdorf, Annette. *Indelible Shadows: Film and the Holocaust.* New York: Cambridge University Press, 2003.

Kaes, Anton. *From Hitler to Heimat: The Return of History as Film.* Cambridge, MA: Harvard University Press, 1989.

Laqueur, Walter, and George L. Mosse. *Literature and Politics in the Twentieth Century.* New York: Harper & Low, 1967.

Marks, Steven G. *How Russia Shaped the Modern World: From Art to Anti-Semitism, Ballet to Bolshevism.* Princeton: Princeton University Press, 2003.

Marwick, Arthur. *The Sixties: Cultural Revolution in Britain, France, Italy, and the United States, c. 1958-c. 1974.* Oxford: Oxford University Press, 1998.

Nepomnyashchy, Catharine Theimer. *Abram Tertz and the Poetics of Crime.* New Haven: Yale University Press, 1995.

O'Flaherty, Kathleen Mary Josephine. *The Novel in France, 1945-1965: A General Survey.* Cork, IE: Cork University Press, 1973.

Poiger, Uta G. *Jazz, Rock, and Rebels: Cold War Politics and American Culture in a Divided Germany.* Berkeley: University of California Press, 2000.

Rearick, Charles. *The French in Love and War: Popular Culture in the Era of the World Wars.* New Haven: Yale University Press, 1997.

Roman, Denise. *Fragmented Identities: Popular Culture, Sex, and Everyday Life in Post-Communist Romania.* Lanham, MD: Lexington Books, 2003.

Sorlin, Pierre. *European Cinemas, European Societies, 1939-1990.* New York: Routledge, 1991.

Strinati, Dominic, and Stephen Wagg. *Come on Down?: Popular Media Culture in Post-War Britain.* London: Routledge, 1992.

Suleiman, Susan Rubin, and Éva Forgács. *Contemporary Jewish Writing in Hungary: An Anthology.* Lincoln: University of Nebraska Press, 2003.

경제

Armstrong, Philip, Andrew Glyn, and John Harrison. *Capitalism since 1945.* Oxford: Basil Blackwell, 1991.

Bardou, Jean-Pierre. *The Automobile Revolution: The Impact of an Industry.* Chapel Hill: University of North Carolina Press, 1982.

Berend, T. Iván, and György Ránki. *Economic Development in East-Central Europe in the Nineteenth and Twentieth Centuries.* New York: Columbia University Press, 1974.

Crafts, N. F. R., and Gianni Toniolo. *Economic Growth in Europe since 1945.* Cambridge: Cambridge University Press, 1996.

Eichengreen, Barry J. *Europe's Postwar Recovery.* Cambridge: Cambridge University Press, 1995.

Flora, Peter, et al. *State, Economy, and Society in Western Europe, 1815-1975: A Data Handbook in Two Volumes.* Frankfurt: Campus Verlag, 1983.

Floud, Roderick, and Deirdre N.McCloskey. *The Economic History of Britain since 1700.* New York: Cambridge University Press, 1994.

Giersch, Herbert, and Holger Schmieding. *The Fading Miracle: Four Decades of Market Economy in Germany.* New York: Cambridge University Press, 1992.

Gourevitch, Peter Alexis. *Politics in Hard Times: Comparative Pesponses to International Economic Crises.* Ithaca, NY: Cornell University Press, 1986.

Hobsbawm, E. J., and Chris Wrigley. *Industry and Empire: From 1750 to the Present Day.* New York: The New Press, 1999.

James, Harold. *International Monetary Cooperation since Bretton Woods.* Washington, D. C.: IMF, 1996.

Kaplan, Jacob, and Günther Schleiminger. *The European Payments Union: Financial Diplomacy in the 1950s.* Oxford: Clarendon Press, 1989.

Kaser, Michael Charles, and E. A. Radice, eds. *The Economic History of Eastern Europe, 1919-1975.* Oxford: Clarendon Press, 1985.

Maier, Charles S. *In Search of Stability: Explorations in Historical Political Economy.* New York: Cambridge University Press, 1987.

Marglin, Stephen A., and Juliet Schor. *The Golden Age of Capitalism: Reinterpreting the Postwar Experience.* Oxford: Clarendon Press, 1990.

Mills, Dennis R. *English Rural Communities: The Impact of a Specialised Economy.* London: Macmillan, 1973.

Milward, Alan S. *The European Rescue of the Nation-State.* Berkeley: University of California Press, 1992.

Nove, Alec. *The Economics of Feasible Socialism Revisited.* London: HarperCollins Academic, 1991.

Reich, Simon. *The Fruits of Fascism: Postwar Prosperity in Historical Perspective.* Ithaca, NY: Cornell University Press, 1990.

Tsoukalis, Loukas. *The New European Economy: The Politics and Economics of Integration.* New York: Oxford University Press, 1993.

Williams, Allan M. *The Western European Economy: A Geography of Post-War Development.* New York: Taylor & Francis, 1988.

유럽 연합

Asbeek Brusse, Wendy. *Tariffs, Trade, and European Integration, 1947-1957: From Study Group to Common Market.* New York: St. Martin's Press, 1997.

Bainbridge, Timothy, and Anthony Teasdale. *The Penguin Companion to European Union.* New York: Penguin Books, 1995.

Gillingham, John. *European Integration, 1950-2003: Superstate or New Market Economy?* Cambridge: Cambridge University Press, 2003.

Henderson, W. O. *The Genesis of the Common Market.* Chicago: Quadrangle Books, 1963.

Josselin, Daphne. *Money Politics in the New Europe: Britain, France and the Single Financial Market.* Houndmills, UK: Macmillan Press, 1997.

Lipgens, Walter, and Wilfried Loth. *Documents on the History of European Integration.* Berlin: De Gruyter, 1985.

Moravcsik, Andrew. *The Choice for Europe: Social Purpose and State Power from Messina to Maastricht.* Ithaca, NY: Cornell University Press, 1998.

Nelson, Brian, David Roberts, and Walter Veit. *The European Community in the 1990s: Economics, Politics, Defense.* New York: Berg, 1992.

Stirk, Peter M. R. *European Unity in Context: The Interwar Period.* New York: Pinter Publishers, 1989.

Tugendhat, Christoper. *Making Sense of Europe.* New York: Columbia University Press, 1988.

유럽과 미국

Brenner, Michael J. *Terms of Engagement: The United States and the European Security Identity.* Westport, CT: Praeger, 1998.

Cohen, Stephen F. *Failed Crusade: America and the Tragedy of Post-Communist Russia.* New York: W. W. Norton, 2001.

De Grazia, Victoria. *Irresistible Empire: America's Advance Through Twentieth-Century Europe.* Cambridge, MA: Harvard University Press, 2005.

Diner, Dan. *America in the Eyes of the Germans An Essay on Anti-Americanism.* Princeton: Markus Wiener Publishers, 1996.

Garton Ash, Timothy. *Free World: America, Europe, and the Surprising Future of the West.* New York: Random House, 2004.

Gordon, Philip H., and Jeremy Shapiro. *Allies at War: America, Europe, and the Crisis over Iraq.* New York: McGraw-Hill, 2004.

Michta, Andrew A. *America's New Allies: Poland, Hungary, and the Czech Republic in NATO.* Seattle: University of Washington Press, 1999.

Pells, Richards H. *Not Like Us: How Europeans Have Loved, Hated, and Transformed American Culture Since World War II.* New York: Basic Books, 1997.

Servan-Schreber, Jean-Jacques. *The American Challenge.* New York: Atheneum, 1968.

이민자와 소수자

Acton, T. A. *Gypsy Politics and Social Change: The Development of Ethnic Ideology and Pressure Politics among British Gypsies from Victorian Reformism to Romany Nationalism.* London: Routledge, 1974.

Baldwin-Edward, Martin and Martin, A. Schain. *The Politics of Immigration in Western Europe.* Portland, OR: Frank Cass, 1994.

Bjørgo, Tore, and Rob Witte. *Racist Violence in Europe.* New York: St. Martin's Press, 1993.

Collinson, Sarah. *Beyond Borders: West European Migration Policy Towards the*

Twenty-First Century. London: Royal Institute of International Affairs, 1993.

Freeman, Gary P. *Immigrant Labor and Racial Conflict in Industrial Societies: The French and British Experience, 1945-1975.* Princeton: Princeton University Press, 1979.

Haus, Leah A. *Unions, Immigration, and Internationalization: New Challenges and Changing Coalitions in the United States and France.* New York: Palgrave Macmillan, 2002.

Ireland, Patrick R. *The Policy Challenge of Ethnic Diversity: Immigrant Politics in France and Switzerland.* Cambridge, MA: Harvard University Press, 1994.

King, Russell. *Mass Migration in Europe: The Legacy and the Future.* New York: Wiley, 1995.

Levy, Daniel, and Yfaat Weiss. *Challenging Ethnic Citizenship: German and Israeli Perspectives on Immigration.* New York: Berghahn Books, 2002.

Mandelbaum, Michael. *The New European Diasporas: National Minorities and Conflict in Eastern Europe.* New York: Council on Foreign Relations Press, 2000.

Philips, Mike, and Trevor Phillips. *Windrush: The Irresistible Rise of Multi-Racial Britain.* London: HarperCollins, 1998.

Preece, Jennifer Jackson. *National Minorities and the European Nation-States System.* Oxford: Oxford University Press, 1998.

Senocak, Zafer, and Leslie A. Adelson. *Atlas of a Tropical Germany: Essays on Politics and Culture, 1990-1998.* Lincoln: University of Nebraska Press, 2000.

Soysal, Yasemin Nuho glu. *Limits of Citizenship: Migrants and Post-National Membership in Europe.* Chicago: University of Chicago Press, 1994.

Teitelbaum, Michael S., and J. M. Winter. *A Question of Numbers: High Migration, Low Fertility, and the Politics of National Identity.* New York: Hill & Wang, 1998.

Winder, Robert. *Bloody Foreigners: The Story of Immigration to Britain.* London: Little, Brown, 2004.

지성인과 사상

Annan, Noel Gilroy. *Our Age: Portrait of a Generation.* London: Weidenfeld and Nicolson, 1990.

Caute, David. *Communism and the French Intellectuals, 1914-1960.* New York: Macmillan, 1964.

Chiaromonte, Nicola. *The Worm of Consciousness and Other Essays.* New York: Harcourt Brace Jovanovich, 1976.

Drake, David. *Intellectuals and Politics in Post-War France.* New York: Palgrave

Macmillan, 2002.

Enzensberger, Hans Magnus. *Europe, Europe: Forays into a Continent.* New York: Pantheon Books, 1989.

Foucault, Michel. *The Order of Things: An Archaeology of the Human Sciences.* New York: Vintage Books, 1973.

Giesen, Bernhard, *Intellectuals and the German Nation: Collective Indentity in an Axial Age.* New York: Cambridge University Press, 1998.

Goldfarb, Jeffrey C. *Beyond Glasnost: The Post-Totalitarian Mind.* Chicago: University of Chicago Press, 1991.

Harris, Frederick John. *Encounters with Darkness: French and German Writers on World War II.* New York: Oxford University Press, 1983.

Hughes, H. Stuart. *The Obstructed Path: French Social Thought in the Years of Desperation, 1930-1960.* New Brunswick, NJ: Transaction Publishers, 2002.

_____, *Sophisticated Rebels: The Political Culture of European Dissent, 1968-1987.* Cambridge, MA: Harvard University Press, 1988.

Judt, Tony. *The Burden of Responsibility: Blum, Camus, Aron, and the French Twentieth Century.* Chicago: University of Chicago Press, 1998.

Khilnani, Sunil. *Arguing Revolution. The Intellectual Left in Post-War France.* New Haven: Yale University Press, 1993.

Kolakowski, Leszek. *Main Currents of Marxism. Vol. III: The Breakdown.* New York: Oxford University Press, 1978.

Koestler, Arthur. *The Trail of the Dinosaur and Other Essays.* New York: Macmillan, 1955.

Lichtheim, George. *From Marx to Hegel and Other Essays.* London: Orbach & Chambers, 1971.

_____, *Marxism in Modern France.* New York: Columbia University Press, 1966.

Lilla, Mark. *New French Thought: Political Philosophy.* Princeton: Princeton University Press, 1994.

Lottman, Herbert R. *The Left Bank: Writers, Artists and Politics from the Popular Front to the Cold War.* Chicago: University of Chicago Press, 1998.

Lyotard, Jean François. *The Postmodern Condition: A Report on Konwledge.* Minneapolis: University of Minnesota Press, 1984.

Macciocchi, Maria Antonietta, and Louis Althusser. *Letters from Inside the Italian Communist Party to Louis Althusser.* London: NLB, 1973.

Merquior, José Guilherme. *From Prague to Paris: A Critique of Structualist and Post-Structualist Thought.* London: Verso, 1986.

Michnik, Adam. *Letters from Prison and Other Essays*. Berkeley: University of California Press, 1985.

Milosz, Czeslaw. *The Captive Mind*. New York: Vintage International, 1990.

Müller, Jan Werner. *Anohter Country: German Intellectuals, Unification, and National Identity*. New Haven: Yale University Press, 2000.

Poster, Mark. *Existential Marxism in Postwar France: From Sartre to Althusser*. Princeton: Princeton University Press, 1975.

Schivelbusch, Wolfgang. *In a Cold Crater: Cultural and Intellectual Life in Berlin, 1945-1948*. Berkeley: University of California Press, 1998.

Stern, J. P. *The Heart of Europe: Essays on Literature and Ideology*. Oxford: Blackwell, 1992.

Walicki, Andrzej. *A History of Russian Thought from the Enlightenment to Marxism*. Stanford, CA: Stanford University Press, 1979.

_____. *Stanislaw Brzozowski and the Polish Beginnings of "Western Marxism"*. Oxford: Oxford University Press, 1989.

정당과 정치 운동

Barltrop, Robert. *The Monument: The Story of the Socialist Party of Great Britain*. London: Pluto Press, 1975.

Blackmer, Donald L. M., and Annie Kriegel. *The Interantional Role of the Communist Parties of Italy and France*. Cambridge, MA: Harvard University Press, 1975.

Buchanan, Tom, and Martin Conway. *Political Catholicism in Europe, 1918-1965*. Oxford: Oxford University Press, 1996.

Cheles, Luciano, Ronnie Ferguson, and Michalina Vaughan. *The Far Right in Western and Eastern Europe*. New York: Longman, 1995.

Eley, Geoff. *Forging Democracy: The History of the Left in Europe, 1850-2000*. New York: Oxford University Press, 2002.

Evans, Rovert H. *Coexistence: Communism and its Practice in Bologna, 1945-1965*. Notre Dame, IN: University of Notre Dame Press, 1967.

Hanley, David, ed. *Christian Democracy in Europe: A Cumparative Perspective*. London: Pinter, 1996.

Hockenos, Paul, *Free to Hate: The Rise of the Right in Post-Communist Eastern Europe*. New York: Routledge, 1993.

Johnson, R. W. *The Long March of the French Left*. New York: St. Martin's Press, 1981.

Kalyvas, Stathis N. *The Rise of Christian Democracy in Europe*. Ithaca, NY: Cornell

University Press, 1996.

Kertzer, David I. *Politics and Symbols: The Intalian Communist Party and the Fall of Communism.* New Haven: Yale University Press, 1996.

Kolinsky, Martin, and William E. Paterson. *Social and Political Movements in Western Europe.* London: Croom Helm, 1976.

Krantz, Frederick. *History from Below: Studies in Popular Protest and Popular Ideology.* Oxford: Blackwell, 1988.

Lange, Peter, and Maurizio Vannicelli. *The Communist Parties of Italy, France, and Spain: Postwar Change and Continuity : A Casebook.* London: Allen & Unwin, 1981.

Leonardi, Robert, and Douglas Wertman. *Italian Christian Democracy : The Politics of Dominance.* New York: Palgrave, 1989.

Lindermann, Albert S. *A History of European Socialism.* New Haven: Yale University Press, 1983.

Markovits, Andrei S., and Philip S. Gorski. *The German Left: Red, Green and Beyond.* New York: Oxford University Press, 1993.

Morgan, Roger, and Stefano Silvestri. *Moderates and Conservatives in Western Europe: Political Parties, the European Community, and the Alliance.* Rutherford, NJ: Fairleigh Dickinson University Press, 1983.

Pelling, Henry, and Alastair J. Reid. *A Short History of the Labour Party.* New York: St. Martin's Press , 1996.

Ramet, Sabrina P. *The Radical Right in Central and Eastern Europe since 1989.* University Park: Pennsylvania State University Press, 1999.

Rémond, Réne. *The Right Wing in France from 1815-to De Gaulle.* Philadelphia: University of Pennsylvania Press, 1969.

Sassoon, Donald. *The Strategy of the Italian Communist Party: From the Resistance to the Historic Compromise.* New York: St. Martin's Press, 1981.

Schain, Martin, Aristide R. Zolberg, and Patrick Hossay. *Shadows over Europe: The Development and Impact of the Extreme Right in Western Europe.* New York: Palgrave, 2002.

Urban, Joan Barth. *Moscow and the Italian Communist Party: From Togliatti to Berlinguer.* Ithaca, NY: Cornell University Press, 1986.

Vinen, Richard. *Bourgeois Politics in France, 1945-1951.* Cambridge: Cambridge University Press, 1995.

Wall, Irwin M. *French Communism in the Era of Stalin: The Quest for Unity and Intergration, 1945-1962.* Westport, CT: Greenwood Press, 1983.

종교

Estruch, Juan. *Saints and Schemers: Opus Dei and its Paradoxes.* New York: Oxford University Press, 1995.

Fetzer, Joel and J. Christoper Soper. *Muslims and the State in Britain, France and Germany.* New York: Cambridge University Press, 2004.

Gruber, Ruth Ellen. *Virtually Jewish: Reinventing Jewish Culture in Europe.* Berkeley: University of California Press, 2002.

Klausen, Jytte. *The Islamic Challenge: Politics and Religion in Western Europe.* New York: Oxford University Press, 2005.

Karam, Azza M. *Transnational Political Islam: Relegion, Ideology, and Power.* London: Pluto Press, 2004.

Ramadan, Tariq. *Western Muslims and the Future of Islam.* New York: Oxford University Press, 2004.

Reese, Thomas J. *Inside the Vatican: The Politics and Organization of the Catholic Church.* Cambridge, MA: Harvard University Press, 1996.

복지 국가

Atkinson, Alexander, and Gunnar Viby Mogensen. *Welfare and Work Incentives: A North European Perspective.* Oxford: Oxford University Press, 1993.

Atkinson, A. B. *The Economic Consequences of Rolling Back the Welfare State.* Cambridge, MA: MIT Press, 1999.

_____, *Incomes and the Welfare State: Essays on Britain and Europe.* New York: Cambridge University Press, 1995.

Blackburn, Robin. *Banking on Death or Investing in Life: The History and Future of Pensions.* London: Verso, 2003.

Cochrane, Allan, John Clarke, and Sharon Gewirtz. *Comparing Welfare States.* London: Sage Publications in Association with the Open University, 2001.

Esping-Andersen, Gosta. *The Three Worlds of Welfare Capitalism.* Princeton: Princeton University Press, 1990.

Flora, Peter. *Growth to Limits: The Western European Welfare States since World War II.* Berlin: W. de Gruyter, 1986.

Flora, Peter, and Arnold J. Heidenheimer. *The Development of Welfare States in Europe and America.* New Brunswick, NJ: Transaction Books, 1981.

Gladstone, David. *Poverty and Social Welfare.* London: Routledge, 1996.

Lawson, Roger, and Bruce Reed. *Social Security in the European Community.* London: Chatham House, 1975.

Mishra, Ramesh. *The Welfare State in Capitalist Society: Policies of Retrenchment and Maintenance in Europe, North America, and Australia.* New York: Harvester Wheatsheaf, 1990.

_____. *The Welfare State in Crisis: Social Thought and Social Change.* New York: St. Martin's Press, 1984.

Payer, Lynn. *Medicine and Culture: Varieties of Treatment in the United State, England, West Germany, and France.* New York: Henry Holt, 1996.

Richardson, J. J., and Roger Henning. *Unemployment: Policy Responses of Western Democracies.* Beverly Hills, CA: Sage Publications, 1984.

전쟁과 기억

Best, Geoffrey. *War and Law since 1945.* Oxford: Clarendon Press, 1994.

Boym, Svetlana. *The Future of Nostalgia.* New York: Basic Books, 2001.

Cohen, Shari. *Politics Without a Past: The Absence of History in Post-Communist Nationalism.* Durham: University of North Carolina Press, 1999.

Doumanis, Nicholas. *Myth and Memory in the Mediterranean: Remembering Fascism's Empire.* New York: Macmillan, 1997.

Farmer, Sarah Benett. *Martyred Village: Commemorating the 1944 Massacre at Oradour-sur-Glane.* Berkeley : University of California Press, 1999.

Fishman, Sarah. *France at War: Vichy and the Historians.* New York: Berg, 2000.

Gildea, Robert. *The Past in French History.* New Haven: Yale University Press, 1994.

Hayner, Priscilla B. *Unspeakable Truths: Facing the Challenge of Truth Commissions.* New York: Routledge, 2002.

Jong, L. de. *The Netherlands and Nazi Germany.* Cambridge, MA: Harvard University Press, 1990.

Kramer, Jane. *The Politics of Memory: Looking for Germany in the New Germany.* New York: Random House, 1996.

Lagrou, Pieter. *The Legacy of Nazi Occupation: Patriotic Memory and National Recovery in Western Europe, 1945-1965.* Cambridge: Cambridge University Press, 2000.

McAdams, A. James. *Judging the Past in Unified Germany.* Cambridge: Cambridge University Press, 2001.

Margalit, Avishai. *The Ethics of Memory.* Cambridge, MA: Harvard University Press, 2004.

Merridale, Catherine. *Night of Stone: Death and Memory in Twentieth-Century Russia.* New York: Viking, 2001.

Paxton, Robert O. *Vichy France: Old Guard and New Order, 1940-1944.* New York: Knopf, 1972.

Rév, István. *Retroactive Justice: Prehistory of Post-Communism.* Stanford, CA: Stanford University Press, 2005.

Revel, Jacques, and Lynn Hunt. *Histories: French Constructions of the Past.* New York: New Press, 1995.

Sebald, W. G. *On the Natural History of Destruction.* New York: Modern Library, 2004.

Winter, J. M., and Emmanuel Sivan. *War and Remembrance in the Twentieth Century.* Cambridge: Cambridge University Press, 1999.

전기와 회고록

Acheson, Dean. *Present at the Creation: My Years in the State Department.* London: Hamilton, 1970.

Antonov-Ovseenko, Anton. *The Time of Stalin: Portrait of a Tyranny.* New York: Harper & Row, 1981.

Arbatov, Georgi. *The System: An Insider's Life in Soviet Politics.* New York: Random House, 1992.

Aron, Raymond. *Memoirs: Fifty Years of Political Reflection.* New York: Holmes & Meier, 1990.

Barnstone, Willis. *Sunday Morning in Fascist Spain: A European Memoir, 1948-1953.* Carbondale: Southern Illinois University Press, 1995.

Brandt, Willy. *My Life in Politics.* London: Hamish Hamilton, 1992.

Brandys, Kazimierz. *A Question of Reality.* New York: Scribners, 1980.

Brown, Archie. *The Gorbachev Factor.* Oxford: Oxford University Press, 1996.

Bullock, Alan. *Ernest Bevin, Foreign Secretary, 1945-1951.* Oxford, Ox, 1985.

Campbell, John. *Edward Heath: A Biography.* London: Jonathan Cape, 1993.

Molotov, Vyacheslav Mikhaylovich. *Molotov Remembers.* Chicago: Ivan Dee, 1993.

Chace, James. *Acheson: The Secretary of State Who Created the Modern World.* New York: Simon & Schuster, 1998.

Clare, George. *Before the Wall: Berlin Days, 1946-1948.* New York: E. P. Dutton, 1990.

Clay, Lucius D. *Decision in Germany.* Westport, CT: Greenwood Press, 1970.

Crane, Stephen Lee. *Survivor from an Unknown War: The Life of Isakjan Narzikul.* Upland, PA: Diane Publishing, 1999.

Demetz, Hanna. *The Journey from Prague Street.* New York: St. Martin's Press, 1990.

Deutscher, Isaac. *Stalin: A Political Biography.* Oxford: Oxford University Press, 1967.

Djilas, Milovan. *Wartime.* New York: Harcourt Brace Jovanovich, 1980.

Dobrynin, Anatoliy Fedorovich. *In Confidence.* New York: Random House, 1995.

Eden, Anthony. *Full Circle: The Memoirs of the Rt. Hon. Sir Anthony Eden.* London: Cassel, 1960.

Foot, Michael. *Aneurin Bevan. A Biography.* London: New English Library, 1966.

Friedländer, Saul. *When Memory Comes.* Madison: University of Wisconsin Press, 2003.

Frisch, Max, *Sketchbook, 1946-1949.* New York: Harcourt Brace Jovanovich, 1977.

Garton Ash, Timothy. *The File : A Personal History.* New York: Vintage Books, 1998.

Ginsburg, Evgeni Semenovna. *Journey into the Whirlwind.* New York: Harcourt Brace Jovanovich, 1975.

Gorbachev, Mikhail. *Memoirs.* New York: Doubleday, 1995.

Grundy, Trevor. *Memoir of a Fascist Childhood: A Boy in Mosley's Britain.* London: Heinemann, 1998.

Harris, Kenneth. *Attlee.* London: Weidenfeld & Nicholson, 1995.

Healey, Denis. *The Time of My Life.* New York: W. W. Norton, 1990.

Heath, Edward. *Travels: People and Places in My Life.* London: Sidgwick & Jackson, 1977.

_____, *The Cource of My Life.* London: Coronet Books, 1999.

Horne, Alistair. *Macmillan. Vol II: 1957-1986.* London: Macmillan, 1989.

Hörner, Helmut, and Allan Kent Powell. *A German Odyssey: The Journal of a German Prisoner of War.* Golden, CO: Fulcrum Publishers, 1991.

Kennan, George Frost. *Memoirs, 1925-1950.* London: Hutchinson, 1968.

Khruschev, Nikita. *Khruschev Remembers, translated and edited by Strobe Talbott.* New York: Bantam, 1971.

_____, *Khruschev Remember: Khruschev's Last Testament, translated and edited by Strove Talbott.* Boston: Little Brown, 1974.

Kravchenko, Victor. *I Chose Freedom: The Personal and Political Life of a Soviet Official.* New Brunswick, NJ: Transaction Books, 1989.

Kun, Miklós. *Stalin: An Unknown Portait.* Budapest: Central European University Press, 2003.

Lacouture, Jean. *De Gaulle: The Ruler, 1945-1970.* London: Harvill, 1991.

Leonhard, Wolfgang. *Child of the Revolution.* London: INk Links, 1979.

Levy, Robert. *Ana Pauker: The Rise and Fall of a Jewish Communist.* Berkeley:

University of California Press, 1988.

Lodge, David. *Out of the Shelter.* New York: Penguin Books, 1989.

Mack Smith, Denis. *Mussolini.* New York: Vintage Books, 1983.

Márai, Sándor. *Memoir of Hungary, 1944-1948.* Budapest: Corvina in Association with Central European University Press, 1996.

Milosz, Czeslaw. *Native Realm: A Search for Self-Definition.* New York: Farrar, Straus and Giroux, 2002.

Monnet, Jean. *Memoirs.* London: Collins, 1978.

Nowak, Jan. *Courier from Warsaw.* Detroit: Wayne State University Press, 1982.

Padover, Saul K. *Experiment in Germany: The Story of an American Intelligence Officer.* New York: Duell, 1946.

Pinkus, Oscar. *The House of Ashes.* Schenectady, NY: Union College Press, 1990.

Preston, Paul. *Franco: A Biography.* New York: Basic Books, 1994.

Roberts, Frank. *Dealing with Dictators: The Destruction and Revival of Europe, 1930-70.* London: Weidenfeld & Nicolson, 1991.

Ryder, Sue. *Child of My Love.* London: Harvill Press, 1997.

Sakharov, Andrei. *Memoirs.* New York: Knopf, 1990.

Sante, Luc. *The Factory of Facts.* New York: Pantheon Books, 1998.

Schwarz, Hans-Peter. *Konrad Adenauer.* Providence, RI: Berghahn Books, 1995.

Sebag-Montefiore, Simon. *Stalin. The Court of the Red Tsar.* London: Weidenfeld & Nicolson, 2003.

Semprún, Jorge. *What a Beautiful Sunday!* San Diego: Harcourt Brace Jovanovich, 1982.

Simmons, Michael. *The Reluctant President: A Political Life of Vaclav Havel.* London: Methuen, 1991.

Slingova, Marian. *Truth Will Prevail.* London: Merlin, 1968.

Souvarine, Boris. *Stalin: A Critical Survey of Bolshevism.* New York: Longmans, 1939.

Szulc, Tad. *Pope John Paul II: The Biography.* New York: Scribners, 1995.

Taubman, William. *Khrushchev: The Man and His Era.* New York: W. W. Norton, 2003.

Tec, Nechama. *Dry Tears: The Story of a Lost Childhood.* New York: Oxford University Press, 1984.

Wat, Aleksander. *My Century: The Odyssey of a Polish Intellectual.* New York: New York Review Books, 2003.

장별 추천 도서

14장 줄어든 기대

Becker, Jillian. *Hitler's Children. The Story of the Baader-Meinhoff Terrorist Gang*. London: Panther, 1979.

Burk, Kathleen, and Alec Cairncross. *"Goodbye Great Britain": The 1976 IMF Crisis*. New Haven: Yale University Press, 1992.

Olson, Mancur. *The Rise and Decline of Nations: Economic Growth, Stagflation and Social Rigidities*. New Haven: Yale University Press, 1984.

Sciascia, Leonardo. *The Moro Affair and the Mystery of Majorana*. New York: New York Review Books, 2004.

Tarrow, Sidney. *Protest and Politics in Italy, 1965-75*. Oxford: Oxford University Press, 1989.

Wright, Joanne. *Terrorist Propaganda: The Red Army Fraction and the Provisional IRA, 1968-1986*. New York: Palgrave, 1991.

15장 새로운 정치

Duchen, Claire. *Women's Rights and Women's Lives in France, 1944-1968*. New York: Routledge, 1994.

Garton Ash, Timothy. *In Europe's Name: Germany and the Divided Continent*. New York: Random House, 1993.

Harvie, Christopher. *The Rise of Regional Europe*. New York: Routledge, 1994.

Haslam, Jonathan. *The Soviet Union and the Politics of Nuclear Weapons in Europe, 1969-87*. Ithaca, NY: Cornell University Press, 1990.

Hobsbawn, E. J., and Giorgio Napolitano. *The Italian Road to Socialism: An Interview*. Westport, CT: L. Hill, 1977.

Keating, Jones. *The European Union and the Regions*. Oxford: Oxford University Press, 1995.

Kitschelt, Herbert. *The Logics of Party Formation: Ecological Politics in Belgium and West Germany*. Ithaca, NY: Cornell University Press, 1989.

Mandel, Ernest. *From Stalinism to Eurocommunism: The Bitter Fruits of "Socialism in One Country."* London: NLB, 1978.

Mayo, Patricia Elton. *The Roots of Identity: Three National Movements in Contemporary European Politics*. London: Allen Lane, 1974.

Middlemass, Keith. *Power and the Party: Changing Faces of Communism in Western Europe*. London: A. Deutsch, 1980.

Nelson, Keith L. *The Making of Détente: Soviet-American Relation in the Shadow of*

Vietnam. Baltimore: Johns Hopkins University Press, 1995.

Sarotte, M. E. *Dealing with the Devil: East Germany, Détente, and Ostpolitik, 1969–1973*. Chapel Hill: University of North Carolina Press, 2001.

Thomas, Daniel C. *The Helsinki Effect: International Norms, Human Rights and the Demise of Communism*. Princeton: Princeton University Press, 2001.

Vallance, Elizabeth, and Elizabeth V. Davies. *Woman of Europe: Women MEPs and Equality Policy*. Cambridge: Cambridge University Press, 1986.

16장 이행기

Bermeo, Nancy. *The Revolution Within the Revolution: Worker's Control in Rural Portugal*. Princeton: Princeton University Press, 1986.

Liebert, Ulrike, and Maurizio Cotta, eds. *Parliaments and Democratic Consolidation in Southern Europe*. London: Pinter, 1990.

Linz, Juan J. *Problems of Democratic Transition and Consolidation: Southern Europe, Latin America and Post-Communist Europe*. Baltimore: Johns Hopkins University Press, 1996.

Nataf, Daniel. *Democratization and Social Settlements: The Politics of Change in Contemporary Portugal*. Albany, NY: SUNY Press, 1995.

Pérez-Díaz, Víctor. *The Return of Civil Society: The Emergence of Democratic Spain*. Cambridge, MA: Harvard University Press, 1993.

Preston, Paul. *Juan Carlos: Steering Spain from Dictatorship to Democracy*. New York: W. W. Norton, 2004.

_____, *The Triumph of Democracy in Spain*. New York: Methuen, 1986.

Williams, Allan M. *Southern Europe Transformed: Political and Economic Change in Greece, Italy, Portugal, and Spain*. London: Harper & Row, 1984.

17장 새로운 현실주의

Clarke, Thomas, and Christos Pitelis, eds. *The Political Economy of Privatization*. London: Routledge, 1993.

Hall, Peter. *Governing the Economy: The Politics of State Intervention in Britain and France*. New York: Oxford University Press, 1986.

Judt, Tony. *Marxism and the French Left*. Oxford: Oxford University Press, 1986.

Kavanagh, Dennis. *Thatcherism and British Politics*. Oxford: Oxford University Press, 1997.

Penniman, Howard Rae. *The French National Assembly Elections of 1978*. Washington D. C.: American Enterprise Institute for Public Policy Research, 1980.

_____. *France at the Polls, 1981-1986*. Durham, NC: Duke University Press, 1988.

Thatcher, Margaret. *The Downing Street Years*. New Yorks: HarperCollins, 1993.

Tiersky, Ronald. *Francois Mitterrand: The Last French President*. New York: St. Martin's Press, 2000.

Wolmar, Christian. *Broken Rails: How Privatization Wrecked Britain's Railways*. London: Aurum Press, 2001.

Wright, Vincent. *Privatization in Western Europe: Pressures, Problems, and Paradoxes*. London: Pinter, 1994.

Young, Hugo. *One of Us: The Life of Margaret Thatcher*. London: Pan Books, 1993.

18장 무력한 자들의 권력

Bahro, Rudolf. *The Alternative in Eastern Europe*. New York: Shochen Books, 1978.

Funder, Anna. *Stasiland*. London: Granta, 2003.

Garton Ash, Timothy. *The Uses of Adversity: Essays on the Fate of Central Europe*. New York: Random House, 1989.

Havel, Václav. *The Power of the Powerless: Citizens Against the State in Centraleastern Europe*. Armonk, NY: M. E. Sharpe, 1985.

_____. *Living in Truth*. London: Faber & Faber, 1989.

Koehler, John. *Stasi: The Untold Story of the East German Secret Police*. Boulder, CO: Westview Press, 1999.

Konrád, György. *Antipolitics. An Essay*. New York: Henry Holt, 1987.

Kopstein, Jeffrey. *The Politics of Economic Decline in East Germany, 1945-1989*. Chapel Hill: University of North Carolina Press, 1997.

Kornai, János. *Contradictions and Dilemmas: Studies on the Socialist Economy and Society*. Cambridge, MA: MIT Press, 1986.

Rakovski, Marc. *Towards an East European Marxism*. New York: St. Martin's Press, 1978.

Skilling, H. Gordon, and Paul R. Wilson. *Civic Freedom in Central Europe: Voices from Czechoslovakia*. New York: St. Martin's Press, 1991.

Solzhenitsyn, Aleksandr. *The Gulag Archipelago*. New York: Perennial, 2002.

Tismaneanu, Vladimir. *The Crisis of Marxist Ideology in Eastern Europe: The Poverty of Utopia*. New York: Routledge, 1988.

Triska, Jan F., and Charles Gati. *Blue-Collar Workers in Eastern Europe*. Boston: Allen & Unwin, 1981.

Waculík, Ludvík. *A Cup of Coffee with My Interrogator: The Prague Chronicles of Ludvík Vaculik*. London: Readers International, 1987.

19장 구질서의 종말

Antohi, Sorin, and Vladimir Tismaneanu. *Between Past and Future: The Revolutions of 1989 and Their Aftermath*. Budapest: Central European University Press, 2000.

Banac, Ivo, ed. *Eastern Europe in Revolution*. Ithaca, NY: Cornell University Press, 1992.

Boldin, V. I. *Ten Years That Shook the World: The Gorbachev Era as Witnessed by His Chief of Staff*. New York: Basic Books, 1994.

Brandys, Kazimierz. *A Warsaw Diary: 1978-1981*. New York: Vintage Books, 1985.

Brown, J. F. *Surge to Freedom: The End of Communist Rule in Eastern Europe*. Durham, NC: Duke University Press, 1991.

Chirot, Daniel. *The Crisis of Leninism and the Decline of the Left: The Revolutions of 1989*. Seattle: University of Washington Press, 1991.

Codrescu, Andrei. *The Hole in the Flag*. New York: Morrow, 1991.

Darnton, Robert. *Berlin Journal, 1989-1990*. New York: W. W. Norton, 1991.

Garton, Ash, Timothy. *The Magic Lantern: The Revolution of '89 Witnessed in Warsaw, Budapest, Berlin, and Prague*. New York: Random House, 1990.

Gorbachev, Mikhail Sergeevich, and Zdenek Mlynar. *Conversations with Gorbachev*. New York: Columbia University Press, 2002.

Kenney, Padraic. *A Carnival of Revolution: Central Europe 1989*. Princeton: Princeton University Press, 2002.

Kligman, Gail. *The Politics of Duplicity: Controlling Reproduction in Ceausescu's Romania*. Berkeley: University of California Press, 1997.

Lévesque, Jacques. *The Enigma of 1989: The USSR and the Liberation of Eastern Europe*. Berkeley: University of California Press, 1991.

Lewin, Moshe. *The Gorbachev Phenomenon: A Historical Interpretation*. Berkeley: University of California Press, 1991.

Medvedev, Zhores A. *Nuclear Disaster in the Urals*. New York: Vintage Books, 1980.

Philipsen, Dirk. *We Were the People: Voices from East Germany's Revolutionary Autumn of 1989*. Durham, NC: Duke University Press, 1993.

Stokes, Gale. *The Walls Came Tumbling Down: The Collapse of Communism in Eastern Europe*. New York: Oxford University Press, 1993.

20장 분열하기 쉬운 대륙

Braithwaite, Rodric. *Across the Moscow River: The World Turned Upside Down*. New Haven: Yale Univeristy Press, 2002.

Grass, Günter, et al. *Two States-One Nation?* San Diego: Harcourt Brace

Jovoanovich, 1990.

Hosking, Geoffrey A., Jonathan Aves, and Peter J. S. Duncan. *The Road to Post-Communism: Independent Political Movements in the Soviet Union, 1985-1991*. London: Pinter, 1992.

Innes, Abby. *Czechoslovakia: The Short Goodbye*. New Haven: Yale University Press, 2001.

James, Harold, and Marla Stone. *When the Wall Came Down: Reactions to German Unification*. New York: Routledge, 1992.

Jarausch, Konrad. *The Rush to German Unity*. New York: Oxford University Press, 1994.

Lieven, Anatol. *The Baltic Revolution: Estonia, Latvia, Lithuania, and the Path to Independence*. New Haven: Yale University Press, 1993.

Misiunas, Romuald J., and Rein Taagepera. *The Baltic States: Years of Dependence, 1940-1990*. Berkeley: University of California Press, 1993.

Remnick, David. *Lenin's Tomb: The Last Days of the Soviet Empire*. New York: Vintage Books, 1994.

Sa'adah, Anne. *Germany's Second Chance: Trust, Justice, and Democratization*. Cambridge, MA: Harvard University Press, 1998.

Schneider, Peter. *The German Comedy: Scenes of Life After the Wall*. New York: Farrar, Straus, Giroux, 1991.

Smith, Hedrick. *The Russians*. New York: Times Books, 1985.

Stent, Angela. *Russia and Germany Reborn: Unification, the Soviet Collapse, and the New Europe*. Princeton: Princeton University Press, 1999.

Szporluk, Roman. *Russia, Ukraine, and the Breakup of the Soviet Union*. Stanford, CA: Hoover Institution Press, 2000.

Zelikow, Philip, and Condoleezza Rice. *German Unified and Europe Transformed: A Study in Statecraft*. Cambridge, MA: Harvard University Press, 1995.

21장 청산

After Milosevic: A Practical Agenda for Lasting Balkans Peace. Brussels: International Crisis Group, 2001.

Andjelic, Neven. *Bosnia-Herzegovina: The End of Legacy*. London: Frank Cass, 2003.

Biserko, Sonja. *In the Name of Humanity*. Belgrade: Helsinki Committee for Human Rights in Serbia, 1996.

Burg, Steven L., and Paul Shoup. *The War in Bosnia-Herzegovina: Ethnic Conflict and International Intervention*. Armonk, NY: M. E. Sharpe, 1999.

Drakulić, Slavenka. *The Balkan Express: Fragments from the Other Side of War*. New York: W. W. Norton, 1993.

_____. *Café Europa: Life after Communism*. New York: W. W. Norton, 1997.

Frydman, Roman, et al. *The Privatization Process in Central Europe*. Budapest: Central European University Press, 1993.

_____. *The Privatization Process in Russia, Ukraine, and the Baltic States*. Budapest: Central European University Press, 1993.

Gal, Susan, and Gail Kligman. *The Politics of Gender After Socialism: A Comparative-Historical Essay*. Princeton: Princeton University Press, 2000.

Holbrooke, Richerd. *To End a War*. New York: Random House, 1998.

Holmes, Lesile. *The End of Communist Power: Anti-Corruption Campaigns and Legitimation Crisis*. New York: Oxford University Press, 1993.

Jones, Derek C., and Jeffrey B. Miller. *The Bulgarian Economy: Lessons from Reform During Early Transition*. Aldershot, UK: Ashgate, 1997.

Krastev, Ivan. *Shifting Obsessions: Three Essays on the Politics of Anticorruption*. Budapest: Central European University Press, 2004.

Linz, Juan J., and Alfred C. Stepan. *Problems of Democratic Transition and Consolidation: Southern Europe, South America, and Post-Communist Europe*. Baltimore: Johns Hopkins University Press, 1996.

McFaul, Michael, and Kathryn Stoner-Weiss. *After the Collapse of Communism: Comparative Lessons of Transition*. New York: Cambridge University Press, 2004.

Medvedev, Roy. *Post-Soviet Russia: A Journey Through the Yeltsin Ear*. New York: Columbia University Press, 2000.

Meier, Andrew, *Black Earth: Russia After the Fall*. London: HarperCollins, 2004.

Mungiu, Alina, and Ivan Krastev. *Nationalism After Communism: Lessons Learned*. Budapest: Central European University Press, 2004.

Pinson, Mark, and Roy P. Mottahedeh. *The Muslims of Bosnia-Herzegovina: Their Historic Development from the Middle Ages to the Dissolution of Yugoslavia*. Cambridge, MA: Harvard University Press, 1996.

Reddaway, Peter, and Dmitri Glinski. *The Tragedy of Russia's Reforms: Market Bolshevism Against Democracy*. Washington, D. C.: United States Institute of Peace Press, 2001.

Remnick, David. *Resurrection: The Struggle for a New Russia*. New York: Vintage Books, 1998.

Rupnik, Jacques, ed. *International Perspectives on the Balkans*. Clementsport, Nova Scotia: Press of the Pearson Peacekeeping Centre, 2003.

Siegelbaum, Lewis H., and Daniel J. Walkowitz. *Workers of the Donbass Speak: Survival and Identity in the New Ukraine, 1989-1992.* Albany, NY: SUNY Press, 1995.

Simms, Brendan. *Unfinest Hour: Britain and the Destruction of Bosnia.* London: Penguin Books, 2002.

Smith, Graham. *Nation-Building in the Post-Soviet Borderlands: The Politics of National Identities.* Cambridge: Cambridge University Press, 1998.

Soros, George. *Underwriting Democracy: Encouraging Free Enterprise and Democratic Reform Among the Soviets and in Eastern Europe.* New York: Public Affairs, 1991.

Stark, David Charles, and László Bruszt. *Postsocialist Pathways: Transforming Politics and Property in East Central Europe.* Cambridge: Cambridge University Press, 1998.

Szporluk, Roman. *National Identity and Ethnicity in Russia and the New States of Eurasia,* Armonk, NY: M. E. Sharpe, 1994.

Teitel, Ruti G. *Transitional Justice.* New York: Oxford University Press, 2000.

Tismaneanu, Vladimir. *Fantasies of Salvation: Democracy, Nationalism, and Myth in Post-Communist Europe.* Princeton: Princeton University Press, 1998.

Ugrešic, Dubravka. *The Culture of Lies: Antipolitical Essays.* University Park: Pennsylvania State University Press, 1998.

Verdery, Katherine. *What was Socialism, and What Comes Next?* Princeton: Princeton University Press, 1996.

Wedel, Janine R. *Collision and Collusion: The Strange Case of Western Aid to Eastern Europe, 1989-1998.* New York: St. Martin's Press, 1998.

22장 구유럽과 신유럽

Alam, Asad, et al. *Growth, Poverty and Inequality: Eastern Europe and the Former Soviet Union.* Hernden, VA: World Bank Publications, 2005.

Alesina, Alberto, and Edward Glaeser. *Fighting Poverty in the U. S. and Europe: A World of Difference.* Oxford: Oxford University Press, 2004.

Judt, Tony. *A Grand Illusion? An Essay on Europe.* New York: Hill and Wang, 1996.

Lieven, Anatol, and Dmitri Trenin. *Ambivalent Neighbors: The EU, NATO and the Price of Membership.* Washington, D. C.: Carnegie Endowment for International Peace, 2003.

Mandelbaum, Michael. *The Dawn of Peace in Europe.* New York: Twentieth Century Fund Press, 1996.

Mattli, Walter. *The Logic of Regional Integration: Europe and Beyond.* New York: Cambridge University Press, 1999.

Murphy, Alexander. *The Regional Dynamics of Language Differentiation in Belgium.* Chicago: University of Chicago Press, 1988.

Ost, David. *The Defeat of Solidarity: Anger and Politics in Post-Communist Europe.* Ithaca, NY: Cornell University Press, 2005.

Perrineau, Pascal, Gérard Grunberg, and Colette Ysmal. *Europe at the Polls: The European Elections of 1999.* New York: Palgrave, 2002.

Wallace, William. *The Dynamics of European Integration.* London, Pinter, 1990.

23장 다양한 유럽

Calleo, David P., and Philip H. Gordon. *From the Atlantic to the Urals: National Perspectives on the New Europe.* Arlington, VA: Seven Locks Press, 1992.

Judt, Tony, and Denis Lacorne. *Language, Nation, and State: Identity Politics in a Multilingual Age.* New York: Palgrave, 2004.

Nelson, Brian, et al. *The Idea of Europe: Problems of National and Transnational Identity.* New York: Berg, 1992.

Nora, Pierre. *Realms of Memory: Rethinking the French Past.* New York: Columbia University Press, 1996.

Sassen, Saskia. *The Global City: New York, London, Tokyo.* Princeton: Princeton University Press, 2001.

Wise, Michael Z. *Capital Dilemma: Germany's Search for a New Architecture of Democracy.* New York: Princeton Architectural Press, 1998.

24장 유럽, 하나의 생활 양식

Balibar, Eitienne. *We, the People of Europe? Reflections on Transnational Citizenship.* Princeton: Princeton University Press, 2004.

Calleo, David P. *Rethinking Europe's Future.* Princeton: Princeton University Press, 2001.

Edwards, Michael. *Future Positive: International Cooperation in the Twentieth-First Century.* London: Michael Edwards, 2004.

Reid, T. R. *The United States of Europe: The New Superpower and the End of American Supremacy.* New York: The Penguin Press, 2004.

Shore, Cris. *Building Europe: The Cultural Politics of European Integration.* New York: Routledge, 2000.

Slaughter, Anne-Marie. *A New World Order.* Princeton: Princeton University Press,

2004.

에필로그 죽음의 집에서 나오다

Bartov, Omer, Atina Grossmann, and Mary Nolan. *Crimes of War: Guilt and Denial in the Twentieth Century*. New York: New Press, 2002.

Bauer, Yehuda, and Nathan Rotenstreich. *The Holocaust as Historical Experience*. New York: Holmes & Meier, 1981.

Bloxham, Donald. *Genocide on Trial: War Crimes Trials and the Formation of Holocaust History and Memory*. New York: Oxford University Press, 2001.

Borkowicz, Jacek, et al. *Thou Shalt Not Kill: Poles on Jedwabne*. Warsaw: Wiez, 2001.

Braham, Randolph L. *The Politics of Genocide: The Holocaust in Hungary*. New York: Columbia University Press, 1981.

Brenner, Michael. *After the Holocaust: Rebuilding Jewish Lives in Postwar Germany*. Princeton: Princeton University Press, 1997.

Caracciolo, Nicola, Florette Rechnitz Koffler, and Richard Koffler. *Uncertain Refuge: Italy and the Jews During the Holocaust*. Urbana: University of Illinois Press, 1995.

Colijn, G. Jan, and Marcia Sachs Littell. *The Netherlands and Nazi Genocide: Papers of the Twentieth-First Annual Scholars' Conference*. Lewiston, NY: E. Mellen Press, 1992.

Douglas, Lawrence. *The Memory of Judgment: Making Law and History in the Trials of the Holocaust*. New Haven: Yale University Press, 2001.

Evans, Richard J. *In Hitler's Shadow: West German Historians and the Attempt to Escape from the Nazi Past*. New York: Pantheon Books, 1989.

Golsan, Richard. *The Papon Affair: Memory and Justice on Trial*. New York: Routledge, 2000.

Grodzinsky, Yosef. *In the Shadow of the Holocaust: The Struggle Between Jews and Zionists in the Aftermath of World War II*. Monroe, ME: Common Courage Press, 2004.

Gross, Jan. *Neighbors: The Destruction of the Jewish Community in Jedwabne, Poland*. Princeton: Princeton University Press, 2001.

Hass, Aaron. *The Aftermath: Living with the Holocaust*. New York: Cambridge University Press, 1995.

Herf, Jeffrey. *Divided Memory: The Nazi Past in the Two Germanys*. Cambridge, MA: Harvard University Press, 1997.

Hirschfeld, Gerhard. *Nazi Rule and Dutch Collaboration: The Netherlands under German Occupation, 1940–1945*. New York: Berg, 1988.

Hockenos, Mattew D. *A Church Divided: German Protestants Confront the Nazi Past*. Bloomington: Indiana University Press, 2004.

Huyssen, Andreas. *Twilight Memories: Marking Time in a Culture of Amnesia*. New York: Routledge, 1995.

Joerges, Christian, and Navraj Singh Ghaleigh. *Darker Legacies of Law in Europe: The Shadow of National Socialism and Fascism over Europe and its Legal Traditions*. Portland, OR: Hart Publishers, 2003.

Kushner, Tony. *The Holocaust and the Liberal Imagination: A Social and Cultural History*. Oxford: Blackwell, 1994.

LaCapra, Dominick. *History and Memory after Auschwitz*. Ithaca, NY: Cornell University Press, 1998.

Levi, Primo. *The Drowned and the Saved*. New York: Vintage Books, 1989.

_____, *Survival in Auschwitz*. New York: Collier Books, 1993.

Maier, Charles S. *The Unmasterable Past: History, Holocaust, and German National Identity*. Cambridge, MA: Harvard University Press, 2003.

Mankowitz, Zeev W. *Life Between Memory and Hope: The Survivors of the Holocaust in Occupied Germany*. New York: Cambridge University Press, 2002.

Marrus, Michael Robert. *The Holocaust in History*. New York: New American Library, 1989.

Marrus, Michael Robert, and Robert O. Paxton. *Vichy France and the Jews*. Stanford, CA: Stanford University Press, 1995.

Mikhman, Dan. *Remembering the Holocaust in Germany, 1945–2000: German Strategies and Jewish Responses*. New York: P. Lang, 2002.

Mitscherlich, Alexander. *The Inability to Mourn: Principles of Collective Behavior*. New York: Grove Press, 1984.

Mitten, Richard. *The Politics of Anti-Semitic Prejudice: The Wladheim Phenomenon in Austria*. Boulder, CO: Westview Press, 1992.

Moore, Bob. *Victims and Survivors: The Nazi Persecution of the Jews in the Netherlands, 1940–1945*. New York: Arnolds, 1997.

Müller, Jan-Werner. *Memory and Power in Post-War Europe: Studies in the Presence of the Past*. Cambridge: Cambridge University Press, 2002.

Nossiter, Adam. *The Algeria Hotel: France, Memory, and the Second World War*. Boston: Houghton Mifflin, 2001.

Polonsky, Antony. *"My Brother's Keeper?" Recent Polish Debates on the Holocaust*.

New York: Routledge, 1990.

Presser, J. *Ashes in the Wind: The Destruction of Dutch Jewry*. London: Souvenir Press, 1968.

Rousso, Henry. *The Vichy Syndrome: History and Memory in France since 1944*. Cambridge, MA: Harvard University Press, 1991.

Todorov, Tzvetan. *Hope and Memory: Lessons from the Twentieth Century*. Princeton: Princeton University Press, 2003.

Utgaard, Peter. *Remembering and Forgetting Nazism: Education, National Identity, and the Victim Myth in Postwar Austria*. New York: Berghahn Books, 2003.

찾아보기

헝가리 인명은 원래대로 성, 이름의 순서대로 쓰고 괄호로 헝가리인임을 표시했다.

614~617, 623, 629, 631, 632, 636, 638

힐리, 데니스Denis Healey 33, 34, 69, 163

옮긴이의 말

이 책의 원제는 『*POSTWAR: A History of Europe Since 1945*』이다. 제목과 부제가 분명히 밝히고 있듯이 제2차 세계 대전의 종전부터 2005년까지의 유럽사를 다루고 있는 이 책은 아주 많은 주제들을 하나의 단일한 서사로 엮어 내고 있다. 저자가 인용한 고대 그리스 시인 아르킬로코스의 말을 빌리자면 〈한 가지 큰 것을 알고 있는 고슴도치〉가 아니라 〈많은 것을 알고 있는 여우〉다.

주제들은 대개 생소하지 않다. 유럽의 부흥, 냉전, 동유럽에서 스탈린주의가 확립되는 과정이나 안정과 번영, 사회 민주주의 등 익숙한 주제들이 등장한다. 그렇지만 유럽에 관해 쉽게 듣기 어려운 내용들도 있다. 이를테면 권위주의적 통치 체제를 늦게까지 유지했던 스페인과 포르투갈, 그리스 등 남유럽 국가들의 발전 과정, 언어별 지역 사회로 분리된 벨기에의 복잡한 내정, 1989년 이후 동유럽이 겪은 격변과 그로 인해 등장한 새로운 〈유럽〉에 관한 이야기들이 그렇다. 또한 책은 단지 현대 유럽의 정치와 경제, 사상에 대해서만 말하지 않는다. 영화나 의복, 텔레비전, 냉장고, 자동차, 스포츠, 여행 등 인간 생활의 다양한 측면에서 당대의 시대상을 의미심장하게 읽어 낸다. 자못 흥미로운 대목이다.

저자는 수많은 주제를 다루면서 제2차 세계 대전 이후 유럽사를 관통하는 몇 가지 흐름을 언급하고 있다. 우선 유럽의 위축과 지리적 축소가 하나요, 이데올로기와 지식인의 영향력 쇠퇴가 하나다. 그다음은 〈유럽 모델〉의 등장인데 아마도 이것이 강조되어야 할 듯하다. 참혹한 전쟁을 겪은 유럽 국가들은 전쟁의 폐허에서 벗어날 수 없을 것만 같았지만 놀랍게 부활했고, 유럽 특유의 사회 모델을 만들어 냈다. 복지 국가에 유럽 연합을 통한 국가 간 협력 관계가 결합하여 탄생한 이 모델은 복지나 인권, 시장, 문화 등 여러 측면에서 미국식 사회 모델과 다른 것으로 추정된다. 유럽식 사회 보장 제도는 노동의 유인이 약해 노동 시장을 경직시키고 청년 실업률을 높인다는 비판이 있다. 또한 이런 사회의 재정적 토대인 고율의 세금은 성장과 혁신을 방해한다는 지적이 있다. 그러나 유럽인들은 자신의 의지에 따라 미국인보다 적게 벌고 적게 쓰는 생활을 선택할 수 있었고 각종 사회 보장 덕에 더 안전하게 살 수 있었다. 유럽인들은 사회 복지와 직업의 안정을 일종의 사회적 약속으로 간주했으며, 빈곤의 책임은 사회에 있다고 생각했다. 따라서 그들은 부의 재분배를 통해 빈곤을 완화하는 데 찬성했다.

이러한 유럽적 가치가 다가오는 미래에도 유지될 수 있을까? 저자는 비유럽인들에 대한 유럽인의 태도가 이를 결정할 것이라고 말한다. 전후 유럽의 안정과 번영을 가능하게 한 요인 중 하나를 생각해 보면 이 점을 더 분명하게 확인할 수 있다. 다양한 언어와 종교를 지닌 사회들이 뒤섞여 살던 유럽은 두 차례의 세계 대전으로 철저히 파괴되었다. 그러나 제2차 세계 대전 이후의 점령과 추방, 종족 학살은 유럽 각국을 단일한 국민 국가들로 정리하는 효력을 발휘했다. 얄궂게도 유럽의 전후 안정은 바로 스탈린과 히틀러의 업적을 토대로 성립했던 것이다. 그런데 최근 공산주의 체제가 몰락하고 유럽 연합이 확대된 후로 과거 유럽 식민지 출신의 귀화인이나 이주 노동자, 유럽 변두리 국가들에서 들어온 이민자들로 주요 대도시들은 다시 다민족 국제도시의 성격을 띠게 되었다. 유럽인들이 이러한 다양성에 불안감을 느꼈다는 사실은 그들이 몇십 년 전에 히틀러와 스탈린이 깨끗하게 정리한 유럽을 기억 속 깊은 곳에 숨겨 두면서 얼마나 편안했는지 반증한다.

주트는 유럽의 회복과 〈유럽 모델〉의 출현을 유럽인이 거둔 성과로 칭송하기는 하지만, 유럽인의 연대 의식의 범위가 과연 어디까지 확장될 것인가라는 질문을 던진다. 유럽은 방어적으로 편협한 태도를 보일 것인가, 아니면 유럽 내의 비유럽인들과 국경 밖의 비유럽인들, 나아가 〈문명 세계 전체를 끌어안는〉 보편적 연대 의식을 보여줄 것인가? 가능성은 반반이다. 그렇지만 저자는 유럽이 이제 불과 60년밖에 지나지 않은 과거에 파괴적인 참사를 겪었기 때문에 같은 실수를 되풀이하지 않을 수 있는 방법을 알고 있으리라 믿는다.

불편했던 과거를 침묵의 기억 속에서 꺼내는 것이 그 첫걸음이었을지도 모른다. 대표적인 기억은 홀로코스트였다. 〈홀로코스트 인식은 현대 유럽에 들어오는 입장권이었다.〉 유대인 민족을 학살했던 독일뿐만 아니라 많은 나라들이 유대인의 체포와 강제 이송에 역할을 했는데도, 이 사실들은 오랫동안 언급되지 않았고 오히려 억압되었다. 유대인이 당한 고초와 생존 유대인에 대한 무관심은 보편적이었다. 점령에 따른 부역과 굴욕을 되새기면 허약했던 전후 사회에 파괴적인 효과를 낳게 될 것이었기에, 대다수 유럽인에게는 최근 과거를 망각하거나 왜곡할 만한 이유가 충분했다. 그러나 나치가 유대인에 자행한 일들을 부정하기 어려웠던 독일에서 먼저 유대인 학살 자체가 인정되었고 나아가 독일의 집단적 책임도 인정되었다. 이어 독일에 점령되었던 나라들에서도 나치에 적극 협력하고 자발적으로 유대인을 억압하고 유대인의 재산을 강탈했던 일들이 밝혀졌고, 일부 반성이 뒤따랐다. 프랑스에서도 오랫동안 비시 정권의 유대인 박해가 부정되었지만, 역사가들에 의해서 프랑스 땅에서 이송된 유대인들의 운명에 프랑스 통치자들이 책임을 져야 한다는 점이 밝혀졌고, 결국 프랑스 당국도 뒤늦게나마 프랑스가 그 범죄의 〈공범〉이었음을 인정했다.

그러나 홀로코스트 기억은 다른 기억들을 일깨웠다. 우선 독일에서 국민적 죄악에 대한 책임의 인정은 이제 충분하며 도시의 파괴와 난민선의 침몰 등 〈연합군의 범죄〉들도 이야기할 수 있어야 한다는 주장이 제기되었다. 그리고 제2차 세계 대전은 대다수 유럽인에게 유대인 절멸 전쟁이 아니었다. 동유럽에서도 마찬가지였다. 제2차 세계 대전은 〈마르크스주의를 파괴하기 위한〉 나치즘의 공격이었다. 전쟁이 〈반파시즘〉 전쟁이었기에 희생자들에 대한 추도도 유대인에 특별히 주목할 필요가 없었다. 게다가 전후 동유럽인들은 공산주의 체제에서 큰 고초를 겪었고 그래서 생겨난 새로운 적개심과 기억 탓에 유대인은 또 한 번 무시되었다. 공산주의 체제 내내 소련 진영 사람들은 대체로 희생자인 동시에 가해자였기에, 이런 역사는 1989년 이후 곤란한 문제를 야기했다. 공산주의 국가의 건설자들은 유대인의 희생을 무시했고 자국 내의 소수 민족들을 내쫓았다. 유대인과 소수 민족 출신 공산당원들은 다시 스탈린주의 공산주의자들에게 희생당했다. 동시에 반파시즘 담론이 무너지면서 소련이 동유럽 국가들과 발트 공화국들에 가한 폭력도 새로이 주목받았다. 책임을 물을 때 언제를 기준으로 삼아야 하는가? 1945년인가, 1956년인가, 아니면 1968년인가? 유대인의 희생에 주목하는 것이 옳은 일이겠지만, 나치에 의해 탄압받은 데 이어 공산당으로부터 박해를 받은 사람들에게는 왜 주목하지 않는가?

저자는 여기서 역사가 필요하다고 주장한다. 모든 기억은 당파적이므로 과거로 인도하는 훌륭한 길잡이라고 할 수 없다. 사실과 증거, 엄밀한 방법론으로 무장한 역사가만이 망각이나 기억의 왜곡과 과장을 막을 수 있는 파수꾼이다. 역사는 망각이나 기억의 과잉에 근거한 제도화된 기억을 파헤치고 교정하여 우리에게 깨달음을 준다. 그 일은 때로 많은 사람들에게 고통스럽다. 그렇지만 역사는 끊임없이 다시 쓰여야 한다.

책을 번역하는 내내, 그리고 번역을 끝낸 이후에도 머릿속을 떠나지 않는 것 역시 인간의 고통이다. 전쟁 중에 인간이 입은 피해와 고통, 종전 후의 인위적인 주민 교환, 보복, 공산주의 체제의 억압과 시범 재판, 그리고 유고슬라비아 내전. 무수한 숫자가 곁들여진 이 이야기들을 읽을 때마다 간접적이나마 그 고통이 전해지는 것 같았다. 우리에게도 유럽 못지않게 고통스러운 역사가 있었다. 최근에는 〈과거 청산〉을 둘러싼 논의로 사회가 적지 않게 시끄럽기도 했다. 그래서 번역하는 동안 자꾸 우리 사회가 대비되어 떠올랐다. 주트는 역사를 과거의 범죄를 단죄하는 도구로 사용하는 위험성을 경계하고 때로는 망각이 사회의 건강한 발전에 도움이 될 수도 있다고 말한다. 그러나 그것은 어디까지나 과거를 제대로 이해한 이후의 일이라는 점을 명확히 하고 있다. 사회의 다수가 이 점을 인식하는 것이 중요할 것이다.

현대 유럽은 세계화 시대에 우리와 무관한 곳이 전혀 아니다. 우리의 관심을 끄는 것은 정치적 변동과 과거 청산 같은 무거운 주제들만이 아니다. 기업의 민영화나 〈제3의 길〉, 역사의 상품화, 인구 변동과 연금 문제, 예술에 대한 국가의 후원, 다민족 사회의 문제점, 환경오염, 지역 간 빈부 격차, 분리주의 등 현대 사회의 첨예한 문제들과 좌파와 우파, 공산주의와 자본주의, 사회와 시장, 복지와 경쟁 등 서로 대립하는 개념들에 관한 이야기들이 있다. 그리고 유럽 연합의 형성과 작동 등 국제 관계에 관한 많은 내용들이 들어 있다. 이야기는 과거형이지만 문제는 많은 경우 현재진행형이다. 그러므로 정부나 기업에서 일하는 많은 사람들에게, 현대 유럽에 관심이 있는 독자들에게, 또 대학생들에게도 유익한 교양서가 되리라 본다. 아무쪼록 역자의 부족함이 훌륭한 역사가의 명성에 누가 되지 않기만을 바랄 뿐이다.

개역판 출간에 부처

『전후 유럽』의 개역판이 나왔다. 초판을 읽어 보니 잘못이 많았다. 오타도 있었고 맞춤법에 맞지 않는 표기도 있었다. 외국 인명과 지명의 표기 오류는 국립국어원의 표기법에 따라 수정했다. 오역도 간간이 눈에 띄었다. 주의 깊게 보지 못해 생긴 오역도 있었고 제대로 이해하지 못해 잘못 옮긴 경우도 있었다. 또한 우리말 낱말을 적절하지 못하게 사용하거나 부정확하고 맞지 않는 개념을 사용하여 독서를 방해하는 사례들이 보였다. 이 점 독자에게 용서를 구한다. 완벽하게 고쳤다고 장담하지는 못하겠지만 최대한 걸러 내려 애썼다.

저자가 아직 살아 있다면 유럽의 상황에 관해 논평하기를 멈추지 않았을 것이다. 2014년 이후 우크라이나의 정세, 유럽 연합 안으로의 난민 유입, 극우파의 득세, 영국의 유럽 연합 탈퇴 등에 관해서 어떻게 평했을지 궁금하다. 이러한 상황은 여하튼 저가가 말한 〈유럽의 가치〉나 〈유럽 모델〉의 존속과 직간접적으로 관련이 있다. 유럽 연합에 내야 할 분담금의 부담이 브렉시트Brexit의 한 가지 이유라면, 이는 유럽 모델이 흔들린다는 뜻이다. 같은 유럽 안에서 어려운 국가들을 지원하는 데 자국의 돈을 쓰기 싫다는 말이기 때문이다. 또한 난민을 포함한 이주민도 재정 압박과 노동 시장의 경쟁 심화를 초래하는 등 부정적 시각을 가져왔다. 비단 영국뿐만 아니라 유럽 연합 회원국 전체에서 유럽 연합의 구제 금융을 비판하고 난민에 반대하는 극우 정당들이 득세하고 있다. 어려움에 처한 유럽 연합 회원국을 돕는 것이나 난민을 적극적으로 수용하고 지원하는 것은 유럽 모델의 일면이라고 할 수 있다. 저자는 유럽인들이 국가와 민족, 문명을 뛰어넘는 보편적인 연대 의식을 보여 줄 수 있을지 물으면서 가능성이 반반이라고 하면서도 긍정적인 방향을 기대했다. 유럽 안에서는 지난 20세기의 참혹한 역사에 대한 기억이 있으니 평화로운 공동 번영을 추구하려는 의지가 살아남을 것이라고 보았고 이로부터 보편적 연대 의식이 성장하리라고 기대한 것이다. 그렇지만 난민 유입에 따라 여러 나라에서 종교적·문화적 차이에 따른 반감으로 사회적 긴장이 고조되고 난민과 관련된 불미스러운 사건들까지 발생하면서 보편적 연대 의식의 확장이 쉬운 일만은 아니라는 것이 분명해졌다.

BBC는 저자의 사망 소식을 알리면서 〈이 책이 유럽 현대사라는 주제에 관하여 역사가들로부터 최고의 책들 중 하나로 찬사를 받았다〉고 했으며, 『뉴욕 타임스 북리뷰』는 2005년 올해의 도서 열 권 중 하나로 이 책을 꼽았다. 아무쪼록 더 읽히기를 바란다.

2019년 5월
조행복

옮긴이 **조행복** 1966년 경기도 화성에서 태어났다. 서울대학교 대학원 서양 사학과를 졸업하고 같은 학과 박사 과정을 수료했다. 옮긴 책으로『브루스 커밍스의 한국전쟁』,『폭정』,『나폴레옹』,『20세기를 생각한다』,『재평가』, 『세계 전쟁사 사전』,『1차세계대전사』,『독재자들』,『블랙 어스』등이 있다.

전후 유럽 1945~2005 2

발행일   2019년 5월 30일 초판 1쇄

지은이   토니 주트
옮긴이   조행복
발행인   홍지웅 · 홍예빈
발행처   주식회사 열린책들

경기도 파주시 문발로 253 파주출판도시
전화 031-955-4000 팩스 031-955-4004
www.openbooks.co.kr

Copyright (C) 주식회사 열린책들, 2019, *Printed in Korea.*
ISBN 978-89-329-1972-0 04920
ISBN 978-89-329-1970-6 (세트)

이 도서의 국립중앙도서관 출판예정도서목록(CIP)은 서지정보유통지원시스템 홈페이지(http://seoji.nl.go.kr)와
국가자료공동목록시스템(http://www.nl.go.kr/kolisnet)에서 이용하실 수 있습니다.(CIP제어번호: CIP2019019017)